NEW
내신 잡는 필수 개념서
올리드
Allead

이 책과 함께 미래를 디자인하는 나를 위해 응원의 한마디를 적어 보세요.

_____

_____

NEW 올리드

사회·문화

CONCEPT

개념 이해부터 내신 대비까지 완벽하게 끝내는
필수 개념서

BOOK GRADE

WRITERS

강윤식　영동일고 교사 | 서울대 사회교육과
나혜영　예일여고 교사 | 이화여대 대학원 사회교육과
박홍인　강서고 교사 | 연세대 대학원 일반사회교육과
서정민　보인고 교사 | 서울대 사회교육과
손영찬　휘경여고 교사 | 서울대 사회교육과

COPYRIGHT

인쇄일 2024년 11월 25일(1판11쇄)
발행일 2018년 8월 1일

펴낸이 신광수
펴낸곳 ㈜미래엔
등록번호 제16-67호

교육개발2실장 김용균
개발책임 김문희
개발 정은주, 박경화, 김하나, 공햇살

디자인실장 손현지
디자인책임 김기욱
디자인 진선영

CS본부장 강윤구
CS지원책임 강승훈

ISBN 979-11-6233-562-8

Introduction _{머리말}

지금 여러분이 가는 길이 맞는지 하루에도 몇 번씩 생각할 거예요.

내가 하는 공부가 어떤 도움이 될지 의심도 생기고,

이 공부가 끝나기는 할까 막막하기도 할 거예요.

여러분이 하는 모든 고민을

NEW 올리드는 함께하고 있어요.

여러분은 지금 뭐든지 할 수 있는 중요한 시기에 있어요.

여러분의 이 중요한 시간을 올리드가 함께할 수 있어 참 다행이에요.

앞으로 어떤 분야에서 어떤 꿈을 펼치든

올리드와 함께 배우고 익히는 모든 것이

여러분의 삶을 더욱 빛나게 할 거예요.

NEW 올리드가 믿음을 줄게요.

오늘도 올리드와 함께 하루를 알차게 만들고

꿈을 향한 여행이 더 즐거울 수 있도록 노력해요.

구성과 특징

Structure

01 핵심 개념과 필수 자료로 개념 완성하기

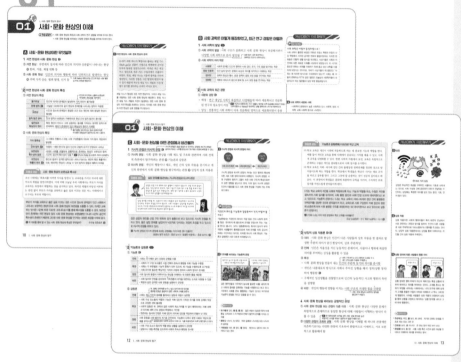

핵심 개념 정리&필수 자료 분석
꼭 알아야 할 핵심 개념을 일목요연하게
정리하고, 꼭 챙겨야 할 필수 자료를 엄
선하여 분석하였습니다.

개념 더하기 자료 채우기
내용 이해를 돕는 보충 개념과 시험에 잘
나오는 알짜 자료만 모아 수록하였습니다.

질문 있어요
개념을 익히면서 생기는 질문에 친절히
답하여 보충 설명하였습니다.

용어사전
어려운 용어를 설명하여 내용 이해를 돕
도록 구성하였습니다.

02 다양한 단계별 문제로 유형 파악하기

기초를 다지는 확인 문제
개념을 이해하고 있는지 확인할 수 있
는 문제로 구성하여 빠르게 기초를 다질
수 있습니다.

실력을 키우는 실전 문제
학교 시험과 유사한 형태의 문제로 구성
하여 탄탄하게 실력을 키울 수 있습니다.

등급을 올리는 고난도 문제
까다로운 고난도 문제와 새로운 유형의
문제로 구성하여 완벽하게 1등급을 공략
할 수 있습니다.

03 올리드만의 학습 비법과 수능 공략법 전수받기

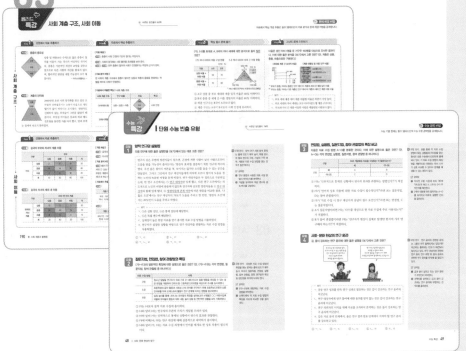

올리드 특강

사회·문화는 자료에서 핵심 개념을 추출하는 것이 필수입니다. 단원에서 자료를 추출하고, 자료에서 핵심을 추출하고, 그 자료와 핵심 내용으로 문제를 풀수 있도록 비법을 공개하였습니다.

수능 특강

단원별 수능 빈출 유형 문제를 제시하고 유형 분석과 함께 올리드만의 수능 공략법을 공개하였습니다.

04 구조화된 개념 정리와 실전 문제로 마무리하기

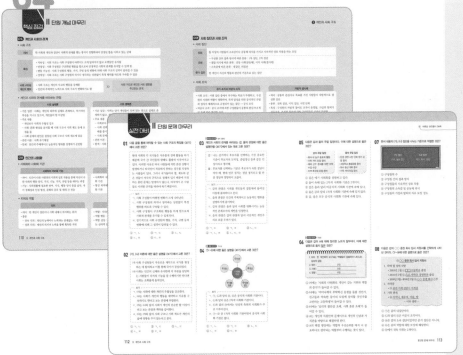

핵심 점검 단원 개념 마무리

단원의 핵심 개념을 구조화하여 한눈에 파악할 수 있도록 구성하였습니다.

실전 대비 단원 문제 마무리

단원의 핵심 개념을 실전 문제로 최종 점검할 수 있도록 구성하였습니다.

Contents 차례

올리드 사회·문화는
대단원 다섯 개로
구성되어 있어요.

Search

┨ 교과서 단원 찾는 방법 ┠

❶ 내가 가지고 있는 교과서의 출판사명과 공부할 단원을 확인한 후, 올리드에서 해당 쪽수를 찾아 공부한다.

❷ 예 미래엔 사회·문화 교과서의 'Ⅰ. 사회·문화 현상의 탐구' 단원에서 '03. 사회·문화 현상의 탐구 절차와 윤리' 부분 34~43쪽은 올리드 36~47쪽을 공부하면 된다.

미래엔	비상교육	지학사	천재교육
12~21	11~21	12~19	12~21
22~33	22~33	20~37	22~35
34~43	34~43	38~45	36~49
50~57	50~61	52~57	54~65
58~67			
68~77	62~73	62~67	66~77
78~87	74~83	78~85	78~89
94~105	90~99	92~101	94~103
106~117	100~111	102~117	104~117
118~125	112~121	118~125	118~125
132~139	126~137	132~139	130~141
140~147		140~147	
148~157	138~149	148~157	142~153
158~165	150~159	158~165	154~163
172~179	164~171	172~179	168~179
180~197	172~183	180~195	180~189
198~205	184~193	196~203	190~203

사회·문화 에서는 무엇을 배울까요?

사회·문화는 사회·문화 현상에 대한 올바른 이해와 탐구 방법의 습득을 통하여 합리적 의사 결정 능력을 함양할 수 있는 과목이다. 즉, 사회·문화를 공부하면 다양한 사회·문화 현상에 능동적으로 대응하고 사회 문제를 해결하여 민주 시민으로서 적극적으로 참여하는 능력을 기를 수 있다.

I. 사회·문화 현상의 탐구

사회 과학적 탐구 대상으로서의 사회·문화 현상의 특성을 이해하고, 사회·문화 현상을 설명하는 다양한 관점을 파악한다. 또한 사회·문화 현상의 탐구에 활용되는 여러 연구 방법과 자료 수집 방법의 특징을 비교한다.

 알아둬!

사회·문화 현상을 보는 관점, 사회·문화 현상의 연구 방법, 자료 수집 방법, 사회·문화 현상의 탐구 절차와 윤리

II. 개인과 사회 구조

사회화를 통해 사회적 존재로 성장하는 인간이 다양한 집단과 조직의 구성원으로서 갖게 되는 여러 가지 지위와 역할의 의미를 이해하고, 구성원 간에 상호 작용하면서 유기적인 관계를 형성하고 있음을 파악한다.

 알아둬!

개인과 사회의 관계, 사회화, 지위와 역할, 사회 집단과 사회 조직, 일탈 이론

III. 문화와 일상생활

생활 양식으로서 문화의 의미와 속성을 이해하고, 하위문화, 대중문화 등 현대 사회의 문화적 양상의 영향과 특징을 비판적으로 분석한다. 또한 문화를 바라보는 여러 관점과 태도를 살펴보고, 문화 다양성을 존중하는 태도를 살펴본다.

 알아둬!

문화, 문화를 바라보는 관점, 문화 이해의 태도, 하위문화, 대중문화, 문화 변동

IV. 사회 계층과 불평등

경제·사회·문화적인 측면에서 나타나는 다양한 사회 계층과 불평등 현상을 살펴본다. 또한 사회 이동의 양상과 사회 계층 구조의 유형 및 특징을 파악한다. 이를 토대로 다양한 사회 불평등 문제를 해결하기 위한 방안을 모색한다.

 알아둬!

사회 불평등을 보는 관점, 사회 불평등 양상, 사회 이동, 사회 계층 구조, 사회 복지와 복지 제도

V. 현대의 사회 변동

현대 사회의 변동 양상을 분석하고, 사회 운동이 사회 변동에 미치는 영향력을 탐색한다. 특히 한국 사회에서 부각되고 있는 저출산과 고령화, 다문화적 변화 양상과 그에 대한 대처 방안을 모색한다.

 알아둬!

사회 변동, 사회 변동 이론, 사회 운동, 전 지구적 수준의 문제, 세계 시민, 지속 가능한 사회

I 사회·문화 현상의 탐구

자! 힘을 내서
차근차근 시작해요.

01 사회·문화 현상의 이해

I. 사회·문화 현상의 탐구

🔍 학습길잡이 • 사회·문화 현상의 특징과 사회 과학의 연구 경향을 파악해 두어야 한다.
　　　　　　 • 사회·문화 현상을 바라보는 다양한 관점의 특성을 파악해 두어야 한다.

A 사회·문화 현상이란 무엇일까

1 자연 현상과 사회·문화 현상 ❶

① **자연 현상** : 자연계의 질서에 따라 인간의 의지와 상관없이 나타나는 현상
　예 한파, 가뭄, 계절 변화 등

② **사회·문화 현상** : 인간의 의지와 행동에 따라 인위적으로 발생하는 현상
　예 주택 가격 상승, 범죄 발생, 선거 등 └─ 사회 속에서 이루어지는 인간의 모든 사회 활동 및 이와 관련된 현상이다.

★ 2 자연 현상과 사회·문화 현상의 특징

① **자연 현상의 특징**

┌─ 인간이 추구하며 사물이나 현상에 부여하는 중요성을 의미한다.

몰가치성	인간의 의지와 관계없이 발생하여 가치 판단이 불가능함
존재 법칙 ❷	'사실상 그러하다'와 같이 현상의 존재만을 나타내는 법칙이 작용함
보편성	시간과 장소에 관계없이 동일한 조건 또는 원인에 의해 동일한 현상이 발생함
법칙 발견 용이	인과 법칙과 보편성이 지배하므로 현상 간의 법칙 발견이 용이함
필연성과 확실성의 원리	특정 원인이 반드시 그에 상응하는 결과를 가져오는 엄격한 법칙으로 존재하며, 예외가 존재하지 않고 확실성의 원리가 지배함

예 적정한 온도와 습도 등이 갖추어지면 비구름이 형성되어 필연적으로 비가 내린다.

② **사회·문화 현상의 특징**

가치 함축성	그 사회의 전통이나 규범, 사회 구성원들의 의도와 가치 등이 개입되어 발생함
당위 법칙 ❷	'마땅히 ～해야 한다'와 같이 인간의 규범적 요구가 반영되어 나타남
보편성과 특수성의 공존	시대와 사회를 초월하여 공통적으로 존재하는 현상인 보편성과 함께 시간적·공간적 특수성이 있음 왜? 인간의 존엄성 등 보편적 가치가 존재한다.
개연성과 확률의 원리 ❸	원인과 결과가 엄격한 법칙으로 나타나기보다는 개연적 혹은 확률적이므로, 예외적인 현상이 나타날 수 있어 법칙의 정립과 예측이 어려움

자료로 보는 　**사회·문화 현상의 보편성과 특수성**

조선 시대에는 '회초리를 아끼면 자식을 망친다.'는 교육관을 가지고 자녀에 대한 부모의 체벌을 당연시하였다. 이에 비해 오늘날 우리 사회에서는 부모가 자식을 교육하는 과정에서 체벌하는 것을 금지하고 있다. 하지만 체벌의 타당성 여부와는 관련 없이 부모가 자식을 교육하고 옳은 길로 이끄는 것은 어느 사회에서나 요구되는 부모의 역할이다.

부모가 자식을 교육하고 옳은 길로 이끄는 것은 시간과 장소에 관계없이 인간 사회에서 나타나는 보편적인 현상이므로 사회·문화 현상의 보편성을 도출할 수 있다. 하지만 교육하는 방식은 시간에 따라 다르게 나타나므로 이를 통해 특수성을 도출할 수 있다. 보편성만이 존재하는 자연 현상과 달리 사회·문화 현상에는 보편성뿐만 아니라 시간적·공간적 특수성이 존재하기 때문에 그만큼 사회·문화 현상을 연구하는 과정은 복잡할 수밖에 없다.

Q 위 자료를 통해 알 수 있는 사회·문화 현상의 특성은 무엇일까? 유수능 기교육교과 ☑

개념 더하기 자료 채우기

❶ 자연 현상과 사회·문화 현상의 관계

> 21세기 최대 에너지 혁명이라 불리는 셰일 가스 (Shale gas)는 진흙이 수평으로 퇴적하여 굳어진 암석에 함유된 천연가스이다. 미국은 최근 셰일 가스 생산으로 원유·가스 수입국에서 수출국이 되었다. 한편, 셰일 가스는 지층에 충격을 가하여 생산한다. 이러한 진동은 지진 발생의 원인이 될 수 있기 때문에 지나친 셰일 가스 개발로 지진 발생이 증가할 것이라는 우려가 커지고 있다.

셰일 가스가 형성된 것은 자연 현상이다. 그리고 셰일 가스를 개발하는 것은 사회·문화 현상에 해당한다. 한편, 지나친 셰일 가스 개발로 지진이 발생하는 것은 사회·문화 현상이 자연 현상을 초래하는 것이다. 이처럼 사회·문화 현상과 자연 현상은 상호 영향을 주고받는다.

❷ 존재 법칙과 당위 법칙

존재 법칙은 사물이 존재하도록 만드는 자연계를 지배하는 법칙으로, 인간의 의지와 무관하게 항상 현실에 나타난다. 그 예로는 '우리나라는 봄, 여름, 가을, 겨울의 사계절이 있다.' 등이 있다. 당위 법칙은 인간이면 마땅히 지켜야 할 도리로, 지향해야 할 바람직한 방향을 제시하는 법칙이다. 그 예로는 '운전할 때는 교통 신호를 잘 지켜야 한다.' 등이 있다.

❸ 개연성

개연성이란 인과 관계가 분명하지 않고, 예외가 존재하기 때문에 확실하지 않으며, 일정한 경향성이나 추측이 가능할 뿐 정확한 예측이 곤란한 성질이다. '절대로 확실하다.'라고 할 수 없으나 '아마 그럴 것'이라고 생각되는 성질로, '～하면 ～할 것이다.'라는 형식으로 표현된다.

✱ 용어사전

* **보편성**(普 넓다, 遍 두루, 性 성질) 두루 공통적으로 있는 현상
* **인과 법칙** 특정 원인에 따라 특정 결과가 예외 없이 발생하는 관계, 즉 인과 관계가 하나의 명제로 정립된 것
* **당위**(當 마땅, 爲 하다) 마땅히 그렇게 하거나 되어야 하는 것
* **특수성**(特 특별하다, 殊 다르다, 性 성질) 일반적이고 보편적인 것과 다른 성질

10 I. 사회·문화 현상의 탐구

B 사회 과학은 어떻게 등장하였고, 최근 연구 경향은 어떨까

1 사회 과학의 발달 질문

① **사회 과학의 발달** : *사회 구조가 분화되고 사회·문화 현상이 복잡해지면서 다양한 사회 과학으로 분리·발전됨 ┌ 이에 따라 더욱 체계적이고 과학적인 연구가 이루어졌다.

② **사회 과학의 여러 학문**

사회학	사회적 존재인 인간의 행위와 사회 집단, 조직, 구조 등을 탐구하는 학문
문화 인류학	인간 삶의 양식인 문화의 속성과 의미를 파악하고 이해하는 학문
정치학	권력의 형성과 행사, 공공 정책의 결정 과정 등을 연구하는 학문
경제학	재화와 서비스의 생산과 분배 및 소비 과정 등을 연구하는 학문

2 사회 과학의 최근 경향

① **세분화 경향** 4

- 배경 : 연구 대상인 사회가 복잡하고 다양해짐에 따라 세분화되고 전문화된 연구의 필요성이 커짐 ┌ 왜? 전근대 사회에서는 인간 생활이 대부분 지역 공동체의 테두리 안에서 이루어졌으나, 오늘날은 독자적인 생활 영역으로 나누어 이루어진다.

- 양상 : 전통적인 사회 과학이 더욱 전문화된 영역으로 세분화되면서 응용 사회 과학이 등장함

② **간학문적(종합적) 경향** 5 ┌ 예 환경 문제에 대해 생물학, 화학, 정치학, 법학, 경제학, 윤리학 등의 다양한 관점에서 원인과 해결 방안을 모색한다.

- 배경 : 개별 학문의 이론과 방법만으로는 복잡한 현대 사회·문화 현상을 종합적으로 이해하기 어려운 문제점이 나타남

- 양상 : 복합적인 원인과 양상으로 나타나는 사회·문화 현상에 대해 다양한 학문적 관점과 탐구 방법이 종합적으로 적용됨

자료로 보는 | **사회 과학의 세분화 경향과 간학문적 경향**

(가)

범죄 심리학	아동 심리학
범죄자의 성격, 범죄의 동기 등을 연구	아동의 신체적·정서적·언어적 발달 등을 연구

심리학

여성 심리학	사회 심리학
여성의 특성과 여성 문제 등을 연구	사회적 행동에 관한 여러 현상을 연구

(나)

사회학	경제학
가부장제적 사회 구조와 가족 제도 연구	노동 시장에서의 성차별 연구

성 불평등 현상

법학	정치학
성차별적 법 또는 성차별 개선을 위한 법 연구	국회의원, 고위 공직자의 성비 불균형 연구

(가)는 심리학이라는 학문이 범죄 심리학, 아동 심리학, 여성 심리학, 사회 심리학 등으로 분화된 모습이다. 이는 사회 과학이 전문화된 영역으로 세분화되는 것을 보여 준다. 한편 (나)는 성 불평등 현상을 사회학, 경제학, 법학, 정치학의 관점에서 다양하게 바라보고 있음을 나타낸다. 이는 사회·문화 현상이 어느 하나의 학문에서만 연구를 진행하면 정확한 원인과 대응 방안을 모색하기 어렵기 때문에, 다양한 학문적 관점을 종합하여 접근하는 간학문적 연구가 이루어지는 경향을 보여 준다.

Q (가)와 (나)는 각각 사회 과학의 어떠한 경향을 보여 줄까?

A (가) : 세분화 경향, (나) : 간학문적 경향

개념 더하기 자료 채우기

질문 있어요

사회 과학은 어떻게 등장하였나요?
사회 과학이 출현한 배경은 1789년 프랑스 혁명과 유럽의 산업 혁명에서 시작된 급격한 변화의 물결이었어요. 이러한 변화들은 전통적 생활 방식을 파괴했고, 사상가들은 사회와 자연계에 대한 새로운 이해를 시도하게 되었답니다. 이 시기의 중요한 변화는 세계를 이해하기 위해 종교 대신 과학을 이용하게 되었다는 것이지요. 19세기 사상가들이 파고들던 "사회는 왜 이러한 방식으로 구조화되어 있는가? 사회는 왜, 어떻게 변화하는가?"와 같은 질문은 오늘날의 사회학자들이 대답하고자 하는 질문들과 상당 부분 동일하답니다.

4 사회 과학의 세분화 사례

- 사회학이 분화되어 농촌 사회학과 도시 사회학, 범죄 사회학, 교육 사회학 등으로 나뉘었다.
- 경제학이 분화되어 미시 경제와 거시 경제, 거시 경제는 다시 재정학, 금융학, 국제 경제학 등으로 세분화되었다.
- 심리학의 제반 연구 주제나 대상에 따라 범죄 심리학, 여성 심리학 등으로 나뉘고, 상담 심리, 발달 심리, 임상 심리, 학습 심리, 성격 심리, 실험 심리, 신경 심리, 인지 심리, 생물 심리 등으로 전문화·세분화되었다.

5 통섭형 인재

통섭형 인재는 인문학과 자연 과학, 사회 과학을 융합해 새로운 가치를 창출할 수 있는 사람이다. 그 대표적 인물은 스티브 잡스가 있다. 그는 최신 정보 기술의 선두 분야에 있으면서도 인문학을 강조하였다. '통섭'이란 서로 다른 것을 한데 묶어 새로운 것을 잡는다는 의미이다. 이러한 통섭형 인재는 사회·문화 현상을 총체적으로 이해하기 위해 다양한 학문의 연구 성과를 종합하는 간학문적 연구와 관계가 깊다.

용어사전

* **사회 구조** 일정한 사회관계에서 지위와 역할에 따라 상호 의존적으로 관계하는 개인이 행동할 수 있는 범위나 행동 양식을 정하여 주는 사회적 정의나 틀

* **세분화**(細 자세하다, 分 나누다, 化 되다) 사물이 여러 갈래로 자세히 갈라짐 또는 그렇게 갈라지게 함

* **간학문적 탐구** 어떠한 사회·문화 현상을 여러 학문의 관점에서 종합적으로 분석하는 것으로, 학제적 연구라고도 함

사회·문화 현상의 이해

C 사회·문화 현상을 어떤 관점에서 바라볼까

**1 거시적 관점과 미시적 관점 **

> 거시적 관점은 숲을 중심으로 연구하는 관점에, 미시적 관점은 숲에서 자라는 나무를 중심으로 연구하는 관점에 비유할 수 있다.

① **거시적 관점** : 사회·문화 현상을 사회 제도 및 구조와 관련하여 사회 전체적 측면에서 탐구하려는 관점 **예** 기능론과 갈등론

② **미시적 관점** : 개인의 행동이나 태도, 개인 간의 상호 작용을 중시하고 개인적 측면에서 사회·문화 현상을 탐구하려는 관점 **예** 상징적 상호 작용론

 자료로 보는

실업 문제를 바라보는 거시적 관점과 미시적 관점

> 실업은 산업 구조 변화와 경기 불황에 그 원인이 있습니다. 산업 구조의 중심이 섬유, 건설 등에서 반도체, 정보 기술(IT) 등과 같이 고용 창출 효과가 작은 산업으로 옮겨 갔기 때문입니다. 또한 경기 침체로 노동의 공급보다 노동의 수요가 적어 실업률이 증가하였습니다.
> — 갑

> 실업 문제를 바라볼 때, 실업자가 주변 사람들과 상호 작용하면서 낙오자로 인식되는 과정에 초점을 두어야 합니다. 사회 구성원이 실업자를 무능력자, 낙오자, 게으른 사람으로 바라보면 실업자는 스스로 위축되고 자신을 낙오자로 인식하게 되며 사회에 더욱 적응하지 못하게 됩니다.
> — 을

갑은 실업의 원인을 산업 구조 변화와 경기 불황으로 보고 있으므로 거시적 관점을 취하고 있다. 을은 실업 문제를 실업자가 낙오자로 인식되는 과정에 초점을 두고 있으므로 미시적 관점을 취하고 있다.

◎ 거시적 관점과 미시적 관점에 속하는 관점에는 각각 어떤 것이 있을까?

A 거시적 관점 : 기능론, 갈등론 / 미시적 관점 : 상징적 상호 작용론

⭐ 2 기능론과 갈등론 (질문)

① **기능론 **

전제	사회는 유기체와 같이 조화와 균형을 이룸
특징	• 사회의 각 구성 요소들은 사회 전체의 존속과 통합을 위해 기능을 수행함 • 사회는 각 부문별로 기능적 분화가 되어 있으며, 제 기능을 수행하도록 요구받음 • 사회 유지에 필요한 핵심적인 가치와 규범에 관하여 사회적 합의가 존재함
장점	사회 질서와 통합이 이루어지는 현상을 이해하는 데 유용한 틀을 제공함
비판	• 사회 질서와 안정을 강조하여 *기득권층의 이익을 대변하는 논리로 이용될 수 있음 • 혁명과 같은 급격한 사회 변동을 설명하기 곤란함

② **갈등론**

> 부, 명예, 권력처럼 누구나 갖고 싶어 하지만 모두를 충족할 만큼은 충분하지 않은 사회적 가치를 말한다.

전제	사회는 희소가치의 분배를 둘러싸고 갈등과 대립이 상존함
특징	• 사회 구성 요소들의 역할과 기능은 지배 집단의 기득권 유지를 위해 강제와 억압으로 규정한 것에 불과함 • 사회적 갈등은 부, 권력과 같은 사회적 희소가치를 더 많이 획득하려는 지배 세력과 피지배 세력 간의 경쟁과 투쟁에서 기인함 • 현존하는 질서와 안정은 지배 집단이 피지배 집단을 억압하여 만들어 낸 것임
장점	사회 운동을 사회 발전의 계기로 간주하며, 기능론이 다루지 못한 지배와 억압의 문제를 부각시킴 — 갈등을 통해 사회적 모순이 드러나고, 이를 해결하면서 사회가 발전한다고 본다.
비판	• 사회 구성 요소의 합리적 역할 분담 상황을 설명하기 곤란함 • 갈등이나 대립 측면을 강조하여 사회의 존속과 통합을 경시함

---

1 거시적 관점과 미시적 관점의 차이

거시적 관점   미시적 관점

사회 구조적 측면 → 사회·문화 현상 ← 개인적 측면

거시적 관점과 미시적 관점의 차이는 인간 행위의 특성에 대한 서로 다른 생각으로부터 비롯된다. 거시적 관점은 사회 구성원의 행위가 그들이 속한 사회 구조적 특성으로부터 강한 영향을 받는다고 본다. 이와 달리 미시적 관점은 인간이 자율성을 갖고 사회·문화 현상을 구성해 가는 주체라고 본다.

✊ 질문 있어요

직장인의 회식을 기능론과 갈등론에서 각각 어떻게 볼까요?

기능론에서는 직장인의 회식이 직장 동료 간의 사회적 관계를 형성·유지하게 해 줌으로써 조직을 안정시켜 주는 기능을 한다고 봅니다. 그러나 갈등론에서는 회식이 상사가 부하 직원의 사생활까지 통제함으로써 지배 관계를 더욱 공고히 하려는 수단이라고 보지요. 이처럼 하나의 사회 현상도 기능론과 갈등론은 서로 다르게 바라본답니다.

2 기우제를 바라보는 기능론적 관점

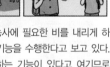

> 원주민이 농사에 필요한 비를 내리게 하려고 기우제를 지내고 있어. — 갑
> 기우제는 사회의 결속을 강화하는 기능도 해. — 갑

갑은 원주민들의 기우제가 농사에 필요한 비를 내리게 하고 사회의 결속을 강화하는 기능을 수행한다고 보고 있다. 기우제가 사회를 존속·통합하는 기능이 있다고 여기므로 기능론적 관점을 가지고 있음을 알 수 있다.

✱ 용어사전

* **유기체**(有 있다, 機 틀, 體 몸) 많은 부분이 일정한 목적 아래 통일·조직되어 그 각 부분과 전체가 필연적 관계를 가지는 조직체
* **분화**(分 나누다, 化 되다) 여러 갈래로 나누어짐 또는 나누어져 달라짐
* **기득권**(既 이미, 得 얻다, 權 권리) 개인이나 집단이 이미 차지하고 있는 권리

기능론과 갈등론에서 바라본 학교 교육

(가) 학교 교육은 개인이 사회에 적응하도록 하는 데 중요한 기능과 역할을 한다. 예를 들어 개인은 교육을 통해 사회에서 공유되는 가치를 배울 수 있고, 사회적 규칙을 내면화할 수 있다. 한편 사회적 차원에서 보면, 교육은 독립적으로 존재하는 수많은 개인을 결속함으로써 사회 질서를 유지한다.

(나) 학교 교육은 지배─피지배 집단 간의 불평등한 권력관계를 정당한 것으로 받아들이도록 하는 역할을 한다. 학교에서 학생들은 학교가 시키는 대로 규칙을 따르고 공부를 한다. 그리고 그것에 잘 순종하는 것이 성공의 길이라고 배운다. 이 과정에서 학생들은 권위에 복종하여 규칙을 지키며, 수직적인 위계 질서를 자연스럽게 받아들이게 된다.

(가)는 학교 교육이 개인을 사회에 적응하도록 하는 기능과 역할을 하고, 수많은 개인을 결속하여 사회 질서를 유지하며, 사회 통합 증진과 사회 안정 도모에 이바지한다고 보고 있으므로 기능론적 관점이다. (나)는 학교 교육이 지배─피지배 집단 간의 불평등한 권력관계를 정당한 것으로 받아들이게 하고, 교육으로 사회 구성원이 지배 집단의 명령에 순종하게 하여 사회 불평등 구조를 재생산하는 데 이바지한다고 보고 있으므로 갈등론적 관점이다.

◎ (가)와 (나)는 각각 어떤 관점에서 학교 교육을 바라볼까?

△ (가): 기능론적 관점, (나): 갈등론적 관점

3 상징적 상호 작용론 ③ ④

① **의미** : 사회·문화 현상은 인간이 다른 사람들과 상호 작용을 한 결과로 발생한 *주관적 의미가 담긴 현상이며, 상호 주관적임

② **전제** : 인간은 자율성을 지닌 능동적인 존재이며, 사물이나 행위에 복잡한 의미를 부여하는 상징을 활용할 수 있음

③ **특징**

┌ 사회 구조보다는 인간 행위에 초점을 두고, 개인 간의 상호 작용에 주목한다.

• 사회·문화 현상을 만들어 내는 <u>인간의 주관적 동기와 의미를 중시함</u>

• 개인은 나름대로의 방식으로 사회나 주어진 상황을 해석·정의(상황 정의)하여 행동함 ⑤

• 구체적인 일상생활을 관찰함으로써 인간의 능동적인 사고와 행위의 측면을 설명함

④ **비판** : 개인의 행동에 영향을 미치는 <u>사회 구조의 거대한 힘을 *간과함</u>

└ 사회·문화 현상의 보편적인 법칙을 발견하기 어렵다.

4 사회·문화 현상을 바라보는 균형적인 관점*

① **사회·문화 현상을 보는 관점이 다른 이유** : 사회·문화 현상은 다양한 문제가 복합적으로 존재하므로 동일한 현상에 대해 사람들이 이해하는 방식이 다를 수 있음

┌ 왜? 한 관점에서만 바라볼 경우 사회·문화 현상에 담긴 복합적인 의미를 제대로 설명하기 힘들기 때문이다.

② **다양한 관점의 조화와 균형** : 사회·문화 현상을 이해할 때 하나의 관점에만 의존하기보다는 다양한 관점에 기초하여 종합적으로 이해하고, 서로 보완적으로 활용해야 함

③ 상징

⊙ 여러 가지 상징

상징은 추상적인 개념을 구체적인 사물이나 기호로 나타내는 것으로, 사회 구성원 간에 공유되어 의미가 전달되는 수단이다. 상징에는 특정한 의미를 담고 있는 몸짓, 기호, 언어 등이 있다.

④ 상호 작용

상호 작용이란 사회적 행위자들이 특히 대면적 만남에서 서로 관련되는 과정과 방식을 말하며, 인간이 다른 사람들과 서로 주체적으로 의사소통하거나 행위를 주고받는 것이다. 상징적 상호 작용론에서는 상징을 통해 이루어지는 개인들 간의 상호 작용에 주목한다.

⑤ 상황 정의에 따른 사람들의 행동 차이

상황 정의란 행위 주체가 자신이 처해 있는 특정 상황에 대하여 해석하고 의미를 부여하는 것이다. 고개를 흔드는 행위가 부정을 나타내는 사회에서는, 나의 요구에 대해 상대가 고개를 흔들면 거절의 의미로 이해하고 나 역시 그에 맞게 행동한다. 이처럼 사람들은 상호 작용의 과정에서 상징을 통해 상황을 규정하고 해석하는 '상황 정의'를 내리고 그에 따라 행동한다.

✱ 용어사전

* **주관적**(主 주인, 觀 보다, 的 과녁) 자기의 견해나 관점을 기초로 하는 또는 그런 것
* **간과**(看 보다, 過 지나다) 큰 관심 없이 대강 보아 넘김
* **관점**(觀 보다, 點 점) 사물, 사람 혹은 사건과 같은 대상을 인식하고 이해하며 의미를 부여하는 방식

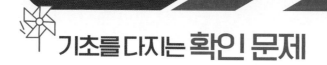

올리드 포인트

A 자연 현상과 사회·문화 현상의 특징

자연 현상	사회·문화 현상
• 몰가치성	• 가치 함축성
• 존재 법칙	• 당위 법칙
• 보편성만 존재	• 보편성과 특수성 공존
• 필연성과 확실성의 원리	• 개연성과 확률의 원리

B 사회 과학의 최근 경향

세분화 경향	사회의 복잡화와 다원화를 반영하여 사회 과학이 전문화·세분화되는 경향
간학문적 경향	사회·문화 현상을 총체적으로 이해하기 위해 개별 학문의 연구 성과를 종합하여 파악하려는 경향

C 사회·문화 현상을 바라보는 관점

1 거시적 관점과 미시적 관점

거시적 관점	미시적 관점
• 사회·문화 현상을 사회 전체와의 관련 속에서 탐구하려는 관점	• 개인적 측면에서 사회·문화 현상을 탐구하려는 관점
• 사회 제도나 구조 등에 초점	• 개인 간의 상호 작용, 인간 행위의 의미 등에 초점

2 기능론과 갈등론

기능론	• 사회는 구성 요소들이 상호 의존하고 있는 부분들의 유기적 체계라고 봄 • 사회의 통합과 안정, 조화와 균형 등을 강조함 • 기존 질서나 권력관계 유지에 기여하는 보수적 관점이며, 사회 변동을 경시함
갈등론	• 사회는 희소가치를 둘러싼 구성 요소들 간의 상호 대립 관계라고 봄 • 강제, 변동, 사회 구성원 간의 갈등을 강조함 • 협동과 조화를 경시하고, 사회의 존속과 통합을 설명하기 어려움

3 상징적 상호 작용론

기본 입장	인간은 자율성을 지닌 능동적인 존재이며, 사물이나 행위에 복잡한 의미를 부여하는 상징을 활용할 수 있음
특징	• 사회·문화 현상을 만들어 내는 인간의 주관적 동기와 의미를 중시함 • 개인은 나름대로의 방식으로 사회나 주어진 상황을 해석·정의하여 행동함
비판	개인의 행동에 영향을 미치는 사회 구조의 힘을 간과하고, 거시적 수준의 일반적 법칙 발견이 곤란함

01 다음 설명이 맞으면 ○표, 틀리면 ×표를 하시오.

(1) 자연 현상은 가치 함축성을 띠고, 사회·문화 현상은 몰가치성을 띤다. ( )

(2) 자연 현상은 보편성만 존재하지만 사회·문화 현상은 보편성뿐만 아니라 특수성도 존재한다. ( )

(3) 기능론은 사회 규범을 사회 구성원 전체의 합의가 반영된 것으로 간주한다. ( )

(4) 갈등론은 사회 구조나 사회 제도가 현재의 계급을 재생산하기 위해 만들어진 수단에 불과하다고 본다. ( )

(5) 갈등론은 사회 변동을 필연적인 현상으로 간주하지만, 기능론은 사회 변동의 가능성을 부정한다. ( )

(6) 상징적 상호 작용론은 사회·문화 현상의 의미가 사회적으로 규정되어 있다고 간주한다. ( )

02 빈칸에 들어갈 알맞은 말을 쓰시오.

(1) 사회·문화 현상은 인간의 의지나 노력이 작용하여 나타나므로 개연성과 ( )의 원리가 지배한다.

(2) 사회·문화 현상에 다양한 학문적 관점이나 방법을 적용하여 총체적으로 접근하는 연구 경향을 ( )(이)라고 한다.

(3) ( )은/는 사회는 유기체와 같이 조화와 균형을 이룬다는 것을 전제한다.

(4) 상징적 상호 작용론은 인간이 나름대로의 방식으로 사회나 주어진 상황을 해석·정의하는 ( )에 기초하여 행동한다고 본다.

03 사회·문화 현상을 바라보는 각 관점의 한계를 바르게 연결하시오.

(1) 기능론 •

(2) 갈등론 •

(3) 상징적 상호 작용론 •

• ㉠ 갈등을 강조하여 사회의 존속과 통합을 경시함

• ㉡ 혁명과 같은 급진적인 사회 변동을 설명하기 어려움

• ㉢ 개인의 행위가 사회 구조나 제도의 영향에 의해 나타날 수 있음을 간과함

01 (나)와 같은 현상과 달리 (가)와 같은 현상이 가지는 특징으로 적절한 것은?

> ㈎ 취업난, 양육 비용 상승, 개인주의 확산으로 저출산 현상이 지속되고 있다.
> ㈏ 북극권에서 형성된 한기가 우리나라로 남하하면서 평년보다 추운 현상이 지속되고 있다.

① 예외가 존재하지 않는다.
② 가치 함축적이며 당위성을 갖는다.
③ 규칙성의 발견 및 예측이 용이하다.
④ 인간의 의도와 관계없이 이루어진다.
⑤ 시간과 장소를 초월한 보편성만을 갖는다.

중요

02 ㉠~㉢과 같은 현상의 일반적인 특징에 대한 설명으로 옳은 것은?

> 땅속의 개구리가 겨울잠에서 깨어난다는 경칩(驚蟄)은 3월 5일. 하지만 올해는 2월 초부터 ㉠ 개구리들이 한 달가량 일찍 잠에서 깨어 산란 중인 것으로 관찰됐다. 이는 지난해보다 열흘, 재작년에 비해선 26일이나 빠른 시점이다. ㉡ 우리나라와 중국 동북 지역, 일본 대마도에 퍼져 있는 북방산 개구리는 봄철 개구리로도 불리는데, 1년에 한 개의 알 덩어리(난괴)를 낳으며 환경부에서 지정한 ㉢ '기후 변화 생물 지표 100종'에 포함돼 있다.

① ㉠과 같은 현상은 ㉢과 같은 현상과 달리 규범의 지배를 받는다.
② ㉡과 같은 현상은 ㉠과 같은 현상과 달리 인과 관계가 명확하지 않다.
③ ㉢과 같은 현상은 ㉠과 같은 현상과 달리 특수성이 나타난다.
④ ㉢과 같은 현상은 ㉡과 같은 현상과 달리 확률의 원리가 적용된다.
⑤ ㉢과 같은 현상은 ㉡과 같은 현상에 비해 몰가치적이어서 통제된 실험이 용이하다.

03 다음 사례에서 공통적으로 추론할 수 있는 사회·문화 현상의 특징으로 가장 적절한 것은?

> • 과거에는 거대한 공장을 국력의 상징으로 여겼으나, 오늘날에는 환경 오염의 주범으로 간주하고 있다.
> • 우리나라는 부계 혈통을 강조하지만, 남태평양의 많은 원시 부족들은 모계 혈통을 강조한다.

① 확실성의 원리가 지배한다.
② 존재 법칙의 지배를 받는다.
③ 시간적·공간적 특수성을 가진다.
④ 가치 판단이 불가능함을 바탕으로 한다.
⑤ 예외가 존재하는 인과 관계가 나타난다.

04 자연 현상과 사회·문화 현상을 구분 지을 수 있는 적절한 질문만을 〈보기〉에서 있는 대로 고른 것은?

> ┤ 보기 ├
> ㄱ. 가치 함축적인가?
> ㄴ. 특수성이 나타나는가?
> ㄷ. 동일한 조건에서 같은 결과를 보여 주는가?
> ㄹ. 시공간을 초월한 보편적인 현상이 존재하는가?

① ㄱ, ㄷ
② ㄱ, ㄹ
③ ㄴ, ㄹ
④ ㄱ, ㄴ, ㄷ
⑤ ㄴ, ㄷ, ㄹ

05 다음 글이 강조하고 있는 자연 현상의 특징으로 가장 적절한 것은?

> 나무가 자라고, 돌멩이가 구르고, 폭포 밑으로 물이 떨어지는 것들을 우리는 자연이라고 부른다. 큰비가 와서 홍수가 나고, 산사태가 일어나 집을 덮치고, 엄청난 파도에 배가 뒤집혀도 우리는 그 자연을 원망할 수 없다. 그러할 근거가, 자격이 우리에게는 없다.

① 몰가치적이다.
② 존재 법칙이 작용한다.
③ 인과 법칙이 존재한다.
④ 확실성의 원리가 작용한다.
⑤ 시간적·공간적 보편성을 지닌다.

06 필자의 견해에 부합하는 진술로 가장 적절한 것은?

'현대 직장 여성의 삶'을 이해하기 위해서는 직장 여성에 대한 사회학적 접근뿐만 아니라 법학, 경제학, 정치학, 심리학 등 다양한 학문적 관점에서 얻어진 지식을 통합하여 총체적으로 이해하려는 노력이 더 중요하다.

① 사회 현상의 세분화 경향을 연구에 반영해야 한다.
② 자연 과학의 연구 방법을 사회 과학에 접목해야 한다.
③ 사회 과학의 전문성을 강화시킬 수 있는 방안이 마련되어야 한다.
④ 자연 과학과 구분되는 사회 과학만의 연구 방법을 개발해야 한다.
⑤ 사회 현상에 대한 종합적 이해를 위해 간학문적 접근을 해야 한다.

07 다음 사례에서 공통적으로 도출할 수 있는 사회·문화 현상의 특징으로 가장 적절한 것은?

• 석가 탄신일을 포함한 3일 연휴가 시작되면서 정부는 ○○ 고속 도로가 극심한 정체를 빚을 것이라고 발표했지만, 이 발표를 들은 사람들이 그 고속 도로를 피해 다른 도로를 이용하면서 교통 흐름이 오히려 평소보다 더 원활해졌다.
• ○○ 경제 연구소가 A 지역이 향후 도시로 성장하기에 좋은 여건을 갖춘 지역이라는 조사 결과를 발표하였다. 이 내용이 언론을 통해 알려지자 사람들의 부동산 거래가 잦아지고 이동이 많아지면서 실제로 단기간 내에 도시로 성장하였다.

① 몰가치적이다.
② 인과 관계가 명확하다.
③ 인간의 의지가 개입되어 나타난다.
④ 특수성보다 보편성이 더 강하게 작용한다.
⑤ 필연성과 확실성의 원리에 의해 발생한다.

중요
08 다음 글과 맥락을 같이하는 진술로 가장 적절한 것은?

사회가 복잡하고 다양해지면 지식의 양적 팽창은 가속도까지 붙어 한 사람이 여러 영역에 대해 자신의 전문 분야만큼 해박한 지식을 완벽하게 갖추기는 사실상 불가능하다. 그렇기 때문에 아무리 특정 분야의 석학일지라도 그 자신의 지식만으로 세상을 이해하고 설명하기가 어렵다는 것을 인식해야 한다.

① 사회 과학의 전문성을 강화할 수 있는 방안을 마련해야 한다.
② 연구 결과의 사회적 영향을 고려하면서 연구를 진행해야 한다.
③ 연역적 방법과 귀납적 방법을 적절하게 조화시켜 활용해야 한다.
④ 다양한 학문을 바탕으로 총체적 접근을 통해 사회 현상을 이해해야 한다.
⑤ 사회 현상을 이해하기 위해 각 학문을 전문화된 영역으로 세분화해야 한다.

09 필자가 가진 사회·문화 현상을 바라보는 관점에 대한 설명으로 옳은 것은?

무단결석을 한 학생이 있다고 하자. A 교사는 이 학생의 행위가 교칙을 무시한 행위라고 보아 무조건 야단을 치지만, B 교사는 학생의 행동에 이유가 있다고 생각하며 그 이유를 알아보려고 한다. 이처럼 일상적으로 일어나는 행위의 거의 대부분은 상대방의 행위에 대한 자신의 주관적 인식에 따른 반응이다. 이를 통해 사회·문화 현상을 바라볼 때에는 그러한 현상을 만들어 내는 인간의 주관적인 동기와 의미 파악에 연구의 초점을 두어야 함을 알 수 있다.

① 사회를 거시적인 관점에서 이해한다.
② 사회 구조나 제도의 영향을 간과한다.
③ 사회의 통합과 질서를 지나치게 중시한다.
④ 인간 행위의 자율성을 소극적으로 이해한다.
⑤ 사회 구성원 간의 관계를 대립적으로 이해한다.

10 다음 글에 나타난 사회·문화 현상을 바라보는 관점의 특징으로 옳지 <u>않은</u> 것은?

> 미개 사회든 산업 사회든 간에 모든 사회에는 공통적으로 발견되는 사회 제도가 있으며, 이들 제도는 사회의 존속과 유지 그리고 통합을 위해 반드시 필요하다. 예를 들어 경제 제도는 사회에 필요한 자원을 획득하고 분배하는 역할을 수행하며, 정치 제도는 자원을 효과적으로 동원하여 공동의 목표를 달성하는 역할을 수행하고 있다.

① 사회 구성원 간의 협동을 강조한다.
② 사회를 유기체에 비유해서 설명할 수 있다.
③ 사회 구성 요소의 역할은 사회적 합의로 결정한다.
④ 사회 구성 요소의 대립은 보편적 현상이며 사회 발전에 기여한다.
⑤ 사회 구성 요소는 상호 의존 관계에 있으며 사회 통합에 기여한다.

★★
중요
11 대화에서 교사 을이 지닌 사회·문화 현상을 바라보는 관점에 대한 설명으로 옳은 것은?

갑: 우리 반의 한 학생은 수업 시간에 잠만 자거나 늘 떠들어요. 아무리 야단쳐도 변함이 없네요.

을: 제 경험에 애들은 교사가 자신을 바라보는 이미지에 맞추어 행동을 하려는 경향이 있어서, 교사의 학생에 대한 기대 수준에 따라 생활 모습이 달라지는 것 같아요. 선생님이 잘될 거라고 기운을 북돋아 주는 말을 할수록 그 학생의 생활 태도는 달라질 거예요.

① 상징을 활용한 의사소통 과정을 중시한다.
② 사회 구성 요소의 유기적 연관성을 중시한다.
③ 개인에게 영향을 미치는 사회 구조를 중시한다.
④ 사회 구성원 간의 관계를 대립적으로 이해한다.
⑤ 사회 구성원 간의 합의나 사회 각 부분의 조화를 강조한다.

12 다음 글에 나타난 사회·문화 현상을 바라보는 관점에 대한 옳은 설명을 〈보기〉에서 고른 것은?

> 부모가 아이를 대하는 방식대로 아이는 성장한다. 사람은 타인이 바라보는 자기 자신에 대한 이미지에 맞추어 행동하려는 경향이 있기 때문에 부모가 아이를 어떻게 대하느냐에 따라 아이는 자존감이 강한 아이로 클 수도 있고 아닐 수도 있다. 사람은 타인의 기대 수준에 자신의 행위를 맞추려고 노력하기 때문에 부모가 아이에게 어떠한 이미지를 주느냐에 따라서 그들의 사회화 내용은 달라진다.

┌ 보기 ┐
ㄱ. 인간 행동 속에 내재된 법칙을 찾는 데 유리하다.
ㄴ. 언어와 문자, 몸짓 등을 중요한 분석 요소로 삼는다.
ㄷ. 사회 구조의 분석을 통해 개인의 행동을 이해하고자 한다.
ㄹ. 사회 현상 속에 내재된 인간의 자율성과 능동성을 중시한다.

① ㄱ, ㄴ   ② ㄱ, ㄷ   ③ ㄴ, ㄷ
④ ㄴ, ㄹ   ⑤ ㄷ, ㄹ

13 다음 견해에 해당하는 사회·문화 현상을 바라보는 관점이 간과할 수 있는 내용으로 옳지 <u>않은</u> 것은?

> 만약 지하철 노동자들이 파업을 해서 지하철이 운행되지 않거나, 혹은 정전이 되어 밤에 전기를 사용할 수 없다면 누구나 불편함을 느낄 것이다. 이처럼 사회의 어느 구성 요소가 제 기능을 수행하지 못하면 정상적인 사회 구조가 성립할 수 없다. 하지만 다친 새끼손가락에서 피가 흐르면 몸의 여러 기관들이 작동해서 피를 멈추게 하듯이, 노사 협상으로 지하철 운행이 재개되거나 정전을 복구하여 전기를 사용하는 것처럼 사회도 다시 균형을 찾는다.

① 사회 변화의 당위성
② 사회적 갈등의 순기능
③ 집단 갈등의 발생 배경
④ 지배와 피지배의 사회 구조
⑤ 사회 구성 요소들 간의 조화

14 다음 글에 나타난 사회·문화 현상을 바라보는 관점에 대한 설명으로 옳지 <u>않은</u> 것은?

> 학급 내에서의 규칙은 특정 행위에 대한 학급 구성원들의 해석과 반응이 누적되어 형성된다. 예를 들어 수업 시간에 떠드는 학생에 대한 벌칙 조항은 떠드는 행위가 바람직하지 않다는 구성원들의 해석과 반응을 바탕으로 만들어졌다. 이처럼 사회 규범은 행위에 대한 해석과 반응이 반복적으로 이루어지면서 형성된 약속 또는 합의이다. 사람들은 사회 규범을 만듦으로써 자신의 행동에 대한 타인의 반응을 예측할 수 있으며, 이러한 약속 덕분에 원활한 사회생활이 가능해진다.

① 인간은 자율성을 지닌 능동적인 존재라고 여긴다.
② 인간의 능동적 사고와 행위의 측면을 설명하는 데 효과적이다.
③ 인간의 행위를 설명할 수 있는 일반적인 법칙 발견에 유리하다.
④ 개인의 행동에 영향을 미치는 사회 구조의 힘을 간과한다는 비판을 받는다.
⑤ 다른 사람들과 접촉하는 가운데 발생하는 일상적인 현상에 초점을 두고 있다.

15 밑줄 친 '비판'에 해당하는 내용을 고른 것은?

> 이 관점에 따르면 인간의 행동은 단순히 외적 환경으로부터의 자극에 반응하는 것 이상을 의미한다. 즉 자극에 대한 단순한 반응보다도 인간 행동은 심사숙고한 가운데 일어나며, 구체적으로 자신의 모습이 다른 사람에게 어떤 모습으로 보일지 상상하고, 그 모습에 관해 남들이 어떻게 판단할 것인지 상상하며, 이 상상의 결과로부터 자아를 형성해 나간다고 본다. 하지만 이 이론이 많은 비판을 받고 있는 것도 사실이다.

① 상징을 비롯한 의사소통 체계를 소홀히 한다.
② 사회 구성원 간의 관계를 대립적으로만 이해한다.
③ 개인의 행위에 미치는 사회 구조의 힘을 간과한다.
④ 사회 각 요소 간의 유기적 연관성을 지나치게 강조한다.
⑤ 사회 현상을 만들어 내는 인간의 주관적 동기와 의미를 무시한다.

16 갑과 을이 지닌 사회·문화 현상을 바라보는 관점에 대한 설명으로 옳은 것은?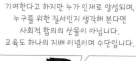

 교육은 사회적으로 필요한 인재를 양성하여 적재적소에 배치하는 역할을 담당합니다.

 교육이 인력 양성과 사회 질서 유지에 기여한다고 하지만 누가 인재로 양성되며, 누구를 위한 질서인지 생각해 본다면 사회적 합의의 산물이 아닙니다. 교육도 하나의 지배 이념이며 수단입니다.

갑   을

① 갑은 사회의 안정과 질서 유지 측면을 간과한다.
② 갑은 사회 구조보다는 구체적 인간 행동의 분석을 중시한다.
③ 을은 사회의 구성 요소들과 전체 사회와의 관계를 밝히는 데 관심이 있다.
④ 을은 후천적 요인보다 선천적 요인에 의해 개인의 사회적 성공이 좌우된다고 본다.
⑤ 을은 사회적 역할의 구분을 사회적 기능 분화에 부합하기 위한 현상으로 이해한다.

17 대화에서 병이 지닌 사회·문화 현상을 바라보는 관점에 대한 설명으로 옳은 것은?

> 갑 : 대기업 임원들의 연봉이 공개되었는데, 많은 사람들이 수십 억 원 이상을 받고 있는 것으로 나타났어.
> 을 : 일반 평균 직장인의 수십 배를 받고 있네. 그건 너무 불공평해.
> 병 : 임원들은 기업의 운명을 결정짓는 막중한 위치에 있는 사람이야. 그러한 보상을 하는 것은 기업뿐만 아니라 회사가 망하지 않아야 존재할 수 있는 직원들을 위해서라도 적절하다고 봐.

① 사회는 자체에 내재된 모순 때문에 불안정하다고 여긴다.
② 사회적 행위의 동기를 분석함으로써 사회를 이해하려고 한다.
③ 사회 구조에 대한 분석을 바탕으로 사회 현상의 의미를 이해한다.
④ 사회·문화 현상의 의미가 행위 주체에 따라 다르게 규정된다고 본다.
⑤ 사회가 발전하기 위해서는 사회 변동을 통한 사회 구조의 변화가 있어야 한다고 본다.

중요 ★★

18 갑과 을의 사회·문화 현상을 바라보는 관점에 대한 설명으로 옳은 것은?

> 갑 : 성별로 임금 차이가 발생하는 것은 남녀의 업무 분담에서 나타나는 자연스러운 현상이다. 남성은 위험하고 중요한 업무를 맡고, 여성은 상대적으로 부담이 덜한 직무를 맡기 때문에 임금 격차가 발생한다.
>
> 을 : 남녀의 임금 격차는 가부장제의 산물이다. 남성 위주의 직장 문화가 지속되다 보니 업무나 임금 체계가 남성 위주로 구성되고 여성은 수동적인 존재로 취급받게 된 것이다.

① 갑은 인간 행위에 부여하는 주관적 의미를 중시한다.

② 을은 사회화를 사회 통합을 위한 바람직한 수단으로 여긴다.

③ 갑과 달리 을은 사회를 유기체에 비유해서 이해한다.

④ 갑과 달리 을은 사회 현상을 사회 전체의 구조와 관련지어 바라봐야 한다고 주장한다.

⑤ 을과 달리 갑은 사회 규범이 전체 사회 구성원의 필요에 의해 형성되었다고 본다.

19 갑~병이 지닌 사회·문화 현상을 바라보는 관점에 대한 설명으로 옳은 것은? (단, 갑~병의 관점은 각각 기능론, 갈등론, 상징적 상호 작용론 중 하나이다.)

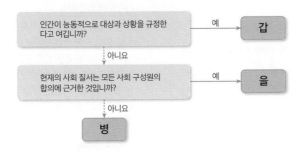

① 갑은 사회가 대립하는 집단으로 구성된다고 본다.

② 을은 사회가 항상 변동의 원인을 내재하고 있다고 본다.

③ 병은 일상생활에서 일어나는 상호 작용의 맥락을 중시한다.

④ 을과 달리 갑은 사회의 자동 조절 기능을 강조한다.

⑤ 갑과 달리 을, 병은 사회 구조적 측면에서 사회·문화 현상을 바라본다.

20 그림의 ㉠, ㉡과 같은 현상의 일반적인 특징을 한 가지씩 서술하시오.

> 아이슬란드 ㉠ 화산 폭발로 인한 화산재가 유럽의 하늘길을 뒤덮으면서 ㉡ 최악의 항공 대란이 발생하였습니다.

21 필자의 사회·문화 현상을 바라보는 관점의 특징을 서술하시오.

> 다른 사람들이 나에게 인사할 때의 미소는 반가움의 의미라는 것을 알게 되고, 우리는 그 의미에 기초하여 상대방에게 똑같은 미소를 보낸다. 이처럼 일상적으로 일어나는 행위의 대부분은 상대방의 행위에 대한 자신의 주관적 인식에 따른 반응이다. 이를 통해 사회·문화 현상을 바라볼 때에는 그러한 현상을 만들어 내는 인간의 주관적인 동기와 의미 파악에 연구의 초점을 두어야 함을 알 수 있다.

22 다음 대화를 읽고 물음에 답하시오.

> 갑 : 빈곤 문제처럼 사회 문제는 사회 자체의 문제가 아니라 개인의 능력 부족 혹은 교육과 사회화를 담당하는 사회 체계나 경제적 체계가 제 역할을 하지 못하여 발생합니다.
>
> 을 : 그렇지 않습니다. 현재의 사회 체계를 정상적인 것으로 인정하고, 이를 토대로 사회 문제에 대한 대책을 수립하자는 것은 특정 집단의 이익을 옹호하는 주장으로 이해될 수밖에 없습니다.

(1) 갑과 을이 사회·문화 현상을 바라보는 관점을 각각 쓰시오.

(2) 갑과 을이 지닌 사회·문화 현상을 바라보는 관점의 한계를 각각 서술하시오.

01 다음 글의 ㉠~㉢에 대한 분석으로 옳은 것은?

> ㉠ '물체의 가속도는 그 물체에 작용하는 힘의 크기에 비례하고, 물체의 질량에는 반비례한다.'라는 가속도의 법칙은 모든 물체에 해당되며, 지구상의 모든 지역에서 보편적이다. 그러나 사회 과학의 이론은 그렇진 않다. 예를 들어 낙인 이론은 사회의 부정적 낙인에 의해 일탈자가 될 가능성이 높아진다는 이론인데, 부정적 낙인에도 불구하고 ㉡ 이를 극복하고 2차적 일탈로 이어지지 않는 경우를 볼 수 있다. 이처럼 사회·문화 현상은 자연 현상과 달리 _____ ㉢ _____

① ㉠과 같은 현상은 당위 법칙의 지배를 받는다.
② ㉡과 같은 현상은 존재 법칙의 지배를 받는다.
③ ㉠과 같은 현상과 달리 ㉡과 같은 현상은 개연성의 원리가 나타난다.
④ ㉡과 같은 현상과 달리 ㉠과 같은 현상은 보편성뿐만 아니라 특수성도 지닌다.
⑤ ㉢에는 '인과 관계가 나타나지 않는다.'가 적절하다.

문제 접근 방법
㉠과 ㉡이 각각 자연 현상과 사회·문화 현상 중 무엇에 해당하는지 파악한다. 그리고 자연현상과 사회·문화 현상의 일반적인 특징을 파악하고 선지에 이를 대입해서 문제를 해결한다.

적용 개념
자연 현상과 사회·문화 현상의 특징
개연성과 확률의 원리
보편성과 특수성

02 다음 글의 밑줄 친 부분에 들어갈 내용으로 가장 적절한 것은?

> 과학에서 모든 현상은 '자연 발생적'인 것이 아니라 어떠한 원인에 의해 나타난 결과이며, 이러한 원인과 결과를 논리적으로 설명할 수 있어야 한다. 예를 들어 선거에서 어느 유권자가 특정 후보자에게 표를 던진 경우, 연구자들은 그 투표 행위가 아무런 이유 없이 일어난 것이 아니라 후보자의 공약, 정당, 지연, 학연 등 다양한 원인으로 인해 일어났다고 결론을 내린다. 그런데 _____는 것에 유의해야 한다. 즉, 갑이라는 유권자는 공약과 지연을 중시하고, 을이라는 유권자는 학연과 후보의 품성을 중시한다고 해도 둘 다 홍길동 후보를 선택할 수 있다.

① 하나의 원인으로 다양한 결과가 존재할 수 있다
② 결과를 바탕으로 원인을 도출하는 것은 가능하다
③ 동일한 결과가 나타나더라도 원인은 서로 다를 수 있다
④ 사회 과학에서의 인과 법칙은 확실성의 원리에 의해 지배된다
⑤ 사회·문화 현상에는 인간의 가치가 내재되어 있어 인과 관계가 명확하다

문제 접근 방법
자연 현상과 마찬가지로 사회·문화 현상도 인과 관계가 존재함을 파악한다. 그런데 사회·문화 현상은 동일한 결과라고 할지라도 하나의 원인만 작용하는 것이 아니라 다양한 원인이 동시에 작용할 수도 있음을 확인하여 문제를 해결한다.

적용 개념
사회·문화 현상의 특징
원인과 결과

03 다음 그림의 발표자가 지닌 사회·문화 현상을 바라보는 관점에 대한 옳은 설명을 〈보기〉에서 고른 것은?

> 실업 문제는 실업자가 주변 사람들과 상호 작용을 하면서
> 낙오자로 인식되는 과정에 초점을 맞추어야 합니다.
> 사회 구성원들이 실업자를 무능력자, 낙오자, 게으른 사람 등의
> 시선으로 바라보는 것이 실업자들을 위축시키고,
> 자기 스스로를 낙오자라고 인식함에 따라
> 점점 더 사회에 부적응하게 되는 문제를 낳기 때문입니다.

┤ 보기 ├

ㄱ. 개인은 각자의 주관에 따라 다양한 사회상을 만들어 낸다고 본다.
ㄴ. 사회 변동을 균형으로 돌아가기 위한 일시적인 과정으로 이해한다.
ㄷ. 사회·문화 현상의 의미는 행위 주체에 따라 다르게 규정된다고 본다.
ㄹ. 사회 규범은 전체 사회의 필요에 의해 구성원들의 합의에 기초한 것이라고 본다.

① ㄱ, ㄴ   ② ㄱ, ㄷ   ③ ㄴ, ㄷ
④ ㄴ, ㄹ   ⑤ ㄷ, ㄹ

🔎 문제 접근 방법

실업 문제의 발생 원인을 사회적 차원에서 찾고 있는지, 개인적 차원에서 찾고 있는지 파악한다. 즉 필자가 거시적 관점을 바탕으로 하는지, 미시적 관점을 바탕으로 하고 있는지를 파악하여 문제를 해결한다.

✒ 적용 개념

\# 사회·문화 현상을 바라보는 관점
\# 거시적 관점
\# 미시적 관점

---

04 사회·문화 현상을 바라보는 서로 다른 관점 (가)~(다)에 대한 옳은 설명만을 〈보기〉에서 있는 대로 고른 것은? (단, (가)~(다)는 각각 기능론, 갈등론, 상징적 상호 작용론 중 하나이다.)

(가) 개인은 수많은 사람들과의 접촉을 통해 그들에게 비쳐진 자기 모습을 바라보고 행동을 변화시켜 나가는데 그러한 과정이 사회화이다.

(나) 사회 규범은 전체 구성원의 이익과 사회의 원활한 작용에 기여하는데, 사회화를 통해 이와 같은 사회 규범이 전승됨으로써 사회의 존속이 가능해진다.

(다) 사회화에는 기존 질서 유지를 위한 특정 집단의 의지가 반영된다. 전체 구성원들의 이익을 위해 사회화가 이루어진다는 것은 사회화에 대한 올바른 평가가 아니다.

┤ 보기 ├

ㄱ. (나)와 달리 (다)는 사회 변동의 불가피성을 강조한다.
ㄴ. (다)와 달리 (나)는 사회 제도의 상호 의존 관계에 주목한다.
ㄷ. (다)와 달리 (나)는 사회화의 내용이 사회적으로 합의되었다고 본다.
ㄹ. (나)와 달리 (가), (다)는 사회 구조에 대한 분석을 통해 사회·문화 현상을 이해하고자 한다.

① ㄱ, ㄴ   ② ㄱ, ㄹ   ③ ㄷ, ㄹ
④ ㄱ, ㄴ, ㄷ   ⑤ ㄴ, ㄷ, ㄹ

🔎 문제 접근 방법

(가)는 개인이 상호 작용을 통해 사회화되어 가는 과정에 집중하고 있음을 이해한다. (나)는 사회 규범이 사회의 존속에 기여한다는 긍정적인 시각을 가지고 있음을 파악한다. (다)는 특정 집단, 즉 기득권 집단의 의지가 사회화에 반영되어 있다는 데 초점을 맞추고 있음을 이해한다.

✒ 적용 개념

\# 사회·문화 현상을 바라보는 관점
\# 기능론
\# 갈등론
\# 상징적 상호 작용론

I. 사회·문화 현상의 탐구

02 사회·문화 현상의 연구 방법

학습길잡이 • 양적 연구 방법과 질적 연구 방법의 특성과 차이점을 비교할 수 있어야 한다.
• 다양한 자료 수집 방법의 유형을 이해하고, 각 방법의 특성을 파악해 두어야 한다.

A 사회·문화 현상은 어떤 방법으로 연구할까

1 사회·문화 현상의 과학적 탐구 질문

① 과학적 지식과 과학적 탐구

• 과학적 지식 : 어떤 현상의 원인과 결과에 대하여 누구나 신뢰할 만하고 타당한 진술

• 과학적 지식을 얻기 위한 탐구 방법 : 엄밀하게 정해진 연구 방법에 따라 경험적 자료를 수집하고, 객관적·논리적으로 분석해야 함

② 방법론적 일원론과 방법론적 이원론 **1**

방법론적 일원론	자연 과학의 연구 방법을 사회 과학에도 적용할 수 있다는 입장 → 연역적 연구를 적용한 양적 연구 방법
방법론적 이원론	사회·문화 현상은 자연 현상과 근본적으로 다르기 때문에 별도의 연구 방법을 적용해야 한다는 입장 → 귀납적 연구를 적용한 질적 연구 방법

2 양적 연구 방법(실증적 연구 방법)

왜? 양적 연구 방법은 연구 과정에서 실제로 증명이 가능한 계량화된 자료를 강조하기 때문에 실증적 연구 방법이라고도 불린다.

① 의미 : 경험적 자료를 계량화하여 사회·문화 현상 속에 내재된 보편성 및 법칙성을 발견하는 연구
└ 연구자가 설문 조사, 관찰, 실험 등으로 얻은 자료를 말한다.

② 전제 : 사회·문화 현상은 자연 현상과 동일한 방법으로 연구할 수 있음
└ 방법론적 일원론이다.

③ 목적 : 사회·문화 현상에 대한 일반적인 법칙이나 이론 발견

④ 기본 입장 : 개념의 조작적 정의를 통해 계량화된 자료를 수집하고 통계적으로 분석함으로써 인과 관계를 파악하고 일반화된 법칙을 이끌어 냄 **2**

⑤ 장점과 한계

장점	• 정확하고 객관적인 연구가 가능함 • 다양한 상황에 적용할 수 있는 일반화의 정립이나 법칙의 발견에 유리함
한계	• 계량화가 어려운 인간의 주관적이고 정신적인 영역에 대한 탐구가 곤란함 • 인간의 동기, 의도, 가치가 배제된 피상적 연구에 그칠 수 있음

자료로 보는 양적 연구 사례

갑은 자기 통제력과 범죄 가능성 간에는 부(−)의 관계가 있을 것이라는 가설을 검증하기 위해 일반인 500명과 교도소에 수감되어 있는 재소자 500명을 대상으로 충동 조절 능력 지수의 점수를 파악하였다. 그 결과, 일반인들의 충동 조절 능력 지수의 평균 점수가 재소자들의 충동 조절 능력 지수의 평균 점수보다 높은 것으로 나타났다. 연구 결과를 바탕으로 자기 통제력이 낮을수록 범죄를 저지를 가능성이 높다고 결론을 내렸다.

위 연구 사례는 계량화된 자료를 수집하고 분석하여 결론을 도출하였는데, 이는 사회·문화 현상에 존재하는 일반적 법칙을 발견하고자 하는 양적 연구 방법을 적용한 연구이다.

Q 양적 연구의 장점은 무엇일까?

A 정확하고 객관적인 연구가 가능하며, 일반화나 법칙 발견에 유리하다.

개념 더하기 자료 채우기

질문 있어요

자연 과학과 사회 과학은 공통점이 있나요?
자연 현상을 대상으로 하는 연구와 사회·문화 현상을 대상으로 하는 연구는 연구 대상은 다르지만 모두 경험 과학이라는 공통점을 갖습니다. 즉, 자연 과학과 사회 과학은 모두 경험적 자료에 근거하여 현상에 대한 지식을 알아내고자 하지요. 경험적 자료는 연구자가 어떤 현상을 직접적으로 관찰하거나 조사하여 습득한 자료랍니다. 사회·문화 현상에 대한 통계 자료나 관찰 일지 등은 경험적 자료의 대표적인 사례이지요.

1 연역적 연구와 귀납적 연구

연역적 연구	귀납적 연구
기존 이론으로부터 가설을 설정하고 경험적 자료를 수집하여 분석한 후 결론을 도출하는 방법	수집된 구체적·경험적 자료를 분석하고 해석하여 일반화된 결론이나 일반적 원리를 도출하는 방법

실증적 연구 방법은 연구자가 연구 주제에 관한 가설을 먼저 설정하고 자료 수집을 통해 이에 대한 진위 여부를 확인하는 절차를 거치는 연역적 연구 방법이다. 한편, 해석적 연구 방법은 주제에 관한 자료를 수집하고 그 자료를 해석하여 결론을 도출하는 귀납적 연구 방법이다.

2 개념의 조작적 정의

개념의 조작적 정의는 추상적인 개념이나 용어를 현실 세계에 적용할 수 있도록 적합하게 조작하는 것이다. 즉, 양적 연구가 가능하도록 현재의 사실이나 현상을 있는 그대로 측정할 수 있게 본래의 뜻을 손상하지 않는 범위 내에서 실체를 대표하는 주요한 지표로 풀어 쓰는 과정이다. 예를 들어 '부모와 자녀 간의 의사소통 정도는 하루에 부모와 자녀가 대화하는 시간'으로 정의할 수 있다.

★ 용어사전

* **계량화** 어떤 현상의 특성이나 경향을 수량으로 표시하는 것
* **일반화** 다양한 개별 사례에 대한 분석을 통해 공통적인 특징을 이끌어 낸 것

3 질적 연구 방법(해석적 연구 방법) 🔒

왜? 질적 연구 방법은 연구 과정에서 인간의 행위 동기나 목적의 의미 해석과 이해를 중시하기 때문에 해석적 연구 방법이라고도 불린다.

① **의미** : 직관적 통찰*에 의해 사회·문화 현상 속에 담긴 인간의 주관적 동기나 목적 등을 이해하려는 연구 ─ 현상에 대한 체계적이고 계량화된 분석이 아닌 연구자의 지식과 판단 능력에 의존하여 감각적으로 현상의 의미를 파악하는 것이다.

② **전제** : 사회·문화 현상은 자연 현상과 다른 방법으로 연구해야 함 ┐ 방법론적 이원론이다.

③ **목적** : 사회·문화 현상 속에 담긴 인간의 행위 동기, 목적 등과 관련된 개인적·사회적 의미 이해 🔒

④ **기본 입장**

- 사회·문화 현상은 행위 주체인 인간에 의해 주관적으로 의미가 부여됨
- 연구자의 주관적 가치를 배제한 객관적 연구는 어려움
- 비공식적 자료와 공식 자료의 *이면적 분석 등을 중시함

⑤ **장점과 한계**

장점	• 개인의 행위 동기와 사회적 의미를 파악하기에 용이함 • 개별적이고 특수한 사회·문화 현상의 심층적 이해에 유용함
한계	• 정밀한 연구를 통한 일반화나 법칙 발견에 적합하지 않음 • 연구자의 주관적 가치 개입의 우려가 큼

자료로 보는 | 질적 연구 사례

A 씨는 지방 소도시의 빈민 지역에 세를 살면서 구멍가게를 운영하고 있다. 객관적으로 보면 하류층에 속하나, 그녀는 자신을 하류층이 아닌 중류층으로 인식하고 있다. 연구자는 A 씨와 면담을 통해 자신이 양반 가문에서 태어났고 친정 형제들도 중산층의 생활을 하고 있으며, 자녀들도 모두 중산층 생활을 하고 있다고 여기고 있음을 알 수 있었다. 다만, '남편을 잘못 만나서', 또는 '때를 잘못 만나서' 고생하고 있다고 생각하는 그녀에게 객관적인 계층은 별 의미가 없었다. 그녀는 자녀들의 계층적 지위를 자신의 것으로 동일시하고 있었다. 여기서 연구자는 그녀의 계층 의식은 사회·문화적 배경에서 형성된 것으로, 계층에 대한 일반적 기준으로 설명하기에는 한계가 있다고 결론을 내렸다.

위 연구 사례는 개인의 심리 상태를 면담을 통해 파악하고 있으며, 이를 통해 질적 연구가 이루어졌음을 알 수 있다. 질적 연구는 사회·문화 현상의 정확한 분석보다는 주관적 동기나 가치가 작용한 인간의 행동을 관찰하고 기술하는 데 주안점을 둔다.

Q 질적 연구의 장점은 무엇일까?

Ⓐ 개인의 행위 동기 및 의미 파악하기, 사회·문화 현상의 심층적 이해에 용이함.

4 양적 연구 방법과 질적 연구 방법의 상호 *보완 🔒

① **필요성**

왜? 양적 연구 방법과 질적 연구 방법은 각각 장점과 한계를 가지고 있기 때문이다.

- 사회·문화 현상에 존재하는 규칙성 발견에는 양적 연구가 유용함
- 사회·문화 현상에는 규칙성으로 설명할 수 없는 부분이 존재하므로 이의 이해를 위해서는 질적 연구가 유용함

② **상호 보완적 활용** : 양적 연구를 통해 파악할 수 없는 행위자의 주관적 세계에 대하여 질적 연구를 통해 보완할 수 있으며, 질적 연구가 안고 있는 객관성 부족과 일반화의 어려움을 양적 연구를 통해 보완할 수 있음

개념더하기 자료채우기

🔒 사회·문화 현상의 연구 방법에 대한 베버의 견해

베버는 사회 과학의 주요 연구 대상인 사회적 행위가 인간의 주관적 동기와 의미 부여, 그것에 대한 상호 이해와 해석을 통해 이루어진다고 보았다. 따라서 명확한 인과 관계의 법칙이 적용되는 자연 현상과 달리 직관적 이해의 방법으로 사회·문화 현상을 연구해야 한다고 보았다.

🔒 질적 연구의 의의

질적 연구는 구체적인 사회·문화 현상을 심층적으로 이해함으로써 다른 연구 방법에서 간과하기 쉬운 구체적이고 상세한 사실을 깊이 있게 이해할 수 있는 기회를 제공한다. 연구 대상을 깊이 관찰하고 면담하며, 감정적 동일시를 통하여 그들의 삶을 깊이 있게 이해함으로써 현상에 대한 본질적 이해에 근접할 수 있다.

🔒 양적 연구와 질적 연구의 상호 보완 연구 사례

저출산 문제를 연구하기 위해 부부가 어떤 감정이나 동기로 자녀를 낳지 않게 되었는지 심층 면접을 통해 파악하였다. 이 과정에서 수집된 정보를 기초로 설문지를 개발하여 설문 조사를 하였다. 그리고 이를 통계적으로 분석하여 출산율 감소의 원인을 밝혀내었다.

위의 연구 사례는 질적 연구 방법을 수행한 후 연구 결과를 일반화하기 위해 양적 연구 방법을 활용한 경우이다. 이렇게 두 연구 방법을 상호 보완적으로 사용하면 사회·문화 현상을 객관적으로 설명할 수 있을 뿐만 아니라 그러한 현상을 만들어 낸 행위의 의미를 이해함으로써 사회·문화 현상을 더 정확하게 파악할 수 있다.

✱ 용어사전

- *통찰(洞 밝다, 察 살피다) 예리한 관찰력으로 사물을 꿰뚫어 봄
- *이면(裏 속, 面 모양) 겉으로 나타나거나 눈에 보이지 않는 부분
- *보완(補 돕다, 完 완전하다) 모자라거나 부족한 것을 보충하여 완전하게 함

02 사회·문화 현상의 연구 방법

B 사회·문화 현상의 연구에 필요한 자료는 어떻게 수집할까

1 질문지법

① 의미 : 조사하고자 하는 내용을 질문지로 작성하여 조사 대상자에게 직접 기입하게 하는 방법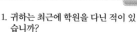

② 특징 : *구조화·표준화된 자료 수집 방법으로, 모집단으로부터 표본 집단을 추출하여 표본 조사를 실시하는 경우가 일반적임 질문
└ 정해진 질문의 틀 내에서 응답을 하여 얻은 자료를 구조화된 혹은 표준화된 자료라고 한다.

③ 장단점

장점	단점
• 짧은 시간에 적은 비용으로 많은 정보를 수집할 수 있음 • 자료 분석 기준이 명확하므로 응답자들 간의 비교가 용이함 • 정확성과 객관성이 높음	• 문맹자에게 실시하기 곤란함 • 회수율이 낮을 경우 신뢰성 문제가 발생함 • 성의 없거나 피상적으로 답할 가능성이 높음 • 표본 집단의 대표성이 낮을 경우 일반화가 곤란함

자료로 보는 | 적절하지 않은 설문 문항

1. 귀하는 최근에 학원을 다닌 적이 있습니까?
① 예.　　② 아니요.

2. 귀하가 하루 동안 사교육에 의존하는 시간은 어느 정도입니까?
① 1시간 이하
② 1시간 이상 ~ 2시간 이하
③ 2시간 이상

3. 귀하는 학원 수강과 개인 과외가 성적 향상에 도움이 된다고 생각 하십니까?
① 예.　　② 아니요.

4. 사교육비로 인해 가계의 경제적 부담이 증가하고 있습니다. 귀하는 학원비에 대한 규제가 필요 하다고 생각 하십니까?
① 예.　　② 아니요.

문항 1의 '최근에'라는 말이 현재부터 1주일 이내인지, 한 달 이내인지 명확하지 않다. 문항 2는 질문의 응답 항목 간에 배타성이 없다. 하루에 2시간 사교육을 받는다면, ②와 ③에 모두 표기해야 한다. 문항 3의 경우 하나의 질문에 '학원 수강'과 '개인 과외'의 효과 두 가지를 묻고 있다. 하나의 질문을 통해 두 개 이상의 정보를 물을 때 응답자에게 혼란을 줄 수 있다. 문항 4는 조사자의 가치가 개입되어 특정 답을 유도하고 있다.

2 실험법

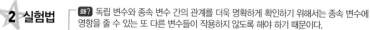
왜? 독립 변수와 종속 변수 간의 관계를 더욱 명확하게 확인하기 위해서는 종속 변수에 영향을 줄 수 있는 또 다른 변수들이 작용하지 않도록 해야 하기 때문이다.

① 의미 : 다른 변수를 통제한 후 연구 대상자에게 독립 변수를 인위적으로 처치하고 그로 인해 나타나는 종속 변수의 변화를 파악하는 방법 2

② 특징 : 주로 양적 자료를 수집하는 데 사용되며, 가장 엄격한 통제가 가해지는 자료 수집 방법임

③ 장단점
왜? 실험을 하면서 이루어지는 처치가 연구 대상에게 좋지 않은 영향을 줄 수 있기 때문이다.

장점	단점
• 독립 변수와 종속 변수 간의 인과 관계에 대한 정확한 분석이 가능하여 법칙 발견에 유리함 • 정확성, 정밀성, 객관성이 높은 결론을 도출할 수 있음	• 실험 대상이 인간이므로 연구 윤리 문제의 발생 가능성이 높음 • 통제된 상황에서의 실험 결과를 실제 사회에 적용하는 데 한계가 있음 • 완벽히 통제된 실험이 곤란함

개념 더하기 자료 채우기

1 질문지 작성 시 유의 사항

- 응답 보기 간에 중복된 내용이 없어야 한다.
- 응답 가능한 모든 보기를 제시해야 한다.
- 모호한 표현을 쓰지 않아야 한다.
- 한 문항에는 한 가지 질문만 해야 한다.
- 특정 응답을 유도하는 질문을 하지 않아야 한다.

질문 있어요

표본은 왜 모집단의 특성을 대표해야 하나요?

표본이 모집단의 특성을 고스란히 가지고 있는 정도를 대표성이라고 합니다. 이는 표본 조사 결과를 모집단으로 일반화하기 위해 표본이 필수적으로 갖추어야 할 조건이지요. 예를 들어, 고등학생의 학교 만족도를 조사하려면 표본을 선정해야 하는데 특정 지역이나 특정 학교의 학생만을 표본으로 선정했다면 이 경우의 표본은 모집단, 즉 전국의 고등학생을 대표했다고 볼 수 없습니다. 전국에서 학년별, 남녀별, 지역별 학생 비율 등을 고려하여 표본을 선정해야 표본의 대표성이 있다고 할 수 있습니다.

2 실험법의 사례

폭력 영화가 청소년의 폭력 행위에 미치는 영향을 분석하려고 한다면, 폭력 영화를 본 집단과 폭력 영화를 보지 않은 집단으로 분류해야 한다. 이때 폭력 영화를 독립 변수, 폭력 행위를 종속 변수, 폭력 영화를 본 집단을 실험 집단, 폭력 영화를 보지 않은 집단을 통제 집단이라고 한다. 이처럼 실험 집단은 독립 변수에 해당하는 실험 처치를 가하는 집단이고, 통제 집단은 비교를 위해 실험 처치를 가하지 않은 집단이다.

용어사전

* **구조화**(構 얽다, 造 만들다, 化 되다) 어떤 부분적 요소나 내용이 서로 관련하여 통일적 조직 체계를 이루거나 이루게 함
* **신뢰성**(信 믿다, 賴 의뢰하다, 性 성질) 굳게 믿고 의지할 수 있는 성질
* **변수**(變 변하다, 數 셈) 어떠한 대응 관계로 변화하는 수
* **종속**(從 좇다, 屬 무리) 딸려 따르는 것 또는 어떤 내용에 대하여 그것에 지배·좌우되는 관계에 있는 것

3 면접법

① **의미** : 조사 대상자를 직접 만나 대화로 필요한 정보를 수집하는 방법 **3**

② **특징** : 주로 질적인 자료를 수집할 때 사용하며, 비구조화·비표준화된 자료 수집에 용이하고, 조사 대상자와의 신뢰 관계 형성이 필요함 **4**

③ **장단점**

장점	단점
• 문맹자에게 적용이 가능함 • 응답자의 솔직한 답변 유도가 가능함 • 심층적 자료 수집이 가능함	• 시간과 비용이 많이 듦 • 표본을 추출하기 곤란함 • 연구자의 편견·주관적 가치 개입 가능성이 큼

왜? 면접자와 자유롭게 대화하는 과정에서 정보를 수집할 수 있고, 추가적인 질문을 하여 더 자세하게 물을 수 있기 때문이다.

4 참여 관찰법

① **의미** : 조사자가 조사 대상자와 함께 생활하거나 연구 대상의 활동에 직접 참여하여 자료를 수집하는 방법 **5**

② **특징** : 주로 질적 자료를 수집할 때 사용하며, 가장 전형적인 비구조화·비표준화된 자료 수집 방법임

└ 연구자가 미리 정해 놓은 틀이 없이 있는 그대로의 현상을 관찰하는 것이므로 가장 비구조화된 자료 수집 방법이라고 할 수 있다.

③ **장단점**

장점	단점
• 의사소통이 곤란한 대상자에게 적용 가능 • 생생한 자료로서 자료의 실제성 보장 **질문** • 조사 대상자의 일상생활을 심층적으로 이해하는 데 유리함	• 관찰자의 편견·주관적 가치 개입 가능성이 큼 • 예측하지 못한 상황이 돌발적으로 발생 가능 • 관찰하고자 하는 현상이 나타날 때까지 기다려야 함

자료로 보는 참여 관찰법과 면접법 사례

(가) 갑은 10명의 돌봄 대상 노인들과 돌봄 종사자들과 함께 생활하면서 그들을 관찰하여 자료를 수집하였다. 조사 결과 이들은 서로 일상을 공유하면서 친밀한 관계를 형성하고, 가족원과 유사한 기능을 수행하고 있음을 알게 되었다.

(나) 을은 국내 프로 축구팀 감독들을 직접 만나 대화를 통해 국가 대표 팀의 전력 향상 방안에 대하여 심층적인 정보를 수집하였다.

(가)에서 '함께 생활하면서 그들을 관찰'을 통해 갑은 참여 관찰법을 사용하여 자료를 수집하였음을 알 수 있다. (나)에서 '직접 만나 대화를 통해'로 을은 면접법을 사용하여 자료를 수집하였음을 알 수 있다.

5 문헌 연구법

┌ 기존 자료를 연구자가 현재의 연구에 이용하는 자료이다.

① **의미** : 기존 연구의 결과물인 *문헌을 통해 자료를 수집하는 방법

② **특징** : 1차 자료 수집이 어려운 경우에 2차 자료 수집용으로 활용하고, 양적·질적 자료를 모두 수집할 수 있으며, *선행 연구 파악이나 가설 설정 시 이용함

┌ 현재의 연구를 위해 연구자가 직접 수집·작성한 자료이다.

③ **장단점**

┌ 기존 문헌 자료의 신뢰성이 낮을 경우 연구의 신뢰성이 저하될 수 있다.

장점	단점
• 시간과 비용의 측면에서 효율적임 • 시간과 공간의 제약으로부터 자유로움 • 기존의 연구 동향이나 성과 파악에 적합함	• 문헌의 정확성과 신뢰성 확보 문제 발생 가능 • 문헌을 해석하는 과정에서 연구자의 편견 개입 가능

3 면접법에서의 질문 방법

면접법을 진행할 때 면접자는 면접 대상자에게 특정 답변을 이끌어 내기 위한 유도 질문을 해서는 안 된다. 또한 피면접자가 질문의 내용을 파악할 수 있도록 쉬운 언어를 사용해야 한다. 한편, 깊이 있는 질문을 통해 연구 대상자의 숨겨진 의도나 신념, 태도, 느낌 등을 파악하는 것이 중요하다.

4 구조화된 면접법

일반적으로 면접법은 유연한 진행을 특징으로 하지만 조사 대상자 간 비교 분석을 의도할 경우 질문 내용이나 방법, 절차 등을 통일시켜 진행하는 구조화된 면접법을 활용하기도 한다. 응답자가 자신의 생각을 자유롭게 기술하는 것이 아니라, 제시된 질문의 틀 안에서 응답하여 얻은 자료를 구조화된 자료라고 한다.

5 문화 연구와 참여 관찰법

문화를 연구하는 사람들은 참여 관찰법을 주로 활용한다. 직접 체험해야만 문화를 제대로 이해할 수 있다고 여기기 때문이다. 참여 관찰법을 활용한 대표적인 사례는 문화 인류학자 마거릿 미드(Mead, M.)의 연구이다. 미드는 사모아섬 청소년들의 성장 과정을 오랜 기간 관찰하고 성 역할이 후천적으로 형성된다는 점을 밝혀 현대 사회의 교육에 큰 영향을 미쳤다.

질문 있어요

자료에는 왜 실제성이 있어야 하지요?

연구자가 수집하여 분석하는 자료가 실제 연구자가 연구하고자 했던 현상과 일치하는 정도를 자료의 실제성이라고 해요. 자료의 진실성, 생생함, 사실성 등을 말하는 것이지요. 특히, 참여 관찰법은 연구자가 연구하고자 하는 사회·문화 현상을 직접 접하기 때문에 자료의 실제성 확보에 매우 유리합니다.

용어사전

* **문헌**(文 글월, 獻 드리다) 참고가 되는 서적이나 문서
* **선행**(先 먼저, 行 다니다) 남보다 앞서가는 것

올리드 포인트

A 사회·문화 현상의 연구 방법

1 양적 연구 방법

목적	사회 현상에 대한 일반적 법칙 발견
장점	• 정확하고 정밀한 연구가 가능함 • 일반적인 법칙을 발견하여 현상을 예측하는 데 유용함
한계	• 계량화하기 어려운 연구에 부적절함 • 사회 현상을 지나치게 단순화하고 기계적으로 인식함

2 질적 연구 방법

목적	인간 행위 속에 담긴 주관적 동기와 의미 이해
장점	• 계량화하기 어려운 영역을 연구할 수 있음 • 사람들의 주관적 의식을 심층적으로 이해할 수 있음
한계	• 연구 결과의 일반화에 한계가 있음 • 연구자의 주관이 개입될 소지가 있음

B 자료 수집 방법

1 질문지법

장점	• 짧은 시간에 적은 비용으로 많은 정보 수집이 가능함 • 자료 분석 기준이 명확하고 비교가 용이함
단점	• 문맹자에게 실시하기 곤란함 • 응답자가 성의 없거나 피상적으로 답할 가능성이 높음

2 실험법

장점	정확성, 정밀성, 객관성이 높은 결론을 도출할 수 있음
단점	• 연구 윤리 문제의 제기 가능성이 높음 • 실험 결과를 실제 사회에 적용하는 데 한계가 있음

3 면접법

장점	소수의 응답자로부터 깊이 있는 정보를 얻을 수 있음
단점	시간과 비용이 많이 소요되고, 표본을 구하기 어려움

4 참여 관찰법

장점	• 의사소통이 어려운 집단에 대한 자료 수집이 용이함 • 생생한 자료를 통해 자료의 실제성이 보장됨
단점	• 관찰자의 편견이나 선입견이 개입될 가능성이 높음 • 관찰하고자 하는 현상이 나타날 때까지 기다려야 함

5 문헌 연구법

장점	연구 주제에 대한 기존의 연구 동향을 알 수 있음
단점	• 문헌의 정확성과 신뢰성 확보 문제가 발생할 수 있음 • 문헌 해석 시 연구자의 편견이 개입될 가능성이 있음

01 다음 설명이 맞으면 ○표, 틀리면 ×표를 하시오.

(1) 양적 연구는 계량화하기 어려운 영역을 연구할 수 있다는 장점이 있다. ( )

(2) 일반적으로 질문지법과 실험법은 양적 자료를 수집하는 데 적절하다. ( )

(3) 자료 수집 방법 중 실험법은 자료 수집 상황에 대한 가장 엄격한 통제가 이루어진다. ( )

(4) 질문지법에 비해 참여 관찰법은 연구자의 주관이 자료 수집 과정에 개입될 가능성이 높다. ( )

(5) 참여 관찰법은 면접법과 달리 예상치 못한 변수가 발생할 경우 대처가 용이하다. ( )

02 빈칸에 들어갈 알맞은 말을 쓰시오.

(1) 사회·문화 현상에도 자연 현상과 같은 인과 관계가 나타나므로 자연 과학과 같은 방법으로 사회·문화 현상을 연구할 수 있다고 보는 이론은 방법론적 ( )이다.

(2) ( )은/는 직관적 통찰에 의해 사회·문화 현상 속에 담긴 인간 행위의 동기나 목적 등을 이해하려는 연구 방법이다.

(3) ( )은/는 추상적 개념을 측정 가능한 구체적인 개념으로 정의하는 것을 말한다.

(4) 실험법에서 인위적으로 가한 일정한 조작을 ( ) 변수라고 하며, 그 영향을 받는 변수를 ( ) 변수라고 한다.

(5) ( )은/는 가장 비구조화되고 비표준화된 자료 수집 방법이다.

03 자료 수집 방법과 그 장점을 바르게 연결하시오.

(1) 면접법 •
(2) 실험법 •
(3) 질문지법 •

• ㉠ 인과 관계를 밝히는 데 가장 적합함

• ㉡ 대규모 집단으로부터 자료를 수집하기가 용이함

• ㉢ 소수의 응답자로부터 깊이 있는 정보를 얻을 수 있음

01 다음 글에 나타난 연구 방법과 부합하는 진술로 가장 적절한 것은?

> 사회·문화 현상은 비록 주관적인 개인들이 만들어 낸 것이지만 그렇다고 해서 인간의 동기나 가치를 배제한 객관적인 연구가 불가능한 것은 아니다. 따라서 사회학자는 행위자의 행위에 대한 외면적 관찰을 통해 사회에 내재된 어떤 질서를 찾는 데 연구의 초점을 두어야 한다.

① 변수와 변수 간의 관계 파악을 중시한다.
② 공식적인 자료의 이면에 대한 분석을 중시한다.
③ 자연 현상과 사회·문화 현상의 이질성에 주목한다.
④ 자료 분석 과정에서 연구자의 주관적 가치가 개입된다.
⑤ 다수보다는 소수의 연구 대상에 대한 심층 분석을 선호한다.

★★ 중요
02 필자가 옹호하는 사회·문화 현상의 연구 방법에 대한 설명으로 옳은 것은?

> 사회·문화 현상을 모두 설명할 수 있는 이론이 있다는 것은 허구이며, 이와 같은 이론을 찾는 연구 방법은 현실에서 유용성을 가질 수 없다. 그렇기 때문에 전체를 포괄하는 연구보다는 특정한 연구 대상에 대한 이해에 연구의 초점을 맞추어야 한다. 즉, 연구자가 연구 대상과 분리될수록 대상을 정확하게 이해하기 어렵게 되므로 연구자가 연구 대상과 가능한 한 거리를 좁히고 가까이 가는 것이 그대로의 상황을 잘 이해하는 길이다.

① 결론의 재생 가능성이 높다.
② 방법론적 일원론을 바탕으로 한다.
③ 미래 예측을 위한 연구에 적합하다.
④ 1차 자료보다 2차 자료를 중시한다.
⑤ 일반적으로 귀납적 연구 절차를 밟는다.

03 다음 글에서 뒤르켐이 사용하였을 사회 과학의 연구 방법에 대한 설명으로 옳지 <u>않은</u> 것은?

> 사회학자인 뒤르켐은 자살에 대한 최초의 체계적인 연구를 한 것으로 유명하다. 그는 각국의 자살에 대한 통계 자료를 분석하여 가톨릭교도보다는 개신교도의, 기혼자보다는 미혼자의, 일반 시민보다는 군인의 자살률이 높다는 사실을 발견하였다. 또한 전시나 혁명기보다는 평시에, 경제적 안정기보다는 호황기나 침체기에 자살률이 높다는 점을 밝혀냈다.

① 정확하고 정밀한 연구가 가능하다.
② 측정과 계량화를 통한 통계적 분석을 중시한다.
③ 다양한 상황에 적용할 수 있는 일반화를 중시한다.
④ 연구자의 직관적인 통찰에 의하여 사회 현상을 분석한다.
⑤ 개념을 조작적으로 정의하는 과정을 거치는 경우가 일반적이다.

04 다음 글의 밑줄 친 '이 연구 방법'에서 주로 사용하는 자료 수집 방법에 대한 설명으로 적절하지 <u>않은</u> 것은?

> <u>이 연구 방법</u>은 사회·문화 현상이 자연 현상과는 다른 양상으로 전개될 수 있다는 특수성을 간과하여 타당한 연구 결과를 얻을 수 없다는 한계가 있다. 즉, 인간의 자율적이고 역동적인 상호 관계를 수량적 관계로 바꾸어 놓음으로써 사회·문화 현상에 내재되어 있는 인간의 의도나 가치로부터 현상을 분리하여 이해하려고 한다는 지적을 받고 있다.

① 자료의 비교·분석이 용이하다.
② 피조사자와의 교감을 중시한다.
③ 인과 관계를 밝히는 데 적합하다.
④ 조사자의 주관 개입 가능성이 낮다.
⑤ 구조화·체계화된 자료 수집이 가능하다.

05 (가), (나)에 적용될 연구 방법에 대한 설명으로 옳은 것은?

> (가) 미국의 한 문화 인류학자는 한국에서 제사를 지내고 나서 정성껏 만든 음식을 조금씩 덜어 내 주변에 버리는 고수레 풍습을 보고, 한국인들이 고수레를 하면서 가지는 마음 상태 등을 연구하기로 하였다.
>
> (나) 최근 교육부에서는 사교육비를 절감하기 위해 방과 후 학교 운영비를 적극적으로 지원해 왔다. 이에 교육부에서는 방과 후 학교 운영비 지원이 사교육비를 어느 정도 감소시켰는지 조사하기로 하였다.

① (가)의 연구 방법은 귀납적 절차보다 연역적 절차를 중시한다.

② (가)의 연구 방법은 연구 결과를 일반화할 수 있어 미래 예측이 용이하다.

③ (가)와 달리 (나)의 연구 방법은 경험적 자료를 중시한다.

④ (가)와 달리 (나)의 연구 방법은 비공식적 자료의 활용을 중시한다.

⑤ (가)와 달리 (나)의 연구 방법은 현상에 대한 이해보다는 설명을 목적으로 한다.

중요
06 (가), (나) 연구 방법에 대한 설명으로 옳은 것은?

연구 방법	연구의 결과
(가)	주당 스포츠 참여 시간이 많을수록 생활 만족도의 점수는 높아졌으므로 주당 스포츠 참여가 청소년들의 생활 만족도에 긍정적인 영향을 주는 것으로 나타났다.
(나)	다문화 가정의 결혼 이주 여성들은 한국의 가부장적 가정 문화로 인해 스트레스를 많이 느끼고 있었고 육아에 대해 많은 부담을 가지고 있었다.

① (가)는 방법론적 이원론을 바탕으로 한다.

② (나)는 주로 연역적 추론 과정을 거쳐 연구 결과를 도출한다.

③ 변수 간의 관계 파악에는 (가)보다 (나)가 용이하다.

④ (가)와 달리 (나)는 경험적 자료를 바탕으로 연구를 진행한다.

⑤ (나)와 달리 (가)는 인간의 행위를 내적 동기와 분리하여 연구한다.

07 다음과 같은 특징을 가진 자료 수집 방법에 대한 설명으로 가장 적절한 것은?

> • 모집단을 대상으로 전수 조사를 수행하기도 하지만 표본 집단을 추출하여 표본 조사를 수행하는 경우가 일반적이다.
> • 구조화·표준화된 도구를 사용하므로 측정 오류를 최소화할 수 있어 측정 결과에 대한 신뢰도가 높다.

① 자연 과학에서 가장 많이 사용한다.

② 분석 기준이 불명확하여 통계 처리가 어렵다.

③ 현상의 발생과 기록이 동시에 이루어질 수 있다.

④ 비교적 장기간에 걸쳐 수행되는 경우가 일반적이다.

⑤ 시간과 비용이 비교적 적게 들고, 자료 분석이 용이하다.

08 다음 사례에서 갑과 을이 사용한 자료 수집 방법에 대한 설명으로 옳은 것은?

> ○○ 모둠은 '인구 고령화에 따른 문제점'을 주제로 수행 평가 과제를 분담하여 진행 중이다. 모둠원 중 갑은 지난 10년간의 인구 변천과 관련된 통계 자료를 조사하기로 하였고, 을은 노년층을 직접 만나서 일상생활 속에서 느끼는 어려움을 들어 보기로 하였다.

① 갑이 수집한 자료는 1차 자료에 해당한다.

② 을의 방법은 계량화된 자료를 수집하기에 적절하다.

③ 을은 구조화되고 표준화된 도구로 자료를 수집하였다.

④ 을에 비해 갑의 자료 수집 방법은 시간과 비용 측면에서 효율적이다.

⑤ 갑과 달리 을의 자료 수집 방법은 경험적 자료 수집에 적절하지 않다.

09 A~C에 해당하는 자료 수집 방법에 대한 설명으로 옳은 것은? (단, A~C는 각각 질문지법, 면접법, 참여 관찰법 중 하나이다.)

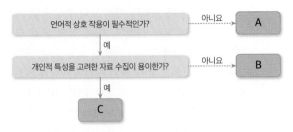

① A는 양적 자료 수집에 적절하다.

② B는 연구 대상자의 일상을 심층적으로 이해하는 데 유리하다.

③ C는 자료의 통계 및 비교·분석에 유리하다.

④ B와 달리 A는 다수를 대상으로 대량의 자료를 수집하는 데 적절하다.

⑤ A, C에 비해 B는 자료 수집 도구의 구조화 정도가 높다.

10 다음은 교사를 대상으로 한 사회 교과 연구회의 한 장면이다. 밑줄 친 '이 자료 수집 방법'에 대한 설명으로 옳은 것은?

> 사회자 : 각 모둠에서 선정한 1학기 사회 교과 연구에 대해 발표해 보세요.
> A 모둠 : 우리 모둠은 '기존의 강의식 수업보다 프로젝트 학습 방법이 학업 성취도 향상에 미치는 효과'를 연구 주제로 하겠습니다.
> B 모둠 : 우리 모둠은 '폭력적 텔레비전 프로그램 시청이 고등학교 학생들의 폭력적 성향에 미치는 영향'에 대해 알아보겠습니다.
> 사회자 : 두 모둠 모두 연구 주제를 수행하기 위해서는 이 자료 수집 방법이 적절하겠네요.

① 시·공간적 제약을 극복할 수 있다.

② 연구자의 주관이 개입될 가능성이 크다.

③ 대량의 구조화된 자료를 수집하기에 용이하다.

④ 피조사자의 깊이 있는 답변을 이끌어 내기에 용이하다.

⑤ 독립 변수와 종속 변수 간의 인과 관계 파악이 용이하다.

11 A, B에 해당하는 자료 수집 방법에 대한 설명으로 옳은 것은?

> 교사 : 질적 연구에서 주로 사용되는 A, B 자료 수집 방법에 대해 설명해 보세요.
> 갑 : A는 조사 대상자의 일상생활에 영향을 미치지 않으면서 자료를 수집하는 가장 전형적인 방법입니다.
> 을 : B는 조사 대상자와 신뢰 관계를 기반으로 한 허용적인 분위기의 형성이 중요합니다.
> 병 : A는 예측하지 못한 상황이 돌발적으로 발생할 수 있습니다.
> 정 : _____㉠_____
> 교사 : 한 명을 제외하고 다 옳게 설명했네요.

① A는 연구 주제 선정 단계에서 많이 사용된다.

② A는 특정 사안에 대한 찬반 여론 조사에서 많이 사용된다.

③ B는 조사 대상의 규모가 클 때 그 유용성이 더 강조된다.

④ B는 A와 달리 현장의 생생한 자료를 얻을 수 있다는 장점이 있다.

⑤ 'A는 B와 달리 언어적 상호 작용에 바탕을 두고 있습니다.'는 ㉠에 들어갈 수 있다.

12 다음과 같은 장점을 지니고 있는 자료 수집 방법에 대한 옳은 설명만을 〈보기〉에서 있는 대로 고른 것은?

> • 연구 대상자의 무의식적인 행동을 측정할 수 있다.
> • 연구 대상자의 반응과 상관없이 자료 수집이 가능하다.
> • 연구하고자 하는 현상이 발생하는 즉시 포착이 가능하다.

| 보기 |

ㄱ. 질적 자료 수집에 적절하다.

ㄴ. 객관적인 자료 수집에 유리하다.

ㄷ. 비교적 시간과 비용이 적게 소요된다.

ㄹ. 연구자의 존재가 연구 대상자의 행동에 영향을 줄 수 있다.

① ㄱ, ㄴ ② ㄱ, ㄹ ③ ㄷ, ㄹ

④ ㄱ, ㄴ, ㄷ ⑤ ㄴ, ㄷ, ㄹ

13 다음 질문지가 어긴 '질문지 작성 시 유의 사항'을 〈보기〉에서 고른 것은?

> 1. 다음 중 우리 피자 가게를 알게 된 동기는 무엇입니까?
>   ① 주변 사람의 권유   ② 전단지 광고   ③ 매장 간판
>
> 2. 우리 가게 피자의 토핑(베이컨, 옥수수, 올리브, 감자, 피망 등)의 양은 어떻다고 생각하십니까?
>   ① 아주 적다.   ② 적다.   ③ 보통이다.
>   ④ 많다.   ⑤ 아주 많다.
>
> 3. 피자 배달 시간은 어느 정도나 되었습니까?
>   ① 20~30분 미만   ② 30~40분 미만
>   ③ 40~50분 미만   ④ 50~60분 미만
>   ⑤ 60분

┤ 보기 ├
ㄱ. 특정 응답을 유도하는 질문을 하지 마라.
ㄴ. 응답 보기 간에 중복된 내용이 없도록 하라.
ㄷ. 한 문항에는 한 가지 질문만 들어가도록 하라.
ㄹ. 선택형 질문의 경우 응답 가능한 모든 보기를 제시하라.

① ㄱ, ㄴ   ② ㄱ, ㄷ   ③ ㄴ, ㄷ
④ ㄴ, ㄹ   ⑤ ㄷ, ㄹ

14 다음은 수행 평가 과제로 어떤 학생이 작성한 조사 계획서의 일부이다. 이에 대한 옳은 분석을 〈보기〉에서 고른 것은?

1. 조사 목적	○○ 고등학교 학생들의 주말 생활 실태 조사
2. 조사 대상	○○ 고등학교 1학년 5개 학급
3. 조사 기간	20××년 4월 5일 ~ 4월 6일
4. 자료 수집 방법	질문지법과 면접법

┤ 보기 ├
ㄱ. 양적 자료와 질적 자료를 모두 수집할 수 있다.
ㄴ. 표본 집단이 모집단의 특성을 대표하기 어렵다.
ㄷ. 1차 자료보다는 2차 자료 수집을 목표로 하고 있다.
ㄹ. 자료 수집 과정에서 객관성 확보를 가장 중시하였다.

① ㄱ, ㄴ   ② ㄱ, ㄷ   ③ ㄴ, ㄷ
④ ㄴ, ㄹ   ⑤ ㄷ, ㄹ

15 ★★중요★★ 다음 연구 사례의 문제점에 대한 진술로 옳은 것은?

> 갑은 치매 노인을 대상으로 A, B 프로그램 중 어느 프로그램이 치매 노인의 인지 능력 향상에 더 기여하는지를 알아보고자 하였다. 이를 위해 동일 병원에 입원 중이고 치매 정도가 비슷한 노인을 남녀별로 50명씩 구성하였다. 남자 노인 집단에게는 A 프로그램을 적용하였고, 여자 노인 집단에게는 B 프로그램을 적용하였다. 그 결과 치매 노인의 인지 능력 향상에 A 프로그램보다 B 프로그램이 더 효과적인 것으로 나타났다.

① 통제 집단을 구성하지 않아 연구 결과를 신뢰할 수 없다.
② 인간을 대상으로 실험법을 적용하였기 때문에 비윤리적이다.
③ 실험 집단의 표본 수가 적어 연구 결과를 일반화하기 어렵다.
④ 두 실험 집단의 구성이 동질적이지 않아 연구 결과를 신뢰할 수 없다.
⑤ 조작적 정의가 이루어지지 않아 계량화된 자료를 수집하지 못하였다.

16 다음 글에 나타난 자료 수집 방법의 일반적 특징을 〈보기〉에서 고른 것은?

> 재수생 15명을 개별적으로 만나 그들과 대화하면서 고등학교 3학년 때와 재수생으로서의 수험 생활이 어떻게 다른지 그들에게 직접 들어 봄으로써 재수생의 수험 생활에 대해 이해하고자 하였다.

┤ 보기 ├
ㄱ. 해석적 연구에 적합하다.
ㄴ. 연구 결과의 일반화에 유리하다.
ㄷ. 연구자의 주관이 개입될 우려가 있다.
ㄹ. 계량화된 자료를 수집하기에 용이하다.

① ㄱ, ㄴ   ② ㄱ, ㄷ   ③ ㄴ, ㄷ
④ ㄴ, ㄹ   ⑤ ㄷ, ㄹ

17 표는 자료 수집 방법 A~C를 비교한 것이다. 이에 대한 옳은 설명을 〈보기〉에서 고른 것은? (단, A~C는 각각 질문지법, 면접법, 참여 관찰법 중 하나이다.)

구분	A	B	C
언어를 통해 자료를 수집하는가?	예	예	아니요
(가)	아니요	예	아니요

┤ 보기 ├

ㄱ. C는 비교적 짧은 시간에 다수에게서 자료를 얻을 수 있다.

ㄴ. '질적 자료 수집에 적절한가?'는 (가)에 들어갈 수 없다.

ㄷ. A에 비해 C는 독립 변수와 종속 변수 간의 관계 파악을 위한 연구에 유용하다.

ㄹ. B가 질문지법이면, (가)에는 '구조화·표준화된 자료 수집 방법인가?'가 들어갈 수 있다.

① ㄱ, ㄴ　　　② ㄱ, ㄷ　　　③ ㄴ, ㄷ

④ ㄴ, ㄹ　　　⑤ ㄷ, ㄹ

18 ㄱ~ㄷ의 자료 수집 방법에 대한 설명으로 적절하지 않은 것은?

> 우리나라에서 젓갈 연구의 최고봉인 갑은 젓갈 연구를 위해 ㉠ 삼국사기의 신라 본기, 중국의 이아(爾雅) 등의 고서를 통해 젓갈의 유래를 살펴보았고, 최고의 젓갈을 만드는 ㉡ 명인들을 만나서 제조 기법에 대한 정보를 획득하였다. 또한 ㉢ 실제로 그들이 젓갈을 만드는 과정을 관찰하고 기록하여 이를 체계화하였다.

① ㉠은 다른 수집 방법의 보조적 기능을 수행하는 경우가 많다.

② ㉡, ㉢은 방법론적 이원론을 바탕으로 한 연구에서 주로 활용된다.

③ ㉡, ㉢은 시간과 비용 측면에서 ㉠보다는 비효율적이다.

④ ㉡, ㉢에 비해 ㉠은 시·공간적 제약이 있는 연구 주제의 자료 수집에 가장 적합하다.

⑤ ㉡보다 ㉢이 많은 사람을 대상으로 자료를 수집할 때 유용하게 사용된다.

19 다음 글을 읽고 물음에 답하시오.

> 경제 불황이 지속되면서 노숙자들의 증가가 사회 문제로 대두되자 한 대학 연구소에서는 노숙자들의 삶에 대한 연구를 위해 연구자들이 서울역과 을지로 일대에서 노숙자들과 함께 생활하였다. 연구원들은 노숙자들이 사용하는 언어와 식생활 해결 방식을 보고 관찰하면서 연구 자료를 수집하였다. 이러한 연구를 통해 노숙자들의 심리 상태와 이들이 사회에 적응할 수 있는 정신적 적응 훈련 방안을 모색하였다.

(1) 위의 사례에 적용된 연구 방법을 쓰시오.

(2) 위의 자료 수집 방법이 위 주제 연구에 적합한 이유를 서술하시오.

20 자료 수집 방법 A의 한계를 두 가지 서술하시오.

> 자료 수집 방법 A는 연구 주제에 부합하도록 사전에 측정 도구를 제작하여 사용함으로써 측정 오류를 최소화할 수 있다. 또한 조사 대상자의 익명성을 보장할 수 있어 연구 윤리에도 적합하다는 장점이 있으며, 대규모 집단을 대상으로도 자료를 수집할 수 있어 조사 결과의 일반화에도 유리하다.

21 다음 글을 읽고 물음에 답하시오.

> (가) 남태평양의 멜라네시아 군도에서는 돼지 숭배 사상이 있다. 문화 인류학자가 이들의 돼지 숭배 의미를 찾는 연구를 하려고 한다.
>
> (나) 직장인의 사내 동호회 활동이 직무 만족에 어떤 영향을 주는지 궁금했다. 사내 동호회 활동과 직무 만족도와의 상관관계를 밝히려고 한다.

(1) (가) 연구에 가장 적합한 자료 수집 방법을 쓰고, 그 이유를 서술하시오.

(2) (나) 연구에 가장 적합한 자료 수집 방법을 쓰고, 그 이유를 서술하시오.

01 다음 사례에 대한 옳은 분석만을 〈보기〉에서 있는 대로 고른 것은?

> ○○ 고등학교 방과 후 학교 담당 교사인 갑은 방과 후 학교에 대한 전체 학생들의 만족도를 조사하려고 한다. 이를 위해 갑은 2학년 2개 학급 학생을 대상으로 두 가지 방법을 동시에 실시하여 자료를 수집하고자 한다. 1안은 방과 후 학교에 대한 학생들의 만족도를 설문 조사하는 것이고, 2안은 두 개 반에서 5명씩 선정하여 방과 후 학교에 대한 불만 내용을 면접 조사하는 것이다.

┤ 보기 ├

ㄱ. 표본이 모집단을 대표하지 못하고 있다.

ㄴ. 양적 자료와 질적 자료를 모두 수집하려고 한다.

ㄷ. 2안과 달리 1안은 조사 과정에서 개념의 조작적 정의가 필요하다.

ㄹ. 2안과 달리 1안은 조사자와 조사 대상자 간의 정서적 교감이 필요하다.

① ㄱ, ㄴ   ② ㄱ, ㄹ   ③ ㄷ, ㄹ

④ ㄱ, ㄴ, ㄷ   ⑤ ㄴ, ㄷ, ㄹ

🔍 **문제 접근 방법**

1안과 2안에서 사용한 자료 수집 방법을 파악한다. 그리고 양적 연구에서 사용하는 연구 방법은 질문지법과 실험법임을 이해하고, 질적 연구에서 사용하는 연구 방법은 면접법과 참여 관찰법임을 확인한다. 이를 바탕으로 주어진 문제를 해결한다.

✏️ **적용 개념**

\# 양적 연구에서 중시하는 자료 수집 방법

\# 질적 연구에서 중시하는 자료 수집 방법

\# 개념의 조작적 정의

02 다음은 (가)~(라)를 기준으로 자료 수집 방법 ⊙~ⓒ을 구분한 것이다. 이에 대한 옳은 분석만을 〈보기〉에서 있는 대로 고른 것은? (단, ⊙~ⓒ은 면접법, 참여 관찰법, 질문지법 중 하나이다.)

- (가)를 기준으로 할 경우, ⊙~ⓒ 모두 해당한다.
- (나)를 기준으로 할 경우, ⊙, ⓒ은 해당하지만 ⓒ은 해당하지 않는다.
- (다)를 기준으로 할 경우, ⓒ, ⓒ은 해당하지만 ⊙은 해당하지 않는다.
- (라)를 기준으로 할 경우, ⓒ은 해당하지만 ⊙, ⓒ은 해당하지 않는다.

┤ 보기 ├

ㄱ. '경험적 자료를 수집하는 데 유용하다.'는 (가)에 적절하다.

ㄴ. (나)가 '일반적으로 질적 자료를 수집하는 데 활용된다.'이면 ⓒ은 질문지법이다.

ㄷ. (다)가 '주로 언어에 의존하여 자료를 수집한다.'이면 ⓒ과 달리 ⊙은 연구 대상자와의 신뢰 관계 형성이 중요하다.

ㄹ. (라)가 '연구자의 주관적 해석 가능성이 낮다.'이면 ⓒ은 실제성 있는 자료 수집에 가장 적합하다.

① ㄱ, ㄴ   ② ㄱ, ㄷ   ③ ㄷ, ㄹ

④ ㄱ, ㄴ, ㄹ   ⑤ ㄴ, ㄷ, ㄹ

🔍 **문제 접근 방법**

이 문제는 면접법, 참여 관찰법, 질문지법의 특징을 파악하는 것이 가장 중요하다. 그리고 세 자료 수집 방법의 공통점과 차이점을 파악한다.

✏️ **적용 개념**

\# 언어를 이용한 자료 수집 방법

\# 연구자의 주관 개입 가능성이 큰 자료 수집 방법

03 다음 글에 대한 분석으로 옳은 것은? (단, A~D는 각각 질문지법, 면접법, 참여 관찰법, 실험법 중 하나이다.)

> 자료 수집 방법 A, B는 연구자 개인의 가치나 주관의 개입 없이 어떤 현상이나 행위를 객관적으로 수집하는 데 적합하다. 이에 비해 자료 수집 방법 C, D에 의해 획득된 자료는 연구자의 접근 태도에 따라 연구 대상자로부터 얻는 내용이 달라질 수 있기 때문에 그 현상이나 행위를 이해함으로써 자료를 수집하는 데 적절하다. 그러므로 (가) 연구 방법은 A, B를 주로 사용하고, (나) 연구 방법은 C, D를 주로 사용한다.

① 연구자와 연구 대상자 간의 유대감 형성이 필수적인 자료 수집 방법은 A, B 중 하나이다.

② 조사 대상자의 규모가 클 때 유용성이 큰 자료 수집 방법은 C, D 중 하나이다.

③ A, B보다 C, D가 계량화된 자료 수집에 적절하다.

④ (가) 연구 방법은 복잡한 현실 세계에 내재된 규칙성을 발견하고자 한다.

⑤ (나) 연구 방법과 달리 (가) 연구 방법은 경험적 자료를 바탕으로 한다.

🔍 **문제 접근 방법**

제시문에서 '연구자 개인의 가치나 주관의 개입 없이'를 통해 A, B는 객관적인 자료 수집에 적합한 질문지법과 실험법임을 도출할 수 있다. 질문지법과 실험법은 양적 연구에서 주로 사용하는 자료 수집 방법임을 이해한다.

✏️ **적용 개념**

\# 연구자의 가치 개입 가능성이 큰 자료 수집 방법
\# 양적 연구와 질적 연구의 차이

04 〈자료 1〉은 〈자료 2〉의 자료 수집 방법 (가), (나)의 공통점과 차이점을 나타낸 것이다. ㉠~㉢에 들어갈 내용으로 옳은 것은?

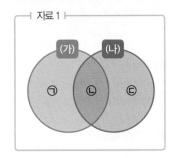

┤ 자료 1 ├

┤ 자료 2 ├

> 정부는 구제역 대응 방안의 문제점을 파악하기 위해 (가) 전체 구제역 피해 축산 농가주 1,521명을 대상으로 설문지를 배포하여 현행 구제역 대응 방안의 문제점을 조사하였고, 다른 한편으로는 (나) 구제역 방역 담당자 7명을 대상으로 현행 방역 체계의 문제점 및 개선 방안에 대한 의견을 청취하였다.

① ㉠ - 2차 자료에 해당한다.

② ㉠ - 자료의 실제성 확보에 유리하다.

③ ㉡ - 언어를 통해 자료를 수집한다.

④ ㉢ - 통계 분석 절차를 거친다.

⑤ ㉢ - 독립 변수 외에 다른 변수의 개입을 완벽히 통제하기 어렵다.

🔍 **문제 접근 방법**

1,521명은 대규모 집단이다. 대규모 집단을 대상으로 자료를 수집할 수 있는 자료 수집 방법은 무엇인지 파악한다. 그리고 소수를 대상으로 대화를 통해 자료를 수집하는 방법은 무엇인지 파악한다.

✏️ **적용 개념**

\# 질문지법과 면접법의 특징
\# 질문지법과 면접법의 공통점 및 차이점

사회·문화 현상의 연구 방법과 자료 수집 방법

Step 1 단원에서 자료 추출하기

Step 2 자료에서 핵심 추출하기

사회·문화 현상의 연구 방법

자료 ① 양적 연구 방법과 질적 연구 방법의 주제

사회 탐구 과제를 수행하기 위한 각자의 연구 주제를 발표해 보세요.

교사와의 상담과 학생 자존감 간의 상관관계를 연구하려고 해요. 갑

신입생의 학교 문화 적응에 대한 문화 기술지적 연구를 하려고 해요. 을

갑의 연구는 (가)에, 을의 연구는 (나)에 해당하는군요.

자료 ② 양적 연구와 질적 연구

연구 대상자가 구성해 내는 생활 세계에 연구의 초점을 두는가?

사회·문화 현상을 객관적으로 관찰할 수 있도록 조작적으로 정의하는 과정을 거치는가?

(가)

(나)

→ 예 ┈→ 아니요

〔 자료 해설 〕

자료 ① 갑은 교사와의 상담과 학생 자존감의 두 변수 간의 관계를 밝히고자 하므로 양적 연구 방법에 해당한다. 을은 있는 그대로의 모습을 기술하려고 하므로 질적 연구 방법에 해당한다.

자료 ② 연구 대상자의 생활 세계에 초점을 맞추는 것은 질적 연구 방법(나)이고, 조작적 정의 과정을 거치는 것은 양적 연구 방법(가)이다.

〔 자료 분석 비법 〕

양적 연구 방법은 사회·문화 현상의 원인과 결과를 밝혀 그 현상을 설명하는 데 목적이 있는 반면, 질적 연구 방법은 사회·문화 현상을 이해하고 기술하는 데 목적을 둔다.

〔 자료에서 추출한 핵심 〕 양적 연구 방법과 질적 연구 방법

양적 연구 방법	질적 연구 방법
현상을 계량화하여 분석	현상의 의미를 해석
사회·문화 현상을 설명	사회·문화 현상을 이해
• 가설 설정 • 개념의 조작적 정의	• 가설 미설정 • 감정 이입적 이해

Step 1 단원에서 자료 추출하기

Step 2 자료에서 핵심 추출하기

자료 수집 방법

자료 ① 실험법, 면접법, 참여 관찰법 비교

특징	비교
연구자의 주관 개입 가능성	A>B
연구 대상에 대한 인위적 조작 정도	B>C
비언어적 자료 수집의 용이성	C>A

* A~C는 각각 실험법, 면접법, 참여 관찰법 중 하나임

자료 ② 질문지법, 실험법, 참여 관찰법 구분

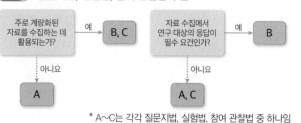

주로 계량화된 자료를 수집하는 데 활용되는가?

예 → B, C

자료 수집에서 연구 대상의 응답이 필수 요건인가?

예 → B

아니요

A

아니요

A, C

* A~C는 각각 질문지법, 실험법, 참여 관찰법 중 하나임

〔 자료 해설 〕

자료 ① A는 B보다 연구자의 주관 개입 가능성이 높고, B는 C보다 연구 대상에 대한 인위적 조작 정도가 높으며, C는 A보다 비언어적 자료 수집의 용이성이 높으므로 A는 면접법, B는 실험법, C는 참여 관찰법이다.

자료 ② 계량화된 자료는 양적 자료에 해당하므로 A는 참여 관찰법이고 B, C는 각각 질문지법과 실험법 중 하나이다. B는 자료 수집에서 연구 대상의 응답이 필수 요건이므로 질문지법이다. 따라서 C는 실험법이다.

〔 자료 분석 비법 〕

질문지법과 실험법은 양적 연구에 적합하고, 면접법과 참여 관찰법은 질적 연구에 적절하다. 질문지법과 면접법은 언어적 상호 작용이 필수적이라는 공통점이 있다. 참여 관찰법은 가장 비구조화·비표준화된 자료 수집 방법이다.

〔 자료에서 추출한 핵심 〕 자료 수집 방법의 특징

참여 관찰법	비언어적 자료 수집이 가장 용이함
실험법	연구 대상에 대한 인위적 조작 정도가 가장 높음
질문지법과 면접법	연구 대상과의 언어적 상호 작용이 필수적임

Step 3 핵심 알고 문제 풀기

(가), (나)에 해당하는 연구 방법에 대한 설명으로 옳은 것은?

예를 들어 [(가)]은/는 '청소년의 자아 존중감'과 같은 주제를 다룰 때, '청소년의 학업 성적과 자아 존중감 간의 상호 관계'와 같은 가설을 설정한 후 연구를 진행한다. 이에 비해 [(나)]은/는 청소년의 일상적 행동을 관찰하여 기록하고, 그 과정에서 발생하는 상호 작용의 분석 등을 통해 청소년의 자아 존중감을 이해하고자 한다.

① (가)는 현상에 대한 객관적 연구는 불가능하다고 본다.
② (가)는 변수와 변수 간의 관계 설정을 바탕으로 연구를 진행한다.
③ (나)는 일반화를 목적으로 연구를 진행한다.
④ (나)는 사회·문화 현상과 자연 현상 간의 동질성을 강조한다.
⑤ (나)는 (가)와 달리 개념의 조작적 정의 과정이 필수적이다.

〔 문제 해결 비법 〕

(가)는 변수끼리의 관계를 밝히고자 하므로 양적 연구에 해당하고, (나)는 자료 수집을 통해 사회·문화 현상을 이해하고자 하므로 질적 연구에 해당한다.

Step 4 고난도 문제 도전하기

다음 연구 사례에 대한 옳은 분석을 〈보기〉에서 고른 것은?

정치학자 갑은 이번 국회의원 총선거 결과를 분석 중이다. 먼저 그는 각 연령대별, 지역별 선거 참여율을 비교·분석하였다. 그리고 선거에 참여한 사람과 참여하지 않은 사람을 두 집단으로 구성하여, ㉠ 참여한 집단과 ㉡ 참여하지 않은 집단에 선거에 참여한 이유(또는 참여하지 않은 이유)와 유권자로서 평소 정치에 대해 가지고 있는 생각 등을 면접을 통해 알아보았다.

┤ 보기 ├

ㄱ. ㉠은 실험 집단, ㉡은 통제 집단에 해당한다.
ㄴ. 1차 자료와 2차 자료를 통해 연구를 진행하였다.
ㄷ. 방법론적 일원론에만 근거하여 연구를 진행하였다.
ㄹ. 1차 자료 수집은 비표준화·비구조화된 자료 수집 방법을 사용하였다.

① ㄱ, ㄴ   ② ㄱ, ㄷ   ③ ㄴ, ㄷ
④ ㄴ, ㄹ   ⑤ ㄷ, ㄹ

Step 3 핵심 알고 문제 풀기

자료 수집 방법 A, B에 대한 설명으로 옳은 것은?

A는 조사 대상자의 일상생활에 영향을 미치지 않으면서 자료를 수집하는 데 가장 유리한 방법이다. 이에 비해 B는 상황에 맞춰 연구자가 유연하게 대처할 수 있다는 장점이 있다. 그리고 A와 달리 B는 조사 대상자와 신뢰 관계를 기반으로 한 허용적인 분위기 형성이 필수적이다.

① A는 연구 주제 선정 단계에서 많이 사용된다.
② A는 다수를 대상으로 하는 여론 조사에서 많이 사용된다.
③ B는 계량화된 자료를 수집하기에 적절하다.
④ A는 B와 달리 시간과 비용, 장소의 제약에서 자유로운 편이다.
⑤ B는 A와 달리 언어적 상호 작용에 바탕을 두고 있다.

〔 문제 해결 비법 〕

'조사 대상자의 일상생활에 영향을 미치지 않으면서 자료를 수집'을 통해 A는 참여 관찰법임을 알 수 있다. '조사 대상자와 신뢰 관계를 기반으로 한 허용적인 분위기 형성이 필수적'을 통해 B는 면접법임을 알 수 있다.

Step 4 고난도 문제 도전하기

다음은 자료 수집 방법을 도식화한 것이다. (가)~(다)에 대한 옳은 설명을 〈보기〉에서 고른 것은? (단, (가)~(다)는 각각 면접법, 질문지법, 참여 관찰법 중 하나이다.)

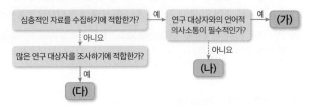

┤ 보기 ├

ㄱ. (가)는 (다)에 비해 독립 변수의 효과를 측정하기에 적절하다.
ㄴ. (나)는 (다)에 비해 2차 자료를 수집하는 데 유용하다.
ㄷ. (다)는 (가)에 비해 통계 분석을 통한 집단 간 비교에 적합하다.
ㄹ. (가)와 (나)는 질적 연구에, (다)는 양적 연구에 주로 사용한다.

① ㄱ, ㄴ   ② ㄱ, ㄷ   ③ ㄴ, ㄷ
④ ㄴ, ㄹ   ⑤ ㄷ, ㄹ

03 사회·문화 현상의 탐구 절차와 윤리

학습길잡이 • 사회·문화 현상의 탐구 절차를 이해해야 한다.
• 사회·문화 현상을 탐구할 때의 태도와 연구 윤리에 대해 파악해 두어야 한다.

A 사회·문화 현상은 어떤 절차로 탐구할까

1 양적 연구의 탐구 절차 🄳

① **문제 인식** : 연구의 주제 및 범위를 결정하고, 연구 목적 등을 확인함

② **가설 설정** : 연구 주제에 대한 잠정적인 결론을 제시하는 단계로서 독립 변수와 종속 변수 간의 관계를 논리적으로 설정함 🄳
 └ 예 게임에 중독될수록 학업 성취도가 낮을 것이다.

③ **연구 설계** : 연구 대상, 자료 수집 방법, 연구 기간 등 연구 진행에 필요한 세부적인 계획을 설계함
 └ 개념의 조작적 정의가 이루어진다.

④ **자료 수집** : 조작적으로 정의된 개념에 따라 자료를 수집함 🄳

⑤ **자료 분석** : 수집된 자료를 분석하고 통계 처리함 🄳
 └ 일반적으로 양적 연구는 질문지법과 실험법을 사용한다.

⑥ **가설 검증 및 결론 도출** : 가설과 통계 처리 결과를 바탕으로 가설의 수용 또는 기각을 결정함 → 가설이 수용될 경우 일반화를 시도함

자료로 보는 양적 연구의 절차

(가) 고등학생의 자아 존중감과 진로 선택 능력의 관계를 알아보고자 한다.
(나) 고등학생의 자아 존중감이 높을수록 진로 선택 능력이 높을 것이라는 잠정적 결론을 도출하였다.
(다) 고등학생 900명을 대상으로 자아 존중감과 진로 선택 능력을 측정하였다.
(라) 고등학생의 자아 존중감이 높을수록 진로 선택 능력이 높다는 점을 확인하였다.
(마) 연구 결과를 고등학교 진로 교육에 적용할 수 있는 방안을 제시하였다.

위 내용은 '고등학생의 자아 존중감과 진로 선택 능력의 관계'라는 주제로 진행한 연구의 과정이다. (가)는 문제 인식, (나)는 가설 설정, (다)는 자료 수집, (라)는 가설 검증, (마)는 연구 결과의 활용 단계이다. 일반적으로 양적 연구의 과정은 문제 인식, 가설 설정, 연구 설계, 자료 수집 및 분석, 가설 검증, 결론 도출 및 일반화의 단계로 이루어진다.

Q 양적 연구 과정에서 분석된 자료를 바탕으로 가설의 수용 및 기각 여부를 결정하는 것은 어떤 단계에서 이루어질까?

A 가설 검증

2 질적 연구의 탐구 절차 🄳

① **문제 인식** : 연구의 주제 및 범위를 결정하고, 연구 목적 등을 확인함

② **연구 설계** : 연구 대상, 자료 수집 방법, 연구 기간 등 연구 진행에 필요한 세부적인 계획을 설계함

③ **자료 수집** : 행위 주체의 주관적인 가치나 행위 동기 등 주관적 세계를 해석할 수 있는 경험적 자료를 수집함 🄳
 └ 일반적으로 질적 연구는 면접법과 참여 관찰법을 사용한다.

④ **자료 해석** : 감정 이입적 이해를 통해 수집된 자료에서 행위자의 주관적 가치나 동기 등을 파악함 🄳
 └ 연구자가 연구 대상자의 처지가 되어 연구 대상자가 가질 수 있는 느낌이나 의도 등의 공감대를 형성하여 대상을 이해하는 것이다.

⑤ **결론 도출** : 개별적인 자료로부터 해석된 행위자의 주관적 세계가 갖는 의미를 종합하여 결론을 도출함

개념 더하기 자료 채우기

🄳 연역과 귀납의 순환

사회 과학 연구의 과정은 하나의 순환 과정을 거친다. 이와 같은 순환 과정에서 가설을 설정하고 자료를 수집하여 검증하는 과정을 '연역적 과정'이라고 하며, 자료를 수집하여 결론을 도출하고 일반화를 이끌어 내는 과정을 '귀납적 과정'이라고 한다.

🄳 가설이 갖추어야 할 요건

• 독립 변수와 종속 변수 간의 인과 관계가 분명해야 한다.
• 개념의 조작적 정의를 통해 경험적으로 측정 가능한 문장으로 진술되어야 한다.
• 가치 중립적이어야 한다. 즉, 사실과 관련된 진술이어야 한다.

가설은 양적 연구에서 법칙을 발견할 목적으로 인과 관계의 검증을 위해 설정하는 것이므로 독립 변수와 종속 변수 간의 인과 관계가 분명해야 한다. 양적 연구는 수량화된 자료를 통계 분석하므로 추상적인 개념을 측정 가능한 구체적 개념으로 조작적 정의를 해야 한다. 또 가치 진술과 같이 가치가 개입된 진술은 증명할 수 없으므로 가설은 참인지 거짓인지를 판별할 수 있는 사실 진술이어야 한다.

🄳 자료 수집과 자료 분석 시기

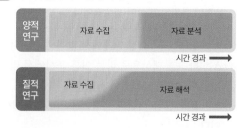

양적 연구에서는 자료가 수집된 이후 분석을 하는 것이 일반적이지만, 질적 연구에서는 자료 수집과 해석이 완전히 분리되지 않고 거의 동시에 이루어진다.

✳용어사전

****기각**(棄 버리다, 却 물리치다) 어떤 것을 버림, 내버려 문제 삼지 않음

B 연구자가 가져야 할 연구 태도는 무엇일까

1 객관적 태도 ④ 질문

① 의미 : 연구자의 선입견이나 주관적 가치, 감정적 요소, 이해관계 등을 배제하고 냉철한 제3자의 눈으로 사회·문화 현상을 인식하려는 태도 → 사실적·경험적 증거에 입각하여 연구를 수행하려는 태도

② 필요성 : 연구 과정에서 <u>객관적 태도가 지켜지지 않을 경우 연구 결과가 왜곡될 수 있음</u>
└─ 왜? 연구자가 연구 과정에 자신의 성, 연령, 종교, 사회적 지위 등의 특정한 가치를 개입시킬 경우 연구 결과가 왜곡될 수 있기 때문이다.

★2 개방적 태도 ⑤ 질문

① 의미 : 사회·문화 현상은 보는 시각에 따라 다양한 견해가 존재할 수 있다는 사실을 인정하는 태도 → 다른 연구자의 비판을 허용하는 태도

② 필요성 : 과학적 연구의 결론이라도 반증에 의해 얼마든지 진리가 아님이 밝혀질 가능성이 있는 잠정적인 진리임 ─ 사회 과학의 연구에서 도출한 결론에 절대성을 부여하는 것은 바람직하지 않다.

③ 유의점 : 어떤 사실이나 주장이 논리적으로 옳다고 하여도, 경험적으로 실증될 때까지는 하나의 가설로서만 받아들여야 함

자료로 보는   **율곡 이이의 개방적 태도**

율곡 이이는 청년 시절에 불교에 귀의한 적이 있었고, 성리학 이외의 학문은 이단으로 여기던 사회적 분위기에서 노자의 『도덕경』을 자신의 방식대로 배열하여 구결과 해설을 붙인 『순언』을 저술하는 등의 업적을 남겼다. 정통 성리학자라고 할 수 있는 이이는 당시의 성리학자들처럼 불교, 도가, 양명학, 서경덕의 기학(氣學) 등에 대하여 무조건 비판하지 않고, 성리학적 입장에서 수용하고 연구하였다. 이와 같은 그의 학문적 태도는 17세기 유학의 발전에 크게 기여하였다.

△ 율곡 이이

이이는 당시 주류였던 성리학 이외의 학문도 열린 마음으로 수용하고 연구했음을 알 수 있는데, 이를 통해 이이는 사회·문화 현상은 보는 시각에 따라 다양한 견해가 존재할 수 있다고 보는 개방적 태도를 지녔음을 알 수 있다. 이처럼 개방적 태도는 어떠한 사실이나 주장을 무조건 추종하거나 배격하지 않고 경험적으로 실증될 때까지 가설로만 받아들이는 태도이다.

Q 위의 사례와 같이 연구 과정에서 나오는 다른 이질성을 용인할 수 있는 태도를 무엇이라고 할까?
A 개방적 태도

---

3 상대주의적 태도 ⑥

① 의미 : 사회·문화 현상이 나타나는 사회의 특수성을 인식하고, 그 현상이 지닌 고유한 가치와 의미를 그 사회의 맥락에서 이해하는 태도

② 필요성 : 같은 사회·문화 현상이라도 <u>시대와 사회에 따라 다른 의미를 지닐 수 있으므로</u> 상대주의적 태도를 갖지 않으면 그 의미를 제대로 파악하기 어려움
└─ 사회·문화 현상은 그것이 발생한 맥락이나 배경 속에서 의미를 갖는다는 사실을 인식해야 한다.

---

④ 객관적 태도와 상호 주관성

연구자는 연구 과정에서 자신의 주관에 치우치지 않는 객관적 태도를 유지해야 하지만 어떤 경우에는 상호 주관성만 확보해도 객관적인 연구를 하기 위해 노력한 것으로 이해받을 수 있다. 상호 주관성이란 여러 사람들의 주관 속에 공유되는 주관성을 말한다.

⑤ 개방적 태도

망원경으로 별의 움직임을 관찰한 갈릴레이는 지구가 태양 주위를 돈다는 코페르니쿠스의 지동설을 옹호하였다. 그러나 태양계의 중심이 지구라고 믿었던 그 당시 사람들은 그의 주장을 받아들이지 않았다. 기존의 이론을 절대적 진리라고 생각하여 합리적 검증 절차 없이 지동설이라는 새로운 주장을 무조건 배척했으므로 개방적 태도가 부족했음을 알 수 있다.

✊질문 있어요

객관적 태도와 개방적 태도는 어떤 관계가 있나요?
객관적 태도는 연구 대상에 대해 가져야 할 태도이며, 개방적 태도는 다른 연구자나 연구 내용에 대해 가져야 할 태도입니다. 개방적 태도는 주관성이 개입될 우려가 있는 사회 과학에서 상호 비판을 허용함으로써 연구 결과의 객관성을 높이는 데 이바지할 수 있지요.

⑥ 문화 연구와 상대주의적 태도

세계 여러 민족의 문화를 연구하는 데 상대주의적 태도는 필수적이다. 문화는 그것이 존재하는 사회의 자연환경이나 역사적 배경을 떠나서는 의미를 가질 수 없기 때문이다. 만약, 목욕을 자주 하지 않는 사막 지역 유목 민족의 문화를 우리의 입장에서 평가한다면 그들의 문화가 갖는 가치를 바르게 이해할 수 없다.

✱용어사전

✱ **반증**(反 돌이키다, 證 증거) 어떤 사실이나 주장이 옳지 않음을 그에 반대되는 근거를 들어 증명하는 것
✱ **실증**(實 열매, 證 증거) 실제로 증명함

4 성찰적 태도 🔟

① **의미** : 사회·문화 현상을 그대로 받아들이지 않고 현상의 이면에 담긴 의미나 원리 등을 적극적이고 능동적으로 살펴보는 태도 → 사회·문화 현상 내면의 인과 관계나 의미를 파악하여 사회적 적합성 여부를 판단하는 태도

② **필요성** : 사회·문화 현상을 보이는 그대로 수용하고 당연시하면 현상의 의미를 제대로 파악하기 어려움 – **왜?** 다수의 사람이 상식이라고 여기는 주장 중에는 사실과 다른 것들이 많다.

자료로 보는 **성찰적 태도의 의의**

우리 사회의 많은 가정에서 계승하고 있는 제사 관습은 사람들에게 당연한 일로 여겨져 왔다. 그런데 왜 오늘날 제사가 이런 형태로 지속되어야 하는지, 예를 들어 왜 음식은 여자들이 차리는지, 왜 절은 주로 남자들이 하는지와 같은 의문을 제기할 수 있다.

제사 음식은 왜 여자만 차리고, 왜 남자만 절을 하는지에 대해 의문을 가져볼 수 있다. 이렇게 함으로써 제사 문화라는 사회·문화 현상을 그대로 받아들이지 않고 현상의 이면에 담긴 의미 등을 파악해 볼 수 있다. 이처럼 기존에 당연하게 생각하던 것에서 벗어나기 위해서는 사회·문화 현상을 비판적이고 성찰적으로 바라보는 태도를 가져야 한다.

Q 성찰적 태도가 필요한 사례에는 무엇이 있을까? 음 삼사라미호 을방한 등유판한한 배 위

⭐ 5 가치 중립과 가치 개입 2️⃣

① **가치 중립의 의미와 필요성**

• **가치 중립** : 연구자가 자신의 주관적인 가치를 배제하고 객관적으로 연구를 수행하는 것 └─ 연구자가 아무런 가치를 가져서는 안 된다는 의미가 아니라 자신의 가치 때문에 연구 과정이나 결과가 왜곡되어서는 안 된다는 의미이다.

• **가치 중립의 필요성** : 연구자의 가치를 완전히 배제할 수는 없으나, 연구 수행 과정에서 연구자의 자의적 해석이나 특정 가치의 주입 등 주관적 가치를 개입하여 왜곡하면 연구 결과를 신뢰하기 곤란함 3️⃣

② **가치 개입** : 연구자가 연구 과정에서 자신의 주관적 가치를 개입시켜 연구하는 태도 또는 특정한 가치를 전제하고 탐구에 임하는 자세

③ **연구 과정에서의 가치 개입과 가치 중립** 4️⃣ ┌─ 어떤 특정한 가치를 전제하고 탐구에 임하는 것이다.

연구 단계	가치 문제	내용
문제 제기 및 가설 설정, 연구 설계	가치 개입	연구 주제를 선정하거나 가설을 설정할 때에는 연구자의 의도와 가치가 개입되는 것을 피할 수 없음
자료 수집 및 분석	가치 중립	연구의 객관성을 유지하고 사실의 왜곡을 방지하기 위하여 가치 중립이 반드시 필요함
가설 검증 및 결론 도출	가치 중립	연구의 결론을 왜곡하면 그릇된 일반화를 초래할 수 있으므로 가치 중립이 반드시 필요함
결론 적용 및 대안 모색	가치 개입	연구자의 바람직한 가치 판단에 의해 연구 결과를 적절히 활용하면 사회 발전에 도움이 됨

└─ 양적 연구를 기준으로 구분한 연구 단계이다.

개념 더하기 자료 채우기

🔟 성찰적 태도

성찰한다는 것은 당연하게 여기고 넘길 수 있는 것을 그냥 지나치지 않고 적극적·능동적으로 탐구하는 자세를 말한다. 이러한 태도는 과학적 연구의 호기심과 연구 동기를 제공하기 때문에 과학의 출발점이 된다. 또한 연구 과정에서도 끊임없이 자신의 연구를 반성하며 살펴보게 함으로써 더욱 타당하고 객관적인 연구를 가능하게 한다.

2️⃣ 사실과 가치

사실	• 인간의 주관적인 가치 및 평가와 무관하게 존재하는 현상에 대한 진술 • 경험적 자료에 의해 참 또는 거짓 여부를 판단할 수 있고, 존재 법칙에 의해 설명됨 **예** 있다 또는 없다. 많다 또는 적다 등
가치	• 현상에 대한 인간의 주관적인 평가나 주장이 반영된 진술 • 경험적 자료에 의해 참 또는 거짓 여부를 판단할 수 없고, 당위 법칙에 의해 설명됨 **예** 옳다 또는 그르다, 좋다 또는 나쁘다 등

3️⃣ 가치 중립적인 태도와 연구의 객관성

가치 중립적인 태도는 다양하거나 대립하는 가치 중 특정 가치를 선호하거나 선택하지 않고 가치로부터 자유로운 자세를 갖는 것이다. 사회 과학에서는 탐구 행위와 사회·문화 현상의 가치 함축성으로 인해 가치 중립적인 태도를 갖추기 쉽지 않다. 결국 가치 중립적인 태도는 현실에서 완전하게 지켜지고 있는 태도라기보다 연구의 객관성을 확보하기 위해 요구되는 이상적인 태도라고 할 수 있다.

4️⃣ 연구 단계에 따른 가치 중립과 가치 개입

✹ 용어사전

＊**성찰**(省 살피다, 察 살피다) 허물이나 저지른 일들을 반성하여 살피는 것

C 연구자가 가져야 할 연구 윤리는 무엇일까

1 사회·문화 현상의 탐구에서 연구 윤리의 필요성 🔟

① 사회·문화 현상 탐구의 특성 : 사회·문화 현상의 탐구는 인간을 대상으로 하기 때문에 자연 과학보다 엄격한 윤리성이 요구됨

② 인간의 존엄성 존중 : 연구자는 연구 과정이나 결과의 활용에서 인간의 존엄성을 존중하는 연구 윤리를 지켜야 함

★ 2 연구 대상자와 관련된 윤리 원칙 🔟

① 연구 대상자의 인권 존중

- 연구 대상자에게 연구 목적을 알리고 동의를 구하며 <u>불가피한 경우에는</u> <u>사후 동의를 구함</u> └ ⑩ 조사 대상자의 사전 인지가 조사 대상자의 행동에 영향을 크게 주는 경우

- 연구 참여에 따라 예상되는 피해 등을 알려야 하며, 연구 대상자의 안전과 이익을 최대한 고려해야 함

② 연구 대상자의 사생활 보호 : 연구자는 수집된 연구 대상자의 개인 정보를 연구 목적 이외의 용도로 사용해서는 안 되며 철저하게 *익명성을 보장해야 함
└ 익명성 보장은 연구 대상자의 솔직한 행동이 나타날 수 있게 하여 연구 결과의 신뢰성을 높이는 데도 기여한다.

3 연구 과정 및 결과의 공표와 관련된 윤리 🔟

① 정직한 방법으로 자료를 수집하고, 자료 분석 과정에서 의도한 결론을 도출하기 위해 자료를 조작해서는 안 됨

② 다른 연구자의 연구물을 표절하지 않아야 하고, 활용하는 경우 그 출처를 밝혀야 함
└ 타인의 독창적인 아이디어 또는 창작물을 적절한 출처 없이 활용함으로써, 제3자에게 자신의 창작물인 것처럼 인식하게 하는 행위이다.

③ 이익을 얻을 목적으로 연구 결과를 은폐, 왜곡, 축소, 과장해서는 안 됨

④ 연구 성과가 사회적으로 악용되지 않도록 유의해야 함

⑤ 연구 결과의 공표로 인해 발생할 수 있는 조사 대상자나 제3자의 인권 침해에 유의해야 함 질문
└ 연구 결과를 중복하여 학술지에 게재하는 행위 등도 정직하지 못한 연구 행위에 해당한다.

자료로 보는 연구 대상자와 관련된 연구 윤리 위반 사례

연구자 갑은 탈북 청소년의 한국 사회 적응 현황을 연구하고자, 한 탈북 단체를 방문하여 연구 의의를 설명한 후 회장의 동의를 얻어, 탈북 청소년 100여 명의 학교 재적 현황과 졸업 이후의 진로, 가족 현황 등의 자료를 받아 연구 보고서를 작성하였다. 그리고 연구의 신뢰도를 확보하기 위해 탈북 단체의 이름과 탈북 청소년 100여 명의 명단과 연락처를 부록으로 첨부하였다.

갑은 연구 대상자가 아니라 단체의 회장에게만 동의를 얻어 연구를 진행하였고, 연구 결과물에 연구 대상자의 개인 정보를 노출함으로써 연구 대상자의 익명성을 보장하지 않고 사생활을 침해하는 결과를 초래하였다. 이는 연구 대상자와 관련된 연구 윤리를 위반한 경우이다.

Ⓠ 연구 대상자의 익명성을 보장해야 하는 이유는 무엇일까?

Ⓐ 연구 대상자의 개인 정보 유출을 막아 사생활을 보호하고 솔직한 답변을 얻기 위해서이다.

개념 더하기 자료 채우기

🔟 실험과 연구 윤리

실험은 본질적으로 윤리적 논쟁을 유발한다. 실험 대상이 인간이고, 실험 과정에서 필연적으로 실험 대상자들에게 실험자가 의도하거나 의도하지 않은 변화가 생기기 때문이다. 이에 따라 실험은 사회·문화 현상의 탐구에서 제한적으로 활용되거나 철저한 윤리적 검증을 거쳐 실시되어야 한다.

🔟 연구 대상자의 자발적 참여와 연구 윤리

연구자는 연구 대상자에게 연구에 대한 자세한 정보를 제공해야 하고, 연구 대상자가 연구에 참여할지 여부를 자유롭게 결정할 수 있도록 해야 한다. 연구자가 자신의 연구에 참여하도록 하기 위하여 거짓 정보를 제공하거나 강압적으로 연구에 참여하도록 하는 것 등은 연구 윤리에 위배된다.

🔟 연구 윤리 확보를 위한 지침

- 연구 대상자의 인격 존중 및 공정한 대우
- 연구 대상자의 개인 정보 및 사생활의 보호
- 사실에 기초한 정직하고 투명한 연구의 진행
- 자신 및 타인의 저작물 활용 시 적절한 방법으로 출처를 밝히는 등 ……
- 연구비 지원 기관의 이해관계에 영향을 받지 않고, 연구 결과물에 연구와 관련된 모든 이해관계 명시

우리나라에서는 교육부 훈령을 통해 연구 윤리 확보를 위한 지침을 내리고 있다. 위의 조항들은 연구자의 역할과 책임을 명시한 것이다.

💬 질문 있어요

연구 후원자의 정보도 보호해야 하나요?

사회·문화 현상의 연구에서 연구 대상자에 대한 정보와 달리 연구 후원자에 대한 정보는 원칙적으로 공개될 필요가 있어요. 경제적 지원 등을 통해 연구를 후원하는 개인이나 집단을 공개하지 않는다면 연구의 순수성이나 객관성을 의심받을 수 있기 때문이에요.

✱ 용어사전

* **익명**(匿 숨기다, 名 이름) 어떤 행위를 한 사람이 누구인지 드러나지 않는 것

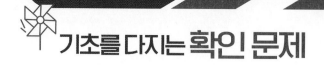

A 사회·문화 현상의 탐구 절차

양적 연구 절차	문제 인식 및 연구 목적 설정 → 가설 설정 → 연구 설계 → 자료 수집 및 분석 → 가설 검증 → 결론 도출 및 일반화
질적 연구 절차	문제 인식 및 연구 목적 설정 → 연구 설계 → 자료 수집 및 해석 → 결론 도출

B 사회·문화 현상의 연구 태도

1 사회·문화 현상의 연구자가 가져야 할 연구 태도

객관적 태도	연구자의 선입견이나 주관적 가치, 이해관계 등을 배제하고 제3자의 눈으로 사회·문화 현상을 인식하려는 태도
개방적 태도	사회·문화 현상은 보는 시각에 따라 다양한 견해가 존재할 수 있다는 사실을 인정하는 태도
상대주의적 태도	사회·문화 현상이 지닌 고유한 가치와 의미를 그 사회의 맥락에서 이해하는 태도
성찰적 태도	사회·문화 현상 내면의 인과 관계나 의미를 파악하여 사회적 적합성 여부를 판단하는 태도

2 가치 개입과 가치 중립

구분	가치 개입	가치 중립
의미	연구자가 자신이나 사회의 특정한 가치를 개입시켜 탐구에 임하는 것	연구자가 자신의 가치를 개입시키지 않고, 객관적인 증거에 입각하여 탐구하는 것
연구 단계	연구 주제 선정, 가설 설정, 연구 설계, 연구 결과 활용	자료 수집 및 자료 분석, 가설 검증 및 결론 도출

C 사회·문화 현상의 탐구와 연구 윤리

구분	연구 윤리
연구 대상자 관련	• 연구 대상자의 사전 동의 혹은 사후 동의를 획득함 • 연구 대상자의 안전과 이익을 최대한 고려함 • 연구 대상자의 익명성을 보장하여 사생활을 보호함
연구 과정 및 연구 결과 공표 관련	• 자료 수집 및 분석 과정에서 자료 조작을 금지함 • 다른 연구물을 활용하는 경우 그 출처를 밝힘 • 연구 결과를 은폐·왜곡·축소·과장해서는 안 됨 • 연구 성과가 사회적으로 악용되지 않도록 유의함 • 연구 결과의 공표로 인해 생길 수 있는 조사 대상자나 제3자의 인권 침해에 유의함

01 다음 설명이 맞으면 ○표, 틀리면 ×표를 하시오.

(1) 양적 연구 절차와 달리 질적 연구 절차에서는 개념의 조작적 정의 과정을 거치지 않는다. ( )

(2) 연구 설계는 연구 대상, 자료 수집 방법, 연구 기간 등을 계획하는 과정이다. ( )

(3) 개방적 태도는 자기의 주장보다는 다른 사람의 주장을 우선적으로 받아들이는 태도를 의미한다. ( )

(4) 결론 적용 및 대안 모색 단계에서는 연구자의 가치를 최대한 배제해야 한다. ( )

(5) 연구 과정에서 연구 대상자의 사전 동의를 구해야 하며, 불가피한 경우 사후 동의를 구해야 한다. ( )

02 빈칸에 들어갈 알맞은 말을 쓰시오.

(1) 양적 연구와 달리 질적 연구에서는 ( )을/를 설정하지 않는 경우가 일반적이다.

(2) 과학적 연구의 결론이라도 반증 가능한 잠정적인 진리임을 인정하고 비판을 허용하는 태도를 ( ) 태도라고 한다.

(3) 자료의 분석 및 가설 검증, 결론 도출 과정에서는 연구자에게 가치 ( ) 태도가 요구된다.

(4) 연구자는 연구 대상자의 ( )을/를 보장하여 연구 대상자의 사생활이 침해되는 것을 방지해야 한다.

03 사회·문화 현상의 탐구 태도와 그 설명을 바르게 연결하시오.

(1) 객관적 태도 •
(2) 개방적 태도 •
(3) 상대주의적 태도 •

• ㉠ 자신의 주장에 대한 비판을 허용하는 것

• ㉡ 현상의 가치와 의미를 그 사회의 맥락에서 이해하는 것

• ㉢ 경험적 증거에 따라 제3자의 눈으로 현상을 인식하는 것

01 (가)와 비교한 (나) 연구 방법의 특징에 대한 진술로 옳은 것은?

① 연구자의 가치 개입을 배제하는 데 유리하다.
② 분석 기준이 명확하여 통계 처리가 용이하다.
③ 가설을 검증하는 것은 불가능하다고 간주한다.
④ 연구에 소요되는 시간과 비용을 최소화할 수 있다.
⑤ 법칙을 발견하는 것에 큰 의미를 부여하지 않는다.

02 사회 과학의 연구 과정과 관련하여 밑줄 친 '이것'에 대한 옳은 설명만을 〈보기〉에서 있는 대로 고른 것은?

> 변수와 변수 간의 관계를 논리적으로 설정한 이것은 측정과 계량화, 통계 분석 등을 통해 검증이 가능하게 진술되어야 한다. 그리고 비록 연구자의 가치가 개입되어 선정되지만, 그렇다고 해서 가치 판단에 관한 진술이어서는 안 된다.

┤ 보기 ├
ㄱ. 연구 목적과 부합되게 진술되어야 한다.
ㄴ. 질적 연구보다는 양적 연구에서 중시된다.
ㄷ. 변수 간의 정(+)의 상관관계를 밝히는 것을 목적으로 한다.
ㄹ. 과학적 검증을 통해 타당성이 인정되면 이론으로 발전하게 된다.

① ㄱ, ㄴ ② ㄱ, ㄷ ③ ㄷ, ㄹ
④ ㄱ, ㄴ, ㄹ ⑤ ㄴ, ㄷ, ㄹ

★★ 중요

03 다음은 어떤 연구 논문의 차례이다. 이에 대한 설명으로 옳은 것은?

> Ⅰ. 연구 목적
> Ⅱ. 이론적 배경
> Ⅲ. 연구 가설 설정
> Ⅳ. 연구 설계
> Ⅴ. 자료 수집 및 분석
>   1. A 집단과 B 집단의 사전 동질성 비교
>   2. A 집단과 B 집단의 사전·사후 점수 비교
> Ⅵ. 결론

① 귀납적 추론을 통해 결론을 도출하였다.
② 개념의 조작적 정의는 Ⅴ에서 이루어진다.
③ A 집단과 B 집단 모두 독립 변수가 처치되었다.
④ 방법론적 이원론에 바탕을 두고 연구가 진행되었다.
⑤ Ⅳ와 달리 Ⅴ에서는 연구자의 가치가 배제되어야 한다.

04 A, B에 해당하는 개념에 대한 옳은 설명을 〈보기〉에서 고른 것은?

> 질적 연구와 달리 양적 연구의 과정은 A 설정이 이루어진다. 독립 변수와 종속 변수 간의 관계를 가상적으로 밝히는 A는 연구 설계 이후의 B 단계를 거쳐 수용될지 기각될지가 결정된다.

┤ 보기 ├
ㄱ. A는 가치 중립적으로 진술되어야 한다.
ㄴ. A는 경험적으로 검증 가능한 진술이어야 한다.
ㄷ. A, B가 일치하지 않으면 A에 맞게 B 내용을 수정해야 한다.
ㄹ. A 설정 단계, B 단계에서는 모두 연구자의 가치 개입이 최대한 배제되어야 한다.

① ㄱ, ㄴ ② ㄱ, ㄷ ③ ㄴ, ㄷ
④ ㄴ, ㄹ ⑤ ㄷ, ㄹ

05 ⊙, ⓒ에 대한 옳은 설명을 〈보기〉에서 고른 것은?

> '수준별 수업으로 인한 학업 성취도 향상은 중학생보다 초등학생이 더 높을 것이다.'라는 가설을 생각해 보자. 이 가설은 '수준별 수업'이라는 개념과 '학업 성취도'라는 개념을 포함하고 있는데, '수준별 수업'을 '학생들의 수준에 맞춰 반을 편성한 후 진행하는 수업'이라고 정의한다면 이는 ⊙ 개념 정의에 해당한다. 반면, '학업 성취도는 학생의 학교 내신 성적의 변화 정도로 측정한다.'로 정의한다면 이것은 ⓒ 개념의 조작적 정의에 해당한다.

> ┤ 보기 ├
> ㄱ. 질적 연구에서 ⊙ 과정은 필요하지 않다.
> ㄴ. 양적 연구에서 ⓒ 과정은 필수적이다.
> ㄷ. ⓒ은 계량화를 목적으로 하는 과정이다.
> ㄹ. 하나의 개념에 대해 ⊙, ⓒ은 동시에 행해질 수 없다.

① ㄱ, ㄴ ② ㄱ, ㄷ ③ ㄴ, ㄷ
④ ㄴ, ㄹ ⑤ ㄷ, ㄹ

06 다음 사례에 대한 분석으로 옳지 <u>않은</u> 것은?

> ○○ 지역의 고등학생 1,000명을 대상으로 '본인의 진로 설정에 어려움을 느껴 본 적이 있는가'라는 질문에 85%가 그렇다고 응답했고, 여학생보다 남학생이 더 어려움을 느낀 것으로 나타났다. 그리고 이들 중 무작위로 선정한 10명을 만나 구체적으로 물어본 결과 자신의 적성에 대한 판단 혼란, 진로 정보 부족 등이 이유인 것으로 나타났다.

① 통계적 기법을 활용하지 않았다.
② 양적 자료와 질적 자료를 수집하였다.
③ 언어적 상호 작용을 통해 자료를 수집하였다.
④ 연구 대상자의 내면세계를 파악하려는 시도를 하였다.
⑤ 연구 결과를 전국의 고등학생에게 일반화하기에는 적합하지 않다.

중요
07 다음 연구 사례에 대한 옳은 분석만을 〈보기〉에서 있는 대로 고른 것은?

> 갑은 ⊙ □□ 수업 방법이 기존의 수업 방법보다 학생의 ⓒ 작문 실력을 높일 것이라는 잠정적 결론을 바탕으로 다음과 같이 연구를 진행하였다. 먼저, A 지역에 거주하는 고등학생에게 ⓒ 작문 테스트를 실시하여 실력이 비슷한 100명을 선발하여 각 50명씩 두 집단으로 나눈 후 6개월 동안 ② 한 집단에게는 □□ 수업 방법을 추가하여 적용하고, ⑩ 다른 집단에게는 기존의 수업 방법대로 수업을 실시한 다음 변화를 살펴보았다. 그 결과 □□ 수업 방법을 적용한 집단의 작문 실력을 그렇지 않은 집단과 비교해 보니 유의미한 차이가 없는 것으로 나타났다.

> ┤ 보기 ├
> ㄱ. 갑이 세운 가설은 검증되었다.
> ㄴ. ⊙은 독립 변수, ⓒ은 종속 변수이다.
> ㄷ. ②은 종속 변수를 두 번 측정하지만 ⑩은 한 번 측정한다.
> ㄹ. ⓒ은 ②, ⑩의 동질성을 확보하기 위해 종속 변수를 측정한 것이다.

① ㄱ, ㄷ ② ㄴ, ㄹ ③ ㄷ, ㄹ
④ ㄱ, ㄴ, ㄷ ⑤ ㄱ, ㄴ, ㄹ

08 (가)~(마)는 학생들이 세운 가설이다. 이에 대한 평가로 적절하지 <u>않은</u> 것은?

> (가) 선(善)하게 살면 행복한 삶을 살 것이다.
> (나) 도시화율이 높아질수록 핵가족 비율이 증가할 것이다.
> (다) 노인 인구 비율이 증가하면 고령화 정도가 높아질 것이다.
> (라) 인생에서 성공하기 위해서는 좋은 친구를 만나야 할 것이다.
> (마) 부모와의 대화 시간과 청소년의 비행 정도는 관련이 있을 것이다.

① (가)는 검증이 불가능하다.
② (나)는 계량화를 통해 검증이 가능하다.
③ (다)는 변수 간의 관계가 명확하나 동어 반복이다.
④ (라)는 당위적인 진술이고 검증이 불가능하다.
⑤ (마)는 검증의 필요성이 있고 변수 간 관계가 뚜렷하다.

09 다음 글의 B에 해당하는 진술만을 〈보기〉에서 있는 대로 고른 것은?

> 사회·문화 현상을 이해할 때에는 A와 B를 구분해야 한다. 여기서 A는 어떤 현상이 존재하고 있음을 표현하는 것이고, B는 어떤 현상에 대한 인간의 주관적 평가를 통하여 바람직한 방향을 제시하려는 당위성을 내포하고 있다.

| 보기 |
- ㄱ. 사회적 부담을 덜기 위해 출산율을 높여야 한다.
- ㄴ. 한국의 출산율은 세계 최저 수준인 것으로 나타났다.
- ㄷ. 출산율을 높이기 위해 육아 휴직 기간을 늘려야 한다.
- ㄹ. 출산율의 저하는 우리나라에서 가장 심각한 사회 문제이다.

① ㄱ, ㄴ ② ㄴ, ㄹ ③ ㄷ, ㄹ
④ ㄱ, ㄴ, ㄷ ⑤ ㄱ, ㄷ, ㄹ

10 〈보기〉는 연구 과정을 순서 없이 나열한 것이다. 다음 연구 과정 중 반드시 가치 중립을 지켜야 하는 단계를 〈보기〉에서 고른 것은?

| 보기 |
- ㄱ. 인터넷 유해 사이트가 청소년 비행에 많은 영향을 끼쳤음이 확인되었다.
- ㄴ. 청소년들을 대상으로 인터넷 유해 사이트 접속 빈도와 비행 빈도를 조사하였다.
- ㄷ. 청소년들의 인터넷 유해 사이트 접속을 차단하기 위한 인터넷 등급제 실시가 필요함을 강조하였다.
- ㄹ. 인터넷 유해 사이트를 많이 접한 청소년일수록 비행 빈도가 높을 것이라고 잠정적 결론을 내렸다.

① ㄱ, ㄴ ② ㄱ, ㄷ ③ ㄴ, ㄷ
④ ㄴ, ㄹ ⑤ ㄷ, ㄹ

11 다음 글의 주장과 부합하는 진술로 가장 적절한 것은?

> 사회 과학자는 다양하거나 대립하는 가치 중 특정 가치를 선호하거나 선택하지 않고 가치로부터 자유로운 자세를 지녀야 한다. 하지만 사회 과학에서는 탐구 대상과 탐구 행위 주체가 주관을 지닌 인간이기 때문에 이와 같은 자세를 갖는 것은 어려울 수밖에 없다. 그럼에도 불구하고 연구 결과가 진실인가 아니면 허위인가 하는 것은 개인의 주관이 개입되지 않은, 전적으로 관찰을 통하여 얻어진 경험적 자료에 근거한 것인가 여부로 판명된다.

① 가치 함축적인 현상은 연구 대상에서 제외해야 한다.
② 연구자는 올바른 가치를 바탕으로 연구에 임해야 한다.
③ 사회·문화 현상의 연구는 법칙 발견을 목적으로 해야 한다.
④ 연구자는 자신의 연구 결과에 대해 사회적 책임을 져야 한다.
⑤ 연구자는 자료 수집과 분석 과정에서 가치를 개입시켜서는 안 된다.

12 (가)~(라)는 연구 과정을 순서 없이 나열한 것이다. 이에 대한 설명으로 옳지 <u>않은</u> 것은?

> (가) 수집한 자료를 분석한 결과 가설이 타당함이 밝혀졌다.
> (나) 상벌점제의 실시가 학생들에게 어떤 영향을 미쳤는지 궁금해졌다.
> (다) 6대 대도시 학교의 상벌점제 시행 전후의 교칙 위반 실태를 조사하였다.
> (라) 상벌점제의 시행으로 학생들의 일탈 행동이 감소하였을 것이라는 잠정적인 결론을 내렸다.

① '개념의 조작적 정의'는 (다) 이후에 이루어진다.
② 연구 설계는 (라) 이후의 단계에 해당한다.
③ (나) → (라) → (다) → (가) 순으로 연구가 이루어진다.
④ (가), (다)와 달리 (나), (라)에서는 연구자의 가치 개입이 불가피하다.
⑤ 연구 결과를 일반화하기는 어렵다는 비판을 받을 수 있다.

13 필자의 주장에 부합하는 진술로 가장 적절한 것은?

> 인간은 경험의 동물이다. 이는 경험을 통해 배우고 판단한다는 의미이다. 하지만 자신의 경험만을 기준으로 모든 것을 이해한다면 이는 아집에 불과하다. 특히 사회 과학자는 자신의 경험에서 벗어나 상대의 경험을 수용하게 되면 자신의 경험을 확장할 수 있을 뿐 아니라 진리에 보다 가까이 접근할 수 있게 된다. 그렇다고 해서 이것이 자신의 경험에 따른 주장을 버리라는 이야기는 아니다. 자신의 주장을 분명히 하면서도 상대의 주장을 이해하고 포용하라는 것이다.

① 연구 과정에서 객관적 태도를 유지해야 한다.
② 제3자의 관점에서 사회·문화 현상을 바라보아야 한다.
③ 자신의 연구 과정이나 결과에 대한 다른 연구자의 비판을 허용해야 한다.
④ 사회·문화 현상이 지닌 고유한 가치와 의미를 그 사회의 맥락에서 이해해야 한다.
⑤ 사회·문화 현상을 수동적으로 받아들이지 않고, 이면에 담긴 의미나 원리를 파악해야 한다.

14 밑줄 친 '오류'가 발생하는 이유로 가장 적절한 것은?

> 사회 과학에서 연구자가 흔히 범하는 오류 중 하나는 다른 사람을 바라보고 평가할 때 연구자 자신을 그 사람의 입장에 대입하는 것이다. 예를 들어, 집단 따돌림을 당하는 학생의 심리를 연구하면서 자신의 어릴 적 모습이나 동일 연령대에 있는 본인의 자녀를 생각하면서 그 학생의 심리 상태를 바라보는 것이 그 사례이다. 이와 같은 오류에 바탕을 둔 연구 결과는 현상을 온전히 반영하고 있다고 보기 힘들다.

① 사회·문화 현상은 인간의 의지가 개입되므로
② 관찰자와 관찰 대상이 엄격히 분리되지 않았으므로
③ 사회·문화 현상은 보편성보다는 특수성이 강하게 나타나므로
④ 사회·문화 현상은 가치 함축적이어서 규칙성을 도출할 수 없으므로
⑤ 사회 과학은 계량화할 수 없는 현상을 연구하는 데 적합하지 않으므로

15 다음은 사회 과학자에게 요구되는 연구 태도를 갖추기 위한 공통된 조언들이다. 이 연구 태도에 대한 진술로 가장 적절한 것은?

> • 사회·문화 현상에서 사실과 가치를 분리하여, 가치를 배제한 사실만을 연구 대상으로 삼고, 사실로 이루어진 경험적 자료에 근거하여 주장을 검증하려는 자세를 견지한다.
> • 연구자가 속한 사회나 시대의 지배적인 가치가 연구자도 모르는 사이에 연구자를 통해 연구에 개입될 수 있음을 늘 유의한다.

① 사회·문화 현상이 발생한 맥락을 고려하여 이해한다.
② 새로운 사실이나 타인의 주장을 편견 없이 받아들여야 한다.
③ 냉정한 제3자의 입장을 바탕으로 사회·문화 현상을 분석한다.
④ 과학적 연구의 결론이라고 할지라도 잠정적인 가설로 받아들인다.
⑤ 사회·문화 현상의 이면에 담겨 있는 원인이나 결과를 능동적으로 살펴본다.

16 ㉠에 들어갈 사회·문화 현상의 탐구 태도로 가장 적절한 것은?

> 티베트에서는 시신을 정해진 장소에 놓아두어 새들이 먹게 하는 조장(鳥葬)이라는 장례를 치른다. 춥고 건조한 기후 탓에 매장이나 화장 등이 쉽지 않았으며, 유목 생활로 이동이 잦아 한곳에 정착하여 무덤을 보살필 수 없기 때문에 이런 풍습이 생겨났다. 티베트인은 조장을 통해 인간이 다시 자연으로 돌아간다고 여겨 이를 숭고하게 생각한다. 이처럼 그 사회의 맥락에서 살펴보면 처음에는 인식하지 못했던 문화적 가치들을 발견하게 된다. 따라서 우리는 사회·문화 현상을 탐구할 때 (㉠)를 가져야 한다.

① 현상을 비판하는 성찰적 태도
② 인간과 자연의 조화를 중시하는 태도
③ 문화의 상대적 가치를 인정하는 태도
④ 자신의 연구 결과에 대한 비판을 수용하는 태도
⑤ 사실과 가치를 엄격히 분리하여 연구하려는 태도

중요

17 다음 사례의 연구가 지닌 문제점을 연구하기 위한 주제로 가장 적절한 것은?

> 연구자 갑은 유해 매체 접촉과 청소년의 비행이 서로 관련이 깊을 것이라고 가정하고, 이 가설을 입증하기 위한 연구를 하였다. 그는 청소년 10명을 선정하여 유해 매체 접촉 이후의 반응을 직접 실험하였다. 연구자는 연구 대상자가 연구의 목적을 알고 조사에 임할 경우, 연구 결과가 정확하게 나오지 않을 것을 우려하여 그에 대한 자세한 정보를 제공하지 않은 채 연구 대상자인 청소년들에게 선정적이고 폭력적인 내용을 담은 매체를 3일 동안 제공하였다. 그런 후에 연구 대상자들과 면접을 실시하였는데 그들은 실험 과정에서 비행을 저지르는 방법을 배웠으며, 비행에 대한 충동을 강하게 느꼈다고 이야기했다.

① 과학은 사회 발전에 어떤 기여를 하는가?
② 가치 중립적인 연구 태도가 왜 중요한가?
③ 가설 검증에 유용한 연구 방법은 무엇인가?
④ 과학적 연구 결과를 어떻게 활용할 것인가?
⑤ 연구 대상자의 인권을 어떻게 보호할 것인가?

18 다음 글에 대한 비판으로 가장 적절한 것은?

> 자신의 연구와 실험 결과가 인류의 복지에 얼마나 기여할 것인가 또는 유해할 것인가를 측정하는 가치 판단의 문제는 과학의 영역이 아니다. 다시 말하면 과학자는 자신의 연구를 통하여 발견한 진리를 공표할 책임만을 가질 뿐이며 그 학문적 성과가 인류 복지에 이용될 것인가, 그렇지 않으면 범죄 행위에 악용될 것인가의 문제는 생각하지 않아도 된다.

① 연구자는 항상 냉정한 제3자의 자세를 견지해야 한다.
② 자료 수집 및 분석 단계에서는 최대한 가치를 배제해야 한다.
③ 연구 결과의 활용에 대한 적극적인 가치 판단이 있어야 한다.
④ 연구 주제의 선정 과정에서는 연구자의 가치가 배제되어야 한다.
⑤ 과학자는 자신의 주관적 가치로 인해 연구의 객관성을 훼손해서는 안 된다.

19 다음 그림을 보고 물음에 답하시오.

> 이제 곧 명절이어서 어머님들이 시장을 보고 차례 음식을 장만하느라고 바쁘시더라.

> 왜 명절이면 여자들만 차례 음식을 준비하느라 고생인 걸까? 여자들은 절도 하지 못하는데……. 언제부터 이런 관습이 생겨났고 왜 지금까지 유지되는 걸까?

갑   을

(1) 을의 발언을 통해 도출할 수 있는 사회·문화 현상의 탐구 태도를 쓰시오.

(2) (1)의 이유를 서술하시오.

20 다음은 어느 연구 과정을 순서 없이 나열한 것이다. (가)~(라)의 연구 단계를 밝히고, 이 중 반드시 가치 중립적 자세를 지녀야 하는 단계를 서술하시오.

> (가) 가족의 구성 형태가 여성에게 미치는 영향이 궁금해졌다.
> (나) 우리나라의 가족 형태, 직장 여성의 비율, 여성에 대한 인식 변화 등을 조사하였다.
> (다) 핵가족화가 확산될수록 여성의 사회·경제적 지위가 향상될 것이라는 결론을 도출하였다.
> (라) 수집한 자료를 토대로 핵가족화와 여성의 사회·경제적 지위 변화 간의 상관관계를 연구하였다.

21 사회·문화 현상의 탐구 태도와 관련하여 다음 글이 공통적으로 말하고자 하는 바를 서술하시오.

> • 사회·문화 현상의 연구에서 연구자와 연구 대상을 분리하는 것은 매우 어렵다.
> • 모든 사람에게는 자신이 속한 사회의 가치나 규범이 내재하고 있는데, 이는 한편으로는 편견으로 작용할 수 있다.

01 다음 자료에 대한 옳은 설명만을 〈보기〉에서 있는 대로 고른 것은?

> 연구에 사용할 가설이 좋은 가설인지의 여부는 몇 가지 기준에 의해 평가할 수 있다.
> 좋은 가설은 다음 ㈎~㈐를 충족시켜야 한다.
> ㈎ 가설은 검증이 가능해야 한다.
> ㈏ 가설은 검증 필요성이 있어야 한다.
> ㈐ 가설은 변수 간의 관계가 분명해야 한다.

┤ 보기 ├
ㄱ. '도시화율이 높을수록 핵가족 비율이 증가할 것이다.'는 ㈎~㈐ 모두를 충족시킨다.
ㄴ. '국내 총생산이 증가하면 경제가 성장할 것이다.'는 ㈐는 충족시키지만 ㈏는 충족시키지 못한다.
ㄷ. '1인당 국민 소득과 삶의 만족도는 관련이 있다.'는 ㈎, ㈏는 충족시키지만 ㈐는 충족시키지 못한다.
ㄹ. '본성이 선한 사람일수록 타인에 대한 배려심도 깊을 것이다.'는 ㈏, ㈐는 충족시키지만 ㈎는 충족시키지 못한다.

① ㄱ, ㄷ   ② ㄱ, ㄹ   ③ ㄴ, ㄹ
④ ㄱ, ㄴ, ㄷ   ⑤ ㄴ, ㄷ, ㄹ

ⓟ 문제 접근 방법

가설의 충족 요건 ㈎~㈐가 의미하는 바를 이해한다. 그리고 보기의 진술이 가설의 성립 요건 ㈎~㈐를 충족시키는지 파악하여 문제를 해결한다.

ⓘ 적용 개념

\# 가설의 정의
\# 가설의 성립 요건

---

02 다음은 청소년 비행의 원인에 대한 연구 결과이다. 이에 대한 분석으로 적절하지 <u>않은</u> 것은?

> ㈎ 연구 주제 : 청소년 비행에 영향을 주는 요인은 무엇인가?
> ㈏ 연구 가설 : 가정 요인보다 학교 요인이 청소년 비행에 미치는 영향이 더 클 것이다.
> ㈐ 조사 대상 : 비행으로 인해 학내·외 처벌을 받은 청소년 1,500명
> ㈑ 자료 수집 및 분석 결과

(단위 : %)

구분	가정 요인				학교 요인				대인 관계			계
	가정 불화	자유 방임	엄격	계	성적	흥미	고립	계	비행 친구	폭력 서클	계	
남자	26	14	12	52	16	10	6	32	10	6	16	100
여자	14	10	20	44	14	14	10	38	8	10	18	100
계	20	12	16	48	15	12	8	35	9	8	17	100

① 양적 연구가 진행되었다.
② ㈏의 가설은 ㈑에 의해 수용되었다.
③ ㈎, ㈏에서 연구자의 가치가 개입된다.
④ ㈐는 모집단의 특성을 대표하는 표본 집단이다.
⑤ ㈑에서는 연구자의 가치 개입이 배제되어야 한다.

ⓟ 문제 접근 방법

사례가 양적 연구인지 질적 연구인지 파악한다. 그리고 연구 절차를 통해 가설의 수용 여부를 확인한다. 그 과정에서 연구 자체가 가지는 문제점을 파악한 후 문제를 해결한다.

ⓘ 적용 개념

\# 가설의 수용 및 기각
\# 표본의 대표성
\# 가치 중립과 가치 개입

03 ㉠~㉽에 대한 옳은 설명만을 〈보기〉에서 있는 대로 고른 것은?

> ㉠ 학업 성취도에 ㉡ 협동 학습 프로그램의 적용이 긍정적 영향을 미칠 것이라는 가설이 타당함을 입증하기 위한 실험을 설계할 때에는 원칙적으로 ㉢ 협동 학습 프로그램을 적용할 학생 집단과 ㉣ 예전처럼 강의식 수업을 적용할 학생 집단을 구성해야 한다. 물론 실험 처치 ㉤ 이전의 상태를 확인하는 절차를 거칠 필요가 있다. 그리고 실험 과정을 거친 후 ㉥ 두 집단의 변화 내용을 비교해야 한다.

보기

ㄱ. ㉠은 독립 변수, ㉡은 종속 변수에 해당한다.
ㄴ. 학업 성취도는 ㉢, ㉣에서 각각 2회 측정된다.
ㄷ. ㉤에서는 종속 변수의 측정이 이루어진다.
ㄹ. ㉥을 통해 ㉣과 달리 ㉢의 종속 변수가 높아졌다면 가설은 수용된다.

① ㄱ, ㄴ ② ㄱ, ㄷ ③ ㄴ, ㄹ
④ ㄱ, ㄷ, ㄹ ⑤ ㄴ, ㄷ, ㄹ

문제 접근 방법

가설을 확인하고 독립 변수와 종속 변수를 찾아낸다. 그리고 사용한 자료 수집 방법이 실험법임을 파악하고 독립 변수와 종속 변수를 어떻게 측정했는지 파악하여 문제를 해결한다.

적용 개념

독립 변수와 종속 변수
가설의 수용과 기각

04 (가), (나)에 대한 옳은 설명을 〈보기〉에서 고른 것은?

> (가) 갑은 폭력적인 인터넷 게임이 초등학생의 인성에 미치는 영향을 알아보기 위해 초등학생 10명을 6개월간 하루 3시간씩 폭력적인 인터넷 게임에 노출하게 하였다. 그 결과 두 변수 간의 상관관계는 확인되었으나 학생들은 6개월 전에 비해 폭력적 성향이 강하게 나타났다.
>
> (나) 실험법을 바탕으로 자료를 수집하고자 하는 을은 사전 동의를 구할 경우 피실험자에게 영향을 미쳐 왜곡된 결과가 도출될 수 있다고 보고 이를 생략한 것은 물론 연구 이후에도 사후 동의를 구하지 않았다.

보기

ㄱ. (가)에서는 피조사자의 익명성을 보장하지 않았다.
ㄴ. (가)에서는 연구자의 자발적 참여가 보장되지 않았다.
ㄷ. (나)에서 을은 연구의 객관성을 확보하려고 하였다.
ㄹ. (가), (나) 모두 연구 대상자의 인권을 고려하지 않은 사례이다.

① ㄱ, ㄴ ② ㄱ, ㄷ ③ ㄴ, ㄷ
④ ㄴ, ㄹ ⑤ ㄷ, ㄹ

문제 접근 방법

(가), (나)에서 위배한 연구 윤리가 무엇인지 파악하여 문제를 해결한다.

적용 개념

연구 대상자와 관련된 연구 윤리
연구 대상자에 대한 사전 동의와 사후 동의

| 단원 수능 빈출 유형

바른답·알찬풀이 14쪽

 양적 연구와 실험법

다음 연구에 대한 옳은 설명만을 〈보기〉에서 있는 대로 고른 것은?

> 연구자 갑은 주변에 방관자들이 있으면, 곤경에 처한 사람이 낯선 사람으로부터 도움을 받을 가능성이 줄어든다는 '방관자 효과'를 검증하기 위한 연구에 착수하였다. 우선 갑은 접이식 커튼을 쳐, 보이지는 않지만 소리를 들을 수 있는 공간을 만들었다. 그리고 그곳에서 연구 대상자들에게 의자에 오르다 떨어져 도움을 청하는 노인의 녹음된 비명을 듣게 하였다. 연구 대상자들은 두 집단으로 구분되었는데, 한 연구 조건에서는 ㉠ 연구 대상자만 있게 했고, 다른 연구 조건에서는 의도적으로 노인의 비명에 반응하지 않도록 연구자와 공모한 방관자들을 ㉡ 연구 대상자와 함께 있게 했다. ㉢ 방관자들의 존재 여부에 따른 반응을 비교한 결과, '나 홀로 조건'에서는 연구 대상자의 70％가 도움을 주려고 한 반면, '방관자 조건'에서는 20％만이 도움을 주려고 하였다.

┤ 보기 ├
ㄱ. ㉠은 실험 집단, ㉡은 통제 집단에 해당한다.
ㄴ. ㉢은 독립 변수에 해당한다.
ㄷ. 실제성이 높은 현장 자료를 얻기 용이한 자료 수집 방법을 사용하였다.
ㄹ. 연구자가 설정한 상황을 바탕으로 연구 대상자를 관찰하는 자료 수집 방법을 사용하였다.

① ㄱ, ㄷ　　② ㄴ, ㄷ　　③ ㄴ, ㄹ
④ ㄱ, ㄴ, ㄹ　　⑤ ㄱ, ㄷ, ㄹ

>> 유형 분석 양적 연구 사례 분석 문제는 출제 빈도가 매우 높다. 독립 변수와 종속 변수의 구분, 가설의 기각 여부, 사용된 자료 수집 방법을 묻는 경우가 일반적이다.

☑ 공략법
❶ 연구 방법과 사용된 자료 수집 방법이 무엇인지를 파악한다.
❷ 가설을 분석하여 독립 변수와 종속 변수를 구분한다.

 질문지법, 면접법, 참여 관찰법의 특징

(가)～(다)의 일반적인 특징에 대한 설명으로 옳은 것은? (단, (가)～(다)는 각각 면접법, 질문지법, 참여 관찰법 중 하나이다.)

자료 수집 방법	사례
(가)	청소년 일탈을 연구하기 위해 가족 간 대화 빈도와 일탈 행동을 측정할 수 있는 설문 문항을 개발하여 전국의 중·고등학생 2,000명을 대상으로 조사를 실시하였다.
(나)	초등학생의 음악 활동과 사회성 간의 관계를 연구하기 위해 초등학생 20명과 심층 인터뷰를 하여 오케스트라 활동이 친구 관계에 미치는 영향을 탐구하였다.
(다)	실외 놀이를 통해 나타나는 유아들의 특징을 살펴보고자 4개월간 ○○ 어린이집에 머물며 유아들의 행동과 대화 내용, 놀이 상황 등 전반적인 상황을 모두 기록하였다.

① (가)는 (나)보다 질적 자료 수집에 용이하다.
② (나)와 달리 (다)는 연구자의 주관적 가치가 개입될 우려가 있다.
③ (다)와 달리 (가)는 인위적으로 통제된 상황에서 변수의 효과를 관찰한다.
④ (가)에 비해 (나), (다)는 연구 대상에 대해 심층적으로 파악하기 용이하다.
⑤ (나)와 달리 (가), (다)는 자료 수집 과정에서 언어를 매개로 한 상호 작용이 필수적이다.

>> 유형 분석 다양한 자료 수집 방법의 특징을 묻는 문제는 출제 빈도가 매우 높다. 따라서 질문지법, 면접법, 실험법, 참여 관찰법, 문헌 연구법의 특징 및 장단점을 파악해 두어야 한다.

☑ 공략법
❶ (가)～(다)에 해당하는 자료 수집 방법을 파악한다.
❷ 선택지에서 각 자료 수집 방법의 특징을 바르게 비교한 것을 골라낸다.

48 I. 사회·문화 현상의 탐구

유형 3 · 면접법, 실험법, 질문지법, 참여 관찰법의 특징 비교

다음은 자료 수집 방법 A~D를 분류한 것이다. 이에 대한 설명으로 옳은 것은? (단, A~D는 각각 면접법, 실험법, 질문지법, 참여 관찰법 중 하나이다.)

구분		주로 계량화된 자료를 수집하는 데 활용되는가?	
		예	아니요
(가)	예	A	B
	아니요	C	D

① (가)는 '인위적으로 통제된 상황에서 변수의 효과를 관찰하는 방법인가?'가 적절하다.

② (가)가 '언어적 상호 작용에 의한 자료 수집이 필수적인가?'라면 A는 질문지법, D는 참여 관찰법이다.

③ (가)가 '자료 수집 시 연구 대상자의 응답이 필수 요건인가?'라면 B는 면접법, C는 질문지법이다.

④ A가 질문지법이라면 (가)는 '다수를 대상으로 한 자료 수집에 주로 사용되는가?'가 적절하다.

⑤ B가 참여 관찰법이라면 (가)는 '연구자가 현상이 실제로 발생한 현지에 가서 연구해야 하는가?'가 적절하다.

▶▶ 유형 분석 표를 통해 각 자료 수집 방법의 특징, 공통점과 차이점을 묻는 형식은 요즘 수능에서 빈번하게 출제되고 있다. 각 자료 수집 방법의 특징만을 개별적으로 이해하는 데서 나아가 상호 비교할 수 있어야 문제를 해결할 수 있는 경우가 많다.

☑ 공략법
❶ 주어진 구분 기준에 따라 '예'와 '아니요'로 묶인 A, C와 B, D가 무엇인지를 확인한다.
❷ (가)의 내용에 따라 달라지는 A~D를 파악하고 바르게 설명한 선지를 골라낸다.

유형 4 · 사회·문화 현상의 연구 윤리

갑, 을이 강조하는 연구 윤리에 대한 옳은 설명을 〈보기〉에서 고른 것은?

연구자는 연구 목적과 절차, 연구가 미칠 수 있는 영향 등을 연구 대상자에게 공지하고 자료 수집에 대하여 허락을 받아야 합니다.

갑

연구자는 정직한 방법으로 자료를 수집해야 하며, 의도한 결론을 이끌어 내기 위해 자료를 왜곡하여 분석해서는 안 됩니다.

을

┌ 보기 ┐
ㄱ. 공동 연구 성과를 단독 연구 성과로 발표하는 것은 갑이 강조하는 연구 윤리에 어긋난다.
ㄴ. 연구 대상자에게 연구 참여에 대한 동의를 받지 않는 것은 갑이 강조하는 연구 윤리에 어긋난다.
ㄷ. 연구 의뢰자의 이익을 위해 자료를 조작하여 분석하는 것은 을이 강조하는 연구 윤리에 어긋난다.
ㄹ. 갑은 자료 분석 단계에서, 을은 연구 결과 발표 단계에서 지켜야 할 연구 윤리를 강조하고 있다.

① ㄱ, ㄴ   ② ㄱ, ㄷ   ③ ㄴ, ㄷ   ④ ㄴ, ㄹ   ⑤ ㄷ, ㄹ

▶▶ 유형 분석 연구 윤리와 관련된 문제는 그동안 자주 출제되지는 않았지만 최근에는 출제되는 빈도가 예전보다 높아지고 있다. 연구 대상자와 관련된 연구 윤리, 연구 과정 및 결과 공표와 관련된 연구 윤리를 파악해 둘 필요가 있다.

☑ 공략법
❶ 갑과 을이 말하고 있는 연구 윤리가 무엇인지 파악한다.
❷ 선택지를 살펴보고 갑과 을이 강조하는 연구 윤리에 부합하는 선택지를 골라낸다.

01 사회·문화 현상의 이해

● 자연 현상과 사회·문화 현상

자연 현상	사회·문화 현상
• 의미 : 자연계의 질서에 따라 인간의 의지와 상관없이 나타나는 현상 • 특징 　– 몰가치성 : 인간의 의지와 관계없이 발생하므로 가치 판단이 불가능함 　– 존재 법칙 : 인간의 인식 여부와 관련 없이 자기 스스로의 원리에 따라 사실 그대로 존재함 　– 보편성 : 시간과 장소를 초월하여 항상 동일한 현상이 나타남 　– 필연성과 확실성의 원리 : 원인이 동일하면 결과는 예외 없이 동일하게 나타남	• 의미 : 인간의 의지와 행동에 따라 인위적으로 발생하는 현상 • 특징 　– 가치 함축성 : 인간의 의지, 감정 등이 내포되어 있어 가치 판단이 가능함 　– 당위 법칙 : '마땅히 ~해야 한다'와 같이 인간의 규범적 요구가 반영되어 나타남 　– 보편성과 특수성 : 보편성뿐만 아니라, 시간과 공간에 따라 다르게 나타나는 특수성이 존재함 　– 개연성과 확률의 원리 : 인과 법칙이 존재하지만 예외적인 현상이 나타날 수 있어 법칙의 정립과 예측이 어려움

● 사회 과학의 연구 경향

세분화 경향	• 배경 : 연구 대상인 사회가 복잡하고 다양해짐에 따라 세분화되고 전문화된 연구 필요 • 양상 : 전통적인 사회 과학이 더욱 전문화된 영역으로 세분화되면서 응용 사회 과학이 등장함
간학문적 경향	• 배경 : 개별 학문의 이론과 방법으로는 복잡한 현대 사회·문화 현상을 종합적으로 이해하기 어려움 • 양상 : 복합적인 원인과 양상으로 나타나는 사회·문화 현상에 대해 다양한 학문적 관점과 탐구 방법이 종합적으로 적용됨

● 사회·문화 현상을 바라보는 관점

거시적 관점	기능론	• 사회는 구성 요소들이 상호 의존하고 있는 부분들의 유기적 체계이며, 사회 구성원들의 합의에 의해 역할 및 기능이 분배됨 • 균형, 통합, 사회 구성원 간의 협동을 강조하며, 현재의 상태를 유지·보전하면서 사회를 결속시키는 데 중점을 둠 • 기존 질서나 권력의 유지에 기여하고, 사회 변동을 경시한다는 한계를 지님
	갈등론	• 사회는 희소가치를 둘러싼 구성 요소들 간의 상호 대립 관계이며, 사회 구성 요소들의 역할과 기능은 지배 집단의 강제와 억압에 의해 결정된다고 봄 • 강제, 변동, 사회 구성원 간의 갈등을 강조하고, 현재의 사회 모습을 변화시켜 사회를 원하는 방향으로 바꾸는 데 중점을 둠 • 협동과 조화를 경시하고, 사회의 존속과 통합을 경시한다는 한계를 지님
미시적 관점	상징적 상호 작용론	• 인간은 자율성을 지닌 능동적인 존재이며, 사물이나 행위에 복잡한 의미를 부여할 수 있는 상징을 활용할 수 있음 • 사회·문화 현상을 만들어 내는 인간의 주관적 동기와 의미를 중시하며, 개인은 나름대로의 방식으로 사회나 주어진 상황을 해석·정의하여 행동한다고 봄 • 구체적인 일상생활을 관찰함으로써 인간의 능동적인 사고와 행위의 측면을 설명함 • 개인의 행동에 영향을 미치는 사회 구조의 거대한 힘을 간과하고, 거시적 수준의 일반적인 법칙 발견이 곤란하다는 한계를 지님

02 사회·문화 현상의 연구 방법

• 양적 연구 방법과 질적 연구 방법

양적 연구 방법	질적 연구 방법
• 의미 : 경험적 자료를 계량화하고 분석하여 사회·문화 현상 속에 내재된 보편성을 발견하는 방법 • 특징 : 정확하고 객관적인 연구가 가능함, 계량화가 어려운 인간의 주관적인 영역에 대한 탐구가 곤란함	• 의미 : 직관적 통찰에 의해 사회·문화 현상 속에 담긴 인간의 동기나 목적 등을 이해하려는 방법 • 특징 : 개인의 행위 동기와 사회적 의미를 파악하기에 용이함, 정밀한 연구를 통한 일반화나 법칙 발견에 적합하지 않음

• 자료 수집 방법

질문지법	• 시간과 비용이 적게 들고, 자료 분석 기준이 명확하고 비교가 용이함 • 문맹자에게 실시 곤란, 회수율이 낮을 경우 신뢰성 문제 발생, 응답자가 성의 없거나 피상적으로 답할 가능성 존재
실험법	• 정확성, 정밀성, 객관성이 높은 결론을 도출할 수 있으며, 인과 관계를 정확하게 분석 가능함 • 실험 대상이 인간이므로 연구 윤리 문제의 제기 가능성이 높음
면접법	• 깊이 있는 정보를 구할 수 있으며 문맹자에게도 실시 가능함 • 시간과 비용이 많이 소요되고 표본을 구하기 어려우며 조사자의 편견 개입 가능성이 높음
참여 관찰법	• 의사소통이 어려운 집단에 대한 자료 수집이 용이하고, 생생한 자료를 통해 실제성이 보장됨 • 관찰하고자 하는 현상이 나타날 때까지 기다려야 함
문헌 연구법	• 시간과 공간을 초월한 자료 수집에 적합하며, 연구 주제에 대한 기존의 연구 동향을 알 수 있음 • 문헌 자체에 대한 신뢰성 문제 발생 우려가 있고, 문헌 해석 시 연구자의 편견이 개입될 가능성이 있음

03 사회·문화 현상의 탐구 절차와 윤리

• 양적 연구 절차와 질적 연구 절차

양적 연구 절차	문제 인식 → 가설 설정 → 연구 설계 → 자료 수집 → 자료 분석 → 가설 검증 → 결론 도출
질적 연구 절차	문제 인식 → 연구 설계 → 자료 수집 → 자료 해석 → 결론 도출

• 사회·문화 현상의 연구 태도

객관적 태도	선입견이나 주관적 가치, 감정적 요소, 이해관계 등을 배제하고 제3자의 눈으로 사회·문화 현상을 인식하려는 태도
개방적 태도	사회·문화 현상은 보는 시각에 따라 다양한 견해가 존재할 수 있다는 사실을 인정하는 태도
상대주의적 태도	사회·문화 현상의 고유한 가치와 의미를 그 현상이 발생한 사회의 맥락에서 이해하려는 태도
성찰적 태도	사회·문화 현상 내면의 인과 관계나 의미를 파악하여 사회적 적합성 여부를 판단하는 태도
가치 중립	자료 수집, 자료 분석, 가설 검증, 결론 도출 과정에서 연구자의 주관적 가치를 배제함

• 연구자가 가져야 할 연구 윤리

연구 대상자 관련	연구 대상자의 동의 획득, 안전과 이익 고려, 익명성 보장 등
연구 과정 및 결과 공표 관련	자료 조작 금지, 표절 금지, 연구 결과 왜곡 금지, 연구 결과의 악영향 고려 등

01 ㉠~㉢과 같은 현상의 일반적인 특징에 대한 설명으로 옳은 것은?

> ○○ 동물원은 오는 28일 철새 도래지인 충남 서산시 천수만에서 ㉠ 흑두루미에게 먹이를 배포하는 행사를 갖는다. 천수만은 ㉡ 번식지로 회귀하는 흑두루미의 중간 경유지라서, 장거리 비행에 지친 흑두루미가 휴식을 취하고 먹이를 섭취하여 영양분을 보충하는 데 매우 중요한 장소이다. 먹이를 배포하는 이유는 최근 천수만 간척 농지에서 ㉢ 가축 사료로 쓰기 위한 볏단말이가 보편화되면서 낙곡이 줄어들어 흑두루미의 먹이가 거의 남아 있지 않기 때문이다.

① ㉡과 같은 현상은 당위 법칙의 지배를 받는다.
② ㉡과 같은 현상은 ㉠과 같은 현상과 달리 특수성이 나타난다.
③ ㉡과 같은 현상과 달리 ㉠과 같은 현상에는 인과 관계가 나타나지 않는다.
④ ㉢과 같은 현상은 ㉡과 같은 현상과 달리 경험적 자료로 연구할 수 있다.
⑤ ㉢과 같은 현상은 ㉡과 같은 현상과 달리 개연성과 확률의 원리가 적용된다.

02 다음은 ○○ 대학교 게시판에 게재된 내용이다. 이 워크숍이 지향하는 바를 가장 적절하게 진술한 것은?

> **워크숍 안내**
> • 일시 : 20××년 4월 20일 오후 3시~6시
> • 장소 : 중앙 도서관 세미나실
> • 주제 : 자본주의적 인간과 신체 미학
> • 발표 : 이○○ 교수(철학과)
> • 토론 : 김□□ 교수(성형외과),
>   최△△ 교수(경제학과)

① 가치 중립적인 접근 방법을 채택해야 한다.
② 미시적 관점과 거시적 관점의 조화를 꾀해야 한다.
③ 총체적인 접근을 통해 현상을 올바로 이해해야 한다.
④ 자연 과학의 연구 방법을 사회 과학에 접목해야 한다.
⑤ 사회 과학의 전문성을 강화시킬 수 있는 방안이 마련되어야 한다.

[03~04] 다음 글을 읽고 물음에 답하시오.

> 추위에 노출되면 우리는 추위를 이겨 내기 위해 다양한 반응을 보인다. 먼저 떨게 되는데 이는 근육을 움직여 열을 새로 만들어 내기 위해서이다. 또한 화장실을 자주 가게 되는데 이는 몸에서 쓸모없는 체액을 내보내 보온에 집중하기 위해서이고, 손발 혈관이 수축하는 것은 계속 차가운 피가 도는 것을 줄이기 위해서이다. 이처럼 추위에 대응하는 모든 반응들은 심장이나 폐, 뇌와 같은 주요 장기들을 보호하여 생명을 보존하기 위한 것이다. 우리가 지금 겪고 있는 사회 변화도 이렇게 이해해야 한다.

03 윗글의 필자가 지닌 사회·문화 현상을 바라보는 관점에 대한 설명으로 옳은 것은?

① 인간 행위에 대한 주관적 의미 부여를 중시한다.
② 사회 문제 해결을 위해 사회 제도의 개혁을 중시한다.
③ 사회 구조보다는 구체적 인간 행동의 분석을 중시한다.
④ 다양한 사회적 관계의 속성을 지배와 피지배의 관계로 본다.
⑤ 사회의 구성 요소들과 전체 사회와의 관계를 밝히는 데 관심이 있다.

04 윗글의 관점을 반영한 진술로 적절하지 않은 것은?

① 각자가 맡은 역할에 충실하면 사회는 발전할 거야.
② 성과급제는 구성원들의 성취동기를 자극하는 제도야.
③ 사회 질서는 특정 집단의 의도가 반영되어 형성되는 거야.
④ 성 역할의 구분은 사회적 기능 분화에 부합하기 위한 현상이야.
⑤ 한 사회의 법과 제도는 구성원들의 합의를 바탕으로 하고 있어.

05 자살에 대한 필자의 견해와 부합하는 주장으로 가장 적절한 것은?

> 남성보다 여성의 자살률이 낮은 것은 여성이 남성보다 가정 밖에서의 집단생활에 덜 참여하기 때문인 것으로 나타났다. 그리고 자살이 1월에서 6월까지는 증가하고, 그 이후에는 감소하는 이유도 인간의 사회적 활동 역시 일 년의 전반기에는 증가하고 후반기에는 감소하기 때문이다. 이와 같이 모든 사실에서 얻어지는 결론은, 자살은 한 개인의 특수한 경험이나 기질만으로는 설명할 수 없고 사회학적으로만 설명할 수 있다는 것이다.

① 자살은 구성원 간의 상호 작용을 통해 분석해야 한다.
② 자살은 미시적 차원보다는 거시적 차원에서 바라보아야 한다.
③ 자살은 어느 하나의 요인으로는 설명하기 힘든 사회·문화 현상이다.
④ 자살의 발생 원인에 대한 일반화된 결론을 이끌어 내는 것은 불가능하다.
⑤ 개인의 속성을 통해 사회마다 자살률 차이가 발생하는 것을 설명할 수 있다.

개념 피드백 12쪽

06 갑, 을의 사회·문화 현상을 바라보는 관점에 대한 설명으로 옳은 것은?

> 갑 : 사회 문제는 사회 구조 자체의 문제가 아니라 개인의 능력 부족 혹은 정부, 학교, 가정과 같은 구성 요소가 제 역할을 하지 못해 발생하는 것입니다.
> 을 : 현재의 사회 구조를 정상적인 것으로 규정하고 이를 토대로 사회 문제에 대한 대책을 수립하자고 하는 것은 특정 집단의 이익을 옹호하자는 주장으로 이해될 수밖에 없습니다.

① 갑은 구성원 간 상호 작용의 이해에 초점을 둔다.
② 갑은 인간이 자율적 의지에 의해 행동하는 존재라고 가정한다.
③ 을은 사회를 유기체에 비유해서 이해하고 있다.
④ 을은 사회 질서는 소수 집단의 의사가 반영되어 형성된 것이라고 본다.
⑤ 갑과 달리 을은 거시적 관점에서 사회·문화 현상을 바라보고 있다.

개념 피드백 22~23쪽

07 (가), (나) 연구 방법에 대한 설명으로 옳은 것은?

연구 방법	적절한 연구 주제
(가)	독거노인이 느끼는 심리적 불안감 이해
(나)	독거노인의 평균 수입이 삶의 만족도에 미치는 영향

① (가)는 개념의 조작적 정의가 필수적이다.
② (가)는 (나)와 달리 연역적 과정을 거친다.
③ (가)와 달리 (나)는 경험적 자료를 바탕으로 한다.
④ (나)와 달리 (가)는 연구자와 연구 대상의 분리를 전제로 한다.
⑤ (나)는 (가)와 달리 사회·문화 현상에 대한 설명을 목적으로 한다.

08 A, B 연구 방법에 대한 설명으로 옳은 것은?

> 자원봉사 활동과 청소년 인성 발달의 관계를 알아보기 위해 A 연구 방법을 활용하여 자원봉사 활동 횟수와 청소년의 인성 발달 정도를 측정하여 두 변수 간의 상관관계를 분석할 수 있다. 혹은 B 연구 방법을 활용하여 자원봉사를 활발히 하는 청소년들을 심층 면접하거나 참여 관찰함으로써 그들의 삶에서 봉사 활동이 어떤 의미가 있는지도 파악할 수 있다.

① A는 연구자와 연구 대상을 분리할 수 없다고 본다.
② B는 계량화된 자료의 분석을 중시한다.
③ B는 사회 현상과 자연 현상의 동질성을 강조한다.
④ A는 B에 비해 법칙 발견에 유리하다.
⑤ A는 B와 달리 귀납적 절차를 중시한다.

09 표는 자료 수집 방법 A~C의 특징을 비교한 것이다. 이에 대한 설명으로 옳은 것은? (단, A~C는 각각 질문지법, 면접법, 참여 관찰법 중 하나이다.)

구분	A	B	C
비언어적 자료 수집이 용이한가?	아니요	예	아니요
대규모 자료 수집에 적절한가?	아니요	아니요	예

① A는 문맹자에게도 적용할 수 있다.
② B는 연구 대상자와의 정서적 교감이 중시된다.
③ C는 시간과 비용 측면에서 효율적이지 못하다.
④ B에 비해 C는 질적 자료를 수집하는 데 유리하다.
⑤ A와 달리 B는 연구 대상에 대한 심층적 이해가 가능하다.

10 사회·문화 현상의 연구 방법에 대해 다음과 같은 견해를 가진 사람이 '자폐 아동'과 관련된 연구를 진행하고자 할 때 선정할 연구 주제만을 〈보기〉에서 있는 대로 고른 것은?

> 사회 과학적 지식은 개개인의 실생활에 바탕을 둔 체험과 그에 바탕을 둔 이해라는 내면적 과정을 통해 형성된다. 따라서 계량화된 자료 수집과 분석을 통해서는 사회·문화 현상을 올바르게 이해할 수 없다.

┤ 보기 ├
ㄱ. 자폐 아동과 그 부모의 일상생활 연구
ㄴ. 자폐 아동의 친구 관계에 대한 면접 조사
ㄷ. 자폐 아동의 실제 수업 상황에 대한 참관 조사
ㄹ. 놀이 치료 전과 후에 자폐 아동이 구사하는 언어 수 비교

① ㄱ, ㄹ   ② ㄴ, ㄷ   ③ ㄷ, ㄹ
④ ㄱ, ㄴ, ㄷ   ⑤ ㄱ, ㄴ, ㄹ

11 다음은 어떤 연구 절차를 요약한 것이다. 이에 대한 옳은 분석만을 〈보기〉에서 있는 대로 고른 것은?

> A 집단과 B 집단은 사전 검사를 실시하였고, C 집단은 실시하지 않았다.
> → A, C 집단과 달리 B 집단에는 독립 변수를 처치하지 않았다.
> → A~C 집단 모두 사후 검사를 실시하였다.
> → 사전 검사와 사후 검사 결과를 비교한 A, B 집단과 달리 C 집단은 사후 검사만 측정하였다.

┤ 보기 ├
ㄱ. A, B 집단은 실험 집단, C 집단은 통제 집단에 해당한다.
ㄴ. A, B 집단은 구성원들의 특징이 동질적이어야 한다.
ㄷ. A, B 집단은 독립 변수와 종속 변수와의 관계를 밝히기 위해 설정되었다.
ㄹ. C 집단의 설정은 사전 검사가 피실험자에게 미치는 영향을 알아보는 데 도움을 준다.

① ㄱ, ㄴ   ② ㄱ, ㄹ   ③ ㄷ, ㄹ
④ ㄱ, ㄴ, ㄷ   ⑤ ㄴ, ㄷ, ㄹ

개념 피드백 24~25쪽

12 다음 사례에 대한 분석으로 옳은 것은?

> • 갑은 사회적 지위와 자아 존중감 간의 상관관계에 관심을 갖고 연구를 진행하였다. 이를 위해 설문 조사를 통해 사회적 지위와 자아 존중감 간에는 비례 관계가 성립한다고 밝힌 을의 연구 결과물을 활용하였다.
> • 병은 다양한 사회적 지위를 가진 사람들을 만나서 그들의 자아 존중감 정도를 대화를 통해 확인하였다. 그 결과 사회적 지위와 자아 존중감 사이에는 별다른 상관관계가 존재하지 않음을 확인하였다.

① 병은 가치 개입 정도가 낮은 자료 수집 방법을 사용하였다.
② 갑, 을 모두 2차 자료를 수집하였다.
③ 갑과 달리 을은 자료의 실제성을 보장할 수 있는 자료 수집 방법을 사용하였다.
④ 병과 달리 을은 구조화되고 표준화된 도구로 자료를 수집하였다.
⑤ 을과 달리 갑, 병은 일반화가 용이한 자료 수집 방법을 사용하였다.

13 다음 사례에 나타난 활동이 이루어지는 연구 과정에 대한 옳은 설명을 〈보기〉에서 고른 것은?

> 사회학자 김○○ 교수는 '한국 농촌 지역 기혼 여성의 임신과 양육에 관한 연구'를 하고 있다. 연구를 진행하면서 김 교수는 조사 대상자를 출산이 가능한 연령대에 해당하는 가임 여성 중에서 결혼을 한 여성인 동시에 농촌에 거주하는 여성으로 한정하였고, 자료 수집 방법은 면접법을 사용하기로 하였다.

┤ 보기 ├
ㄱ. 자료 수집 이전 단계에서 이루어진다.
ㄴ. 양적 연구에서는 생략하는 경우가 일반적이다.
ㄷ. 연구의 설계도를 작성하는 과정의 일부에 해당한다.
ㄹ. 이 과정을 통해 독립 변수와 종속 변수를 밝히게 된다.

① ㄱ, ㄴ   ② ㄱ, ㄷ   ③ ㄴ, ㄷ
④ ㄴ, ㄹ   ⑤ ㄷ, ㄹ

14 다음 연구 사례에 대한 분석으로 옳은 것은?

> 갑은 중년 여성의 삶을 바라보는 태도에 평생 교육 프로그램이 영향을 미칠 것으로 생각하고 이에 대해 알아보고자 하였다. 이를 위해 그는 A시와 B시에 거주하면서 ㉠ 평생 교육 기관의 교육에 참여한 적이 있거나 참여하고 있는 중년 여성 200명과 ㉡ 한 번도 평생 교육을 받지 않은 중년 여성 200명을 대상으로 ㉢ 자료를 수집하였다. 그 결과 평생 교육 참여 집단이 비참여 집단에 비해 삶의 의미를 보다 긍정적으로 인식하는 비율이 높게 나타났다.

① ㉠은 실험 집단, ㉡은 통제 집단에 해당한다.
② 개념의 조작적 정의는 ㉢ 이전에 이루어졌을 것이다.
③ 갑의 연구 결과 가설은 수용되었다.
④ 독립 변수는 중년 여성의 삶을 바라보는 태도이다.
⑤ 갑의 연구는 자연 현상과 사회·문화 현상이 본질적으로 다르다는 입장을 바탕으로 한다.

개념 피드백 37쪽

15 다음 글에 대한 평가로 가장 적절한 것은?

> 어떤 주장과 그에 대한 반론과 반론에 대한 반론의 지속적인 반복은 새로운 연구를 위한 토대를 세우고 연구자의 열정적인 연구 활동을 촉진하는 학문 발전의 원동력이다. 이를 위해서는 입장을 달리하는 다른 학문이나 주장을 인정하는 자세가 필수적인데, 우리가 알고 있는 유명한 논쟁들은 모두 상대방 주장에 대한 이해를 전제로 하고 있음을 알 수 있다.

① 성찰적 태도의 중요성을 강조하고 있다.
② 개방적 태도의 중요성을 강조하고 있다.
③ 객관적 태도보다 비판적 태도가 필요함을 제시하고 있다.
④ 사회·문화 현상에 대한 종합적 이해의 중요성을 강조하고 있다.
⑤ 사회 과학자는 가치 중립적 태도를 취해야 함을 주장하고 있다.

16 다음 글을 통해 파악할 수 있는 사회·문화 현상의 특징을 서술하시오.

> 모든 사회에는 혼인 문화가 존재한다. 그런데 혼인 문화의 양상이 우리나라와 같은 일부일처제로 나타나는 나라가 있는 반면, 일부다처제 혹은 일처다부제로 나타나는 나라도 있다.

17 다음 글을 읽고 물음에 답하시오.

> ○○ 교육청은 최근 논란이 되고 있는 □□ 고등학교의 급식 실태를 알아보기 위해 전체 ㉠ 학생 1,689명을 대상으로 급식 운영의 문제점을 조사하였고, 다른 한편으로는 ㉡ 학년별로 10명씩을 따로 만나 급식 불만에 대해 의견을 청취하였다.

(1) ㉠, ㉡에 적합한 자료 수집 방법을 쓰시오.

(2) ㉠, ㉡에 적합한 자료 수집 방법의 장점을 한 가지씩 서술하시오.

18 다음 글을 읽고 물음에 답하시오.

> "기업 경영이 투명할수록 기업에 대한 선호도가 증가할 것이다."라는 가설을 생각해 보자. 이 가설은 '기업 경영의 투명'이라는 개념과 '기업 선호도'라는 개념에 대한 이론적 관계를 바탕으로, 이러한 관계의 방향성과 연관성에 대한 강도를 설명하고자 한다. 이 두 개념 중, '기업 경영의 투명'은 사외 이사제의 실시 여부, 부실 회계 감사 적발 건수로 파악하고, '기업 선호도'는 대학생들이 입사하고 싶은 기업의 순위 변화와 주가의 변화로 파악하기로 결정하는 것은 연구 과정 중 이것에 해당한다.

(1) 밑줄 친 '이것'에 해당하는 개념을 쓰시오.

(2) (1)의 의미에 대해 서술하시오.

세렌디피티의 법칙

세렌디피티의 법칙은 우연으로부터 뜻밖의 발견이나 발명, 행운 등이 찾아오는 것을 말합니다. '세렌디피티'는 18세기에 영국의 작가 호레이스 월폴이 처음 사용했는데, 그 어원은 한 편의 동화에서 시작되었습니다. 그 동화의 내용은 이렇습니다.

지금의 스리랑카인 세렌디프 왕국에는 세 왕자가 있었습니다. 그들은 세상에서 가장 뛰어난 현자에게서 교육을 받으며 지식과 지혜의 폭을 넓혔습니다. 그러나 세상에 대한 견문과 경험이 필요하다고 판단한 왕은 세 왕자를 왕국의 영토 바깥으로 쫓아내며 전설의 보물을 찾아오라고 명했습니다. 세 왕자는 여행길에서 보물을 찾지 못했지만 잇따르는 우연으로 인생을 훌륭하게 살아갈 수 있는 지혜와 용기를 얻었습니다.

동화의 이러한 내용에 감명을 받은 작가 호레이스 월폴은 자신의 친구에게 편지를 보냈는데, 그 편지에는 우연히 발견한 것을 '세렌디피티'라고 부르자고 하는 내용이 담겨 있었습니다.

플레밍의 페니실린, 3M사의 포스트잇의 발명 같은 경우가 세렌디피티의 법칙에 해당하는 대표적인 사례입니다. 사소한 일에도 관심을 기울이는 사람, 무엇보다 시야가 넓은 사람에게 세렌디피티의 법칙이 찾아옵니다.

II 개인과 사회 구조

자~! 힘을 내서
차근차근 시작해요.

01 개인과 사회의 관계

학습길잡이 • 사회 구조의 의미와 특징을 이해하고, 사회 구조와 개인 행위의 관계를 알아 두어야 한다.
• 개인과 사회의 관계를 바라보는 관점을 비교하여 파악해 두어야 한다.

A 사회 구조의 의미는 무엇이고, 어떤 특성이 나타날까

1 사회 구조

① **의미** : 한 사회의 개인과 집단이 사회적 관계를 맺는 방식이 정형화되어
└── ⓔ 가족 구조는 가족 구성원이 일정한 관계의 틀을 형성한 것
안정된 틀을 이루고 있는 상태 **1**

② **형성 과정** : 사회적 행동의 상호 교환 → 지속적인 사회적 상호 작용 발생
└── 사회적 맥락이나 상황 속에서 발생하는 인간의 행동이다.
→ 사회적 관계 형성 → 사회 구조 형성 **2** **3**

③ **기능** ┌── 사회 구조는 일상생활 속에서 개인이나
└── 집단의 행동에 영향을 준다.
• 개인은 안정적인 사회생활을 영위할 수 있음

• 다른 개인의 사회생활을 쉽게 예측할 수 있게 함

• 개인의 행동을 제약하고 자유를 구속하기도 함

④ **특징**

지속성	사회 구조는 사회 구성원이 바뀌어도 크게 달라지지 않고 오랫동안 유지됨
안정성	사회 구성원은 구조화된 행동을 함으로써 안정적인 사회적 관계를 유지할 수 있음 └── 정형화되어 구성원 대부분이 당연한 것으로 받아들이고 따르는 행동
변동 가능성	사회 구성원의 행동, 가치, 규범 등의 변화에 의해 사회 구조의 성격이 달라질 수 있음
강제성	사회 구조는 사회 구성원의 의지나 생각과는 상관없이 특정 행위를 하도록 구속할 수 있음

자료로 보는 **사회 구조의 의미**

몽골의 게르와 우리나라의 전통 가옥인 기와집은 그 구조가 다르다. 몽골의 게르에는 가족이 각자 사용하는 방이 따로 없고, 이러한 가옥 내에서 가족은 집단적인 생

⊙ 게르

⊙ 기와집

활을 한다. 반면, 기와집은 안채와 사랑채 등이 구분되어 게르보다는 독립된 생활이 보장된다. 이처럼 주택의 구조가 달라지면 그 속에 사는 사람들의 행동 방식도 달라진다. 사회 구조도 마찬가지이다. 사회마다 사회 구조가 다르고, 그 속에서 살아가는 사람들의 생활 모습도 사회 구조에 따라 다르게 나타난다.

구조란 건축학에서 주로 사용하는 용어로, 건축물의 여러 요소로 짜인 얼개를 의미한다. 건축물은 기초, 벽, 기둥, 바닥, 보, 지붕, 계단 등으로 구성되는데, 이러한 요소들이 어떻게 결합하고, 어떤 재료를 사용하느냐에 따라 여러 가지 구조가 형성된다. 이를 사회 구조에 비유해 보면 사회 구조는 한 사회의 개인과 집단이 안정적인 관계의 틀을 형성하고 있는 것을 뜻한다. 즉, 사회 구조는 사회적 관계가 안정된 틀로 형성되어 통일적이고 조직적인 총체를 이루고 있는 상태를 말한다. 이러한 사회 구조는 사회마다 다르게 나타난다.

◎ 한 사회의 개인과 집단이 사회적 관계를 맺는 방식이 정형화되어 안정된 틀을 갖추고 있는 상태를 무엇이라고 할까?

조두 회사 ▲

개념 더하기 자료 채우기

1 사회적 관계

사람들 간의 상호 작용이 오랜 세월 반복되고 지속되면서 안정된 틀을 갖추게 된 것을 사회적 관계라고 한다. 각 사회 구성원들은 상호 간에 맺어진 경제적, 정치적, 법률적, 도덕적, 기타 풍습 등 여러 가지 사회적 관계 안에서 생활한다.

2 사회적 상호 작용

협동	공동의 목표를 위해 서로 돕는 것
경쟁	동일한 목표를 상대방보다 먼저 달성하고자 하는 것
갈등	목표나 이해관계가 상충하여 서로를 적대시하는 것

사회적 상호 작용에는 협동, 경쟁, 갈등이 있다. 우리나라 국가 대표 팀의 선수들이 월드컵에서 우승을 위해 서로 노력하는 것은 협동, 대학 입시에서 원하는 대학에 들어가기 위해 학생들이 서로 노력하는 것은 경쟁, 노사 간에 의견 대립으로 서로 충돌하는 것은 갈등의 예이다.

3 사회 구조의 형성 과정

사회적 행동의 교환으로 다른 사람에게 영향을 끼치고 다른 사람들과 사회적 상호 작용이 지속적으로 일어날 때 사회적 관계가 형성된다. 이러한 사회적 관계가 정형화되어 조직적인 총체를 이루고 있는 상태를 사회 구조라고 한다.

용어사전

* **구속**(拘 잡다, 束 묶다) 행동이나 의사의 자유를 제한하거나 속박함
* **지속성**(持 지키다, 續 잇다, 性 성질) 어떤 상태를 오래 계속하는 성질
* **강제성**(强 굳세다, 制 억제하다, 性 성질) 권력이나 위력으로 남의 자유의사를 억눌러 원하지 않는 일을 억지로 시키는 성질

2 사회 구조와 개인의 행위
└ 사회 구조와 개인은 서로 영향을
주고받는 관계에 있다.
① 사회 구조는 개인의 사고와 행동을 구속하고 강제함
② 인간의 주체적인 노력으로 사회 구조가 변화하기도 함
└ **예** 과거 대부분 사회에서는 특권 계층만 교육을 받을 수 있었으나 사람들의 요구로 대중 교육이 보편화되었다.

자료로 보는 ── 사회 구조와 개인의 행위

사회 구조는 사회 구성원들이 구조화된 행동을 함으로써 안정된 사회적 관계를 유지할
수 있게 한다. 구조화된 행동은 정형화되어 대부분 사람들이 당연한 것으로 받아들이는
행동을 의미한다. 학교에서 학생들이 교실 문으로 출입하는 것은 구조화된 행동이다. 만
일 교실 창문으로 출입하는 학생이 있다면 모두 의아해하며 이해할 수 없는 행동이라고
생각할 것이다. 이처럼 개인의 행위는 사회 구조의 영향을 받아 이루어진다는 점에서
사회 구조는 개인의 사고와 행위를 강제하는 외적인 힘이라고 할 수 있다.

Q 구조화된 행동이란 무엇일까?

A 정형화되어 대부분 사람들이 당연한 것으로 받아들이는 행동이다.

B 개인과 사회의 관계를 바라보는 관점에는 무엇이 있을까

⭐ 1 사회 실재론 **질문**
왜? 개인과 사회의 관계를 바라보는 관점에 따라 사회·문화 현상의 해석이 달라지고
그에 기초한 행동이나 대응 방식도 달라진다. 따라서 사회 현상을 인식할 때 개
인과 사회의 관계를 어떻게 볼 것인가는 중요한 문제가 된다.

① 기본 입장
┌ 사회는 개인으로 환원될 수 없는 고유한 성격을 가진다. ┐
- 사회는 개인의 외부에 실제로 존재하며, 독자적인 특성을 지니고 있음
- 사회는 개인들의 합 이상이며, 개인은 사회의 구성 요소에 불과함

② 주요 내용
- 사회는 외재성을 지니며 개인의 행동은 실제로 존재하는 사회에 의해 구
속됨 └ 사회는 지속적인 상호 작용으로 안정적인 구조를 유지한다.
- 개인보다 사회의 우월성을 강조함
- 사회·문화 현상의 분석 단위로 사회 구조나 사회 제도를 중시함
- 사회 문제의 원인은 잘못된 사회 구조나 사회 제도에 있음 → 사회 문제의
해결책으로 사회 구조나 사회 제도 개선 강조
- 개인의 이익이나 권리 보장보다 사회 전체의 이익을 중시함

③ 관련 이론 : 사회 유기체설
└ 사회를 생물 유기체에 비유하여 체계적으로 설명하려고 하는 학설이다.
④ 장점 및 한계 **6**

장점	사회가 개인의 행동에 어떤 영향을 미치는지에 대해 설명할 수 있음
한계	• 인간의 주체적이고 능동적인 행위를 설명하기 곤란함 • 전체를 위한 개인의 희생을 정당화하고 조장할 우려가 있음

개념 더하기 자료 채우기

4 산업화와 사회 구조
1960년대부터 본격적으로 진행된 산업화는 우리 사회의 사
회 구조를 크게 바꾸어 놓았다. 제조업이 발달하고 도시가
성장하면서 많은 사람이 도시로 이동하였다. 그에 따라 농
사짓고 살았던 사람들이 일터와 집이 분리된 환경 속에서
출퇴근 시간에 따라 직장과 집을 오가게 되었다. 직장에서
는 분업화된 체계에 따라 일하게 되었으며, 인간관계는 더
욱 이해타산적이고 형식적인 모습으로 바뀌게 되었다.

5 사회 구조와 개인의 행동

우리나라에서 식사할 때는 음식 씹는 소리를 크게 내지 않
고, 어른과 함께 식사할 때 수저를 먼저 들지 않는 것 등의
식사 예절이 있다. 이처럼 식사 예절은 개인의 행동을 일정
한 범위 안에서 이루어지게 하는 행동의 틀을 제공한다.

질문 있어요

사회 실재론의 사례로 어떤 것이 있나요?

> 투표할 때는 후보자 개인의 능력이나
> 자질보다는 정당의 이념이나
> 정강 정책을 보고 선택해야 해.

투표할 때 후보자 개인을 보고 투표하는 경우가 있고, 정당을
보고 투표하는 경우가 있어요. 이때 후보자 개인의 능력이나
자질보다 정당의 이념이나 정강 정책을 보고 투표하는 경우
를 사회 실재론으로 볼 수 있습니다. 왜냐하면 사회 실재론은
개인이 사회의 영향을 받아 행동한다고 보기 때문이지요.

6 전체주의
전체주의란 개인의 이익보다 집단의 이익을 강조하여 집권
자의 정치권력이 국민의 정치생활은 물론, 경제·사회·문화
생활의 모든 영역에 걸쳐 전면적이고 실질적인 통제를 가
하는 것을 말한다. 사회 실재론을 지나치게 강조할 경우 전
체주의를 정당화할 수 있다.

용어사전

* **실재**(實 본질, 在 있다) 실제로 존재하는 사물, 사상, 사유 혹
은 체험
* **외재성**(外 밖, 在 있다, 性 성질) 사물의 안에 있지 않고 밖에
있는 성질

자료로 보는 — 사회 실재론을 주장하는 학자들

(가) 뒤르켐은 사회적 사실은 개인과 무관할 뿐만 아니라 개인에 외재하면서 개인을 제약하는 객관적 실재라고 하였다. 법이나 관습, 종교 생활, 화폐 체계와 같은 사회적 사실은 개인의 심리에서 발견할 수 없는 개인 외부의 실재이고, 개인적 사실로 환원될 수 없다는 것이다.

(나) 니부어는 사회를 단순히 개인의 합이나 연장선이 아니라 독자적인 성격을 갖는 실체라고 보았다. 니부어는 개인은 다른 사람의 이익을 이해하고 그것을 고려할 수 있는 '도덕적인 존재'라고 보았다. 그러나 집단은 충동을 통제하는 이성, 다른 사람의 필요를 이해하는 능력 등이 개인보다 떨어지기 때문에 집단 이기주의에 빠질 수 있다고 주장하였다.

(다) 스펜서는 사회를 생물 유기체와 여러 가지 면에서 매우 유사한 존재라고 보았다. 생물 유기체의 각 기관은 생존을 위해 존재하는데, 개인도 이러한 유기체의 각 기관과 같은 존재라고 주장하였다.

(가)에서 뒤르켐은 사회학의 연구 대상인 사회적 사실은 단순히 개인적 사실을 모아 놓은 것이 아닌 근본적으로 다른 성격을 지니고 있는 대상이라고 본다. 즉, 사회적 사실이 개인의 외부에 존재하면서 개인에게 특정한 관습이나 가치를 강제할 수 있는 구속력을 행사한다고 보므로 사회 실재론의 관점과 관련 있다. (나)에서 니부어는 사회가 독자적인 성격을 갖는 실체라고 보기 때문에 개인은 도덕적인 존재라고 하더라도 집단은 집단 이기주의에 빠질 수 있다고 주장한다. 이는 사회 실재론에 부합한다. (다)는 스펜서의 사회 유기체설이다. 사회 유기체설은 사회를 하나의 생명체로 보고, 개인을 생명체를 유지하는 각각의 기관으로 여긴다. 즉, 개인은 사회를 떠나서는 의미 없는 존재라고 생각하며 사회의 중요성을 강조한다. 따라서 사회 실재론의 이론적 근거가 된다.

Q 사회를 생물 유기체와 유사하다고 보는 이론은 무엇일까?

A 사회 유기체설

2 사회 명목론 질문 ①

① 기본 입장

- 사회는 단지 개인들이 모여 있는 것으로 <u>실제로 존재하지 않음</u>
- <u>사회</u>는 개인들의 집합체에 붙여진 이름에 불과함 ┐실제로 존재하는 것은 개인뿐이라고 본다.

② 주요 내용 └사회는 개인의 목표를 실현시켜 주는 수단에 불과하다.

- 사회와 관계없이 개인의 행동은 자신의 자유 의지에 따라 이루어짐
- 사회보다 개인의 우월성을 강조함
- 사회·문화 현상의 분석 단위로 개인의 의식, 정서, 심리 상태를 중시함
- 사회 문제의 원인은 개인의 잘못된 의식에 있음 → 사회 문제의 해결책으로 개인의 의식 개혁 강조
- 사회 전체의 이익보다 개인의 이익이나 권리 보장을 중시함

③ 관련 이론 : 사회 계약설 ②

④ 장점 및 한계

장점	사회를 구성하고 변화시키는 *능동적인 존재로서의 개인을 인정함
한계	• 개인의 행위에 대해 사회 구조나 사회 제도가 끼치는 영향력을 간과함 • 개인의 행위나 심리 상태만으로 설명할 수 없는 사회 현상이 존재함 • 극단적 이기주의를 초래할 우려가 있음

개념 더하기 자료 채우기

질문 있어요

사회 명목론의 사례에는 어떤 것이 있나요?

운동 경기를 할 때 조직력이나 팀 분위기보다 선수 개개인의 기량이나 실력이 중요하다고 보는 것은 사회 명목론의 관점에 해당해요. 또한 회사 실적을 올리기 위한 방안으로 직원 개개인의 능력이 중요하기 때문에 능력이 뛰어난 사람을 변화가 필요한 곳에 배치하면 좋은 성과를 낼 수 있다고 보는 것도 사회 명목론에 부합합니다. 두 사례 모두 사회는 개인의 단순한 합일 뿐이고 중요한 것은 개인이라고 여기기 때문이에요.

1 사회 명목론과 사회 실재론

(가)	(나)
A + B + + C + D = A B C D	A + B + + C + D = (A B C D)

* A, B, C, D 는 개인임

(가)는 개인들의 단순한 합이 사회라고 보므로 사회 명목론을 나타낸다. 실제로 존재하는 것은 사회가 아니라 개인뿐이라고 보는 관점이다. (나)는 사회가 개인들의 단순한 합 이상이라고 여기는 사회 실재론을 나타낸다. 사회는 개인의 속성과 구별되는 독립적인 실체이고, 개인의 외부에 실제로 존재한다고 보는 관점이다.

2 사회 계약설

모든 인간은 천부의 권리를 가지는데, 자연 상태에서는 이러한 자유와 권리의 보장이 확실하지 않으므로 계약을 맺어 국가를 구성하고 자신들의 권리를 국가에 위임하였다는 견해를 사회 계약설이라고 한다. 이러한 사회 계약설에 따르면 국가는 시민의 자유와 권리를 보장하기 위해 합법적으로 권력을 행사할 수 있다. 그러나 국가의 권력 행사가 시민의 자유와 권리를 중대하고 명백하게 침해할 경우에 시민은 여러 가지 구제 수단을 강구할 수 있다. 사회 계약설을 주장한 대표적 학자로는 홉스, 로크, 루소 등이 있다.

✱ 용어사전

* **명목**(名 이름, 目 눈) 형식상 표면에 내세우는 이름이나 구실
* **능동**(能 능하다, 動 움직이다) 스스로 내켜서 움직이거나 작동함

개인과 사회의 관계를 바라보는 관점

> 투표할 때는 후보자의 능력과 자질을 보아야 해. 뛰어난 후보자가 많이 당선될수록 정당과 의회는 더 발전할 거야.
>
> 갑

> 학교의 학습 분위기는 학생들의 자세와 태도보다는 학교의 전통에 큰 영향을 받아.
>
> 을

갑은 정당의 구성원은 자유 의지를 가진 능동적인 존재이므로 선거를 할 때 후보자의 능력과 자질이 중요하다고 본다. 정당을 사회, 그 구성원인 후보자를 개인이라고 보면 사회 명목론의 관점을 갖고 있음을 알 수 있다. 을은 학교의 학습 분위기가 학생들의 자세와 태도보다는 학교의 전통에 달려 있다고 본다. 학교를 사회, 학생을 개인이라고 보면 사회 실재론의 관점을 갖고 있음을 알 수 있다.

Q 갑과 을은 각각 개인과 사회의 관계를 어떤 관점으로 바라보고 있을까?

A 갑 : 사회 명목론, 을 : 사회 실재론

3 개인과 사회의 관계를 바라보는 조화로운 관점

① 필요성

- 사회 실재론이나 사회 명목론만으로 사회 현상을 설명하는 데 한계가 있음
- 개인과 사회의 밀접한 상호 *연관성에 *중점을 두고 개인과 사회의 관계를 이해하려는 자세가 요구됨 **3**

  왜? 사회·문화 현상은 개개인의 특성과 사회 구조나 제도 등이 상호 작용을 하며 나타나는 경우가 많기 때문이다.

② 사회 실재론과 사회 명목론의 조화 : 개인과 사회의 관계를 이해하거나 사회 문제의 원인과 해결 방안을 탐구할 때 사회 실재론과 사회 명목론을 상호 보완적으로 적용해야 함 **4** **질문**

개인과 사회의 관계를 바라보는 조화로운 관점

> 사회가 개인의 행동을 결정해.
>
> 갑

> 학력을 중시하는 현상이 왜 나타났을까?

> 개인은 자율적으로 행동하는 존재야.
>
> 을

학력을 중시하는 현상이 나타난 것에 관해 갑, 을의 관점을 모두 고려하여 설명할 수 있다. 학력은 직장이나 소득에 큰 영향을 끼치므로 개인의 필요로 생겨났다. 또한 우리나라는 자원과 자본이 부족하므로 인적 자원 개발에 힘을 쏟고 교육을 중시하는 우리 사회의 고유한 특성에 따라 학력을 중시하는 현상이 나타났다.

갑의 관점만 중시하면 사회 구조의 영향력을 강조하여 개인의 자율성을 경시할 수 있고, 을의 관점만 중시하면 개인에게 끼치는 사회 구조의 영향력을 간과할 수 있다. 따라서 사회·문화 현상을 이해할 때 두 관점을 상호 보완적으로 적용해야 한다.

Q 개인과 사회의 관계를 바라볼 때 사회 실재론과 사회 명목론의 조화를 추구해야 하는 이유는 무엇일까?

A 사회·문화 현상을 제대로 이해하기 위해서이다.

3 개인과 사회의 관계

사회는 개인 없이 존재할 수 없고, 개인은 사회 없이 인간다운 삶을 누릴 수 없다. 따라서 개인과 사회의 관계에서 어느 것이 우선이라고 단언하기는 어렵다. 사회가 개인의 사고와 행동에 영향을 미치는 것을 간과할 수는 없지만, 동시에 개인이 사회를 형성하고 운영한다는 사실 역시 배제할 수 없다.

4 개인과 사회의 관계를 바라보는 조화로운 관점의 필요성

| 사회 실재론 | 개인 + 개인 < 사회 |
| 사회 명목론 | 개인 + 개인 = 사회 |

사회 실재론과 사회 명목론은 개인과 사회의 관계를 다른 입장에서 파악한다. 사회 실재론은 개인의 행동과 의식에 영향을 미치는 사회에 초점을 맞추고, 사회 명목론은 자유 의지에 따라 행동하는 개인에 초점을 맞춘다. 따라서 사회 실재론만 강조하거나 사회 명목론만 강조하면 사회·문화 현상을 제대로 이해하고 사회 문제를 올바르게 해결하기 어렵다.

질문 있어요

사회 실재론과 사회 명목론의 조화를 추구해야 하는 이유는 무엇인가요?

인간 탑 쌓기를 할 때 어떤 것을 중시하느냐에 따라 사회 실재론과 사회 명목론으로 분석할 수 있어요. 우선 사회 실재론에서는 참여하는 팀의 분위기, 팀원을 하나로 결집하는 응집력 등이 중요하다고 여길 것입니다. 반면, 사회 명목론에서는 팀 구성원 개개인의 자질과 능력이 중요하다고 볼 것입니다. 이처럼 사회·문화 현상을 분석할 때 사회 실재론이나 사회 명목론 중 어느 하나의 관점만을 취하면 제대로 된 분석이 이루어지기 어려워요. 사회 실재론만을 중시하면 개인의 자율성과 능동성을 무시하고 개인이 사회에 미치는 영향력을 간과하기 쉽고, 사회 명목론만을 강조하면 사회 구조의 문제를 개인의 탓으로만 돌리고 사회 구조나 제도가 개인의 행위에 미치는 영향력을 제대로 파악하기 어렵기 때문이에요.

용어사전

- *연관성(聯 연잇다, 關 관계하다, 性 성질) 사물이나 현상이 일정한 관계를 맺는 성질
- *중점(重 무겁다, 點 점) 가장 중요하게 여겨야 할 점

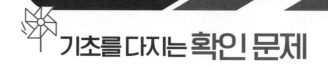

올리드 포인트

A 사회 구조의 의미와 특성

1 사회 구조의 의미와 특징

의미	한 사회의 개인과 집단이 사회적 관계를 맺는 방식이 정형화되어 안정된 틀을 이루고 있는 상태
특징	지속성, 안정성, 변동 가능성, 강제성

2 사회 구조와 개인의 행위 : 사회 구조는 개인의 사고와 행동을 구속하고 강제함, 인간의 주체적인 노력으로 사회 구조가 변화하기도 함

B 개인과 사회의 관계를 바라보는 관점

1 사회 실재론

기본 입장	• 사회는 개인의 외부에 실제로 존재하며, 독자적인 특성을 지니고 있음 • 사회는 개인들의 합 이상이며, 개인은 사회의 구성 요소에 불과함
주요 내용	• 개인보다 사회의 우월성을 강조함 • 사회·문화 현상의 분석 단위로 사회 구조나 사회 제도를 중시함 • 사회 문제의 원인은 잘못된 사회 구조나 사회 제도에 있음
관련 이론	사회 유기체설
장점	사회가 개인의 행동에 어떤 영향을 미치는지 설명할 수 있음
한계	인간의 주체적이고 능동적인 행위를 설명하기 곤란함

2 사회 명목론

기본 입장	• 사회는 단지 개인들이 모여 있는 것으로 실제로 존재하지 않음 • 사회는 개인들의 집합체에 붙여진 이름에 불과함
주요 내용	• 사회보다 개인의 우월성을 강조함 • 사회·문화 현상의 분석 단위로 개인의 의식, 정서, 심리 상태를 중시함 • 사회 문제의 원인은 개인의 잘못된 의식에 있음
관련 이론	사회 계약설
장점	사회를 구성하고 변화시키는 능동적인 존재로서의 개인을 인정함
한계	개인의 행위에 대해 사회 구조나 사회 제도가 끼치는 영향력을 간과함

3 개인과 사회의 관계를 바라보는 조화로운 관점 : 개인과 사회의 관계를 이해하거나 사회 문제의 원인과 해결 방안을 탐구할 때 사회 실재론과 사회 명목론을 상호 보완적으로 적용해야 함

---

01 다음 설명이 맞으면 ○표, 틀리면 ×표를 하시오.

(1) 사회 실재론은 사회는 개인들의 집합체에 붙여진 이름에 불과하다고 본다. ( )

(2) 사회 실재론은 사회 문제를 해결할 때 개인의 의식 개혁이 중요하다고 본다. ( )

(3) 사회 실재론은 사회·문화 현상을 이해할 때 사회 제도나 집단 등 사회 구조적 요인을 중시한다. ( )

(4) 사회 계약설은 사회 명목론의 이론적 근거가 된다. ( )

(5) 사회 명목론에서는 사회는 개인들의 합 이상이며, 개인은 사회의 구성 요소에 불과하다고 본다. ( )

(6) 사회 명목론은 사회 구조나 사회 제도가 개인의 행위에 끼치는 영향력을 간과한다는 비판을 받는다. ( )

02 빈칸에 들어갈 알맞은 말을 쓰시오.

(1) ( )은/는 한 사회의 개인과 집단이 사회적 관계를 맺는 방식이 정형화되어 안정된 틀을 이루고 있는 상태이다.

(2) 개인과 사회의 관계를 바라보는 관점 중 사회는 개인의 외부에 실제로 존재한다고 보는 것은 ( )이다.

(3) ( )은/는 사회는 생물체와 같이 독자적인 생명력을 지니고 있으며, 사회의 각 부분은 인체의 팔, 다리와 내부 기관처럼 생명 유지와 진화를 위해 나름대로 필요한 기능을 수행하고 있다고 보는 이론이다.

(4) 개인과 사회의 관계를 바라보는 관점 중 실제로 존재하는 것은 개인뿐이라고 보는 것은 ( )이다.

03 사회 구조의 특징과 그 내용을 바르게 연결하시오.

(1) 강제성 •   • ⊙ 사회 구성원은 구조화된 행동을 하기 때문에 안정적인 사회적 관계를 유지할 수 있다.

(2) 안정성 •   • ⓛ 사회 구조는 사회 구성원의 의지나 생각과는 상관없이 특정 행위를 하도록 구속할 수 있다.

중요

01 ㉠에 대한 옳은 설명만을 〈보기〉에서 있는 대로 고른 것은?

개인은 사회 속에서 다른 사람들과 사회적 행동을 상호 교환하면서 지속적인 사회적 상호 작용을 하고, 개인 간의 상호 작용으로 인해 사람들의 상호 관계인 사회적 관계가 형성된다. 이러한 사회 내의 다양한 사회적 관계를 맺는 방식이 정형화되어 안정된 틀을 이루고 있는 상태를 (㉠)(이)라고 한다.

┤ 보기 ├
ㄱ. 개인의 행동을 제약하고 자유를 구속하기도 한다.
ㄴ. 구성원들이 안정된 사회적 관계를 유지할 수 있도록 한다.
ㄷ. 구성원들의 행동, 가치 등이 변화해도 그 성격이 달라지지 않는다.
ㄹ. 개인의 행동 양식을 예측 가능하게 하여 원활한 사회생활을 가능하게 한다.

① ㄱ, ㄷ   ② ㄱ, ㄹ   ③ ㄴ, ㄷ
④ ㄱ, ㄴ, ㄹ   ⑤ ㄴ, ㄷ, ㄹ

02 다음에 나타난 사회적 상호 작용 유형의 적절한 사례를 〈보기〉에서 고른 것은?

• 동일한 목표를 상대방보다 빨리 달성하려는 과정에서 발생한다.
• 공정하게 적용되는 규칙에 따라 정당하게 목표를 달성하려고 한다.

┤ 보기 ├
ㄱ. 한국 영화 「말아톤」은 마라톤 경기와 관련된 실화를 담고 있다.
ㄴ. 한국 축구 대표 팀은 감독, 선수, 코칭스태프 간의 팀워크를 다지고 있다.
ㄷ. 2020학년도 대학 수학 능력 시험 설명회에 엄청난 인파가 몰려들어 높은 관심을 나타내었다.
ㄹ. 중앙아시아 키르기스스탄에서 벌어진 격렬한 민주화 요구 시위는 결국 대통령의 사임을 가져왔다.

① ㄱ, ㄴ   ② ㄱ, ㄷ   ③ ㄴ, ㄷ
④ ㄴ, ㄹ   ⑤ ㄷ, ㄹ

03 다음 글을 통해 알 수 있는 사회 구조의 특징으로 적절한 것은?

다양한 사회적 위치를 차지하는 개인이나 집단 간에 맺는 수많은 사회적 관계가 통일적이고 조직화된 총체를 이루고 있는 상태를 사회 구조라고 하며, 이는 사회 구성원이 바뀌어도 변하지 않는 성격을 가지고 있다. 이를테면 구조화된 공무원 사회는 문서로 규정되어 있는 규약과 처리 절차에 따라 업무를 수행하기 때문에 구성원이 바뀌어도 해당 업무는 계속해서 이루어진다.

① 자율성   ② 규제성   ③ 지속성
④ 강제성   ⑤ 변동성

04 다음 글의 주장에 부합하는 옳은 진술을 〈보기〉에서 고른 것은?

사회 구조는 사회 구성원 간의 상호 관계를 맺는 방식이 정형화되어 안정된 틀을 이루고 있는 상태로 인간의 행위에 많은 영향을 미친다. 그러나 인간의 행위가 항상 사회 구조에 따라 결정되는 것은 아니다. 인간은 자율적인 의지를 가지고 있기 때문에 사회 구조에 저항하기도 한다. 이렇듯 인간은 사회 구조의 틀 속에서 삶을 영위하기도 하지만 자유 의지로 사회 구조를 변화시키기도 한다.

┤ 보기 ├
ㄱ. 사회 구조는 구성원의 행위를 예측할 수 있게 한다.
ㄴ. 사회 구조는 구성원이 바뀌어도 쉽게 바뀌지 않는다.
ㄷ. 인간의 능동성과 사회 구조의 강제성을 모두 중시한다.
ㄹ. 사회 구조는 인간의 주체적인 노력으로 변화할 수 있다.

① ㄱ, ㄴ   ② ㄱ, ㄷ   ③ ㄴ, ㄷ
④ ㄴ, ㄹ   ⑤ ㄷ, ㄹ

05 다음 대화에 나타난 개인과 사회의 관계를 바라보는 관점으로 적절한 것은?

> 갑 : 인간은 사회로부터 자유롭지 못하다고 생각해. 사회는 나름대로의 독자성을 가지고 인간의 생각과 행동을 구속하지.
>
> 을 : 맞아! 사회 체제나 제도는 인간의 의지와 가치관 형성에 결정적인 영향력을 행사해. 사회는 그 자체의 생명력을 가지고 있어.

① 사회는 유기체와 같다.
② 사회는 계약에 의해 만들어진 것이다.
③ 사회는 인간이 만든 상상력의 산물이다.
④ 사회는 각 개인의 산술적인 합(合)에 불과하다.
⑤ 사회·문화 현상은 개인의 심리적 특성을 통해 설명된다.

07 다음과 같은 관점에서 개인과 사회의 관계를 파악하고 있는 것은?

> • 전체는 부분의 합보다 크다.
> • 공익은 개인적 이익의 총합으로 설명되지 않는 고유한 특성이 있다.

① 사회는 개개인의 결합에 불과하다.
② 실제로 존재하는 것은 사회가 아니라 개인이다.
③ 사회의 질서를 설명할 때 개인의 의식, 정서를 중요하게 다룬다.
④ 사회는 특정한 행동과 심리를 가진 개인들이 모인 형식적 존재이다.
⑤ 개인의 생각과 가치관은 집단적이고 사회적인 요인에 의해 영향을 받는다.

(★★중요)
06 다음 글에 나타난 사회관에 부합하는 진술로 옳은 것은?

> 산소의 원자 기호는 O이다. 이것이 둘 모이면 O_2가 되어 생명을 유지하기 위한 호흡에 사용된다. 같은 원자가 모여 O_3가 될 경우 오존이라고 부른다. 이 물질은 산소와는 전혀 다른 물질로, 소량일 때는 살균과 소독 등의 작용을 하지만 다량을 장기간 흡입하였을 경우 인체에 치명적인 영향을 미친다. 사회도 마찬가지이다. 같은 원자가 구성되는 방식에 따라 전혀 다른 성질을 지니듯, 같은 인간들이 모여 있는 사회도 결합 방식에 따라 전혀 다른 규범과 체제를 나타낼 수 있다.

① 개인은 전체를 구성하는 부분이라고 여긴다.
② 사회는 사람들 간의 계약으로 형성된 것이다.
③ 사회를 이해하는 데 중요한 것은 개인의 특성과 행동 양식이다.
④ 사회는 구성원 개개인의 행동과 심리에 의해 결정되는 존재이다.
⑤ 사회는 개인들의 집합체일 뿐이며, 단지 명칭으로만 존재하는 것이다.

08 다음 글의 사장 갑이 가진 관점을 개인과 사회의 관계에 비추어 볼 때 이에 부합하는 진술을 〈보기〉에서 고른 것은?

> □□ 회사에 새로 부임한 사장 갑은 개개인의 능력보다는 회사 전체의 팀워크를 매우 강조하였다. 우선 사원들이 회사에 강한 소속감을 갖도록 제복 착용을 의무화하고 유명 디자이너가 디자인한 제복을 무료로 제공하였다. 그리고 매일 아침에 전 직원이 모여 사가를 부르고 구호를 외치도록 하였으며, 이를 촬영하여 회사 누리집에 올리고 막대한 광고비를 들여 회사를 홍보하였다. 외부 업체와의 업무상 접촉은 개별적으로 금지이고, 반드시 부서장의 승인을 받도록 하였다. 사원들은 처음에는 약간 어색해했지만 점차 회사에 대한 자부심을 갖고 열심히 일하게 되었다.

| 보기 |
> ㄱ. 사회는 구성원들의 동의에 기초하여 존립한다.
> ㄴ. 사회는 고유한 특성을 지닌 독립적인 존재이다.
> ㄷ. 사회를 변화시키는 원동력은 개인의 특성과 힘이다.
> ㄹ. 사회 문제의 해결을 위해서는 구조적 원인을 찾아내야 한다.

① ㄱ, ㄴ ② ㄱ, ㄷ ③ ㄴ, ㄷ
④ ㄴ, ㄹ ⑤ ㄷ, ㄹ

09 다음 글에 나타난 개인과 사회의 관계를 바라보는 관점을 뒷받침하는 주장으로 옳은 것은?

> 사회는 생물 유기체와 여러 가지 면에서 매우 유사하다. 생물 유기체의 각 기관은 생존을 위해 존재하는데, 개인도 이러한 유기체의 각 기관과 같은 존재이다. 즉, 개인은 사회를 위해 존재하며, 사회를 떠나서는 의미 없는 존재이다.

① 가풍을 보면 가족 구성원의 성격을 파악할 수 있다.
② 신용 불량자 문제의 원인은 개인의 무분별한 소비 행태에 있다.
③ 사원을 채용할 때 출신 대학교보다 개인의 능력을 중시해야 한다.
④ 청소년 비행의 원인을 분석할 때 비행 청소년 개인의 정서를 중시한다.
⑤ 어떤 회사가 좋은 회사인지 아닌지 알려면 사원들의 능력을 살펴보아야 한다.

11 다음에 나타난 개인과 사회의 관계를 바라보는 관점에 부합하는 진술로 옳은 것은?

> 우리 사회는 지금 일류대 열풍에 빠져 있다. 일류대에 들어가면 진로와 관련한 모든 문제가 해결될 것이라고 생각하기 때문이다. 그러나 일류대에 들어가도 노력을 하지 않으면 자신의 진로와 관련하여 어떤 것도 이룰 수 없다. 일류대에 들어갔다고 해서 능력이 저절로 갖추어지는 것은 아니다.

① 사회는 개인들의 합 이상이다.
② 사회는 개인을 규제하고 구속한다.
③ 사회는 개인의 외부에 실제로 존재한다.
④ 사회는 개인의 목표를 실현시켜 주는 수단에 불과하다.
⑤ 사회 구조나 사회 제도를 통해 사회·문화 현상을 파악해야 한다.

⭐⭐ 중요
10 그림에 나타난 감독의 말을 개인과 사회의 관계를 바라보는 관점에 비추어 볼 때, 그에 부합하는 내용으로 옳은 것은?

① 사회는 개인의 행복과 발전을 위해 존재한다.
② 개인의 특성을 이해하면 사회의 특성을 알 수 있다.
③ 사회 문제는 개인의 의식을 개혁할 때 해결할 수 있다.
④ 구성원들의 행위만으로는 설명할 수 없는 사회·문화 현상이 존재한다.
⑤ 개인의 심리적 특성은 사회·문화 현상을 설명하는 데 유용한 자료이다.

12 다음 글에 나타난 개인과 사회의 관계를 바라보는 관점에 부합하는 진술을 〈보기〉에서 고른 것은?

> 사람들은 자연 상태에서 발생하는 분쟁을 극복하고, 자신의 생명과 자유와 재산을 더 안전하게 지키고 향유하고자, 각자가 스스로 동의한 계약을 통해 자연 상태를 시민 사회로 전환하였다. 이때 시민 사회가 제정한 법은 공공의 안전과 복지를 위해 필요한 정도만큼만 규제되어야 한다.   – 로크(Locke, J.) –

┤ 보기 ├
ㄱ. 개인은 사회 속에서만 존재 의미를 갖는다.
ㄴ. 개인은 능동적으로 사고하고 행동하는 존재이다.
ㄷ. 사회의 역량은 개개인이 가진 역량의 총합보다 크다.
ㄹ. 사회 발전은 개개인의 발전을 가리키는 개념에 불과하다.

① ㄱ, ㄴ   ② ㄱ, ㄷ   ③ ㄴ, ㄷ
④ ㄴ, ㄹ   ⑤ ㄷ, ㄹ

★★
중요

13 개인과 사회의 관계를 바라보는 갑, 을의 관점에 대한 설명으로 옳지 <u>않은</u> 것은?

> 지방 선거를 앞두고 유권자인 갑, 을은 각각 다음의 기준으로 후보자를 선택하려고 한다.
>
> | 갑의 기준 | 후보자의 출신 대학, 후보자의 소속 정당 |
> |---|---|
> | 을의 기준 | 후보자의 도덕성, 정책 추진 분야에 대한 전문성 |

① 갑은 개인보다는 사회가 우선한다고 본다.
② 을은 사회·문화 현상이 개인의 심리적 현상으로 환원된다고 본다.
③ 갑은 을과 달리 사회는 독자적인 특성을 지니고 있다고 본다.
④ 을은 갑과 달리 집합적 속성이 개인적 속성의 총합이라고 본다.
⑤ 을은 갑과 달리 개인의 행동이 사회 구조에 의해 결정된다고 본다.

★★
중요

14 그림은 개인과 사회의 관계를 바라보는 관점 (가), (나)를 나타낸 것이다. 이에 대한 옳은 설명을 〈보기〉에서 고른 것은?

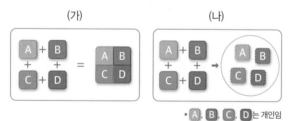

* A, B, C, D 는 개인임

┌ 보기 ┐
ㄱ. (가)는 사회 문제를 해결하기 위해 사회 구조를 탐구해야 한다고 본다.
ㄴ. 결혼 시 가풍보다 인품을 보는 것은 (나)에 부합하는 예이다.
ㄷ. (가)는 (나)와 달리 극단적인 개인주의로 흐를 우려가 있다.
ㄹ. (나)는 (가)와 달리 전체를 위한 개인의 희생을 정당화할 우려가 있다.

① ㄱ, ㄴ   ② ㄱ, ㄷ   ③ ㄴ, ㄷ
④ ㄴ, ㄹ   ⑤ ㄷ, ㄹ

15 개인과 사회의 관계를 바라보는 갑, 을의 관점에 대한 옳은 설명을 〈보기〉에서 고른 것은?

> 갑 : 사회가 존재해야 개인도 존재할 수 있습니다. 따라서 개인은 자신의 이익을 희생하고 공익을 위해 노력해야 합니다.
> 을 : 아닙니다. 사회는 개인이 자신들의 권리 보장을 위해 개인 간의 계약으로 만들어진 것일 뿐입니다.

┌ 보기 ┐
ㄱ. 갑은 사회·문화 현상의 분석 단위로 개인의 의식, 심리 상태를 중시한다.
ㄴ. 갑은 을과 달리 인간의 주체적이고 능동적인 행위를 설명하기 곤란하다.
ㄷ. 을은 갑과 달리 개인의 행위만으로 설명할 수 없는 사회·문화 현상을 이해하기 곤란하다.
ㄹ. 갑, 을 모두 사회가 개인의 외부에 실제로 존재한다고 본다.

① ㄱ, ㄴ   ② ㄱ, ㄷ   ③ ㄴ, ㄷ
④ ㄴ, ㄹ   ⑤ ㄷ, ㄹ

16 선거에 출마한 후보자 갑, 을의 연설에 나타난 개인과 사회를 바라보는 관점에 대한 설명으로 옳지 <u>않은</u> 것은?

> 갑 후보 : 저는 집권 여당의 공천을 받은 사람입니다. 여러분이 원하는 정책을 추진하려면 집권당의 도움이 필요합니다. 강력한 집권당 소속인 저를 밀어주십시오.
> 을 후보 : 저는 행정 고등 고시에 합격하여 25년간 공직 생활을 했습니다. 행정 경험이 풍부하고 도덕적으로도 이미 검증을 받았습니다. 인물 됨됨이를 보고 저를 뽑아 주십시오.

① 갑은 사회를 개인의 삶을 구속하는 유기체로 인식한다.
② 갑은 개인들이 계약을 맺어 사회를 구성하였다고 본다.
③ 을은 사회 변동이 개인의 변화로 발생한다고 본다.
④ 을은 사회를 개인들의 단순한 집합체에 불과하다고 본다.
⑤ 갑은 구조적 접근, 을은 개인적 접근을 통한 사회 문제 해결을 강조할 것이다.

[17-18] 다음은 학자들의 사회에 대한 관점이 나타난 글이다. 물음에 답하시오.

> (가) 자연 상태에서의 권리가 침해당하는 것을 방지하기 위해 시민들이 계약을 맺어 사회를 구성하였다. 이때 자연권을 양도받은 주권자가 개인의 권리를 침해하는 것은 계약 위반이므로, 시민들은 저항권을 행사할 수 있다.
> – 로크 –
>
> (나) 사회는 구성원 개인으로만 이루어져 있는 것이 아니다. 구성원들은 사회에 존재하다 없어지기도 하지만, 사회는 여전히 생명력을 지니고 있다. 사회의 규범, 문화, 민족성 등은 개인의 생각과 행동에 영향을 미친다.
> – 스펜서 –

17 위의 (가), (나)에 대한 설명으로 옳지 않은 것은?

① (가)와 같은 관점은 사회를 개인보다 우선시한다.

② (가)와 같은 관점은 사회 구조가 개인에게 끼치는 영향력을 간과하는 한계가 있다.

③ (나)와 같은 관점이 지나치게 강조되면 전체를 위한 개인의 희생을 정당화할 수 있다.

④ (나)와 같은 관점은 사회·문화 현상의 분석 단위로 사회 구조나 사회 제도를 중시한다.

⑤ 개인과 사회의 관계를 정확히 이해하기 위해서는 (가), (나)의 관점을 상호 보완적으로 적용해야 한다.

18 위의 (나)와 같은 관점으로 사회를 바라보고 있는 학생은?

① 가은 : 학생들이 어떠한가에 따라 그 학교의 평판이 결정돼.

② 나은 : 사회는 그 구성원들의 개성에 의해 유지되는 것 같아.

③ 다은 : 학생은 대의원 회의를 통해 학교의 규칙을 바꿀 수 있어.

④ 라은 : 규칙이 있지만, 그 규칙에 따르지 않는 학생들도 많잖아.

⑤ 마은 : 현재 재학생이 졸업하고 신입생이 들어와도 학교는 계속 유지돼.

19 다음 글을 읽고 물음에 답하시오.

> ○ 사회는 마치 살아 있는 유기체, 즉 생물체와 같이 독자적인 생명력을 지니고 있으며, 환경의 변화에 맞추어 진화할 수 있는 능력까지도 지니고 있다. 따라서 사회의 각 부분은 인체의 팔, 다리와 내부 기관처럼 사회의 생명 유지와 진화를 위해 나름대로 필요한 기능을 수행하고 있으며, 개인은 유기체를 떠나서는 존재할 수 없다. 즉, 사회는 각 개인에게 규범과 질서를 부과하고 개인보다 우위에 있는 독자적인 존재이다.

(1) ○에 해당하는 학설을 쓰시오.

(2) 윗글에 부합하는 개인과 사회의 관계를 바라보는 관점을 서술하시오.

20 다음 글을 통해 파악할 수 있는 개인과 사회의 관계를 바라보는 관점을 서술하시오.

> 국가는 개인들이 자신들의 재산과 자유를 보장받기 위해 합의를 통해 만들었다. 따라서 국가가 권한을 남용하여 국민의 권리를 침해하는 경우 국민은 기존의 합의를 해지하고 새로운 합의에 따라 새로운 국가를 재구성할 수 있다.

21 ○, ○에 해당하는 내용을 각각 한 가지만 서술하시오.

> 요즘 우리 사회에는 차량 증가와 도로 부족으로 인해 여러 가지 교통 문제가 발생하고 있다. 예를 들면 교통 법규 위반자 증가, 교통사고 증가, 차량 정체 등의 문제가 있다. 이를 해결하기 위해 ○ 사회 실재론적 관점에서 내세우는 해결책과 ○ 사회 명목론적 관점에서 내세우는 해결책이 다를 수 있다.

01 밑줄 친 부분에 나타난 개인과 사회의 관계를 바라보는 관점에 대한 설명으로 옳은 것은?

> 자살은 개인의 심리 상태에 의해 유발되는 현상인 것처럼 보인다. 사업에 실패했다든가, 실연당했다든가 하는 등의 사건이 빚어낸 비관적인 심리 상태가 자살로 이어지는 것 같이 보인다. 그러나 왜 자살률이 어떤 사회에서는 높고 어떤 사회에서는 낮은가? 한 사회에서 사람들 사이의 결속력이 급격히 떨어지거나 사회 규범이 갑자기 무너지면 그 사회의 자살률은 왜 증가하는가?

① 사회는 개인의 목표를 실현시키는 도구에 불과하다고 본다.
② 개인의 자유 의지에 기초한 능동적인 행동을 설명할 수 있다.
③ 사람들의 노력이 모여 사회의 특성이 만들어지고 변화하는 과정을 설명할 수 있다.
④ 사회·문화 현상을 이해할 때 사회를 구성하는 개인의 특성과 행동 양식에 초점을 맞춘다.
⑤ 사회는 개인의 단순한 합 이상의 실체로, 개인으로 환원될 수 없는 고유한 성격을 가진다고 본다.

문제 접근 방법
사회가 개인에게 영향을 미치는지 여부를 바탕으로 개인과 사회의 관계를 어떻게 바라보고 있는지를 파악하고, 해당 관점을 추론하여 판단한다.

적용 개념
자살률
사회 실재론
사회 명목론

02 다음은 개인과 사회의 관계를 바라보는 관점에 대한 글이다. A에 들어갈 적절한 진술을 〈보기〉에서 고른 것은?

> 사회에 대해 어떤 사람들은 '본능', '의지', '모방 성향', '이기심과 합리적 선택'과 같은 구성원의 개인적인 특성을 기반으로 분석한다. 이러한 관점은 사회가 개인의 특성과 행동을 집합한 결과라는 점을 전제한다. 그런데 이는 개인의 특성과 행동을 규정하는 근원적인 규범이 존재함을 무시하는 것이다. 이 점에서 "_____ A _____"라는 주장에는 동의할 수 없다.

| 보기 |
ㄱ. 개인은 사회에 종속된 존재이다.
ㄴ. 개인의 발전이 곧 사회의 발전이다.
ㄷ. 사회적 사실은 개인적 행위로 환원될 수 있다.
ㄹ. 사회는 개인의 외부에 존재하는 고유한 실체이다.

① ㄱ, ㄴ   ② ㄱ, ㄷ   ③ ㄴ, ㄷ
④ ㄴ, ㄹ   ⑤ ㄷ, ㄹ

문제 접근 방법
필자는 개인의 특성과 행동을 규정하는 근원적 규범이 존재한다고 본다. 이 주장이 사회 실재론과 사회 명목론 중 무엇에 해당하는지를 파악해야 한다. 또한 밑줄 친 부분에 대해 필자가 동의할 수 없다고 하였으므로 이 부분에는 필자와 다른 관점에 대한 진술이 들어가야 한다.

적용 개념
사회 실재론
사회 명목론

03 (가), (나)에 나타난 개인과 사회의 관계를 바라보는 관점에 대한 옳은 설명만을 〈보기〉에서 있는 대로 고른 것은?

> (가) 사회화는 사회가 바람직하다고 여기는 행위 양식을 개인에게 내면화시키는 과정이다. 개인은 주어진 행위 양식 이외에 다른 선택이 있다는 사실조차 의식하지 못한다. 사회 속 개인의 어떠한 행위 양식도 개인이 스스로 만들어 내는 경우는 없다.
>
> (나) 사회화는 단순히 정보를 받아들이는 일방적인 과정이 아니라, 자신의 상황에 따라 외부의 대상을 재구성하고 그것에 의미를 부여하는 동적인 과정이다. 대상은 현실 세계에 객관적으로 존재하는 것처럼 보이지만, 정작 실재하는 것은 개별 행위자들이 대상에 부여하는 다양한 의미이다.

> ┤ 보기 ├
> ㄱ. (가)의 관점은 사회 규범이 개인들에 의해 형성되고 변화한다고 본다.
> ㄴ. (나)의 관점은 사회는 개인들의 집합체에 붙여진 이름에 불과하다고 본다.
> ㄷ. (가)의 관점은 (나)의 관점과 달리 개인은 사회 속에서만 존재 의미를 가질 수 있다고 본다.
> ㄹ. (나)의 관점은 (가)의 관점과 달리 개인의 능동성이 사회의 구속성보다 우선한다고 본다.

① ㄱ, ㄷ   ② ㄱ, ㄹ   ③ ㄴ, ㄷ
④ ㄱ, ㄴ, ㄹ   ⑤ ㄴ, ㄷ, ㄹ

ⓟ 문제 접근 방법
개인과 사회의 관계를 바라보는 관점인 사회 실재론과 사회 명목론이 사회화에 대해 어떻게 설명하는지를 파악하는 문제이다. 개인과 사회 중 무엇을 중시하는지를 기준으로 판단해야 한다.

✐ 적용 개념
사회 실재론
사회 명목론

---

04 개인과 사회의 관계를 바라보는 (가), (나) 관점에 부합하는 진술을 〈보기〉에서 고른 것은?

> 사회는 단지 개인들이 모여 있는 것으로 실제로 존재하지 않는다고 보는 (가) 관점이 있지만 이는 옳지 않다. 물은 두 개의 수소 원자와 한 개의 산소 원자가 결합하였지만 수소, 산소와는 전혀 다른 속성을 가진 분자의 집합체이다. 이렇듯 사회도 개인들의 합 이상이며 단순한 개인들의 합과는 다른 속성을 갖는다는 (나) 관점이 옳다. 사회 구성원들에게 규범과 질서를 부과하는 사회는 개인보다 우위에 있는 독자적인 존재이다.

> ┤ 보기 ├
> ㄱ. 도덕적인 개인들이 모인 집단이 도덕적인 것은 아니다.
> ㄴ. 사회 전체의 이익이 특수한 개인의 이익보다 우선한다.
> ㄷ. 개인은 사회를 구성하고 변화시키는 능동적인 존재이다.
> ㄹ. 사회·문화 현상은 개별 구성원들의 행위나 심리 상태만으로 설명이 가능하다.

	(가) 관점	(나) 관점		(가) 관점	(나) 관점
①	ㄱ, ㄴ	ㄷ, ㄹ	②	ㄱ, ㄷ	ㄴ, ㄹ
③	ㄱ, ㄹ	ㄴ, ㄷ	④	ㄴ, ㄹ	ㄱ, ㄷ
⑤	ㄷ, ㄹ	ㄱ, ㄴ			

ⓟ 문제 접근 방법
개인과 사회의 관계를 바라보는 관점인 사회 실재론과 사회 명목론을 구분하는 문제로, 개인과 사회를 비교하여 무엇에 우월성을 부여하는지를 기준으로 판단해야 한다.

✐ 적용 개념
사회 실재론
사회 명목론
사회 전체의 이익
특수한 개인의 이익
개인의 능동성

02 인간의 사회화

🔖 **학습길잡이** • 사회화의 의미와 기능을 이해하고, 사회화 기관의 유형과 특징을 파악해 두어야 한다.
　　　　　　• 사회적 지위와 역할의 의미를 이해하고, 역할 갈등의 발생 원인과 해결 방안을 파악해 두어야 한다.

A 사회화는 어떻게 이루어질까

1 사회화의 의미와 기능

⎯ 사회 구성원이 집단에서 지속하여
　관계를 맺고 의사소통하는 것이다.

① **사회화** : 인간이 다른 사람과의 <u>사회적 상호 작용</u>을 통해 자신이 속한 사회의 행동 양식, 지식, 기능, 가치, 규범 등을 배우는 과정

② **사회화의 특징** : 평생에 걸쳐 이루어지며, 내용과 방법은 사회와 환경에 따라 다르고 한 사회 내에서도 계층과 지역 등에 따라 다를 수 있음

③ **사회화의 과정** : 언어적 상호 작용, 보상과 처벌의 경험, 모방과 동일시 등을 통해 이루어짐 **1**

④ **사회화의 기능** **2**

개인적 차원	• 사회생활에 필요한 언어와 지식, 기술, 행동 양식 등을 습득 • 사회의 가치와 규범 등을 내면화* • 자아 정체성과 인성 형성 **3**
사회적 차원	• 문화의 공유 및 세대 간 전승* • 사회의 유지와 존속 및 발전에 기여

자료로 보는 🌐 **야생아의 사례로 본 사회화의 의미**

> 1920년 인도에서는 한 선교사가 늑대 굴에서 두 소녀를 발견하였다. 8세로 추정되는 소녀에게는 '카말라', 15세로 추정되는 소녀에게는 '아말라'라는 이름을 붙였다. 발견 당시에 이들은 늑대처럼 행동하였다. 그들은 네 발로 걷고 뛰었으며 우유와 고기만을 먹었고 음식을 먹기 전에 냄새부터 맡았다. 또한 감각 기관이 발달해 있어 어두운 곳에서도 잘 볼 수 있었고 멀리 떨어진 곳의 냄새도 잘 맡았다. 의사소통은 불가능하였고 이들이 할 수 있었던 유일한 소리는 울부짖음뿐이었다. 아말라는 1년 후 바로 죽었지만 카말라는 9년을 더 살았는데, 그동안의 교육에도 불구하고 약 30개의 어휘만 구사할 수 있었다.

제시된 사례의 두 소녀는 인간이지만 마치 늑대처럼 행동하였다. 그들이 인간다운 모습을 보이지 못한 까닭은 사회 속에서 다른 사람들과 상호 작용을 통해 인간으로서의 행동 양식과 사고방식 등을 배우는 사회화 과정을 거치지 못하였기 때문이다. 이처럼 인간은 태어날 때부터 사회에서 살아가는 데 필요한 모든 능력을 갖추고 있는 것이 아니라, 사회 속에서 다른 사람들과 더불어 살아갈 때 인간다운 삶을 살 수 있는 사회적 존재이다.

🔎 사회 속에서 성장하면서 자신이 속한 사회의 행동 양식과 사고방식 등을 배우는 과정은 무엇일까?

화회사 ▲

⑤ 시기별 사회화

• <u>유아기</u> : 기본적인 욕구 충족 방법과 정서적인 반응 방식을 습득함 **4**
⎯ 주로 가족들과 상호 작용을 한다.

• 아동기 : 언어, 기본적인 생활 규칙, 사회 규범이나 가치관을 학습함

• <u>청소년기</u> : 지식과 기술, 규범, 가치 등을 습득하고 진로와 직업을 탐색함
⎯ 학교에서 많은 시간을 보내고 또래 친구들과 어울린다.

• 성인기 : 새로운 지식과 기술, 생활 양식 등을 배움

• 노년기 : 사회 변화에 맞는 생활 양식을 배움

개념 더하기 자료 채우기

1 모방과 동일시

모방은 다른 사람의 행동을 관찰하고 이에 자극받아 그와 닮은 행동을 하는 것이다. 동일시는 다른 사람의 감정, 사고, 행위 등의 성향적 특징이나 지위, 소속, 집단 등의 상황적 특징을 복사하듯이 따름으로써 자신의 성향적 또는 상황적 특징으로 간주하거나 인정하는 과정을 말한다.

2 사회화를 보는 관점

기능론	• 사회화는 개인을 사회에 적응, 통합시켜 사회를 유지시킴 • 사회화의 내용과 방법은 사회적 필요에 의해 구성원이 합의한 것임
갈등론	• 사회화는 지배 집단의 이익을 확대·강화하기 위한 수단에 불과함 • 한 사회의 보편적인 가치나 규범은 지배 집단에 의해 규정된 것임
상징적 상호 작용론	• 사회화는 개인이 사회 구성원과의 상호 작용을 통해 자아를 형성하는 과정임 • 개인은 다른 사람의 눈에 비친 자신의 모습을 보고 자아 관념을 형성해 나감

3 자아 정체성

자기 자신의 독특성에 대해 안정된 느낌을 갖는 것으로, 행동이나 사고, 느낌의 변화에도 불구하고 내가 누구인가를 일관되게 인식하는 것이다.

4 기본적인 욕구와 정서적인 반응

기본적인 욕구란 인간 행동의 원동력으로서 가장 기본이 되는 중요한 욕구를 말한다. 편안하게 잠을 자고 밥을 배불리 먹고자 하는 욕구가 이에 해당한다. 정서적 반응이란 어떤 사건이나 사물에 대해 좋은지 싫은지와 같은 감정이 생기는 것을 말한다. 이러한 기본적인 욕구 충족 및 정서적 반응 방식의 습득은 주로 유아기에 이루어진다.

✳ 용어사전

✳ **내면화**(內 안, 面 모양, 化 되다) 여러 가지의 사회적 영향을 받아 개인의 사고 및 감정, 행동 등이 내부로 흡수되는 현상

✳ **전승**(傳 전하다, 承 잇다) 문화, 풍속, 제도 등을 이어받아 계승하는 것 또는 그것을 물려주어 잇게 하는 것

2 사회화의 유형 5 질문

① 재사회화

- 의미 : 사회 변동이나 새로운 환경에 적응하기 위해 이전과 다른 규범, 가치, 행동 양식 등을 습득하는 것
- 사례 : 정보 사회로의 변화에 따라 노인이 컴퓨터 사용법을 배우는 것, 직장 내 재교육, *대중 매체를 통한 사회 교육 등

자료로 보는   재사회화

재사회화는 주변 사람들이나 대중 매체 등을 통해 일상적으로 이루어지기도 하고, 교육 및 연수 기관, 군대, 교도소, 직업 훈련소 등과 같은 제도나 기관을 통해 체계적으로 이루어지기도 한다.

> **결혼 이주민을 위한 한국어 교육**
>
> 한국어 교육을 시작한 지 6개월이 지났는데, 한국 생활 적응에 도움이 되고 있나요?

결혼 이주민이 한국어 교육을 받는 것은 한국 생활에 적응하기 위해 새로운 행동 양식을 학습하는 것이므로 재사회화에 해당한다. 현대 사회는 변화 속도가 빨라지고 있어 기존에 습득한 지식이나 생활 양식만으로 적응하기 어렵다. 이에 따라 현대 사회에서는 새로운 지식이나 생활 양식 등을 습득하는 재사회화의 필요성이 더욱 높아지고 있다.

Q 재사회화의 사례에는 무엇이 있을까?

A 정보 사회로의 변화에 따른 노인의 컴퓨터 사용법 배우기 등

② *예기 사회화 6

- 의미 : 미래에 속하게 될 집단에서 요구되는 행동 양식을 미리 학습하는 과정
- 사례 : 다른 나라로 이민을 가기 전에 그 나라의 언어를 배우는 것, 입사 전 신입 사원 연수, 신입생 예비 교육 등

B 사회화 기관에는 어떤 것이 있을까

1 사회화 기관의 유형 7

① 사회화의 내용에 따른 분류
— 기본적인 욕구 충족 및 정서적 반응 방식, 언어, 규칙, 가치관 등의 습득을 말한다.

1차적 사회화 기관	기초적인 사회화를 담당하는 기관 예 가족, 또래 집단 등
2차적 사회화 기관	전문적인 지식과 기능의 사회화를 담당하는 기관 예 학교, 직장, 대중 매체 등

② 형성 목적에 따른 분류

공식적 사회화 기관	사회화를 목적으로 설립하여 체계적으로 사회화를 수행하는 기관 예 학교, 직업 훈련소 등
비공식적 사회화 기관	사회화 이외의 목적으로 설립하였으나 사회화를 부수적으로 수행하는 기관 예 가족, 직장, 대중 매체 등

02 인간의 사회화

2 사회화 기관의 특징

① **가족** ┌ 유아기와 아동기에 가장 중요한 사회화 기관이다.
           └ 1차적 사회화 기관이자 비공식적 사회화 기관이다.

- 가장 중요하고 기초적인 사회화 기관 질문

- 가족 구성원과의 상호 작용을 통해 언어, 예절, 의식주 습관 등 기본적인 생활 양식을 습득함

② ***또래 집단** ⬛1 ┌ 아동기와 청소년기에 영향력이 커진다. 1차적
                       └ 사회화 기관이자 비공식적 사회화 기관이다.

- 또래 집단과의 상호 작용을 통해 집단생활에 필요한 규칙, 질서 의식 등을 배움

- 청소년기의 또래 집단은 독특한 언어, 행동 양식, 그들만의 문화가 있음
  → 자아 정체성 형성에 큰 영향을 줌

③ **학교** ┌ 아동기와 청소년기의 사회화에 큰 영향을 준다.
           └ 2차적 사회화 기관이자 공식적 사회화 기관이다.

- 대표적인 공식적 사회화 기관

- 지속적이고 체계적으로 교육을 담당함

- 사회생활에 필요한 전문적인 지식과 기술, 규범과 태도 등을 체계적으로 학습함

- 친구와 교사 등 다양한 사회적 관계로 집단생활의 규칙, 질서 등을 배움

④ **직장** ┌ 주로 성인기의 사회화를 담당한다. 2차적
           └ 사회화 기관이자 비공식적 사회화 기관이다.

- 업무에 필요한 지식과 기술, 조직 사회의 규범과 행동 양식을 배움

- 담당 업무 및 지위 변화, 기술 발전 등에 적응하기 위한 사회화가 지속됨

⑤ **대중 매체** ⬛2 ┌ 2차적 사회화 기관이자
                    └ 비공식적 사회화 기관이다.

- 현대 사회에서 영향력이 커지고 있음

- 새로운 정보와 지식, 삶의 방식 등을 습득하게 함

- 정보 통신 기술의 발달로 *뉴 미디어의 영향력이 커짐

자료로 보는 사회화 기관으로서의 가족과 직장

(가)	(나)
Ⓐ 밥상머리 교육은 가정에서 자녀들이 식사를 하며 부모와 눈을 맞추고 이야기하는 과정에서 사회성, 타인에 대한 배려 등을 자연스럽게 기르게 하는 과정이다.	Ⓐ 직장 내에서 동료들과의 관계를 통해 사회화가 이루어지기도 하고, 직장 내에 만들어진 동호회나 친목회 등도 사회화 기관의 역할을 한다.

(가)는 사회화 기관으로서의 가족을 보여 준다. 가족은 개인이 태어나 최초로 경험하는 사회화 기관이며, 가장 기초적이고 영향력이 큰 사회화 기관이라고 할 수 있다. (나)는 사회화 기관으로서의 직장이다. 사람들은 직장 생활에 적응하고 주어진 업무를 수행하면서 새로운 지식이나 가치 등을 습득하고, 직장에 존재하는 개인이나 다양한 조직을 통해 사회화를 경험한다.

Q 가장 기초적이고 중요한 사회화 기관은 무엇일까?

[정답] 가족

개념 더하기 자료 채우기

✊ 질문 있어요

가족이 가장 중요하고 기초적인 사회화 기관인 이유는 무엇인가요?

가족은 인간이 태어나서 최초로 접하게 되는 사회화 기관이에요. 인간은 가족을 통해 기본적인 생활 방식을 습득하고 인성의 기본 틀을 형성하게 됩니다. 이처럼 어린 시절에 형성된 인성과 생활 방식은 평생에 걸쳐 영향을 미치기 때문에 가족은 가장 중요하고 기초적인 사회화 기관이라고 할 수 있지요.

⬛1 또래 집단

비슷한 연령층의 놀이 친구로, 아동기나 청소년기에 자연스럽게 형성되는 동네 친구, 학교 친구 등이 여기에 속한다. 이 시기의 또래 관계는 이후의 성격 형성과 사회성 발달에 큰 영향을 미친다. 긍정적인 행동을 하는 또래 집단을 통해 의도된 사회화 결과를 가져올 수도 있는데, 남아프리카 공화국에서 청소년에게 긍정적 자아 개념을 심어 에이즈 감염률을 줄인 것이 그 예이다.

⬛2 소셜 미디어와 청소년의 사회화

전국 중·고등학생 2,584명을 대상으로 조사한 「청소년 문화 활성화를 위한 소셜 미디어 활용 연구」에 따르면, 청소년들은 소셜 미디어로 의사소통하고 공감대를 형성하며 스트레스를 풀지만, 고민을 해결하거나 심리적 안정감은 느끼지 못하는 것으로 나타났다. 연구원은 "소셜 미디어 사용의 보편화로 유언비어 및 유해 내용의 급속한 확산 등의 부작용이 나타나고 있지만, 많은 청소년이 소셜 미디어로 사회적 쟁점을 파악하고 타인과 공감대를 형성하거나 스트레스를 해소하는 긍정적인 점도 많다."라며 "소셜 미디어를 청소년이 건전한 문화를 형성하는 데 효과적인 수단이자 소통의 장으로 활용하는 방안을 모색해야 한다."라고 말하였다. – 「○○신문」, 2016. 5. 29. –

인터넷이 발달하고 스마트폰 보급이 확대되면서 소셜 미디어가 청소년의 사회화에 미치는 영향력이 커지고 있다. 소셜 미디어를 잘 활용하여 청소년에게 긍정적 영향을 끼칠 수 있도록 해야 한다.

✱ 용어사전

- * **또래** 나이나 수준이 서로 비슷한 무리
- * **뉴 미디어** 통신 기술이 발전하면서 생겨난 새로운 전달 매체

C 사회적 지위와 역할은 무엇일까

1 지위 ③

① **의미** : 한 개인이 사회 구성원으로서 집단이나 사회 내에서 차지하는 위치

② **특징** ┌ **왜?** 현대 사회에서는 한 개인이 속하는 사회 집단이나 조직의 수가
　　　　　　많아져 동시에 여러 개의 성취 지위를 가지게 되었기 때문이다.
- 개인은 여러 개의 지위를 동시에 가짐
- 개인의 사회적 정체성을 형성하고 다른 사람과의 상호 작용에 영향을 미침

③ **종류** ┌ 전통적인 신분 사회에서는 귀속 지위가 중시되었지만,
　　　　　　현대 사회에서는 성취 지위의 중요성이 커지고 있다.

귀속 지위	개인의 능력이나 노력과는 관계없이 가지게 되는 지위 📌 남성, 여성, 아들, 딸 등
성취 지위	개인의 의지나 노력을 통해 후천적으로 획득한 지위 📌 학생, 교사, 어머니, 남편 등

2 역할 ④
┌ 같은 지위라도 시대나 장소의 변화에 따라 기대되는 역할이 달라질 수 있다.
① **역할** : 지위에 대해 사회적으로 기대하는 행동 양식

② **역할 행동(역할 수행)** : 개인이 자신의 역할을 실제로 수행하는 방식 **질문**

③ **역할 행동의 평가** : 역할 행동이 사회적 기대에 부합하면 보상을 받고, 어긋
나면 제재를 받음　　　　　　　└ 📌 칭찬, 표창,
　　└ 📌 벌, 비난, 사법적 규제 등　　　　상여금 등

3 역할 갈등

① **의미** : 한 개인에게 요구되는 역할들이 충돌하여 나타나는 심리적 갈등

② **원인** : 사회의 다원화로 개인의 지위와 역할이 다양해졌기 때문 ⑤

③ **영향** : 원만히 해결하지 못하면 심리적 불안감 발생, 사회 혼란 초래

④ **해결 방안**

개인적 방안	개인의 신념과 가치관을 바탕으로 역할의 우선순위를 정하여 더 중요하다고 판단 되는 역할부터 수행함
사회적 방안	• 다수에게 지속적으로 나타나는 역할 갈등에 대해서는 역할 간 중요성에 대한 사 회적 합의가 필요함 ┌ 직장 여성이 아이 양육을 맡길 수 있는 • 여러 가지 역할을 동시에 수행할 수 있는 <u>제도적 장치와 지원</u>이 마련되어야 함 　　　　　　　　　　　　　　└ 시설의 확대 및 재정적 지원 등을 말한다.

자료로 보는 🐟 **역할 갈등과 역할 긴장**

(가)	(나)

(가)는 부모라는 지위와 회사원이라는 지위에 따른 역할이 서로 충돌하여 나타나는 역
할 갈등의 사례이다. (나)는 아버지라는 하나의 지위에 '엄한 아버지', '자상한 아버지'라
는 상반된 역할이 요구되는 역할 긴장의 사례이다.

Q 역할 갈등의 또 다른 사례에는 무엇이 있을까?　**A** 의사이자 환자의 어머니인 사람이 병
원에 근무하는 의사이면서 자녀의 학교 행사에 참석해야 하는 경우 등을 들 수 있다.

개념 더하기 자료 채우기

③ 지위

모든 개인은 사회 내에서 서로 다른 위치를 차지하며 생활
하게 된다. 이때의 개인은 집단 내에서 차지하는 위치를 인
식하고, 그 위치에서 해야 할 행동이 무엇인지를 분별하여
행동하게 된다. 이와 같이 한 개인이 집단 내에서 차지하는
위치를 지위라고 하며, 이는 그 사회의 평가 기준에 의해
서열화된다.

④ 지위와 역할

사회생활을 하는 개개인은 누구나 일정한 사회 집단에 속
하며, 그 속에서 일정한 규제를 받으면서 행동한다. 그 집단
이 거대 집단이면 제도가 있고, 소집단이면 규칙 또는 법도
가 있다. 이러한 일정한 구속에 따라 개개인에게 역할이 부
여되고, 그 역할에 대한 기대에 부응하여 행동한다. 역할은
개개인에게 분여(分與)되어 있는 기능적 상태이고, 지위는
그 역할이 배열되어 있는 구조적 상태이다.

👊 **질문 있어요**

역할과 역할 행동은 어떤 차이점이 있나요?
- 갑은 반장이라는 지위에 따른 역할에 대한 보상을 받았다.
- 을은 반장이라는 지위에 따른 역할 행동에 대한 보상을 받
았다.

위 두 문장 중 어느 것이 맞을까요? 역할은 지위에 따라 사회
적으로 기대하는 행동 양식이고, 역할 행동은 개인이 역할을
수행하는 구체적인 방식입니다. 따라서 보상 또는 제재가 가
해질 수 있는 것은 역할이 아닌 역할 행동이에요. 왜냐하면 역
할은 기대되는 행동 양식이므로 실질적으로 이루어진 것이
아니기 때문에 평가할 수 없지만, 역할 행동은 실질적으로 이
루어져 평가가 가능하기 때문이지요.

---

⑤ 역할 갈등의 발생 원인

현대 사회가 분화되고 복잡해지면서 개인이 여러 집단에
동시에 속하는 사례가 많아졌다. 이에 따라 개인은 여러 가
지 지위를 가지게 되었고, 각 지위에 따라 다양한 역할을
동시에 수행해야 할 때도 많아졌다. 이러한 역할들이 서로
조화를 이루지 못하고 충돌할 때 역할 갈등이 발생한다.

✳ **용어사전**

✳ **귀속(歸 따르다, 屬 붙다)** 재산, 영토, 권리 등이 특정 주체에
붙거나 딸림

✳ **우선순위** 어떤 것을 먼저 차지하거나 사용할 수 있는 차례나
위치

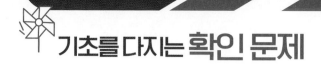

기초를 다지는 확인 문제

바른답·알찬풀이 22쪽

올리드 포인트

A 사회화의 의미와 유형

1 사회화의 의미와 기능

의미	인간이 다른 사람과의 사회적 상호 작용을 통해 자신이 속한 사회의 행동 양식, 지식, 기능, 가치, 규범 등을 배우는 과정
기능	• 개인적 차원 : 자아 정체성과 인성 형성 • 사회적 차원 : 문화의 공유 및 세대 간 전승

2 사회화의 유형

재사회화	사회 변동이나 새로운 환경에 적응하기 위해 이전과 다른 규범, 가치, 행동 양식 등을 습득하는 것
예기 사회화	미래에 속하게 될 집단에서 요구되는 행동 양식을 미리 습득하는 것

B 사회화 기관

1 사회화 기관의 유형

사회화의 내용에 따라	• 1차적 사회화 기관 : 기초적 사회화 담당 • 2차적 사회화 기관 : 전문적 지식과 기능의 사회화 담당
형성 목적에 따라	• 공식적 사회화 기관 : 사회화를 목적으로 설립 • 비공식적 사회화 기관 : 사회화 이외의 목적으로 설립하였으나 사회화를 부수적으로 수행

2 사회화 기관의 특징

가족	가장 중요하고 기초적인 사회화 기관
또래 집단	집단생활에 필요한 규칙, 질서 의식 등을 배움
학교	지속적·체계적으로 교육을 담당함
직장	업무에 필요한 지식과 기술을 배움
대중 매체	현대 사회에서 영향력이 커지고 있음

C 사회적 지위와 역할

1 지위

의미	한 개인이 사회 구성원으로서 집단이나 사회 내에서 차지하는 위치
종류	• 귀속 지위 : 개인의 능력이나 노력과 관계없이 가짐 • 성취 지위 : 개인의 의지나 노력을 통해 획득함

2 역할과 역할 갈등

역할	지위에 대해 사회적으로 기대하는 행동 양식
역할 행동	개인이 자신의 역할을 실제로 수행하는 방식
역할 갈등	한 개인에게 요구되는 역할들이 충돌하여 나타나는 심리적 갈등

---

01 다음 설명이 맞으면 ○표, 틀리면 ×표를 하시오.

(1) 사회화는 평생에 걸쳐 이루어지며 내용과 방식은 모든 사회에서 동일하다. ( )

(2) 예기 사회화는 미래에 속하게 될 집단에서 요구되는 행동 양식을 미리 학습하는 과정이다. ( )

(3) 가족은 1차적 사회화 기관이며 공식적 사회화 기관이다. ( )

(4) 학교는 2차적 사회화 기관이며 공식적 사회화 기관이다. ( )

(5) 한 개인의 역할이 사회적 기대에 부합하면 보상을 받고, 어긋나면 제재를 받는다. ( )

02 빈칸에 들어갈 알맞은 말을 쓰시오.

(1) ( )은/는 사회적 상호 작용을 통해 자신이 속한 사회의 행동 양식, 지식, 기능, 가치, 규범 등을 배우는 과정이다.

(2) ( )은/는 사회 변동에 적응하기 위해 새로운 규범, 가치, 행동 양식 등을 습득하는 것이다.

(3) ( )은/는 개인의 능력이나 노력과는 관계없이 가지게 되는 지위이다.

(4) 지위에 대해 사회적으로 기대하는 행동 양식을 ( )(이)라고 한다.

(5) 한 개인에게 요구되는 역할들이 충돌하여 나타나는 심리적 갈등을 ( )(이)라고 한다.

03 지위의 종류와 그 예를 바르게 연결하시오.

(1) 귀속 지위 •　　　　　• ㉠ 딸, 아들, 남자, 여자

(2) 성취 지위 •　　　　　• ㉡ 어머니, 아버지, 회사원

01 다음 사례에 대한 설명으로 옳은 것은?

> 갑은 부모의 강요로 어려서부터 외부와는 단절된 채 집 밖으로 나온 적이 없다. 이러한 갑이 외부에 알려진 것은 갑의 나이가 이미 20세가 되었을 때이다. 20세의 갑은 언어 능력이 5세 정도 수준이었으나, 주변 사람들의 도움으로 언어를 배워 2년 만에 타인과 의사소통을 할 정도의 언어 능력을 갖게 되었다.

① 초기 사회화는 유아기에 이루어져야 한다.
② 인간의 언어 능력은 선천적으로 타고나는 것이다.
③ 사회화는 타인과의 상호 작용을 통해 이루어진다.
④ 초기 사회화는 공식적 사회화 기관에서 이루어진다.
⑤ 언어 능력은 1차적 사회화 기관보다 2차적 사회화 기관에서 더 향상된다.

02 다음 글에 나타난 사회학적 개념의 적절한 사례를 〈보기〉에서 고른 것은?

> 사회 변화에 적응하기 위해 새롭게 등장한 지식이나 가치, 행동 양식 등을 습득하는 과정으로, 변화의 속도가 빠른 현대 사회에서 한 개인이 기존에 습득한 지식이나 생활 양식만으로는 적응하기 어렵기 때문에 그 중요성이 더욱 커지고 있다.

┤ 보기 ├
ㄱ. 갑은 유치원에서 식사 예절을 배웠다.
ㄴ. 을은 노인 대학에서 스마트폰 사용 방법에 대한 강의를 들었다.
ㄷ. 병은 직장에 도입된 새로운 업무 시스템을 책으로 학습하였다.
ㄹ. 정은 고등학교에서 자신이 살고 있는 지역의 역사에 대한 수업을 들었다.

① ㄱ, ㄴ　　② ㄱ, ㄷ　　③ ㄴ, ㄷ
④ ㄴ, ㄹ　　⑤ ㄷ, ㄹ

03 (가)에 대한 설명으로 옳지 <u>않은</u> 것은?

> | (가) | 검색 |
> 인간이 다른 사람과의 사회적 상호 작용을 통해 사회생활에 필요한 언어, 지식, 기능 등을 습득하고, 한 사회의 가치·규범 등을 내면화하는 과정이다.

① 개인을 사회 구성원으로 성장시킨다.
② 문화의 공유 및 세대 간 전승을 가능하게 한다.
③ 학교와 같은 교육 기관에 의해서만 이루어진다.
④ 자아 정체성 및 사회적 소속감을 형성하게 한다.
⑤ 시대나 사회에 따라 내용과 방식이 다양하게 나타난다.

04 사회화를 보는 A~C 관점에 대한 옳은 설명만을 〈보기〉에서 있는 대로 고른 것은?

> • "사회화는 타인과의 상호 작용을 통해 자아를 형성하는 과정인가?"라는 질문으로 A 와/과 B 을/를 구분할 수 없다.
> • "사회화는 지배 체제를 유지하기 위한 도구인가?"라는 질문으로 B 와/과 C 을/를 구분할 수 있다.

┤ 보기 ├
ㄱ. A는 B와 달리 사회 구조의 안정을 위해 사회화가 필요하다고 본다.
ㄴ. B는 A와 달리 구성원들이 합의한 지배적인 규범이 존재한다고 본다.
ㄷ. C는 A와 달리 사회화를 통해 자아 정체성 및 사회적 소속감이 형성된다고 본다.
ㄹ. C는 B와 달리 미시적 관점에서 사회화를 인식한다.

① ㄱ, ㄴ　　② ㄱ, ㄹ　　③ ㄴ, ㄷ
④ ㄱ, ㄷ, ㄹ　　⑤ ㄴ, ㄷ, ㄹ

05 (가), (나)에 해당하는 사회화 기관만을 〈보기〉에서 있는 대로 고른 것은?

> (가) 기초적인 사회화를 담당하는 기관
> (나) 사회화 이외의 목적으로 형성되었으나 부수적으로 사회화를 수행하는 기관

| 보기 |
> ㄱ. 학교　　　　　　　　ㄴ. 가족
> ㄷ. 대중 매체　　　　　ㄹ. 또래 집단

	(가)	(나)
①	ㄱ, ㄷ	ㄴ, ㄹ
②	ㄴ, ㄹ	ㄱ, ㄴ, ㄷ
③	ㄴ, ㄹ	ㄴ, ㄷ, ㄹ
④	ㄱ, ㄴ, ㄷ	ㄱ, ㄷ, ㄹ
⑤	ㄱ, ㄷ, ㄹ	ㄴ, ㄷ, ㄹ

06 A~C는 사회화 기관을 분류한 것이다. 이에 대한 옳은 설명을 〈보기〉에서 고른 것은? (단, A~C는 각각 1차적 사회화 기관, 공식적 사회화 기관, 비공식적 사회화 기관 중 하나이다.)

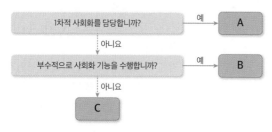

| 보기 |
> ㄱ. 대중 매체는 A에 해당한다.
> ㄴ. A에서는 주로 인성 형성에 영향을 주는 사회화가 이루어진다.
> ㄷ. 직업 훈련소는 C에 해당한다.
> ㄹ. 현대 사회에서는 B보다 C의 역할이 중요해지고 있다.

① ㄱ, ㄴ　　　② ㄱ, ㄷ　　　③ ㄴ, ㄷ
④ ㄴ, ㄹ　　　⑤ ㄷ, ㄹ

07 A~D는 사회화 기관을 일정한 기준에 따라 분류한 것이다. 이에 대한 옳은 설명만을 〈보기〉에서 있는 대로 고른 것은?

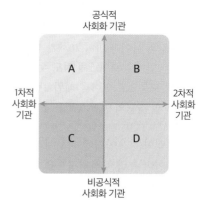

| 보기 |
> ㄱ. A의 예로는 가족, B의 예로는 학교가 있다.
> ㄴ. B는 아동기 이후, C는 유아기의 사회화를 주로 담당한다.
> ㄷ. B와 D는 2차적 사회화 기관 중 사회화 기관의 형성 목적에 따라 구분된다.
> ㄹ. C와 D는 비공식적 사회화 기관 중 사회화의 내용에 따라 구분된다.

① ㄱ, ㄴ　　　② ㄱ, ㄹ　　　③ ㄴ, ㄷ
④ ㄱ, ㄷ, ㄹ　　　⑤ ㄴ, ㄷ, ㄹ

08 사회화 기관 (가), (나)에 대한 옳은 설명을 〈보기〉에서 고른 것은?

> 유아기를 거쳐 아동기, 청소년기에 접어들면서 (가)의 영향력은 점차 감소하고, (나)의 영향력이 점차 커진다. (나)에서 구성원들은 공통의 관심사와 흥미를 가지고 서로 정보를 교환하며 자신의 마음을 터놓는 등 함께 어울려 지낸다. (나) 내에서 구성원들은 자신들의 보호 주체였던 (가) 내에서보다 자율적이고 독립적으로 행동한다.

| 보기 |
> ㄱ. (가)는 (나)와 달리 초기 사회화를 담당한다.
> ㄴ. (나)는 (가)와 달리 전문적인 지식과 기능의 사회화를 담당한다.
> ㄷ. (가), (나)는 모두 비공식적 사회화 기관이다.
> ㄹ. (가), (나)는 모두 인성 형성의 사회화를 담당한다.

① ㄱ, ㄴ ② ㄱ, ㄷ ③ ㄴ, ㄷ ④ ㄴ, ㄹ ⑤ ㄷ, ㄹ

중요

09 다음 사례에 대한 옳은 설명만을 〈보기〉에서 있는 대로 고른 것은?

- 갑은 내년에 회사의 중국 지사로 발령될 예정이므로 매일 회사 일을 마치고 중국어 학원에 가서 중국어 공부를 한다.
- 을은 ○○ 백화점 문화 센터에서 주관하는 '인터넷 활용 능력 향상 교실'에 다니고 있다. 정보 사회에서 인터넷을 활용하는 것은 필수이기 때문이다.

┤ 보기 ├
ㄱ. 갑은 예기 사회화를 경험하고 있다.
ㄴ. 을은 재사회화를 경험하고 있다.
ㄷ. 갑은 을과 달리 비공식적 사회화 기관에서 사회화를 경험하고 있다.
ㄹ. 갑, 을 모두 2차적 사회화 기관에서 사회화를 경험하고 있다.

① ㄱ, ㄷ   ② ㄱ, ㄹ   ③ ㄴ, ㄷ
④ ㄱ, ㄴ, ㄹ   ⑤ ㄴ, ㄷ, ㄹ

10 (가), (나)에 대한 옳은 설명만을 〈보기〉에서 있는 대로 고른 것은?

- (가) 개인의 의지나 노력에 의해 후천적으로 얻게 되는 지위
- (나) 개인의 능력이나 노력과는 관계없이 선천적, 자연적으로 갖게 되는 지위

┤ 보기 ├
ㄱ. 아버지, 아내, 딸은 (가)에 해당한다.
ㄴ. 청소년, 노인은 (나)에 해당한다.
ㄷ. 현대 사회에서는 (나)보다 (가)의 중요성이 크다.
ㄹ. 개인은 (가), (나)를 모두 가질 수 있다.

① ㄱ, ㄴ   ② ㄱ, ㄹ   ③ ㄴ, ㄷ
④ ㄱ, ㄷ, ㄹ   ⑤ ㄴ, ㄷ, ㄹ

11 다음은 사회화 과정을 나타낸 것이다. 이에 대한 옳은 설명을 〈보기〉에서 고른 것은?

구분	사회화 내용	대표적 사회화 기관
유아기	(나)	(라)
아동기	언어, 규칙, 가치관 습득	(마)
(가)	지식과 기술 습득, 진로 및 직업 선택	학교, 또래 집단, 대중 매체
성인기	(다)	직장, 대중 매체

┤ 보기 ├
ㄱ. (가)에는 '청소년기'가 들어갈 수 있다.
ㄴ. (나)에는 '새로운 지식과 기술 습득'이 들어갈 수 있다.
ㄷ. (다)에는 '재사회화에 해당하는 내용 습득'이 들어갈 수 있다.
ㄹ. (마)에는 (라)와 달리 '가족'이 들어갈 수 없다.

① ㄱ, ㄴ   ② ㄱ, ㄷ   ③ ㄴ, ㄷ
④ ㄴ, ㄹ   ⑤ ㄷ, ㄹ

중요

12 다음 사례에서 공통적으로 도출할 수 있는 사회학적 개념을 〈보기〉에서 고른 것은?

- 대학생 갑은 학과 공부를 성실하게 하여 장학생이 되었고, 국비 유학생으로 선발되었다.
- 회사원 을은 회사의 이익 향상에 큰 도움을 주는 아이디어를 제출하여 과장으로 승진하였고, 연봉도 인상되었다.

┤ 보기 ├
ㄱ. 역할 행동   ㄴ. 역할 갈등
ㄷ. 성취 지위   ㄹ. 귀속 지위

① ㄱ, ㄴ   ② ㄱ, ㄷ   ③ ㄴ, ㄷ
④ ㄴ, ㄹ   ⑤ ㄷ, ㄹ

13 ⊙~⊕에 대한 설명으로 옳은 것은?

> 대기업 ⊙ 회장 갑은 어려운 환경을 극복하고 성공한 대표적 인물이다. 갑은 가난한 가정에서 태어나 ⓒ 학교도 제대로 다니지 못하고 ⓒ 또래 집단과 어울리지도 못한 채 구두닦이를 해야만 했다. 공부를 하고 싶었던 갑은 구두닦이를 하면서 대학 입시를 준비하여 대학교에 합격하였고, 대학교에 다니는 동안 우수한 성적을 거두어 ② 장학금을 받았다. 졸업 후 갑은 중소기업에 취직하였고 갑의 능력을 높게 평가한 ⑩ 사장은 갑에게 경영권을 넘겨주었다. 결국 갑은 사업을 확장하여 대기업 회장이 되었다.

① ⊙은 전통적인 신분 사회에서 중시되는 지위이다.
② ⓒ은 1차적 사회화 기관이자 공식적 사회화 기관이다.
③ ⓒ은 성인기의 사회화에 중요한 역할을 한다.
④ ②은 갑의 역할 행동에 대한 보상이다.
⑤ ⑩은 개인의 능력이나 노력과 관계없이 태어나면서부터 갖게 되는 지위이다.

14 (가)에 들어갈 내용으로 적절한 것은?

> 교사 : 역할 갈등에 대해 발표해 보세요.
> 갑 : 한 개인에게 요구되는 역할들이 충돌하여 나타나는 심리적 갈등입니다.
> 을 : 사회가 다원화되면서 증가하는 경향이 있습니다.
> 병 : 두 가지 이상의 서로 다른 지위에 따른 역할 간에 충돌이 발생하는 현상입니다.
> 정 : _____(가)_____
> 교사 : 한 사람만 잘못 발표하였어요.

① 원만하게 해결하지 못하면 개인은 심리적 불안감을 느낍니다.
② 역할 갈등이 나타나기 위해서는 역할 행동이 이루어져야 합니다.
③ 가족 행사와 회사 일이 겹친 여성의 고민을 예로 들 수 있습니다.
④ 사회적으로 어떤 역할을 우선하는 것이 바람직한지에 대한 사회적 합의가 필요합니다.
⑤ 역할의 우선순위를 매겨 더 중요하다고 생각되는 역할부터 수행하는 것이 해결책이 될 수 있습니다.

15 다음 사례에 대한 설명으로 옳은 것은?

> 갑은 학급 회장이면서 교내 탁구부 동아리 회원이다. 어느 날 갑은 학급 회장 전체 회의를 한다는 통보를 받았지만 ⊙ 고민이 생겼다. 왜냐하면 탁구부 동아리 모임이 같은 시간에 열려 어느 것을 참석해야 할지 결정하기가 힘들기 때문이다.

① 갑의 귀속 지위가 나타나 있다.
② 갑은 재사회화에 따른 문제를 겪고 있다.
③ ⊙은 갑의 역할 행동에 따른 제재이다.
④ ⊙은 현대 사회의 다원화에 따라 발생하는 사례가 드물다.
⑤ ⊙을 해결하려면 역할의 우선순위를 정해 중요한 역할부터 수행해야 한다.

16 ⊙~②에 대한 옳은 설명을 〈보기〉에서 고른 것은?

> ⊙ ○○ 고등학교에 다니는 갑은 ⓒ 학급 회장이다. 학급 회장으로서 ⓒ 수업 분위기 조성을 위해 힘써 교사들의 칭찬을 많이 받고 있다. 그러나 5월에 있을 학교 축제를 앞두고 ② 고민이 생겼다. 학급 학생들이 반 대항 장기 자랑에 참여할 것인지에 대해 상반되는 의견을 제시하기 때문이다. 결국 갑은 학급 회의 결과에 따라 참여 여부를 결정하기로 하였다.

> | 보기 |
> ㄱ. ⊙은 공식적 사회화 기관이면서 2차적 사회화 기관이다.
> ㄴ. ⓒ은 갑의 귀속 지위이다.
> ㄷ. ⓒ은 갑의 역할 행동이다.
> ㄹ. ②은 갑의 역할 갈등이다.

① ㄱ, ㄴ   ② ㄱ, ㄷ   ③ ㄴ, ㄷ
④ ㄴ, ㄹ   ⑤ ㄷ, ㄹ

★★ 중요

17 ㉠~㉥에 대한 옳은 설명을 〈보기〉에서 고른 것은?

> 베트남 출신의 ㉠ 어머니를 둔 갑은 어려운 타국 생활 속에서도 항상 밝은 모습의 어머니가 자랑스럽다. 어려운 여건임에도 불구하고 갑은 ㉡ 성실하게 공부하여 성적이 같은 학년 ㉢ 학생 중 항상 상위권이다. 이러한 갑의 태도를 높게 평가한 ㉣ 담임 교사는 모범 학생상 대상자로 갑을 추천하였고, 갑은 ㉤ 모범 학생상을 받았다. 현재 고등학교 3학년인 갑은 어느 대학을 갈 것인지에 대해 ㉥ 고민을 하고 있다.

보기

ㄱ. ㉠, ㉢, ㉣은 성취 지위이다.
ㄴ. ㉡은 갑의 역할 행동이다.
ㄷ. ㉤은 갑의 역할에 대한 보상이다.
ㄹ. ㉥은 갑의 역할 갈등이다.

① ㄱ, ㄴ ② ㄱ, ㄷ ③ ㄴ, ㄷ
④ ㄴ, ㄹ ⑤ ㄷ, ㄹ

18 다음과 같은 정책을 실시하는 이유로 가장 적절한 것은?

> 2016년부터 상시 근로자 500인 이상(여성 근로자 300명 이상) 사업장에 대해 직장 어린이집 설치가 의무화된다. 2016년 1월 1일부터 직장 어린이집 설치 의무를 이행하지 않는 사업장에는 1년에 2회까지, 1회당 최대 1억 원의 이행 강제금이 부과된다. 영유아 보육법은 기업이 직접 어린이집을 설치하거나 지역 어린이집과 위탁 계약을 체결하도록 하고 있다. 지금까지는 직원들에게 보육 수당을 지급하는 경우도 의무를 이행하는 것으로 쳤지만, 2016년부터는 인정받지 못한다.

① 역할의 우선순위를 결정하기 위해서이다.
② 역할에 따른 보상을 적절히 하기 위해서이다.
③ 사회 변화에 따라 재사회화를 하기 위해서이다.
④ 사회화 기관으로서 가족을 중요시하기 위해서이다.
⑤ 사회적 차원에서 역할 갈등을 해결하는 데 도움을 주기 위해서이다.

서술형 문제

19 다음 글을 통해 사회화와 관련하여 파악할 수 있는 내용을 서술하시오.

> 러시아에서 고립된 상태였던 여섯 살짜리 한 소녀가 발견되었다. 그 소녀는 발견 당시 말을 전혀 하지 못하였고 음식도 사람이 아닌 개처럼 핥아 먹는 등의 행동을 하였다.

20 다음 두 사례에서 공통으로 추론할 수 있는 사회학적 개념을 쓰고, 그와 같이 추론한 이유를 서술하시오.

> • 갑은 절도죄로 유죄 선고를 받고 교도소에 수감되었다. 갑은 헛되이 살아온 지난날을 반성하며 교도소에서 나가면 성실하게 삶을 살겠다고 다짐했다. 갑은 교도소 내에서 목공 관련 공부를 열심히 하여 관련 자격증을 여러 개 획득하였다.
> • 을은 일주일에 3일씩 컴퓨터 학원에서 컴퓨터 활용 방법을 배우고 있다. 을은 나이는 많지만 새로운 지식이나 정보를 얻는 데 관심이 많아 컴퓨터를 활용하여 여러 가지 정보를 얻고 싶어 학원에 다니게 되었다. 학원에 동년배인 사람도 많아 학원을 더욱 열심히 다니고 있다.

21 다음 사례에 나타난 문제를 해결하기 위한 방안을 개인적 측면에서 서술하시오.

> 갑은 사내 영화 동호회 회장을 맡고 있다. 이번 주 토요일에는 분기마다 한 번씩 열리는 동호회 모임이 있어 몇 주 전부터 그 준비를 하고 있었다. 그런데 갑자기 부모님께서 이번 주 토요일에 삼촌 결혼식이 있다며 같이 가자고 하셨다. 이에 갑은 어떻게 해야 할지 고민하고 있다.

01 (가)에 들어갈 옳은 내용을 〈보기〉에서 고른 것은?

> 1779년 남부 프랑스의 아베롱 숲에서 12~13세로 추정되는 한 소년이 발견되었다. 소년은 옷을 입지 않았고 소년의 몸에는 무수한 상처가 나 있었다. 소년은 말을 못하고 짐승의 소리만 낼 뿐이었고, 후각도 오물이나 향수에 대해 반응을 나타내지 못했다. 지능은 매우 낮았으며 기억력, 판단력, 사고력도 결여되어 있었다. 소년은 말 그대로 야만인이었다. 소년은 어려서부터 오랫동안 사회생활로부터 격리되어 있었기 때문에 사회적 관념, 행동 양식, 사고방식, 관습 등을 습득할 수 없었다. 이는 사회화와 관련하여 _____(가)_____ 는 점을 보여 준다.

┤ 보기 ├
ㄱ. 사회화는 사회 구성원들과의 상호 작용을 통해 이루어진다
ㄴ. 사회화의 내용과 방식은 시대와 사회에 따라 다르게 나타난다
ㄷ. 인간의 행동 양식, 사고방식 등은 선천적인 것이 아니라 후천적으로 학습된다
ㄹ. 지식과 기술 습득은 1차적 사회화 기관보다는 2차적 사회화 기관에서 이루어진다

① ㄱ, ㄴ   ② ㄱ, ㄷ   ③ ㄴ, ㄷ
④ ㄴ, ㄹ   ⑤ ㄷ, ㄹ

🔎 **문제 접근 방법**

12~13세로 추정되는 소년이 짐승의 소리만 낼 뿐 말을 못하는 등 야만인의 모습을 보인다는 점에서 사회로부터 격리된 채 다른 사람과 상호 작용을 하지 못하여 사회화되지 못하였음을 파악해야 한다.

✏️ **적용 개념**

사회화
타인과의 상호 작용
1차적 사회화 기관
2차적 사회화 기관

02 다음은 사회화 기관 A, B를 구분한 것이다. (가), (나)에 들어갈 옳은 질문을 바르게 연결한 것은? (단, A, B는 각각 가족, 직장 중 하나이다.)

구분	A	B
기본적인 욕구 충족에 대한 사회화가 이루어집니까?	예	아니요
(가)	예	예
(나)	아니요	예

	(가)	(나)
①	1차적 사회화 기관입니까?	사회화 이외의 목적으로 설립되었습니까?
②	2차적 사회화 기관입니까?	사회화를 목적으로 설립되었습니까?
③	사회화를 목적으로 설립되었습니까?	2차적 사회화 기관입니까?
④	사회화 이외의 목적으로 설립되었습니까?	1차적 사회화 기관입니까?
⑤	사회화 이외의 목적으로 설립되었습니까?	2차적 사회화 기관입니까?

🔎 **문제 접근 방법**

가족과 직장 중 기본적인 욕구 충족에 대한 사회화가 이루어지는 사회화 기관과 그렇지 않은 사회화 기관이 무엇인지 먼저 파악해야 한다.

✏️ **적용 개념**

1차적 사회화 기관
2차적 사회화 기관
공식적 사회화 기관
비공식적 사회화 기관

03 다음 자료를 종합하여 도출할 수 있는 결론으로 가장 적절한 것은?

> • 어느 정치학자의 연구 결과에 따르면 개인의 정치적 성향은 학교에서 정치학 학습을 통해 이루어지기보다는 가족 구성원의 정치적 성향에 더 큰 영향을 받는다고 한다.
> • 어느 사회학자의 연구 결과에 따르면 가족 구성원 모두가 타국으로 이민을 간 경우, 부모는 자녀의 교육을 해당 국가의 교육 제도에 맞춘다. 그러나 기본적인 예절과 관련해서는 모국에서의 가정 교육 방식대로 자녀를 가르치는 경향이 있다고 한다.

① 사회화는 평생에 걸쳐 진행된다.
② 사회화는 시대나 사회에 따라 그 내용과 방식이 다양하다.
③ 지식과 기술의 습득은 1차적 사회화 기관에서 주로 이루어진다.
④ 인간이 사회 구성원으로서의 제 역할을 하기 위해서는 사회화가 필수적이다.
⑤ 인간의 가치관 형성은 가장 중요하고 기초적인 사회화 기관에 의해 결정되는 경향이 강하다.

℗ **문제 접근 방법**
각 자료의 핵심 내용을 파악한 뒤 두 자료에서 끌어낼 수 있는 결론을 파악해야 한다.

🔑 **적용 개념**
\# 사회화
\# 1차적 사회화 기관
\# 사회화 기관의 특징

04 ㉠~㉢에 대한 설명으로 옳은 것은?

> 갑은 ㉠ 대학교 졸업 후 취직이 되지 않아 고민하다가 ㉡ 어머니의 조언을 받아 ㉢ 직업 훈련소에서 기술을 배웠다. ㉣ 열심히 노력하여 관련 자격증을 취득하였고, 관련 직종 회사에 입사하였다. 얼마 후 미국 지사로 발령이 나 미국 지사에 가기 전에 ㉤ 영어 공부를 하였다. 5년 후, 국내 지사로 들어올 수 있는 기회가 생겼는데 갑은 국내로 돌아올지 미국에 좀 더 있을지 ㉥ 고민에 빠졌다.

① ㉠, ㉢은 공식적 사회화 기관이자 1차적 사회화 기관이다.
② ㉡은 전통 사회보다 현대 사회에서 중요성이 커지고 있는 지위이다.
③ ㉣은 갑의 역할을 나타낸다.
④ ㉤은 사회화가 일정 시기에만 이루어진다는 주장의 근거이다.
⑤ ㉥은 갑의 두 가지 지위에 따른 역할 갈등이다.

℗ **문제 접근 방법**
밑줄 친 부분과 관련 있는 사회화와 지위, 역할에 대한 개념을 파악해야 한다. 사회화, 사회화 기관, 지위, 역할, 역할 행동, 역할 갈등 등의 개념을 정확히 알아 두어야 한다.

🔑 **적용 개념**
\# 사회화
\# 사회화 기관
\# 지위
\# 역할
\# 역할 행동
\# 역할 갈등

03 사회 집단과 사회 조직

A 사회 집단이란 무엇일까

1 사회 집단의 의미와 기능

① 의미 : 둘 이상의 사람들이 소속감이나 공동체 의식을 가지고 지속적인 상호 작용을 하는 모임 **1**

② 사례 : 가족, 또래 집단, 학교, 직장, 동호회 등

③ 기능 : 개인의 정체성 형성에 큰 영향을 미침

> **왜?** 집단이 지향하는 가치와 규범을 습득·내면화하고 집단 내에서 다른 구성원과 사회적 관계를 맺으며 사회적 존재로 성장하기 때문이다.

자료로 보는 사회 집단

(가)	(나)	(다)
⚠ 같은 학급 학생들	⚠ 직장 동료	⚠ 지하철을 탄 사람들

(가)의 또래 집단과 (나)의 직장은 소속감을 가진 구성원이 지속적인 상호 작용을 하므로 사회 집단에 해당하지만, (다)의 지하철을 탄 사람들은 소속감이 없고 지속적인 상호 작용을 하지 않으므로 사회 집단에 해당하지 않는다.

Q 사회 집단에 해당하지 않는 사람들의 모임에는 무엇이 있을까?

A 야구장에 모인 관중, 공원에 있는 사람들처럼 소속감 없이 일시적으로 모인 사람들 등

2 사회 집단의 유형

① 구성원 간의 접촉 방식에 따른 분류 **2**

> — 원초 집단이라고도 한다.
> 현대 사회가 분화되고 전문화되면서 2차 집단의 수와 영향력이 커지고 있다.

구분	1차 집단	2차 집단
의미	친밀한 대면 접촉과 전인격적인 인간관계가 형성되는 집단	간접적 접촉과 수단적 만남이 이루어지는 집단 – 도구적·형식적 인간관계가 나타난다.
특징	대체로 규모가 작음, 개인의 정체성과 인성 형성에 큰 영향을 줌, 정서적 안정감을 줌	대체로 규모가 큼, 특정 목적을 달성하기 위해 만들어짐, 규칙과 법률 등에 따른 공식적 통제가 일반적임
예	가족, 또래 집단 등	회사, 정당 등

② 결합 의지에 따른 분류

구분	공동 사회(공동체)	이익 사회(결사체)
의미	본질 의지에 따라 자연 발생적으로 형성된 집단 **3**	선택 의지에 따라 인위적으로 형성된 집단
특징	결합 자체가 목적임, 구성원 간 관계가 친밀하고 정서적임, 상호 신뢰와 협동심이 강함	특정 목적을 위해 의도적으로 만들어짐, 구성원 간 관계가 타산적이고 목표 지향적임, 구성원 간에 경쟁심이 나타남
예	가족, 친족, 전통적인 촌락 공동체 등	회사, 학교, 정당 등

---

1 사회 집단과 범주

남성이나 여성, 노인, 청소년 등과 같이 성별이나 나이 등에 따라 구분되는 사람들의 집합체는 엄밀한 의미에서 사회 집단으로 보지 않는다. 이들은 특정한 속성만을 공유할 뿐이며, 지속적이고 유형화된 상호 작용을 하지 않는 '범주'에 해당한다.

2 2차 집단과 1차 집단의 특성을 모두 가진 사회 집단

> 갑은 한동네에서 함께 자란 친구들과 어렸을 때부터 농구를 즐겨 하였다. 갑과 그의 친구들은 어느덧 대학생이 되었고 같은 대학교에 다니게 되었다. 그들은 어렸을 때부터 해 왔던 농구 모임을 대학교에서도 하기로 결심하고, 농구 동아리 이름을 짓고 동아리 농구 대회에 참가하기 위해 열심히 노력하였다.

갑과 그의 친구들은 어렸을 때부터 농구를 즐겨 하였고 그것이 이어져 대학교에서도 동아리를 만들었다. 이때 대학교에서 만든 동아리는 2차 집단일까? 1차 집단일까? 1차 집단의 성격이 매우 강한 2차 집단이거나 1차 집단일 수 있다. 왜냐하면 동아리이지만 놀이 집단에 가깝기 때문이다. 이처럼 2차 집단이지만 1차 집단의 성격이 나타나는 사회 집단도 존재한다.

3 본질 의지

독일의 사회학자인 퇴니에스(Tönnies, F. J.)가 제시한 용어이다. 이는 감정·충동·욕망과 같이 자연적 욕구에서 비롯된 의지로, 자신이 선택할 수 없는 자연적·본능적 의지를 뜻한다. 이는 공동 사회 성립을 위해 불가결한 요소이다.

✱용어사전

＊ **대면**(對 대하다, 面 얼굴) 서로 얼굴을 마주보고 대함
＊ **전인격적인 인간관계** 온전한 인격을 갖춘 인간과 인간의 관계
＊ **수단**(手 방법, 段 방법) 어떤 목적을 이루기 위한 방법
＊ **의도적**(意 뜻, 圖 꾀하다, 的 목표) 무엇을 하려고 꾀하는 것
＊ **타산**(打 세다, 算 셈) 자신에게 도움이 되는지를 따져 헤아림

③ 소속감에 따른 분류 4

구분	내집단	외집단
의미	자신이 소속되어 있으면서 소속감과 공동체 의식을 가지고 있는 집단	자신이 소속되어 있지 않으면서 *이질감과 적대감까지 가질 수 있는 집단
특징	자아 정체감을 형성하게 함, 사회생활에 관한 판단과 행동의 기준을 배우게 함	내집단 구성원에게 결속의 필요성을 인식하게 함
예	우리 집, 우리 학교, 우리 팀 등	상대 팀, 전쟁 중의 적국 등

3 *준거 집단 (실문)

① **의미** : 한 개인이 자신의 행동과 판단의 기준으로 삼는 집단 → 개인의 삶에 큰 영향을 미침

> 왜? 개인에게 생각이나 행동의 옳고 그름을 판단하는 지침을 주기 때문이다. 따라서 한 사람의 준거 집단을 알면 그 사람의 행동이나 특성을 이해하는 데 큰 도움이 된다.

② **소속 집단과 준거 집단의 관계**
└─ 한 개인이 실제로 소속된 집단을 의미한다.

• 소속 집단과 준거 집단이 일치하는 경우 : 소속 집단에 대한 만족감이 높아지고 자신감과 안정감을 느낌

• 소속 집단과 준거 집단이 일치하지 않는 경우 : 상대적 박탈감을 느낌, 소속 집단에 불만을 가져 집단 구성원과 갈등을 겪을 수 있음, 준거 집단에 속하기 위해 노력하는 계기가 되기도 함

B 사회 조직의 의미와 특징은 무엇일까

1 사회 조직의 의미와 특징 5

> 목표를 효율적으로 달성했는지에 따라 구성원의 능력이 평가되고, 보상이나 제재가 이루어진다.

① **의미** : 사회 집단 중에서 추구하는 목표가 뚜렷하고, 구성원의 지위와 역할이 명확하며, 목적 달성을 위한 공식적인 규범과 절차가 체계적으로 규정되어 있는 집단

② **특징**

• 구성원 간에 형식적이고 수단적인 인간관계가 나타남

• 법, 규칙과 같은 공식적인 규범과 절차에 따라 구성원들의 행동을 통제함

• 다른 집단과의 경계가 뚜렷함

자료로 보는 사회 조직

○○ 고등학교의 학생회는 둘 이상의 사람들로 구성되며 구성원들이 학생회에 소속되어 있다는 소속감을 느끼고 지속적인 상호 작용을 하기 때문에 사회 집단이다. 이와 더불어 사회 조직이기도 하다. 선거를 통해 학생회장단을 뽑고 학생회장단이 해야 할 업무는 회칙에 따라 정해져 있다. 학생회는 분명한 목적을 가지고 있으며, 구성원의 지위가 명확하게 구분되어 있고 그에 따른 역할이 있다. 학생회장단은 각자의 역할에 따라 학생회 업무를 체계적으로 수행한다.

사회 집단은 구성원 간에 비정형화된 상호 작용만으로도 구성될 수 있다는 점에서 사회 조직보다 느슨한 조직 체계를 가지고 있다. 이에 비해 사회 조직은 구성원들의 업무 분담이 체계적으로 이루어지고 명확한 규정에 따라 구성된다.

Q 위 자료의 학생회와 같이 체계적으로 업무 분담이 이루어지고 명확한 규정이 있는 집단을 무엇이라고 할까?

A 사회 조직

개념 더하기 자료 채우기

4 내집단과 외집단

내집단은 '우리 집단', 외집단은 '그들 집단' 또는 '타인 집단'이라고 부르기도 한다. 이러한 내집단과 외집단의 경계와 범위는 고정불변한 것이 아니라 상황에 따라 달라질 수 있다. 예를 들어 학급별 대항 농구 경기가 열릴 때 다른 학급은 외집단이 되지만, 학교별 대항 농구 경기가 열리면 다른 학급도 내집단이 된다. 이는 상대 학교가 외집단이 되고 학교 내 다른 학급은 우리 학교라는 내집단에 포함되기 때문이다. 내집단에 대한 강한 정체감은 구성원의 결속력을 강화하여 집단 발전과 위기 극복의 원천이 될 수 있지만, 외집단에 대한 부정적이고 배타적인 태도가 심하면 사회 통합을 저해할 수도 있다.

👊 **질문 있어요**

소속 집단, 내집단, 준거 집단의 관계는 어떻게 되나요?
소속 집단은 개인이 실제로 소속되어 있는 집단이고, 내집단은 그 집단에 속한다는 소속감을 가지는 집단이에요. 대부분 사람들은 자신이 실제로 소속되어 있는 소속 집단에 대해 소속감을 가지기 때문에 소속 집단이 내집단이 됩니다. 그러나 소속 집단이 준거 집단이 아닐 경우에는 소속 집단에 불만이 생기거나 만족하지 못하여 소속 집단에 대한 내집단 의식을 갖지 않는 사례도 발생할 수 있어요.

5 사회 집단과 사회 조직

모든 사회 조직은 사회 집단에 속한다. 하지만 모든 사회 집단이 사회 조직인 것은 아니다. 사회 조직은 사회 집단이 좀 더 발전된 형태로, 일반적으로 공식 조직을 의미한다.

✱ **용어사전**

* **이질감**(異 다르다, 質 성질, 感 느낌) 성질이 서로 달라 낯설거나 잘 맞지 않는 느낌

* **적대감**(敵 상대방, 對 대하다, 感 느낌) 적으로 여기는 감정

* **준거**(準 준하다, 據 근거) 사물의 정도나 성격 등을 알기 위한 근거나 기준

사회 집단과 사회 조직

2 공식 조직과 비공식 조직 🅳
비공식 조직은 공식 조직 내에 존재한다고 표현하기도 한다.

구분	공식 조직	비공식 조직
의미	구성원의 지위와 역할이 명확하고 정해진 절차와 규범에 따라 특정 목적을 달성하기 위한 조직	공식 조직에 속한 구성원들이 조직 내에서 공통의 관심사나 취미 등에 따라 형성한 조직
특징	2차적 인간관계 중시	친밀한 인간관계 중시
긍정적 영향	업무의 효율성이 높음. 책임의 한계를 분명히 정함	만족감과 사기 증진, 긴장감과 소외감 완화, 공식적 *과업의 능률 향상에 기여
부정적 영향	정해진 절차나 규정에 지나치게 얽매일 경우 창의성 저하	공식 조직과 상충하는 목표 추구 또는 사적 관계 개입 시 공식 조직의 효율성 저해
예	학교, 회사 등	회사 내 동문회, *향우회, 동호회 등

3 자발적 결사체
일정한 목적을 이루기 위해 인위적으로 조직되어 뚜렷한 목적의식을 가진 사회 집단의 유형이다. 공식 조직의 형태를 띨 수도 있고, 비공식 조직의 형태를 띨 수도 있다.

① **의미** : 공통의 관심사나 목표를 가진 사람들이 자발적으로 결성한 집단

② **등장 배경** : 현대 사회에서 2차 집단의 비중 확대로 인한 인간 소외 현상 증가, 사회 참여 욕구 증대, *이해관계의 다양화 및 복잡화 등 🅱

③ **종류**
- *친목 집단 : 구성원 간 취미나 친목을 목적으로 결성한 집단 예 동호회, 향우회 등
- 이익 집단 : 특정 집단의 이익을 증진하기 위해 결성한 집단 예 노동조합, 각종 직업 집단 등 🅲
- 시민 단체 : 사회 문제 해결이나 봉사 등을 통해 공익을 추구하기 위한 목적으로 결성한 집단 예 인권 단체, 환경 단체 등

④ **특징** : 구성원이 자발적으로 참여하여 조직이 운영됨, 가입과 탈퇴가 자유로움, 조직의 목표에 대한 구성원들의 신념이 뚜렷함, 조직이 민주적으로 운영됨 🅳
└─ 1차 집단과 2차 집단의 성격이 공존하는 경우가 많다.

자료로 보는 자발적 결사체

 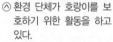  

ⓐ 환경 단체가 호랑이를 보호하기 위한 활동을 하고 있다.

ⓐ 프랑스 관제사 노동조합이 근로 조건 개선을 요구하여 파업을 하고 있다.

ⓐ 통기타 동호회 회원들이 야외 음악회에서 연주하고 있다.

제시된 자료에 나타난 환경 단체, 노동조합, 동호회는 모두 공통의 관심사나 목표를 가진 사람들이 자발적으로 형성한 자발적 결사체이다. 첫 번째 자료의 환경 단체는 사회 문제 해결이나 사회 정의 등에 관심을 두는 시민 단체에 속한다. 두 번째 자료의 노동조합은 특정 집단의 이익을 증진하고자 하는 이익 집단에 속한다. 세 번째 자료의 동호회는 구성원의 취미나 친목에 관심을 두는 친목 집단에 속한다.

ⓠ 소비자 단체와 같이 공동의 관심사를 가진 사람들이 공동의 목표를 달성하기 위해 자발적으로 형성한 집단을 무엇이라고 할까?

Ⓥ 자발적 결사체

개념 더하기 자료 채우기

🅳 공식 조직과 비공식 조직

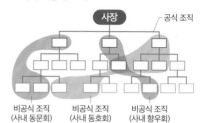

비공식 조직 (사내 동문회)　비공식 조직 (사내 동호회)　비공식 조직 (사내 향우회)

일반적으로 사회 조직은 공식 조직을 의미한다. 그러나 비공식 조직과 대비할 때는 공식 조직이라는 표현을 주로 사용한다. 비공식 조직은 공식 조직의 구성원으로 이루어진다.

🅱 인간 소외 현상

자신의 존재 가치에 대한 회의와 자신의 뚜렷한 주관 및 창의력을 발휘하지 못하는 가운데 자신들이 만든 기계나 조직의 부품이 되어 가는 현상을 의미한다.

🅲 노동조합

노동조합은 회사의 구성원들이나 회사 간에 노동자들의 이익을 추구하기 위해 만든 이익 집단이자 공식 조직이다. 노동조합은 회사 내에 존재할 수는 있지만, 구성원들의 친밀한 인간관계에 바탕을 두고 형성된 조직인 비공식 조직은 아니다.

🅳 자발적 결사체의 기능

자발적 결사체는 구성원에게 정서적 만족감을 주고 자아실현의 기회를 제공하며 사회의 다원화와 민주화를 촉진하는 등 긍정적 역할을 한다. 그러나 다른 집단에 대해 배타적이거나 자기 집단의 이익만을 추구할 경우 사회 통합을 저해할 우려도 있다.

✱용어사전

- *과업(課 부과하다, 業 일) 꼭 해야 할 일이나 임무
- *향우회(鄕 고향, 友 벗, 會 모임) 객지에서 고향 친구나 고향이 같은 사람끼리 친목을 위해 가지는 모임
- *이해관계(利 이익, 害 손해, 關 관계하다, 係 매다) 서로 이익과 손해가 걸려 있는 관계
- *친목(親 친하다, 睦 화목하다) 서로 친하여 화목함

C 관료제와 탈관료제의 특징은 무엇일까

1 관료제 5 ┌ 수직적으로는 계층화되고 수평적으로는
기능상 분업 체계를 이루고 있다.

① **등장 배경** : 산업화 이후 대규모 조직을 효율적으로 관리할 필요가 생김

② **특징**

- 업무의 세분화·전문화 : 복잡한 업무를 효율적으로 처리할 수 있음
- 지위의 *위계 *서열화 : 업무 수행 시 책임 소재가 분명함
  └ 권한과 책임의 정도에 따라 조직 내 지위가 서열화되어 있다.
- 규칙과 절차에 따른 업무 처리 : 구성원이 바뀌어도 조직의 안정성을 유지할 수 있음, 업무를 공정하게 처리할 수 있음
- 연공서열에 따른 보상 : 구성원이 안정적으로 일할 수 있음 6
- 지위 획득의 공평한 기회 보장 : 공개경쟁으로 지위를 획득할 수 있음

③ **문제점** ┌ 예 보호자에게 수술 동의서를 받는 절차를 중시하여
응급 환자의 상태가 위급해진 경우

- 목적 전치 현상 : 본래의 목적보다 규칙과 절차 준수를 우선시함 7
- 경직된 조직 운영 : 변화에 신속하고 유연하게 대처하지 못함
- 인간 소외 현상 : 구성원이 창의성을 발휘하지 못하고 조직의 부속품이 됨
- 무사안일주의 : 신분 보장과 연공서열에 따른 승진과 보상으로 유발됨

2 탈관료제 질문 ┌ 관료제 조직과 탈관료제 조직은 공식 조직으로서
효율성을 추구한다는 공통점이 있다.

① **등장 배경** : 외부 변화에 유연한 대처와 구성원의 창의성 발휘가 어려운 관료제의 문제점을 극복하기 위한 대안으로 나타남

② **특징**

- 수평적 조직 체계 : 의사 결정 권한의 분산 및 개인의 창의성 발휘 가능
- 유연한 조직 구조 : 환경 변화에 유연한 대처와 신속한 의사 결정 가능
- 능력과 성과에 따른 보상 : 개인의 성취동기와 사기 진작

③ **유형** : 팀제 조직, 네트워크형 조직 등

자료로 보는 탈관료제 조직

- 판매 A / 생산 B / 재무 A / 재무 B / 핵심 영역 / 생산 A / 판매 B
- 최고 경영자 / 중식 / 아메바화 / 관리 부문 / 연구·개발 부문 / 아메바화
- 사장 / A팀 / B팀 / C팀 / D팀 / 팀원 / 팀원 / 팀원 / 팀원

ⓐ 네트워크형 조직 ⓑ 아메바형 조직 ⓒ 팀제 조직

탈관료제 조직 형태의 유형으로는 네트워크형 조직, 아메바형 조직, 팀제 조직 등이 있다. 네트워크형 조직은 독립성과 자율성을 가진 부서나 업무 단위체가 상호 유기적인 관계를 유지하면서 수평적 의사소통 관계로 형성된 조직을 말한다. 아메바형 조직은 외부 환경에 능동적으로 대처하기 위해 조직의 형태를 특정하게 고정하지 않고 수시로 바꾸는 유연한 조직 형태이다. 팀제 조직은 특정한 목표 달성을 위해 전문가로 팀을 구성하고 목표를 달성하면 해체될 수 있는 조직 형태이다.

ⓠ 관료제의 한계를 극복하고 조직 구성원의 자율성과 창의성을 보장하기 위해 새롭게 등장한 조직 운영 원리는 무엇일까?   ▲ 제료들셀

---

5 관료제의 조직 형태

관료제는 대량 생산 체제에서 효율적으로 업무를 수행하는 데 적합한 조직 형태이다. 업무 분화와 전문화, 규약과 절차에 따른 업무 처리, 엄격한 위계질서가 나타나는 조직 형태로 피라미드 형태를 보이는 것이 일반적이다.

6 연공서열 제도

학력별·성별에 따라 정해진 초임급을 출발점으로 하여 근속 연수나 연령에 따라 급여 또는 지위 등에서 대우를 받는 제도 또는 관행을 말한다. 이러한 제도는 최신 관리 제도가 기업에 도입되기 전까지 가장 보편적으로 적용되어 왔던 것으로, 오늘날에도 볼 수 있는 기업의 임금·고용·인사에 관한 제도이다.

7 목적 전치 현상

목적과 수단이 뒤바뀌는 현상, 즉 목적을 달성하기 위한 수단이 목적 자체가 되어 버린 현상을 말한다. 흔히 관료제에서 나타나는 것으로, 관료제가 업무의 신속한 처리를 위해 업무 수행의 절차나 규약을 정해 놓았는데, 그 절차나 규약을 지나치게 중시하여 정작 업무의 효율성이라는 목표를 소홀히 하게 되는 현상이다.

질문 있어요

탈관료제 조직에도 문제점이 있나요?
탈관료제 조직은 환경 변화에 유연하게 대응하면서 조직의 목표를 효율적으로 달성하도록 한다는 장점이 있지요. 하지만 이러한 탈관료제 조직은 책임과 권한이 명확하게 구분되지 않아 갈등이 발생할 수 있고, 조직의 안정성 유지를 어렵게 해 구성원에게 심리적 불안감을 줄 수 있다는 문제점이 있어요.

✱ 용어사전

- ✱ **위계**(位 자리, 階 차례) 지위나 계층 등의 등급
- ✱ **서열**(序 차례, 列 늘어서다) 일정한 기준에 따라 순서대로 늘어서는 것 또는 그 순서
- ✱ **무사안일주의** 창의적·능동적 업무 수행을 피하고, 피동적·소극적으로 현상을 유지하려는 행동 성향

A 사회 집단

1 사회 집단 : 둘 이상의 사람들이 소속감이나 공동체 의식을 가지고 지속적인 상호 작용을 하는 모임

2 사회 집단의 유형

접촉 방식에 따른 분류	1차 집단, 2차 집단
결합 의지에 따른 분류	공동 사회, 이익 사회
소속감에 따른 분류	내집단, 외집단

3 준거 집단 : 한 개인이 자신의 행동과 판단의 기준으로 삼는 집단

B 사회 조직

1 사회 조직 : 사회 집단 중에서 추구하는 목표가 뚜렷하고, 구성원의 지위와 역할이 명확하며, 목적 달성을 위한 공식적 규범과 절차가 체계적으로 규정되어 있는 집단

2 비공식 조직

의미	공식 조직에 속한 구성원들이 조직 내에서 공통의 관심사나 취미 등에 따라 형성한 조직
긍정적 영향	만족감과 사기 증진, 긴장감과 소외감 완화, 공식적 과업의 능률 향상에 기여
부정적 영향	공식 조직과 상충하는 목표 추구 또는 사적 관계 개입 시 공식 조직의 효율성 저해

3 자발적 결사체

의미	공통의 관심사나 목표를 가진 사람들이 자발적으로 결성한 집단
종류	친목 집단, 이익 집단, 시민 단체
특징	구성원의 자발적 참여로 조직이 운영됨, 가입과 탈퇴가 자유로움, 조직의 목표에 대한 구성원들의 신념이 뚜렷함, 조직이 민주적으로 운영됨

C 관료제와 탈관료제

관료제	등장 배경	산업화 이후 대규모 조직의 효율적 관리 필요
	특징	업무의 세분화·전문화, 지위의 위계 서열화, 규칙과 절차에 따른 업무 처리, 연공서열에 따른 보상, 지위 획득의 공평한 기회 보장
탈관료제	등장 배경	관료제의 문제점을 극복할 수 있는 새로운 조직 운영 원리 필요
	특징	수평적 조직 체계, 유연한 조직 구조, 능력과 성과에 따른 보상

01 다음 설명이 맞으면 ○표, 틀리면 ×표를 하시오.

(1) 구성원의 의지나 선택과 무관하게 자연 발생적으로 결합된 집단을 이익 사회라고 한다. ( )

(2) 한 개인에게 준거 집단은 여러 개 존재할 수 있다. ( )

(3) 자발적 결사체에는 친목 집단, 이익 집단, 시민 단체 등이 있다. ( )

(4) 관료제에서는 능력에 따른 보상보다 경력에 따른 보상을 중시한다. ( )

(5) 탈관료제에서는 수직적으로 계층화된 조직 체계가 나타난다. ( )

02 빈칸에 들어갈 알맞은 말을 쓰시오.

(1) 둘 이상의 사람들이 소속감이나 공동체 의식을 가지고 지속적인 상호 작용을 하는 모임을 ( )(이)라고 한다.

(2) ( )은/는 내집단과 외집단을 구분하는 기준이다.

(3) ( )은/는 한 개인이 자신의 행동과 판단의 기준으로 삼는 집단이다.

(4) ( )은/는 공식 조직에 속한 구성원들이 조직 내에서 구성원 간의 친밀한 인간관계를 바탕으로 공통의 관심사나 취미 등에 따라 형성한 조직이다.

(5) 공통의 관심사나 목표를 가진 사람들이 자발적으로 결성한 집단을 ( )(이)라고 한다.

03 관료제와 탈관료제의 특징을 바르게 연결하시오.

(1) 관료제 •

(2) 탈관료제 •

• ㉠ 수평적 조직 체계

• ㉡ 유연한 조직 구조

• ㉢ 연공서열에 따른 보상

• ㉣ 권한과 책임에 따른 위계 서열화

01 (가)와 달리 (나)를 사회 집단으로 볼 수 있는 이유로 가장 적절한 것은?

> (가) ○○군의 한우 축제를 즐기기 위해 모인 전국 각 지의 여행객들
> (나) 환경 보호를 위한 시민 단체에 가입하여 활동하는 사람들

① 공통의 목적을 가지고 있다.
② 수단적 인간관계가 나타난다.
③ 한시적인 상호 작용이 나타난다.
④ 2인 이상의 사람들로 구성되었다.
⑤ 구성원 간에 소속감과 공동체 의식을 가지고 있다.

02 다음 내용이 설명하는 사회 집단을 〈보기〉에서 고른 것은?

> • 구성원 간의 접촉 방식에 따라 분류된다.
> • 개인의 인성, 정체성 등을 형성하는 데 영향을 준다.
> • 도덕, 관습 등과 같은 비공식적 방식을 통한 제재가 주로 이루어진다.
> • 구성원 간의 직접적인 대면 접촉을 통해 전인격적인 관계를 맺는 집단이다.

> ┤ 보기 ├
> ㄱ. 회사   ㄴ. 가족
> ㄷ. 학교   ㄹ. 또래 집단

① ㄱ, ㄴ   ② ㄱ, ㄷ   ③ ㄴ, ㄷ
④ ㄴ, ㄹ   ⑤ ㄷ, ㄹ

03 사회 집단 A, B에 대한 옳은 설명만을 〈보기〉에서 있는 대로 고른 것은?

> 한 사회학자는 전통 사회로부터 사회가 변화해 오면서 구성원의 본질 의지에 의해 자연 발생적으로 형성된 집단인 A 이/가 주도하는 사회에서 특정한 목적을 달성하기 위해 선택 의지에 따라 결합된 집단인 B 이/가 주도하는 사회로 변화하였다고 보았다. 이에 따라 현대 사회의 인간관계도 A 보다 B 의 특성에 따라 형성되고 유지되는 경우가 증가하고 있다고 주장한다.

> ┤ 보기 ├
> ㄱ. A의 예로 학교, 정당이 있다.
> ㄴ. 공식 조직은 B에 해당한다.
> ㄷ. A는 B와 달리 결합 자체가 집단의 목적이다.
> ㄹ. B에서는 A와 달리 이해타산적인 인간관계가 주로 나타난다.

① ㄱ, ㄷ   ② ㄱ, ㄹ   ③ ㄴ, ㄹ
④ ㄱ, ㄴ, ㄷ   ⑤ ㄴ, ㄷ, ㄹ

04 다음 사례에 대한 설명으로 옳은 것은?

> • 어려서부터 부모 형제 없이 자란 갑은 많은 가족 구성원이 함께 사는 집을 부러워하여 결혼하면 자녀를 5남매 정도 낳기로 결심했다.
> • 을은 평소 미국에 사는 사람들의 삶을 동경하며 자국에 사는 것에 대한 불만을 갖고 있었다. 이에 을은 미국인의 삶을 그대로 따라 하면서 언젠가는 미국에 가서 살기를 희망하고 있다.

① 갑의 준거 집단은 이익 사회이다.
② 을은 사회 집단에 속해 있지 않다.
③ 갑은 을과 달리 준거 집단을 통해 소속 집단을 평가하고 있다.
④ 을은 갑과 달리 내집단을 준거 집단으로 삼고 있다.
⑤ 갑, 을은 모두 준거 집단에 속해 있지 않다.

05 ㉠에 대한 옳은 설명만을 〈보기〉에서 있는 대로 고른 것은?

> (㉠)은/는 개인이 자신의 신념이나 태도 등을 정하는 기준으로 삼거나 행동이나 판단의 근거로 여기는 집단이다. 따라서 한 개인의 (㉠)을/를 아는 것은 그 개인을 이해하는 데 중요한 길잡이가 될 수 있다.

┤ 보기 ├
ㄱ. 평생 동안 계속 변할 수 있다.
ㄴ. 한 개인이 동시에 여러 개를 가질 수 없다.
ㄷ. 자신이 원하는 대학교에 가면 소속 집단과 일치하는 것이다.
ㄹ. 소속 집단과 일치하지 않을 경우 소속 집단에 불만을 가져 집단 구성원과 갈등을 겪을 수 있다.

① ㄱ, ㄴ   ② ㄱ, ㄹ   ③ ㄴ, ㄷ
④ ㄱ, ㄷ, ㄹ   ⑤ ㄴ, ㄷ, ㄹ

06 그림은 사회 집단을 분류한 것이다. (가)~(다)에 해당하는 사회 집단으로 적절한 것은?

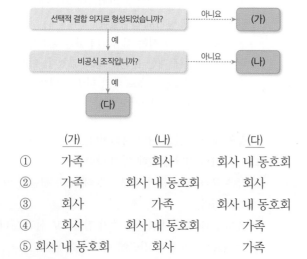

	(가)	(나)	(다)
①	가족	회사	회사 내 동호회
②	가족	회사 내 동호회	회사
③	회사	가족	회사 내 동호회
④	회사	회사 내 동호회	가족
⑤	회사 내 동호회	회사	가족

07 ㉠~㉤에 대한 설명으로 옳지 않은 것은?

> 갑은 초등학교 때 야구부 감독의 권유로 ㉠ □□ 초등학교 야구부에 들어가게 되었다. ㉡ 프로 야구 선수가 되는 것을 목표로 성실하게 훈련을 한 덕에 갑은 ㉢ △△ 고등학교 및 ◇◇ 대학교 야구부에 장학생으로 들어가게 되었다. 그러나 프로 야구 선수가 되기 직전에 뜻하지 않은 부상을 당하여 프로 야구 선수가 되지 못하고 어쩔 수 없이 지인의 소개로 중고차 매매업을 하게 되었다. 그러던 어느 날 자신의 운동 능력을 활용하여 학생들을 가르치는 교사가 되고 싶다는 마음을 갖게 된 갑은 ㉣ ◇◇ 대학교 대학원에 입학하여 교사 자격증을 얻은 뒤 현재는 ㉤ ○○ 고등학교에서 체육 교사로 근무하고 있다.

① ㉠은 이익 사회이다.
② ㉡은 갑의 준거 집단이다.
③ ㉢은 갑의 소속 집단이자 준거 집단이다.
④ ㉣은 비공식 조직이다.
⑤ ㉤은 갑의 내집단이다.

08 (가)~(다) 집단의 공통된 특징으로 옳은 내용만을 〈보기〉에서 있는 대로 고른 것은?

> (가) ◇◇ 회사 노동자들이 만든 노동조합
> (나) ○○ 지역 주민들이 주축이 되어 만든 야구 동호회
> (다) 사회적 약자의 권리 보호를 위해 시민들이 만든 □□ 단체

┤ 보기 ├
ㄱ. 가입과 탈퇴가 자유롭다.
ㄴ. 현대 사회에서 활동이 위축되는 경향이 있다.
ㄷ. 공식 조직 내에서 친밀한 인간관계를 바탕으로 형성된다.
ㄹ. 공통의 관심사나 목표를 가진 사람들이 자발적으로 결성한다.

① ㄱ, ㄴ   ② ㄱ, ㄹ   ③ ㄴ, ㄷ
④ ㄱ, ㄷ, ㄹ   ⑤ ㄴ, ㄷ, ㄹ

09 다음은 갑이 속한 사회 집단을 서로 다른 속성의 (가), (나) 집단으로 분류한 것이다. 이에 대한 옳은 설명을 〈보기〉에서 고른 것은?

(가)	(나)
• ○○ 회사 • △△ 대학교 대학원	• □□ 시민 단체 • ◇◇ 탁구 동호회

┌ 보기 ┐
ㄱ. (가)에 이익 사회가 들어갈 수 없다.
ㄴ. (나)에 해당하는 집단은 가입과 탈퇴가 자유롭다.
ㄷ. 소속감은 (가), (나)를 분류할 수 있는 기준이 된다.
ㄹ. (가)에 공식 조직, (나)에 비공식 조직이 들어갈 수 있다.

① ㄱ, ㄴ ② ㄱ, ㄷ ③ ㄴ, ㄷ
④ ㄴ, ㄹ ⑤ ㄷ, ㄹ

10 (가)~(다) 집단에 대한 옳은 설명을 〈보기〉에서 고른 것은?

┌─────────────────────────────────┐
│ (가) 구성원의 이익을 추구하기 위해 결성한 집단
│ (나) 구성원 간 취미나 여가를 공유하고 친밀감과 유대
│   감을 갖기 위해 결성한 집단
│ (다) 사회 문제의 해결이나 봉사 등을 통해 공익을 추
│   구하기 위한 목적으로 결성한 집단
└─────────────────────────────────┘

┌ 보기 ┐
ㄱ. (가)는 (나)와 달리 현대 사회에서 그 비중이 감소하고 있다.
ㄴ. (나)는 (다)와 달리 공식 조직 내에서만 만들어진다.
ㄷ. (가)~(다)는 모두 사회의 다원화에 기여할 수 있다.
ㄹ. (가)~(다)는 모두 구성원의 가입과 탈퇴가 자유롭다.

① ㄱ, ㄴ ② ㄱ, ㄷ ③ ㄴ, ㄷ
④ ㄴ, ㄹ ⑤ ㄷ, ㄹ

11 다음은 게임 제작 업체 사장인 갑의 하루 일정이다. ㉠~㉤에 대한 옳은 설명만을 〈보기〉에서 있는 대로 고른 것은?

┌─────────────────────────────────┐
│ 오전 6시 30분 : ㉠ 사회인 야구 동호회 활동
│ 오전 9시 : ㉡ 게임 제작 업체 출근
│ 오전 11시 : ㉢ 영업팀과 회의
│ 오후 2시 : 밀린 결재 처리
│ 오후 5시 : ㉣ 사내 게임 동호회 활동
│ 오후 7시 : 막내아들 생일 축하 ㉤ 가족 모임 참석
└─────────────────────────────────┘

┌ 보기 ┐
ㄱ. ㉠은 ㉤과 달리 이익 사회이다.
ㄴ. ㉡은 공식 조직이자 이익 사회이다.
ㄷ. ㉢은 ㉣과 달리 공식 조직이다.
ㄹ. ㉠~㉤ 중 자발적 결사체는 3개이다.

① ㄱ, ㄴ ② ㄱ, ㄹ ③ ㄷ, ㄹ
④ ㄱ, ㄴ, ㄷ ⑤ ㄴ, ㄷ, ㄹ

★★
중요
12 그림은 사회 집단 (가), (나)를 기준으로 ㉠~㉢을 분류한 것이다. ㉠~㉢에 해당하는 사회 집단으로 적절한 것은?

┌─────────────────────────────────┐
│ (가) 공통의 관심사나 목표를 가진 사람들이 자발적으
│   로 결성한 집단
│ (나) 구성원의 지위와 역할이 명확하고 정해진 절차와
│   규범에 따라 특정 목적을 달성하기 위한 조직
└─────────────────────────────────┘

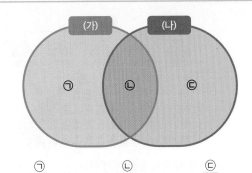

	㉠	㉡	㉢
①	노동조합	동호회	가족
②	시민 단체	회사	노동조합
③	시민 단체	사내 동호회	가족
④	사내 동호회	회사	시민 단체
⑤	사내 동호회	시민 단체	회사

13 사회 조직 운영 원리 ㉠에 대한 설명으로 옳지 <u>않은</u> 것은?

> (㉠)은/는 근대 산업화 이후 조직 규모가 커지면서 대규모 조직을 효율적으로 관리할 수 있는 조직 운영 방식의 필요성이 증대하여 등장하였다. (㉠)은/는 구성원 간의 서열화된 위계를 바탕으로 명시적인 규칙과 절차를 갖춘 대규모 조직의 운영 원리이다.

① 엄격한 위계질서가 강조된다.
② 수평적 조직 체계를 추구한다.
③ 경력에 따른 보상을 원칙으로 한다.
④ 업무의 세분화와 전문화가 나타난다.
⑤ 지위 획득의 공평한 기회를 보장한다.

14 그림에 나타난 조직 운영 원리에 대한 설명으로 옳지 <u>않은</u> 것은?

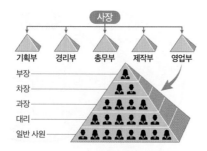

① 권한과 책임의 소재가 명확하다.
② 구성원 개인의 업무 재량 범위가 넓다.
③ 복잡한 업무를 효율적으로 처리할 수 있다.
④ 대규모 조직을 효율적으로 운영할 수 있다.
⑤ 구성원이 바뀌더라도 지속적으로 과업을 수행할 수 있다.

15 다음 글을 통해 파악할 수 있는 관료제의 역기능으로 가장 적절한 것은?

> 관료제 조직에서 구성원들의 개성 및 능력은 중요하지 않다. 구성원 개인이 무엇을 잘하는지 어느 부서에서 일하고 싶어 하는지를 중요하게 생각하는 것이 아니라, 조직의 목표 달성을 위해 개인을 어떻게 활용할 것인가만 고민한다. 이에 따라 관료제 조직에서 구성원들은 각자 분담한 업무만을 반복적으로 수행함으로써 창의력이나 자율성을 발휘하지 못하고 조직의 부속품으로 전락하게 된다.

① 무사안일주의가 나타난다.
② 인간 소외 현상이 나타난다.
③ 변화에 대한 적응력이 부족해진다.
④ 하향식 의사 결정 구조가 나타난다.
⑤ 조직의 목적 달성보다 수단을 더 중시한다.

16 다음 수업 장면에서 갑~정 중 옳게 말한 두 사람을 고른 것은?

① 갑, 을   ② 갑, 병   ③ 을, 병
④ 을, 정   ⑤ 병, 정

17 (가), (나) 조직 유형의 공통된 특징으로 옳은 내용을 〈보기〉에서 고른 것은?

> (가) 일시적인 업무를 위해 신속하게 구성되고 해체되는 조직으로 빠른 사회 변화에 적응력이 높고, 조직 결성과 해체가 신축적이다.
> (나) 각각의 전문가들이 평등한 구성원으로 점과 점으로 이어지는 수평적 조직으로, 네트워크를 통해 구성원들이 가진 자원과 정보를 공유하며 조직의 유연성과 적응력을 높인다.

> ┤ 보기 ├
> ㄱ. 변화에 대한 적응력이 떨어진다.
> ㄴ. 구성원의 창의성과 자율성을 중시한다.
> ㄷ. 능력과 업적에 따른 보상이 이루어진다.
> ㄹ. 위계 서열화로 소수에게 권한이 집중된다.

① ㄱ, ㄴ ② ㄱ, ㄷ ③ ㄴ, ㄷ
④ ㄴ, ㄹ ⑤ ㄷ, ㄹ

중요 ★★

18 그림은 조직 운영 원리 A, B를 구분한 것이다. 이에 대한 설명으로 옳은 것은? (단, A, B는 각각 관료제, 탈관료제 중 하나이다.)

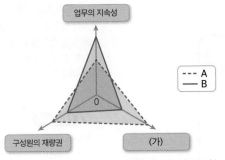

업무의 지속성

- - - A
── B

0

구성원의 재량권   (가)

* 0에서 멀어질수록 정도가 높거나 큼

① (가)에 '조직 운영의 예측 가능성'이 들어갈 수 있다.
② (가)에 '능력과 업적에 따른 보상 정도'가 들어갈 수 없다.
③ A는 B에 비해 유연한 조직 구조를 가지고 있다.
④ B는 A에 비해 효율적인 조직 운영 원리이다.
⑤ B는 A에 비해 상향식 의사 결정이 이루어진다.

---

19 다음 글을 읽고 물음에 답하시오.

> (㉠)와/과 (㉡)은/는 소속감을 기준으로 구분한 사회 집단이다. (㉠)은/는 개인이 소속되어 있으며 소속감을 느끼고 있는 집단이고, (㉡)은/는 개인이 소속되어 있지 않으면서 소속감을 느끼지 못하는 집단이다. (㉠)에 대한 강한 정체감은 집단 발전과 위기 극복의 원천이 될 수 있지만, 한편으로는 _____ (가) _____

(1) 윗글의 ㉠, ㉡에 들어갈 용어를 쓰시오.

(2) 윗글의 (가)에 들어갈 내용을 ㉡과 연결하여 한 가지만 서술하시오.

---

20 다음 글에 나타난 관료제의 역기능을 그 이유와 함께 서술하시오.

> 회사에서 대리인 갑은 회사 내에서 성실하게 근무하는 자신의 동기들이 이해되지 않는다. 회사의 조직 운영 원리상 규칙을 준수하고 큰 사고만 내지 않으면 시간이 지남에 따라 진급도 하고 월급도 오르기 때문이다. 갑의 현재 관심사는 회사 일이 아니라 퇴근 후에 하는 동호회 활동이다.

---

21 다음 글을 읽고 물음에 답하시오.

> 지식과 정보가 부가 가치의 원천인 정보 사회에서 조직 운영 원리 (㉠)은/는 신속한 대응이 어렵다. 정보 사회에서는 사고의 유연성과 창의성이 요구되므로 엄격한 위계질서와 경직성을 지닌 (㉠)(으)로는 한계에 직면할 수밖에 없다. 따라서 조직 운영 원리 (㉡)을/를 도입하여 의사소통 방식 및 결정 구조를 수평적이고 개방적인 방향으로 바꾸어야 한다.

(1) 윗글에 나타난 조직 운영 원리 ㉠, ㉡을 각각 쓰시오.

(2) 윗글의 ㉠에 비해 ㉡이 갖는 장점을 두 가지 서술하시오.

01 (가)~(다)에 해당하는 사회 집단을 〈보기〉에서 고른 것은?

구분	(가)	(나)	(다)
구성원의 가입과 탈퇴가 자유롭습니까?	예	아니요	아니요
선택 의지에 의해 결합되었습니까?	예	예	아니요

> ┌ 보기 ┐
> ㄱ. 가족　　　　　　ㄴ. 학교　　　　　　ㄷ. 회사
> ㄹ. 종친회　　　　　ㅁ. 시민 단체

	(가)	(나)	(다)
①	ㅁ	ㄴ, ㄷ, ㄹ	ㄱ
②	ㄴ, ㄷ	ㄹ, ㅁ	ㄱ
③	ㄷ, ㅁ	ㄱ, ㄴ	ㄹ
④	ㄹ, ㅁ	ㄴ, ㄷ	ㄱ
⑤	ㄴ, ㄷ, ㅁ	ㄱ	ㄹ

🔎 **문제 접근 방법**

구성원의 가입과 탈퇴가 자유로운 사회 집단과 선택 의지에 의해 결합된 사회 집단이 무엇인지 파악한 다음 문제를 풀어야 한다.

✏ **적용 개념**

자발적 결사체
공동 사회
이익 사회

02 그림은 사회 집단을 구분한 것이다. 이에 대한 설명으로 옳은 것은?

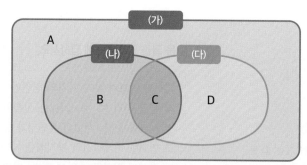

* (가)는 구성원의 선택 의지에 따라 인위적으로 만들어진 집단이며, (나), (다)는 각각 공식 조직, 자발적 결사체 중 하나이다.

① 회사 내 야구 동호회는 A의 예이다.

② B가 학교라면 (나)는 가입과 탈퇴가 자유롭다.

③ 노동조합은 C의 예이다.

④ (나)가 자발적 결사체라면 회사는 C의 예이다.

⑤ (다)가 자발적 결사체라면 시민 단체는 D의 예이다.

🔎 **문제 접근 방법**

사회 집단과 사회 조직의 유형과 의미를 알고 있어야 한다. (가)가 나타내는 사회 집단의 유형을 찾은 뒤 (나), (다)에 따라 B, C, D에 속하는 유형을 찾아야 한다.

✏ **적용 개념**

이익 사회
공식 조직
비공식 조직
자발적 결사체

03 그림은 지방 선거에 출마한 후보자의 선거 홍보물이다. ㉠~㉏에 대한 설명으로 옳지 <u>않은</u> 것은?

기호 1번 갑
㉠ ○○ 고등학교 총동문회 회장
㉡ □□ 변호사 협회 회장
㉢ △△ 시민 단체 고문

기호 2번 을
㉣ ◇◇ 기업 대표
㉤ ◆◆ 지역 배드민턴 동호회 회장
㉥ ■■ 지역 기업인 모임 회장
㉏ ●● 고등학교 재단 이사장

① ㉠은 ㉏과 달리 공식 조직이다.

② ㉡은 ㉣과 달리 자발적 결사체이다.

③ ㉢과 ㉥은 가입과 탈퇴가 자유로운 집단이다.

④ ㉤은 정서적 유대가 깊어지면 1차 집단의 성격이 나타날 수도 있다.

⑤ ㉠~㉏은 모두 이익 사회이다.

문제 접근 방법

제시된 자료에 나타난 각종 사회 집단을 정확하게 분류해야 한다. 이때 이익 사회, 공식 조직, 자발적 결사체를 유의해야 한다.

적용 개념

1차 집단
2차 집단
이익 사회
공식 조직
자발적 결사체

04 ㉠, ㉡의 조직 운영 원리에 대한 설명으로 옳은 것은?

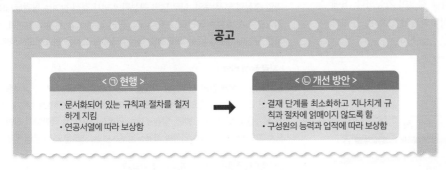

공고	
< ㉠ 현행 >	**< ㉡ 개선 방안 >**
• 문서화되어 있는 규칙과 절차를 철저하게 지킴 • 연공서열에 따라 보상함	• 결재 단계를 최소화하고 지나치게 규칙과 절차에 얽매이지 않도록 함 • 구성원의 능력과 업적에 따라 보상함

① ㉠은 ㉡보다 상향식 의사 결정 방식을 강조한다.

② ㉠은 ㉡보다 환경 변화에 유연한 대처가 용이하다.

③ ㉡은 ㉠보다 전인격적 인간관계가 지배적이다.

④ ㉡은 ㉠보다 중간 관리층의 역할 비중이 낮다.

⑤ ㉡은 ㉠보다 대규모 조직을 효율적으로 운영하기에 적합하다.

문제 접근 방법

현행 조직 운영 원리는 규칙과 절차에 따르고 연공서열에 따라 보상하며, 개선되는 조직 운영 원리는 결재 단계를 최소화하고 능력과 업적에 따라 보상한다는 점에서 각각 어떤 조직 운영 원리의 특징에 해당하는지 먼저 파악해야 한다.

적용 개념

관료제
탈관료제

바른답·알찬풀이 **30쪽**

사회 집단과 사회 조직

Step 1 단원에서 자료 추출하기

Step 2 자료에서 핵심 추출하기

자료 ①

- A는 공통의 목표를 가진 사람들의 자유의사에 따라 결성되며, B 혹은 C의 형태를 띨 수 있다.
- B는 C를 기반으로 출현하여, C에 긍정적 혹은 부정적으로 작용하기도 한다.
- C에 해당하는 사회 조직은 B에 속하지 않으나, B의 구성원은 C의 구성원이다.

자료 ②

갑 : '녹색사랑' 주간지 기자 갑입니다. '○○ 산사랑 모임'이라는 환경 단체가 만들어진 배경을 말씀해 주시죠.

을 : 대학 입학 후 '◇◇ 동아리'만 가입하여 활동하다가, 등산을 좋아하는 사람 몇 명이 모여 '△△△ 등산회'라는 동호회를 만들었어요. 동호회 사람들과 ○○산 개발 반대 운동을 하던 중, 환경 보호 운동을 더 열심히 하기 위해서 '○○ 산사랑 모임'을 조직하여 오늘에 이르게 되었습니다.

〔자료 해설〕

자료 ① 공통의 목표를 가진 사람들의 자유의사로 결성되는 A는 자발적 결사체이고, B는 C를 기반으로 출현하므로 B는 비공식 조직, C는 공식 조직이다.

자료 ② 갑이 소속되어 있는 '녹색사랑' 잡지사는 공식 조직이며 이익 사회이다. 한편 을이 만든 ○○ 산사랑 모임과 등산회는 자발적 결사체이자 이익 사회이다. 을이 가입하여 활동한 대학교 내 동아리는 비공식 조직이며 자발적 결사체이다.

〔자료 분석 비법〕

비공식 조직은 공식 조직 내에 존재하며 공식 조직의 구성원이 형성한 자발적 결사체이다.

〔자료에서 추출한 핵심〕 이익 사회, 공식 조직, 비공식 조직, 자발적 결사체

이익 사회	특정 목적 달성을 위해 선택 의지에 따라 형성된 집단
공식 조직	구성원의 지위와 역할이 명확하고 정해진 절차와 규범에 따라 특정 목적을 달성하기 위한 조직
비공식 조직	공식 조직에 속한 구성원들이 조직 내에서 공통의 관심사나 취미 등에 따라 형성한 조직
자발적 결사체	공통의 관심사나 목표를 가진 사람들이 자발적으로 결성한 집단

Step 1 단원에서 자료 추출하기

Step 2 자료에서 핵심 추출하기

자료 ①

- A, B는 각각 과업 달성을 위한 조직이며, 조직의 효율성 제고를 위한 운영 원리가 적용된다.
- A에서는 의사 결정의 권한이 분산되어 있으며, 외부 환경 변화에 대한 유연한 대처와 신속한 의사 결정이 가능하다. B에서는 조직 내 지위가 경력에 따라 서열화되어 있으며, 규칙과 절차에 따른 구성원들의 업무 수행을 강조한다.

자료 ②

평가 기준	평가 결과(단위 : 점, ■ A 조직, ■ B 조직)
• 부서 간 수평적 관계	85 / 45
• 한시적인 과업 중심의 부서 운영	95 / 40
• 실무 담당 구성원의 의사 결정 참여	90 / 35
• 업무 보고 체계의 위계화	15 / 82
• 문서화된 규칙에 대한 의존	10 / 89

(0　50　100)

〔자료 해설〕

자료 ① A는 의사 결정의 권한이 분산되어 있고, 환경 변화에 대한 유연한 대처와 신속한 의사 결정이 가능하므로 탈관료제, B는 규칙과 절차에 따른 구성원들의 업무 수행을 강조하므로 관료제이다.

자료 ② 그래프의 평가 기준에 있는 사항 중 부서 간 수평적 관계, 한시적인 과업 중심의 부서 운영, 실무 담당 구성원의 의사 결정 참여는 탈관료제의 특징이므로 A 조직은 탈관료제 조직이다. 한편 업무 보고 체계의 위계화, 문서화된 규칙에 대한 의존은 관료제의 특징이므로 B 조직은 관료제 조직이다.

〔자료 분석 비법〕

관료제는 구성원 간의 서열화된 위계를 바탕으로 명시적인 규칙과 절차를 갖춘 대규모 조직의 운영 원리로, 수직적으로는 계층화되고 수평적으로는 기능상 분업 체계를 이루고 있다. 반면, 탈관료제는 관료제의 한계를 극복하기 위한 대안으로 고안된 구성원의 창의성과 자율성을 중시하는 새로운 조직 운영 원리이다.

〔자료에서 추출한 핵심〕 관료제, 탈관료제

관료제	탈관료제
업무의 세분화·전문화, 위계 서열화, 규칙과 절차에 따른 업무 수행, 연공서열에 따른 보상	유연한 조직 구조, 개인의 창의성과 자율성 중시, 수평적 조직 체계, 능력과 업적에 따른 보상

사회 집단과 사회 조직

사회 조직의 운영 원리

Step 3 핵심 알고 문제 풀기

(가)~(라)는 사회 집단과 사회 조직의 유형을 나타낸 것이다. 이에 대한 옳은 설명만을 〈보기〉에서 있는 대로 고른 것은?

(가)	공통의 관심이나 목표를 가진 사람들이 자발적으로 결성한 집단
(나)	구성원의 지위와 역할이 명확하고 정해진 절차와 규범에 따라 특정 목적을 달성하려는 조직
(다)	공식 조직 내에서 공통의 관심사나 취미를 가진 사람들이 만든 집단
(라)	결합 의지에 따른 분류에서 특정 목적을 위해 선택적 의지로 형성된 집단

┤ 보기 ├
ㄱ. 노동조합은 (가), (다)에 해당한다.
ㄴ. (다)는 모두 (가)에 해당한다.
ㄷ. (다)의 구성원은 모두 (나)의 구성원이다.
ㄹ. (가), (나), (다)는 모두 (라)에 해당한다.

① ㄱ, ㄴ   ② ㄱ, ㄹ   ③ ㄴ, ㄷ
④ ㄱ, ㄷ, ㄹ   ⑤ ㄴ, ㄷ, ㄹ

〔문제 해결 비법〕
각 내용에 해당하는 사회 집단과 사회 조직의 유형을 먼저 파악한다.

Step 4 고난도 문제 도전하기

사회 집단과 사회 조직의 유형 A~E에 대한 옳은 설명을 〈보기〉에서 고른 것은?

• A와 B는 구성원의 결합 의지에 따라 분류한 것으로, A는 본질 의지로 형성된 집단이다.
• C는 D의 구성원들이 친밀한 인간관계를 바탕으로 형성한 조직이다.
• E는 공통의 관심이나 목표를 가진 사람들이 자발적으로 결성한 집단이다.

┤ 보기 ├
ㄱ. 회사는 B, D, E에 해당한다.
ㄴ. 회사 내 동호회는 B, C, E에 해당한다.
ㄷ. 가족은 A에 해당하지만, E에는 해당하지 않는다.
ㄹ. 시민 단체는 E에 해당하지만, D에는 해당하지 않는다.

① ㄱ, ㄴ   ② ㄱ, ㄷ   ③ ㄴ, ㄷ
④ ㄴ, ㄹ   ⑤ ㄷ, ㄹ

Step 3 핵심 알고 문제 풀기

다음은 어느 회사 내 공고문의 일부이다. 이 회사에서 추구하는 조직 운영 원리에 대한 설명으로 옳은 것은?

〈공고문〉
• 직급에 따른 연봉 격차를 더 크게 할 것입니다.
• 규칙과 절차를 더욱 엄격히 하고 업무를 전문화, 세분화하겠습니다.
• 구성원 개인의 권한과 책임을 명확히 하도록 하겠습니다.

① 수평적 조직 체계를 강조한다.
② 구성원들의 재량권 범위가 넓다.
③ 개인의 자율성과 창의성을 중시한다.
④ 대규모 조직을 효율적으로 운영한다.
⑤ 외부 환경에 대해 유연한 대처가 용이하다.

〔문제 해결 비법〕
제시된 공고문의 내용이 어떤 조직 운영 원리와 관계있는지 파악해야 한다. 관료제와 탈관료제의 특징 및 문제점을 정확하게 알고 있어야 문제를 해결할 수 있다.

Step 4 고난도 문제 도전하기

조직 운영 원리를 구분한 그림에 대한 옳은 설명을 〈보기〉에서 고른 것은? (단, A, B는 각각 관료제, 탈관료제 중 하나이다.)

┤ 보기 ├
ㄱ. (가)에 "효율적으로 조직의 목표를 달성하는가?"가 들어갈 수 없다.
ㄴ. (가)에 "능력에 따른 보상을 하는가?"가 들어간다면, B는 A보다 조직 운영의 유연성이 크다.
ㄷ. (가)에 "주로 하향식 의사 결정 방식을 따르는가?"가 들어간다면, A는 B보다 소수의 상층부에 권력이 집중된다.
ㄹ. B가 관료제라면, (가)에 "지위가 권한과 책임에 따라 위계 서열화되어 있는가?"가 들어갈 수 있다.

① ㄱ, ㄴ   ② ㄱ, ㄷ   ③ ㄴ, ㄷ
④ ㄴ, ㄹ   ⑤ ㄷ, ㄹ

04 일탈 행동의 이해

학습길잡이 • 일탈 행동의 의미와 특성, 영향을 파악해 두어야 한다.
• 일탈 행동을 설명하는 이론을 이해하고, 일탈 행동의 대처 방안을 알아 두어야 한다.

A 일탈 행동이란 무엇일까

1 일탈 행동의 의미와 특성

① **일탈 행동** : 한 사회에서 일반적으로 받아들여지는 *사회 규범이나 기대에
어긋나는 행위 **1**
└─── 비난이나 처벌 등 사회적 제재의 대상이 된다.

② **일탈 행동의 *상대성**

• 시대와 사회의 변화에 따라 일탈 행동에 대한 판단 기준은 다르게 나타남
• 같은 행동이라도 상황에 따라 일탈 행동일 수도 있고, 아닐 수도 있음 **2**

> **자료로 보는** **일탈 행동의 상대성**
>
> 1970년대 우리나라에서는 장발과 미니스커트 착용을 풍
> 기 문란의 하나로 규정하고 경찰이 이를 단속하였다. 그
> 러나 오늘날에는 이를 문제 삼는 사람이 거의 없다. 스코
> 틀랜드에서는 남자들이 킬트라는 치마를 입고 다녀도 이
> 를 이상하게 보지 않지만, 우리나라에서는 남자가 치마를
> 입는 것을 자연스러운 행동으로 보지 않는다. 이처럼 어
> 떤 행동을 일탈 행동으로 보는 것은 한 개인이 구체적으로
> 어떤 행동을 했는가보다는 특정 시대와 사회의 구성원이
> 그 행동을 어떻게 보는가에 따라 결정된다.
>
>
>
> 일탈 행동에 대한 규정은 시대나 사회에 따라 다른 상대성을 갖는다. 과거에는 일탈 행
> 동이라고 여기던 것을 가치관, 문화 등의 변화로 지금은 일탈 행동이 아니라고 보기도
> 하고, 어떤 행동이 사회에 따라 일탈 행동이 되기도 하고 되지 않기도 한다.
>
> **Q** 일탈 행동의 상대성이 나타난 사례로 무엇이 있을까?
>
> **A** 대부분 사회에서 미니스커트 착용이 정상 행위로 여겨지나, 과거에는 일탈 행동으로 여겨져 단속하기도 하였다.

2 일탈 행동의 영향 **질문**

개인적 차원	• 부정적 : 일탈 행동을 지속하면 사회 부적응에 빠질 수 있음 • 긍정적 : 사회적 통제에서 벗어나 개인의 창의성을 발휘할 수 있고, 심리적 긴장에서 벗어날 수 있음
사회적 차원	• 부정적 : 일탈 행동이 증가하면 사회 질서 유지가 어려워지고, 사회 불안을 초래함 • 긍정적 : 기존 사회 질서나 규범의 모순과 문제점을 드러내는 역할을 하여 사회 변화를 일으킬 수 있음

3 일탈 행동의 발생 원인 **3**

① 개인적 요인과 사회적 요인

개인적 요인	생물학적 측면, 심리적 측면 등
사회적 요인	사회적 환경이나 사회 구조 등

② **특징** : 과거에는 일탈 행동의 발생 원인으로 개인적 요인을 강조하였지만,
오늘날에는 사회적 요인에 관심을 가짐

개념 더하기 자료 채우기

1 범죄와 일탈 행동

범죄는 법을 위반하는 행위로, 일탈 행동에 해당한다. 하지
만 모든 일탈 행동이 범죄인 것은 아니다. 음주 운전은 법을
위반하는 범죄이면서 동시에 일탈 행동에 해당한다. 반면,
학교에 무단결석하는 것은 범죄는 아니지만 일탈 행동이다.
따라서 일탈 행동은 범죄를 포함하는 더 넓은 개념이다.

2 상황에 따라 달라지는 일탈 행동의 판단 기준

길거리에서 수영복을 입으면 정상적인 행동으로 보지 않지
만, 수영장에서 수영복을 입으면 정상적인 행동으로 본다.
화려한 의상과 진한 분장이 무대 위에서는 정상적으로 보
지만, 사무실에서는 일탈 행동으로 여겨질 수 있다. 이처럼
같은 행동이라도 어떤 상황에서 발생했는가에 따라 일탈
행동으로 규정되기도 하고, 일탈 행동이 아니라고 규정되기
도 한다.

> **질문 있어요**
>
> **일탈 행동에도 순기능이 있나요?**
> 일탈 행동은 사회적으로 바람직하지 못한 행동으로 여겨지기
> 때문에 대부분 사회에서는 일탈 행동에 대해 제재를 가하는
> 것이 일반적이지요. 하지만 일탈 행동은 그 사회의 문제를 표
> 출함으로써 사회 변화를 끌어내는 요인이 되기도 한다는 점
> 에서 순기능도 존재한답니다.

3 생물학적 범죄 이론

일탈 행동을 설명하기 위한 초기의 시도들은 주로 생물학
적 이론에 근거한 것이었다. 1870년대에 이탈리아의 범죄
학자 롬브로소는 두개골의 모양에 따라 범죄 유형을 판별
하려고 하였으며, 덕데일은 가계도 연구를 통해 유전 인자
의 영향을 밝혀 범죄 성향을 설명하려고 하였다. 그러나 이
러한 생물학적 주장은 인과 관계가 불분명하거나 사례가
불충분하여 생물학적 요소들과 범죄 간의 관계를 입증하는
데 이르지 못하였다.

> **용어사전**
>
> * **사회 규범**(社 모이다, 會 모이다, 規 법, 範 법) 사회에서 공
> 동생활을 해 나가기 위해 사회 구성원이 지켜야 할 행위의 기
> 준이나 규칙
> * **상대성**(相 서로, 對 대하다, 性 성질) 사물이 그 자체로 독립해
> 있지 않고 다른 사물과 의존적 관계를 가지는 성질

B 일탈 행동을 설명하는 이론에는 어떤 것이 있을까

⭐1 아노미 이론 ── 아노미 이론은 일탈 행동의 원인을 사회 구조적 관점에서 찾는다는 데 의의가 있다. 한편 개인 간의 상호 작용이 일탈 행동의 발생에 끼치는 영향력을 소홀히한다는 한계가 있다.

① 뒤르켐의 아노미 이론

- 내용 : 급격한 사회 변동으로 규범이 부재하거나 혼재하는 상태인 아노미 상태에서 일탈 행동이 발생한다고 봄 **4** 〔왜?〕사회가 너무 급격히 변동하면 지배적인 규범이 약화되기 마련이다.
- 사례 : 광복 이후 우리 사회의 이데올로기적 혼란 등

자료로 보는 | 뒤르켐의 아노미 이론

뒤르켐의 아노미 개념은 급격한 사회 변동기에 가치관의 혼란이나 보편적 규범의 부재로 일탈 행동이 일어날 수 있다는 사실을 잘 보여 준다. 아노미는 전통 사회가 산업 사회로 이행하는 과정에서 전통적인 규범이 붕괴됨으로써 생겨나는 규범의 무정부 상태를 일컫는다. 자살에 관한 뒤르켐의 분석에 따르면 규범적 통합이 강한 집단에서는 자살률이 낮은 반면에 규범적 통합이 약한 집단에서는 자살률이 높다고 한다. 이는 결국 규범적 통합의 정도에 따라 일탈 행동이 나타날 확률이 다르다는 것을 뜻하는데, 현대 사회처럼 다양한 규범이 공존하는 사회는 아노미가 일상적인 현상이라고 할 수 있다.   － 한국 산업 사회학회, 『사회학』 －

뒤르켐은 사회 변동에 따라 규범이 급격히 변동하고 있거나 다양한 규범이 혼재하고 있는 상황에서 아노미, 즉 무규범 상태가 나타난다고 보았다. 즉, 일탈 행동은 사회의 지배적인 규범이 붕괴되고 이를 대체할 만한 규범이 정립되지 않은 상태인 가치관의 혼란, 즉 아노미 상태에서 발생한다는 것이다.

② 머튼의 아노미 이론

- 내용 : 문화적 목표와 제도적 수단 간의 괴리에 따른 혼란 상태인 아노미 상태에서 비합법적인 수단으로 문화적 목표를 달성하려고 할 때 일탈 행동이 발생한다고 봄 **5** **6** 〔왜?〕문화적 목표를 달성할 수 있는 기회가 모든 사회 구성원에게 주어지는 것은 아니기 때문이다.
- 사례 : 금품 선거, 부정 시험, 불법 도박 등

자료로 보는 | 머튼의 아노미 이론

적응 방식	문화적 목표	제도적 수단
동조	+	+
혁신	+	−
의례주의	−	+
도피주의	−	−

머튼은 문화적 목표와 제도적 수단 간의 관계와 관련한 적응 방식을 크게 동조, 혁신, 의례주의, 도피주의로 나누었다. 동조는 문화적 목표와 제도적 수단이 일치하므로 일탈 행동이 발생하지 않는다. 혁신은 문화적 목표는 받아들이지만 제도적 수단을 거부하는 경우로, 합법적이지 않은 수단으로 돈을 벌려고 하는 사람을 예로 들 수 있다. 의례주의는 문화적 목표는 깊이 생각하지 않고 의례적으로 주어진 수단에만 집착하는 경우로, 왜 공부하는지 모르고 필기만 열심히 하는 학생을 예로 들 수 있다. 도피주의는 문화적 목표와 제도적 수단을 모두 거부하는 경우이다.

개념 더하기 자료 채우기

4 아노미

사회적 규범의 동요·이완·붕괴 등에 의해 일어나는 혼돈 상태 또는 구성원의 욕구나 행위의 무규제 상태를 말한다. 어원은 무법·무질서의 상태, 신의(神意)나 법의 무시를 뜻하는 그리스어 '아노미아(anomia)'로, 중세 이후 사용되지 않다가, 뒤르켐이 근대 사회학에서 사용하였다. 그는 이 말을 일정한 사회에서 구성원의 행위를 규제하는 공통의 가치나 도덕적 규범이 상실된 혼돈 상태를 나타내는 개념으로 사용하였다.

5 뒤르켐과 머튼의 아노미 이론

Ⓐ 뒤르켐의 아노미 이론   Ⓑ 머튼의 아노미 이론

뒤르켐과 머튼 모두 아노미 상태에서 일탈 행동이 발생한다고 보는 점은 같다. 그러나 뒤르켐은 급격한 사회 변동으로 인한 규범 혼란 상태로 아노미가 나타난다고 보지만, 머튼은 문화적 목표와 제도적 수단 간의 괴리로 인해 아노미가 나타난다고 보는 차이가 있다.

6 자본주의와 머튼의 아노미 이론

자본주의 사회에서 돈을 많이 버는 것이 문화적 목표라고 한다면, 돈을 벌 수 있는 수단을 가지지 못한 사람들이 비합법적인 수단으로 돈을 벌려고 할 때 일탈 행동이 발생한다. 이는 머튼의 아노미 이론과 관련 있다.

✳용어사전

* **규범**(規 법, 範 법) 인간이 사회생활을 하는 데 있어 구속되고 준거하도록 강요되는 일정한 행동 양식
* **괴리**(乖 어그러지다, 離 떨어지다) 서로 어그러져 동떨어짐

○4 일탈 행동의 이해

2 차별 교제 이론 1 2 ─ 일탈 행동이 발생하는 과정을 설명하는 데 유용하다.

① 내용 : 일탈 행동은 다른 사람들과의 상호 작용 과정을 통해 학습됨

② 특징 ─ 학교 주변에 유해 업소가 들어서지 못하도록 하는 것은 이로 인해 학생들의 정서가 오염될 것을 염려하기 때문이다. 이는 차별 교제 이론에 근거를 둔 것이다.

• 일탈 행동을 하는 사람들과 지속적으로 접촉하는 과정에서 일탈 행동의 방법과 일탈 행동을 정당화하는 태도까지 학습하게 됨

• 개인이 어떤 사람들과 주로 상호 작용을 하느냐에 따라 개인의 일탈 행동 발생 가능성은 달라짐

③ 한계 : 일탈 행동을 하는 집단과 교류하는 사람이 모두 일탈자가 되는 것은 아니라는 점을 설명하지 못함

1 서덜랜드의 차별 교제 이론

서덜랜드는 일탈은 보편적인 사회적 규범을 충분히 내면화하지 못한 사회화 실패의 결과가 아니라 일탈적인 사회적 환경 속에서 일탈자들과 접촉하면서 그들의 문화와 행동을 학습한 결과, 즉 사회화의 결과라고 본다. 자신이 소속된 집단이나 준거 집단이 일탈적인 행동과 문화를 지니고 있을 때, 그 사람은 집단에 속한 사람들과 자연스럽게 어울리면서 자신의 행위 규범을 형성하게 되는데, 이것이 곧 차별 교제이며 사회화라고 본다.

자료로 보는 │ 흉악 범죄를 설명하는 아노미 이론과 차별 교제 이론

> 우리 사회에서 흉악 범죄가 만연하는 이유는 문화적 목표를 달성하기 위한 제도적 수단을 갖고 있지 못하기 때문이야. 문화적 목표와 제도적 수단 간의 괴리를 해결할 수 있는 방법을 찾지 못하면 흉악 범죄는 계속 발생할 수밖에 없어.

> 흉악 범죄를 저지르는 사람들을 보면 대부분 범죄를 저질러 교도소를 다녀온 적이 있어. 교도소에 수감된 다른 죄수들로부터 또 다른 흉악 범죄의 방법을 배워 출소 이후에 흉악 범죄를 저지르는 거야.

갑   을

갑은 머튼의 아노미 이론을 바탕으로 흉악 범죄를 설명하고 있다. 머튼의 아노미 이론에서는 문화적 목표와 제도적 수단 간의 괴리로 인해 일탈 행동이 나타난다고 본다. 을은 차별 교제 이론을 바탕으로 흉악 범죄를 설명하고 있다. 차별 교제 이론에서는 일탈 집단과의 교류로 일탈 행동을 학습하게 된다고 본다.

Q 청소년 비행을 차별 교제 이론으로 어떻게 설명할 수 있을까?

A 청소년은 일탈 행동을 하는 친구들과 어울리면서 그들의 문화와 행동을 자연스럽게 배우고, 그러한 과정에서 자신도 일탈 행동을 하게 된다.

2 차별 교제 이론의 사례

맹모삼천지교(孟母三遷之敎)는 맹자가 어릴 적에 집 주변에서 보고 들은 것을 따라 하며 노는 것을 보고, 맹자의 어머니가 무덤 옆에 살다가 시장 옆으로, 다시 서당 옆으로 이사한 것을 의미한다. 이것은 인간의 성장에서 환경이 중요함을 강조하는 고사성어이다. 이와 유사한 사례로는 '까마귀 노는 곳에 백로야 가지 마라', '근묵자흑 근주자적(近墨者黑 近朱者赤)' 등이 있다.

★3 낙인 이론 3 ─ 전과자가 지속적으로 일탈 행동을 저지르는 사례를 설명하는 데 유용하다.

① 내용 : 일탈 행동과 일탈자 여부는 다른 사람들의 부정적 반응(낙인)이 결정적인 요인이 된다고 봄

② 특징

• 특정 개인이나 집단이 일탈자로 규정되는 과정과 사회적 여건에 주목함

• 일탈 행동을 규정짓는 객관적 기준은 존재하지 않는다는 전제하에 특정 행동에 대한 사람들의 반응이나 의미 규정에 관심을 가짐

• 1차적 일탈이 발생한 뒤 주위 사람들이 계속하여 일탈 행동을 할 가능성이 있다고 낙인을 찍게 되면 당사자는 부정적 자아가 형성되고 이는 2차적 일탈을 초래한다고 봄

③ 한계

• 낙인찍히지 않았는데도 반복적으로 일탈 행동을 하는 경우나 낙인찍혀도 일탈이 일어나지 않는 경우를 설명하지 못함

• 일탈 행동을 합리화할 수 있음

3 낙인 이론에서 보는 일탈의 객관적 기준

낙인 이론은 개인이나 집단을 일탈자로 규정함으로써 그들이 스스로 일탈자로서의 자아를 형성하여 지속적으로 일탈 행동을 하게 된다는 이론이다. 따라서 일탈을 규정짓는 객관적 규범은 존재하지 않으며, 일탈 행동과 일탈자 여부는 다른 사람들의 부정적 반응이 결정적인 요인이 된다고 본다. 이와 달리 아노미 이론과 차별 교제 이론은 일탈에 대한 객관적 규범이 존재한다고 본다.

✱ 용어사전

* **낙인**(烙 지지다, 印 도장) 다시 씻기 어려운 불명예스러운 판정이나 평판
* **1차적 일탈** 최초의 일탈 행동
* **2차적 일탈** 1차적 일탈을 한 사람이 낙인에 따라 반복적으로 저지르게 된 일탈 행동

자료로 보는 낙인 이론

낙인론자들은 일탈에 관한 실재론적 가정, 즉 일탈이란 어떤 고정적이고 불변의 속성을 지니고 있다는 가정을 배격하며 일탈은 사람이 저지르는 행위의 속성으로 실재하는 것이 아니고 사회적 정의의 산물이라고 주장한다. 어떤 행위가 일탈인지의 여부는 사회마다 상이하게 정의되고 있으며, 특정 사회 내에서 동일한 행위라도 그 행위에 종사하는 사람의 지위에 따라 일탈로 규정되기도 하고 규정되지 않기도 한다고 본다. 특정 행위가 일탈인가 아닌가는 사회 또는 다른 사람이 그 행위에 대해 어떻게 반응하는가에 달려 있다고 여긴다.

낙인론자들은 어떤 과정을 통해 특정 행위가 일탈적이라고 정의되며, 그것이 개인에게 미치는 영향력이 어떠한지를 분석하는 일이 일탈의 사회학적 연구에서 더욱 근본적인 문제라고 주장한다. 따라서 낙인론자들은 일탈자의 개인적 또는 사회적 특성을 일탈 원인을 파악하는 고려 대상에서 제외한다.

❓ 낙인 이론으로 설명할 수 있는 일탈 행동의 사례에는 무엇이 있을까? 　　예시답안

🅰 청소년 때 폭력을 행사하여 교도소에 다녀온 사람을 사회에서 용납하지 않아 다시 폭력을 저지른 경우

ⓒ 일탈 행동에 대한 대책에는 어떤 것이 있을까 ④ ⑤ 질문

1 아노미 이론
① 사회 구성원이 합의하는 지배적 규범을 확립해야 함
② 문화적 목표를 달성할 수 있는 합법적 수단을 적절히 제공해야 함

2 차별 교제 이론
① 일탈 행동을 하는 사람들과의 교류를 차단해야 함
② 정상적인 사회 집단과의 교류를 촉진해야 함

3 낙인 이론 : 특정 행동을 일탈로 규정할 때 신중해야 함
└ 1차적 일탈이 2차적 일탈로 이어지는 것을 예방하기 위해서이다.

자료로 보는 일탈 행동을 줄이기 위한 방안

1980~1990년대 미국 뉴욕에서는 연간 60만 건 이상의 살인, 절도, 방화 등과 같은 지하철 강력 범죄가 일어났다. 당시 뉴욕 시장은 강력 범죄를 줄이기 위한 대책으로 뉴욕 경찰국과 협력하여 무임승차, 지하철 낙서 행위 등 기초 질서 위반 행위를 집중 단속하고, 높은 벌금을 부과하였다. 그리고 6천여 개의 낙서를 지우기로 결정하였다. 5년 뒤에야 낙서를 모두 지울 수 있었는데, 그 후 지하철 범죄 발생률이 완만하게 줄어 결과적으로 강력 범죄율이 75%나 감소하였다.

사람들은 일탈 행동을 할 때 스스로 합리적으로 행동한다고 생각하는데, 이를 적절하게 통제하는 사회적 장치가 없으면 범죄가 발생한다는 주장이 있다. 이러한 이론을 통제 이론이라고 한다. '깨진 유리창의 법칙'은 깨진 유리창을 방치하면 더 큰 범죄로 이어지므로 작은 잘못이라도 즉시 처벌해야 공공질서가 유지된다는 법칙이다. 이 법칙을 활용하여 지하철의 낙서를 제거하고 폐회로 텔레비전(CCTV)을 설치하는 치안 대책이 성과를 거두기도 하였다. 이러한 정책은 결국 공공질서를 해치는 작은 범죄에 대해 처벌을 강화하는 사회 통제가 일탈 행동을 줄일 수 있다는 주장에서 나온 것이다.

❓ 일탈 행동을 하는 사람들과의 접촉을 차단하여 일탈 행동을 줄여야 한다고 보는 이론은 무엇일까? 　　예시답안

🅰 차별 교제 이론

---

④ 출소를 앞둔 재소자들과 구인 업체의 만남

출소 예정자 구인·구직 만남의 날

정부는 출소 예정자들이 전과자라는 낙인을 벗고 취업을 통해 사회에 안정적으로 복귀할 수 있도록 기업과 연계해 취업 알선, 창업 지원을 위한 상담 등을 실시하고 있다.

⑤ 일탈 행동의 해결 방안

아노미 이론	• 지배적 규범의 확립 • 기회의 균등 보장
차별 교제 이론	일탈 행동의 접촉 기회 차단
낙인 이론	신중한 낙인

아노미 이론에서는 아노미적 상황을 막아 일탈 행동을 예방해야 한다고 본다. 따라서 사회적 합의에 바탕을 둔 지배적 규범을 확립하고 문화적 목표를 달성할 수 있는 기회를 공평하게 보장해야 한다고 강조한다. 차별 교제 이론에서는 일탈 행동을 하는 사람들과의 접촉을 차단하여 일탈 행동을 사회적으로 학습하지 않게 해야 한다고 주장한다. 낙인 이론에서는 타인의 행동에 대한 낙인을 신중하게 해야 한다고 강조한다.

✊ 질문 있어요

일탈 행동을 해결하기 위해 어떤 이론적 관점을 선택해야 하나요?
일탈 행동이 발생하는 원인은 복합적이기 때문에 특정한 관점으로만 해결하기 어렵습니다. 따라서 다양한 이론적 관점을 균형 있게 활용하여 그 결과를 바탕으로 일탈 행동에 대한 종합적인 대책을 마련해야 해요.

✱ 용어사전

＊ **합의**(合 맞다, 意 생각) 서로 의견이 일치하는 것이나 그 의견
＊ **합법**(合 맞다, 法 법) 법령이나 규범에 적합함

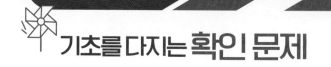

기초를 다지는 확인 문제

바른답·알찬풀이 31쪽

올리드 포인트

A 일탈 행동의 의미와 영향

1 일탈 행동의 의미와 특성

의미	한 사회에서 일반적으로 받아들여지는 사회 규범이나 기대에 어긋나는 행위
특성	시대나 사회, 상황에 따라 일탈 행동을 판단하는 기준이 다르게 나타나는 상대성을 지님

2 일탈 행동의 영향

개인적 차원	• 사회 부적응에 빠질 우려 • 개인의 창의성 발휘 가능, 심리적 긴장 해소
사회적 차원	• 사회 질서 유지 곤란, 사회 불안 초래 • 기존 사회 질서나 규범의 문제점 지적, 사회 변화 초래

B 일탈 행동을 설명하는 이론

1 아노미 이론

뒤르켐의 아노미 이론	급격한 사회 변동으로 규범이 부재하거나 혼재하는 상태에서 일탈 행동이 나타남
머튼의 아노미 이론	문화적 목표를 달성할 수 있는 제도적 수단이 없을 때 일탈 행동이 발생함

2 차별 교제 이론

내용	일탈 행동은 다른 사람들과의 상호 작용 과정을 통해 학습됨
특징	개인이 어떤 사람들과 주로 상호 작용을 하느냐에 따라 개인의 일탈 행동 발생 가능성은 달라짐
한계	일탈 행동을 하는 집단과 교류하는 사람이 모두 일탈자가 되는 것은 아니라는 점을 설명하지 못함

3 낙인 이론

내용	일탈 행동과 일탈자 여부는 다른 사람들의 부정적 반응(낙인)이 결정적인 요인이 된다고 봄
특징	특정 개인이나 집단이 일탈자로 규정되는 과정과 사회적 여건에 주목함
한계	낙인찍히지 않아도 일탈 행동을 하거나 낙인찍혀도 일탈 행동을 하지 않는 것을 설명하지 못함

C 일탈 행동에 대한 대책

아노미 이론	지배적 규범의 확립, 기회의 균등 보장
차별 교제 이론	일탈 행동의 접촉 기회 차단
낙인 이론	신중한 낙인

01 다음 설명이 맞으면 ○표, 틀리면 ×표를 하시오.

(1) 시대와 사회에 따라 일탈 행동에 대한 판단 기준은 상대적이다. ( )
(2) 무규범 상태에서 일탈 행동이 나타난다고 보는 것은 뒤르켐의 아노미 이론이다. ( )
(3) '맹모삼천지교'는 차별 교제 이론과 관계있는 내용이다. ( )
(4) 머튼의 아노미 이론은 일탈자와의 접촉 차단을 일탈의 해결책으로 본다. ( )
(5) 낙인 이론은 문화적 목표를 달성할 수 있는 기회를 공평하게 보장하는 제도를 마련하면 일탈 행동을 줄일 수 있다고 본다. ( )

02 빈칸에 들어갈 알맞은 말을 쓰시오.

(1) 한 사회에서 일반적으로 받아들여지는 사회 규범에 어긋나는 행동을 ( )(이)라고 한다.
(2) ( )은/는 문화적 목표와 제도적 수단 간의 불일치로 일탈 행동이 나타난다고 보는 이론이다.
(3) ( )은/는 일탈 집단과의 상호 작용을 통해 일탈 행동을 학습하여 일탈 행동이 나타난다고 본다.
(4) ( )에서는 일탈 행동과 일탈자 여부는 다른 사람들의 부정적 반응이 결정적인 요인이 된다고 본다.

03 일탈 이론과 그 특징을 바르게 연결하시오.

(1) 낙인 이론 •
(2) 아노미 이론 •
(3) 차별 교제 이론 •

• ㉠ 사회 규범의 통제력 회복을 일탈 행동의 해결책으로 본다.
• ㉡ 일탈 행동에 대한 객관적 기준이 존재하지 않는다고 본다.
• ㉢ 정상적인 사회 집단과의 교류 촉진을 일탈 행동의 해결책으로 제시한다.

★★
중요

01 다음 사례를 통해 도출할 수 있는 결론으로 가장 적절한 것은?

> • 과거 우리나라에서는 여성의 짧은 치마, 남성의 장발을 단속한 적이 있었다. 그러나 요즘에는 여성의 짧은 치마와 남성의 장발에 대한 단속은 이루어지고 있지 않다.
> • 여성이 남성과 같이 교육을 받는 것이 우리나라에서는 아무 문제가 없지만, 어떤 국가에서는 일탈 행동이 되기도 한다.

① 일탈 행동은 사회 통합을 저해한다.
② 일탈 행동의 원인은 개인의 의식에 있다.
③ 일탈 행동은 사회 변동의 원동력이 될 수 있다.
④ 일탈 행동은 지배 집단의 규정에 의해 결정된다.
⑤ 일탈 행동에 대한 규정은 시대나 사회에 따라 다르다.

02 다음 글을 통해 파악할 수 있는 일탈 행동의 긍정적 영향으로 가장 적절한 것은?

> 일탈 행동은 기존의 규범과 질서를 한층 더 강화시켜 주는 기능을 한다. 기존의 규범 체계는 그것을 깨뜨리는 일탈을 통해 정당화되기도 한다는 것이다. 유괴범이나 사기꾼이 사회에서 엄중한 제재를 받아 일탈자라는 낙인이 찍히는 경우 그것은 곧 누구나 그와 같은 행위를 저지르면 동일한 사회적 제재를 받게 된다는 점을 미리 경고해 주는 효과를 갖게 된다.

① 일탈 행동은 집단 결속과 유대를 증진시킨다.
② 일탈 행동은 사회 변동의 원동력으로 작용하기도 한다.
③ 일탈 방지를 위한 사회적 합의나 대안을 마련할 수 있다.
④ 사회 문제에 대한 대책을 마련할 수 있는 기회를 제공한다.
⑤ 일탈자의 일탈 행동에 제재를 가해 기존 질서의 유지에 도움을 줄 수 있다.

03 다음 연구자 갑, 을의 공통된 주장으로 가장 적절한 것은?

> 연구자 갑은 조사한 결과를 바탕으로 흉악한 범죄를 저지르는 사람들은 일반 사람들과 다른 체형 및 인상을 가지고 있다고 주장하였다. 또한 연구자 을은 인간의 신체 구조 형태를 세 가지 형태로 구분하고 그중에 범죄를 저지를 가능성이 높은 유형이 있다고 주장하였다.

① 일탈 행동은 사회적 요인에 의해 주로 발생한다.
② 일탈 행동은 개인의 심리적 요인에 의해 발생한다.
③ 일탈 행동에 대한 규정은 시대와 장소에 따라 달라진다.
④ 일탈 행동이 일어나는 원인을 생물학적 측면에서 찾을 수 있다.
⑤ 일탈 행동은 사회 구성원의 가치관에 따라 상대적으로 판단된다.

04 다음 '좌절 – 공격 이론'에 대한 설명으로 옳은 것은?

> 좌절 – 공격 이론이라는 것이 있다. 이 이론에 따르면 좌절이 전형적으로 공격적 행위를 유발하고 공격적인 행위는 욕구 좌절에서 연유한다고 본다. 좌절의 강도는 욕구와 억압된 충동의 강도에 의존하며, 공격적인 행위가 표현되는 방식과 그 대상은 개인 자신일 수도 있고 타인일 수도 있으며, 공격이 외적으로 지향되면 살인이 나타날 수도 있다고 본다.

① 일탈 행동의 원인을 심리적 측면에서 파악한다.
② 일탈 행동의 원인을 생물학적 측면에서 찾는다.
③ 일탈 행동은 사회적 요인에 의해 발생한다고 본다.
④ 사회 규범의 통제력 회복을 일탈의 해결책으로 제시한다.
⑤ 일탈 행동에 대한 판단 기준은 사회에 따라 다르다고 본다.

05 다음 글에 나타난 일탈 이론에 대한 옳은 설명을 〈보기〉에서 고른 것은?

> 아노미 상태란 문화적 목표와 이를 달성하기 위해 그 사회에서 인정하고 있는 수단의 획득 가능성 사이의 괴리이며, 이로 인해 일탈 행동이 나타난다. 아노미적 일탈은 목표 달성을 위해 불법적 수단을 동원하거나 목표를 거부 혹은 포기한 채 반사회적 행동을 하는 경우에 발생할 수 있다.

⊣ 보기 ├

ㄱ. 일탈 행동을 일시적인 현상이라고 본다.
ㄴ. 일탈 행동의 원인을 거시적 차원에서 분석해야 한다고 본다.
ㄷ. 일탈 행동이 발생하는 과정에 주목하여 일탈 행동을 설명한다.
ㄹ. 일탈을 해결하기 위해 문화적 목표를 달성할 수 있는 적합한 수단을 제공해야 한다고 본다.

① ㄱ, ㄴ   ② ㄱ, ㄷ   ③ ㄴ, ㄷ
④ ㄴ, ㄹ   ⑤ ㄷ, ㄹ

06 다음 사례와 공통적으로 관련된 일탈 이론으로 가장 적절한 것은?

> • 갑은 학교 시험에서 좋은 성적을 받고 싶었으나 공부를 열심히 하지 않아 부정행위를 할 수밖에 없었다.
> • 을은 돈을 많이 벌어 부모님께 효도를 하려고 했으나 아무리 노력해도 돈을 벌 수 있는 방법이 없자 절도 행위를 하였다.

① 낙인 이론
② 갈등 이론
③ 차별 교제 이론
④ 머튼의 아노미 이론
⑤ 뒤르켐의 아노미 이론

07 다음 글을 통해 파악할 수 있는 일탈 이론에 대한 설명으로 옳지 **않은** 것은?

> 급속한 사회 변동으로 인해 기존의 지배적인 사회 규범이 약화되고 새로운 가치관이 미처 정립되지 못하였거나, 기존의 규범과 새로운 규범이 혼재되면서 나타나는 도덕적 혼란 혹은 무규범 상태에서 일탈 행동이 발생한다.

① 일탈자에 대한 사회화의 중요성을 강조한다.
② 사회 규범의 통제력 회복을 해결책으로 제시한다.
③ 상호 작용이 일탈 행동에 미치는 영향력을 간과한다.
④ 사회 구조적 관점에서 일탈 행동의 원인을 찾는 이론이다.
⑤ 일탈 행동이 발생하는 과정을 설명하는 데 유용한 이론이다.

★★
중요

08 일탈 이론 (가), (나)에 대한 설명으로 옳은 것은?

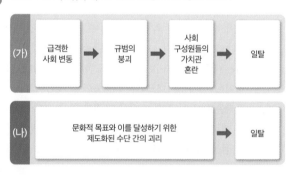

① (가)는 문화적 목표에 도달할 기회 제공을 해결책으로 제시한다.
② (나)는 새로운 가치관 확립을 해결책으로 제시한다.
③ (가)는 (나)와 달리 어떤 사람들과 상호 작용하느냐에 따라 일탈 행동 여부가 결정된다고 본다.
④ (나)는 (가)와 달리 일탈을 규정하는 객관적 기준이 존재한다고 본다.
⑤ (가), (나) 모두 사회 구조적 관점에서 일탈 행동의 원인을 찾는다.

09 판서 내용의 ㉠에 해당하는 일탈 이론으로 적절한 것은?

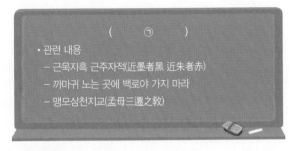

(㉠)

• 관련 내용
  – 근묵자흑 근주자적(近墨者黑 近朱者赤)
  – 까마귀 노는 곳에 백로야 가지 마라
  – 맹모삼천지교(孟母三遷之教)

① 낙인 이론
② 갈등 이론
③ 차별 교제 이론
④ 머튼의 아노미 이론
⑤ 뒤르켐의 아노미 이론

10 다음 글을 통해 파악할 수 있는 일탈 행동의 발생 원인으로 적절한 것은?

> 범죄자는 다른 일반적인 사회적 행위와 마찬가지로 범죄자들로부터 범죄 방법을 배우는 학습 과정을 통해 범죄 행위를 실행하게 된다. 유사한 범죄를 저지른 자들은 집단을 형성한 후에 범죄 수법을 서로 배우면서 기술로 발전시킨다. 또 범죄 경력을 나름대로 정당화할 수 있는 자기들만의 규범과 가치관을 발전시키는 등 자신들만의 문화를 형성한다.

① 가치관의 혼란 상태
② 문화적 목표와 제도적 수단의 불일치
③ 낙인으로 인한 일탈자의 부정적 자아 형성
④ 급속한 사회 변동으로 인한 사회 규범의 약화
⑤ 타인과의 상호 작용을 통한 일탈 행동의 학습

11 다음 글에 나타난 일탈 이론에 대한 설명으로 옳은 것은?

> 일탈 행동은 일탈 행동을 하는 다른 사람들, 특히 가족이나 또래 집단과 같은 친밀한 사람들과의 상호 작용 과정에서 학습되는 것이다.

① 일탈 행동의 원인을 아노미 상태에서 찾는다.
② 일탈 행동을 규정하는 객관적인 기준이 없다고 본다.
③ 일탈자와의 접촉 차단을 일탈 행동의 해결책으로 제시한다.
④ 다른 사람의 행동에 대한 낙인을 신중하게 해야 한다고 주장한다.
⑤ 우연적이고 충동적인 범죄가 발생하는 이유를 설명하는 데 유용하다.

중요 ★★

12 다음 글에 나타난 일탈 행동을 설명하는 이론에 대한 내용으로 옳은 것은?

> 개인이 부여하는 의미나 구성원의 상호 작용을 중심으로 일탈 행동을 이해한다. 또한 특정 개인이나 집단이 일탈자로 규정되는 과정과 사회적 여건에 주목한다.

① 1차적 일탈을 설명하기에 용이하다.
② 보편적인 일탈 행동의 개념이 존재하지 않는다고 본다.
③ 정상적인 사회 집단과의 교류 촉진을 일탈 행동의 해결책으로 본다.
④ 사회적 목표를 이룰 수 있는 적합한 수단 제공을 일탈 행동의 해결책으로 본다.
⑤ 일탈 행동의 해결책으로 사회적 합의에 바탕을 둔 지배적 규범의 확립을 중시한다.

13 그림에 나타난 일탈 이론에 대한 설명으로 옳은 것은?

① 거시적 관점의 이론에 해당한다.
② 일탈 행동으로 규정하는 사회적 합의가 존재한다고 본다.
③ 일탈 행동의 해결책으로 정상적인 사람들과의 교류를 강조한다.
④ 사회 규범의 통제력 회복을 통해 일탈 행동을 해결할 수 있다고 본다.
⑤ 특정 개인이나 집단이 일탈자로 규정되는 과정과 사회적 여건에 주목한다.

중요 ★★★
14 갑, 을의 대화에 나타난 일탈 행동을 설명하는 이론에 대한 내용으로 옳은 것은?

청소년 비행은 기존의 지배적인 사회 규범이 약화되고 새로운 가치관이 정립되지 못한 무규범 상태에서 발생하는 것입니다.

청소년 비행은 비행을 일삼는 친구들과 어울리면서 그들의 가치관이나 행동을 받아들여 그들과 똑같이 비행을 저지르기 때문에 나타납니다.

갑   을

① 갑은 을과 달리 일탈자와의 접촉 차단을 일탈 행동의 해결책으로 본다.
② 갑은 을과 달리 구성원의 상호 작용을 통해 일탈 행동이 나타난다고 본다.
③ 을은 갑과 달리 1차적 일탈이 2차적 일탈로 이어지는 것을 예방해야 한다고 본다.
④ 을은 갑과 달리 문화적 목표를 달성할 수 있는 합법적 수단이 없어 일탈 행동이 발생한다고 본다.
⑤ 갑, 을 모두 일탈을 규정하는 객관적 기준이 존재한다고 본다.

15 ㉠, ㉡이 주장하는 일탈 이론에 대한 설명으로 가장 적절한 것은?

> 요즘 사회에서 일어나는 흉악 범죄에 대해 ㉠ 일부 학자들은 일탈자에 대한 타인들의 부정적 반응이 원인이라고 주장하지만 사실은 그렇지 않다. 흉악 범죄는 급속한 사회 변동으로 인해 기존의 사회 규범과 새로운 규범이 혼재되면서 나타나는 도덕적 혼란 또는 무규범 상태에서 비롯된다고 보는 ㉡ 학자들의 주장이 옳다.

① ㉠은 ㉡과 달리 비정상적인 일부 사회 체계를 정상화시켜야 한다고 본다.
② ㉡은 ㉠과 달리 아노미 상태에서 일탈 행동이 발생한다고 본다.
③ ㉡은 ㉠과 달리 일탈에 대한 해결책으로 타인에 대한 신중한 낙인이 필요하다고 본다.
④ ㉠, ㉡ 모두 특정 개인이나 집단이 일탈자로 규정되는 과정에 주목한다.
⑤ ㉠, ㉡ 모두 타인과의 상호 작용을 통해 일탈 행동이 나타난다고 본다.

중요 ★★★
16 일탈 이론 A~C에 대한 옳은 설명을 〈보기〉에서 고른 것은? (단, A~C는 각각 낙인 이론, 머튼의 아노미 이론, 차별 교제 이론 중 하나이다.)

구분	A	B	C
일탈 행동에 대한 객관적 기준이 있다고 보는가?	예	아니요	예
(가)	예	아니요	아니요

보기
ㄱ. B는 차별적인 제재가 2차적 일탈을 유발한다고 본다.
ㄴ. A와 달리 C는 기존 사회 규범의 약화나 부재를 일탈의 원인으로 본다.
ㄷ. (가)에 "문화적 목표와 제도적 수단 간의 괴리로 일탈 행동이 발생합니까?"가 들어갈 수 있다.
ㄹ. (가)에 "일탈자와의 접촉 차단이 해결책입니까?"가 들어가면 C는 타인에 대한 신중한 낙인을 강조하는 이론이다.

① ㄱ, ㄴ   ② ㄱ, ㄷ   ③ ㄴ, ㄷ
④ ㄴ, ㄹ   ⑤ ㄷ, ㄹ

17 범죄를 설명하는 갑, 을의 관점에 대한 옳은 설명을 〈보기〉에서 고른 것은?

> 갑 : 범죄는 물질적 성공을 강조하는 사회에서 이를 달성하는 합법적 수단을 갖지 못한 사람들에 의해 발생하는 것입니다.
> 을 : 범죄는 사회 구성원의 부정적 인식으로 인해 스스로 일탈자로 여기는 사람들에 의해 발생합니다.

┤ 보기 ├
> ㄱ. 갑은 정상적 사회 집단과의 교류 촉진을 범죄에 대한 해결책으로 본다.
> ㄴ. 갑은 개인들 간의 상호 작용이 일탈 행동에 미치는 영향력을 간과한다.
> ㄷ. 을은 범죄에 대한 기준의 상대성을 강조한다.
> ㄹ. 을은 최초 범죄가 발생하는 이유를 설명할 수 있다.

① ㄱ, ㄴ ② ㄱ, ㄷ ③ ㄴ, ㄷ ④ ㄴ, ㄹ ⑤ ㄷ, ㄹ

중요

18 갑~병의 일탈 이론에 대한 옳은 설명을 〈보기〉에서 고른 것은?

> 사회자 : 재범률이 높은 이유는 무엇일까요?
> 갑 : 범죄를 저지른 사람들은 교도소에서 나온 후 합법적 수단으로 돈을 벌 수 있는 일자리를 찾기가 어렵습니다. 이에 다시 범죄를 저지르게 됩니다.
> 을 : 범죄를 저지르게 되면 주변 사람들이 범죄자로 규정하여 사회적 차별을 받게 됩니다. 결국 다시 범죄를 저지를 수밖에 없죠.
> 병 : 범죄를 저질러 교도소에 수감되면 같이 지내던 다른 범죄자들에게 또 다른 범죄 방법이나 기술을 배우게 됩니다. 교도소에서 나온 뒤 다시 범죄를 저지르게 되는 이유가 여기에 있습니다.

┤ 보기 ├
> ㄱ. 갑은 재사회화 기관 확대를 일탈 행동의 해결책으로 제시할 것이다.
> ㄴ. 을은 일탈 행동 방지를 위해 일탈자와의 접촉 차단을 중시할 것이다.
> ㄷ. 을은 갑과 달리 타인에 대한 신중한 낙인의 필요성을 강조할 것이다.
> ㄹ. 병은 을과 달리 일탈 행동의 원인을 가치관의 혼란에서 찾고 있다.

① ㄱ, ㄴ ② ㄱ, ㄷ ③ ㄴ, ㄷ ④ ㄴ, ㄹ ⑤ ㄷ, ㄹ

19 청소년 비행과 관련하여 다음 글에 나타난 일탈 이론을 제시하고, 그렇게 생각한 이유를 서술하시오.

> 청소년 비행이 사회 문제가 되고 있다. 일부에서는 청소년 비행의 원인을 청소년에게서 찾는 경향이 있다. 그러나 이는 잘못된 것이다. 청소년 비행은 기성세대의 잘못이 크다. 기성세대는 청소년에게 인기 좋은 대학 진학이 성공을 위한 필수 조건이라며 청소년의 모든 역량을 학업 증진에 쏟기를 강요하고 있다. 물론 학업 성적이 좋은 학생들은 문제가 덜 하겠지만 성실하게 노력해도 그 목표를 달성할 수 없는 청소년들은 많은 스트레스를 받고, 그 스트레스를 풀기 위해 각종 비행을 일삼게 되는 것이다.

20 다음 사례를 읽고 물음에 답하시오.

> 갑은 고등학교 1학년 때까지만 해도 모범생이었다. 그러나 최근에는 학교에 잘 나오지도 않을뿐더러 학교에 나오는 날은 하루 종일 잠만 잔다. 이를 이상하게 생각한 친구 을은 방과 후에 갑을 따라갔다. 갑은 사람들이 잘 다니지 않는 곳으로 갔는데, 그곳에는 갑의 친구로 보이는 아이들이 담배를 피우고 욕설을 하며 이야기를 나누고 있었다. 갑은 그 친구들과 반갑게 인사를 하고 같이 자연스럽게 담배를 피우며 그들의 대화에 참여했다.

(1) 위 사례에 적용할 수 있는 일탈 이론을 쓰시오.

(2) (1)의 일탈 이론의 해결책을 한 가지만 서술하시오.

21 그림을 보고 물음에 답하시오.

(1) 갑, 을이 주장하는 일탈 이론을 각각 쓰시오.

(2) 갑, 을이 주장하는 일탈 이론의 한계를 각각 한 가지만 서술하시오.

등급을 올리는 고난도 문제

01 그림은 머튼의 아노미 이론에 근거한 개인의 적응 양식 유형이다. (가), (나)에 해당하는 사례를 〈보기〉에서 고른 것은?

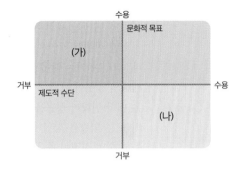

┤ 보기 ├
ㄱ. 갑은 성실하게 공부하여 공무원 시험에 합격하였다.
ㄴ. 을은 공무원 시험에 합격하기 위해 시험 중 부정행위를 하였다.
ㄷ. 병은 기업 내 경쟁 문화가 싫어 대기업 임원을 그만두고 시골에 내려가 홀로 살고 있다.
ㄹ. 정은 돈을 많이 벌고 싶다는 생각을 하지 않지만 부자들을 증오하여 범죄를 저질렀다.

	(가)	(나)			(가)	(나)
①	ㄱ	ㄴ		②	ㄱ	ㄷ
③	ㄴ	ㄷ		④	ㄷ	ㄹ
⑤	ㄹ	ㄱ				

🔎 **문제 접근 방법**
머튼의 아노미 이론에서 문화적 목표의 수용 여부와 제도적 수단의 수용 여부에 따라 분류한 내용을 파악해야 한다. 각 사례에서 문화적 목표와 제도적 수단을 파악한 후 수용인지, 거부인지 알아내야 한다.

✏️ **적용 개념**
머튼의 아노미 이론
문화적 목표
제도적 수단

02 ㉠, ㉡의 일탈 이론에 대한 설명으로 옳은 것은?

정보 사회에서 발생하는 사이버 범죄에 대해 ㉠ 일부 학자들은 과거에는 전혀 문제가 되지 않던 것을 대중 매체 등에서 사회 문제로 규정하면서 문제가 되었다고 본다. 그러나 ㉡ 일부 학자들은 사이버 범죄는 하층 사람들이 '부자'라는 문화적 목표를 달성할 수 있는 제도적 수단이 제한되어 있어 비합법적인 수단을 사용하면서 나타나는 사회 문제라고 본다.

① ㉠은 타인의 부정적 반응이 일탈 행동의 원인이라고 본다.
② ㉡은 일탈 집단과의 접촉 차단을 일탈 행동에 대한 해결책으로 본다.
③ ㉠은 ㉡과 달리 최초의 일탈을 설명하기에 용이하다.
④ ㉠은 ㉡과 달리 사회 통제의 강화를 일탈 행동에 대한 해결책으로 강조한다.
⑤ ㉡은 ㉠과 달리 다른 사람과의 상호 작용을 통해 일탈 행동을 학습하여 일탈 행동이 발생한다고 본다.

🔎 **문제 접근 방법**
㉠, ㉡의 학자들이 주장하는 내용이 일탈 이론 중 어떤 이론에 해당하는지를 먼저 파악해야 한다.

✏️ **적용 개념**
머튼의 아노미 이론
낙인 이론

03 그림은 일탈 이론 A~C를 구분한 것이다. 이에 대한 옳은 설명을 〈보기〉에서 고른 것은? (단, A~C는 각각 낙인 이론, 아노미 이론, 차별 교제 이론 중 하나이다.)

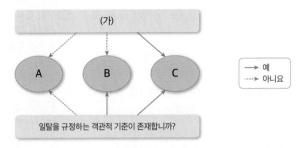

보기
ㄱ. (가)에 "일탈이 타인과의 상호 작용 과정에서 학습됩니까?"가 들어갈 수 있다.
ㄴ. A는 문화적 목표를 달성할 수 있는 적합한 수단의 제공을 일탈의 해결책으로 강조한다.
ㄷ. B가 아노미 이론이면 (가)에 "일탈의 원인을 타인의 부정적 규정으로 파악합니까?"가 들어갈 수 없다.
ㄹ. C가 아노미 이론이면 A는 거시적 관점에서 일탈을 바라본다.

① ㄱ, ㄴ   ② ㄱ, ㄷ   ③ ㄴ, ㄷ
④ ㄴ, ㄹ   ⑤ ㄷ, ㄹ

🔎 **문제 접근 방법**
일탈 이론 중 일탈을 규정하는 객관적 기준이 존재한다고 보는 것이 어떤 이론인지 먼저 파악해야 한다.

✏️ **적용 개념**
\# 아노미 이론
\# 차별 교제 이론
\# 낙인 이론

04 표는 일탈 이론을 정리한 것이다. 이에 대한 설명으로 옳은 것은? (단, A~C는 각각 아노미 이론, 차별 교제 이론, 낙인 이론 중 하나이다.)

구분	A	B	C
원인	(가)	무규범 상태, 문화적 목표와 제도적 수단의 불일치	개인이 부여하는 의미나 사회 구성원의 규정
해결 방안	정상적인 사회 집단과의 교류 촉진	(나)	(다)

① (가)에 지배적 가치관의 부재가 들어갈 수 있다.
② (나)에 일탈자와의 접촉 차단이 들어갈 수 있다.
③ (다)에 신중한 낙인이 들어갈 수 있다.
④ A는 일탈 행동의 상대성을 강조한다.
⑤ B, C는 사회 구조가 개인의 일탈 행동에 미치는 영향을 간과한다.

🔎 **문제 접근 방법**
아노미 이론, 차별 교제 이론, 낙인 이론에서 보는 일탈 행동의 원인과 해결 방안을 알고 있어야 한다.

✏️ **적용 개념**
\# 아노미 이론
\# 차별 교제 이론
\# 낙인 이론

 개인과 사회의 관계를 바라보는 관점

개인과 사회의 관계를 바라보는 관점 (가), (나)에 대한 옳은 설명을 〈보기〉에서 고른 것은?

> ［가］에 따르면 결혼, 가족, 종교의 본질은 해당 제도에 대응되는 개인적 욕구인 성적 욕구, 부모의 애정, 종교적 본능 등으로 구성된 것이다. 이 경우 개인의 정신 상태가 유일하게 관찰 가능한 대상이 된다. 그러나 제도란 그 자체로 다양하고 복합적인 역사적 맥락을 가지며 개인의 의식 외부에 실체로서 존재하는 것이다. 실체가 존재하지 않는다면 사회학은 그 자체의 연구 대상을 가질 수가 없기에, ［나］을/를 바탕으로 할 때 사회학이 연구 대상을 가지게 된다.

⊢ 보기 ⊢
ㄱ. (가)는 사회가 개인들의 속성으로 환원될 수 없다고 본다.
ㄴ. (가)는 사회가 개인의 자율적인 의지에 의해 형성된다고 본다.
ㄷ. (나)는 개인이 사회 속에서만 존재 의미를 갖는다고 본다.
ㄹ. (나)는 개인들이 옳다고 믿기 때문에 사회 규범이 존재한다고 본다.

① ㄱ, ㄴ   ② ㄱ, ㄷ   ③ ㄴ, ㄷ
④ ㄴ, ㄹ   ⑤ ㄷ, ㄹ

》 **유형 분석** 개인과 사회의 관계를 바라보는 관점인 사회 실재론, 사회 명목론의 특징을 비교하는 문제는 매년 출제된다. 각 관점에 해당하는 글이나 그림을 제시하는 경우가 많다.

☑ **공략법**
❶ 개인과 사회 중 어느 것이 더 우월성을 갖는지 파악한다.
❷ 사회 실재론, 사회 명목론의 특징을 비교한다.
❸ 선택지에서 각 관점에 대해 바르게 설명한 것을 골라낸다.

 사회화, 지위와 역할, 사회 집단

㉠~㈅에 대한 설명으로 옳은 것은?

> 유명 연예인인 어머니의 반대에도 불구하고, 배우가 되고 싶었던 갑은 ㉠ 연예인 2세라는 것을 숨기고 ㉡ A 인터넷 쇼핑몰에서 모델로 일하며 ㉢ 연기 학원에서 연기와 노래를 배우고 있었다. 갑은 스스로 인지도를 높이기 위해 ㉣ 시청자 평가단의 투표 결과에 따라 ㉤ 가수 데뷔가 결정되는 ㉥ 텔레비전 프로그램에 지원하여 치열한 경쟁 과정을 통해 가수로 데뷔하였다. 인기가 높아지자 갑은 가수로 계속 활동해야 할지 가수를 그만두고 원래 계획했던 대로 배우로 전향해야 할지 ㉦ 고민이다.

① ㉠, ㉥은 개인의 의지와 노력에 의해 획득한 지위이다.
② ㉡은 비공식적 사회화 기관, ㉢은 2차적 사회화 기관이다.
③ ㉣은 갑의 내집단이자 준거 집단이다.
④ ㉥은 재사회화에 해당한다.
⑤ ㉦은 갑의 역할 갈등에 해당한다.

》 **유형 분석** 재사회화, 사회화 기관, 지위, 역할, 역할 갈등, 사회 집단 등과 관련된 개념이 제시문과 같은 사례를 통해 매년 출제되고 있다.

☑ **공략법**
❶ 밑줄 친 부분이 나타내는 사회학적 개념을 파악한다.
❷ 선택지에서 각 사회학적 개념을 옳게 설명한 것을 고른다.

유형 3 사회 집단과 사회 조직의 분류

다음은 어느 가족의 주간 일정표이다. 이에 대한 옳은 설명만을 〈보기〉에서 있는 대로 고른 것은?

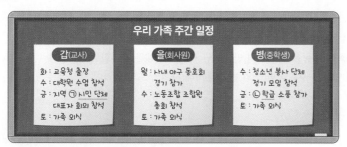

> **우리 가족 주간 일정**
>
> **갑(교사)**
> 화 : 교육청 출장
> 수 : 대학원 수업 참석
> 금 : 지역 ⊙시민 단체 대표자 회의 참석
> 토 : 가족 외식
>
> **을(회사원)**
> 월 : 사내 야구 동호회 경기 참가
> 수 : 노동조합 조합원 총회 참석
> 토 : 가족 외식
>
> **병(중학생)**
> 수 : 청소년 봉사 단체 정기 모임 참석
> 금 : ⓒ학급 소풍 참가
> 토 : 가족 외식

┤ 보기 ├

ㄱ. ⊙, ⓒ은 선택적 의지에 의해 형성되는 이익 사회이다.
ㄴ. 갑, 을은 병과 달리 자발적 결사체에 소속되어 있다.
ㄷ. 을, 병은 갑과 달리 비공식 조직에 소속되어 있다.
ㄹ. 갑~병 모두 공동 사회와 공식 조직에 소속되어 있다.

① ㄱ, ㄴ ② ㄱ, ㄹ ③ ㄴ, ㄷ
④ ㄱ, ㄷ, ㄹ ⑤ ㄴ, ㄷ, ㄹ

> ▶▶ **유형 분석** 사회 집단을 분류하고 그 특징을 묻는 문제는 매년 출제되고 있다. 일정표, 사례 등을 제시하면서 그 속에 있는 사회 집단과 사회 조직의 특징을 묻는 유형이 많다.
>
> ☑ **공략법**
> ❶ 자료에 제시된 사회 집단이 공동 사회, 이익 사회, 공식 조직, 비공식 조직, 자발적 결사체 중 어떤 것에 해당하는지 확인한다.
> ❷ 사회 집단과 사회 조직에 대해 옳은 내용을 제시한 선택지를 고른다.

유형 4 일탈 이론

일탈 이론 (가)~(다)에 대한 설명으로 옳은 것은?

> (가) 공식적으로 일탈자라고 규정되면 성공을 위한 합법적 수단으로부터 배제되고 일탈자라는 자아 개념을 가지게 되어, 미래의 일탈 가능성이 증가하게 된다. 결국 일탈자라고 규정짓는 것은 사회적 지위를 부여하는 것과 같다.
>
> (나) 경제적 성공을 강조하는 문화를 구성원 모두가 공유하는 사회에서, 제도화된 수단이 부족한 특정 계층은 성공에 어려움을 겪게 된다. 따라서 이들은 불법적인 방법을 통해서라도 성공하려고 시도함으로써 일탈 행동을 하게 된다.
>
> (다) 하층에 속한 사람들이 일탈 행동을 많이 한다는 주장이 있지만, 하층에서도 일부만 일탈 행동을 한다. 이들이 일탈 행동을 하는 것은 일탈자와의 상호 작용을 통해 일탈적 가치와 태도를 수용하기 때문이다.

① (가)는 (다)와 달리 사회의 지배적 가치와 규범을 사회화하지 못함으로써 일탈 행동이 발생한다고 본다.

② (나)는 (가)와 달리 일탈 행동의 발생에 있어 타인과의 상호 작용을 통한 학습 과정을 강조한다.

③ (다)는 (나)와 달리 문화적 목표의 달성 기회를 공평하게 보장할 것을 강조한다.

④ (가)는 (나), (다)와 달리 일탈이 행동의 속성에 의해서가 아니라 그에 대한 사회적 반응에 의해 규정된다고 본다.

⑤ (나)는 (가), (다)와 달리 일탈적 정체성을 형성하게 되면 일탈 행동을 반복할 가능성이 높아진다고 본다.

> ▶▶ **유형 분석** 일탈 이론인 아노미 이론, 차별 교제 이론, 낙인 이론을 비교하여 이해하고 있는지를 묻는 문항은 매년 출제되고 있다. 대화나 글 자료, 그림 등 다양한 형태로 제시된다.
>
> ☑ **공략법**
> ❶ 제시된 자료가 일탈 이론 중 무엇에 해당하는지 파악한다.
> ❷ 일탈 이론의 특징을 비교하는 선택지의 내용을 면밀히 살펴 정오를 판단한다.

01 개인과 사회의 관계

• 사회 구조

의미	한 사회의 개인과 집단이 사회적 관계를 맺는 방식이 정형화되어 안정된 틀을 이루고 있는 상태

특징	• 지속성 : 사회 구조는 사회 구성원이 바뀌어도 크게 달라지지 않고 오랫동안 유지됨 • 안정성 : 사회 구성원은 구조화된 행동을 함으로써 안정적인 사회적 관계를 유지할 수 있게 됨 • 변동 가능성 : 사회 구성원의 행동, 가치, 규범 등의 변화에 의해 사회 구조의 성격이 달라질 수 있음 • 강제성 : 사회 구조는 사회 구성원의 의지나 생각과는 상관없이 특정 행위를 하도록 구속할 수 있음

사회 구조와 개인의 행위	• 사회 구조는 개인의 사고와 행동을 강제함 • 인간의 주체적인 노력으로 사회 구조가 변화하기도 함	≫	사회 구조와 개인은 서로 영향을 주고받는 관계

• 개인과 사회의 관계를 바라보는 관점

사회 실재론	사회 명목론

• 기본 입장 : 사회는 개인의 외부에 실제로 존재하고, 독자적인 특성을 지니고 있으며, 개인들의 합 이상임
• 주요 내용
  – 개인보다 사회의 우월성 강조
  – 사회·문화 현상을 분석할 때 사회 구조나 사회 제도 등에 초점을 둠
  – 사회 문제의 원인은 잘못된 사회 구조나 사회 제도에 있음
• 관련 이론 : 사회 유기체설
• 한계 : 인간의 주체적이고 능동적인 행위를 설명하기 곤란함
	• 기본 입장 : 사회는 단지 개인들이 모여 있는 것으로 실제로 존재하지 않고, 개인들의 집합체에 붙여진 이름에 불과함
	• 주요 내용
	  – 사회보다 개인의 우월성 강조
	  – 사회·문화 현상의 분석 단위로 개인의 의식, 정서, 심리 상태를 중시함
	  – 사회 문제의 원인은 개인의 잘못된 의식에 있음
	• 관련 이론 : 사회 계약설
	• 한계 : 사회 구조나 사회 제도의 영향력을 간과함

02 인간의 사회화

• 사회화와 사회화 기관

사회화의 의미와 기능	사회화 기관의 유형
• 의미 : 인간이 다른 사람과의 사회적 상호 작용을 통해 자신이 속한 사회의 행동 양식, 지식, 기능, 가치, 규범 등을 배우는 과정 • 기능 : 사회생활에 필요한 언어, 지식, 행동 양식 등을 습득, 자아 정체성과 인성 형성, 문화의 공유 및 세대 간 전승	• 사회화의 내용에 따른 분류 : 1차적 사회화 기관, 2차적 사회화 기관 • 형성 목적에 따른 분류 : 공식적 사회화 기관, 비공식적 사회화 기관

• 지위와 역할

지위	역할

• 의미 : 한 개인이 집단이나 사회 내에서 차지하는 위치
• 종류
  – 귀속 지위 : 개인의 능력이나 노력과는 관계없는 지위
  – 성취 지위 : 개인의 의지나 노력을 통해 획득한 지위
	• 역할 : 지위에 대해 사회적으로 기대하는 행동 양식
	• 역할 행동 : 개인이 자신의 역할을 실제로 수행하는 방식
	• 역할 갈등 : 한 개인에게 요구되는 역할들이 충돌하여 나타나는 심리적 갈등

03 사회 집단과 사회 조직

• 사회 집단

의미	둘 이상의 사람들이 소속감이나 공동체 의식을 가지고 지속적인 상호 작용을 하는 모임
유형	• 구성원 간의 접촉 방식에 따른 분류 : 1차 집단, 2차 집단 • 결합 의지에 따른 분류 : 공동 사회(공동체), 이익 사회(결사체) • 소속감에 따른 분류 : 내집단, 외집단
준거 집단	한 개인이 자신의 행동과 판단의 기준으로 삼는 집단

• 사회 조직

공식 조직과 비공식 조직	자발적 결사체
• 사회 조직 : 사회 집단 중에서 추구하는 목표가 뚜렷하고, 구성원의 지위와 역할이 명확하며, 목적 달성을 위한 공식적인 규범과 절차가 체계적으로 규정되어 있는 집단 → 공식 조직 • 비공식 조직 : 공식 조직에 속한 구성원들이 공통의 관심사나 취미 등에 따라 형성한 조직	• 의미 : 공통의 관심사나 목표를 가진 사람들이 자발적으로 결성한 집단 • 종류 : 친목 집단, 이익 집단, 시민 단체 • 특징 : 구성원의 자발적 참여로 조직이 운영됨, 가입과 탈퇴가 자유로움, 조직의 목표에 대한 구성원들의 신념이 뚜렷함

• 관료제와 탈관료제

관료제	탈관료제
• 등장 배경 : 대규모 조직의 효율적 관리 필요성 • 특징 : 업무의 세분화·전문화, 지위의 위계 서열화, 규칙과 절차에 따른 업무 처리, 연공서열에 따른 보상, 지위 획득의 공평한 기회 보장	• 등장 배경 : 관료제의 문제점을 극복하기 위한 대안 • 특징 : 수평적 조직 체계, 유연한 조직 구조, 능력과 성과에 따른 보상 • 유형 : 팀제 조직, 네트워크형 조직 등

04 일탈 행동의 이해

• 일탈 행동을 설명하는 이론

아노미 이론	차별 교제 이론	낙인 이론
• 뒤르켐의 아노미 이론 : 급격한 사회 변동으로 규범이 부재하거나 혼재하는 상태에서 일탈 행동이 발생한다고 봄 • 머튼의 아노미 이론 : 문화적 목표와 제도적 수단 간의 괴리에 따른 혼란 상태에서 비합법적인 수단으로 문화적 목표를 달성하려고 할 때 일탈 행동이 발생한다고 봄	• 내용 : 일탈 행동은 다른 사람들과의 상호 작용 과정을 통해 학습됨 • 특징 : 일탈 행동을 하는 사람들과 지속적으로 접촉하는 과정에서 일탈 행동의 방법과 일탈 행동을 정당화하는 태도까지 학습하게 됨, 개인이 어떤 사람들과 주로 상호 작용을 하느냐에 따라 개인의 일탈 행동 발생 가능성은 달라짐	• 내용 : 일탈 행동과 일탈자 여부는 다른 사람들의 부정적 반응(낙인)이 결정적인 요인이 된다고 봄 • 특징 : 특정 개인이나 집단이 일탈자로 규정되는 과정과 사회적 여건에 주목함, 일탈을 규정짓는 객관적 기준은 존재하지 않음, 1차적 일탈 발생 후 낙인찍히면 당사자는 부정적 자아가 형성되고 이는 2차적 일탈을 초래함
지배적 규범 확립, 기회의 균등 보장	일탈 행동의 접촉 기회 차단	신중한 낙인

01 다음 글을 통해 파악할 수 있는 사회 구조의 특징을 〈보기〉에서 고른 것은?

> 현대 사회의 각 국가들은 자유롭게 경제 활동을 하기 때문에 국가 간 국민들의 왕래도 활발히 이루어지고 있다. 이러한 이유로 타국 사람들에 의한 혼란 상황이 발생하거나 타국인이 적응하지 못하는 경우를 걱정하는 사람들이 있다. 그러나 국가들마다 법, 제도와 같은 것들이 자국의 규칙으로 정해져 있기 때문에 걱정하는 혼란 문제는 발생하지 않는다. 타국에서 온 사람들도 이러한 규칙을 따라야 하기 때문이다.

┤ 보기 ├
ㄱ. 사회 구성원이 바뀌면 변화가 크게 나타난다.
ㄴ. 사회 구성원의 의지나 생각과는 상관없이 특정 행위를 하도록 구속할 수 있다.
ㄷ. 사회 구성원이 구조화된 행동을 하게 함으로써 사회적 관계를 유지할 수 있게 한다.
ㄹ. 장기적으로 사회 구성원의 행동, 가치, 규범 등의 변화에 의해 그 성격이 달라질 수 있다.

① ㄱ, ㄴ ② ㄱ, ㄷ ③ ㄴ, ㄷ
④ ㄴ, ㄹ ⑤ ㄷ, ㄹ

02 (가), (나) 이론에 대한 옳은 설명을 〈보기〉에서 고른 것은?

> (가) 사회 구성원들이 자유로운 계약으로 국가를 형성하는 데 합의하고 이를 통해 국가가 창설되었다.
> (나) 사회는 인간의 신체와 유사한데 각 부분을 담당하는 사람들이 각자의 기능을 잘 수행하기만 한다면 사회는 조화롭게 움직인다.

┤ 보기 ├
ㄱ. (가)는 사회에 대한 개인의 우월성을 강조한다.
ㄴ. (나)는 사회가 개인의 행동을 제약하고 자유를 구속하기도 한다고 보는 관점에 부합한다.
ㄷ. (가)는 (나)와 달리 사회가 개인의 단순한 합 이상이라고 보는 관점과 맥락을 같이한다.
ㄹ. (나)는 (가)와 달리 사회 구조나 사회 제도가 개인의 삶에 영향을 주지 않는다고 본다.

① ㄱ, ㄴ ② ㄱ, ㄷ ③ ㄴ, ㄷ
④ ㄴ, ㄹ ⑤ ㄷ, ㄹ

03 개인과 사회의 관계를 바라보는 갑, 을의 관점에 대한 옳은 설명만을 〈보기〉에서 있는 대로 고른 것은?

> 갑 : 나는 선거에서 후보자를 선택하는 가장 중요한 기준이 후보자의 도덕성, 준법정신 등과 같은 인성이라고 생각해.
> 을 : 후보자를 선택하는 기준은 후보자가 속한 정당이어야 해. 현대 민주 정치는 정당 정치라고 할 만큼 정당의 영향력이 크잖아.

┤ 보기 ├
ㄱ. 갑의 관점은 사회를 개인들의 집합체에 붙여진 이름에 불과하다고 본다.
ㄴ. 을의 관점은 인간의 주체적이고 능동적인 행위를 설명하기에 용이하다.
ㄷ. 갑의 관점은 을과 달리 사회를 변화시키는 능동적인 존재로서의 개인을 인정한다.
ㄹ. 을의 관점은 갑의 관점과 달리 극단적인 개인주의로 흐를 우려가 있다.

① ㄱ, ㄷ ② ㄱ, ㄹ ③ ㄴ, ㄷ
④ ㄱ, ㄴ, ㄹ ⑤ ㄴ, ㄷ, ㄹ

04 ㉠~㉤에 대한 옳은 설명을 〈보기〉에서 고른 것은?

┤ 보기 ├
ㄱ. ㉠, ㉡과 달리 ㉢, ㉤은 공식적 사회화 기관이다.
ㄴ. ㉡과 달리 ㉢은 2차적 사회화 기관이다.
ㄷ. ㉢과 달리 ㉤에서는 인성적 측면의 사회화가 주로 이루어진다.
ㄹ. ㉠~㉤ 중 1차적 사회화 기관이면서 공식적 사회화 기관은 없다.

① ㄱ, ㄴ ② ㄱ, ㄷ ③ ㄴ, ㄷ
④ ㄴ, ㄹ ⑤ ㄷ, ㄹ

05 다음은 갑과 을의 주말 일정이다. 이에 대한 설명으로 옳은 것은?

갑의 주말 일정	을의 주말 일정
• 회사 내 농구 동호회 활동 • 가족 저녁 모임 참석 • 해외 근무 준비를 위한 어학 수업 수강 • 지역 축구회 모임 참석	• 인권 관련 시민 단체 정기 모임 참석 • 고등학교 총동문회 참석 • 회사 등산 대회 참석 • 가족 저녁 모임 참석

① 갑은 예기 사회화를 경험하고 있다.
② 을이 속해 있는 2차적 사회화 기관은 2개이다.
③ 갑은 을과 달리 비공식적 사회화 기관에 속해 있다.
④ 을은 갑과 달리 1차적 사회화 기관에 속해 있지 않다.
⑤ 갑, 을은 모두 공식적 사회화 기관에 속해 있다.

→ 개념 피드백 73쪽

06 다음은 갑이 A에 대해 정리한 노트의 일부이다. 이에 대한 설명으로 옳지 않은 것은?

1. 의미 : 한 개인에게 요구되는 역할들이 충돌하여 나타나는 심리적 갈등
2. 원인 : _____(가)_____
3. 사례 : _____(나)_____
4. 영향 : _____(다)_____

① (가)에는 '사회의 다원화로 개인이 갖는 지위와 역할의 증가'가 들어갈 수 있다.
② (나)에는 '어머니께서 부탁하신 동생을 돌볼 것인가, 친구들과 약속한 동아리 모임에 참석할 것인가를 고민하는 고등학생'이 들어갈 수 있다.
③ (다)에는 '심리적 불안감 초래, 사회 혼란 초래'가 들어갈 수 있다.
④ A는 개인적 차원만의 문제이므로 개인의 신념과 가치관을 바탕으로 해결하면 된다.
⑤ A의 해결 방안에는 역할의 우선순위를 매겨 더 중요하다고 생각되는 역할부터 수행하는 것이 있다.

07 판서 내용의 (가), (나) 집단을 나누는 기준으로 적절한 것은?

(가) 집단	(나) 집단
가족, 놀이 집단	학교, 회사, 정당

① 구성원의 수
② 구성원 간의 접촉 방식
③ 구성원들의 지속적인 상호 작용
④ 구성원의 소속감 및 공동체 의식
⑤ 구성원의 가입과 탈퇴의 자유 보장 정도

08 다음은 갑의 ○○ 증권 회사 입사 지원서를 간략하게 나타낸 것이다. ㉠~㉻에 대한 설명으로 옳은 것은?

㉠ ○○ 증권 회사 입사 지원서

1. 학력 및 경력 사항
   • 2003년 2월 ㉡ □□ 고등학교 졸업
   • 2010년 2월 ㉢ △△ 대학교 경영학과 졸업
   • 2010년 3월~2018년 2월 ㉣ ◇◇ 증권 회사 근무
2. 자격증
   • ㉤ 증권 거래 상담사 자격증
3. 가족 관계
   • ㉥ 어머니, 배우자, 아들, 딸
   – 이하 생략 –

① ㉠은 갑의 내집단이다.
② ㉡과 달리 ㉢은 비공식 조직이다.
③ ㉣은 갑의 소속 집단이었지만 준거 집단은 아니다.
④ ㉤은 갑의 역할에 대한 보상에 해당한다.
⑤ ㉥에서 귀속 지위는 2개이다.

→ 개념 피드백 85쪽

09 사회 집단 A~C에 대한 설명으로 옳은 것은?

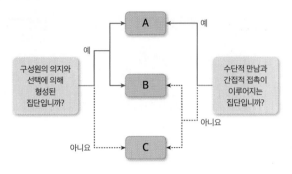

① 회사는 A에 해당한다.
② 정당은 B에 해당한다.
③ 노동조합은 C에 해당한다.
④ 친한 친구들끼리 만든 농구 동호회는 C의 예이다.
⑤ 가족은 A, 또래 집단은 B에 해당한다.

11 다음은 어느 회사의 경영 개선 방안의 일부이다. 이 회사에서 추구하는 조직 운영 원리에 대한 옳은 설명을 〈보기〉에서 고른 것은?

> 1. 네트워크를 통해 구성원이 지닌 자원과 정보를 공유하고 소수에 의한 의사 결정 방식을 개선한다.
> 2. 빠른 사회 변화에 대한 적응력을 높이기 위해 조직 결성과 해체가 신축적인 팀제를 실시한다.
> 3. 연공서열보다는 구성원의 능력과 업적에 따라 보상하도록 한다.

┤ 보기 ├
ㄱ. 개인의 창의성과 자율성을 중시한다.
ㄴ. 구성원이 바뀌어도 지속적인 업무 수행이 가능하다.
ㄷ. 의사 결정 권한을 분산하여 수평적 조직 체계를 만든다.
ㄹ. 문서화된 규칙과 절차에 따른 표준화된 업무 수행을 중시한다.

① ㄱ, ㄴ ② ㄱ, ㄷ ③ ㄴ, ㄷ ④ ㄴ, ㄹ ⑤ ㄷ, ㄹ

12 그림은 조직 운영 원리 A, B를 구분한 것이다. 이에 대한 옳은 설명을 〈보기〉에서 고른 것은? (단, A, B는 각각 관료제, 탈관료제 중 하나이다.)

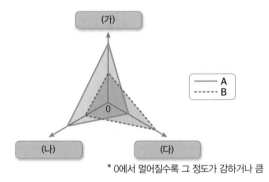

* O에서 멀어질수록 그 정도가 강하거나 큼

┤ 보기 ├
ㄱ. A가 관료제라면 (나)에 '조직 목표의 효율적 달성'이 들어갈 수 있다.
ㄴ. B가 탈관료제라면 (가)에 '수평적 조직 체계'가 들어갈 수 있다.
ㄷ. (다)에 '유연한 조직 구조'가 들어가면 A는 위계 서열화를 중시한다.
ㄹ. (가)에 '업무의 세분화, 전문화'가 들어가면 (다)에 '경력에 따른 보상'이 들어갈 수 없다.

① ㄱ, ㄴ ② ㄱ, ㄷ ③ ㄴ, ㄷ ④ ㄴ, ㄹ ⑤ ㄷ, ㄹ

10 그림은 같은 축구 동호회 회원인 갑~병의 소속 사회 집단의 일부를 나타낸 것이다. 이에 대한 설명으로 옳은 것은?

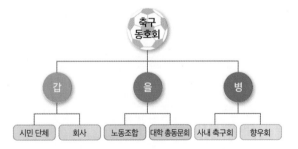

① 갑은 을과 달리 공식 조직에 속해 있다.
② 을은 병과 달리 비공식 조직에 속해 있다.
③ 을은 갑, 병과 달리 이익 사회에 속해 있다.
④ 병은 갑과 달리 공동 사회에 속해 있다.
⑤ 갑~병은 모두 2개 이상의 자발적 결사체에 속해 있다.

13 다음 글에 나타난 청소년 비행의 원인을 보는 일탈 이론에 부합하는 진술을 〈보기〉에서 고른 것은?

→ 개념 피드백 97쪽

> 청소년들에게 특정 상위권 대학 진학만이 성공의 지름길이라고 강조한다. 하지만 그러한 대학에 진학할 수 있는 청소년들은 한정되어 있으므로 그러한 대학에 접근하지 못하는 청소년들은 실패감을 느끼게 된다. 이에 따라 청소년 비행이 나타나게 된다.

┤ 보기 ├
ㄱ. 차별적인 교제가 청소년 비행의 원인이라고 본다.
ㄴ. 청소년 비행의 원인을 거시적 관점에서 바라본다.
ㄷ. 문화적 목표를 이룰 수 있는 적절한 수단의 제공이 필요하다고 본다.
ㄹ. 사회적 낙인에 의한 부정적 자아 형성을 청소년 비행의 원인으로 본다.

① ㄱ, ㄴ ② ㄱ, ㄷ ③ ㄴ, ㄷ
④ ㄴ, ㄹ ⑤ ㄷ, ㄹ

14 일탈 행동을 바라보는 갑, 을의 관점에 대한 옳은 설명을 〈보기〉에서 고른 것은?

> 사회자 : 요즘 흉악 범죄가 많이 발생하는 이유가 무엇일까요?
> 갑 : 사회적으로 합의된 법과 같은 규범을 따르지 않기 때문입니다. 이를 위해 사회 규범에 대한 교육을 강화하고 범죄자에 대한 처벌을 강화해야 합니다.
> 을 : 흉악 범죄자들은 주위 사람들이 계속적인 일탈 행동을 할 가능성이 있다고 부정적으로 낙인찍은 사람들이라는 공통점을 가지고 있습니다.

┤ 보기 ├
ㄱ. 갑은 정상적인 사회 집단과의 교류를 일탈 행동의 해결책으로 본다.
ㄴ. 을은 2차적 일탈에 주목하여 일탈을 설명한다.
ㄷ. 갑은 을과 달리 사회적 상호 작용과 사회적 학습 과정에 주목하여 일탈을 설명한다.
ㄹ. 을은 갑과 달리 일탈을 규정하는 객관적 기준이 없다고 본다.

① ㄱ, ㄴ ② ㄱ, ㄷ ③ ㄴ, ㄷ
④ ㄴ, ㄹ ⑤ ㄷ, ㄹ

15 다음 글에 나타난 개인과 사회의 관계를 바라보는 관점을 쓰고, 그 한계를 한 가지만 서술하시오.

> 축구는 단체 운동 경기이다. 한 개인의 능력이 월등하다고 해서 그 팀이 우승하는 것은 아니다. 오히려 각 개인이 유기적으로 움직여 전체적인 조직력이 뛰어난 팀이 우승할 확률이 높다.

16 다음 사례에 공통적으로 나타난 문제점을 서술하시오.

> • 갑은 같은 회사에 다니는 사람들끼리 만든 테니스 동호회 활동을 열심히 한다. 그러나 근무 시간에 옆 동료와 테니스 이야기를 자주 나누고, 테니스 관련 동영상을 보면서 업무를 등한시하는 경우가 많다.
> • 회사에서 부장인 을은 과장 승진 후보자인 병과 정 중 정을 선택하여 사장에게 보고하였다. 정은 을이 회장인 사내 등산 동호회의 총무로 을과 매우 친한 사이이다. 을은 능력보다는 자신과 친한 사람을 선택한 것이다.

17 다음 사례를 읽고 물음에 답하시오.

> 갑은 폭행죄를 저질러 교도소에서 1년간 복역하고 출소하였다. 과거의 일에 대해 깊이 반성한 갑은 요리를 배우기 위해 을의 중국집에서 배달 일부터 시작하였다. 사장 을은 갑에게 일을 열심히 잘한다고 칭찬하며 조금 더 노력하면 요리도 가르쳐 주겠다고 하였다. 사장과 친해졌다고 생각한 갑은 과거 폭행 사건을 이야기하였는데, 그 이후로 사장의 태도는 이전과는 다른 모습이었다. 사장은 갑을 자주 꾸짖고 갑을 감시하는 듯한 태도를 보였다. 결국 갑은 중국집을 그만두고 절도죄를 저질러 교도소에 다시 수감되었다.

(1) 위 사례로 설명할 수 있는 일탈 이론을 쓰시오.

(2) (1)과 같이 답한 근거를 '1차적 일탈'과 '2차적 일탈'을 넣어 서술하시오.

빈 배

한 사람이 배를 타고 강을 건너는데 빈 배 하나가 와서 부딪치면
그는 화를 내지 않을 것이다. 왜냐하면 그 배는 빈 배이니까.

그러나 배 안에 사람이 타고 있다면
그는 당장 비키라고 소리치며 욕을 퍼부을 것이다.

중국 사상가 장자의 시, 「빈 배」 중 일부입니다. 장자는 삶에서 모든 다툼의 원인이
인생이라는 '배'에 실어 놓은 욕심 때문이라고 이야기합니다. 그래서 자신의 배를 빈
배로 만들 수 있다면 서로 맞서는 사람도, 상처 주려는 사람도 없을 것이라고요.
현재 누군가와 사소한 다툼이 있나요? 그렇다면 나의 어떤 욕심이 타인과 부딪쳤는지
자신을 한번 살펴보세요.

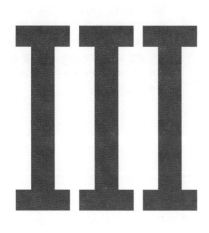

III 문화와 일상생활

자~! 힘을 내서
차근차근 시작해요.

01 문화의 이해

📖 **학습길잡이** · 문화의 의미와 속성을 이해하고, 일상생활 속의 사례로 적용할 수 있어야 한다.
· 문화를 바라보는 관점과 문화를 이해하는 태도를 파악하고, 구분할 수 있어야 한다.

A 문화의 의미와 기능은 무엇일까

1 인간의 문화 창조 능력 : 인간은 문화를 창조하여 환경적인 제약을 극복하고 환경에 적응해 옴 예 농경 문화를 발전시켜 정착 생활을 보급하고, 이전보다 풍요로운 생활을 영위함 **1**

⭐ **2 문화의 의미 2** ── 후천적으로 학습된 것, 사회 구성원 다수가 공유하는 것은 문화적인
① **좁은 의미의 문화** 것인 반면, 본능적인 행동, 선천적인 것, 개인적인 습관이나 버릇, 유전적 요인에 의한 행동은 비문화적인 것이다.

· 의미 : 편리한, 세련된, 개화된, 발전된 것 혹은 교양이나 예술 등 <u>평가의</u> <u>의미</u>가 들어가 있는 사회적이고 후천적인 생활 양식

· 예 : 문화 시설, 문화인, 문화생활 등 ── 예 문명을 문화의 의미로 사용하는 것은 좁은 의미로 문화를 이해하는 경우이다. 왜냐하면 문명은 지식과 기술이 발전된 단계를 의미하기 때문이다.

② **넓은 의미의 문화**

· 의미 : 한 사회 구성원들이 공유하는 행동 양식이나 사고방식 등 그 사회의 *생활 양식의 총체

· 예 : 다문화 사회, 민족 문화, 청소년 문화, 지역 문화 등

자료로 보는 좁은 의미의 문화와 넓은 의미의 문화

> 그동안 시험공부하느라 힘들었는데 이제 문화생활을 좀 해 볼까?

> 올리야, 내일 제사에 쓸 음식 만드는 것 좀 도와줄래?

> 오늘은 오랜만에 문화생활 좀 하려고 했는데……

> 제사와 제사 음식 만드는 일도 문화에 해당해.

올리는 제사 음식 만드는 것을 문화생활로 보고 있지 않은 데 비해 엄마는 문화로 간주하고 있다. 이를 통해 올리는 문화생활이란 세련되고 우아한 생활을 의미한다고 보고 있으므로 올리가 말하는 문화는 좁은 의미의 문화에 해당함을 알 수 있다. 이에 비해 엄마는 제사와 제사 음식은 인간의 생활 양식에 해당한다고 보고 있으므로 넓은 의미의 문화를 말하고 있다.

◎ 문화생활, 문화 시설, 문화 행사 등 고급스러운 것, 예술의 의미로 문화의 의미를 사용하는 것은 좁은 의미의 문화일까, 넓은 의미의 문화일까? ☑ **좋은 의미의 문화**

3 문화의 기능 3

① **개인적 측면** : 개인에게 삶의 방법이나 올바른 방향 등을 제시해 주고, 생리적·심리적 욕구 충족의 수단으로서의 기능을 담당함

② **사회적 측면** : 규범이나 제도 등을 통해 집단의 존속·유지 수단으로서 기능을 담당함 ─ 문화를 기록하고 축적하며 전승하여 발전을 이루도록 한다.

---

1 문화의 어원

영어로 문화를 'culture'라고 한다. 이 말은 '농사짓다'라는 뜻의 라틴어 'cultra'에서 온 말이다. 문화란 자연환경을 극복해 나가는 창조적이고 적극적인 행위이다. 이후 인간은 삶의 방법, 도구, 경제 원리 등의 생활 방식을 끊임없이 만들게 되었는데, 문화(culture)는 이 모든 것을 포함하는 의미를 갖게 되었다.

2 문화의 다양한 정의

· 타일러 : 문화란 사회 성원으로서의 인간이 습득한 지식, 신앙, 예술, 도덕, 법, 관습, 기타 모든 능력과 습관을 포함하는 복합적인 총체이다.
· 린턴 : 문화란 특정 사회의 성원들에 의해 공유되고 전승되는 지식, 태도 및 습관적 행위 유형의 총합이다.
· 소로킨 : 문화란 상호 작용하는 사람들이 소유하는 의미, 가치, 규범의 전부와 이러한 의미들을 객관화, 사회화하고 전달하는 매체 전부를 의미한다.

3 문화의 요소

물질문화	욕구 충족을 위해 만들고 사용하는 인공물이나 그것과 관련된 기술 예 컴퓨터, 인터넷, 의식주 등
비물질문화	· 제도문화 : 사회적 행동 양식을 규정하는 각종 규범과 제도 예 경제 제도, 교육 제도, 가족 제도 등 · 관념 문화 : 인간의 존재 의미와 지적 욕구를 충족시켜 주는 사고방식 및 가치 체계 예 신화, 철학, 예술 등

⚙ **용어사전**

* **생활 양식** 생활을 하는 데 필요한 모양이나 방식, 인간 생활의 방법을 총칭하는 말
* **규범** 사회 구성원이 지켜야 할 행동 양식을 일컫는 말로서 종교, 도덕, 관습, 법 등이 이에 해당함

B 문화는 어떤 속성이 있을까

1 문화의 보편성과 특수성 ④

① **문화의 보편성** ┌ **왜?** 인간의 심리적·신체적 유사성 때문에 나타난다.

- 의미 : 모든 사회에는 공통적으로 존재하는 생활 양식이 있음
- 특징 : 인류의 보편적 가치는 극단적 문화 상대주의를 판단하는 기준이 됨

② **문화의 특수성** ┌ **왜?** 사회마다 자연환경이나 역사적 배경 등이
└ 다르기 때문에 나타난다.

- 의미 : 시대와 지역, 사회 등에 따라 각 사회는 서로 다른 문화를 발전시킴
- 특징 : 문화를 해당 사회의 맥락에서 이해하는 것이 바람직하다는 상대주의적 문화 이해 태도의 근거가 됨

2 문화의 속성

공유성 ⑤	• 문화는 한 사회 구성원들에게 공통적으로 나타나는 행동 양식 및 사고방식임 • 사회 구성원들의 행동 및 사고를 예측 가능하게 함 • 안정적인 사회생활을 가능하게 해 줌으로써 사회 유지·통합에 기여함
학습성	• 문화는 후천적인 사회화 과정, 학습을 통해 습득함 • 사회화의 내용 및 방법은 그 사회가 처한 환경에 따라 다양함 • 학습을 통해 개인은 문화를 수용하고 전승하며 사회는 존속·유지됨
축적성	• 문화는 언어나 문자 등 상징체계를 통해 저장·발전·전승됨 〔질문〕 • 경험과 지식의 축적은 인류 문명 발전의 토대가 됨
변동성	• 문화는 고정불변하는 것이 아니라 시간의 흐름에 따라 창조·소멸·변화함 • 환경 변화에 대한 적응을 돕고 문화의 축적을 이루는 데 기여함 • 새로운 문화와의 접촉, 발견, 발명 등에 의해 나타남
총체성 (전체성)	• 각 문화 요소는 유기적인 연관성을 갖고 하나의 통합적 체계를 형성함 • 한 요소의 변화는 연쇄적으로 다른 요소의 변화를 가져옴 ┐ └ 생물체처럼 전체를 구성하는 각 부분이 밀접한 관련을 가지는 것이다.

자료로 보는 📖 문화의 속성

(가) 우리는 어느 집 대문에 금줄이 걸려 있으면 그 집에 아기가 태어났음을 알 수 있다. 외국인도 그 의미를 알 수 있을까?

(나) 쌍둥이라도 서로 다른 사회에서 자라면 다른 특성을 지니게 된다. 인간이 사회의 구성원으로서 필요한 지식이나 기능을 습득하는 것은 후천적인 학습에 의한 것이다.

(다) 1980년대 초반까지 중·고등학교의 교복은 남학생과 여학생 모두 검은색이었다. 그러나 지금은 교복의 무늬와 디자인 모두 학교마다 다양하게 바뀌었다.

(라) 현재의 수학적 지식은 피타고라스의 정리, 원주율 계산 등 고대로부터의 수학적 지식이 쌓여 형성된 것이다.

(마) 인터넷의 발달은 전자 상거래, e-러닝, 전자 투표 등의 발달을 가져왔다.

(가) 문화는 한 사회의 구성원이 공통으로 향유하는 속성을 갖는데, 이를 문화의 공유성이라고 한다. (나) 문화는 후천적인 학습을 통해 습득된 것으로, 이를 문화의 학습성이라고 한다. (다) 문화는 고정불변의 것이 아니라 시간이 지나면서 점차 변해 가기도 하는데, 이를 문화의 변동성이라고 한다. (라) 인간은 언어와 문자 등의 상징을 이용하여 한 세대에서 이루어진 경험과 지식을 다음 세대로 전승할 수 있는 능력이 있다. 이를 문화의 축적성이라고 한다. (마) 문화는 서로 긴밀한 유기적 연관성을 지니고 있다. 이를 문화의 총체성(전체성)이라고 한다.

4 문화의 보편성과 특수성

Ⓐ 우리나라의 한옥 　　Ⓐ 알래스카의 이글루

어느 지역을 막론하고 사람들은 생활 공간으로서 가옥을 만들어 왔다. 이처럼 모든 사회에 공통적으로 존재하는 생활 양식이 있는데, 이러한 것을 문화의 보편성이라고 한다. 한편, 주거 공간으로서의 가옥의 형태는 지역에 따라 다른 모습으로 나타나는데, 이처럼 다른 사회와 구분되는 고유한 문화를 발전시키는 것을 문화의 특수성이라고 한다.

5 문화의 공유성

시험에 엿과 떡을 나누며 격려하는 것은 우리나라에서 볼 수 있는 문화이다. 이러한 문화는 한 사회의 구성원이 공통으로 가지는 생활 양식이다. 이는 문화의 공유성으로 설명할 수 있다. 이러한 문화의 공유성은 사회 구성원들의 생각과 행동을 예측하고 판단할 수 있게 해 주며, 이를 토대로 사회가 유지되고 통합되기도 한다.

✊ 질문 있어요

문화에서 상징체계가 중요한 이유는 무엇인가요?
만일 인간에게 상징체계가 없었다면 아마 문화는 학습이나 전승이 불가능했을지도 모릅니다. 문자와 언어 같은 상징을 통해 문화의 학습이 가능하고, 동시에 그 문화를 후대에 전승할 수 있었기 때문입니다. 동물이 나름대로의 삶의 방식을 가지고 있음에도 체계적인 학습과 전승이 어려운 것은 상징체계를 가지고 있지 않기 때문입니다.

✳ 용어사전

＊**상징체계** 개별 사회마다 자신들의 인식이나 사고 등을 표현하고자 사용하는 각각의 상징이 엮어 내는 체계

01 문화의 이해

C 문화를 바라보는 관점에는 어떤 것이 있을까

1 비교론적 관점 ①

① **의미** : 서로 다른 문화의 유사성과 차이점을 비교하여 파악하는 관점

② **전제** : 문화는 보편성과 특수성을 가지고 있음

③ **방법** : 서로 다른 문화 간의 비교를 통해 공통점과 차이점을 파악함

④ **의의** : 비교를 통해 자신의 문화를 객관적으로 이해하는 데 도움이 되며,
다른 문화에 대한 안목도 넓어짐 ──비교론적 관점에서 말하는 비교는 우열을 평가하기 위함이
아니라 자기 문화를 더욱 잘 이해하는 바탕이 되는 것이다.

★ 2 총체론적 관점 질문

① **의미** : 문화를 한 부분만으로 보는 것이 아니라 부분적 요소와 관련된 전
체적인 체계 속에서 파악하는 관점

② **전제** : 문화는 각 요소들이 유기적으로 연결된 하나의 체계이기 때문에 총
체성(전체성)을 가지고 있음 – 총체론적 관점은 문화의 총체성을 전제로 한다.

③ **방법** : 하나의 문화 요소를 이해하기 위해서는 관련된 다른 문화 요소 간
의 관련성을 통해 전체적인 맥락에서 문화의 의미를 파악함

④ **의의** : 문화를 부분적인 측면에서 볼 경우 발생할 수 있는 오류를 범하지
않게 되며 문화의 의미를 맥락적으로 이해하는 데 도움이 됨

3 상대론적 관점 질문 ②

① **의미** : 문화를 그 사회의 환경과 상황 및 역사적 맥락에서 이해하는 관점

② **전제** : 문화는 각 사회가 처한 환경에서 가장 적합한 방식으로 형성된 것임

③ **방법** : 문화를 해당 사회 구성원의 입장에서 이해함

④ **의의** : 문화를 평가의 대상이 아닌 이해의 대상으로 파악함으로써 문화에
섣불리 우열을 나누지 않으며, 타 문화를 존중하는 데 기여함

자료로 보는 　**한복을 바라보는 관점**

> 한복과 서양 옷이 모두 의복 문화로 존재한다는 점에서는 이견이 없지만 두 의복
> 문화는 단순한 옷 이상의 상징성을 가진다. 서구가 서는 입식 문화라면 우리는
> 앉는 좌식 문화이다. 양복은 서는 문화권의 옷이다. 서는 문화권의 옷은 몸에 딱
> 맞게 만들어진다. 우리처럼 온돌 바닥에 앉을 필요가 없기 때문에 몸에 달라붙어
> 도 불편하지 않다. 한복은 그렇지 않다. 몸에 꼭 맞으면 앉는 데 불편하다. 옷 자
> 체의 구조가 좌식 생활에 편리하도록 되어 있다. 또한 양복이 입체 재단하는 옷
> 이라면 한복은 평면 재단이다. 양복은 몸에 맞춰 재단을 하기 때문에 몸이 뚱뚱
> 하거나 키가 크면 체형이 바뀌어 입지 못한다. 하지만 한복은 체형에 큰 영향을
> 받지 않는다. 우리는 먼 길 온 손님에게 선뜻 자신이 입던 옷을 꺼내 놓아 입도록
> 했다. 양복이라면 이는 힘든 일이다. 우리가 흔히 쓰는 '동포'라는 말도 한 옷을
> 서로 입을 수 있다는 데서 나온 것이다.
> 　　　　　　　　　　　　　　　　　　　　　　　　　　　　－「○○신문」, 2017. 10. 30. –

한복을 연구하는 데에 서구의 옷과 비교하여 그 공통점과 차이점을 파악하고 있다. 이
는 비교론적 관점에서 바라본 것이다. 또한 한복이 왜 넉넉한 품을 가진 옷인지 우리의
주거 문화와 관련해서 설명하고 있다. 이는 총체론적 관점으로 파악한 것이다.

① **비교론적 관점의 사례**

한국, 중국, 일본은 쌀을 주식으로 한다는
점에서 식생활에 많은 공통점이 있다. 예를
들면 수저를 사용하는 문화가 대표적이다.
그러나 그것을 사용하는 빈도와 방식에는
차이가 있다. 중국은 젓가락이 중심이지만
숟가락도 간혹 사용한다. 일본은 주로 젓가
락을 사용하고 국물이 있는 경우 그릇째 마
시는 것을 기본으로 한다. 이에 비해 한국은
밥과 국을 먹을 때에는 주로 숟가락을, 반찬을 먹을 때에는
젓가락을 사용한다는 점에서 세 나라 중 숟가락을 가장 많
이 사용한다고 볼 수 있다.

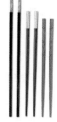

👊 **질문 있어요**

**총체론적 관점과 상대론적 관점을 어떻게 구분하면 좋
을까요?**

총체론적 관점도 결국 문화를 해당 사회의 다른 문화 요소 간
의 관련성을 중심으로 이해하는 관점이기 때문에 상대론적
관점과 혼동되기 쉽습니다. 하지만 총체론적 관점이 다른 문
화 요소 간의 관련성을 중심으로 문화를 이해하는 것이라면,
상대론적 관점은 해당 사회 구성원의 입장에서 문화를 이해
하는 것이라고 구분하면 조금 쉽습니다. 다른 문화 요소들과
의 관련성을 알지 못한다고 하더라도 상대론적으로 문화를
볼 수는 있겠지요.

② **상대론적 관점이 필요한 이유**

사회마다 문화는 다르다. 예를 들어 추운 지역은 난방 기술
이 발달하지만 더운 지역은 그렇지 않다. 그런데 이를 두고
추운 지역 사람들이 더운 지역 사람들에게 기술이 낙후되
어 있다고 말하기 어렵다. 그럴 수밖에 없는 이유가 존재하
기 때문이다. 반대로 추운 지역에서는 냉방 기술이 발달하
지 않은 것도 같은 맥락이다. 따라서 문화를 이해하기 위해
서는 해당 사회의 맥락에서 보는 태도가 필요한데, 이를 상
대론적 관점이라고 한다.

★ 용어사전

★ 총체(總 합하다, 體 몸) 있는 것들을 모두 하나로 합친 전부
또는 전체

D 문화를 이해하는 태도에는 어떤 것이 있을까

1 자문화 중심주의 3 5 — 자문화 중심주의와 문화 사대주의는 문화 간 우열이 있다고 보는 입장이다.

① **의미** : 자문화를 우수한 것으로 간주하여 자문화를 기준으로 타 문화를 부정적으로 평가하는 태도

② **긍정적 측면과 부정적 측면**

긍정적 측면	자문화의 정체성 유지와 구성원의 단결성 유지 등에 도움이 됨
부정적 측면	국제적인 고립·분쟁 초래, 문화 제국주의나 국수주의로 전락할 우려 4

└ 예 독일의 나치즘, 이탈리아의 파시즘 등 ┘

2 문화 사대주의 5

① **의미** : 타 문화를 우수하다고 동경·추종하여 타 문화를 기준으로 자문화를 경시하는 태도

② **긍정적 측면과 부정적 측면**

긍정적 측면	선진 문물 수용에 용이하여 자신이 속한 문화의 발전에 이바지함
부정적 측면	자기 문화의 정체성이나 주체성 상실의 가능성이 있음

3 문화 상대주의 질문

왜? 문화는 각 사회가 처한 환경에 걸맞게 적합한 방식으로 발전되어 온 것이기 때문에 우열을 나누어서는 안 된다.

① **의미** : 어떤 절대적 기준으로 문화의 우열을 나누지 않고, <u>각 사회의 특수한 환경과 역사적 맥락에서 이해하는 태도</u>

② **특징** : 다양한 문화적 배경을 지닌 집단들이 공존하는 현대 사회에서 그 중요성이 더욱 커짐

③ **유의점** : 상대주의적 문화 이해 태도는 바람직하지만 자칫 극단적 문화 상대주의로 흐르지 않도록 주의해야 함

4 극단적 문화 상대주의 질문 5

① **의미** : <u>인류의 보편적 가치 등을 무시한 채 모든 문화의 상대성을 인정하는 태도</u>

└ 인간의 존엄성, 자유와 평등, 생명 존중 등 시대나 지역을 막론하고 인간 사회에서 반드시 지켜져야 한다고 생각되는 기본적인 가치이다.

② **문제점** : 인류의 보편적 가치를 파괴할 수 있음

자료로 보는   문화를 이해하는 태도

손으로 음식을 먹다니…….
미개한 문화야.

서양식 음식 문화가 가장 세련되고 좋아 보여.

왼쪽 그림은 자기 문화를 기준으로 손으로 음식을 먹는 것을 부정적으로 평가하고 있으므로 자문화 중심주의에 해당한다. 오른쪽 그림은 서구의 문화를 동경하는 모습이 나타나 있으므로 문화 사대주의에 해당한다. 각 사회의 음식을 먹는 문화는 그 사회의 맥락에서 보면 자연스러운 일이므로 이에 대해 우열을 나누는 것은 옳지 않다.

Q 오른쪽 그림에 나타난 문화 이해의 태도는 무엇일까?   A 문화 사대주의

개념 더하기 자료 채우기

3 자문화 중심주의의 사례

1940년대 유럽 선교사들은 아마존 유역에 사는 원주민인 자파테크족이 나체로 사는 것을 미개하다고 여겨 서유럽식 복장을 강요하였다. 덥고 습한 아마존 유역에서 서유럽식 복장은 원주민의 열사병과 피부병을 유발하였

다. 이는 자신의 문화를 우월한 것으로 보고 다른 문화를 업신여기는 자문화 중심주의를 보여 준다.

4 문화 제국주의

자문화 중심주의가 심화할 경우 나타날 수 있는 현상으로서, 다른 나라에 자문화를 강요하고 강제적으로 적용시키는 것을 말한다. 과거에는 군사력을 앞세워 문화 식민지를 확대하는 것을 의미했으나 오늘날에는 자본과 미디어를 앞세워 문화적 지배 영역을 넓혀 가는 것이 일반적인데, 이를 문화 제국주의로 보기도 한다.

👆 질문 있어요

극단적 문화 상대주의를 문화 상대주의와 어떻게 구분할 수 있지요?

상대주의로 타 문화를 볼 때, 이것이 극단적인 태도는 아닌지 우려할 수 있습니다. 이때 판단 기준이 되는 것은 인간의 존엄성, 인간의 자유와 평등과 같은 권리입니다. 만일 해당 사회의 문화가 인간의 존엄성을 해치는 것이거나 인권을 침해하는 것임에도 불구하고 상대주의적 태도로 존중한다면 이는 극단적 문화 상대주의라고 할 수 있습니다. 인류가 지향해야 할 보편적 가치에 위배되는 것이기 때문입니다.

5 잘못된 문화 이해 태도의 사례

자문화 중심주의	중화사상, 게르만 우월주의
문화 사대주의	조선 시대의 소중화(小中華) 사상
극단적 문화 상대주의	명예 살인, 순장 제도, 여아 살해 관습 등을 용인하는 태도

✱ 용어사전

* **국수주의** 자기 나라의 문화만을 가장 뛰어난 것으로 믿고 다른 나라의 것을 배척하는 태도

올리드 포인트

A 문화의 의미와 기능

문화의 의미	• 좁은 의미 : 정신적·물질적으로 세련된, 예술적인, 개화된, 발전된 것 • 넓은 의미 : 인간의 생활 양식의 총체
문화의 기능	개인의 행동 방향을 제시, 생리적·심리적 욕구 충족의 수단, 규범이나 제도를 통한 집단의 존속·유지 수단

B 문화의 속성

공유성	문화는 한 사회 구성원들에게 공통적으로 나타나는 행동 양식 및 사고방식임
학습성	문화는 유전적으로 타고나는 것이 아니라 후천적인 사회화 과정과 학습을 통해 습득됨
축적성	문화는 언어나 문자 등 상징체계를 통해 저장·발전·전승됨
변동성	문화는 고정불변하는 것이 아니라 시간의 흐름에 따라 창조·소멸·변화함
총체성 (전체성)	각 문화 요소는 유기적인 연관성을 갖고 하나의 통합적 체계를 형성함

C 문화를 바라보는 관점

비교론적 관점	서로 다른 문화의 유사성과 차이점을 비교하여 문화가 갖는 보편성과 특수성을 이해하려는 관점
총체론적 관점	특정한 문화 요소를 이해할 때 다른 문화 요소나 전체와의 관련 속에서 그 의미를 파악하려는 관점
상대론적 관점	그 사회의 역사적·문화적 배경과 사회적 맥락 속에서 고유한 의미를 찾으려는 관점

D 문화를 이해하는 태도

자문화 중심주의	자문화를 우수한 것으로 인정하고, 타 문화를 부정적으로 평가하는 태도
문화 사대주의	타 문화를 우수하다고 무조건 추종하고, 자문화를 경시하는 태도
문화 상대주의	해당 사회의 맥락에서 문화가 지닌 고유한 특성과 가치를 이해하는 태도
극단적 문화 상대주의	인류의 보편적 가치 등을 무시한 채 모든 문화의 상대성을 인정하는 태도

01 다음 설명이 맞으면 ○표, 틀리면 ✕표를 하시오.

(1) '문화 상품권'에서의 문화는 넓은 의미로 사용된 것이다. ( )

(2) 자문화 중심주의와 문화 사대주의는 문화의 상대성을 부정한다는 점에서 공통점이 있다. ( )

(3) 개인적인 버릇, 본능적인 행동, 선천적인 것도 모두 문화에 해당한다. ( )

(4) 비교론적 관점이란 서로 다른 문화 간의 유사성과 차이점을 분석하여 문화를 바라보는 관점이다. ( )

(5) 문화 상대주의는 자신이 속한 문화를 낮게 평가하고, 다른 문화를 무조건 추종하는 태도이다. ( )

02 빈칸에 들어갈 알맞은 말을 쓰시오.

(1) 인간의 신체적·심리적 공통점 때문에 문화에는 ( )이/가 나타난다.

(2) 언어나 문자를 통해 한 세대에서 다음 세대로 전승되어 쌓이는 문화의 속성을 문화의 ( )(이)라고 한다.

(3) 하나의 문화 요소는 서로 다른 문화 요소와 유기적인 관련성을 가지고 있기 때문에 ( )적 관점으로 문화를 보는 것이 필요하다.

(4) 자신의 문화를 기준으로 다른 사회의 문화를 부정적으로 평가하는 태도를 ( )(이)라고 한다.

(5) 인류의 보편적 가치를 벗어나는 문화도 상대주의적 가치로 이해하려는 태도를 ( )(이)라고 한다.

03 문화를 바라보는 관점과 그 특징을 바르게 연결하시오.

(1) 비교론적 관점 •

(2) 상대론적 관점 •

(3) 총체론적 관점 •

• ㉠ 문화의 보편성과 특수성 파악에 용이

• ㉡ 문화 구성 요소 간 관련성 파악에 용이

• ㉢ 문화를 해당 사회의 맥락에서 이해하는 데 용이

01 다음 대화의 내용에서 밑줄 친 ㉠, ㉡에 대한 설명으로 옳지 않은 것은?

> 여성 ㉠ 문화에 많은 변화가 나타나고 있며.

> 가사와 육아 때문에 ㉡ 문화생활을 누리기 힘들었던 여성들에게도 관심이 집중되고 있어.

갑   을

① ㉠은 좁은 의미의 문화이다.
② ㉡은 예술 활동 혹은 여가와 관련된 행위 등을 지칭하는 개념으로 사용되었다.
③ ㉠은 ㉡에 비해 포괄적인 의미를 가지고 있다.
④ ㉠은 ㉡보다 문화의 상대성을 설명하기에 적합한 개념이다.
⑤ ㉡은 ㉠과 달리 문화를 세련되고 우아한 것으로 본다.

02 다음 사례에서 공통적으로 도출할 수 있는 문화의 속성에 대한 옳은 설명을 〈보기〉에서 고른 것은?

• 부하 직원들이 모여 점심 식사를 한 후 정확히 1/n로 더치페이 하는 것을 부장님은 이해하지 못한다.
• 인도 사람들이 더러운 갠지스 강에서 목욕하는 것을 왜 일생일대의 과제로 여기는지 다른 나라 사람들은 이해하지 못한다.

┤ 보기 ├
ㄱ. 개인을 사회화시킴으로써 사회를 유지한다.
ㄴ. 타인의 행동을 예측하고 이해할 수 있게 한다.
ㄷ. 구성원 간에 사고와 행동의 동질성을 형성하게 한다.
ㄹ. 문화를 다음 세대로 전달하여 발전할 수 있는 원동력을 제공한다.

① ㄱ, ㄴ   ② ㄱ, ㄷ   ③ ㄴ, ㄷ
④ ㄴ, ㄹ   ⑤ ㄷ, ㄹ

03 다음과 같은 동물의 행동 양식과 인간의 문화와의 공통점으로 옳은 것만을 〈보기〉에서 있는 대로 고른 것은?

일본 남부의 고지마에 사는 원숭이들은 다른 지역의 원숭이들에게서 찾아볼 수 없는 독특한 행동 양식이 있다. 고구마를 물에 씻어 먹는 행위이다. 자세한 기원은 알 수 없지만, 아주 오래전에 한 마리의 원숭이가 우연히 물에 떨어뜨렸다가 고구마를 먹게 되었고, 그렇게 먹은 고구마가 더 좋다는 것을 알게 된 후에 고구마를 물에 씻어 먹게 되었으며, 그것을 다른 원숭이들이 따라 하면서 고지마 지역의 원숭이들만 갖는 독특한 행동 양식이 된 것이라고 생각하고 있다.

┤ 보기 ├
ㄱ. 상징체계를 통해 학습한다.
ㄴ. 경험과 모방을 통해 학습한다.
ㄷ. 창안자가 죽은 후에도 전승된다.
ㄹ. 사회 구성원들이 공유하는 것이다.

① ㄱ, ㄷ   ② ㄴ, ㄹ   ③ ㄱ, ㄴ, ㄷ
④ ㄱ, ㄷ, ㄹ   ⑤ ㄴ, ㄷ, ㄹ

04 다음 글을 통해 알 수 있는 문화에 대한 설명으로 적절하지 않은 것은?

이슬람교에서는 돼지고기를 금기시하고 있다. 그런 이유로 무슬림들은 돼지고기를 불경하게 여겨 먹지 않는다. 그런데 돼지고기를 금기시한 데에는 나름대로의 이유가 있다. 이슬람 문화는 서남아시아 지역에서 발생하였는데, 그 지역은 주로 사막 지대로서 물과 곡식이 매우 귀하다. 물과 곡식이 귀한 사회에서 돼지를 키우는 것은 경제적으로 비효율적이었으며, 인간이 먹을 식량과 물마저 돼지에게 빼앗길 수 있는 상황이었기 때문이다.

① 문화는 특수성을 가지고 있다.
② 문화는 나름대로 의미를 가지고 있다.
③ 문화는 자연환경을 극복하기 위한 산물이다.
④ 문화에는 시공을 초월하는 공통성이 나타난다.
⑤ 문화는 구성원들을 구속하는 힘을 가지고 있다.

05 다음 대화의 외국인이 한국 문화를 좋아하는 이유를 분석한 내용으로 가장 적절한 것은?

> 한국인 : 한국의 대중문화가 외국에서 인기라니 참 신기해요. 어떻게 한국의 대중문화를 좋아하게 되었나요?
>
> 외국인 : 우리 문화에서는 찾아볼 수 없는 우리 문화와는 다른 그 무엇이 있어요. 하지만 우리네 감정이나 정서에도 딱 맞아요.

① 우리 문화의 고유성 때문이다.
② 시공을 초월한 보편성 때문이다.
③ 문화의 상업화에 성공했기 때문이다.
④ 문화의 창조 능력이 뛰어나기 때문이다.
⑤ 특수성과 보편성이 모두 나타나기 때문이다.

중요

06 다음의 대화에서 (가)에 들어갈 내용으로 옳지 <u>않은</u> 것은?

> 갑 : 비 오는 날 우산을 쓰고 다니는 것은 문화 현상일까?
>
> 을 : 당연하지. 왜냐하면 _____(가)_____

① 사회적으로 공유되는 것이기 때문이야.
② 일정 기간 이상 지속되는 현상이기 때문이야.
③ 후천적 학습에 의해 이루어지는 행동이기 때문이야.
④ 환경에 적응하기 위해 인간이 창조한 현상이기 때문이야.
⑤ 비를 피하는 것은 선천적이고 본능적인 행위이기 때문이야.

07 다음의 주장을 정당화해 줄 수 있는 사례로 적절하지 <u>않은</u> 것은?

> 문화에는 시공을 초월한 보편성이 존재한다. 여기에는 보편적인 윤리와 가치, 규범과 제도 등이 있다. 인류 문화의 보편성을 토대로 한다면 극단적 문화 상대주의는 잘못된 문화 인식 태도가 될 수 있다.

① 인도의 카스트
② 네팔의 화장(火葬)
③ 중국의 여아 살해
④ 파키스탄의 명예 살인
⑤ 아프리카의 여성 할례

중요

08 다음에 가장 두드러지게 나타난 문화의 속성에 대한 옳은 설명을 〈보기〉에서 고른 것은?

축의금을 낼 때 우리나라에서는 흰 봉투를 사용하지만, 중국에서는 붉은 봉투를 사용한다. 중국인은 붉은색이 사악한 기운을 물리치고 행운을 가져다주는 복의 이미지라고 인식하기 때문이다.

┤ 보기 ├

ㄱ. 시대에 따라 문화는 다른 성격을 가지고 있다.
ㄴ. 한 사회 구성원에게 공동의 장(場)을 제공한다.
ㄷ. 상대방의 행동을 예측하고 대응할 수 있게 해 준다.
ㄹ. 다른 사회 구성 요소들 간의 유기적인 관련성을 갖고 있다.

① ㄱ, ㄴ
② ㄱ, ㄷ
③ ㄴ, ㄷ
④ ㄴ, ㄹ
⑤ ㄷ, ㄹ

09 다음에서 교사의 질문에 옳게 답변한 학생을 고른 것은?

> 교사 : 문화의 여러 가지 속성 중 학습성에 해당하는 사례로 어떤 것이 있을까요?
>
> 갑 : 인간이라도 동물 무리 속에서 성장하면 인간다운 행동을 할 수 없게 됩니다.
>
> 을 : 쌍둥이라도 서로 다른 나라에 입양되어 성장하면 다른 특성이 나타납니다.
>
> 병 : 인터넷의 발달은 생활 전반에 걸쳐 매우 큰 변화를 가져왔습니다.
>
> 정 : 이웃집에서 떡을 가져왔다고 하면 우리는 새로운 누군가가 이사를 왔다고 생각합니다.

① 갑, 을
② 갑, 정
③ 을, 병
④ 을, 정
⑤ 병, 정

10 다음 내용에 부각된 문화의 속성을 〈보기〉에서 고른 것은?

> 인터넷의 발달은 인류의 생활 양식 전반에 큰 변화를 가져왔다. 재택근무, 홈 쇼핑, 홈뱅킹, 전자 상거래, 전자 민주주의, 1인 미디어의 등장 등 사회 전반에 걸쳐 여러 가지 변화가 나타났다.

> ┤ 보기 ├
> ㄱ. 공유성　　　　　　ㄴ. 학습성
> ㄷ. 변동성　　　　　　ㄹ. 총체성

① ㄱ, ㄴ　　　② ㄱ, ㄷ　　　③ ㄴ, ㄷ
④ ㄴ, ㄹ　　　⑤ ㄷ, ㄹ

11 다음 글의 ㉠에 나타난 문화의 속성으로 가장 적절한 것은?

> 침팬지나 고릴라 같은 유인원도 인간 어린이 수준의 지능을 가지고 도구를 사용하고, 나름대로 집단의 규칙을 가지고 사회생활을 한다는 점에서 인간과 유사한 점이 있다. 하지만 인간은 그들과 유사한 생활 양식에서 시작하여 지금은 그들과 비교조차 할 수 없을 만큼 문화적으로 큰 발전을 이루었다. ㉠ 이전 문화를 토대로 새로운 문화를 창조했기 때문에 문화 발전이 가능했다.

① 공유성　　　② 학습성　　　③ 총체성
④ 축적성　　　⑤ 변동성

12 다음 글에서 설명하고자 하는 문화를 바라보는 관점으로 가장 적절한 것은?

> 우리가 사는 사회는 그물처럼 얽혀 상호 간에 영향을 미치고 있습니다. 겉으로 보면 서로 무관한 것처럼 보이는 것도 조금 더 들여다보면 다른 문화 요소와 관계를 가지고 있는 경우가 많습니다. 그래서 어느 한 부분의 변화는 연쇄적으로 다른 부분의 변화를 수반하는 경우가 많습니다. 산업화가 우리의 가족 문화, 경제 문화, 정치 문화, 교육 문화 등 사회 전반에 큰 변화를 가져온 것만 봐도 알 수 있습니다.

① 비교론적 관점　　　　② 상대론적 관점
③ 총체론적 관점　　　　④ 절대론적 관점
⑤ 진화론적 관점

★★★ 중요

13 다음 글의 밑줄 친 서구인의 문화 이해의 태도에 대한 설명으로 옳지 <u>않은</u> 것은?

> 인디언들은 모든 생명을 신성한 것이라고 여겼다. 이 때문에 동물을 잡더라도 꼭 필요한 만큼만 사냥하였고, 그 뼈는 모아 혼령이 다시 환생할 수 있도록 빌어 주었다. 또한 소유 의식이 없었기 때문에 아메리카 대륙에 이주해 온 서구인들의 문화와는 큰 차이를 보였다. <u>서구인들</u>은 이와 같은 인디언의 문화를 미개하고 열등한 것으로 치부하였으며, 그들의 이러한 태도는 인디언들과의 대립을 가져왔고, 결국 인디언과 그들의 문화를 사라지게 하였다.

① 국제적 고립을 자초할 수 있다.
② 문화의 상대성을 부정하고 있다.
③ 국수주의로 흐를 위험성을 지니고 있다.
④ 자국의 문화적 정체성을 상실할 수 있다.
⑤ 자기 문화를 기준으로 다른 문화를 평가하고 있다.

14 다음 글의 필자가 지닌 문화 이해의 태도에 대한 비판으로 가장 적절한 것은?

> 우리 일본어는 세계 최악의 문자인 한자를 토대로 하고 있기 때문에 매우 불편하다. 한자는 획수가 많아서 문서를 하나 만들 때도 서구인의 4~5배 시간이 걸린다. 이렇게 불편한 문자와 언어를 도구로 해서 서구 열강과 경쟁한다는 것은 우마차로 자동차와 경주하는 것과 같다. 그럼에도 불구하고 일본이 국제적으로 꽤 발전한 것은 일본어를 버리고 외국의 문자와 언어를 차용했기 때문이다. 이것은 일본이 발전하기 위해서는 그 도구로 외국어를 사용해야 함을 의미한다. 그래서 우리 글자인 '가나(かな)'보다는 세계적으로 통용되는 영어를 국어로 해야 한다.

① 타 문화의 수용에 소극적이다.
② 문화 제국주의로 이어질 가능성이 높다.
③ 인류의 보편적 가치를 존중하지 않는다.
④ 자기 문화 고유의 가치를 과소평가한다.
⑤ 자기 문화의 가치를 지나치게 높이 평가한다.

15 표의 (가)~(다)에 해당하는 문화 이해의 태도에 대한 설명으로 가장 적절한 것은? (단, (가)~(다)는 각각 문화 상대주의, 자문화 중심주의, 문화 사대주의 중 하나이다.)

구분	(가)	(나)	(다)
다른 사회의 문화와 갈등을 초래할 가능성이 큽니까?	예	아니요	아니요
문화를 평가하는 특정한 기준이 존재한다고 생각합니까?	예	예	아니요

① (가) – 자기 문화의 정체성을 상실할 우려가 크다.
② (가) – 문화는 그 사회가 속한 환경의 산물임을 간과한다.
③ (나) – 근대 사회의 서구 제국주의 국가의 관점에 해당한다.
④ (나) – 인류 보편의 가치 기준이 존재한다는 사실을 무시한다.
⑤ (다) – 절대적 기준을 가지고 다른 문화를 평가하고 있다.

16 다음 글과 부합하는 주장을 〈보기〉에서 고른 것은?

> 현대 산업 사회인들은 절약을 해서 모은 돈으로 휴가를 즐기는 것을 인생의 여유로 생각한다. 그러나 마야 인디언들은 절약을 해서 모은 돈으로 종교적 의례에서 많은 치장을 함으로써 다른 사람들에게 자기를 과시하는 것을 인생의 여유로 생각한다. 이처럼 각 사회마다 바람직하다고 여기는 가치가 다르기 때문에 문화는 사회마다 다양하게 나타나며 이 다양성에 대한 우열의 평가를 내려서는 안 된다.

보기
ㄱ. 문화 절대주의는 배격되어야 한다.
ㄴ. 각 사회의 문화는 단일한 발전 과정을 밟는다.
ㄷ. 문화는 평가의 대상이 아니라 이해의 대상이다.
ㄹ. 자기 내부의 기준으로 다른 문화를 바라보아야 한다.

① ㄱ, ㄴ ② ㄱ, ㄷ ③ ㄴ, ㄷ
④ ㄴ, ㄹ ⑤ ㄷ, ㄹ

17 다음 글에 두드러지게 나타난 문화를 바라보는 관점의 장점으로 가장 적절한 것은?

> 한국과 중국은 밥을 주식으로 한다는 공통점이 있다. 하지만 중국은 밥을 먹을 때 숟가락을 사용하지 않고 젓가락을 사용한다. 젓가락도 주로 나무젓가락을 사용하고, 숟가락은 국을 먹을 경우에만 사용한다. 이에 반해 한국인은 주로 숟가락을 이용해서 밥과 국을 먹고, 젓가락은 반찬을 먹을 때 사용한다. 젓가락 역시 주로 쇠젓가락을 사용한다.

① 문화의 총체성을 찾을 수 있다.
② 문화 변동의 양상을 이해할 수 있다.
③ 문화의 발전 과정을 이해할 수 있다.
④ 자문화를 객관적으로 파악할 수 있다.
⑤ 다른 문화 요소나 전체와의 관련성을 파악할 수 있다.

18 다음 글에 부각되어 있는 문화의 속성에 대한 진술로 가장 적절한 것은?

> 한국 사람이라고해서 누구나 태어날 때부터 매운 음식을 잘 먹는 것은 아니다. 단지 매운 음식을 자주 접하면서 익숙해졌기 때문에 좋아하고 즐기는 사람이 많아진 것이다. 간혹 우리는 고국을 방문한 재일 동포 2세 또는 재미 동포 2세들이 매운 음식을 전혀 먹지 못하거나 한국의 음식 문화를 낯설어하고 힘들어하는 것을 발견한다. 이는 그들이 다른 음식 문화 속에서 성장하였기 때문에 나타나는 자연스러운 현상이다.

① 문화는 특정한 상황에서 상대방의 행동을 예측할 수 있게 한다.
② 문화는 새로운 특성이 추가되거나 기존의 특성이 소멸되기도 한다.
③ 문화는 다음 세대로 전승되면서 새로운 요소가 추가되어 다채로워진다.
④ 문화는 선천적인 것이 아니라 후천적 학습에 의해 형성되는 생활 양식이다.
⑤ 문화의 한 부분에서 변동이 일어나면 연쇄적으로 다른 부분에도 변동이 일어난다.

19 (가), (나)와 같은 관점으로 문화를 연구한 사례로 적절하지 않은 것은?

> ㈎ 문화에는 공통점과 차이점이 존재한다. 공통점과 차이점을 파악하면 자기 문화에 대한 객관적인 인식이 가능하며, 타 문화를 이해하는 폭을 넓힐 수 있다.
> ㈏ 모든 것은 다른 것에 연결되어 있다는 인식을 바탕으로 어떤 문화 요소를 파악하고자 할 때 전체와의 연관 속에서 다른 문화 요소들과의 상호 관련성까지 주목해야만 한다.

① ㈎ – 중국과 한국의 유교 문화를 비교 연구한다.
② ㈎ – 우리나라와 일본의 음식 문화를 조사한다.
③ ㈎ – 우리나라에서 인터넷이 발달하게 된 원인을 조사한다.
④ ㈏ – 이혼 증가가 청소년, 노인 등에게 미친 영향을 조사한다.
⑤ ㈏ – 인구의 증가가 정치, 경제, 문화에 미친 영향을 분석한다.

20 다음 글이 강조하고자 하는 문화를 바라보는 관점에 대한 옳은 설명을 〈보기〉에서 고른 것은?

> 아름다움이란 대상 자체의 본질적인 속성이 아니라 문화적인 체계 속에서 발생되는 의미이다. 뚱뚱하거나 날씬한 것은 그 자체로서 의미를 갖는다기보다는 사회에서 어떻게 규정하느냐에 따라 '아름답다' 혹은 '추하다'로 의미가 부여된다. 따라서 다른 사회의 문화를 연구할 때 그 사회에서 왜 그런 의미를 부여했는지 그 사회의 맥락에서 이해하려는 태도가 필요하다.

│ 보기 │
ㄱ. 자기 문화를 더욱 객관적으로 이해하고자 한다.
ㄴ. 자신의 문화와 타 문화를 편견 없이 이해하고자 한다.
ㄷ. 여러 사회의 문화를 비교하여 보편성과 특수성을 파악한다.
ㄹ. 해당 문화를 향유하는 사회 구성원들의 입장에서 문화의 고유한 의미를 파악한다.

① ㄱ, ㄴ　　② ㄱ, ㄷ　　③ ㄴ, ㄷ
④ ㄴ, ㄹ　　⑤ ㄷ, ㄹ

21 다음 글을 읽고 물음에 답하시오.

> 인터넷이 보급되면서 우리 생활에 '인터넷'이라는 항목이 하나 추가되는 것만으로 끝이 났는가? 아니다. 인터넷이 보급되면서 정치적으로는 참여 민주주의가 확산되고, 경제적으로는 저작권과 마케팅에 대변혁이 요구되었다. 사회 운동 측면에서도 인터넷의 폭발력을 이용한 독립 매체들이 들어서게 되고, 문화적인 거리가 가까워지면서 각국의 문화 충돌 또는 공생(共生)이 가속화되고 있다.

(1) 윗글에 부각되어 있는 문화의 속성을 쓰시오.

(2) (1)의 의미와 특징을 서술하시오.

22 다음 글을 읽고 물음에 답하시오.

> 고대의 그리스나 로마의 정복자들은 그들의 점령 지역에 자신들의 종교와 경제 제도를 강요하였다. 근대 유럽의 식민주의 세력이 식민지 주민의 의사와 상관없이 자국의 문화를 강제로 이식한 사례나 서구인들이 사명감을 가지고 행하였던 이교도의 기독교도화 운동 역시 이러한 문화 인식 태도에서 비롯되었다고 볼 수 있다.

(1) 윗글에 나타난 문화 이해의 태도가 무엇인지 쓰시오.

(2) (1)과 같은 태도가 초래할 수 있는 문제점을 서술하시오.

23 다음 글과 관련 있는 문화를 바라보는 관점을 쓰고, 이 관점의 의미를 서술하시오.

> 문화는 고구마 넝쿨과 같다. 줄기 하나만 뽑고 싶어도 하나를 뽑으면 연쇄적으로 다른 줄기와 열매들이 뽑히는 것처럼 문화도 그렇다. 그런 이유로 우리가 외국에서 특정 문화를 도입할 때 대부분은 하나의 문화 요소만을 생각하고 도입하지만, 결과적으로 보면 그 문화 요소와 관련된 다른 문화 요소들이 함께 들어오는 경우가 많다.

01 다음 사례에 나타난 문화를 바라보는 관점에 대한 옳은 설명을 〈보기〉에서 고른 것은?

> 우리나라, 일본, 중국에서는 밥상에 둘러앉아 반찬을 고루 나누어 먹는다. 이는 집단적 행동 양식이 강한 성향을 반영한다. 또 한국의 고추장, 매실을 식초에 절인 일본의 우메보시, 채소를 소금에 절인 중국의 자차이는 한·중·일을 대표하는 부식으로 각 민족의 고유성을 나타낸다. 고추장은 직설적이고 정열적인 한국인의 성격을 대변하고, 우메보시의 신맛은 속내를 드러내지 않는 일본인들의 내성적인 성격을 반영한다. 자차이는 하루 동안 물에 담가 짠맛을 희석시키면 또 다른 맛을 가미할 수 있는데, 이는 개방적이며 수용력이 뛰어난 중국인의 성격을 보여 준다.

┤ 보기 ├
ㄱ. 자기 문화에 대한 정확한 이해와 성찰을 가능하게 한다.
ㄴ. 문화가 지닌 보편성과 특수성을 비교하여 이해하려고 한다.
ㄷ. 문화를 이해할 때 다른 문화 요소들과의 상호 관련성을 파악하여 이해한다.
ㄹ. 어떤 문화든 고유의 가치를 가지고 있으므로 문화의 우열을 평가해서는 안 된다.

① ㄱ, ㄴ   ② ㄱ, ㄷ   ③ ㄴ, ㄷ
④ ㄴ, ㄹ   ⑤ ㄷ, ㄹ

> **문제 접근 방법**
> 문화를 바라보는 관점인 총체론적 관점, 비교론적 관점, 상대론적 관점을 비교하여 이해한다.
>
> **적용 개념**
> # 문화를 바라보는 관점
> # 비교론적 관점
> # 총체론적 관점
> # 상대론적 관점

02 갑~정의 발표 내용에 대한 교사의 평가로 적절하지 <u>않은</u> 것은?

① 문화의 전체성을 이해하는 데 갑의 내용이 도움이 되겠군요.
② 문화의 변동성을 파악하기 위해 을의 이야기를 잘 들어 봅시다.
③ 을의 발표 내용으로는 문화의 축적성을 설명하기는 힘들겠군요.
④ 병의 발표를 통해 문화의 학습성과 공유성을 알 수 있겠네요.
⑤ 정의 발표에서는 상징체계에 대한 이야기가 빠질 수 없겠는데요.

> **문제 접근 방법**
> 갑은 총체성, 을은 변동성과 축적성, 병은 공유성과 학습성, 정은 축적성을 학습하는 데 도움이 되는 연구이다.
>
> **적용 개념**
> # 문화의 총체성
> # 문화의 공유성
> # 문화의 학습성
> # 문화의 변동성
> # 문화의 축적성

03 다음 대화를 통해 갑~병이 갖고 있는 문화 이해의 태도에 대한 설명으로 옳은 것은?

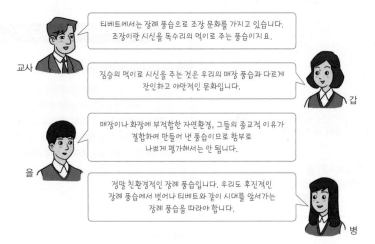

교사: 티베트에서는 장례 풍습으로 조장 문화를 가지고 있습니다. 조장이란 시신을 독수리의 먹이로 주는 풍습이지요.

갑: 짐승의 먹이로 시신을 주는 것은 우리의 매장 풍습과 다르게 잔인하고 야만적인 문화입니다.

을: 매장이나 화장에 부적합한 자연환경, 그들의 종교적 이유가 결합하여 만들어 낸 풍습이므로 함부로 나쁘게 평가해서는 안 됩니다.

병: 정말 친환경적인 장례 풍습입니다. 우리도 후진적인 장례 풍습에서 벗어나 티베트와 같이 시대를 앞서가는 장례 풍습을 따라야 합니다.

① 갑은 문화 제국주의를 부정하고 있다.
② 갑과 을은 문화의 상대성을 부정하고 있다.
③ 갑과 병은 특정 문화를 기준으로 문화를 평가하고 있다.
④ 을은 갑보다 문화의 획일화에 대해 긍정적으로 볼 것이다.
⑤ 을과 병은 타 문화의 수용에 소극적인 태도를 가지고 있다.

문제 접근 방법
갑은 자문화 중심주의, 을은 문화 상대주의, 병은 문화 사대주의적인 태도로 조장 문화를 보고 있다.

적용 개념
문화 상대주의
자문화 중심주의
문화 사대주의

04 밑줄 친 ㉠~㉣에 대한 옳은 설명을 〈보기〉에서 고른 것은?

야노마모 사람들은 내가 가진 것 중에서 ㉠ 그들이 원하는 것이라면 성냥, 손전등, 손도끼 등 가리지 않고 달라고 요구하였다. 시간이 지날수록 그런 요구는 더 심해졌고 ㉡ 나는 야노마모 사람들의 요구에 진저리가 날 지경이 되었다. ㉢ 나는 그들이 무리한 요구를 할 때 야노마모 사람들이 하는 것처럼 화를 내기 시작하였다. 내가 화를 내자 야노마모 사람들은 "너 이제 야노마모 사람 다 되었다."라고 하면서 더 이상 무리한 요구를 하지 않았다. 사나운 사람일수록 다른 사람으로부터 존경을 더 받으며 정치적 위세가 높아지므로 야노마모 사람들은 사람을 대할 때 우선 그가 얼마나 사나운 사람인지를 알아야 했다. 즉 이들의 요구는 협박을 한 후에 ㉣ 내가 어느 정도까지 인내하는지 그리고 얼마나 사나운 사람인지를 시험해 보기 위한 과정이었다.

| 보기 |

ㄱ. ㉠은 문화 사대주의의 결과이다.
ㄴ. ㉡은 야노마모 문화를 상대적으로 바라보지 못한 결과이다.
ㄷ. ㉢은 자문화 중심주의적 태도이다.
ㄹ. 야노마모 사람들의 요구를 ㉣로 이해한 것은 문화 이해의 총체론적 관점이다.

① ㄱ, ㄴ   ② ㄱ, ㄷ   ③ ㄴ, ㄷ
④ ㄴ, ㄹ   ⑤ ㄷ, ㄹ

문제 접근 방법
필자가 문화를 이해하는 태도는 자문화 중심주의, 문화 사대주의, 문화 상대주의, 극단적 문화 상대주의 중 어떤 것인지 판단해 본다. 그리고 문화 이해의 태도와 문화를 바라보는 관점을 연결지어 생각해 본다.

적용 개념
자문화 중심주의
문화 상대주의
문화 사대주의
총체론적 관점

02 현대 사회의 다양한 문화 양상

(학습길잡이) • 하위문화의 의미를 전체 문화와의 관계 속에서 다양한 사례와 함께 이해해야 한다.
• 대중 매체와 대중문화의 관계 및 대중문화의 순기능과 역기능을 파악해 두어야 한다.

A 하위문화란 무엇일까

1 하위문화 ┌ 전체 문화와 구별되는 독특한 성격을 가진다.

① 의미 : 한 사회 내에서 특정한 집단의 구성원들만이 공유하는 문화 ❶
└ 예 지역 문화, 계층 문화, 세대 문화 등

② 기능

순기능	• 해당 문화를 공유하는 사람들 간에 연대감을 강화시켜 줌 • 전체 문화의 틀 안에서 해소할 수 없는 다양한 욕구를 실현할 수 있음 • 문화의 획일화를 방지하여 전체 문화의 발전에 기여함 (질문)
역기능	하위문화 집단 내의 지나친 결속은 전체 사회의 통합을 저해할 수 있음

자료로 보는 ✎ 다양한 동호회 문화

요즈음 다양한 취미와 개성을 가진 사람들로 구성된 동호회가 증가하고 있다. 자전거 동호회, 직장인 악단, 자원봉사자 모임 등 특정 영역에 관심을 가진 사람들끼리 모여 활동하면서 그들만의 세계를 이루어 상호 작용을 하는 독특한 문화 현상이 나타나는 것이다.

△ 직장인 자전거 동호회

축구 동호회, 직장인 악단과 같이 동호회는 취미가 비슷한 사람들이 모여 만든 집단으로 이들 동호회는 그들 집단만의 독특한 문화가 존재하므로 우리 사회의 하위문화에 해당한다. 이처럼 한 사회 내에서 하위문화가 다양해지고 풍부해질수록 구성원들의 심리적 만족감과 안정감은 높아질 수 있다.

Q 위의 문화와 같이 한 사회 내의 특정 집단이 공유하는 문화를 무엇이라고 할까?

A 하위문화 (거꾸로 표시)

2 지역 문화 ─ 각 지역의 역사적 경험과 자연환경의 차이로 인해 지역마다 다른 문화가 나타난다.

① 의미 : 한 사회 내의 여러 지역 사회에서 나타나는 고유의 생활 양식

② 기능 : 지역 주민의 정체성·일체감 형성, 문화적 다양성과 역동성 제공으로 문화 다양성 실현에 기여 ❷

③ 발전 방향 : 고유한 지역 문화의 보존과 활성화, 균형 있는 발전 지원

3 *세대 문화

① 의미 : 공통의 경험을 토대로 일정 범위의 연령층이 공유하는 문화

② 특징 : 인간의 성장과 성숙 과정 및 시대와 사회의 환경이 복합적으로 영향을 미쳐 형성됨

③ 기능 : 동일 세대의 사람들 간에 일체감과 정체성 형성에 기여하는 순기능도 있으나 세대 간의 갈등을 유발하는 역기능이 나타나기도 함 ❸

④ 사례 : 청소년 문화, 노인 문화 등

개념 더하기 자료 채우기

❶ 하위문화와 전체 문화의 관계

전체 문화와 하위문화는 상대적인 관계에 있다. 세대 문화는 한국 문화의 입장에서 보면 하위문화이지만, 청소년 문화와의 관계에서 보면 전체 문화의 성격을 갖는다. 또한 하위문화의 합이 전체 문화는 아니다. 하위문화는 전체 문화를 이루는 부분이기는 하지만 전체 문화는 하위문화의 전체 합과는 다른 또 다른 하나의 체계를 가지고 있기 때문이다.

✊ 질문 있어요

문화가 획일화되는 건 왜 나쁜 건가요?
문화는 삶의 방식입니다. 삶의 방식이 하나밖에 없다면 이는 매우 위험합니다. 마치 먹을 수 있는 음식이 하나밖에 없는 것과 흡사하죠. 만일 감자만 먹는다면 감자 흉년이 들었을 때에 어떤 일이 발생할까요? 인류에게 다양한 삶의 방식이 존재한다는 건 그만큼 문화 창조의 영감을 제공할 수 있을 뿐만 아니라 그 자체로서도 가치와 의미가 있는 일입니다. 그런데 다양성이 사라지고 하나만 남는다면 그 하나조차도 계속 있을지 장담할 수 없을뿐더러 매우 위험한 일이지요. 인간이 생존을 떠나 풍요로운 삶을 위해서도 문화는 다양해야 한답니다.

❷ 지역 축제와 지역 문화

지역 축제는 지역 문화에 대한 지역 주민의 자부심을 일으켜 애향심 및 향토애로 발전할 수 있다. 이는 지역 공동체 의식을 촉발시켜 지역 사회를 통합하는 원동력으로 작용할 수 있다. 그리고 지역 축제를 상품화함으로써 생기는 경제적인 효과로 지역 사회의 발전에 기여할 수도 있다.

△ 보령 머드 축제

❸ 세대 갈등

세대 갈등은 연령과 집단 간의 충돌이 이념과 가치관의 충돌과 중첩되어 일어난다. 이러한 세대 갈등 문제를 해결하기 위해서는 세대 간에 서로의 생활 양식이나 사고방식을 존중하고 이해하려는 노력이 필요하다.

✱ 용어사전

* **세대**(世 인간, 代 대신하다) 같은 시대에 태어나 공통의 사고방식과 감각을 지니고 있는 사람들

자료로 보는 청소년 문화 질문

현재 청소년들의 부모님 세대는 청소년 시절 당시에 현재의 청소년과 다른 문화를 경험했다. 인터넷이 보편화되지 않았기 때문에 친구들과의 의사소통 수단으로 손으로 쓴 편지나 쪽지 등을 주고받았는데, 편지로 친구를 사귀기도 하는 펜팔 문화가 있었다. 마치 오늘날 메신저를 통해 친구를 사귀는 것처럼 예전에는 상호 간에 편지 교환을 통해 친구가 되기도 했다. 여가 시간에는 동네 오락실에서 갤러그 같은 단순한 게임을 하는 남학생들이나 학생 잡지, 연예 잡지를 구독하며 자신이 좋아하는 가수나 영화배우의 사진을 모으는 여학생들이 많았다. 이처럼 당시의 음식 문화, 대중문화, 학습 문화, 여가 문화 등은 현재와 다르며, 현재의 청소년 세대 문화는 그들의 자녀 세대의 청소년 문화와 다를 것이다.

세대 간의 차이가 발생하는 것은 사회가 빠르게 변화되고 있기 때문이다. 각 세대마다 사회화되고 경험한 문화가 다르고, 그로 인해 문화적 차이가 발생한다. 문화적 차이를 우열로 나누려는 태도는 옳지 않으며 세대 간의 갈등과 문화적 단절을 가져올 가능성이 크기 때문에 서로의 문화를 존중하고 이해하려는 태도가 필요하다.

✊ 질문 있어요

청소년들은 왜 대중문화의 영향을 더 많이 받을까요?
청소년들은 기성세대에 비해 개방적인 태도를 가지고 있습니다. 새로운 것을 추구하고 즐기고 싶어 하지요. 그래서 새로운 대중문화가 등장하면 이를 가장 먼저 수용하는 경향이 있습니다. 그런데 역설적이게도 대중문화의 영향을 민감하게 받기 때문에 그들의 문화는 획일화되는 모습도 나타나지요. 대중문화를 무분별하게 수용하는 경향도 강하기 때문입니다. 새로운 것을 듣고, 입고, 즐긴다고 생각하지만 동시에 청소년들은 대중문화로 인해 획일화되는 모습이 나타나는 것이지요.

4 반문화

> 여성의 미니스커트는 과거 전통 사회에서 반문화였지만 지금은 반문화로 보지 않는다. 하지만 지금도 극단적인 무슬림 사회에서는 반문화로 본다.

① **의미** : 하위문화의 하나로서 기존의 지배적인 주류 문화에 반대하고 저항하는 성격의 문화 → 시대와 사회에 따라 반문화에 대한 규정은 달라짐

② **특징** : 사회 갈등의 원인이 되기도 하지만 지배 문화의 변동을 유도하여 새로운 문화 형성의 계기를 마련하기도 함

③ **기능**

> ┌ 기존 문화를 거부하는 대항문화로 작용하기도 한다.
> └ 대항문화란 지배적 문화에 대립·저항하는 문화이다.

순기능	기존 주류 문화의 모순을 부각시키며 문화 변동을 긍정적인 방향으로 이끌기도 함. 주류 문화를 대체하며 문화 발전을 가져오기도 함 4
역기능	집단 간의 갈등을 조장하여 사회를 분열시키거나 혼란에 빠뜨리기도 함

④ **사례** : 1970년대 우리나라의 장발 문화, 미국의 히피 문화 등 5

4 반문화의 순기능

반문화는 주류 문화에 대한 저항 때문에 항상 질서를 깨뜨리는 잘못된 문화라고 보는 경향이 있다. 하지만 항상 그런 것은 아니다. 반문화는 기존의 주류 문화가 가지고 있는 문제점을 지적하고, 이를 해결해 나가는 단초를 제공해 주기도 하기 때문이다. 예를 들어 신분제에 저항하는 문화가 신분제 사회에서는 반문화에 해당됐지만 그 반문화의 영향으로 평등한 문화가 형성되어, 지금은 오히려 신분제를 주장하는 것이 반문화라고 할 수 있다.

자료로 보는 히피 문화

히피는 1960년대 미국 샌프란시스코 등지의 청년층에서 시작된 반문화의 하나이다. 기존의 사회 질서에 저항하여 인간성의 회복과 자연으로의 복귀를 주장하면서 기존 사회가 가지고 있는 문제점을 지적하고 사회 문제에 관심을 갖게 하는 계기를 제공하였으나 한편으로는 약물의 복용, 성적(性的) 일탈 등 탈사회적 행동을 하기도 하였다.

히피는 당시 특정 집단을 중심으로 형성된 하위문화이다. 반전(反戰)이라는 화두를 앞세워 정치적으로 영향을 미쳤고, 그들의 자연주의적 삶의 태도는 예술과 문화에 많은 영감을 제공하였다. 하지만 히피 문화는 기존 사회 질서, 물질문명 등에 반대하는 모습을 보여 반문화로 규정된다.

Q 위와 같이 기존의 지배적 문화에 반대하고 저항하는 성격의 문화를 무엇이라고 할까?

화문반 ▲

5 우리나라의 반문화 사례

19세기 말 동학은 정치 운동이자 경제 운동이었고, 사회 운동인 동시에 종교·문화 운동이었다. 겉보기에 동학은 일개 종교 운동이었지만, 실은 인간을 비롯한 만물의 '상생(相生)'을 목적으로 하는 총체적 개혁을 추구하였다. 동학의 성격을 다양하게 규정할 수 있지만, 이러한 동학은 주류 문화에 저항한 반문화로 볼 수도 있다.

✱ 용어사전

＊ **주류 문화** 유사한 생활 양식으로 한 사회 구성원이 전반적으로 공유하는 문화

02 현대 사회의 다양한 문화 양상

B 대중 매체의 의미와 기능은 무엇일까

1 대중 매체의 의미와 특성

① 대중 매체 : 불특정 다수인 대중을 상대로 대량의 지식이나 정보를 전달하는 매체나 수단 ─ 현대 사회에서 대중 매체는 개인의 일상생활과 사회 구조의 변동에 큰 영향을 미치는 사회 제도로서 인식되고 있다.

② 대중 매체의 특성

- 시·공간적 제약을 극복하여 광범위한 정보 전달이 가능함
- 불특정 다수에게 동시다발적으로 정보 전달이 가능함
- 대중문화의 생산 및 확산에 가장 큰 영향력을 발휘함 **1**

2 대중 매체의 종류 **2**

인쇄 매체	• 활자를 통해 정보를 전달하는 매체로, 신문이나 잡지 등이 있음 • 깊이 있는 정보 전달이 가능하나 정보 전달의 속도가 상대적으로 느림
음성 매체	• 소리를 통해 정보를 전달하는 매체로, 라디오 등이 있음 • 적은 비용으로 광범위한 정보 전달이 가능하나 시각 정보 처리가 어려움
영상 매체	• 소리와 영상을 통해 정보를 전달하는 매체로, 텔레비전 등이 있음 • 빠른 속도로 공감각적인 정보 전달이 가능하나 깊이 있는 정보 전달에는 한계가 있고, 정보 생산 비용이 높음
뉴 미디어 **3**	• 활자, 소리, 영상 등 종합적인 방법을 통해 정보를 전달하는 매체로, 인터넷, 누리 소통망(SNS), 스마트폰 등이 있음 • 정보의 생산자와 소비자가 상호 의사소통이 가능하다는 장점이 있으나 무책임하고 왜곡된 정보가 양산·전파되는 문제점도 있음

온라인상에서 인간관계를 구축하고 확장할 수 있도록 해 주는 서비스이다. **왜?** 정보를 매우 쉽게 복제하고 전달할 수 있어 정보가 시·공간을 초월하여 대량으로 확산될 수 있기 때문이다.

3 대중 매체의 변화

구분	산업 사회의 대중 매체	정보 사회의 대중 매체
종류	신문, 라디오, 텔레비전 등의 전통적 매체	인터넷, 스마트폰 등의 뉴 미디어
특징	• 일방향성을 갖고 있음 • 시간과 공간의 제약을 받음 • 주로 전문가가 매체를 지배하고 영향력을 발휘함	• 쌍방향성(상호 작용성)을 갖고 있음 • 시간과 공간의 제약이 약함 • 매체를 통한 개인의 영향력 발휘가 쉬움 • 광범위하고 빠른 정보 확산이 가능함

자료로 보는 대중 매체를 접하는 태도

여보, 기분이 안 좋아 보이네요?

옆집 김 씨가 새 차를 샀어.

우리 차도 괜찮은데요, 뭘.

광고를 보니 그 차 디자인도 좋던데……

그럼, 이참에 우리도 바꾸죠.

그림을 보면 소비의 기준은 타인이 되고, 선택의 기준은 매체의 광고가 된다는 것을 알 수 있다. 대중문화가 어떻게 형성되는지 보여 주는 단적인 사례이다. 대중은 타인들의 시선을 의식하여 소비하고, 대중 매체의 광고를 보고 소비한다. 이를 통해 대중문화가 대중 매체에 의해 획일화될 가능성이 높다는 것도 보여 준다.

개념 더하기 자료 채우기

1 대중 매체와 대중문화의 관계

대중문화가 형성된 가장 직접적인 이유는 대중 매체가 발달했기 때문이다. 대중 매체의 발달은 과거 소수 집단만 누리던 문화를 불특정 다수인 대중이 누릴 수 있도록 함으로써 대중문화의 확산을 가져왔다.

2 인쇄 매체와 뉴 미디어

Ⓐ 직지심체요절   Ⓐ 인터넷

1377년 인쇄된 우리나라의 금속 활자본인 직지심체요절은 2001년 유네스코에 세계 기록 문화유산으로 등재되었다. 금속 활자의 발명 이후 발달하기 시작한 인쇄 매체는 지식의 보급과 축적에 기여하여 세상을 변화시키는 주역이 되었다. 오늘날 이와 같은 역할을 하는 대중 매체는 정보 통신 기술을 바탕으로 한 인터넷, 누리 소통망(SNS) 등이다.

3 뉴 미디어의 기능

인터넷과 스마트폰의 발달로 개인 간 의사소통 수단이 획기적으로 변화하였다. 이 같은 변화 속에 등장한 누리 소통망(SNS)은 새로운 인간관계의 장을 넓히고 빠른 정보 교환이 가능하다는 점에서 이용자가 급증하고 있으며, 그 파급 효과 또한 크다. 이러한 영향력이 사회 변화에 긍정적으로 기여하는 측면도 있으나, 확인되지 않은 정보의 확산에 의한 정보의 신뢰성 문제나 개인의 사생활 침해 등은 해결해야 할 과제이다.

쌍방향 대중 매체는 정보의 생산과 유통에 대중이 자유롭게 참여할 수 있다는 장점이 있지만 정보의 신뢰성, 객관성, 공정성을 검증하기 어렵기 때문에 이에 대한 비판적 접근 자세가 필요하다.

＊용어사전

＊ **대중**(大 크다, 衆 무리) 대량 생산, 대량 소비를 특징으로 하는 현대 사회를 구성하는 대다수의 사람

C 대중문화를 어떻게 바라보아야 할까

1 대중문화의 의미와 특징

① **대중문화** : 대중 사회에서 대중 매체를 통해 확산되는 동질적 문화 4

② **대중문화의 형성** : 대량 생산과 대량 소비, 대중 매체 발달, 대중의 지위 향상

③ **대중문화의 특징**

- 대중 매체를 통해 형성되고 확산됨
- 대부분 사람이 손쉽게 접하고 즐길 수 있음
- 대중의 수준, 욕구, 기호를 반영함
- 확산과 변화 속도가 빠름

왜? 대중의 입맛에 맞는 상품을 만들지 않으면 대중에게 외면당하기 때문이다.

2 대중문화의 기능과 변화

① **대중문화의 기능**

문화의 민주화에 이바지한다.

순기능	정보의 전달, 고급문화의 대중화, 사회의 민주화, 긴장 해소와 오락 제공 등
역기능 5	문화의 저*속화, 사고나 행동의 획*일화, 대중 조작의 수단화 등 질문

② **대중문화의 변화**

누리 소통망(SNS) 등을 이용하여 개인이 정보를 생산·유포할 수 있는 영향력도 커졌다.

- 쌍방향 의사소통이 가능해짐 : 정보 사회에서 인터넷 등의 발달로 쌍방향 의사소통이 자유로워지며 대중문화에 끼치는 대중의 영향력이 커짐
- 국가 간, 전문가와 비전문가 간, 생산자와 소비자 간의 경계가 불분명해짐

자료로 보는 대중문화의 순기능

영화나 드라마를 통해 우리 사회의 인권에 대한 사람들의 관심이 높아지고 있다. 광주 ○○ 학교에서 일어났던 장애 아동에 대한 폭력 문제를 폭로하여 가해자에 대한 사법 처리의 도화선이 된 영화 「도가니」, 미성년자 성폭력과 이에 대한 솜방망이 처벌 문제를 조명한 영화 「돈 크라이 마미」, 집단 따돌림 문제를 통해 학생들의 갈등뿐만 아니라 피해자 가족의 아픔을 다룬 드라마 「못난이 송편」 등은 사회적으로 큰 반향을 일으키며 우리 사회의 인권과 관련된 사회적 화두를 제시하였다.

ⓐ 영화 「도가니」의 포스터

대중문화를 통해 사회의 부조리한 측면에 대한 사회적 관심을 불러일으켜 이를 해결할 수 있다는 순기능을 파악할 수 있다. 이는 대중문화가 대중으로 하여금 사회에 관심을 갖고 참여하게 하는 매개체로서 기능한다는 것을 보여 준다.

Q 대중문화의 순기능에는 어떤 것이 있을까?

A 오락과 휴식 제공, 정보 전달, 사회 문제에 대한 관심 유발 등

3 대중문화의 올바른 수용 자세

① **비판적 수용** : 대중문화에 내포된 의도는 없는지, 대중문화가 옳은 정보와 바람직한 정보를 제공하고 있는지 등에 대한 판단을 하고 수용해야 함

② **문화의 생산에 적극적 참여** : 단순 소비자 입장에서 수용만 할 것이 아니라 적극적으로 자신의 뜻을 개진하며 생산에 참여해야 함

개념 더하기 자료 채우기

4 대중 사회의 등장 배경

대중 사회는 문화적으로 대중 매체의 발달, 사회적으로 대중 교육의 발달, 정치적으로 민주주의의 발달, 경제적으로 대량 생산이 가능해진 자본주의의 발달과 매우 밀접한 관련이 있다. 대중이 정치, 경제, 사회, 문화의 측면에서 주체로 등장할 수 있었기 때문이다. 그런데 역설적이게도 대중이 주체가 된 동시에 대중은 주체적이기보다는 수동적인 특성을 보이는 경향이 있다.

5 대중문화의 역기능 사례

미국 방송사들은 1950년대부터 이윤을 극대화하기 위해 다수 시청자를 존중하는 편성 정책을 취하였다. 그 결과 텔레비전을 주로 시청하는 시간대의 프로그램에 성과 폭력에 관한 묘사가 난무하여 대중의 문화적 취향을 하향 평준화시켰다는 비난을 받았다. 이에 대한 해명으로 방송사 경영진은 '문화적 민주주의'를 내세웠다. 정치적 민주주의가 다수의 의사에 따라 지도자를 선출하고 국가 중대사를 투표로 결정하듯이 텔레비전도 시청률에 따라 프로그램의 내용을 결정한 것인데 무엇이 문제가 되느냐는 것이다.

대중 매체를 소유한 기업의 상업주의로 인해 대중문화의 질을 떨어뜨릴 수 있다는 역기능을 도출할 수 있다. 대중문화는 주로 대중 매체를 소유한 기업에 의해 생산되며, 이윤을 추구하는 기업은 소비자인 대중의 주목을 끌기 위해 향락적이고 자극적인 문화를 양산함으로써 문화의 질이 떨어질 수 있다.

질문 있어요

대중 조작이란 무엇인가요?

정치권력이나 거대 자본이 대중 매체를 이용하여 자신들이 원하는 대로 대중을 조정하는 것을 의미합니다. 대중은 매체를 통해 접하게 된 정보를 신뢰하는 경향이 있는데, 예를 들어 매체에서 지속적으로 특정 정치 이념이나 사상을 주입하면 대중은 그것이 옳다고 믿으며 행동하는 경향이 나타납니다. 그래서 독재 정부에서는 대중 매체를 장악하여 이를 활용한 정치를 하지요.

용어사전

* **저속화** 품위가 낮고 속된 상태가 됨
* **획일화** 모두가 한결같아서 다름이 없게 됨

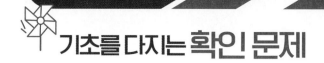

올리드 포인트

A 하위문화

1 하위문화의 의미와 특징

하위문화	한 사회 내의 일부 구성원만이 공유하는 문화
하위문화의 특징	특정 집단에 대한 소속감 형성, 문화의 다양성과 역동성 부여, 전체 문화의 발전에 기여 등

2 다양한 하위문화

지역 문화	일정한 지역에 거주하는 주민이 공유하는 고유한 생활 양식
세대 문화	시대별로 다른 문화를 경험한 결과 이를 기반으로 각 세대가 가지고 있는 고유한 문화
반문화	사회의 지배적인 문화에 저항하거나 가치 대립을 하는 문화

B 대중 매체

1 대중 매체 : 많은 사람에게 정보를 대량으로 동시에 전달하는 수단

2 대중 매체의 종류

인쇄 매체	시각적 이미지를 통한 정보 전달 매체, 복잡하고 심층적인 정보 전달 가능
음성 매체	청각을 통한 정보 전달 매체, 정보 생산 비용이 저렴함
영상 매체	시청각을 통한 정보 전달 매체, 정보 전달 범위가 넓음, 현장성이 있음
뉴 미디어	여러 매체 융합, 정보의 복제와 전송 용이, 상호 소통성 강화

C 대중문화

의미	대중이 즐기고 누리는 문화
특징	대중 매체에 의해 형성되고 확산됨, 대중이 손쉽게 접하고 즐길 수 있음, 대중의 기호와 수준을 고려함
기능	• 순기능 : 대중에게 오락과 휴식 제공, 다양한 정보 전달, 사회 문제에 대한 관심 유발 등 • 역기능 : 과도한 상업성에 따른 문화 질 저하, 대중의 무비판적 태도 조장, 사고나 행동의 획일화 등
변화	쌍방향 의사소통 가능, 대중문화의 생산자와 소비자 간 경계 약화, 대중문화의 국가 간 경계 약화
수용 자세	대중문화의 비판적 수용, 대중문화의 상업성 경계, 대중문화 창조자로서의 역할 수행

01 다음 설명이 맞으면 ○표, 틀리면 ×표를 하시오.

(1) 하위문화의 합은 전체 문화이다. (　　　)
(2) 청소년 문화, 세대 문화, 지역 문화는 반문화의 사례로 볼 수 있다. (　　　)
(3) 다양한 하위문화는 문화 다양성의 실현에 도움이 된다. (　　　)
(4) 대중문화는 대중에 의해 생산, 소비되는 문화이다. (　　　)
(5) 정보 사회에서 대중 매체는 일방향 매체에서 쌍방향 매체로 변화되고 있다. (　　　)

02 빈칸에 들어갈 알맞은 말을 쓰시오.

(1) 한 사회 내의 일부 구성원들이 공유하는 문화를 (　　　)(이)라고 한다.
(2) (　　　)의 역기능은 주류 문화와의 갈등으로 사회를 혼란에 빠뜨릴 수 있다는 것이며, 순기능은 기존 주류 문화의 문제를 표면화하며 긍정적인 방향으로 사회 변동을 가져오기도 한다는 점이다.
(3) (　　　)(이)란 한 사회 내에서 불특정 다수가 집단과 계층을 초월하여 공유하고 향유하는 문화이다.
(4) 대중문화는 (　　　)을/를 지향하기 때문에 저질 문화가 양산될 수 있는 문제점이 나타나기도 한다.

03 각 대중 매체의 특성을 바르게 연결하시오.

(1) 인쇄 매체 • 　• ㉠ 쌍방향 정보 전달에 유리하다.
(2) 음성 매체 • 　• ㉡ 심층적인 정보 전달에 유리하다.
(3) 영상 매체 • 　• ㉢ 시청각을 통한 정보 전달을 하며 텔레비전 등이 해당한다.
(4) 뉴 미디어 • 　• ㉣ 청각을 통한 정보 전달로 시각 장애인이나 문맹자의 정보 접근 가능성이 높다.

중요

01 다음과 같은 문화에 대한 공통된 설명으로 옳지 <u>않은</u> 것은?

> 청소년 문화, 노인 문화, 누리꾼 문화, 호남 문화

① 공유자들끼리의 동질성을 가지고 있다.
② 다양한 하위 집단의 욕구를 충족시킨다.
③ 문화 다양성을 실현하는 데 도움이 된다.
④ 전체 문화와 구별되는 특성을 가지고 있다.
⑤ 주류 문화와 대립적인 성격을 가지고 있다.

02 다음에 나타난 문화에 대한 설명으로 옳지 <u>않은</u> 것은?

> 청소년들은 그들끼리만 통하는 문화를 형성하기 좋아한다. 자신들끼리 통하는 언어나 패션, 가치관 등을 통해 기성세대와 차별화되기를 원한다. 따라서 늘 새로운 것을 추구하고, 타 문화에 대해 비교적 개방적이다. 이 과정에서 창의성이 빛을 발하기도 한다. 특히 우리나라의 경우, 대중문화는 청소년들의 욕구와 선택에 큰 영향을 받는다. 하지만 이러한 문화는 소비 지향적인 문화로 나타나기도 한다.

① 감각적이고 변화 지향적이다.
② 기성세대 문화와 항상 충돌한다.
③ 전체 문화의 변화를 유도하기도 한다.
④ 전체 문화에 대한 부분 문화를 형성한다.
⑤ 기성세대 문화와 구별되는 독자성을 가지고 있다.

03 다음을 통해 추론할 수 있는 내용으로 적절하지 <u>않은</u> 것은?

> 각 지역에서 역사적 인물이나 옛날이야기의 연고지를 자처하며 캐릭터 개발에 노력하고 있다. 전북 완주군은 설화 '콩쥐 팥쥐'의 고향이라며 이를 배경으로 관광 상품을 만들고 상표로 개발하고 있으며, 전북 무주군에서는 반딧불이 이야기와 더불어 로고 및 도안 등 모두 32가지를 특허청에 등록하고 해마다 반딧불이 축제를 여는 등 반딧불이를 축제화하고 있다.

① 지역 문화의 다원화에 기여하고 있다.
② 지역 문화를 경제적 상품으로 개발하고 있다.
③ 지역 문화를 둘러싼 사회적 갈등이 증가하고 있다.
④ 전통문화의 발굴, 보존에 긍정적인 역할을 하고 있다.
⑤ 문화 상품이 지역 경제 성장에 영향을 미치고 있다.

04 다음 현상의 원인을 〈보기〉에서 고른 것은?

> 아니, 남자가 흉측하게 귀걸이를 하고 다니다니!

> 에이, 할아버지. 요즈음 우리 세대에서는 이게 유행이라고요. 멋있기만 한데……

┤ 보기 ├
ㄱ. 문화에는 공유성이 없기 때문이다.
ㄴ. 사회가 빠르게 변화하고 있기 때문이다.
ㄷ. 연령대별로 경험한 문화가 다르기 때문이다.
ㄹ. 정보 통신 매체의 발달로 교류가 활발해졌기 때문이다.

① ㄱ, ㄴ ② ㄱ, ㄷ ③ ㄴ, ㄷ
④ ㄴ, ㄹ ⑤ ㄷ, ㄹ

05 다음과 같은 문화 유형에 대한 공통적인 설명으로 적절하지 <u>않은</u> 것은?

> • 나체로 생활하는 것이 인간의 소유로 인한 불평등을 해소할 수 있다며 나체 문화를 지지하는 사람들이 시위를 하고 있다.
> • 무정부주의(無政府主義)를 주장하며 정부를 없애고 인간의 자연적인 본성으로 돌아가야 한다는 사람들이 테러를 자행하고 있다.

① 다양한 의견을 알 수 있는 기회를 제공한다.
② 기존의 문화에 반대하는 성격을 가지고 있다.
③ 주류 문화와는 구별되는 하위문화에 해당한다.
④ 해당 문화를 가진 사람들 간에는 연대 의식이 있다.
⑤ 인류의 보편적인 가치를 지향한다는 점에서 주류 문화와 공통점이 있다.

06 다음과 같은 문화에 대한 옳은 설명을 〈보기〉에서 고른 것은?

> 1966년 미국 서해안의 샌프란시스코를 중심으로 발원한 히피 문화는 극단적인 개인의 자유를 추구하고 기존 사회 질서에 대한 비판을 시도하였다. 당시 미국의 베트남 전쟁 개입과 참전, 사회 도처에 만연해 있던 인종적·계층적 갈등, 보수적인 이념 일색의 지배 문화에 대한 저항으로 시작되었지만, 전 세계로 확산되며 새로운 학생 운동·신좌파 운동의 성격을 띠며 젊은 세대의 문화 양식으로 자리 잡게 되었다.

┤ 보기 ├
ㄱ. 지역 주민의 정체성 확립에 기여한다.
ㄴ. 사회 발전의 새로운 방향을 제시하기도 한다.
ㄷ. 주류 문화의 문제를 인식하는 계기를 제공한다.
ㄹ. 한 사회 구성원들 대부분이 공유하는 문화이다.

① ㄱ, ㄴ   ② ㄱ, ㄷ   ③ ㄴ, ㄷ
④ ㄴ, ㄹ   ⑤ ㄷ, ㄹ

07 (가), (나)에 들어갈 개념을 바르게 연결한 것은?

구분	(가)	(나)
의미	어떤 사회에서 일반적으로 볼 수 있는 행동 양식과 가치관을 전체로서의 문화라고 할 때, 그 전체적 문화의 내부에 존재하면서 어떤 점에서는 독자적 특징을 나타내는 부분적 문화	어떤 집단의 문화가 그 사회의 지배적인 문화와 크게 대립하거나 그에 저항하는 문화로, 히피 문화나 비행 청소년 집단의 문화. 1970년대 우리나라의 장발 문화 등이 속함

     (가)   (나)
① 반문화   세대 문화
② 반문화   전체 문화
③ 하위문화   반문화
④ 하위문화   지역 문화
⑤ 전체 문화   반문화

08 밑줄 친 '문화'에 대한 옳은 설명만을 〈보기〉에서 있는 대로 고른 것은?

> 청소년들은 문자나 누리 소통망(SNS)상에서 대부분 자음만을 사용하여 의사소통하는 경우가 많다. 'ㄱㅅ'와 'ㅊㅋ'는 각각 '감사'와 '축하'의 실제 소리인 '추카'에서 각 음절의 첫 글자인 자음만을 따고 'ㄱㅅㄱㅅ'와 'ㅊㅋㅊㅋ'도 각각 '감사'와 '추카'의 반복형에서 각 음절의 첫 글자인 자음만을 딴 예이다. 어른들은 처음에 이 말이 무엇인지 몰라 당황하는데, 오히려 청소년들은 이러한 자신들만의 문화를 통해 동질감을 느끼며 어른들이 모르는 것을 더 즐기는 경향이 있다.

┤ 보기 ├
ㄱ. 다른 연령층의 문화와 항상 충돌한다.
ㄴ. 특정한 연령층이 공유하고 있는 문화이다.
ㄷ. 공통의 체험을 기반으로 하여 구성원 간 생활 양식이 비슷하다.
ㄹ. 건전하게 발달시키기 위해서는 지속적인 의사소통으로 공감대를 만드는 노력이 필요하다.

① ㄱ, ㄹ   ② ㄴ, ㄷ   ③ ㄱ, ㄴ, ㄷ
④ ㄱ, ㄷ, ㄹ   ⑤ ㄴ, ㄷ, ㄹ

09 다음 글을 통해 파악할 수 있는 내용으로 옳지 <u>않은</u> 것은?

> 한국인은 한국인으로서의 동일한 문화적 정체성을 갖고 살아간다. 우리 고유의 언어와 문자를 갖고 있으며, 밥과 국, 김치 등 우리 고유의 음식을 주로 먹는다. 하지만 청소년 세대나 여성, 노인 등은 그들만이 향유하는 문화가 있다. 심지어 최근의 청소년 세대는 인터넷의 영향으로 기존의 문법을 파괴한 그들만의 문자와 언어를 사용하며 기성세대와 단절되는 경향까지 보이고 있다.

① 여러 가지 하위문화가 존재한다.
② 문화는 사회 구성원들이 공유하는 것이다.
③ 한 문화권 안에서 문화의 보편성과 특수성이 나타난다.
④ 주류 문화와 이에 저항적 성격을 띠는 문화가 공존한다.
⑤ 청소년 세대가 성장하면 그들이 향유하던 문화가 주류 문화가 된다.

바른답·알찬풀이 42쪽

10 (가), (나)는 각각 대중 매체의 한 유형을 대표한다. 이에 대한 옳은 설명을 〈보기〉에서 고른 것은?

(가)   (나)

┤ 보기 ├

ㄱ. (가)는 (나)의 등장에 따라 소멸되고 있다.

ㄴ. (가)는 복잡하고 심층적인 정보 제공이 용이하다.

ㄷ. (가)와 (나) 모두 시청각을 통해 정보를 전달한다.

ㄹ. (가)와 달리 (나)는 쌍방향적 정보 전달이 가능하다.

① ㄱ, ㄴ   ② ㄱ, ㄷ   ③ ㄴ, ㄷ
④ ㄴ, ㄹ   ⑤ ㄷ, ㄹ

11 표는 A, B 사회에서 지배적인 위치를 차지하는 대중 매체가 지니는 특성을 비교한 것이다. 이에 대한 분석으로 옳은 내용을 〈보기〉에서 고른 것은?

특성	A 사회	B 사회
대중 매체의 다양성	낮음	높음
정보 생산의 독점성	높음	낮음
대중 매체를 통한 여론 조작의 가능성	높음	낮음

┤ 보기 ├

ㄱ. A 사회는 B 사회에 비해 쌍방향 매체가 발달했을 것이다.

ㄴ. A 사회에 비해 B 사회는 대중문화의 확산 속도가 느릴 것이다.

ㄷ. 정보 수용자의 능동성 발휘 가능성은 A 사회에 비해 B 사회가 높다.

ㄹ. 인터넷과 같은 뉴 미디어는 A 사회보다는 B 사회에서 보편적으로 나타날 것이다.

① ㄱ, ㄴ   ② ㄱ, ㄷ   ③ ㄴ, ㄷ
④ ㄴ, ㄹ   ⑤ ㄷ, ㄹ

12 밑줄 친 ㉠, ㉡에 대한 설명으로 옳은 것은?

우리나라에 근대 ㉠ 신문이 등장한 것은 개항 직후의 일이다. 19세기에 들어 한글 사용이 확대되었고, 이와 더불어 개화파 세력이 개화사상 전파를 목적으로 신문을 사용하고자 했기 때문이다. 그 후 일제 강점기에 「개벽」과 같이 민족 운동과 결부된 ㉡ 잡지가 발간되기도 하였다.

① ㉠은 인쇄 매체, ㉡은 영상 매체에 해당한다.

② 정보 전달의 범위는 ㉠이 ㉡에 비해 넓다.

③ 대중에 대한 영향력은 ㉠에 비해 ㉡이 크다.

④ ㉠과 ㉡은 모두 활자를 통해 정보를 전달한다.

⑤ ㉠과 달리 ㉡은 정보 수용자의 능동성이 강조된다.

★★중요

13 (가)~(다) 시기 문화의 특성으로 옳은 설명만을 〈보기〉에서 있는 대로 고른 것은?

(가)	(나)	(다)
귀족과 평민, 천민 등의 신분 구분이 엄격하고 위계가 분명하다.	신분제가 붕괴되었고, 텔레비전과 같은 대중 매체가 발달하였다.	신분제는 없고, 인터넷이나 SNS 등을 통한 의사소통이 이루어진다.

┤ 보기 ├

ㄱ. (가) 시기는 (나) 시기보다 계층 간의 문화적 이질성이 더 크다.

ㄴ. (나) 시기는 (다) 시기보다 문화를 통해 대중을 조작하기 수월하다.

ㄷ. (나) 시기보다 (다) 시기에서 문화적 다양성이 실현될 가능성이 더 크다.

ㄹ. (나) 시기보다 (다) 시기에서 국가 간 문화적 경계가 분명하게 나타날 가능성이 더 크다.

① ㄱ, ㄷ   ② ㄴ, ㄹ   ③ ㄱ, ㄴ, ㄷ
④ ㄱ, ㄷ, ㄹ   ⑤ ㄴ, ㄷ, ㄹ

★★
중요
14 교사의 질문에 옳은 답변을 한 사람을 고른 것은?

> 교사 : 대중문화가 등장한 배경은 무엇인가요?
> 갑 : 대중 매체가 발달했기 때문입니다. 대중 매체의 발달은 누구나 문화를 누릴 수 있도록 하는 데 크게 기여했습니다.
> 을 : 대중의 정치적·경제적 영향력이 강화되며 대중 사회가 형성되었기 때문입니다. 보통 선거나 대량 생산 및 대량 소비가 가능해진 것은 대중문화 형성의 밑바탕이 되었습니다.
> 병 : 산업화로 대중의 소비 기회가 줄어들면서 대중문화가 등장하게 되었습니다.
> 정 : 여가나 오락 등의 문화는 지배 계층이 누리는 문화라는 인식의 확대가 대중문화 등장에 기여하였습니다.

① 갑, 을   ② 갑, 병   ③ 을, 병
④ 을, 정   ⑤ 병, 정

★★
중요
16 다음 글을 통해 알 수 있는 대중문화의 문제점을 〈보기〉에서 고른 것은?

> 요즈음 텔레비전 프로그램 간에 시청률 경쟁이 매우 치열하다. 시청률은 곧 광고 수입으로 이어지기 때문이다. 문제는 시청률 경쟁이 프로그램의 저속화를 야기하고 있다는 것이다. 더 자극적이고 더 선정적이며 더 폭력적인 화면들이 나가는 이유는 시청률을 높이기 위한 것이다. 그들은 대중이 원하는 것을 만들어 보여 주는 것이라고 항변하지만 속내는 다른 데에 있다.

┤ 보기 ├
ㄱ. 대중문화가 도구화된다.
ㄴ. 과도한 상업성에 빠져 있다.
ㄷ. 대중의 취향을 반영하지 않은 문화가 생산된다.
ㄹ. 대중을 대중문화의 객체가 아닌 주체가 되게 한다.

① ㄱ, ㄴ   ② ㄱ, ㄷ   ③ ㄴ, ㄷ
④ ㄴ, ㄹ   ⑤ ㄷ, ㄹ

15 다음을 통해 추론할 수 있는 대중문화의 문제점으로 가장 적절한 것은?

① 문화가 획일화된다.
② 정치적으로 우매화된다.
③ 일시적인 문화가 형성된다.
④ 계층 간의 문화적 갈등이 심화된다.
⑤ 개별화된 개성적인 문화가 확산된다.

17 다음과 같은 현상이 나타나는 원인으로 가장 적절한 것은?

> 사실을 있는 그대로 전달해야 할 뉴스에서조차 사건을 극화하여 보여 준다든지, 현장감을 높인다는 명목으로 선정적인 장면을 여과 없이 보도하는 행태가 나타나고 있다. 연예인의 신변잡기나 사생활 등을 매우 중요하고 의미 있는 사건인 것처럼 보도하는 경우도 있다. 이와 같이 사람들의 흥미를 끌 만한 것을 주요 내용으로 담아 선정성과 오락성이 강한 뉴스를 만들어 시청률을 높이는 것이다.

① 문화의 민주화가 이루어졌기 때문이다.
② 문화가 상업주의의 지배를 받기 때문이다.
③ 특정 엘리트 집단이 문화를 만들기 때문이다.
④ 대중 매체가 쌍방향성을 가지고 있기 때문이다.
⑤ 문화 생산에 대중의 의사 반영이 이루어지지 않기 때문이다.

18 ㉠에 들어갈 개념에 대한 설명으로 옳지 <u>않은</u> 것은?

> ㉠ 은/는 정치권력이 자신의 권력을 유지하기 위하여 대중의 의식을 지배하여 복종을 끌어내는 것이다. 대중이 합리적 판단에 의한 선택을 하지 못하도록 하기 위해 정치권력은 대중 매체를 이용하여 선전과 설득, 교묘한 상징을 통한 정서적 통합 등의 방법을 사용한다. 대중은 대중 매체에서 지속적으로 유사한 정보가 전달되면 무의식적으로 동화되어 정치권력이 의도하는 대로 끌려가게 된다.

① 자본에 의해 이루어지기도 한다.
② 대중 매체를 장악하면 쉽게 할 수 있다.
③ 탈정치화 현상을 유도하는 경우가 많다.
④ 대중이 이것에서 벗어나는 것은 불가능하다.
⑤ 이성보다는 감성적인 접근을 하는 것이 효과적이다.

19 다음 대화를 통해 알 수 있는 대중문화의 특징으로 가장 적절한 것은?

> 외모만으로 미인 대회를 개최하고 그것을 텔레비전에서 중계해 주는 것은 외모 지상주의를 더욱 확산시키는 결과를 초래해. 미인의 기준이 획일적인 것이 될 수 없음에도 불구하고 미인 대회를 보면서 우리는 그 획일적인 기준을 따르게 되잖아.

> 맞아, 그래서 어떤 나라는 필기시험과 집중 인터뷰, 일주일간의 세미나 합숙 등 다섯 단계를 거쳐 지적인 능력을 평가해서 미인을 선발하는 모습을 방영한대. 그 결과 그 사회의 외모 지상주의 문화는 약해졌다고 하더라고.

① 소비 지향적이다.
② 대중들이 만드는 문화이다.
③ 사회적 가치로부터 자유롭다.
④ 대중들의 사회화에 영향을 미친다.
⑤ 고급문화를 대중들도 누릴 수 있게 해 준다.

20 다음의 (가)에 들어갈 내용을 서술하시오.

> 사투리는 대표적인 지역 문화의 하나이다. 사투리는 해당 지역의 문화가 녹아 있는 문화 그 자체이다. 아주 오래전에는 우리 사회에서도 북쪽 지역과 남쪽 지역의 사람들이 만날 수 있는 경우가 별로 없었고, 그에 따라 의사소통도 거의 불가능했다고 한다. 하지만 지금은 사투리를 사용해도 의사소통을 하는 데 큰 어려움이 없다. 그 이유는 _____(가)_____

21 다음 글을 읽고 물음에 답하시오.

> • 비슷한 연령대의 사람들이 공유하고 있는 문화
> • 지역 사회 구성원들이 공유하고 있는 풍습과 언어

(1) 위의 문화를 종합하여 무엇이라고 하는지 쓰시오.

(2) (1)의 순기능을 서술하시오.

22 다음과 같은 대중문화가 양산되는 이유를 서술하시오.

> 소위 막장 드라마라고 하는 비현실적이고 자극적인 소재의 드라마가 인기를 끌고 있다. 사회적으로 금기시되거나 도덕적으로 허용하기 힘든 소재를 활용하여 시청자들의 이목을 끌고 시청률을 높이려는 현상이 나타나는 것이다. 비단 드라마뿐만이 아니다. 대중음악의 선정성이나 이종 격투기 같은 스포츠의 폭력성 등이 누구나 볼 수 있는 텔레비전을 통해 버젓이 방송되고 있다.

01 밑줄 친 ㉠~㉢에 대한 설명으로 옳지 <u>않은</u> 것은?

> ㉠ 하위문화(sub culture)와 ㉡ 전체 문화 사이의 기능적 관계는 대개의 경우 상호 보완적이다. 즉, 하위문화는 그 독자성을 통해 지배적인 문화 구조를 보완하고, 이의 유지·존속에 공헌하는 경우가 많다. 그러나 지배적 문화에 대립·저항하는 ㉢ 대항문화(counter culture)로서의 작용을 하는 경우도 있다. 즉, 하위문화의 독자성이 강하여 그 내용이 지배적 문화에 대하여 비판적·적대적이며, 더욱이 그것이 사회에서 어느 정도의 영향력을 가지게 될 때에는 대항문화로서 작용하고, 지배적 문화 구조의 동요와 변동을 유도함으로써 새로운 문화 형성의 계기가 되기도 한다. 예를 들어, 히피의 활동과 신좌익 운동이 등장한 1960년대 후반부터 1970년대 전반의 선진적 산업 사회에서의 청소년 문화에서는 그와 같은 대항문화적인 성격을 확실히 찾아볼 수 있다.

① ㉡은 한 사회 구성원들 대부분이 공유하는 문화이다.
② ㉢은 사회 통합에 기여하는 측면이 강하다.
③ ㉢은 지배 집단에 의해 일탈 문화로 규정되기도 한다.
④ ㉠은 ㉡의 획일화를 방지하여 문화의 다양성을 제공한다.
⑤ 비행 청소년 집단 문화, 성적 소수자 문화는 ㉠, ㉢의 성격을 동시에 지닌다.

문제 접근 방법

하위문화는 특정 집단만이 공유하는 부분 문화이며, 전체 문화 속에서 문화 나름대로의 특성을 지닌 고유문화이다. 대항문화는 반문화로, 주류 문화에 대한 저항성을 가지고 있는 하위문화의 하나이다.

적용 개념

문화의 보편성과 특수성
하위문화와 반문화

02 다음은 대중 매체를 바라보는 두 가지 이론이다. 두 이론이 공통적으로 바라보는 대중의 모습으로 가장 적절한 것은?

> • 탄환 이론은 대중 매체의 메시지가 목표물을 정확하게 맞혀 쓰러뜨리는 탄환처럼 수용자인 대중에게 직접적이고 강력한 효과를 갖는다고 본다. 예를 들어 대중 매체를 통한 히틀러의 선동에 대중들이 열광적으로 넘어간 것을 들 수 있다.
> • 모방 이론은 대중 매체가 수용자, 특히 어린이나 청소년들로 하여금 본받고 싶어 하는 욕망을 갖도록 한다고 본다. 예를 들어 청소년이 유명 연예인의 말투나 행동, 복장을 따라 하며 자신의 정체성을 찾으려 하는 것을 들 수 있다.

① 대중은 소비 지향적이다.
② 대중은 개성을 중시한다.
③ 대중은 즉흥적이고 충동적이다.
④ 대중은 수동적이고 무비판적이다.
⑤ 대중은 자신을 타인과 차별화시킨다.

문제 접근 방법

대중 매체를 보는 두 가지 이론인 탄환 이론과 모방 이론이다. 탄환 이론은 목표를 달성시키는 수단으로서 대중 매체가 기능을 한다는 것에 초점을 맞춘 이론이며, 모방 이론은 대중 매체가 대중의 모방 심리를 자극하여 대중 매체가 원하는 대로 따라 하게 할 수 있다고 보는 이론이다.

적용 개념

대중 매체의 문제점
대중 조작
획일화

03 다음을 통해 알 수 있는 대중 매체의 성격만을 〈보기〉에서 있는 대로 고른 것은?

> 자본주의 사회에서 미디어 산업은 대중 매체를 통하여 대중문화를 생산함으로써 이윤을 남겨야 하는 하나의 산업이다. 이들에게는 대중문화를 생산하는 데 필요한 재원을 조달하고 이윤을 획득할 수 있는 수단인 시청료나 구독료, 광고 등이 매우 중요하다. 미디어 산업은 일반 기업과는 구별되는 문화적 성격도 띠는데, 여기에서 문화는 오락의 성격과 이데올로기의 성격을 동시에 지닌다. 대중 매체를 통해 전달되는 문화는 일종의 정보이고, 정보는 감정, 기호, 가치관, 규범, 이념 등을 포함하고 있는 경우가 많다. 따라서 대중 매체는 다양한 이데올로기를 전달하거나 유포하는 수단이 된다. 하지만 대중 매체가 아무런 모순이나 갈등 없이 일방적으로 지배 이데올로기를 전파하는 것은 아니다. 민주주의 사회에서 대중 매체는 단순히 지배 세력의 힘에 의해서만 영향을 받는 것이 아니라 제한적이지만 공적인 기구로서의 규범적 힘도 작용한다.

┤ 보기 ├
ㄱ. 대중 조작의 수단으로 활용되어 지배 집단의 이익에 충실할 수 있다.
ㄴ. 사적 이윤 추구와 공공성의 추구라는 두 가지 면을 모두 가지고 있다.
ㄷ. 정치권력에 대한 감시와 비판을 통해 민주주의 발전에 기여할 수도 있다.
ㄹ. 대중 매체에서 정보 수용자에게 제공하는 정보는 가공하지 않은 것이다.

① ㄱ, ㄴ   ② ㄷ, ㄹ   ③ ㄱ, ㄴ, ㄷ   ④ ㄴ, ㄷ, ㄹ   ⑤ ㄱ, ㄴ, ㄹ

🔎 **문제 접근 방법**
미디어 산업이 초래할 수 있는 문제점이 무엇인지 지배 이데올로기를 중심으로 찾아볼 수 있다. 상업성과 더불어 정치적으로 대중을 조작할 수 있는 힘이 있다는 것을 주장하고 있다.

✏️ **적용 개념**
대중 매체의 상업성
대중 조작
지배 이데올로기

04 그림에서 풍자하고자 하는 대중문화의 문제점으로 가장 적절한 것은?

① 탈정치화 현상을 야기한다.
② 인간 소외 현상을 유발한다.
③ 선정적인 저질 문화가 양산된다.
④ 상업적 이윤 달성만을 추구한다.
⑤ 대중의 생활 양식을 획일화시킨다.

🔎 **문제 접근 방법**
대중문화에는 순기능도 있지만 역기능도 존재한다. 그중에서 국가 권력이나 기업 자본 등 권력자가 대중 매체를 이용하여 대중의 여론이나 관심사 등을 자신이 원하는 방향으로 형성해 가도록 하는 대중 조작이 있다. 이는 대중의 정치적 무관심을 조장하거나 비판적 태도를 우호적 태도로 변화시키기 위한 목적으로 이루어지는 경우가 많다.

✏️ **적용 개념**
대중문화의 역기능
정치적 무관심 조장

03 문화 변동의 이해

(📖학습길잡이) • 문화 변동의 원인 및 양상을 이해하고 사례에 적용할 수 있어야 한다.
• 문화 변동이 초래할 수 있는 문제점과 대응 방안을 파악해 두어야 한다.

A 문화 변동은 무엇이며, 왜 일어날까

1 문화 변동 : 새로운 문화 요소의 등장이나 다른 문화와의 접촉을 통해 기존의 문화 요소가 변화하는 현상

⭐ 2 문화 변동의 요인

① **내재적 요인** (질문) – 한 사회의 문화 체계 내에서 새로운 문화 요소가 등장한 것이다.

└─ 물질적인 발명뿐만 아니라 비물질적·정신적 발명도 포함한다.

발명 ❶	• 기존에 존재하지 않았던 새로운 문화 요소를 만들어 내는 것 • 1차적 발명 : 자연을 활용하여 새로운 문화 요소나 원리를 만들어 내는 것 ⑩ 활의 발명, 화약의 발명 등 • 2차적 발명 : 기존의 문화 요소나 원리를 조합하여 새로운 문화 요소를 만들어 내는 것 ⑩ 활의 원리를 이용한 현악기 발명, 화약을 이용한 총의 발명 등
발견	이미 존재하고 있었으나 알려지지 않은 것을 찾아내는 것 ⑩ 불, 만유인력, 태양계, 비타민 등 ❷

② **외재적 요인**

• **문화 전파** : 다른 사회의 *문화 체계와 접촉 또는 교류하는 과정에서 문화 변동을 초래하는 요인이 전달되는 것

• **문화 전파의 종류**

┌─ 사회 구성원 간의 직접적인 접촉에 의해 이루어진 것이다.

직접 전파	두 문화 간의 직접적인 접촉에 의한 전파 ⑩ 중국으로부터 한자와 불교가 우리나라로 전파된 것
간접 전파	인쇄물이나 인터넷, 텔레비전 등의 매체를 매개로 일어나는 전파 ⑩ 텔레비전 드라마를 통해 한국 문화가 다른 나라에 전파된 것
자극 전파	다른 사회의 문화 요소에서 아이디어를 얻어 새로운 문화 요소를 발명하는 것 ⑩ 신라 시대에 중국에서 전해진 한자의 원리 전파로 이두가 발명된 것

자료로 보는 🔍 직접 전파와 간접 전파

(가)	(나)

직접 전파는 문화 요소를 제공하는 사회와 그것을 수용하는 사회 구성원들 간에 직접적 접촉을 통해 문화 요소가 전달되는 것이다. (가)와 같이 구한말 외국인 선교사에 의해 기독교가 전파된 것은 이러한 직접 전파에 속한다. 그에 반해 간접 전파는 직접적 접촉이 아닌 매개체를 통해 문화 요소가 전달되는 것이다. (나)와 같이 대중 매체에 의한 문화 요소 전파는 간접 전파에 해당한다.

❓ 다른 사회의 문화 요소에서 아이디어를 얻어 새로운 문화 요소를 발명하는 것을 무엇이라고 할까?

🅰 자극 전파

개념더하기 자료채우기

✊ 질문 있어요

모든 발명이나 발견이 문화 변동으로 이어지는 것인가요?

모든 발명이나 발견이 문화 변동으로 이어지는 것은 아닙니다. 발명이나 발견된 문화 요소가 사회 구성원들에게 수용되어 그들의 삶의 방식을 변화시킬 때 문화 변동이 가능한 것이지요. 만일 사회 구성원들에게 수용되지 않으면 발명이나 발견된 문화 요소가 확산되거나 전파되지도 않고 문화 변동도 일어나지 않습니다.

❶ 1차적 발명과 2차적 발명

△ 1차적 발명 　　　△ 2차적 발명

발명에는 이전에는 전혀 없었던 문화 요소나 원리를 새로 만드는 1차적 발명과 이미 존재하고 있거나 알려진 문화 요소에 변화를 가하거나 응용하여 새로운 문화 요소를 만드는 2차적 발명이 있다. 예를 들어 바퀴의 발명은 1차적 발명이고, 바퀴로 굴러가는 수레의 발명은 2차적 발명이다.

❷ 불의 발견이 가져온 문화 변동

불의 발견은 주거 문화, 음식 문화 등 다양한 문화 영역에 큰 변화를 가져왔다. 불을 통해 난방이 가능해졌기 때문에 추운 지역에서도 살 수 있게 되어 주거 문화가 바뀌고 맹수로부터 조금 더 안전하게 자신을 지킬 수 있게 되었다. 한편, 음식을 익혀 먹게 됨으로써 음식 문화도 변화하였고 음식의 맛을 다채롭게 변화시킬 수 있게 되었다.

✳ 용어사전

* **문화 체계** 문화를 구성하는 여러 부분이 상호 의존적인 관계를 맺으면서 이루고 있는 전체로서의 문화

* **이두** 중국 한자의 음과 뜻을 빌려 우리말을 표기하는 것

B 문화 변동은 어떤 모습으로 나타날까

1 문화 변동의 양상

① 내재적 변동 : 한 사회의 문화 체계 내에서 발명, 발견 등을 통해 일어나는 문화 변동 **3**

② 외재적 변동(문화 접변) **4**

• 의미 : 서로 다른 문화가 비교적 장기간 접촉하여 나타나는 변동

• 종류

강제적 문화 접변 **5**	• 문화 수용자의 입장에서는 원하지 않으나 타 문화의 정치적 압력 등에 의해 문화 수용을 강요하는 것 └ ⑩ 무력에 의한 정복이나 식민 통치 등 • 외래문화 유입에 반대하여 자문화의 정체성을 강화하려고 노력하거나 다시 옛 전통문화를 되살리려는 *복고 운동이 일어나기도 하며, 순응하여 동화되기도 함
자발적 문화 접변	• 문화 수용자가 필요에 의해 타 문화를 수용하는 것 • 한 사회의 문화 발전에 긍정적인 영향을 끼치는 경우가 많음 　　　　└ ⑩ 이민자가 이민 사회에 적응하려는 노력을 하는 것

자료로 보는 　문화 접변의 사례

> (가) 1820년경 하와이에 처음 도착한 미국 선교사들은 남녀 구분 없이 상체는 벗고, 하체는 풀로 가린 채 생활하던 원주민에게 옷을 입을 것을 강요하였다. 주민들의 몸에 일일이 맞추어 짓지 못하고 누구에게나 맞는 넉넉한 옷을 만들어 입게 하였는데 이것이 발전하여 하와이의 전통 의상 '무무'가 되었다.
>
> (나) 아메리카의 나바호 인디언은 18세기 에스파냐인들과의 빈번하고 다양한 접촉을 통해 의복, 금속 세공술과 같은 에스파냐 문화의 여러 요소를 받아들여 그들 고유의 문화 속에 독자적인 방식으로 통합하였다.

(가)와 (나)는 원주민 문화와 서양의 문화가 서로 접촉함으로써 나타난 변동 양상이다. (가)는 선교사가 강제로 원주민에게 본국의 의복 문화를 받아들이도록 한 강제적 문화 접변의 사례이고, (나)는 나바호 인디언들이 에스파냐인들과의 교류를 통해 자발적으로 문화를 받아들였으므로 자발적 문화 접변의 사례이다.

⑩ 강제적 문화 접변과 자발적 문화 접변은 내재적 변동일까, 외재적 변동일까? 롱번 ᄧᅢᅜᅵᅙ **7**

★ 2 문화 접변의 결과

① 문화 공존 – A+B → A, B

의미	서로 다른 사회의 문화 요소가 한 사회의 문화 체계 속에서 나란히 존재하는 현상
사례	우리 사회에서 한의학과 서양 의학이 공존하는 것

② 문화 동화 – A+B → B

의미	한 사회의 문화가 다른 사회의 문화 체계 속에 흡수되어 정체성을 상실하는 현상
사례	아메리카 원주민들이 유럽의 백인 문화와 접촉하면서 자기 문화를 상실한 경우

③ 문화 융합 질문 – A+B → C

의미	서로 다른 문화 요소가 결합하여 기존 문화 요소와 다른 성격을 지닌 제3의 문화를 형성하는 현상
사례	미국에 노예로 온 아프리카 흑인의 음악이 유럽식 악기 등과 결합하여 만들어 낸 재즈

개념 더하기 자료 채우기

3 문화의 내재적 변동

문화 변동의 원인이 한 문화 체계 내에 있는 경우를 내재적 변동이라고 한다. 한 사회 내의 발명이나 발견이 문화 변동을 가져오는 경우이다. 그런데 인류의 문화 변동 측면에서 보면 대부분의 문화 변동은 한 문화 체계 외부에서 발명이나 발견된 문화 요소가 전파를 통해 접촉되어 발생하기 때문에 내재적 변동보다는 외재적 변동, 즉 문화 접변이 훨씬 많이 일어난다.

4 문화의 외재적 변동과 문화 접변

문화 접변과 문화의 외재적 변동은 같은 의미이다. 한 문화 체계 외부의 문화와 내부의 문화가 접촉을 하여 변동하였기 때문에 '접촉적 변동'이라는 의미로 '접변'이라고 하는데, 문화 변동의 원인이 외부에 있기 때문에 외재적 변동이라고도 한다.

5 강제적 문화 접변과 문화 저항

문화 수용자가 자율성을 박탈당하거나 위협받았을 때, 문화 수용자는 자신들의 전통문화를 재확인하며 문화적 정체성을 유지하거나 되찾기 위해서 저항 운동이나 복고 운동을 벌이기도 한다. 우리나라에서 일제 강점기 시절 일본의 문화 동화 정책에 반발하여 저항 운동이 일어난 것, 북아메리카의 원주민들이 서양인의 침입에 저항하며 종교 운동을 일으킨 것 등이 그 사례이다.

질문 있어요

문화 융합과 자극 전파를 어떻게 구분하면 좋을까요?
문화 융합은 서로 다른 문화 요소 간의 결합으로 새로운 문화 요소가 발명되는 것입니다. 하지만 자극 전파는 특정 문화 요소가 전파된 것이 아니라 관련된 아이디어가 전파되어 새로운 발명이 일어난 것이지요. 예를 들어 기독교가 들어와서 전통 종교와 만나 새로운 종교가 만들어졌다면 문화 융합이지만 종교라는 것이 있다는 아이디어에 착안해서 새로운 종교를 만들어 냈다면 이는 자극 전파에 해당하겠지요.

✱ 용어사전

*복고(復 회복하다, 古 옛날)　과거의 모양, 정치, 사상, 제도, 풍습 따위로 돌아감

03 문화 변동의 이해

문화 접변의 결과 ①

(가)	(나)	(다)

18세기 말 북아메리카 북동부의 이로꼬이족의 지도자는 서구의 기독교와 인디언의 전통 종교를 혼합한 종교를 창시하여 호응을 얻었고, 이는 널리 확산되었다.	1960년대 초반 서울 명동의 모습이다. 급격히 서구화되던 시절, 거리에서는 한복을 입은 여성과 서양식 원피스나 투피스를 입은 여성들이 함께 활보했다.	여인이 방적하는 모습을 담은 옛 풍속도에는 면방적하는 과정이 잘 나타나 있다. 하지만 서구에서 기계가 보급되면서 전통적 직조 방식은 찾아보기 힘들어졌다.

위의 세 가지 사례는 모두 서로 다른 문화 체계 간의 접촉으로 인해 나타난 문화 접변 양상이다. (가)는 두 문화 체계 간의 접촉이 새로운 문화 요소를 만들어 낸 문화 융합, (나)는 서로 다른 문화 요소들이 각각의 정체성을 가진 채 한 사회 안에 존재하는 문화 공존(문화 병존), (다)는 하나의 문화 요소가 다른 문화 요소를 밀어내 사라지게 한 문화 동화의 사례이다.

Q 문화 접변의 결과를 세 가지 개념으로 구분하면 어떤 것이 있을까?

A 문화 융합, 문화 동화, 문화 공존(문화 병존), 문화 동화

C 문화 변동으로 나타나는 문제, 어떻게 대응할까

1 문화 변동으로 나타나는 문제점

① 문화 지체 ②

내용	물질문화의 변동 속도를 비물질문화가 따라가지 못해 발생하는 부조화 현상
예	인터넷의 급속한 발달에 따른 사이버 범죄의 증가 등

② 문화 정체성 약화 ③

내용	새로운 문화 요소가 유입되면서 자기 문화에 대한 정체성이 약화되거나 정체성의 혼란이 초래되기도 함
예	서구 문화 유입에 따른 전통문화의 쇠퇴

③ 아노미 현상 ┐ 사회적 규범의 동요·이완·붕괴 등에 의하여 일어나는
└ 혼돈 상태 또는 구성원의 욕구나 행위의 무규제 상태이다.

내용	문화 변동으로 기존의 가치 규범이 무너졌으나 새로운 가치 규범이 형성되지 않아 사회적 혼란을 초래하는 현상
예	전통적 가치관과 현대적 가치관 중 어느 것도 지배적 규범으로서의 역할을 하지 못하는 경우 등

④ 집단 간의 갈등

내용	새로운 문화 요소가 등장하였을 때 이를 받아들여 기존 문화를 대체하려는 집단과 기존 문화를 유지하려는 집단 간에 갈등 발생 가능
예	낙태죄 폐지를 둘러싼 집단 간의 대립 등

개념 더하기 자료 채우기

1 문화 접변의 결과

문화 융합	문화 동화	문화 공존
A + B ↓ C	A + B ↓ B	A + B ↓ A, B

A, B, C : 개별 문화 또는 문화 요소   + : 접촉   ┈┈▶ : 변화

문화 접변의 결과는 문화 융합, 문화 동화, 문화 공존으로 구분할 수 있다.

2 문화 지체

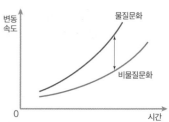

서구 사회가 경험한 기술의 발달은 물질생활의 급격한 변화를 야기하였다. 그러나 물질적 측면과 연관되어 있는 여러 가지 제도나 가치의 변화는 물질적 측면의 변화를 따르지 못하고 기술 발달이 계속되면 그 간격은 점점 커진다. 그러한 현상을 오그번은 '문화 지체'라고 불렀다.

3 문화 정체성의 의미와 중요성

문화 정체성이란 한 사회 구성원들이 자신의 문화에 대해 갖는 일체감을 말한다. 오랫동안 공유한 역사적 경험과 운명 공동체로서의 의식 등을 토대로 형성되는데, 세계화 시대에 문화 정체성을 유지·존속시키는 것은 자문화의 전승과 인류 문화의 발전을 위해 필요하다. 인류 문화의 측면에서 보았을 때에 문화 정체성을 갖는 것은 문화 다양성 실현의 토대가 되기 때문이다.

★용어사전

* **물질문화** 인간의 삶을 영위하기 위해 만들고 사용하는 각종 재화나 그것을 제작하거나 사용하는 기술
* **비물질문화** 사회를 유지하기 위해 만든 규범 및 제도와 사회 구성원들의 사고방식이나 가치 체계

디지털카메라의 성능이 개선되고 가격도 싸졌을 뿐만 아니라 휴대 전화에 디지털 카메라 기능이 첨가되면서 길거리에서 사진을 찍는 사람들의 모습을 흔히 볼 수 있다. 그런데 이렇게 사진을 찍어 인터넷에 올릴 경우 사진 속에는 지나가는 사람들  의 모습이 찍히게 되는데 이것은 찍힌 사람들의 사생활과 초상권을 침해하는 행위에 해당된다. 또 사진 촬영이 금지된 박물관이나 공연장 같은 곳에서 사진을 찍는 사람들이 있는데, 카메라의 플래시는 박물관 전시품에 손상을 줄 수 있으며, 공연이 원만하게 진행되는 데 방해가 되기도 한다.

카메라의 기능은 비약적인 발전을 하고 있는 데 비해 카메라를 이용하는 사람들의 의식은 이에 못 미치기 때문에 이와 같은 현상이 발생하고 있다. 이는 문화 지체의 사례에 해당한다.

Q 물질문화의 변동 속도를 비물질문화가 따라가지 못해 발생하는 문화 변동의 부작용을 무엇이라고 할까?

A 곰되지 l쾨㈈ 읍곰䕎

2 문화 변동 과정의 문제점에 대한 대응 ④

① 문화 지체에 대한 대응 : 물질문화의 변동을 뒷받침할 수 있는 제도나 관련 문화를 정립함 ⑩ 의식 개선을 위한 캠페인 활동 등

② 문화 정체성 약화에 대한 대응 : 새로운 문화 요소를 주체적으로 수용하고, 고유문화의 장점을 유지·발전시킴 ⑤ ┗ 새로운 문화 요소의 장단점을 파악하여 우리 문화 발전에 필요하다고 판단될 경우 비판적으로 수용한다.

③ 아노미 현상에 대한 대응 : 문화의 급격한 변동으로 아노미 현상이 발생할 경우 새로운 문화에 적합한 사회 규범을 확립함

④ 집단 간의 갈등에 대한 대응 : 상대주의적 태도와 관용의 자세로 서로의 입장과 가치관이 다르다는 점을 인정하고 타협점을 모색함

(가)	(나)
정보화 초기에는 불법 복제에 대한 사회적 인식도 그다지 부정적이지 않았다. 그러나 불법 복제에 대한 문제점이 꾸준히 제기되면서 최근에는 음원 파일이나 동영상 파일을 구매하는 것이 당연시되고 있다. 이러한 변화는 불법 복제를 규제할 수 있는 법규와 처벌이 강화된 한편, 불법 복제의 문제점을 알리는 운동이 꾸준히 이어져 사람들의 인식이 변화한 결과 나타나게 되었다.	인권 의식의 성장, 여성의 사회 진출 확대 등과 맞물려 양성평등에 대한 요구가 높아지고 있다. 국가기술표준원에서는 양성평등의 정착과 확산을 위해, 기존의 그래픽 심벌 중 양성평등 정신이 충분히 반영되지 못했다고 판단되는 것들을 교체하여 보급하고 있다.

(가)와 같이 불법 복제를 규제하는 법규와 처벌이 강화되고 불법 복제에 대한 사람들의 인식을 변화시키는 운동이 꾸준히 있었기에 문화 지체가 개선될 수 있었다. (나)와 같이 문화 변동에 따라 올바른 의식 변화와 규범을 정립하려는 노력도 필요하다.

문화 지체는 왜 발생하는 것인가요?
물질문화의 변동 속도는 대부분 비물질문화의 변동 속도보다 빠릅니다. 사회 변동이 느린 사회에서는 물질문화가 빠르게 변화하지 않기 때문에 사실 문화 지체라고 할 만한 현상들이 매우 적었지요. 그런데 사회 변동이 빠르다는 것은 대부분 물질문화의 변동이 비물질문화의 변동을 이끌어 가는 경우가 많은데, 변동 속도가 빠를수록 이 둘의 괴리는 커질 가능성이 높지요.

④ 사이버 윤리 강령

- 타인의 인권과 사생활을 존중하고 보호한다.
- 비속어나 욕설 사용을 자제하고 바른 언어를 사용한다.
- 불건전한 정보를 배격하며 유포하지 않는다.
- 사이버 공간에 대한 자율적 감시와 비판 활동에 적극적으로 참여한다.
- 윤리 강령 실천을 통해 건전한 누리꾼 문화를 조성한다.

'사이버 윤리 강령'과 같은 규범이 만들어진 이유는 문화 변동 과정에서 발생하는 문화 지체나 아노미 현상 등의 문제를 해결하고자 제도적 측면에서의 규범을 정립하고자 하는 것이다.

⑤ 한국 문화의 정체성을 둘러싼 과제

문화 정체성을 유지한다는 명목으로 기존의 문화적 전통을 고수하는 데만 치중한다면 우리 문화는 발전 가능성을 잃고 정체될 수 있으며, 다른 문화에 대한 배타성으로 인해 세계화 시대에 낙오될 수 있다. 따라서 세계화 시대에 문화 정체성을 유지하면서도 변화하는 세계에 적합한 문화 변동을 주도해 가야 하는 과제를 지니고 있다.

✱ 용어사전

✱ **고유문화**(固 굳다, 有 있다, 文 글, 化 되다) 어떠한 나라나 민족이 본래 가지고 있는 독특한 문화

✱ **관용**(寬 너그럽다, 容 용서하다) 남의 잘못을 너그럽게 받아들이거나 용서함

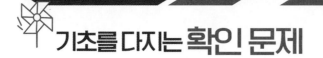
올리드 포인트

A 문화 변동의 원인

내재적 요인	발견	기존에 있던 것을 새롭게 알아내는 것 ⓓ 불, 만유인력, 태양계, 비타민 등
	발명	새로운 문화 요소를 만들어 내는 것 ⓓ 여러 가지 제도, 의식주 관련 물질 등
외재적 요인	직접 전파	두 문화 간 직접적 접촉에 의한 전파 ⓓ 중국으로부터 한자와 유교의 전파
	간접 전파	인쇄물, 인터넷, TV 등 매체를 통한 전파 ⓓ TV 드라마를 통한 유행의 전파
	자극 전파	외래문화의 전파가 새로운 문화 요소의 발명으로 이어지는 전파 ⓓ 한자의 전래 → 이두의 발명

B 문화 변동의 양상

내재적 변동		한 사회의 문화 체계 내에서 발명·발견에 의해 일어나는 문화 변동
외재적 변동 (문화 접변)	강제적 문화 접변	전쟁, 식민 지배 등 강제성을 띤 외부 압력에 의해 일어나는 문화 변동
	자발적 문화 접변	필요에 의해 다른 문화를 수용하면서 자연스럽게 일어나는 문화 변동
문화 접변의 결과	문화 공존	서로 다른 사회의 문화가 한 사회의 문화 체계 속에서 나란히 존재하는 현상
	문화 동화	한 사회의 문화가 다른 사회의 문화 체계 속에 흡수되어 정체성을 상실하는 것
	문화 융합	외래문화와 토착 문화의 상호 작용의 결과로 제3의 문화가 형성되는 것

C 문화 변동의 문제점과 대처 방안

문제점	문화 지체	물질문화와 비물질문화 간의 변동 속도의 차이로 생겨나는 사회적 부조화
	문화 정체성 약화	타 문화를 급속히 수용하면서 자문화의 정체성 약화 초래
	아노미 현상	사회 변동으로 인해 지배적 규범의 붕괴와 이로 인한 가치관 혼란 발생
	집단 간 갈등	새로운 문화 요소가 등장하였을 때 기존 문화를 대체하려는 집단과 기존 문화를 유지하려는 집단 간 갈등 발생
대처 방안	문화 지체	물질문화의 변동을 뒷받침할 수 있는 제도나 관련 문화를 정립함
	문화 정체성 약화	새로운 문화 요소를 주체적으로 수용하고, 고유문화의 장점을 유지·발전시킴
	아노미 현상	새로운 문화에 적합한 사회 규범을 확립함
	집단 간 갈등	상대주의적 태도와 관용의 자세를 가짐

01 다음 설명이 맞으면 ○표, 틀리면 ×표를 하시오.

(1) 현대 사회는 과거에 비해 문화 변동 속도가 느린 편이다.
( )

(2) 발명, 발견은 문화 변동의 내부적 요인에 해당한다.
( )

(3) 한 사회의 문화가 다른 문화 체계에 흡수되는 것을 문화 동화라고 한다. ( )

(4) 문화 융합은 서로 다른 문화 요소가 결합하여 제3의 문화 요소가 형성되는 것을 의미한다. ( )

(5) 문화 지체는 비물질문화의 변동 속도를 물질문화가 뒤따르지 못할 때 발생한다. ( )

02 빈칸에 들어갈 알맞은 말을 쓰시오.

(1) 문화 변동의 내재적 원인은 ( ), ( )이/가 있다.

(2) 문화 변동은 그 변동 원인이 안에 있는 ( ) 변동과 외부에 있는 외재적 변동(문화 접변)으로 구분할 수 있다.

(3) 문화 접변은 그 변동 결과에 따라 문화 공존, 문화 융합, ( )의 세 가지로 구분할 수 있다.

(4) 비물질문화의 변동 속도가 물질문화의 변동 속도를 따라잡지 못하여 발생하는 부조화 현상을 ( ) 현상이라고 한다.

(5) 외부로부터 새로운 문화 요소가 유입되면서 자기 문화에 대한 ( )의 혼란이 초래되기도 한다.

03 문화 접변의 결과와 그 사례를 바르게 연결하시오.

(1) 문화 동화 •

(2) 문화 공존 •

(3) 문화 융합 •

• ㉠ 한국에서는 한의학과 서양 의학이 함께 존재한다.

• ㉡ 한국의 결혼식은 서양식과 전통 방식이 혼재되어 있다.

• ㉢ 남미의 여러 나라는 스페인이 지배하면서 스페인어를 사용하게 되었다.

중요

01 (가)~(다)에 대한 옳은 설명을 〈보기〉에서 고른 것은?

> (가) 우리 사회에서 아침 식사로 밥과 국을 먹는 사람도 있고, 서양식 토스트와 커피를 먹는 사람도 있다.
> (나) 우리의 전통 음식인 밥이 서양의 햄버거와 결합하여 라이스버거가 탄생하였다.
> (다) 남미의 여러 나라는 스페인의 지배 때문에 스페인어를 사용하게 되었고, 그 결과 토착 언어가 사라졌다.

| 보기 |

> ㄱ. (가)는 자발적 문화 접변, (나)는 강제적 문화 접변이다.
> ㄴ. (가)는 문화 공존, (나)는 문화 융합으로 설명할 수 있다.
> ㄷ. (나), (다)는 문화 변동의 요인이 내부에 있는 경우이다.
> ㄹ. (가), (나), (다)는 모두 문화 접변으로 설명할 수 있다.

① ㄱ, ㄴ   ② ㄱ, ㄷ   ③ ㄴ, ㄷ
④ ㄴ, ㄹ   ⑤ ㄷ, ㄹ

02 다음 사례를 설명하는 데 적절한 개념을 〈보기〉에서 고른 것은?

> 우리나라의 강화도에는 성공회 성당이 있다. 성 베드로와 바울로 성당이라고도 불리는 이 성당은 1900년 건립되었다. 이 건물은 한국에서 서양 건축이 도입되던 시기의 초기 건축물로서 한국 그리스도교 역사의 한 단면을 보여 준다. 로마의 바실리카 양식과 한국식의 목조 건물 양식이 혼합된 이 건축물은 서양식과 한국식이 절묘하게 결합된 새로운 건축 문화를 보여 준다.

| 보기 |

> ㄱ. 문화 동화   ㄴ. 문화 공존
> ㄷ. 문화 융합   ㄹ. 문화 전파

① ㄱ, ㄴ   ② ㄱ, ㄷ   ③ ㄴ, ㄷ
④ ㄴ, ㄹ   ⑤ ㄷ, ㄹ

03 다음과 같은 문화 변동의 부작용에 대한 옳은 설명을 〈보기〉에서 고른 것은?

> • 인터넷 사용이 보편화되면서 개인 정보를 도용하는 사람이나 악성 댓글을 다는 사람도 증가하여 사회 문제가 되고 있다.
> • 의학 기술의 발달로 평균 수명은 연장되었지만, 복지 제도는 이에 미치지 못해 노인 문제가 발생하고 있다.

| 보기 |

> ㄱ. 문화 정체성을 약화시키고 있다.
> ㄴ. 세대 간의 갈등 때문에 발생한 것이다.
> ㄷ. 문화 요소 간의 부조화 현상이 나타나고 있다.
> ㄹ. 물질문화의 변동 속도와 비물질문화의 변동 속도 차이 때문에 발생한 것이다.

① ㄱ, ㄴ   ② ㄱ, ㄷ   ③ ㄴ, ㄷ
④ ㄴ, ㄹ   ⑤ ㄷ, ㄹ

04 다음에 대한 설명으로 옳지 않은 것은?

> 유럽인 신부들이 아마존강(江) 유역의 자파테크족에게 선교하는 과정에서 그들에게 강제로 옷을 입혔다. 그 결과 기온이 높고 습기가 많은 이 지역의 기후 때문에 원주민들이 피부병에 걸렸으며, 사회 계층을 나타내는 문신도 몸에 표시할 수가 없어 가치관의 혼란과 사회 질서의 문란을 가져왔다.

① 강제적 문화 접변이 나타났다.
② 문화 융합으로 설명할 수 있다.
③ 직접 전파, 외재적 변동의 사례이다.
④ 상대주의적 문화 이해 태도의 중요성을 알게 해 준다.
⑤ 사례의 유럽인들은 자문화를 중심으로 타 문화를 인식했다.

05 (가)에 들어갈 개념으로 가장 적절한 것은?

(가) 의 사례

체로키 인디언들은 백인들과 접촉하기 전까지는 고유 문자를 갖고 있지 않았다. 하지만 백인들과 접촉하면서 백인들의 문자인 알파벳에서 아이디어를 얻었고, 그것에 자신들의 형식을 부여해 체로키 문자를 만들어 냈다. 체로키 문자는 체로키족이 백인의 문자로부터 아이디어를 얻어 발명한 것이다.

① 자극 전파 ② 간접 전파 ③ 문화 동화
④ 문화 진화 ⑤ 문화 융합

07 다음과 같은 문화 변동을 설명하는 데 사용할 수 있는 적절한 개념이 <u>아닌</u> 것은?

인도에서 탄생한 종교인 불교는 정작 인도에서는 보편적인 종교로 자리 잡지 못했다. 하지만 중국으로 넘어와 사회 전반에 큰 영향을 미쳤다. 이후 중국의 승려에 의해 우리나라에 전래된 불교는 우리의 토속 신앙과 결합하여 칠성신을 모시는 칠성각이 절에 세워지는 등 매우 독특한 불교문화를 형성하였다.

① 발명 ② 문화 전파 ③ 직접 전파
④ 문화 융합 ⑤ 문화 동화

★★★
중요

06 다음과 같은 문화 접변에 대한 옳은 설명만을 〈보기〉에서 있는 대로 고른 것은?

일제 강점기 시절 일제는 우리의 문화를 말살시키기 위한 정책을 펼쳤다. 학교에서 일본어만 사용하도록 하였으며, 우리의 성과 이름을 일본식으로 바꾸게 하는 일본식 성명 강요를 하였다. 또한 전통적인 유교 문화를 버리고 머리를 짧게 자르도록 강제하는 단발령을 시행하였다. 이에 우리나라 국민들은 큰 거부감을 갖게 되었다.

┤ 보기 ├
ㄱ. 문화의 근대화가 이루어졌다.
ㄴ. 문화의 획일화를 초래할 수 있다.
ㄷ. 두 문화 체계 간의 갈등을 유발할 수 있다.
ㄹ. 저항 운동이나 복고 운동을 야기할 수 있다.

① ㄱ, ㄴ ② ㄱ, ㄷ ③ ㄷ, ㄹ
④ ㄱ, ㄴ, ㄹ ⑤ ㄴ, ㄷ, ㄹ

08 다음 글에 대한 옳은 분석만을 〈보기〉에서 있는 대로 고른 것은?

우리나라의 사찰을 보면 불교의 종주국인 인도나 중국의 사찰에는 없는 산신각이라는 특이한 장소가 있다. 바로 우리 전통 무속 신앙의 산신을 신령으로 모신 곳이다. 어떤 절에서는 이 신을 본당인 대웅전 안에 불상과 함께 모시고 있기도 하다. 산신은 수호·생산·사업의 성취를 달성해 주는 기능을 한다.

┤ 보기 ├
ㄱ. 문화 융합 현상을 발견할 수 있다.
ㄴ. 발명과 발견이 동시에 발생하였음을 알 수 있다.
ㄷ. 불교가 무속 신앙으로 변하면서 그 고유의 성격을 상실하였다.
ㄹ. 직접 전파에 의해 불교가 우리나라로 전해졌을 것으로 예상된다.

① ㄱ, ㄴ ② ㄱ, ㄹ ③ ㄴ, ㄷ
④ ㄱ, ㄴ, ㄹ ⑤ ㄴ, ㄷ, ㄹ

09 다음 글에 나타난 문화 변동으로 옳은 것은?

> 청일 전쟁에서 승리한 일본은 조선 침략을 본격화하는 과정에서 명성 황후를 시해하고, 친일파를 부추겨 단발령(1895년)을 선포하였다. 이에 최익현은 상소문을 올려, 단발령 실시에 반대하고 친일파 관리들을 처형해야 한다고 요구하였다. "내 머리는 잘라도 내 머리카락은 자를 수 없다."라고 하며 단발령을 완강하게 거부한 최익현은 74세의 고령으로 의병을 일으키기도 하였다.

① 문화 융합 ② 문화 공존
③ 자극 전파 ④ 자발적 문화 접변
⑤ 강제적 문화 접변

11 다음 사례에 대한 분석으로 가장 타당한 것은?

> 1820년 하와이에 선교사가 들어와 원주민들에게 양복과 원피스를 누구에게나 맞는 크기로 만들어 강제로 입게 하였는데, 이것이 오늘날 하와이의 '무무'라는 옷의 기원이 되었다. 하와이는 기후가 덥기 때문에 옷이 오히려 시원하게 해 주어 현재 세계적으로 유명한 옷이 되었다.

① 강제적 문화 접변의 성공 사례이다.
② 자발적 문화 접변의 성공 사례이다.
③ 전파와 발명이 동시에 발생한 사례이다.
④ 문화 공존을 설명하기에 적합한 사례이다.
⑤ 내재적 변동 사례를 설명하기에 적합한 사례이다.

중요

10 (가)~(다)에 나타난 문화 변동의 양상을 옳게 연결한 것은?

> (가) 중국 옌벤 지역에 사는 조선족은 집 밖에서는 중국어를 사용하지만 가족끼리는 한국어를 사용하고 있다. 그들은 평소에 한국 음식뿐만 아니라 중국 음식도 즐기며 추석과 같은 명절에는 송편 등의 한민족 전통 음식을 먹기도 한다.
> (나) 아프리카의 많은 나라에 서양 문물이 전해지면서 그들 고유의 토속 신앙이 사라지고 서양 종교인 기독교로 대체되고 있다.
> (다) 아메리카의 나바호 인디언은 18세기에 에스파냐인과의 빈번한 접촉을 통해 의복과 금속 세공술 같은 에스파냐의 문화 요소를 받아들이고 이를 그들 고유의 문화에 접목하여 기존에 없었던 문화 요소를 개발하였다.

	(가)	(나)	(다)
①	문화 융합	문화 동화	문화 공존
②	문화 융합	문화 공존	문화 동화
③	문화 동화	문화 공존	문화 융합
④	문화 공존	문화 융합	문화 동화
⑤	문화 공존	문화 동화	문화 융합

중요

12 다음 글에 나타난 사회 문제의 발생 원인을 가장 적절하게 진술한 것은?

> 디지털카메라의 성능이 개선되고 가격도 싸졌을 뿐만 아니라 휴대 전화에 디지털카메라 기능이 첨가되면서 길거리에서 사진을 찍는 사람들의 모습을 흔히 보게 된다. 그런데 이렇게 사진을 찍어 인터넷에 올릴 경우 사진 속에는 지나가는 사람들의 모습이 찍히게 되는데 이것은 사생활과 초상권을 침해하는 행위에 해당된다. 또 사진 촬영이 금지된 박물관이나 공연장 같은 곳에서 사진을 찍는 사람들이 있는데, 카메라의 플래시는 박물관 전시품에 손상을 줄 수 있으며, 공연이 원만하게 진행되는 데 방해가 되기도 한다.

① 집단에 의해 개인의 인성이 좌우되기 때문이다.
② 물질적 풍요는 정신적 빈곤을 초래하기 때문이다.
③ 우리나라 사람들의 기질이 매우 빠르기 때문이다.
④ 물질문화와 비물질문화 간의 변화 속도가 다르기 때문이다.
⑤ 급속한 문화 변동으로 인해 아노미 현상이 발생하기 때문이다.

13 A~C에 해당하는 문화 변동 양상에 대한 설명으로 옳은 것은? ★★중요

> A, B, C는 모두 문화 접변의 결과로 나타난 문화 변동 양상인데, B와 달리 A와 C는 문화의 다양성 확대에 기여한다. 문화 변동 과정에서 A와 C는 자신의 문화적 정체성을 유지할 수 있지만 B는 그렇지 않다. 그리고 A와 달리 C는 새로운 문화 요소를 창출한다.

① 문자가 없던 인디언이 알파벳에서 영감을 얻어 문자를 발명한 것은 A의 사례이다.
② 제국주의 국가의 식민 정책은 B를 목적으로 하는 것이 일반적이었다.
③ 바퀴의 원리를 응용하여 수레를 만든 것은 C의 사례에 해당한다.
④ 외래문화의 유입으로 인한 갈등 양상은 B보다 A에서 더 심각하다.
⑤ A, B, C 모두 내재적 요인에 의한 문화 변동에 해당한다.

14 다음 두 사례에 나타난 공통적인 문화 변동 양상에 대한 설명으로 가장 적절한 것은?

> • 바닥 난방을 선호하는 우리의 온돌 문화와 서구의 침대 문화가 만나 돌침대 문화를 만들었다.
> • 알렉산드로스 대왕이 인도 지역을 점령하면서 인도의 고유문화와 헬레니즘 문화가 결합하여 간다라 양식이 탄생했다.

① 내재적 요인에 의해 문화가 변화하였다.
② 기존의 문화 요소들이 고유의 성질을 상실하였다.
③ 하나의 문화 요소가 다른 문화 요소에 흡수되었다.
④ 세계 각지에 있는 차이나타운의 성격을 설명할 수 있다.
⑤ 서로 다른 문화 요소가 결합하여 새로운 문화 요소가 형성되었다.

15 다음 글에서 찾아볼 수 있는 문화 변동 관련 개념을 〈보기〉에서 고른 것은? ★★중요

> 우리나라에는 이태리타월이라고 하는 때밀이 수건이 있다. 외국인들은 이를 신기하게 바라본다. 왜냐하면 그들에게는 때 미는 문화가 없기 때문이다. 그런데 왜 이태리와 아무 관련도 없는 이 문화가 이태리타월을 만들며 우리나라에 확산되었을까? 이태리타월은 이태리에서 수입한 직물이 의복용으로는 부적절한 것을 알고 폐기 처분하기 아까워 우리나라의 직물공이 때수건을 만들어서 전국의 목욕탕에 무료로 배급하면서 시작되었다. 이는 우리나라의 보편적 문화로 자리 잡았고 더 나아가 우리나라에 관광 온 외국인들에게도 소개되어 특히 일본 관광객들은 일본에 돌아간 후에 이를 확산시켜 일본에서는 이태리타월과 함께 한국식의 때밀이 목욕이 유행하고 있다고 한다.

| 보기 |
ㄱ. 발명   ㄴ. 간접 전파
ㄷ. 직접 전파   ㄹ. 문화 동화

① ㄱ, ㄴ ② ㄱ, ㄷ ③ ㄴ, ㄷ ④ ㄴ, ㄹ ⑤ ㄷ, ㄹ

16 밑줄 친 ㉠~㉤에 대한 설명으로 옳지 않은 것은?

> 중국에서 시작된 ㉠ 국수는 고려 때 유학 간 승려들에 의해 우리나라에 들어왔다는 설이 유력하다. 이후 ㉡ 국수는 우리식 문화에 빠르게 정착해서 ㉢ 전국 팔도에 국수 문화가 없는 지역이 없을 정도이다. 각 지역에서 나는 재료와 특색 있는 조리법이 결합되어 다양한 국수가 만들어졌다. 북쪽 지방에서는 메밀과 전분을, 남쪽 지방에선 밀가루와 옥수수 등을 사용한 국수 요리를 즐겼다. ㉣ 충청 지방에서는 생선 국수를, 경북 안동이나 전북 익산 같은 내륙 지방에서는 콩이나 팥으로 국수를 만들어 먹었다. ㉤ 모양도 맛도 천차만별, 지역별로 국수가 만들어지고 유명해진 사연도 제각각이다.

① ㉠은 물질문화의 직접 전파이다.
② ㉡은 단기간에 변동이 일어나는 문화 개혁이다.
③ ㉢은 자발적 문화 접변의 결과이다.
④ ㉣은 문화 융합의 사례이다.
⑤ ㉤은 문화의 보편성과 특수성이 공존함을 보여 준다.

17 다음 글을 통해 추론할 수 있는 사실로 적절하지 <u>않은</u> 것은?

> 햄버거와 쌀밥이 결합한 라이스버거, 한복과 양복이 결합한 개량 한복, 국악과 클래식의 만남 등 우리 주변에서는 퓨전이라고 명명되는 문화 현상이 나타나고 있다. 음식, 영화, 패션, 디자인, 건축, 통신 산업 분야 등에 이르기까지 일상생활에서 우리는 퓨전을 입고 먹고 마시면서 퓨전 스타일로 살아가고 있다고 해도 과언이 아니다.

① 문화는 끊임없이 새로운 방식을 시도하며 변화하고 있다.
② 서로 다른 문화 간 접촉으로 우리 문화가 변화하고 있다.
③ 자문화와 타 문화 간의 영역 구분이 점점 어려워지고 있다.
④ 세계화로 인해 문화의 교류가 늘어나면서 나타나는 현상이다.
⑤ 문화 변동은 결국 문화의 정체성을 훼손시켜 문화의 다양성 확대를 가로막는다.

18 다음과 같은 문화 변동의 부작용에 대한 분석으로 옳지 <u>않은</u> 것은?

> 우리 사회는 전통적으로 장남이 부모님을 부양하는 문화를 가지고 있었다. 하지만 전통적인 가치관이 붕괴되고 서구의 합리주의, 평등주의 가치관이 확산되면서 장남의 부양 의무 규범은 약화되었다. 하지만 그렇다고 부모님을 누가 부양해야 하는가에 관해서는 사회적으로 합의되지 않았다. 그런 이유로 아무도 모시지 않아서 방치되는 노인 문제나 이를 둘러싼 형제들의 분란, 가족의 갈등 등이 최근 범죄로까지 이어지며 심각한 사회 문제가 되고 있다.

① 문화 지체 현상으로 설명할 수 있다.
② 사회 변동이 빠르게 나타나면서 발생한 문제이다.
③ 서구에서 들어온 외래 규범과 전통 규범이 서로 충돌하고 있다.
④ 사회 구성원들은 무엇을 따르는 것이 바람직한지 혼란을 겪고 있다.
⑤ 기존의 전통 규범을 대체할 만한 지배적인 규범이 존재하지 않기 때문에 발생하는 문제이다.

19 다음 사례를 통해 도출할 수 있는 문화 변동 양상에 대해 서술하시오.

> 우리나라의 혼례식 모습을 생각해 보자. 신랑은 예복을, 신부는 웨딩드레스를 입고 혼례식을 올리는 모습은 서양의 경우와 다를 바 없다. 그러나 우리나라의 신랑과 신부는 예식 이후 전통 한복으로 갈아입고 신랑의 부모와 가족에게 인사하는 폐백이라는 절차를 거쳐야 한다. 최근에는 신부의 부모와 가족에게 폐백을 드리는 경우도 있다.

20 다음 대화를 보고 물음에 답하시오.

우리나라의 휴대 전화 보급률은 이제 100%를 넘어섰대. 정말 대단하지?

우리나라처럼 문화 변동 속도가 빠른 나라도 없을 거야. 하지만 그로 인해 새롭게 등장하는 문제들도 많은 것 같아. 휴대 전화 사용 예절이 안 지켜지는 것도 그렇고, 휴대 전화를 이용한 신종 범죄들까지 많아지고 있잖아.

갑   을

(1) 을이 설명하는 문화 변동 과정의 문제점을 무엇이라고 하는지 쓰시오.

(2) (1)의 의미를 서술하시오.

21 다음 글을 읽고 물음에 답하시오.

> 일제 강점기 시절, 일본은 우리나라의 문화를 말살하기 위해 자국의 언어와 문자 사용을 강요하였고, 일본식 성명 강요와 내선일체 등의 교육을 강제하였다.

(1) 윗글과 같은 문화 접변을 설명할 수 있는 개념을 쓰시오.

(2) (1)과 같은 문화 접변이 일어났을 경우 발생할 수 있는 현상을 서술하시오.

01 ⊙~⑩에 대한 설명으로 가장 적절한 것은?

> ⊙ 중국과의 접촉을 통해 우리나라에 한자가 전래된 것은 대략 기원전 2세기경으로 추정된다. 이후 ⓛ 우리나라에서는 한자의 음과 훈을 빌려 표기하는 이두를 만들어 사용했지만 불편함이 있었다. 조선 시대에 이르러 세종대왕이 우리말에 맞는 ⓒ 한글을 창제하여 비로소 우리 고유의 글자를 사용하게 되었다. ⓐ 한글은 한때 사대부 등에 의해 경시되기도 했지만 오늘날 여러 나라에서 가르칠 정도로 그 위상이 높아졌다. 특히 최근에는 한류의 인기에 힘입어 ⓜ 동남아 지역에서 한국어 교육 수요가 증가하고 있다.

① ⊙은 비물질문화의 직접 전파에 해당한다.
② ⓛ과 동일한 문화 변동 요인의 사례로 '미국의 지배를 받은 필리핀에서 영어와 타갈로그어를 같이 사용하는 것'을 들 수 있다.
③ ⓒ은 외재적 요인에 의한 문화 변동이다.
④ ⓐ은 아노미 현상에 따른 문제점이다.
⑤ ⓜ은 강제적 문화 접변의 사례이다.

문제 접근 방법
문화 변동의 요인을 파악해야 한다. 문화 변동의 내재적 요인에는 발명, 발견이 있고, 문화 변동의 외재적 요인에는 문화 전파가 있음을 염두에 둔다.

적용 개념
직접 전파
문화 접변

02 (가) 지역의 문화가 (나) 지역으로 전파되어 그 결과 (나) 지역의 문화가 A~C로 나타났을 때, 이에 대한 분석으로 옳은 것은?

* ▢, ▢, ▢는 문화 요소이다.

① A는 자기 문화의 정체성을 완전히 상실하였다.
② C와 같이 되려면 반드시 강한 저항과 반발을 거쳐야 한다.
③ 식민 통치하에서는 강압적으로 A를 유도하는 경우가 많다.
④ A는 C보다 문화의 다양성에 기여하는 문화 변동 양상이다.
⑤ B는 두 문화 요소가 공존하므로 문화 변동이라고 할 수 없다.

문제 접근 방법
(가) 지역 문화와 (나) 지역 문화가 만나 A, B, C로 변화되었다. A는 문화 융합, B는 문화 공존, C는 문화 동화로 설명할 수 있다.

적용 개념
문화 융합
문화 공존(문화 병존)
문화 동화

03 다음 글에 대한 옳은 분석을 〈보기〉에서 고른 것은?

> 일본의 야키니쿠(燒肉)는 재일 교포가 만들어 일본 사회가 키운 음식이다. 야키니쿠의 시작은 제2차 세계 대전 후였다. 한국에 살다가 일본으로 건너간 재일 한국인들이 일본인들이 먹지 않던 내장을 구워 팔기 시작했고 이후 1950년대에 고기 소비가 늘고 소의 다른 부위까지 팔면서 고기구이 식당인 야키니쿠 레스토랑은 1960년대에서 1980년대까지 전국적으로 퍼졌다. 애초에는 연기가 자욱하고 기름기에 절어 있는 이미지 때문에 중년 남자들이 술 마시러 가는 곳이었지만 연기를 빨아들이는 장치가 개발되고 1970년대 외식 산업이 발달하면서 대중화됐다. 지금은 내장 외에도 갈비, 등심 등 쇠고기뿐만 아니라 삼겹살까지 자리를 잡았다. 현재 일본 사회의 야키니쿠 레스토랑은 한국의 고기 식당과 달리 매우 다양한 메뉴를 개발하여 일본의 문화로 자리를 잡았다.

┤ 보기 ├
ㄱ. 직접 전파에 의해 일어난 문화 변동이다.
ㄴ. 문화의 정체성은 전통문화의 원형을 유지할 때 형성된다.
ㄷ. 일본의 야키니쿠 레스토랑은 문화 접변의 산물이라고 할 수 있다.
ㄹ. 현재 일본 사회에서 한국 문화와 일본 문화가 독창성을 가지고 공존하고 있다.

① ㄱ, ㄴ   ② ㄱ, ㄷ   ③ ㄴ, ㄷ
④ ㄴ, ㄹ   ⑤ ㄷ, ㄹ

🔎 **문제 접근 방법**
일본의 음식 문화인 야키니쿠는 한국의 음식 문화와 일본의 음식 문화가 결합되어 만들어진 음식 문화이다. 그리고 그조차도 이전과 현재의 모습이 다르다. 이를 통해 문화 변동, 문화 접변 등의 개념을 도출할 수 있다.

ℹ️ **적용 개념**
\# 문화 전파
\# 문화 접변

---

04 다음 글의 필자가 우려하는 내용과 관련된 연구 주제로 가장 적절한 것은?

> 인터넷상에서 일어나는 댓글 싸움은 기본적으로 상대방이 무슨 말을 하고 있는지를 이해하지 못하는 데서 비롯된 것이고, 나아가 '화면 너머에 있어 보이지 않는 사람'이라는 전제에서 발생하는 '상대방 무시'에서 비롯된다고 할 수 있다. 과거에는 주로 전문적인 분야에서 이런 댓글 싸움이 많았지만 요즘은 일상의 아주 사소한 일들까지 그 싸움이 확산되고 있다. 웹 서핑을 하다가 들른 몇몇 블로그에서 벌어지고 있는 상호 비방과 상대방을 거침없이 깎아내리는 모습을 보면서 문화의 발전을 사람의 정신 발전이 못 좇아가는 것 같아 안타깝기만 하다.

① 강제적 문화 접변의 부작용에는 무엇이 있는가?
② 현대 사회의 문화 변동의 주요 원인은 무엇인가?
③ 자문화의 정체성을 유지하기 위한 방안은 무엇인가?
④ 정보화 시대의 바람직한 문화 공급자의 자세는 무엇인가?
⑤ 문화 요소 간의 변동 속도의 차이로 인한 부작용은 무엇인가?

🔎 **문제 접근 방법**
문화 변동으로 인해 나타나는 문제점을 파악해야 한다. 특히 비물질문화의 변동 속도가 물질문화의 변동 속도를 따라잡지 못하는 부조화 현상인 문화 지체 현상을 이해해야 한다.

ℹ️ **적용 개념**
\# 문화 변동의 문제점
\# 문화 지체 현상

문화의 속성

Step 1 단원에서 자료 추출하기

자료 1 문화의 공유성

저 집에 사는 사람이 아이를 낳았나 보구나!

자료 2 문화의 변동성과 총체성(전체성)

(가)

혼인 문화 → 혼인 문화 → 혼인 문화

▢▢▢ : 문화 형태 또는 문화 요소
→ : 변화
↔ : 영향

(나)

성 역할 · 친족 관계 · 혼인 문화 · 가치관 · 경제 생활

Step 2 자료에서 핵심 추출하기

〔 자료 해설 〕

자료 1 문화의 속성 중 공유성을 도출할 수 있다. 한국인들끼리만 통하는 문화이기 때문이다.

자료 2 한 사회의 혼인 문화가 변화한다는 것을 통해 문화의 변동성을 알 수 있고, 혼인 문화에 성 역할, 가치관, 친족 관계, 경제생활 등 다른 문화 요소들이 영향을 미친다는 것을 통해 문화의 총체성(전체성)을 파악할 수 있다.

〔 자료 분석 비법 〕

구성원의 공통된 생활 양식임을 드러내면 공유성, 문화 요소가 변함을 드러내면 변동성, 긴밀한 유기적 연관성을 드러내면 총체성이다.

〔 자료에서 추출한 핵심 〕 문화의 속성

공유성	문화는 한 사회 구성원들에게 공통적으로 나타나는 생활 양식임
학습성	문화는 후천적인 사회화 과정과 학습을 통해 습득됨
축적성	문화는 언어나 문자 등 상징체계를 통해 저장·발전·전승됨
변동성	문화는 고정불변하는 것이 아니라 시간에 따라 창조·소멸·변화함
총체성	각 문화 요소는 유기적인 연관성을 갖고 하나의 통합적 체계를 형성함

문화 접변

Step 1 단원에서 자료 추출하기

자료 1 문화 접변의 결과

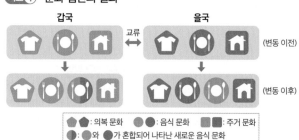

갑국 ↔ 교류 ↔ 을국 (변동 이전)

(변동 이후)

● ▲ : 의복 문화   ● ● : 음식 문화   ■ ■ : 주거 문화
● : ● 와 ● 가 혼합되어 나타난 새로운 음식 문화

자료 2 문화 접변 결과의 성격

문화 접변의 양상	자기 문화의 정체성 상실	제3의 문화 형성
A	×	×
B	○	×
C	×	○

Step 2 자료에서 핵심 추출하기

〔 자료 해설 〕

자료 1 갑국에서는 기존에 없었던 새로운 문화 요소가 등장한 문화 융합인 반면, 을국에서는 기존 문화와 유입된 문화가 공존하고 있음을 통해 문화 공존을 확인할 수 있다.

자료 2 A는 문화 공존으로 볼 수 있고, B는 문화 동화, C는 문화 융합으로 볼 수 있다.

〔 자료 분석 비법 〕

문화 접변의 결과로 문화 동화, 문화 공존, 문화 융합을 구분하여야 한다. 각 유형이 문화 정체성 유지와 어떤 관련이 있는지, 외부 문화 수용에 어떤 태도를 가지고 있는지를 구분하여 연결 지어야 한다.

〔 자료에서 추출한 핵심 〕 문화 변동의 양상과 결과

문화 변동의 양상
- 내재적 변동
- 외재적 변동
  - 강제적 문화 접변
  - 자발적 문화 접변

문화 접변의 결과
- 문화 공존
  - 자기 문화 정체성 유지
  - 제3의 문화 형성×
- 문화 융합
  - 자기 문화 정체성 유지
  - 제3의 문화 형성○
- 문화 동화
  - 자기 문화 정체성 상실
  - 제3의 문화 형성×

Step 3 핵심 알고 문제 풀기

그림에 부각된 문화의 속성을 설명하는 진술로 가장 적절한 것은?

① 타인의 행동을 예측 가능하게 한다.
② 세대를 거치면서 복잡하고 다양해진다.
③ 부분의 변화는 다른 영역에도 영향을 미친다.
④ 시간의 흐름에 따라 창조 또는 소멸하게 된다.
⑤ 새로운 환경에 적응하는 과정에서 끊임없이 변화한다.

〔문제 해결 비법〕
각 문화의 속성이 어떤 기능을 하는지 이해해야 한다. 문화가 한 사회의 구성원이 공통적으로 가지고 있는 생활 양식임을 나타내는 문화의 공유성은 타인의 행동을 예측하고 대응할 수 있게 해 준다.

Step 4 고난도 문제 도전하기

그림은 문화의 속성을 한 사회의 혼인 문화에 적용하여 도식화한 것이다. (가), (나)에 해당하는 문화의 속성에 대한 진술로 가장 적절한 것은?

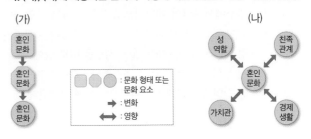

① (가)는 다른 문화와의 접촉에 의해 새로운 생활 양식이 등장하는 것을 설명하기 어렵다.
② (가)의 사례에는 외국에서 한국으로 관광하러 온 사람이 김치 먹는 것에 익숙해지는 현상이 해당된다.
③ (나)는 비물질문화와 물질문화의 관계를 설명하기 어렵다.
④ (나)의 사례에는 검은 양복과 넥타이를 한 사람을 보면 조문(弔問)을 떠올리게 되는 현상이 해당된다.
⑤ 인터넷의 발달로 전자 상거래, 전자 우편 이용, 재택근무 등이 발달하는 것은 (가), (나) 모두와 관련이 있다.

Step 3 핵심 알고 문제 풀기

그림은 갑국과 을국의 문화 교류와 문화 변동을 나타낸 것이다. 문화 변동 결과에 대한 분석으로 가장 적절한 것은?

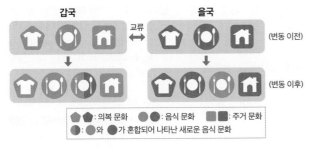

① 갑국에서는 문화 동화가 나타났다.
② 갑국은 내부에서 새로운 문화 요소를 찾아내었다.
③ 을국에서는 자극 전파가 나타났다.
④ 을국에서는 문화 지체 현상이 나타났다.
⑤ 갑국에서는 문화 융합이, 을국에서는 문화 공존이 나타났다.

〔문제 해결 비법〕
갑국과 을국 모두 문화 접변이 나타났다. 하지만 갑국은 문화 융합, 을국은 문화 공존(병존)이 나타났다는 점에서 차이가 있다.

Step 4 고난도 문제 도전하기

그림은 A국에 B국과 C국 사람들이 이민을 와서 30년이 지난 이후의 문화 변동 양상을 보여 주고 있다. 이러한 변화와 관련한 설명으로 옳은 것은?

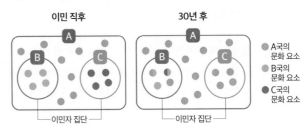

① A국 국민들은 자문화에 대해 자부심을 갖고 있지 않다.
② B국 이민자 집단에서 문화 공존적인 요소는 찾을 수 없다.
③ C국 이민자 집단의 문화는 이민 직후와 달리 30년 후에는 A국의 하위문화가 아니다.
④ C국 이민자들은 원래의 A국 국민들에 비해 자문화에 대한 정체성이 강하다.
⑤ B국 이민자 집단과 C국 이민자 집단 사이에는 문화 접변이 일어나지 않았다.

유형 1 문화를 바라보는 관점

갑, 을이 가진 문화 이해의 관점에 대한 옳은 설명을 〈보기〉에서 고른 것은?

> • 여가 문화를 연구하던 갑은 A국과 B국의 프로 야구 응원 문화를 조사했다. 조사 과정에서 A국이 개인적으로 응원을 하는 반면, B국은 치어리더를 중심으로 관중이 집단적으로 응원을 하는 특징이 있다는 점에 주목했다.
> • 장례 문화를 연구하던 을은 시신을 바로 땅에 묻지 않고 풀 같은 것으로 덮는 임시 무덤인 초분(草墳)을 조사했다. 조사 과정에서 초분이 자연환경적 원인 및 민간 신앙과 어떻게 관련되어 있는지에 주목했다.

⊣ 보기 ⊢
ㄱ. 갑의 관점은 서로 다른 문화 간의 공통점과 차이점을 파악하고자 한다.
ㄴ. 을의 관점은 다양한 문화 요소를 전체적인 맥락에서 이해하고자 한다.
ㄷ. 갑의 관점은 을의 관점과 달리 모든 문화는 고유한 가치를 지닌다고 본다.
ㄹ. 을의 관점은 갑의 관점에 비해 자문화를 객관적으로 인식하는 데 효과적이다.

① ㄱ, ㄴ 　② ㄱ, ㄷ 　③ ㄴ, ㄷ
④ ㄴ, ㄹ 　⑤ ㄷ, ㄹ

>> **유형 분석** 문화를 바라보는 관점은 자주 출제되는 주요 주제이다. 제시문과 같이 사례를 제시하고, 이를 통해 문화를 바라보는 관점을 도출한 후, 그 관점이 갖는 특징을 보기나 답지에서 고르는 형태가 출제되므로 관점에 대한 이해가 확실하다면 쉽게 풀 수 있다.

☑ **공략법**
❶ 일단 발문에서 문제의 주제를 찾는다. 발문에서 '문화 이해의 관점'이라고 밝혀 두고 있다는 것을 파악하자.
❷ 제시문의 갑과 을이 각각 어떤 관점을 가지고 있는지 사례를 통해 파악해야 한다.
❸ 갑은 두 국가 간의 응원 문화를 비교 연구하고 있으며, 을은 한 사회의 장례 문화를 연구하면서 그와 관련된 다양한 문화 요소들에 주목하고 있다는 사실을 파악한다.

유형 2 대중 매체의 특성

(가), (나)에 해당하는 내용으로 옳은 것은? (단, A~C는 각각 인쇄 매체, 영상 매체, 뉴 미디어 중 하나이다.)

> '정보의 생산자와 소비자 간 경계가 모호한가?'라는 질문을 통해 A와 B를 구분할 수 있다. 하지만 '시청각 정보 제공이 가능한가?'라는 질문으로는 B와 C를 구분할 수 없다. 표는 대중 매체 A~C를 대중 매체의 특징 (가), (나)를 기준으로 비교한 것이다.

대중 매체의 특징	비교 결과
(가)	A > B
(나)	B < C

① (가) : 정보 전달의 신속성
② (가) : 정보 획득 시 사용 가능한 감각의 다양성
③ (가) : 정보 전달 시 문맹자의 정보 접근 가능성
④ (나) : 정보의 복제와 재가공의 용이성
⑤ (나) : 정보 전달자와 수용자 간 구분의 명확성

>> **유형 분석** 대중 매체의 유형 및 특징을 이해하고 있는지 확인하는 문제이다. 제시된 문제는 인쇄 매체, 영상 매체, 뉴 미디어 세 가지 대중 매체를 비교하는 유형이다.

☑ **공략법**
❶ 정보의 생산자와 소비자 간 경계가 모호한가라는 질문에 따라 A와 B 중 하나는 뉴 미디어라는 것을 알 수 있다.
❷ 시청각 정보 제공이 가능한가라는 질문을 통해 구분할 수 없기 때문에 B와 C 중 하나는 영상 매체, 하나는 뉴 미디어라는 것을 알 수 있다.
❸ ❶, ❷를 통해 B는 뉴 미디어, A는 인쇄 매체, C는 영상 매체라는 것을 찾아야 한다.

유형 3

하위문화

(가), (나)의 사례에 대한 설명으로 옳은 것은?

> (가) 인터넷 및 스마트폰의 보급으로 누구나 온라인 게임을 손쉽게 접할 수 있게 되었다. 이제 온라인 게임은 청소년뿐만 아니라 중장년층 및 노년층까지 전 세대가 즐기는 대중적 문화가 되었다.
>
> (나) 최근 청소년들은 그들끼리만 통하는 언어를 사용한다. 인터넷 용어를 축약하여 표현하거나, 자음만으로 의사를 표현하는 등의 방법으로 신조어와 은어를 만들어 사용한다. 기성세대가 청소년들의 언어문화를 이해하지 못하여, 세대 간 의사소통의 장애가 발생하고 있다.

① (가)에서는 물질문화 변동으로 인해 하위문화가 전체 문화로 변화되었다.
② (나)에서는 하위문화로 인해 세대 문화 간의 이질성이 약화되었다.
③ (가)는 (나)와 달리 문화 지체 현상을 포함하고 있다.
④ (나)는 (가)와 달리 반문화의 범위가 확장된 사례이다.
⑤ (가), (나)는 모두 특정 집단의 문화가 기존의 주류 문화를 대체한 사례이다.

>> **유형 분석** 전체 문화와 하위문화의 개념을 이해하고 구분하는 문제이다. 빈출 주제는 아니지만 주요 개념이므로 기본 학습이 필요하다. 특히 두 문화 간의 상관관계를 묻는 문제가 출제되는데 전체 문화를 하위문화의 합이라고 착각하지 않도록 주의해야 한다.

☑ **공략법**

❶ (가)에 따르면 과거에는 하위문화였다가 현재에는 전체 문화가 된 사례를 통해 하위문화와 전체 문화의 개념을 도출해야 한다. 또한 하위문화가 전체 문화로 변화하게 된 계기를 파악해야 한다.

❷ (나)에서 청소년들만 누리는 하위문화 개념을 도출하여 주류 문화와의 관계를 파악해야 한다.

유형 4

문화 변동의 원인 및 양상

(가), (나)에 나타난 문화 변동에 대한 설명으로 가장 적절한 것은?

> (가) 과거에 미국의 음악이 라디오나 음반을 통해 한국에 유입되어 인기를 끌게 되면 그 음악을 부른 가수의 팬클럽이 생기고 그 가수가 입은 의상이 유행하였다. 최근에는 한국의 대중음악이 인터넷을 통해 '한류'라는 이름으로 세계 여러 곳에서 인기를 누리고 있다.
>
> (나) 1990년대 이후 한국 사회에 결혼이나 노동을 위해 유입된 이주민이 증가하면서 그들의 다양한 문화가 확산되고 있다. 이에 따라 한국 사회에서 지배적이었던 단일 민족 사상을 대신해 다문화주의가 중요한 사회적 가치로 받아들여지고 있다.

① (가)에서는 직접 전파, (나)에서는 간접 전파가 나타난다.
② (가)와 달리 (나)에서는 자극 전파에 따른 문화 변동이 나타난다.
③ (나)와 달리 (가)에서는 구성원의 자발성에 기초한 문화 변동이 나타난다.
④ 세계화가 진행될수록 (가)보다 (나)에 나타난 문화 변동 요인의 영향력이 커진다.
⑤ (가), (나) 모두 외재적 요인에 의한 문화 접변에 해당한다.

>> **유형 분석** 문화 변동의 원인 및 양상을 묻는 문제는 수능에서 매년 출제되는 주요 주제이다. 따라서 주요 개념을 사례와 함께 정확하게 이해해야 한다. 이 문제도 일상생활 속의 문화 변동 사례를 통해 그 원인 및 변동 양상을 이해하고 있는지 확인하는 문제이다.

☑ **공략법**

❶ (가)와 (나)에서 문화 변동의 원인을 파악해야 한다.

❷ (가)와 (나)에서 문화 변동의 양상을 파악해야 한다. 특히 문화 수용자의 의지 여부를 판단할 수 있어야 한다.

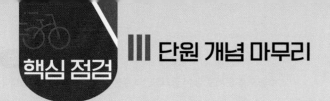

01 문화의 이해

• 문화의 의미와 기능

문화의 의미	문화의 기능
• 좁은 의미 : 편리한, 세련된, 개화된, 발전된 것 혹은 교양이나 예술 등을 의미 • 넓은 의미 : 한 사회 구성원들이 공유하는 행동 양식이나 사고방식 등 생활 양식의 총체	• 개인적 측면 : 개인에게 삶의 방법이나 올바른 방향 등을 제시해 주고, 생리적·심리적 욕구 충족의 수단으로서의 기능을 담당함 • 사회적 측면 : 규범이나 제도 등을 통해 집단의 존속·유지 수단으로서 기능을 담당함

• 문화의 속성

공유성	문화는 한 사회 구성원들에게 공통적으로 나타나는 행동 양식 및 사고방식임
학습성	문화는 후천적인 사회화 과정과 학습을 통해 습득함
축적성	문화는 언어나 문자 등 상징체계를 통해 저장·발전·전승됨
변동성	문화는 고정불변하는 것이 아니라 시간의 흐름에 따라 변화함
총체성	각 문화 요소는 서로 연결되어 유기적인 연관성을 갖고 있는 통합적 체계임

• 문화를 바라보는 관점

비교론적 관점	총체론적 관점	상대론적 관점
서로 다른 문화의 유사성과 차이점을 비교하여 문화를 이해하려는 관점	다른 문화 요소나 전체와의 관련 속에서 그 문화의 의미를 이해하려는 관점	그 사회의 역사적·문화적 배경과 맥락 속에서 문화를 이해하려는 관점

• 문화를 이해하는 태도

자문화 중심주의	자문화를 우수한 것으로 인정하여 자문화를 기준으로 타 문화를 부정적으로 평가하는 태도
문화 사대주의	타 문화를 우수하다고 동경·추종하여 타 문화를 기준으로 자문화를 경시하는 태도
문화 상대주의	문화를 어떤 절대적 기준으로 우열을 나누지 않고, 각 사회의 맥락에서 이해하는 태도
극단적 문화 상대주의	인류의 보편적 가치 등을 무시한 채 모든 문화의 상대성을 인정하는 태도

02 현대 사회의 다양한 문화 양상

• 하위문화

의미와 기능	• 의미 : 한 사회 내의 특정한 집단의 구성원들만이 공유하는 문화 • 기능 : 하위 집단에 대한 소속감 형성, 문화의 다양성과 역동성 부여, 전체 문화의 유지·존속에 기여, 사회의 결속력 강화 등
종류	• 지역 문화 : 한 사회를 구성하는 여러 지역에서 나타나는 고유한 생활 양식 • 세대 문화 : 공통의 경험을 토대로 일정 범위의 연령층이 공유하는 문화 • 반문화 : 사회의 지배적인 문화에 저항하거나 가치 대립을 하는 문화

- 대중 매체

의미	많은 사람에게 정보를 대량으로 동시에 전달하는 수단
종류	• 인쇄 매체 : 시각적 이미지를 통한 정보 전달 매체 • 음성 매체 : 청각을 통한 정보 전달 매체 • 영상 매체 : 시청각을 통한 정보 전달 매체 • 뉴 미디어 : 여러 매체를 융합하여 정보를 전달하는 매체
변화	산업 사회(전통적 매체) → 정보 사회(뉴 미디어)

- 대중문화

의미	대중 사회에서 대중 매체를 통해 확산되는 동질적 문화
기능	• 순기능 : 정보의 전달, 고급문화의 대중화, 긴장 해소와 오락 제공 등 • 역기능 : 문화의 저속화, 사고나 행동의 획일화, 대중 조작의 수단화 등
수용 자세	대중문화의 비판적 수용, 대중문화의 상업성 경계, 문화의 생산에 적극적 참여

03 문화 변동의 이해

- 문화 변동의 요인

내재적 요인	• 발견 : 기존에 있던 것을 새롭게 알아내는 것 • 발명 : 기존에 존재하지 않았던 새로운 문화 요소를 만들어 내는 것
외재적 요인	• 직접 전파 : 두 문화 간의 직접적 접촉에 의한 전파 • 간접 전파 : 인쇄물이나 인터넷, 텔레비전 등의 매체를 통한 전파 • 자극 전파 : 다른 사회의 문화 요소에서 아이디어를 얻어 새로운 문화 요소를 발명하는 것

- 문화 변동의 양상

문화 변동의 양상	• 내재적 변동 : 한 사회의 문화 체계 내에서 발명, 발견 등을 통해 일어나는 문화 변동 • 외재적 변동(문화 접변) : 강제적 문화 접변(문화 수용자의 입장에서는 원하지 않으나 타 문화의 정치적 압력 등에 의해 문화 수용을 강요하는 것), 자발적 문화 접변(문화 수용자가 필요에 의해 타 문화를 수용하는 것)
문화 접변의 결과	• 문화 공존 : 서로 다른 사회의 문화가 한 사회의 문화 체계 속에서 나란히 존재하는 현상 • 문화 동화 : 한 사회의 문화가 다른 사회의 문화 체계 속에 흡수되어 정체성을 상실하는 현상 • 문화 융합 : 서로 다른 문화 요소가 결합하여 기존 문화 요소와 다른 성격을 지닌 제3의 문화를 형성하는 현상

- 문화 변동의 문제점과 대처 방안

문제점	문화 지체	물질문화와 비물질문화 간의 변동 속도의 차이에서 생겨나는 사회적 부조화
	문화 정체성 약화	타 문화를 급속히 수용하며 자문화의 정체성 약화 초래
	아노미 현상	사회 변동으로 인해 지배적 규범의 붕괴와 이로 인한 가치관의 혼란 발생
	집단 간 갈등	새로운 문화 요소 등장 시 이를 받아들여 기존 문화를 대체하려는 집단과 기존 문화를 유지하려는 집단 간 갈등
대처 방안	문화 지체	물질문화의 변동을 뒷받침할 수 있는 제도나 관련 문화를 정립함
	문화 정체성 약화	새로운 문화 요소를 주체적으로 수용하고, 고유문화의 장점을 유지·발전시킴
	아노미 현상	새로운 문화에 적합한 사회 규범을 확립함
	집단 간 갈등	상대주의적 태도와 관용의 자세를 함양함

01 밑줄 친 문화를 넓은 의미로 사용한 사람을 고른 것은?

갑: 요즘 너무 바빠서 <u>문화</u>생활을 못 했어.

을: 신문의 <u>문화</u>면을 보니까 여러 행사들을 하더라고.

병: 그러니까 말인데, <u>문화</u> 상품권 받은 걸로 뮤지컬 보러 갈까?

정: 영국에는 수준 높은 뮤지컬을 관람하는 <u>문화</u>인이 많은 것 같아.

무: 나는 주말에 우리 지역에서 열린 아프리카 <u>문화</u>전에 다녀왔어.

① 갑　② 을　③ 병　④ 정　⑤ 무

▶ 개념 피드백 118쪽

02 밑줄 친 ㉠, ㉡에 대한 설명으로 옳지 <u>않은</u> 것은?

> 인간의 모든 행위가 ㉠ 문화적인 행동은 아니다. 인간도 동물과 같은 존재이기 때문에 ㉡ 본능적인 행동도 하고 있다.

① ㉠은 ㉡을 해결하기 위한 방식과 관련이 있다.
② ㉠은 ㉡과 달리 인간과 동물을 구분하게 해 준다.
③ ㉠은 후천적 학습에 의한 것이라면, ㉡은 선천적으로 타고난 것이다.
④ ㉠은 인류 공통의 모습만을 띠지만, ㉡은 사회마다 다르게 나타난다.
⑤ 졸음이 오는 것이 ㉡이라면 침대에서 자는 것은 ㉠에 해당한다.

03 다음을 통해 알 수 있는 문화의 속성으로 옳은 것은?

> 다른 지역의 문명으로부터 어떤 문화 요소를 받아들일 때 우리의 의도와는 달리 다른 문화 요소들이 함께 들어오는 경우가 많다. 예를 들어 청바지라는 물질문화만을 가져오고 싶었으나 청바지와 더불어 다른 패션들과 젊은이의 자유로운 가치관, 저항 의식 등까지 함께 들어오는 경우가 많다.

① 공유성　② 학습성　③ 총체성
④ 축적성　⑤ 변동성

04 다음 갑과 을의 대화에 대한 설명으로 옳은 것은?

갑: 해외여행을 해 보면 어디에서나 사람 사는 모습은 다 비슷해. 결국 문화도 비슷한 것 같아.

을: 아니야, 그럼 해외여행을 왜 가겠어? 사회마다 사는 모습은 다 달라. 문화는 사회마다 다른거야.

① 갑은 문화의 보편성, 을은 특수성에 주목하고 있다.
② 갑은 상대주의, 을은 절대주의로 문화를 보고 있다.
③ 갑은 거시적 관점, 을은 미시적 관점으로 문화를 보고 있다.
④ 갑은 비교론적 관점, 을은 총체론적 관점으로 문화를 보고 있다.
⑤ 갑은 좁은 의미의 문화로, 을은 넓은 의미의 문화로 문화를 보고 있다.

05 다음 글에서 우려하는 문화 이해의 태도에 대한 옳은 설명을 〈보기〉에서 고른 것은?

> 간혹 우리의 대중문화가 외국에서 높은 인기를 얻는 것을 가지고 우리 문화가 우수하고 해당 지역의 문화 수준이 낮기 때문이라고 이해하는 사람들이 있는데 이는 매우 위험한 일입니다. 이와 같은 문화 이해 태도는 매우 심각한 문제이며, 장기적으로 우리 문화 발전을 위해서도 바람직하지 않습니다.

┤ 보기 ├
ㄱ. 타 문화의 수용에 유리하다.
ㄴ. 문화적 갈등을 초래할 수 있다.
ㄷ. 문화를 객관적으로 인식할 수 있다.
ㄹ. 우수한 문화와 열등한 문화를 구분할 수 있다고 본다.

① ㄱ, ㄴ　② ㄱ, ㄷ　③ ㄴ, ㄷ
④ ㄴ, ㄹ　⑤ ㄷ, ㄹ

06 다음의 (가)에 들어갈 말로 가장 적절한 것은?

> 갑 : 어느 사회에서나 문화가 성립된 것에는 나름대로의 이유가 있어. 따라서 우리가 문화에 대해 우열을 나누는 것은 위험해. 모든 문화는 상대주의적 가치로 보아야 해.
>
> 을 : 모든 문화가 다 그런 것은 아니야. 만일 너와 같은 태도로 문화를 본다면 _____ (가)

① 문화가 획일화될 수 있어.
② 문화적 갈등이 심화될 수 있어.
③ 문화를 객관적으로 보기 힘들어.
④ 문화의 보편성과 특수성을 이해하기 힘들어.
⑤ 인류가 지향하는 보편적 가치가 훼손될 수 있어.

개념 피드백 121쪽

07 다음 A~C에 해당하는 문화 이해 태도에 대한 설명으로 옳지 <u>않은</u> 것은? (단, A~C는 각각 문화 사대주의, 문화 상대주의, 자문화 중심주의 중 하나이다.)

질문＼문화 이해 태도	A	B	C
각 사회가 지니고 있는 문화의 고유한 의미와 가치를 인정하는가?	예	아니요	아니요
자기 문화가 우월하다는 생각을 바탕으로 타 문화를 판단하는가?	아니요	아니요	예

① A는 B, C와 달리 해당 사회의 맥락에서 문화를 이해한다.
② A는 B, C에 비해 세계화 시대에 더욱 요구되는 문화 이해 태도이다.
③ C는 A, B에 비해 국제적 긴장이나 마찰을 초래할 가능성이 높다.
④ B는 A, C에 비해 문화의 다양성을 보존할 수 있게 된다.
⑤ B, C는 A와 달리 문화의 상대성을 부정한다는 공통점이 있다.

개념 피드백 130쪽

08 다음 글에 나타난 문화 개념에 대한 설명으로 옳지 <u>않은</u> 것은?

> 문화는 사회의 일부 집단 구성원들 간의 상호 작용 과정을 통해 형성되기도 한다. 비슷한 연령 집단, 동일한 소수 민족 집단, 동종의 직업 집단, 동일한 취미 집단, 동일한 이익 집단 등을 기초로 하여 집단의 구성원들이 의사소통하고 상호 작용하는 가운데 그들만의 고유한 문화가 형성된다.

① 사회 통합을 저해할 수도 있다.
② 사회가 다원화될수록 다양해진다.
③ 구성원 간의 연대 의식을 강화시킨다.
④ 전체 문화의 획일성을 방지할 수 있다.
⑤ 특정 사회의 지배 문화에 저항하는 문화이다.

---

09 다음 내용을 모두 포괄할 수 있는 주제로 가장 적절한 것은?

> • 전체 문화의 다양성을 형성하는 원천이다.
> • 세대, 성별, 지역, 계층 등 다양하게 존재한다.
> • 사회 구성원에게 다양한 욕구 충족 기회를 제공한다.
> • 사회가 다원화되고 복잡해질수록 종류가 다양해진다.

① 반문화의 기능
② 하위문화의 특징
③ 준거 집단의 이해
④ 대중 매체의 성격
⑤ 대중문화의 순기능

---

10 (가), (나)에 대한 설명으로 적절하지 <u>않은</u> 것은?

> (가), (나) 모두 전체 문화를 구성하는 문화 개념이다. 그런데 공무원이라는 조직 내에서 발생하는 공무원 문화, 특정 연령대에서 발생하는 문화 등은 (가)에 해당하고, 히피 문화와 범죄 문화 등은 (나)에 해당한다.

① 노인 문화와 지역 문화는 (가)에 포함된다.
② 한 개인은 동시에 여러 개의 (가)를 향유할 수 있다.
③ (나)는 (가)에 포함된다.
④ (가)는 중립적인 개념이지만 (나)는 그렇지 않다.
⑤ 청소년 문화는 (나)의 성격을 지니지만 (가)에 해당하지 않는다.

11 다음을 통해 알 수 있는 대중문화의 특징으로 옳은 것은?

> 한때 텔레비전의 침대 광고에서 '침대는 가구가 아닙니다'라는 문구로 광고를 하였다. 그 광고는 매우 큰 반향을 일으키며 인기를 끌었고, 그 결과 많은 유치원생과 초등학교 저학년 학생들은 침대를 가구가 아니라고 생각하여 교사들이 가구라고 설명하는 데 큰 애를 먹었다.

① 소비 지향적이다.
② 소수만을 위한 문화이다.
③ 대중이 원하는 가치를 지향한다.
④ 대중들의 사회화에 영향을 미친다.
⑤ 대중들의 합리적 사고력을 신장시킨다.

12 다음은 어느 드라마의 시청자 게시판 내용 중 일부이다. 이를 통해 추론할 수 있는 내용을 〈보기〉에서 고른 것은?

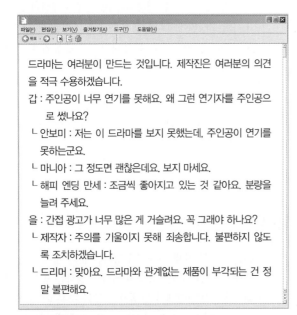

> 드라마는 여러분이 만드는 것입니다. 제작진은 여러분의 의견을 적극 수용하겠습니다.
> 갑 : 주인공이 너무 연기를 못해요. 왜 그런 연기자를 주인공으로 썼나요?
> └ 안보미 : 저는 이 드라마를 보지 못했는데, 주인공이 연기를 못하는군요.
> └ 마니아 : 그 정도면 괜찮은데요. 보지 마세요.
> └ 해피 엔딩 만세 : 조금씩 좋아지고 있는 것 같아요. 분량을 늘려 주세요.
> 을 : 간접 광고가 너무 많은 게 거슬려요. 꼭 그래야 하나요?
> └ 제작자 : 주의를 기울이지 못해 죄송합니다. 불편하지 않도록 조치하겠습니다.
> └ 드리머 : 맞아요. 드라마와 관계없는 제품이 부각되는 건 정말 불편해요.

┤ 보기 ├
ㄱ. 대중의 문화적 취향이 획일화된다.
ㄴ. 대중문화의 생산에 소비자가 참여하고 있다.
ㄷ. 검증할 수 없는 정보가 확산될 가능성이 있다.
ㄹ. 대중문화가 대중 조작의 수단으로 이용되고 있다.

① ㄱ, ㄴ ② ㄱ, ㄷ ③ ㄴ, ㄷ
④ ㄴ, ㄹ ⑤ ㄷ, ㄹ

개념 피드백 142쪽

13 그림은 문화 변동 요인을 분류한 것이다. A~D에 대한 옳은 설명을 〈보기〉에서 고른 것은? (단, A~D는 각각 발명, 직접 전파, 간접 전파, 자극 전파 중 하나이다.)

┤ 보기 ├
ㄱ. 모든 A가 문화 변동을 유발하는 것은 아니다.
ㄴ. 중국에서 전해진 한자의 영향을 받아 이두 문자를 만든 것은 B에 해당한다.
ㄷ. A와 C는 모두 내부적 요인에 의한 문화 변동이다.
ㄹ. 인터넷을 통한 문화 전파는 C보다는 D에 가깝다.

① ㄱ, ㄴ ② ㄱ, ㄷ ③ ㄴ, ㄷ
④ ㄴ, ㄹ ⑤ ㄷ, ㄹ

14 (가), (나)를 설명할 수 있는 개념을 바르게 연결한 것은?

> (가) 한글의 창안은 우리 민족 문화 전반에 걸쳐 큰 변화를 가져왔다.
> (나) 한자의 음과 뜻을 이용하여 기존에 없었던 이두라는 문자를 개발하였다.

	(가)	(나)
①	발견	발명
②	발견	문화 융합
③	외재적 변동	직접 전파
④	내재적 변동	간접 전파
⑤	내재적 변동	자극 전파

개념 피드백 143쪽

15 (가), (나)에 나타난 문화 변동의 양상에 대한 설명으로 옳은 것은?

> ㈎ 1644년 중국을 점령한 만주족은 한족의 문화를 접하면서 그들 문화에 빠져들어 점차 그들의 언어, 옷, 주택 양식과 심지어는 생활 습관마저도 한족의 그것에 맞추었다. 그 결과 현재 지구상에서 만주족의 문화는 찾아보기가 힘들게 되었다.
>
> ㈏ 우리나라에서는 인도에서 기원하여 삼국 시대에 중국을 통해 우리나라에 전래된 불교, 조선 중기에 서양에서 도입된 천주교와 기독교, 우리나라 고유의 민속 신앙이 서로의 영역을 지켜 가며 신앙 세계를 이끌고 있다.

① ㈎는 문화 상대주의가 강한 사회에서 많이 나타난다.
② ㈏와 달리 ㈎에서는 자국의 문화적 정체성을 상실하였다.
③ ㈏와 달리 ㈎는 다양한 문화 집단으로 구성된 다문화 사회에서 나타나기 쉽다.
④ ㈎와 달리 ㈏에서는 전파에 의한 문화 변동 양상이 나타났다.
⑤ ㈎와 달리 ㈏는 새로운 문화 요소를 만들어 낸 문화 변동 양상에 해당한다.

16 다음 글에 나타난 필자의 관점과 일치하는 문화적 태도로 옳은 것은?

> 개량 한복은 한복이 가진 고유의 멋과 아름다움을 살리면서 주머니와 같은 서구적 의복의 편리함을 결합시킨 것으로 디자인과 실용성에 있어 뛰어나다. 이제 길거리에서 개량 한복을 입고 다니는 사람들을 심심치 않게 볼 수 있으며 일부 관공서나 은행에서는 직원들이 아예 개량 한복을 입고 근무를 하기도 한다.

① 전통문화는 외래문화와 결합될 때 의의가 있다.
② 외래문화는 도입되는 즉시 전통문화 속으로 흡수해야 한다.
③ 우리 전통문화를 고수하기 위하여 외래문화의 도입을 억제한다.
④ 문화의 세계화란 선진 외래문화에 우리의 것을 맞춰 나가는 과정이다.
⑤ 문화 정체성을 지키면서 우수한 외래문화를 주체적이고 능동적으로 수용한다.

17 다음 글을 읽고 물음에 답하시오.

> 문화는 '㉠ 모든 것은 다른 것에 연결되어 있다.'라는 인식을 바탕으로 한다. 새로운 문화 요소의 도입이 다른 부분에도 연쇄적으로 영향을 끼친 점을 고려하면, 어떤 문화 요소를 파악하고자 할 때 전체와의 연관 속에서 다른 문화 요소들과의 상호 관련성까지 주목해야만 한다.

(1) 윗글에서 알 수 있는 문화의 속성은 무엇인지 쓰시오.

(2) 윗글과 관련 있는 문화를 바라보는 관점을 쓰시오.

(3) ㉠을 입증할 수 있는 사례를 서술하시오.

18 다음 글에 나타난 문화 이해의 태도가 초래할 수 있는 문제점에 대해 서술하시오.

> 우리들은 세계 문학 전집에 주로 영국, 미국, 프랑스, 독일 등 서구 문학이 수록되어 있듯이, '세계'는 '서구'를 의미하고, 그 속에 우리는 포함되어 있지 않은 것으로 여긴다. 이런 시각은 세계 문화는 보편적 가치 기준을 구현한 것이고, 우리는 그보다 열등한 것이라는 편견에 바탕을 둔 시각이다.

19 다음 글을 읽고 물음에 답하시오.

> [㈎]은/는 한 사회 내의 일부 구성원이 공유하는 문화이다. 같은 지역, 비슷한 나이, 동종의 직업, 같은 이해관계, 같은 취미 등을 기초로 하여 집단의 구성원들이 의사소통하고 상호 작용하는 가운데 그들만의 고유한 [㈎]이/가 형성된다.

(1) (가)에 해당하는 개념을 쓰시오.

(2) (가)에 해당하는 문화를 세 가지 쓰시오.

(3) (가)의 긍정적 기능에 대해 서술하시오.

나만의 공간

아무 생각 없이 너와 함께
행복의 바다에 둥실~.

어푸푸푸푸우우!!

집중 안 하면 바로 빠지는 거다!

IV 사회 계층과 불평등

자~! 힘을 내서 차근차근 시작해요.

01 사회 불평등 현상의 이해

> 🔍 **학습길잡이** • 사회 불평등 현상의 의미를 이해하고, 다양한 사회 불평등 현상의 형태를 알아 두어야 한다.
> • 사회 불평등 현상을 보는 기능론과 갈등론의 특징을 파악해 두어야 한다.

> 한 사회 내 구성원 간에 발생하는 사회 불평등은 구조화되어 지속해서 나타나기도 하는데,
> 이를 사회 계층화 현상이라고 하기도 한다. 범주화된 사회 구성원 간에 사회적 희소가치가
> 차등 분배됨으로써 뚜렷하고 구조화된 위계가 나타나는 현상이 사회 계층화 현상이다.

A 사회 불평등 현상이란 무엇일까

1 사회 불평등 현상의 의미와 특징

① 사회 불평등 현상 : 사회적 희소가치가 차등적으로 분배되어 개인과 집단이 서열화되어 있는 현상 **❶**

② 사회 불평등 현상의 특징

• 어느 사회에서나 나타나는 <u>보편적인 현상임</u> ─ **왜?** 사회적 자원은 어느 사회에서나 희소하기 때문이다.

• 사회 구성원의 가치관, 생활 양식 등에 큰 영향을 끼침 **질문**

2 사회 불평등 현상의 형태 **❷**

① 경제적 불평등 ┌─ 사회 불평등 현상은 한 측면의 불평등에 그치지 않고 서로 영향을 끼치기도 한다. 예를 들어 소득 수준이 높으면 권력을 획득하기 쉽고 권력을 가지면 명예도 높아질 수 있다.

• 소득이나 재산 등의 차이로 나타남

• 소득 수준이 높은 사람과 낮은 사람, 재산이 많은 사람과 적은 사람 간의 불평등은 생활 수준의 격차로 이어짐

② 정치적 불평등

• *권력의 소유와 행사의 차이로 나타남

• 권력이 불평등하게 분배되어 권력을 가진 집단은 권력을 가지지 못한 집단을 지배함

③ 사회·문화적 불평등 **❸**

• 명예, 교육 수준, 지식 소유 등 여러 가지 사회·문화적 생활의 기회와 수준의 차이로 나타남

• 출신 배경이나 직업, 학력 등에 따라 나타나는 불평등이 있음

자료로 보는 건강 불평등

소득이 낮을수록 기대 수명이 짧다는 분석이 나왔다. 2015년 상위 20% 고소득층의 기대 수명은 85.14세로 하위 20% 저소득층보다 6.59세 높게 나타났다. 저소득층의 기대 수명이 짧은 것은 흡연·음주·자살 등의 위험에 더 노출된 데다 병에 걸려도 치료를 받는 데

상위 20% 83.54 84.68 85.14
격차 6.1 (6.42) (6.59)
하위 20% 77.44 78.26 78.55
2010 2011 2012 2013 2014 2015(년)
▲ 최근 6년간 소득 수준별 기대 수명

취약하기 때문이다. 반면, 고소득층은 평소 운동이나 건강 검진, 병원 진료 등 건강 관리에 투자를 많이 하여 기대 수명이 더 길다. ─ 『○○신문』, 2017. 10. 30. ─

자료를 보면 2011년에는 고소득층과 저소득층 간 기대 수명의 차이가 6.1세였으나 2015년에는 6.59세로 확대되었다. 이는 경제적 불평등이 사회·문화적 불평등을 초래할 수 있음을 보여 주는 사례이다.

Q 정규직 근로자와 비정규직 근로자 사이에 임금 격차가 발생하는 것은 어떤 형태의 사회적 불평등에 해당할까? **등평불 **적제** 경** ▼

개념 더하기 자료 채우기

❶ 사회적 희소가치

소득, 학력, 지위, 권력 등과 같이 사람들의 욕구에 비해 상대적으로 부족한 가치를 뜻한다. 만일 이러한 가치를 사람들이 원하지 않는다면 희소성이 없고, 결과적으로 사회 불평등 현상도 발생하지 않을 것이다.

✊ 질문 있어요

사회 불평등 현상은 어떤 영향을 끼치나요?
사회 불평등 현상은 사회 구성원뿐만 아니라 사회 전반에도 큰 영향을 끼쳐요. 사회 구성원 개인적으로는 삶의 목표 설정이나 직업 선택, 대인 관계 등에 영향을 주지요. 사회적으로는 사회 구성원 간에 경쟁을 유도하여 효율성을 높이기도 하지만 계층 간 갈등이나 상대적 박탈감을 유발하여 사회 통합을 저해하기도 하지요.

❷ 인도의 카스트 제도

카스트 제도는 인도의 신분 제도로 브라만, 크샤트리아, 바이샤, 수드라의 4개 신분으로 구성되어 있으며, 이에 속하지 않는 불가촉천민도 있다. 수천 년간 인도인의 생활 규율 역할을 해 온 카스트 제도는

크샤트리아(왕족, 군인)
브라만(성직자)
바이샤(농·공·상인)
수드라(노예)

현재 법적으로 폐지되었으며, 근대화 및 교육의 영향으로 점차 약화되고 있다. 그러나 아직도 많은 인도인들의 일상생활에 큰 영향을 미치는 사회 관습으로 존재하고 있다.

❸ 정보 격차

정보 불평등으로 인해 손쉽게 정보에 접근할 수 있는 사람들이 얻는 이익과 그렇지 못한 사람들이 감수해야 하는 불이익의 격차가 커지고 있다. 이러한 정보 사회의 불평등을 가리켜 정보 격차라고 한다. 정보 사회의 진전으로 정보 격차가 커질 가능성이 높아지고 있다.

✳ 용어사전

* **권력**(權 권리, 力 힘) 다른 사람을 그 사람의 뜻에 반하더라도 복종시키거나 지배할 수 있는 힘
* **명예**(名 이름, 譽 좋은 평판) 세상에서 널리 인정받아 얻은 좋은 평판이나 이름

B 사회 불평등 현상을 어떻게 보아야 할까

1 사회 불평등 현상을 보는 기능론적 관점 ④
① 사회 불평등 현상은 보편적이며, 불가피한 현상임 　**왜?** 사회 불평등 현상은 사회의 유지와 존속을 위해 필요하다고 본다.
② 사회에 기능적으로 중요한 일과 그렇지 않은 일이 존재함
③ 직업이나 지위의 사회적 중요도는 사회 구성원들의 합의가 전제된 것임
④ 기능적으로 중요한 일을 하는 사람에게 더 많은 보상을 주어야 하므로 사회적 자원을 차등적으로 분배하는 것이 당연함 　임금, 권력, 사회적 명예 등의 차이가 정당하다고 본다.
⑤ 사회 불평등 현상은 개인에게 *성취동기를 부여하여 개인과 사회가 최적의 효율을 발휘하도록 기능함

2 사회 불평등 현상을 보는 갈등론적 관점 ⑤
① 사회 불평등 현상은 보편적이지만 불가피한 현상은 아님 　**질문**
② 사회 구성원이 담당하고 있는 일의 기능적 중요성을 정확히 판단하기 어려움
③ 사회적 자원은 개인의 능력, 노력, 업적보다는 권력이나 사회·경제적 배경 등의 요인에 의해 차등적으로 분배됨
④ 사회 불평등 현상은 기득권을 가지고 있는 지배 집단의 강제와 통제에 따른 결과라고 파악함 　피지배 집단은 사회적 자원의 분배 기준이 개인의 노력이나 성취보다는 가정 배경이나 권력의 유무에 있다고 생각하기 때문에 분배 방식이 공정하지 않다고 본다.
⑤ 사회 불평등 현상은 지배 집단과 피지배 집단 간에 위화감과 갈등을 초래함

자료로 보는 　임금 수준별 임금 근로자 비율을 보는 관점

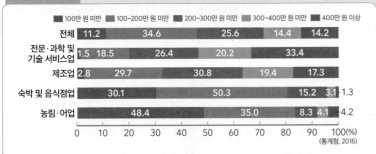

■100만 원 미만　■100~200만 원 미만　■200~300만 원 미만　■300~400만 원 미만　■400만 원 이상

	100만 원 미만	100~200만 원 미만	200~300만 원 미만	300~400만 원 미만	400만 원 이상
전체	11.2	34.6	25.6	14.4	14.2
전문·과학 및 기술 서비스업	1.5	18.5	26.4	20.2	33.4
제조업	2.8	29.7	30.8	19.4	17.3
숙박 및 음식점업	30.1	50.3	15.2	3.1	1.3
농림·어업	48.4	35.0	8.3	4.1	4.2

(통계청, 2016)

갑 : 전문·과학 및 기술 서비스업은 사회적으로 중요도가 높다. 이에 비해 숙박 및 음식점업이나 농림·어업 등은 중요도가 낮다. 따라서 업종에 따라 임금 차이가 발생하는 것은 당연하다.

을 : 그렇지 않다. 숙박 및 음식점업이나 농림·어업이라고 해서 사회적으로 중요하지 않은 것은 아니다. 업종에 따라 임금 차이가 나는 것은 기득권층이 자신의 지배적 위치를 유지하기 위해 가치를 달리 부여했기 때문이다.

갑은 직업의 기능적 중요도가 다르기 때문에 업종별로 임금 차이가 발생하는 것은 당연하다고 주장하고 있으므로 기능론적 관점을 취한다. 을은 기득권층이 자신의 지배적 위치를 유지하기 위해 일부러 업종에 따라 임금 차이를 부여한 것이라고 보고 있으므로 갈등론적 관점을 취한다.

Q 갑과 을이 임금 수준별 임금 근로자 비율에 관한 자료를 보는 관점은 각각 무엇일까?

A 갑 : 기능론, 을 : 갈등론

---

④ 임금의 차이를 설명하는 기능론

> 나는 위험하고 어려운 일을 하니까.
>
> 나는 고학력이니까.
>
> 나는 찾는 사람이 많으니까.

한 건물의 청소를 담당하는 사람이 두 명인데, 한 명은 건물 외벽을, 다른 한 명은 건물 내부를 청소해야 한다고 하자. 만약 임금이 똑같다면 두 명 모두 건물 내부 청소를 선호할 것이다. 건물주가 외벽을 청소하는 대가로 임금을 인상해 주겠다고 하면, 이 제안을 받아들이는 사람이 나타날 수 있다. 이처럼 고단하고 위험하며 유쾌하지 못한 직업에는 이를 어느 정도 상쇄할 임금의 보상이 이루어진다.

⑤ 갈등론의 근거

> A 의원이 국민 건강 보험 공단으로부터 받은 자료에 따르면 8월 말 기준으로 18세 미만 직장 가입자 6,244명 가운데 사업장 대표는 236명이고, 236명의 92%인 217명이 부동산 임대업을 하고 있었다. 미성년자 사업장 대표의 평균 연봉은 4,291만 원으로 집계됐다. 평균 연봉이 1억 원을 넘긴 사업장 대표는 24명으로, 이 중 23명이 부동산 임대업자였다. 　－「○○신문」, 2017. 10. 13. －

미성년자가 부동산 임대업 대표를 한다는 것은 부모의 소득 등과 같은 가정 환경이 사회적 자원 분배에 영향을 줄 수 있음을 보여 준다. 즉, 가정 배경에 따라 높은 지위와 많은 보수가 주어지는 직업을 갖는 기회가 달라진다는 것이다.

질문 있어요

갈등론에서는 사회 불평등 현상이 보편적이지만 불가피한 현상은 아니라고 하는데, 이는 무슨 뜻인가요?
사회 불평등 현상이 발생하지 않아도 되는데 지배 집단의 욕심 때문에 어쩔 수 없이 발생한다는 뜻이에요. 모든 직업이 다 중요하므로 임금에 차이를 둘 필요가 없는데도 기득권자들이 자신들에게 유리한 위치를 고수하기 위해 일부러 직업의 중요성에 차이가 있다고 하면서 임금 격차를 둔다는 것이죠. 이에 따라 사회 불평등 현상이 발생하지요.

* 용어사전

* **성취동기** 어떤 목적한 일을 이루겠다는 결심을 하게 하는 내적 의욕
* **기득권**(旣 이미, 得 얻다, 權 권리) 특정한 개인이나 집단이 정당한 절차를 밟아 이미 차지한 권리

---

01 사회 불평등 현상의 이해

3 사회 불평등 현상을 보는 균형적 시각

① 기능론과 갈등론의 비교

구분	기능론적 관점	갈등론적 관점
사회적 희소가치의 분배 기준	사회 구성원 간의 합의된 기준 → 개인의 자질과 노력에 따라 분배함 → 차등 분배를 중시함 질문	지배 집단에 유리한 기준 → 가정 배경, 권력 등에 의해 강제적으로 분배함 → 균등 분배를 중시함 질문
사회 불평등 현상의 기능	개인과 사회가 최선의 기능을 하도록 하는 장치 → 동기를 부여하고 인재를 적재적소에 배치하여 사회 발전에 기여	개인과 사회가 최선의 기능을 하는 데 장애 요소 → 상대적 박탈감과 집단 간 대립과 갈등을 유발하여 사회 발전을 저해 ❶

② 한 가지 관점만을 중시할 경우의 문제점

기능론만을 중시할 경우	갈등론만을 중시할 경우
• 사회 불평등 현상을 당연한 것으로 받아들이고 사회 불평등 현상이 제도적으로 고착화할 수 있음 • 현상 유지에 치우칠 경우 문제를 개선할 수 있는 기회를 놓치게 됨	• 개인의 노력과 능력에 따라 보상을 달리하는 것이 사회적인 능률을 높일 수 있다는 점을 간과할 수 있음 • 집단 간 갈등과 대립을 지나치게 부각하여 사회 통합을 저해할 수 있음

③ 균형적 시각 ❷

• 사회 불평등 현상을 바라볼 때 기능론적 관점과 갈등론적 관점을 조화시켜 균형 있게 이해해야 함 ┌왜?┐ 기능론과 갈등론 모두 유용성과 함께 한계를 지니고 있기 때문이다.

• 사회 구성원의 능력과 노력에 따라 다른 대우를 하는 것은 인정하되, 불평등이 타고난 조건에 따라 결정되지 않도록 모든 사람에게 평등한 기회를 제공해야 함

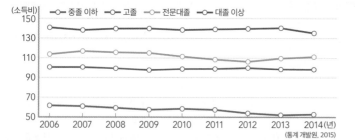

자료로 보는 가구주 교육 수준별 소득비를 보는 균형적 시각

(소득비) ─○─ 중졸 이하 ─○─ 고졸 ─○─ 전문대졸 ─○─ 대졸 이상

* 전국 1인 이상 가구를 대상으로 함
** 소득비는 각 연도의 전체 가구 월평균 가구 소득을 100으로 했을 때 해당 학력 집단의 소득비임

(통계 개발원, 2015)

자료를 보면 교육 수준별로 소득 차이가 있다. 기능론에서 보면 교육 수준이 높을수록 사회적 중요도가 큰 업무에 종사하는 경우가 많으므로 소득이 높은 것이 당연하다. 그러나 갈등론에서 보면 지배 집단이 기득권 유지를 위해 교육 수준에 따라 임금 차이를 둔 것으로 생각할 수 있다. 이러한 사회 불평등 현상을 분석할 때 한 가지 관점에만 치우치지 말고 균형적 시각에서 교육 수준에 따라 어느 정도의 임금 격차는 인정하면서도 저임금 근로자를 위한 복지 시책으로 사회 통합을 실현하는 방안을 강구해야 한다.

❓ 제시된 자료를 기능론과 갈등론의 균형적 시각에서 바라보면 어떤 해결 방안이 있을까?

▼ 교육 수준에 따라 어느 정도 임금 격차는 인정하면서도 저임금 근로자를 위한 복지 시책을 마련한다. 중략

✊ 질문 있어요

차등 분배와 균등 분배는 어떤 차이가 있나요?

차등 분배는 성과가 뛰어난 사람에게는 많이 분배하고, 그렇지 않은 사람에게는 적게 분배함으로써 개인의 성취동기를 자극하고 나아가 사회적 효율성을 달성할 수 있어요. 차등 분배로 사회 불평등 현상이 자연스럽게 발생한다고 보는 관점은 기능론이에요. 반면, 갈등론에서는 차등 분배를 원칙적으로 반대해요. 개인 간의 지나친 경쟁이 갈등을 유발하고, 개인의 업적이 가정 배경과 같은 다른 요인에 의한 경우가 많다는 점을 들어 균등 분배를 해야 한다고 주장하지요.

❶ 상대적 박탈감

개인은 타인 또는 다른 집단의 상황과 자기 자신의 조건을 비교함으로써 박탈감을 느끼는데, 이를 상대적 박탈감이라고 한다. 상대적 박탈감의 정도는 비교의 기초로 선택된 대상에 따라 달라진다. 준거 집단이 자신이 속한 집단보다 수준이 높고 그 차이가 크면 현재 상황에 대한 불만과 상대적 박탈감을 느낄 수 있다. 예를 들어, 어떤 사람의 소득이 늘어났는데도 타인의 소득이 자신보다 더 많이 증가한 것을 보고 느끼는 감정이 상대적 박탈감이다. 상대적 박탈감은 주로 소득 수준과 소비에 관련된 경제력에서 느낀다.

❷ 부모의 소득 수준에 따른 자녀의 대학교와 대학원 진학률

(단위 : %)

구분	대학교	대학원
1분위	21	3
2분위	34	7
3분위	43	15
4분위	52	24
5분위	79	43

* 5분위로 갈수록 고소득층임

부모의 소득 수준이 가장 높은 5분위에서는 자녀가 대학교에 79%가 진학하지만, 소득 수준이 가장 낮은 1분위에서는 21%만 대학교에 진학한다. 이를 통해 부모의 경제적 지위가 자녀의 교육 수준에 영향을 미치고, 이는 직업이나 소득에 영향을 주어 부의 세습, 빈곤의 고착화를 낳을 수 있음을 추론할 수 있다. 이러한 문제점을 해결하려면 가난한 사람도 부모의 경제적 지위에 관계없이 대학 교육을 받을 수 있도록 다양한 지원책이 마련되어야 한다.

✱ 용어사전

* **고착화**(固 굳다, 着 붙다, 化 되다) 어떤 상황이나 현상이 굳어져 변하지 않는 상태

C 사회 불평등 현상을 설명하는 이론은 무엇일까

1 마르크스의 계급론

① **의미** : 경제적 요인인 생산 수단(토지, 자본 등)의 소유 여부에 따라 지배 계급과 피지배 계급으로 구분함 **3**

② **특징**

- 이분법적·불연속적으로 지배 계급과 피지배 계급을 구분함
- 계급 간의 지배와 피지배 관계로 갈등과 대립이 불가피하다고 봄
- 계급에 대한 개인의 소속감, 즉 연대 의식을 중시함 → 같은 계급에 속한 사람들 간에는 연대 의식이 강하고, 다른 계급에는 적대감이 강함 [질문]
- 사회 변혁 운동의 이론적 토대가 됨
  └ 현재의 사회 불평등 현상이 불공정하다고 느끼므로 피지배 집단의 저항에 따라 사회가 변혁될 가능성이 크다.

2 베버의 다원적 불평등론

① **의미** : 경제적 계급, 사회적 위신, 정치적 권력 등 다양한 요인에 따라 상류층, 중류층, 하류층으로 구분함
  └ 사회적 지위, 명예

② **특징**

- 계층이 연속적이고 복합적으로 나타나는 *서열화임을 강조함
- 경제적, 사회적, 정치적 요인 등 다양한 요인에 따른 희소가치의 불평등한 분배 상태를 *범주화하여 설명함
- 계층 의식이 뚜렷하지 않고, 다른 계층에 대한 적대감이 약함
- 현대 사회의 지위 불일치 현상을 설명하기에 적합함 **4**

자료로 보는 — 계급론과 다원적 불평등론의 차이

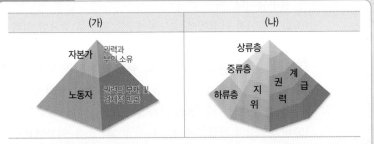

(가)는 마르크스의 계급론, (나)는 베버의 다원적 불평등론에 해당한다. (가)에서는 생산 수단을 기준으로 자본가와 노동자가 분명히 구분되어 있다. 즉, 토지나 자본 등의 경제적 요인에 따라서만 이분법적으로 구분해 놓았다. 그러나 (나)는 경제적 계급뿐만 아니라 정치적 권력, 사회적 지위 등 다양한 요인을 종합하여 서열화하여 상류층, 중류층, 하류층으로 범주화했을 뿐이다. (가)의 계급론은 자본가와 노동자의 대립적인 구분만 있을 뿐 중산층의 존재를 부정한다. 따라서 두 계급은 서로 단절적이며 지배와 피지배의 관계만으로 이루어져 있다. (나)의 다원적 불평등론은 다양한 요인을 종합하여 계층을 서열적·연속적으로 순서를 매겨 대강의 범주만으로 구분했다. 따라서 경제적 계급이 낮더라도 사회적 지위가 높으면 계층이 높아질 수 있다. 다원적 불평등론은 다원화된 현대의 사회 불평등 현상을 설명하는 데 유용하다.

Q 계급론과 다원적 불평등론 중 현대 사회의 지위 불일치 현상을 설명하기에 유리한 것은 무엇일까?
론등평불 적원다 ▼

개념 더하기 자료 채우기

3 생산 수단의 역사적 변천

마르크스는 생산 수단의 소유 여부가 계급을 구분하는 가장 중요한 기준이라고 보았는데, 이러한 생산 수단은 역사적으로 변화하였다. 노예 사회의 주요 생산 수단은 노예 그 자체이며, 봉건 사회의 주요 생산 수단은 토지이다. 자본주의 사회의 주요 생산 수단은 공장, 기계, 원료, 화폐 등의 형태로 존재하는 자본이다. 자본주의 사회는 공장, 기계, 원료 등을 소유한 자본가들과 그러한 것을 소유하지 못하였으므로 노동을 통해 생산에 참여하는 노동자들로 나누어진다.

질문 있어요

마르크스의 계급론에서는 베버의 다원적 불평등론과 달리 왜 연대 의식을 중시하나요?

마르크스에 따르면 세상에는 자본가 계급과 노동자 계급만 존재합니다. 중간 계급은 없다는 것이죠. 그러므로 각각 자기들끼리 뭉칠 수밖에 없지요. 자본가 계급은 기득권을 지키기 위해 뭉칠 것이고, 노동자 계급은 자본가 계급을 타도하기 위해 뭉칠 것입니다. 이러한 연대 의식은 자기 계급에 관해서는 단합을 촉진하는 발판으로 작용하지만, 상대 계급에 관해서는 적대감을 고취시키기 때문에 사회 갈등의 원인이 되기도 합니다.

4 지위 불일치

지위에 따른 여러 사회적 보상의 수준이 서로 일치하지 않는 상태를 지위 불일치라고 한다. 대개 한 지위에 따른 역할에 관해 주어지는 보상은 정치, 경제, 사회·문화적 차원 모두에서 이루어진다. 그러나 지위의 성격에 따라 세 측면 중 어느 하나가 더 중요시될 수도 있는데, 이때 지위 불일치가 발생한다. 예를 들면 가난하지만 사람들에게 존경받는 학자나 성직자, 많은 이윤을 창출하지만 비도덕적 기업 운영으로 비난을 받는 기업가, 조선 후기에 양반의 지위는 유지하고 있으나 경제적으로 몰락한 양반 등을 들 수 있다. 이러한 지위 불일치 현상은 지위를 경제적·정치적·사회적 측면에서 복합적으로 파악하는 베버의 다원적 불평등론으로 설명할 수 있다.

✳용어사전

- ✳**이분법**(二 둘, 分 나누다, 法 방법) 대상 전체를 둘로 나누는 논리적 방법
- ✳**서열화**(序 차례, 列 늘어서다, 化 되다) 일정한 기준에 따라 순서대로 늘어서게 됨 또는 그렇게 만듦
- ✳**범주화**(範 법, 疇 무리, 化 되다) 비슷한 성질을 가진 것이 일정한 기준에 따라 모여 하나의 종류나 부류로 묶이게 됨

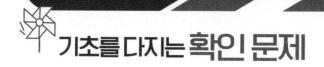

올리드 포인트

A 사회 불평등 현상의 의미와 형태

1 사회 불평등 현상 : 사회적 희소가치가 차등적으로 분배되어 개인과 집단이 서열화되어 있는 현상

2 사회 불평등 현상의 형태

경제적 불평등	소득이나 재산 등의 차이로 나타남
정치적 불평등	권력의 소유와 행사의 차이로 나타남
사회·문화적 불평등	명예, 교육 수준, 지식 소유 등 여러 가지 사회·문화적 생활의 기회와 수준의 차이로 나타남

B 사회 불평등 현상을 보는 관점

1 기능론과 갈등론의 비교

기능론	갈등론
• 사회 구성원 간의 합의된 기준에 따라 사회적 희소가치를 분배함 → 차등 분배를 중시함	• 지배 집단에 유리한 기준에 따라 강제적으로 사회적 희소가치를 분배함 → 균등 분배를 중시함
• 사회 불평등 현상은 개인과 사회가 최선의 기능을 하도록 하는 장치 → 동기 부여와 인재의 적재적소 배치로 사회 발전에 기여	• 사회 불평등 현상은 개인과 사회가 최선의 기능을 하는 데 장애 요소 → 상대적 박탈감과 집단 갈등을 유발하여 사회 발전을 저해

2 균형 있는 관점의 필요성

기능론의 한계	현상 유지에 치우칠 경우 문제를 개선할 수 있는 기회를 놓치게 됨
갈등론의 한계	집단 간 갈등과 대립을 지나치게 부각하여 사회 통합을 저해할 수 있음
균형적 시각	기능론적 관점과 갈등론적 관점을 조화시켜 사회 불평등 현상을 균형 있게 이해해야 함

C 사회 불평등 현상을 설명하는 이론

구분	마르크스의 계급론	베버의 다원적 불평등론
의미	생산 수단의 소유 여부에 따라 지배 계급과 피지배 계급으로 구분함	경제적 계급, 사회적 위신, 정치적 권력 등 다양한 요인으로 구분함
특징	• 이분법적·불연속적으로 지배 계급과 피지배 계급을 구분함 • 계급 간의 지배와 피지배 관계로 갈등과 대립이 불가피하다고 봄 • 계급에 대한 연대 의식을 중시함	• 계층이 연속적이고 복합적으로 나타나는 서열임을 강조함 • 다양한 요인에 따른 불평등한 분배 상태를 범주화하여 설명함 • 계층 의식이 뚜렷하지 않음

01 다음 설명이 맞으면 ○표, 틀리면 ×표를 하시오.

(1) 인도의 카스트 제도처럼 전근대 사회에서는 출생 신분이라는 선천적인 조건이 개인의 위치를 구분하였다. ( )

(2) 경제적 불평등은 소득과 재산 등이 차등 분배되어 발생하는 불평등을 말한다. ( )

(3) 기능론에서는 어떤 직업이든 사회의 유지와 존속을 위해 모두 중요한 기능을 수행하기 때문에 보수나 대우를 차등 분배하는 것에 동의하지 않는다. ( )

(4) 갈등론에서는 사회의 직업 구조가 유능한 인재를 발굴·육성하여 필요한 곳에 충원하기보다는 오히려 기존의 불평등한 사회 구조를 유지한다고 강조한다. ( )

(5) 갈등론만을 중시하여 현상 유지에 치우칠 경우 문제를 개선할 수 있는 기회를 놓치게 된다. ( )

02 빈칸에 들어갈 알맞은 말을 쓰시오.

(1) 사회적 자원이 불평등하게 분배되어 개인과 집단이 서열화되어 있는 현상을 ( ) 현상이라고 한다.

(2) ( ) 불평등은 권력의 소유와 행사의 차이로 나타나는 불평등이다.

(3) ( )적 관점에서는 사회에 기능적으로 중요한 일과 그렇지 않은 일이 존재한다고 본다.

(4) ( )적 관점으로만 사회 불평등 현상을 보면 개인의 노력과 능력에 따라 보상을 달리하는 것이 사회적인 능률을 높일 수 있다는 점을 간과할 수 있다.

(5) 마르크스의 계급론에서는 ( )의 소유 여부만으로 계급을 구분한다.

03 사회 불평등 현상을 설명하는 이론의 특징을 바르게 연결하시오.

(1) 계급론 •

(2) 다원적 불평등론 •

• ㉠ 지위 불일치 현상을 설명하기에 유리함

• ㉡ 이분법적·불연속적으로 지배 계급과 피지배 계급을 구분함

★★
중요
01 밑줄 친 '이것'에 대한 설명으로 옳지 <u>않은</u> 것은?

> 이것은 부, 권력, 명예 등과 같은 사회적 자원이 차등적으로 분배되어 개인이나 집단의 위치가 서열화되어 있는 현상을 말한다.

① 개인적 능력이나 노력의 차이로 발생할 수도 있다.
② 신분 제도가 존재했던 사회에서는 선천적인 조건이 중요시되었다.
③ 사회 구성원 간 생활 양식, 가치관, 사고방식 등을 획일화시킨다.
④ 사회 구성원 간 성취동기를 자극하여 사회 발전을 촉진시키기도 한다.
⑤ 사회적 희소가치가 공정하게 분배되지 않을 때 갈등을 초래할 수 있다.

02 다음 사례에 나타난 사회 불평등 현상의 유형에 대한 설명으로 옳은 것은?

> A국은 최근 20여 년 만에 닥친 최악의 가뭄으로 300만 명의 국민이 식량난에 시달리고 있다. 이러한 상황 속에서 A국의 대통령이 자신의 92세 생일을 맞아 92kg짜리 케이크를 동원하는 등 약 10억 원을 들여 5만여 명이 참여한 가운데 초호화 생일 파티를 개최하여 많은 비판을 받고 있다.

① 국민의 교육 수준을 높이면 해소된다.
② 대립하는 정치 집단 간에서만 존재한다.
③ 주로 선천적인 조건의 차이에 의해 발생한다.
④ 과거 전통 사회에서는 거의 발생하지 않았다.
⑤ 권력의 소유와 행사에서의 불평등에 해당한다.

03 사회 불평등 현상에 대한 설명으로 옳지 <u>않은</u> 것은?

① 사회 구성원 간 갈등을 초래할 수 있다.
② 시대와 장소에 따라 다양한 양상을 띤다.
③ 사회적 자원의 희소성으로 인해 발생한다.
④ 사회적 희소가치가 차등 분배되면서 나타난다.
⑤ 오늘날에는 태어날 때부터 존재하는 신분 차이 때문에 발생한다.

04 사회 불평등 현상의 유형 (가)~(다)에 대한 옳은 설명을 〈보기〉에서 고른 것은? (단, (가)~(다)는 각각 정치적 불평등, 경제적 불평등, 사회·문화적 불평등 중 하나이다.)

사회 불평등 현상의 유형	정부의 극복 노력 사례
(가)	최저 임금을 1만 원으로 인상
(나)	도서 벽지에 무료 영화관 건립
(다)	여성 및 장애인 등에게 국회의원 의무 공천제 실시

┌ 보기 ┐
ㄱ. (가)는 주로 선천적 요인에 의해 발생한다.
ㄴ. (다)는 권력의 소유와 행사에서의 불평등이다.
ㄷ. (가)는 (나), (다)를 초래하는 요인이 될 수 있다.
ㄹ. (다)는 (가), (나)와 달리 사회적 자원의 희소성으로 인해 나타난다.

① ㄱ, ㄴ   ② ㄱ, ㄷ   ③ ㄴ, ㄷ
④ ㄴ, ㄹ   ⑤ ㄷ, ㄹ

05 다음은 주거 기본법의 일부 조항이다. 이 법률의 취지에 대한 설명으로 가장 적절한 것은?

> 제15조(주거비 보조) ① 국가 및 지방 자치 단체는 주거비 부담이 과다하여 주거 생활을 영위하기 어려운 저소득 가구에게 주거 급여를 지급하여야 한다.
> 제16조(주거 약자 지원) ① 국가 및 지방 자치 단체는 장애인·고령자 등 주거 약자가 안전하고 편리한 주거 생활을 영위할 수 있도록 지원하여야 한다.

① 사회 불평등 현상을 근본적으로 해결한다.
② 주택이 사회적 희소가치가 되지 않도록 한다.
③ 귀속 지위 중심의 사회 계층 구조를 고착화한다.
④ 경제적 불평등이 다른 불평등으로 이어지지 않도록 한다.
⑤ 주거 생활에서 모든 사람이 균등한 수준을 누리도록 한다.

06 사회 불평등 현상과 관련하여 다음 글에 부합하는 입장을 〈보기〉에서 고른 것은?

무슨 일을 하든 같은 보수를 준다면 어렵고 힘들지만 사회에서 중요한 역할을 할 사람을 찾기 어려워질 것입니다. 예를 들어, 잠수사 두 명 중 한 명은 깊은 바다에 들어가 해산물을 채취하고, 다른 한 명은 배 위에서 잠수 보조 역할을 한다고 합시다. 그런데 같은 시간을 일했다고 해서 두 사람에게 같은 보수를 주는 것이 정당할까요? 그리고 깊은 바다에 들어가려면 오랫동안 훈련을 받아야 하는데, 같은 보수를 준다면 어떤 사람이 그런 훈련을 받으려고 할까요?

┤ 보기 ├
ㄱ. 차등 보상 체계는 사회 발전에 기여한다.
ㄴ. 사회 불평등 현상은 보편적이며 필수 불가결하다.
ㄷ. 사회적 희소가치의 분배 기준은 지배층만이 합의한 것이다.
ㄹ. 사회 불평등 현상은 인재의 적재적소 배치에 기여하지 않는다.

① ㄱ, ㄴ   ② ㄱ, ㄷ   ③ ㄴ, ㄷ
④ ㄴ, ㄹ   ⑤ ㄷ, ㄹ

★★중요

07 갑의 관점에서 사회 불평등 현상을 바라볼 때, 이에 부합하는 진술로 옳은 것은?

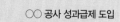

○○ 공사 성과급제 도입

우리 ○○ 공사는 올해부터 모든 부서 직원에 대해 성과급제를 도입하기로 했습니다. 작년에 일부 부서에 실시했는데 성과가 좋았습니다. 힘들고 어려운 일에 더 높은 보수가 부여되므로 직원 간의 갈등이나 대립이 사라지고 모두 열심히 노력하는 분위기였습니다. 이 성과급제가 정착되면 우리 회사는 크게 발전할 것입니다.

갑

① 사회 불평등 현상은 상대적 박탈감을 유발한다.
② 사회적 희소가치를 균등 분배하는 것이 바람직하다.
③ 사회에 존재하는 일은 기능적으로 중요성이 다르다.
④ 사회 불평등 현상은 보편적이지만 불가피한 것은 아니다.
⑤ 사회 불평등 현상은 불공정한 분배 방식 때문에 나타난다.

08 사회 불평등 현상과 관련하여 갑국과 달리 을국에서만 나타나는 현상을 〈보기〉에서 고른 것은?

갑국은 태어나면서부터 자신의 계층이 정해져 있으며 이동할 수 없다. 노비는 아무리 능력이 뛰어나더라도 노비의 신분을 벗어날 수 없다. 을국은 부모의 계층과 상관없이 자신의 노력이나 능력에 의해 계층 이동이 가능하다.

┤ 보기 ├
ㄱ. 사회적 희소가치의 차등 분배가 나타난다.
ㄴ. 다른 계층 구성원에 대한 적대감이 심한 편이다.
ㄷ. 성취동기를 자극하여 사회 발전이 촉진될 수 있다.
ㄹ. 개인의 계층이 결정되는 데 후천적 요인이 작용한다.

① ㄱ, ㄴ   ② ㄱ, ㄷ   ③ ㄴ, ㄷ
④ ㄴ, ㄹ   ⑤ ㄷ, ㄹ

09 사회 불평등 현상을 보는 다음 글의 관점에 부합하는 사례를 〈보기〉에서 고른 것은?

사회에 대한 기여도에 따라 부와 명예 등의 희소가치가 차등 분배될 때 사회도 발전한다. 사회적으로 중요한 일에 능력과 의지를 가진 소수의 사람들을 유인하려면 사회적으로 합의된 보상 체계가 필요하다.

┤ 보기 ├
ㄱ. 부모가 사회적 저명 인사인 경우 면접에서 가산점을 부여한다.
ㄴ. 매월 판매 실적이 뛰어난 사원을 선발하여 특별 상여금을 지급한다.
ㄷ. 혁신적인 아이디어로 예산 절감에 기여한 공무원을 특별 승진시킨다.
ㄹ. 의무 교육 기간을 늘려 가난 때문에 학업을 중단하는 학생이 없도록 한다.

① ㄱ, ㄴ   ② ㄱ, ㄷ   ③ ㄴ, ㄷ
④ ㄴ, ㄹ   ⑤ ㄷ, ㄹ

중요

10 사회 불평등 현상과 관련하여 그림에 나타난 관점에 부합하는 진술을 〈보기〉에서 고른 것은?

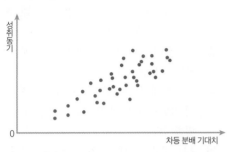

┤ 보기 ├
ㄱ. 사회 불평등 현상은 개인과 사회가 최선의 기능을 하도록 한다.
ㄴ. 사회적 희소가치의 분배 절차와 기준은 사회적으로 합의되어 있다.
ㄷ. 사회 불평등 현상은 세대 간의 지위가 세습됨으로써 고착화된다.
ㄹ. 사회적 희소가치의 분배 기준에는 지배 집단의 가치가 반영되어 있다.

① ㄱ, ㄴ ② ㄱ, ㄷ ③ ㄴ, ㄷ
④ ㄴ, ㄹ ⑤ ㄷ, ㄹ

11 사회 불평등 현상과 관련하여 을의 관점에 부합하는 진술로 옳은 것은?

① 사회적 희소가치가 합리적으로 분배된다고 본다.
② 직업의 기능적 중요도에 차이가 있음을 인정한다.
③ 사회 불평등 현상이 사회 발전에 기여한다고 본다.
④ 사회 구조보다는 구체적인 개인의 행동 분석을 중시한다.
⑤ 사회 질서는 지배 집단의 의사가 반영되어 형성, 유지된다고 본다.

12 다음 글에 나타난 사회 불평등 현상을 바라보는 관점에 부합하는 진술을 〈보기〉에서 고른 것은?

누군가가 재능을 타고났더라도 갈고닦을 기회가 주어지지 않으면 재능은 묻히기 마련이다. 그런데 현실적으로 모든 사람이 재능을 계발할 기회를 동등하게 누리는 것이 아니라, 부유한 집안의 자녀가 가난한 집안의 자녀보다 그럴 기회가 많다. 즉, 개인이 재능을 계발하여 발휘할 수 있느냐는 부모의 계층적 위치에 따라 결정된다.

┤ 보기 ├
ㄱ. 균등 분배가 성취동기를 저하시킨다.
ㄴ. 사회 불평등 현상은 불가피한 것이다.
ㄷ. 개인의 귀속적 요인이 사회 불평등 현상에 큰 영향을 미친다.
ㄹ. 사회적 희소가치의 분배 기준이 특정 집단의 합의에 의해 결정된다.

① ㄱ, ㄴ ② ㄱ, ㄷ ③ ㄴ, ㄷ ④ ㄴ, ㄹ ⑤ ㄷ, ㄹ

중요

13 사회 불평등 현상을 바라보는 갑, 을의 관점에 대한 설명으로 옳지 <u>않은</u> 것은?

갑 : 청년 실업률이 사상 최고라는데, 실업자는 뭔가 부족한 사람이야. 취업에 필요한 실력도, 어려움을 헤쳐 나갈 의지도 부족한 사람이야. 아무런 준비도 하지 않은 사람을 누가 고용하겠어?
을 : 그렇지 않아. 개인이 노력한다고 해서 취업할 수 있는 상황이 아니야. 기득권층이 자기들의 이익을 빼앗기지 않으려고 취업 장벽을 쌓아 놓고 있기 때문에 청년들이 뚫고 들어갈 수 없는 거야.

① 갑은 사회 기여 정도에 따라 사회적 희소가치가 분배된다고 본다.
② 을은 사회적 희소가치의 분배에 대한 전체 사회 구성원의 합의된 기준이 존재한다고 본다.
③ 갑은 을과 달리 사회적 지위의 서열화는 사회적 필요의 산물이라고 본다.
④ 갑은 사회 불평등 현상을 불가피한 현상이라고 보고, 을은 극복해야 할 대상이라고 본다.
⑤ 갑은 사회 불평등 현상이 성취동기를 자극한다고 보고, 을은 상대적 박탈감을 유발한다고 본다.

중요

14 갑은 부정, 을은 긍정의 대답을 할 질문으로 옳은 것은?

> 갑 : 사회에는 매우 중요한 일과 덜 중요한 일이 있다. 의사와 같이 인간의 생명을 다루는 매우 중요한 일을 하는 사람이 그보다 덜 중요한 일을 하는 사람보다 높은 사회적 지위를 얻고 많은 보수를 받는 것은 당연하다.
> 을 : 그렇지 않다. 인간의 생명을 다루는 것은 의사만이 아니다. 119 구급 요원도 인간의 생명을 다룬다. 그러므로 구급 요원의 사회적 지위와 보수가 의사보다 낮아야 할 이유는 없다.

① 사회 불평등 현상은 사회 발전에 기여하는가?
② 사회 불평등 현상은 사회 유지를 위해 극복해야 하는가?
③ 사회 불평등 현상은 개인의 능력 차이에 따라 발생하는가?
④ 사회적 희소가치는 전체 사회 구성원의 합의로 분배되는가?
⑤ 사회 불평등 현상은 어느 사회에서나 보편적으로 나타나는가?

15 표에 대한 설명으로 옳은 것은? (단, (가), (나)는 각각 계급론, 다원적 불평등론 중 하나이다.)

질문	이론	
	(가)	(나)
생산 수단의 소유 여부로 사회 불평등 현상을 구분하는가?	예	아니요
지위 불일치 현상을 설명하기에 적합한가?	A	B

① A에는 '아니요', B에는 '예'가 적절하다.
② (가)는 사회 불평등 현상을 연속적으로 파악한다.
③ (나)는 내부 구성원 간의 강한 귀속 의식을 강조한다.
④ (가)와 달리 (나)는 경제적 요인을 배제한다.
⑤ (가)는 베버, (나)는 마르크스가 주장하였다.

16 밑줄 친 '한 학생'에 해당하는 사람은?

> 교사 : 사회 불평등 현상을 설명하는 이론 A, B에 대해 말해 볼까요?
> 갑 : A는 생산 수단의 소유 여부만으로 자본가와 노동자로 구분합니다.
> 을 : B는 경제적 재산뿐만 아니라 정치적 권력, 사회적 지위 등 다양한 요소로 사회 불평등 현상을 설명합니다.
> 병 : A는 내부 구성원 간의 강한 귀속 의식을 강조합니다.
> 정 : B는 지위 불일치 현상을 설명하기에 용이합니다.
> 무 : A와 B는 모두 정치적 불평등이 경제적 불평등에 종속된다고 봅니다.
> 교사 : 한 학생만 잘못 대답했군요.

① 갑　　② 을　　③ 병　　④ 정　　⑤ 무

중요

17 다음 자료에 대한 설명으로 옳지 않은 것은?

> • 갑과 을은 각각 사회 구성원 A~D를 사회 불평등 현상을 설명하는 이론인 다원적 불평등론과 계급론 중 하나에 따라 분류하였다.
> • 갑은 A와 D를 자본가로, B와 C를 노동자로 분류하였다.
> • 을은 A를 상층, B를 중층, C를 하층으로 분류하였다. 그러나 D는 정치적 권력과 경제적 재산의 수준이 일치하지 않아 어느 하나로 분류하기가 어려웠다.

① 갑은 생산 수단의 소유 여부를 기준으로 분류하였다.
② 갑은 A와 B가 서로 강한 연대 의식을 갖고 있다고 본다.
③ 을은 D를 지위 불일치 현상의 사례로 제시할 수 있다.
④ 을은 사회 불평등 현상이 다양한 요인에 의해 결정된다고 본다.
⑤ 을의 기준과 달리 갑의 기준에서 A, D는 모두 지배 계급이다.

중요

18 그림은 질문 (가)~(다)에 따라 사회 불평등 현상을 설명하는 이론 A, B를 구분한 것이다. 이에 대한 옳은 설명을 〈보기〉에서 고른 것은? (단, A, B는 각각 계급론, 다원적 불평등론 중 하나이다.)

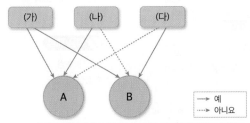

* 단, A는 경제적 요인만으로 사회 불평등 현상을 설명한다.

→ 예
⋯⋯⋯> 아니요

┤ 보기 ├

ㄱ. (가)에는 '정치적 불평등이 경제적 불평등에 종속되는가?'가 들어갈 수 있다.

ㄴ. (나)에는 '사회 구성원 간 강한 연대 의식을 특징으로 하는가?'가 들어갈 수 있다.

ㄷ. (다)에는 '지위 불일치 현상을 설명하기에 용이한가?'가 들어갈 수 있다.

ㄹ. A와 달리 B는 이분법적, 불연속적으로 사회 불평등 현상을 설명한다.

① ㄱ, ㄴ   ② ㄱ, ㄷ   ③ ㄴ, ㄷ
④ ㄴ, ㄹ   ⑤ ㄷ, ㄹ

19 그림은 사회 불평등 현상을 설명하는 이론 A, B의 특징을 비교한 것이다. 이에 대한 설명으로 옳은 것은? (단, A, B는 각각 계급론, 다원적 불평등론 중 하나이다.)

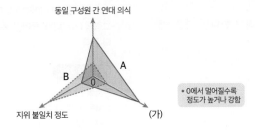

동일 구성원 간 연대 의식

지위 불일치 정도   (가)

* 0에서 멀어질수록 정도가 높거나 강함

① A는 다양한 가치에 의한 분배 상태를 설명하기 어렵다.

② B는 사회 불평등 요인으로 경제적 부를 배제한다.

③ B는 사회 불평등 구조가 궁극적으로 양극화된다고 본다.

④ A와 달리 B는 사회적 자원이 희소하다고 본다.

⑤ (가)에는 '계층을 연속적인 개념으로 보는가?'가 들어갈 수 있다.

20 다음과 같은 현상이 심화될 경우 나타날 수 있는 문제점을 사회적 차원에서 서술하시오.

> 대기업·중소기업 간 신입 사원 연봉 격차 1,438만 원
> 올해 대기업 신입 사원 연봉은 평균 3,893만 원으로 나타났다. 이는 지난해(3,773만 원)보다 3.2% 인상된 수준으로, 중소기업 신입 사원 평균 연봉(2,455만 원)보다 1,438만 원이 높았다. 기업 간 연봉 격차는 지난해(1,283만 원 차이)보다 더 늘어났다.

21 다음 자료에 나타난 사회 불평등 현상의 유형을 발생 원인과 함께 서술하시오.

⊛ 호텔 뷔페

⊛ 무료 급식소

22 다음 글에 나타난 사회 불평등 현상을 바라보는 관점의 특징을 '차등 분배'를 넣어 서술하시오.

> 의사가 청소부보다 더 많은 보수를 받는 것은 당연하다. 의사는 생명을 다루는 중요한 일을 하지만 청소부의 일은 의사의 일보다 중요한 것은 아니기 때문이다.

23 (가), (나)는 사회 불평등 현상을 설명하는 이론과 관련 있는 그림이다. 물음에 답하시오.

(가)	(나)
자본가 / 권력과 부의 소유 / 노동자 / 권력의 부재 및 경제적 빈곤	상류층 / 중류층 / 하류층 / 계급 / 권력 / 지위

(1) (가)에서 자본가와 노동자로 구분하는 기준을 쓰시오.

(2) (가)와 달리 (나)가 갖는 특징을 두 가지 서술하시오.

01 다음 자료에 대한 분석으로 옳지 <u>않은</u> 것은?

> 소득이 낮을수록 기대 수명이 짧고 고소득층이 6.6년 정도 오래 살 것이라는 분석이 나왔다. A 의원은 29일 보건 복지부에서 받은 기대 수명 자료를 분석해 이러한 내용을 공개했다. 2015년 상위 20 % 고소득층의 기대 수명은 85.14세로 하위 20 % 저소득층(78.55세)보다 6.59세 높게 나타났다. 저소득층의 기대 수명이 짧은 것은 흡연·음주·자살 등의 위험에 더 노출된 데다 병에 걸려도 치료를 받는 데 취약하기 때문이다. 반면 고소득층은 평소 운동이나 건강 검진, 병원 진료 등 건강 관리에 투자를 많이 하여 기대 수명이 더 길다.
>
> ― 『○○신문』, 2017. 10. 30. ―

△ 최근 6년간 소득 수준별 기대 수명

① 저소득층의 빈곤 탈출 노력만으로 해결 가능하다.
② 고소득층과 저소득층의 건강 불평등이 심각하다.
③ 사회 불평등 현상은 구조적인 문제점을 갖고 있다.
④ 소득의 격차가 사회·문화적 불평등을 초래할 수 있다.
⑤ 저소득층을 위한 국가의 건강 관리 시스템이 절실히 요구된다.

문제 접근 방법
소득 수준별로 기대 수명을 비교하면 고소득층과 저소득층의 차이가 크다는 점을 알 수 있다. 이러한 차이가 나타나는 이유를 분석하고 해결 방안을 생각해 본다.

적용 개념
기대 수명
건강 불평등

02 다음 글을 그림으로 표시할 때 (가)와 (나)에 들어갈 용어로 옳은 것은?

> 사회에는 다른 일들보다 더 중요한 일들이 있다. 또 어떤 일들은 특별한 재능을 필요로 하고, 특별한 훈련을 필요로 하며, 훈련 과정에는 많은 희생이 따르게 된다. 그런데 만약 사회에서 모든 일들에 대해 똑같이 보상을 한다면 누가 힘들게 그런 특별한 일들을 맡으려고 하겠는가? 그러므로 그런 일들에 사람을 계속 충원하려고 한다면 다른 일들보다 더 높은 보상을 제공해야 할 것이다.

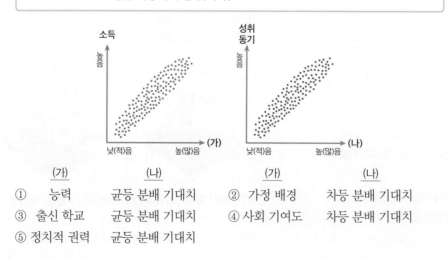

	(가)	(나)		(가)	(나)
①	능력	균등 분배 기대치	②	가정 배경	차등 분배 기대치
③	출신 학교	균등 분배 기대치	④	사회 기여도	차등 분배 기대치
⑤	정치적 권력	균등 분배 기대치			

문제 접근 방법
제시된 글의 내용을 우선 분석해야 한다. 중요한 일에 종사하는 사람에게 높은 보수를 주어야 한다는 내용을 토대로 사회 불평등 현상을 어떤 관점에서 바라보고 있는지 파악한다. 이를 통해 그림의 (가), (나)에 들어갈 용어를 찾아야 한다.

적용 개념
사회 기여도
차등 분배 기대치
균등 분배 기대치

03 그림은 사회 불평등 현상을 보는 관점 A, B를 비교한 것이다. 이에 대한 설명으로 옳은 것은? (단, A, B는 각각 기능론, 갈등론 중 하나이다.)

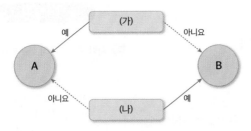

① (가)에 '사회 불평등 현상은 보편적인 것인가?'가 들어가면 A는 기능론이다.

② (나)에 '기능적 중요성에 따라 사회적 희소가치가 차등 분배된다고 보는가?'가 들어가면 B는 갈등론이다.

③ A가 기능론이라면 (나)에는 '차등 분배가 사회 구성원의 성취동기를 자극한다고 보는가?'가 들어갈 수 있다.

④ B가 갈등론이라면 (가)에는 '직업별 사회적 역할의 중요도가 다르다고 보는가?'가 들어갈 수 있다.

⑤ A, B가 무엇이든 (가), (나)에는 '사회 불평등 현상에 사회 구성원 전체가 합의한 가치가 반영되어 있다고 보는가?'는 들어갈 수 없다.

🔍 **문제 접근 방법**

그림이 나타내는 바를 파악해야 한다. (가)에 대한 답이 긍정이면 A, 부정이면 B, (나)에 대한 답이 긍정이면 B, 부정이면 A이다. 이를 염두에 두고 (가), (나)에 어떤 질문이 들어갈지 생각해 본다.

✏️ **적용 개념**

차등 분배
성취동기
합의된 가치

04 (가)의 갑과 을의 입장을 (나) 그림으로 탐구하고자 할 때, A~C에 들어갈 적절한 질문만을 〈보기〉에서 있는 대로 고른 것은?

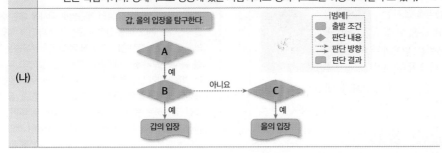

보기
ㄱ. A : 지위 불일치 현상을 설명하기에 적절한가?
ㄴ. B : 내부 구성원 간의 강한 귀속 의식을 강조하는가?
ㄷ. C : 다차원적으로 사회 불평등 현상을 설명하는가?
ㄹ. C : 각 계층이 연속선상에 배열된다는 것을 전제로 하는가?

① ㄱ, ㄴ   ② ㄱ, ㄹ   ③ ㄴ, ㄷ   ④ ㄱ, ㄷ, ㄹ   ⑤ ㄴ, ㄷ, ㄹ

🔍 **문제 접근 방법**

(가)의 갑, 을은 사회 불평등 현상을 어떤 이론에서 보고 있는지 파악해야 한다. 그다음 (나)의 그림을 보고 A에는 갑, 을의 공통점, B에는 갑만의 특징, C에는 을만의 특징을 묻는 질문이 들어가야 함을 알아내야 한다.

✏️ **적용 개념**

귀속 의식
지위 불일치

02 사회 계층 구조와 사회 이동

(🧑 학습길잡이) • 사회 계층 구조와 사회 이동의 의미와 유형, 특징을 이해한다.
• 세대 간 이동에 관한 표를 정확히 분석할 수 있도록 한다.

A 사회 계층 구조의 유형에는 무엇이 있을까

1 사회 계층 구조의 의미

① 사회 계층 **1** 질문

• 한 사회에서 사회 불평등 현상으로 인해 사회 구성원 사이에 형성되는 일정한 층

• 현대 사회에서는 일반적으로 사회 계층을 상층, 중층, 하층으로 구분함

② **사회 계층 구조** : 한 사회의 희소한 자원이 차등적으로 분배되고 그러한 불평등 관계가 지속하면서 나타나는 *정형화된 구조

2 사회 계층 구조의 특징

① 계층별 인구가 전체 인구에서 차지하는 비율이나 구성원들의 사회 이동 가능성 등에 따라 다른 형태로 나타남

② 한번 형성된 계층 구조는 *지속성을 가지고 유지됨

③ 구성원들의 가치관이나 삶의 방식뿐만 아니라 사회 통합 및 사회 안정에 큰 영향을 미침 **2**
└ 계층에 따라 언어, 인사법, 음식, 여가, 관심 분야 등이 다르다.

④ 사회 계층 구조를 살펴봄으로써 그 사회의 사회 불평등 현상을 설명할 수 있음
└ 왜? 한 사회의 희소한 자원이 어떻게 분배되어 있는지를 보여 주기 때문이다.

자료로 보는 계층과 좋아하는 음악 장르의 관계

사회 계층과 선호하는 음악 장르 간에는 밀접한 관련이 있다고 한다. 개인이 좋아하는 음악 장르가 무엇인지 알면 그 사람이 어느 계층에 속해 있는지를 파악할 수 있다는 것이다. 1,600여 명을 대상으로 21개로 나눈 음악 장르 가운데 좋아하는 음악을 조사한 결과, 비교적 학력이 낮은 사람들은 쉽게 들을 수 있는 컨트리 음악이나 디스코, 예전에 유행한 추억의 노래, 랩 등을 선호하는 경향이 있었다. 반면, 학력이 높고 부유한 사람들은 클래식 음악이나 블루스, 재즈, 오페라, 합창, 뮤지컬 등을 즐겨 듣는 것으로 나타났다.
– 『○○신문』, 2015. 6. 18. –

취미 생활을 하려면 돈과 시간, 지식이 필요하다. 그래서 음악 장르에서도 계층 간 격차가 존재한다. 오페라, 뮤지컬 등은 이해하려면 상당한 음악 지식이 필요하고, 돈과 시간 여유가 있는 사람이 즐길 수 있는 음악 장르이므로 부자나 학력이 높은 사람이 주로 좋아한다. 반면, 디스코, 랩 등은 특별히 많은 돈이나 음악 지식이 필요한 것이 아니므로 서민들이 좋아한다고 한다. 이처럼 사회 계층에 따라 선호하는 음악도 다르다. 즉, 사회 계층 구조는 개인의 삶의 방식에 큰 영향을 미친다고 볼 수 있다.

◎ 자신이 속한 계층에 따라 좋아하는 음악 장르가 다르다는 것은 사회 계층 구조의 어떤 점을 보여 주는 것일까? ▲ 사회 계층 구조는 개인의 가치관이나 취향에 큰 영향을 미친다는 것을 보여 준다.

개념 더하기 자료 채우기

1 사회 계층 연구의 접근 방법

(가) 개인의 직업, 학력, 소득을 조사하여 그 정도에 따라 조사자가 점수를 매겨 합계를 구한다.
(나) 조사 대상자가 사회의 상층, 중상층, 중층, 중하층, 하층 중 어느 범주에 속한다고 생각하는지 조사표에 체크하도록 한다.
(다) 지역 주민들에게 지역 사회 인사 중에서 경제적, 사회적, 정치적으로 영향력이 큰 사람이 누구라고 생각하는지 지칭하도록 한다.

(가)는 객관적 방법으로 사회 전체를 몇 개의 계층으로 구분하고 각 계층의 특성을 객관화할 수 있는 지표로 나타내어 응답하게 하는 방법이다. (나)는 주관적 방법으로 구성원 스스로가 자신을 평가하여 사회 계층의 위치를 규정하도록 하는 방법이다. (다)는 제3자의 평가에 의해 피조사자의 계층을 판단하는 방법이다.

(✊ 질문 있어요)

사회 계층을 구분하는 기준은 정해져 있나요?
사회와 시대에 따라 달라집니다. 과거 신분 사회에서는 개인의 계층적 위치가 선천적으로 결정되는 사례가 많았지만, 현대 사회에서는 개인의 능력과 노력에 따라 계층적 위치가 변화할 수 있어요.

---

2 사회 계층적 정체성

루비 페인의 연구에 따르면 계층별로 식사에 대한 질문이 달라진다고 한다. 예를 들면 빈곤층은 "배부르게 먹었니?"라고 묻는다면 중산층은 "맛있게 먹었니?", 부유층은 "차려진 음식이 보기 좋았니?"라고 묻는다는 것이다. 부르디외는 먹을거리가 단순히 개인의 취향이 아닌 사회 계층적 정체성을 드러냄을 체계적으로 밝혔다. 그는 입맛, 좋아하는 그림, 좋아하는 음악, 즐기는 스포츠, 집을 장식하는 방식, 머리 모양, 자주 입는 의상, 화장법 등 지극히 개인적으로 보이는 일상 속 취향도 실제로는 개인의 출신 배경이나 교육 수준 등에 따라 사회적으로 형성되었다고 주장한다.

(✻ 용어사전)

* **정형화**(定 정하다, 型 모형, 化 되다) 일정한 형식이나 틀로 고정됨

* **지속성**(持 유지하다, 續 이어지다, 性 성질) 끊어지지 않고 오래도록 계속되거나 유지되어 나가는 성질

3 사회 계층 구조의 유형

① 계층 간 이동 가능성 여부에 따른 구분

*폐쇄적 계층 구조 **3**	상 중 하	• 개인의 노력과 관계없이 다른 계층으로 상승하거나 하강할 가능성이 극히 제한됨 • 타고난 신분이 개인의 계층적 위치 결정에 큰 영향을 줌 • 고대 노예제, 인도의 카스트 제도 등
*개방적 계층 구조	상 중 하	• 개인의 능력이나 노력에 따라 다른 계층으로 상승하거나 하강할 가능성이 열려 있음 • 신분 제도가 폐지된 근대 이후 사회에서 주로 나타나고, 이러한 계층 구조를 지닌 사회는 개인의 노력이 중요함

② 각 계층의 구성원 비율에 따른 구분

수직적 계층 구조	▌	모든 사회 구성원이 서로 다른 계층에 속해 수직선상으로 배열된 형태의 계층 구조 → 완전 불평등형 계층 구조
수평적 계층 구조	▬	모든 사회 구성원이 같은 계층을 이루고 있어 수평선상으로 배열된 형태의 계층 구조 → 완전 평등형 계층 구조
피라미드형 계층 구조	상 중 하	• 하층의 비율이 가장 높고, 상층의 비율이 가장 낮은 형태의 계층 구조 ┌ 불평등이 심해 사회 안정도가 떨어질 가능성이 크다. • 전근대적인 신분 사회나 오늘날의 저개발국 등에서 주로 나타남
다이아몬드형 계층 구조	상 중 하	• 상층이나 하층보다 중층의 비율이 높은 형태의 계층 구조 • 근대 이후 산업 사회에서 나타남 • 상대적으로 높은 비율을 차지하는 중층이 상층과 하층 사이에서 완충 역할을 해 사회 안정성이 비교적 높음 [질문]

③ 정보화와 계층 구조의 변화 **4**

[왜?] 정보 접근 기회가 증가하기 때문이다.

타원형 계층 구조	상 중 하	• 세계화와 정보화로 계층 간 격차가 완화되어 다이아몬드형 계층 구조에서 중층의 비율이 증가함 • 중층이 사회 통합에 이바지하는 정도가 커지고 사회적 안정도가 높아짐
모래시계형 계층 구조	상 중 하	• 세계화와 정보화로 정보 격차가 커져 빈부 격차 심화로 중층의 비율이 현저히 낮고 압도적 다수가 하층을 차지함 • 부의 분배가 양극화되고 중층의 비율이 낮아 사회적 안정도는 매우 낮아짐 [왜?] 상층과 하층 간의 갈등을 완화할 수 있는 중층이 적기 때문이다.

자료로 보는 중산층 비중 추이

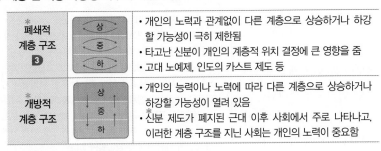

저소득층 7.8
고소득층 18.5
1990년 (단위 : %)
중산층 73.7

고소득층 18.5 저소득층 14.2
2015년 (단위 : %)
중산층 67.3

(통계청, 2016)

	1971년	2015년
상류층	14%	21%
중산층	61%	50%
하류층	25%	29%

(퓨 리서치 센터, 2015)

Ⓐ 우리나라의 사회 계층 구조 변화   Ⓐ 미국의 계층 구성 비율 변화

┌ 전체 가구를 소득 수준에 따라 줄 세웠을 때 한가운데에 있는 가구의 소득
중위 소득의 50~150% 미만을 중산층이라고 한다. 중산층은 경제의 중추이면서 사회 안정의 바탕인데, 그 비중이 감소하고 있다. 경기 침체와 실직 등으로 서민과 자영업자의 소득이 줄면서 중산층 대열에서 이탈하는 사람들이 늘고 있다.

Q 중산층의 비중이 줄어들면 어떤 문제가 생길까?   Ⓥ 사회 불안정 현상이 나타날 수 있다.

---

3 폐쇄적 계층 구조

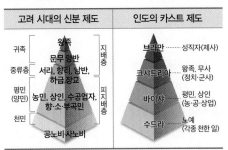

고려 시대의 신분 제도	인도의 카스트 제도

고려 시대의 신분 제도에서 천민은 신분 상승이 거의 불가능했다. 또 평민이 귀족이 되는 경우는 거의 없을 정도로 폐쇄적 계층 구조였다. 인도의 카스트 제도는 오랫동안 이어져 내려온 폐쇄적 계층 구조로, 아직도 사회 전반에 영향력을 행사하고 있다.

👊 질문 있어요

다이아몬드형 계층 구조가 사회 안정에 유리하다고 하는데, 그 이유는 무엇인가요?

다이아몬드형 계층 구조는 상층이나 하층에 비해 중층의 비율이 높은 형태입니다. 한 사회의 중층은 전문직, 관료직, 사무직 등 다양한 직업에 종사하는 사람들로 이루어져 있고, 삶의 여유도 누릴 수 있어 사회의 다양성을 촉진합니다. 이러한 중층의 비율이 높으면 상층과 하층 사이에서 완충 작용을 하기 때문에 사회가 비교적 안정된 모습을 보여요.

4 정보화와 계층 구조

타원형 계층 구조	모래시계형 계층 구조
정보화 낙관론자들은 정보화의 진전으로 사회의 모든 분야에 정보가 널리 확산하면서 계층 간 격차가 줄어들 것이라고 주장한다. 나아가 세계가 하나의 시장으로 통합되고 정보가 널리 활용되어 선진국과 후진국 간 소득 격차가 줄어들 것이라고 본다.	정보화 비관론자들은 계층과 소득 수준에 따라 지식과 정보의 획득 및 접근 기회에 격차가 생겨 기존의 계층 간 불평등 현상이 더욱 심화할 것이라고 주장한다. 또한 세계화와 정보화의 진전에 따라 세계가 20 대 80의 사회로 변화할 것이라고 예상한다.

✱ 용어사전

* **폐쇄적**(閉 닫다, 鎖 쇠사슬, 的 과녁) 외부와 통하거나 교류하지 않는 것
* **개방적**(開 열다, 放 놓다, 的 과녁) 숨김이나 막힘이 없이 열려 있는 것
* **신분 제도** 태어날 때의 출신에 따라 계급을 나누는 제도

02 사회 계층 구조와 사회 이동

B 사회 이동의 유형에는 무엇이 있을까

1 사회 이동의 의미

① **사회 이동** : 한 사회의 계층 구조 속에서 개인이나 집단의 위치가 변화하는 현상

② **사회 이동의 발생** : 폐쇄적 계층 구조를 보이는 사회보다 개방적 계층 구조를 보이는 사회에서, 농촌 사회보다 도시 사회에서 더 빈번하게 나타남

③ **사회 이동의 영향** 1

• 누구에게나 공평한 기회가 주어지고 구성원의 능력이나 노력에 따라 사회 이동이 실현될 가능성이 큰 사회에서는 구성원의 의욕이 높아지고 사회가 발전할 가능성이 큼 질문
　└─ 가난한 사람도 열심히 노력하여 부자가 될 수 있다면 누구나 열심히 일하려고 한다.

• 개인의 노력과 상관없이 사회 이동이 이루어지거나 사회 이동 자체가 실현되지 않는 사회에서는 구성원의 의욕이 낮아지고 사회 발전이 저해될 수 있음

2 사회 이동의 유형

① **이동 방향에 따른 구분** 2

수직 이동	• 계층적 위치가 위아래로 변화하는 것 • 상승 이동 : 사회 계층 구조 속에서 계층적 위치가 높아짐(회사에서 평사원이 임원으로 승진함) • 하강* 이동 : 사회 계층 구조 속에서 계층적 위치가 낮아짐(기업의 사장이 실업자로 전락*함)
수평 이동	• 같은 계층 내에서의 위치 변화 • 회사 내에서 총무부 사원이 영업부 사원으로 이동한 경우

자료로 보는　춘향의 사회 이동

기생인 월매의 딸 춘향은 사또의 자제 이몽룡과 신분을 초월한 사랑을 했다.

변학도의 수청 거절로 죽게 된 춘향을 과거에 합격한 이몽룡이 암행어사가 돼 구했다.

춘향은 이몽룡의 정실부인이 되고, 이후 이몽룡은 정승 벼슬까지 올랐다.

춘향은 기생의 딸에서 양반의 정실부인으로 계층적 위치가 바뀐다. 전통 사회에서 기생은 잔치나 술자리에서 노래, 춤 및 풍류로 참석자들의 흥을 돋우는 일을 업으로 삼았던 여자로 신분은 천민에 해당한다. 그러나 주된 고객층이 상류층이었기 때문에 춤, 노래, 시조, 학문 등 수많은 기예를 갖추어야 했고, 기예가 뛰어난 기생은 지식인으로 대우받았다고 한다. 소설 속에서 춘향은 이몽룡을 만나 정실부인으로까지 신분이 상승하는 사회 이동을 경험했다.

Q 제시된 자료에서 춘향의 이동 방향에 따른 사회 이동의 유형은 무엇에 해당할까?

A 수직 이동 중의 상승 이동임

개념 더하기 자료 채우기

1 사회 이동의 결과

사회 이동은 상승 이동이든 하강 이동이든 가족과 친구 집단 등 원초 집단 관계와의 단절을 가져오기도 한다. 또한 개인의 열망과 실제 이동 기회 사이에 불균형이 있을 때, 그 사람은 혼란과 갈등을 경험할 수 있다. 그렇지만 개인의 노력으로 사회 이동이 실현될 가능성이 큰 사회에서 사회 이동은 그 사회의 정치적·사회적 통합에 이바지할 수 있다. 사람들에게 공평한 기회가 부여되는 개방적 계층 구조를 가진 사회가 그렇지 못한 폐쇄적 계층 구조를 가진 사회보다 국민의 사회 통합 수준이 훨씬 높다.

질문 있어요

사회 이동이 사회 통합에 긍정적인 역할을 수행한다는 것은 무슨 의미인가요?

전근대 사회에서처럼 개인이 아무리 능력이 있고, 노력을 하더라도 계층의 이동이 불가능하다면 사람들은 애써 노력하지 않겠지요. 그러면 사회가 침체에 빠져들어 오히려 퇴보합니다. 그러나 누구에게나 공평한 기회가 주어지고 개인의 노력과 능력에 의해 사회 이동이 실현될 가능성이 큰 사회에서는 열심히 노력하면 계층 상승이 이루어질 수 있다는 희망을 갖게 되므로 사회 전반적으로 활기가 넘치며, 이러한 동력은 결국 그 사회의 정치적·사회적 통합을 가져옵니다.

2 우리 사회의 상향 이동 의식

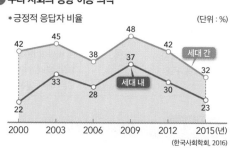
*긍정적 응답자 비율　(단위 : %)
세대 간 : 42, 45, 38, 48, 42, 32
세대 내 : 22, 33, 28, 37, 30, 23
2000　2003　2006　2009　2012　2015(년)
(한국사회학회, 2016)

한 연구 팀은 「한국인의 상향 이동에 대한 의식」이라는 연구에서, 한국 사회의 모습을 '개인이 열심히 노력해도 계층 상향 이동을 할 수 없을 것이라는 인식, 나아가 자신의 자녀도 그러할 것이라는 현실 인식이 팽배하다.'고 보았다. 특히 2008년 이후 세대 내와 세대 간의 두 상향 이동 의식이 나란히 지속적으로 하락하는 현상이 나타났는데, 이는 외환위기 직후에도 굳건했던 자녀 세대의 계층 상승 가능성에 회의적인 사람들이 증가했다는 의미라고 한다.

용어사전

* **하강**(下 아래, 降 내리다)　높은 곳에서 낮은 곳으로 내려옴
* **전락**(轉 구르다, 落 떨어지다)　나쁜 상태나 타락한 상태에 빠짐

② 세대 범위에 따른 구분 ③ ── 같은 시대에 살면서 공통의 의식을 가지는
                                    비슷한 연령층의 사람들을 말한다.

세대 내 이동	• 한 개인의 생애 동안에 일어나는 계층적 위치의 변화 • 하위직 공무원이 열심히 노력하여 고위직 공무원이 된 것
세대 간 이동	• 한 세대와 그다음 세대 간에 나타나는 계층적 위치의 변화 • 아버지는 가난한 농부였으나 그 자녀는 대기업의 회장이 된 것

자료로 보는 박 씨(76세)의 가계도와 생애 이력

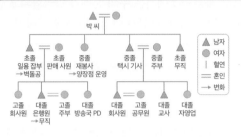

박 씨는 전쟁으로 부모님이 돌아가시고, 대도시로 이주한 후 건설 현장, 봉제 공장에서 일하는 등 심한 생활고를 겪었다. 지금은 둘째 아들 부부와 함께 생활하고 있다.

박 씨와 자녀, 손주를 비교해 보면 계층이 점차 상승 이동했음을 알 수 있다. 우선 학력을 보면 박 씨의 자녀는 초졸이나 중졸이고, 손주에 이르면 대졸이 많아진다. 또한 직업에서도 점차 전문직, 사무직 등으로 안정된 중산층의 대열에 올라서고 있음을 알 수 있다. 박 씨의 사례를 통해 세대 간 상승 이동을 엿볼 수 있다.

Q 한 세대와 그다음 세대 간에 나타나는 계층적 위치 변화는 무엇일까? 답 세대 간 이동

③ 이동 원인에 따른 구분 ④

개인적 이동	• 한 개인의 능력이나 노력에 따른 계층적 위치의 변화 • 개인적 이동이 가능한 사회에서는 성취동기가 유발되어 자기 계발을 위해 노력하게 됨
구조적 이동	• 혁명, 전쟁, 산업화 등 급격한 사회 변동으로 인해 기존의 계층 구조가 변화함으로써 생기는 계층적 위치의 변화 질문 • 시민 혁명으로 시민 계급이 사회의 주도권을 잡게 된 경우, 남북 전쟁 이후 노예제가 철폐되어 흑인이 노예의 신분으로부터 벗어난 경우

자료로 보는 구조적 이동의 사례

⊙ 프랑스 혁명

⊙ 남북 전쟁

왼쪽은 프랑스 혁명의 모습, 오른쪽은 미국 남북 전쟁의 모습이다. 프랑스 혁명 등과 같은 시민 혁명으로 시민 계급이 정치적·사회적 주도권을 행사하는 지위로 부상하였고, 남북 전쟁으로 노예제가 폐지되면서 노예가 사회 이동을 하였다. 두 사건에 따른 사회 이동은 모두 개인적인 노력과 상관없이 사회의 구조적인 변화로 계층적 위치가 변화한 사례이다.

Q 프랑스 혁명과 남북 전쟁으로 인한 사회 이동의 유형은 무엇일까? 답 구조적 이동

개념 더하기 자료 채우기

③ 세대 내 이동과 세대 간 이동의 측정

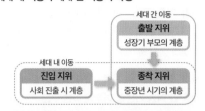

세대 간 이동 연구는 부모의 계층이 자녀의 계층에 미치는 영향을 파악하고자 한다. 세대 내 이동 연구는 개인이 사회에 진출한 후 가지는 사회 이동 가능성을 알아보고자 한다. 계층은 일반적으로 직업이나 소득으로 파악하는데, 이는 경제적 측면 외의 요인을 간과한다는 비판을 받기도 한다.

④ 개인적 이동과 구조적 이동

개인적 이동과 구조적 이동은 사회 이동을 경험한 사람의 수가 아니라 이동의 원인을 기준으로 한 구분이다. 개인적 이동은 현존하는 사회 제도의 틀 내에서 개인적인 노력으로 계층적 위치가 변화한 것이다. 반면, 구조적 이동은 사회 구조 자체가 변화하여 자신의 계층적 위치가 변화한 것이다.

✊ 질문 있어요

오늘날에도 구조적 이동이 나타날 수 있나요?
구조적 이동은 급격한 사회 변동으로 사회 구조가 바뀌어 발생하는 계층적 위치의 변화를 말합니다. 근대 시민 혁명으로 시민 계급이 성장한 것, 우리나라의 갑오개혁으로 노비 제도가 폐지된 것을 예로 들 수 있지요. 오늘날에는 대체로 사회가 안정되어 있기 때문에 이러한 구조적 이동이 일어날 가능성은 전보다 적습니다. 그러나 우리나라의 경우 1997년 외환 위기 이후 산업계에서 비정규직 근로자라는 새로운 고용 제도를 만들어 내면서 오히려 계층이 하강 이동하는 현상이 발생하기도 했어요. 이는 개인의 노력과 전혀 상관없는 사회 구조적 요인에 의해 나타난 것이므로 구조적 이동의 사례로 볼 수 있어요.

✱ 용어사전

* **세대**(世 인간, 代 대신하다)
* **시민 계급** 중세 봉건 사회의 귀족이나 성직자, 농민과 달리 도시의 상업 발달과 함께 세력을 형성하였고 봉건적 지배에 저항하여 시민 혁명의 주축이 되었던 계급
* **주도권**(主 주인, 導 이끌다, 權 권리) 주동적인 위치에서 이끌거나 지도하는 권한

올리드 포인트

A 사회 계층 구조

1 사회 계층 구조 : 한 사회의 희소한 자원이 차등적으로 분배되고 그러한 불평등 관계가 지속하면서 나타나는 정형화된 구조

2 사회 계층 구조의 유형

① 계층 간 이동 가능성 여부에 따른 구분

폐쇄적 계층 구조	개인의 노력과 관계없이 다른 계층으로 상승하거나 하강할 가능성이 극히 제한됨
개방적 계층 구조	개인의 능력이나 노력에 따라 다른 계층으로 상승하거나 하강할 가능성이 열려 있음

② 각 계층의 구성원 비율에 따른 구분

피라미드형 계층 구조	• 하층의 비율이 가장 높고, 상층의 비율이 가장 낮은 형태의 계층 구조 • 전근대적인 신분 사회나 오늘날의 저개발국 등에서 주로 나타남
다이아몬드형 계층 구조	• 상층이나 하층보다 중층의 비율이 높은 형태의 계층 구조 • 근대 이후 산업 사회에서 나타남 • 상대적으로 높은 비율을 차지하는 중층이 상층과 하층 사이에서 완충 역할을 해 사회 안정성이 비교적 높음

B 사회 이동

1 사회 이동 : 한 사회의 계층 구조 속에서 개인이나 집단의 위치가 변화하는 현상

2 사회 이동의 유형

① 이동 방향에 따른 구분

수직 이동	계층적 위치가 위아래로 변화하는 것 → 상승 이동, 하강 이동
수평 이동	같은 계층 내에서의 위치 변화

② 세대 범위에 따른 구분

세대 내 이동	한 개인의 생애 동안에 일어나는 계층적 위치의 변화
세대 간 이동	한 세대와 그다음 세대 간에 나타나는 계층적 위치의 변화

③ 이동 원인에 따른 구분

개인적 이동	한 개인의 능력이나 노력에 따른 계층적 위치의 변화
구조적 이동	혁명, 전쟁, 산업화 등 급격한 사회 변동으로 인해 기존의 계층 구조가 변화함으로써 생기는 계층적 위치의 변화

01 다음 설명이 맞으면 ○표, 틀리면 ×표를 하시오.

(1) 사회 계층 구조는 사회 구성원의 행동 양식과 사고방식 등에 커다란 영향을 미치고, 시대나 사회에 따라 변화하지 않는다. ( )

(2) 개방적 계층 구조는 타고난 신분이 개인의 계층적 위치를 결정하는 데 큰 영향을 준다. ( )

(3) 다이아몬드형 계층 구조에서는 부의 분배가 양극화되고 중층의 비율이 현저히 낮아 사회적 안정도가 매우 낮아진다. ( )

(4) 근대 이후에는 사회마다 개인의 능력이나 업적, 노력 등에 따른 사회 이동이 가능해졌다. ( )

(5) 세대 간 이동은 한 세대와 그다음 세대 간에 나타나는 계층적 위치의 변화로, 아버지는 가난한 농부였으나 그 자녀는 대기업의 회장이 된 것을 예로 들 수 있다. ( )

02 빈칸에 들어갈 알맞은 말을 쓰시오.

(1) ( )(이)란 한 사회의 희소한 자원이 차등적으로 분배되고 그러한 불평등 관계가 지속하면서 나타나는 정형화된 구조를 의미한다.

(2) 세계화와 정보화를 낙관적으로 보는 사람은 다이아몬드형 계층 구조에서 ( )의 비율이 증가하여 타원형 계층 구조가 될 것이라고 주장한다.

(3) 사회 이동에서 ( )은/는 동일한 계층 내에서 이루어지는 직업 및 활동 분야의 이동을 뜻한다.

(4) ( )은/는 혁명, 전쟁, 산업 구조의 변화 등 급격한 사회 변동으로 기존의 계층 구조가 변화하여 생기는 계층적 위치의 변화이다.

03 계층 구성원의 비율에 따른 계층 구조를 바르게 연결하시오.

(1) 피라미드형 계층 구조 ・ ・ ㉠ 상층＜중층＞하층

(2) 다이아몬드형 계층 구조 ・ ・ ㉡ 상층＜중층＜하층

01 다음 자료를 통해 추론할 수 있는 내용으로 가장 적절한 것은?

식사 시 대화	• 상층 : 음식이 보기 좋았니? • 중층 : 맛있게 먹었니? • 하층 : 배부르게 먹었니?
시간에 대한 생각	• 상층 : 전통과 역사가 중요해. • 중층 : 미래가 중요해. • 하층 : 현재가 제일 중요해.

① 상층은 중층에 비해 사고방식이 유연하지 않다.

② 중층은 하층에 비해 음식의 질에 관심이 약하다.

③ 계층의 귀속 의식은 상층에서 가장 강한 편이다.

④ 사회 계층은 구성원들의 생활 양식에 영향을 미친다.

⑤ 한번 형성된 사회 계층 구조는 비교적 오래 유지된다.

02 (가)~(다)는 사회 계층을 연구하는 세 가지 방법이다. 이에 대한 옳은 설명을 〈보기〉에서 고른 것은?

(가) 개인의 직업, 학력, 소득을 조사하여 그 정도에 따라 조사자가 점수를 매겨 합계를 구한다.

(나) 조사 대상자가 사회의 상층, 중층, 하층 중 어느 범주에 속한다고 생각하는지 조사표에 체크하도록 한다.

(다) 지역 주민들에게 지역 사회 인사 중에서 영향력이 큰 사람이 누구라고 생각하는지 지칭하도록 한다.

┤ 보기 ├

ㄱ. (가)는 주관적인 계층 의식 파악에 유리하다.

ㄴ. (나)는 가장 객관적인 방법이다.

ㄷ. (다)는 지역 사회의 유력 인사를 확인할 수 있다.

ㄹ. (가)는 (나), (다)에 비해 대규모의 조사에 유리하다.

① ㄱ, ㄴ　　② ㄱ, ㄷ　　③ ㄴ, ㄷ

④ ㄴ, ㄹ　　⑤ ㄷ, ㄹ

03 다음의 계층 구조 A, B에 대한 설명으로 옳은 것은?

사회 계층 구조는 계층 간 이동 가능성에 따라 A와 B로 구분할 수 있다. A는 계층 간 상승이나 하강 이동이 제한된 계층 구조를 말한다. B는 다른 계층으로 상승하거나 하강할 수 있는 가능성이 열려 있는 계층 구조이다.

① A에서는 수직 이동과 수평 이동이 모두 제한된다.

② B는 개인의 노력이나 능력이 사회 이동의 중요한 요인이다.

③ B에서는 부모의 재산이나 직업이 자녀의 계층에 영향을 주지 않는다.

④ A는 B에 비해 사회 구성원의 상대적 박탈감이 적은 편이다.

⑤ A에서는 하층의 비율이 가장 높고, B에서는 상층의 비율이 가장 높다.

04 어떤 사회의 계층 구조가 다음과 같이 변화하였을 때, 나타날 수 있는 현상으로 가장 적절한 것은?

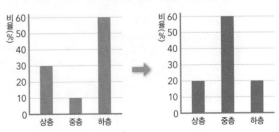

① 사회 안정이 이루어지고 있다.

② 계층 간 위화감이 심화되고 있다.

③ 사회 통합을 위한 정책이 시급하다.

④ 귀속 지위의 중요성이 강조되고 있다.

⑤ 계층의 세대 간 이동이 활발해지고 있다.

[05~06] 그래프는 A국의 계층 구성 비율 변화를 나타낸 것이다. 물음에 답하시오.

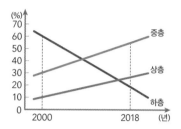

05 위 그래프에 대한 옳은 분석을 〈보기〉에서 고른 것은?

┤ 보기 ├
ㄱ. 세대 간 이동의 경향이 강하다.
ㄴ. 중층이 사회 안정을 이끌고 있다.
ㄷ. 귀속 지위가 사회 이동의 중요한 요소이다.
ㄹ. 피라미드형 계층 구조에서 다이아몬드형 계층 구조로 변화하고 있다.

① ㄱ, ㄴ   ② ㄱ, ㄷ   ③ ㄴ, ㄷ
④ ㄴ, ㄹ   ⑤ ㄷ, ㄹ

06 위 그래프와 같은 사회 계층 구조의 변화를 위해 A국이 취한 정책으로 보기 어려운 것은?

① 무상 의무 교육 기간 확대
② 실업자에 대한 기술 교육 강화
③ 정부 예산에서 사회 복지 지출 비중 축소
④ 누진세 제도, 직접세 중심의 조세 제도 개편
⑤ 사회적 약자를 보호하기 위한 법과 정책 추진

07 (가)~(라)는 사회 계층 구조를 나타낸 것이다. 이에 대한 설명으로 옳은 것은?

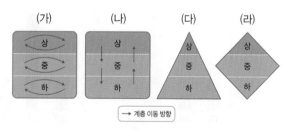

① 구성원의 비율에 따라 (가), (나)로 구분한다.
② (가)와 (다)는 폐쇄적 계층 구조에서 나타난다.
③ (가)는 성취 지위, (나)는 귀속 지위를 강조한다.
④ (다)에서 (라)로 갈수록 계층 간의 위화감이 심하다.
⑤ 대중 사회를 분석하는 데 (다)보다 (라)가 유용하다.

08 (가)에서 (나)의 계층 구조로 변화한 사회에 대한 설명으로 가장 적절한 것은?

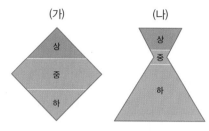

① 사회 불안정이 심화하였을 것이다.
② 세대 간 이동이 활발하게 일어났을 것이다.
③ 능력에 따른 사회 이동이 제한되었을 것이다.
④ 개인적 이동보다 구조적 이동이 활발하였을 것이다.
⑤ 전문직, 사무직 등의 직종에 종사하는 사람들이 늘어났을 것이다.

09 다음 자료에 대한 분석으로 옳은 것은?

〈사회 계층 구성의 유형〉
(단위 : %)

구분	A 유형	B 유형	C 유형
상층	18	20	30
하층	44	20	50

① A → B : 양극화 현상이 심화되었다.
② A → C : 사회 보장 실시의 효과가 나타났다.
③ B → A : 하강 이동보다 상승 이동이 더 많다.
④ C → A : 계층 결정에서 귀속 지위가 중요해졌다.
⑤ C → B : 좀 더 안정적인 사회로 변화하였다.

10 다음 글에 대한 분석으로 옳은 것은?

• 계층 간 이동 가능성에 따라 A와 B로 구분하고, 계층 구성원의 비율에 따라 C와 D로 구분한다.
• 인도의 카스트제는 A, C에 해당하고, 현대의 복지 국가는 B, D에 해당한다.

① A는 모래시계형 계층 구조이다.
② B에서는 세대 간 계층이 거의 세습되지 않는다.
③ C에서는 하층의 비율이 가장 높다.
④ D에서는 수직 이동보다 수평 이동이 활발하다.
⑤ A, C는 B, D에 비해 사회 안정도가 높다.

11 밑줄 친 '이 계층'에 대한 설명으로 옳은 것은?

> 이 계층은 산업 사회에서 고등 교육을 받았고, 전문적 기술을 소유하고 있다. 이 계층에 속한 사람의 수가 늘어날 때 사회가 안정되고 균형을 이룰 수 있다.

① 폐쇄적 계층 구조에서는 가장 적다.
② 빈부 격차가 큰 사회일수록 비율이 높다.
③ 다이아몬드형 계층 구조에서는 가장 많다.
④ 국가가 사회 보장 정책을 강화할수록 적어진다.
⑤ 계층의 세대 간 세습을 가져오는 경우가 빈번하다.

12 계층 구조 A에 대한 설명으로 옳은 것은?

> 교사 : 계층 구조 A의 특징에 대해 말해 볼까요?
> 갑 : 세계화와 정보화를 낙관적으로 보는 사람들이 나타난다고 주장하는 계층 구조입니다.
> 을 : 국가를 초월하여 교류가 활발해지고, 정보의 소유와 접근이 쉬워짐에 따라 격차가 줄어들어 나타납니다.
> 교사 : 갑, 을 모두 옳게 답했어요.

① 사회 통합의 필요성이 커진다.
② 세대 간 하강 이동이 제한된다.
③ 부의 분배가 양극화되는 문제가 있다.
④ 다른 계층에 비해 중층의 비율이 가장 높다.
⑤ 동일 계층 구성원 간의 연대 의식이 강해진다.

13 다음 사례에서 찾아볼 수 <u>없는</u> 사회 이동의 유형은?

> 갑의 할아버지 : 가난한 집안에서 태어나 평생 동안 농부로 일했고 형편은 계속 어려웠다.
> 갑의 아버지 : 고등학교 졸업 후 아파트 경비원이 되었다가 주경야독 끝에 공무원 시험에 합격하여 5급 사무관으로 정년퇴직했다.
> 갑 : 대학 졸업 후 A 기업에 입사하여 10년 만에 중국 담당 법인장의 자리에 올랐다.

① 수직 이동
② 개인적 이동
③ 구조적 이동
④ 세대 내 이동
⑤ 세대 간 이동

14 A~C에 해당하는 사례만을 〈보기〉에서 있는 대로 고른 것은? (단, A~C는 각각 세대 간 이동, 세대 내 이동, 구조적 이동 중 하나이다.)

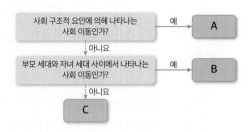

> ┤ 보기 ├
> ㄱ. A – 갑은 자수성가하여 토지를 엄청나게 많이 가지게 되었다.
> ㄴ. A – 평교사였던 을은 광복이 되면서 갑자기 교장으로 승진하였다.
> ㄷ. B – 아버지가 운영하던 회사를 물려받은 아들 병은 부실한 투자로 회사가 도산하여 노숙자가 되었다.
> ㄹ. C – 정은 음식점 종업원에서 시작하여 끊임없는 노력 끝에 음식점 사장이 되었다.

① ㄱ, ㄴ
② ㄱ, ㄹ
③ ㄴ, ㄷ
④ ㄱ, ㄴ, ㄷ
⑤ ㄴ, ㄷ, ㄹ

[중요]

15 표는 부모와 자녀 세대의 계층 구성 현황을 나타낸 것이다. 이에 대한 옳은 분석만을 〈보기〉에서 있는 대로 고른 것은? (단, 자녀는 1명씩이다.)

(단위 : %)

자녀＼부모	상층	중층	하층
상층	10	5	5
중층	5	15	25
하층	5	10	20

> ┤ 보기 ├
> ㄱ. 상승 이동이 하강 이동보다 더 많다.
> ㄴ. 구조적 이동이 개인적 이동보다 더 많다.
> ㄷ. 세대 간 계층이 세습된 경우가 이동한 경우보다 더 많다.
> ㄹ. 자녀 세대의 계층 구조가 부모 세대의 계층 구조보다 더 안정적인 모습을 보이고 있다.

① ㄱ, ㄴ
② ㄱ, ㄹ
③ ㄴ, ㄷ
④ ㄱ, ㄷ, ㄹ
⑤ ㄴ, ㄷ, ㄹ

16 표는 갑국, 을국의 부모 계층별 자녀 계층 구성비를 나타낸 것이다. 이에 대한 분석으로 옳은 것은?

(단위 : %)

부모의 계층	상			중			하		
자녀의 계층	상	중	하	상	중	하	상	중	하
갑국	5	18	7	6	10	4	11	24	15
을국	10	4	1	7	20	8	3	11	36

① 갑국은 세대 간 하강 이동률이 상승 이동률보다 높다.
② 갑국에서 상층의 비율은 부모 세대보다 자녀 세대에서 더 높다.
③ 을국의 계층 구조는 다이아몬드형에서 피라미드형으로 변화되었다.
④ 갑국보다 을국에서 세대 간 계층 고착화 현상이 심하다.
⑤ 자녀 세대에서 갑국보다 을국이 안정된 사회로 볼 수 있다.

중요 ★★

17 다음 자료에 대한 옳은 분석을 〈보기〉에서 고른 것은?

표는 갑국의 세대 간 이동을 나타낸 것이다. A, B, C 는 각각 상층, 중층, 하층 중 하나이고, 자녀 세대는 다이아몬드형 계층 구조이며, C는 A보다 높은 계층이다. 또한 모든 부모의 자녀는 1명씩이며, 부모 상층에서 자녀 하층으로의 이동은 발생하지 않았다.

(단위 : %)

구분	계층 구성 비율		부모 계층 대비 자녀 계층 불일치 비율
	부모 세대	자녀 세대	
A	60	30	70
B	10	10	30
C	30	60	50

보기
ㄱ. 세대 간 하강 이동이 상승 이동보다 많다.
ㄴ. 자녀 계층 대비 계층 세습 정도는 상층에서 가장 높다.
ㄷ. 하층에서 상층으로의 세대 간 이동은 발생하지 않았다.
ㄹ. 중층의 세대 간 이동의 경우, 상층으로의 이동이 하층으로의 이동보다 많다.

① ㄱ, ㄴ　　② ㄱ, ㄷ　　③ ㄴ, ㄷ
④ ㄴ, ㄹ　　⑤ ㄷ, ㄹ

18 다음 자료에 대한 분석으로 옳은 것은? (단, 모든 부모의 자녀는 1명씩이다.)

• 갑국의 계층은 상층, 중층, 하층으로만 구성되어 있다. A, B, C는 각각 상층, 중층, 하층 중 하나이다.
• 자녀 세대 계층 간 상대적 비율은 A/C=2/5, C/B =5/3이다.
• 자녀 세대 계층은 다이아몬드형 계층 구조이며, A 는 B보다 높은 계층이다.
• 자녀 세대 계층 중 부모의 계층을 세습한 비율은 A 가 40%, B가 70%, C가 20%이다.
• 부모 세대 계층 중 자녀에게 계층을 대물림한 비율은 A가 80%, B가 30%, C가 50%이다.
• 부모 상층에서 자녀 하층으로 이동한 경우는 없다.

① 세대 간 계층이 일치하는 비율은 50%를 넘는다.
② 부모 계층 대비 자녀 계층의 불일치 비율은 상층이 가장 높다.
③ 세대 간 상승 이동 비율은 세대 간 하강 이동 비율의 2배를 초과한다.
④ 부모 세대 하층 중 세대 간 이동을 통해 자녀가 상층이 된 경우는 없다.
⑤ 상층의 부모를 둔 중층의 자녀 수와 중층의 부모를 둔 상층의 자녀 수는 같다.

중요 ★★

19 다음 자료에 대한 분석으로 옳지 <u>않은</u> 것은?

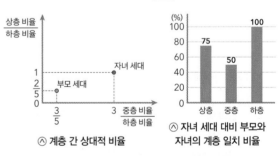

△ 계층 간 상대적 비율　　△ 자녀 세대 대비 부모와 자녀의 계층 일치 비율

① 중층 자녀들은 하강 이동보다 상승 이동이 더 많다.
② 자녀 세대 대비 계층 불일치 정도는 중층이 가장 높다.
③ 부모 세대와 계층이 일치하는 자녀 수는 중층과 하층이 같다.
④ 자녀 세대의 계층 구조는 부모 세대의 계층 구조보다 안정적이다.
⑤ 상층 부모를 둔 중층 자녀 수와 하층 부모를 둔 상층 자녀 수는 같다.

20 다음 자료에 대한 분석으로 옳은 것은?

> 표는 갑국의 부모 세대 1명당 1명의 자녀를 대상으로 조사한 결과이다. 갑국은 상층, 중층, 하층으로만 계층이 구분되며, A~C는 각각 상층, 중층, 하층 중 하나이다.
>
> 〈부모 세대 계층 대비 계층 이동 비율〉
>
> | 부모 세대 계층 | A | | B | | C | |
> |---|---|---|---|---|---|---|
> | 계층 이동 | 상승 | 하강 | 상승 | 하강 | 상승 | 하강 |
> | 비율(%) | 60 | 0 | 25 | 25 | 0 | 20 |
>
> 〈세대 간 계층별 구성 비율의 상대적 비〉
>
> | 구분 | A | B | C |
> |---|---|---|---|
> | 부모 세대 해당 계층 대비 자녀 세대 해당 계층의 상대적 비 | 0.6 | 1 | 3 |
>
> * 부모 세대 계층에서 A는 B와 C를 합친 것과 같으며, A는 C의 5배임

① 계층을 대물림한 사람보다 이동한 사람이 많다.

② 부모 세대와 자녀 세대 모두 중층의 비율이 가장 높다.

③ 부모 세대 상층에서 자녀 세대 중층으로 이동한 사람은 없다.

④ 세대 간 상승 이동을 한 사람보다 세대 간 하강 이동을 한 사람이 많다.

⑤ 자녀 세대 계층 대비 부모와 자녀 간 계층 불일치 비율은 하층이 상층보다 높다.

21 표는 갑국의 세대 간 이동을 나타낸 것이다. 이에 대한 분석으로 옳은 것은? (단, 모든 부모의 자녀는 각각 1명이다.)

(단위 : %)

구분	계층 구성 비율		부모 계층 대비 자녀 계층 일치 비율
	부모 세대	자녀 세대	
상층	20	20	50
중층	30	60	60
하층	50	20	20

* 중층 부모를 둔 자녀의 상승 이동과 하강 이동 비율은 같음

① 세대 간 계층 일치 비율이 불일치 비율보다 높다.

② 부모보다 자녀의 계층 구조가 사회 통합에 불리하다.

③ 자녀 세대 중 세대 간 상승 이동한 사람은 상층이 중층의 3배보다 많다.

④ 세대 간 상승 이동한 사람이 세대 간 하강 이동한 사람의 4배를 넘는다.

⑤ 부모 세대 중 자녀와 계층이 일치하지 않는 사람의 비율은 하층이 가장 높다.

22 다음 글을 통해 파악할 수 있는 내용을 사회 계층과 관련하여 서술하시오.

> 입맛, 좋아하는 그림, 좋아하는 음악, 즐기는 스포츠, 집을 장식하는 방식, 머리 모양, 자주 입는 의상, 화장법 등 지극히 개인적으로 보이는 일상 속의 취향도 실제로는 각 개인의 출신 배경이나 교육 수준 등에 따라 사회적으로 형성되었다고 한다.

23 사회 계층 구조가 (가)에서 (나)로 바뀌는 과정을 '정보화'와 '세계화'를 넣어 서술하시오.

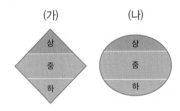

24 다음 자료를 보고 물음에 답하시오.

시민 혁명으로 시민 계급이 사회의 주도권을 잡게 되었다.

(1) 위 자료와 관련 있는 사회 이동의 유형을 쓰시오.

(2) (1)과 같은 사회 이동의 의미를 서술하시오.

25 표를 보고 물음에 답하시오.

(단위 : %)

구분		부모의 계층 지위			
		상	중	하	계
자녀의 계층 지위	상	6	1	2	9
	중	3	12	37	52
	하	0	21	18	39
	계	9	34	57	100

(1) 부모의 계층이 자녀에게 세습된 비율을 쓰시오.

(2) 부모와 자녀의 계층 구조를 비교하면서 사회 변화 모습을 서술하시오.

01 다음 자료에 대한 설명으로 옳은 것은? (단, 갑국과 을국의 전체 인구는 변하지 않았다.)

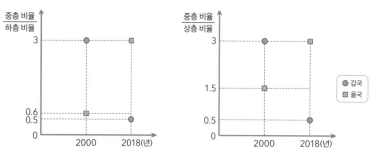

① 갑국의 하층 인구수는 2배로 증가하였다.

② 을국의 중층은 하강 이동보다 상승 이동이 많다.

③ 2000년에는 갑국이 을국보다 상층의 비율이 높다.

④ 갑국의 계층 구조는 2000년에 비해 2018년이 더 안정적이다.

⑤ 2018년에 갑국과 달리 을국은 피라미드형 계층 구조가 나타났다.

🔍 **문제 접근 방법**

그림을 토대로 갑국과 을국의 2000년과 2018년의 상층, 중층, 하층 비율부터 구한다. 갑국과 을국의 전체 인구는 변하지 않았으므로 주어진 비율만으로 갑국과 을국 각각의 연도별 인구수 비교가 가능하다.

✏️ **적용 개념**

\# 계층 구성 비율
\# 사회 계층 구조
\# 사회 이동

02 다음 자료에 대한 옳은 분석을 〈보기〉에서 고른 것은? (단, 계층은 상층, 중층, 하층으로만 구분된다.)

갑국의 계층 A, B, C는 각각 상층, 중층, 하층 중 하나이며, 모든 부모의 자녀는 1명씩이다. 부모 세대에서 B/A는 1/5이고, C/A는 4/5이다. 자녀 세대에서 B/A는 1/6이고, B/C는 1/3이다.

(단위 : %)

자녀 세대의 계층	부모보다 높은 계층인 자녀의 비율	부모보다 낮은 계층인 자녀의 비율
A	0	50
B	80	0
C	50	10

| 보기 |

ㄱ. 자녀 세대는 부모 세대의 계층 구조에 비해 안정적이다.

ㄴ. 부모와 계층이 일치하는 자녀가 불일치하는 자녀보다 많다.

ㄷ. 상층 부모를 둔 중층 자녀와 중층 부모를 둔 상층 자녀의 비율은 같다.

ㄹ. 세대 간 상승 이동을 한 사람보다 세대 간 하강 이동을 한 사람이 많다.

① ㄱ, ㄴ   ② ㄱ, ㄷ   ③ ㄴ, ㄷ   ④ ㄴ, ㄹ   ⑤ ㄷ, ㄹ

🔍 **문제 접근 방법**

이 문제는 A, B, C가 어느 계층에 속하는지부터 파악해야 한다. 특히 부모보다 높은 계층인 자녀의 비율이 없다는 것과 부모보다 낮은 계층인 자녀의 비율이 없다는 것이 무엇을 의미하는지 알아야 한다. 부모보다 높은 계층인 자녀가 없다면 그 자녀의 계층은 하층이다. 부모보다 낮은 계층인 자녀가 없다면 그 자녀의 계층은 상층이다. 이것만 정확하게 파악하면 나머지는 세대 간 이동 표를 그려서 알 수 있다.

✏️ **적용 개념**

\# 사회 계층 구조
\# 세대 간 이동

03 다음 자료에 나타난 갑국의 세대 간 계층 이동에 대한 분석으로 옳은 것은? (단, 계층은 상층, 중층, 하층으로만 구분하며, A~C는 각각 상층, 중층, 하층 중 하나이다.)

〈세대 간 계층별 구성 비율의 상대적 비〉

구분	A	B	C
부모 세대 해당 계층 대비 자녀 세대 해당 계층의 상대적 비	5/3	1/2	4/5

〈세대 간 계층 이동 현황〉

(단위 : %)

구분	A	B	C
자녀 세대 해당 계층 대비 부모와 자녀의 계층 불일치 비율	60	0	50

* 모든 부모의 자녀는 1명씩이고, 부모 세대의 계층 구조는 피라미드형임
** 부모 세대의 계층 구성비에서 C는 A와 B를 합친 것이며, B의 2.5배임

① 세대 간 상승 이동한 자녀가 세대 간 하강 이동한 자녀의 2배를 초과한다.
② 자녀 세대 계층 대비 계층 대물림 비율은 상층이 가장 높고 중층이 가장 낮다.
③ 세대 간 계층을 대물림한 사람보다 세대 간 계층 이동을 한 사람의 수가 더 적다.
④ 중층으로 세대 간 상승 이동한 자녀와 중층으로 세대 간 하강 이동한 자녀의 수는 같다.
⑤ 세대 간 계층 이동을 한 사람의 수는 중층 부모를 둔 자녀가 하층 부모를 둔 자녀보다 많다.

문제 접근 방법

단서 조항을 바탕으로 A, B, C가 어느 계층에 해당하는지를 파악하고, 세대 간 계층별 구성 비율의 상대적 비를 토대로 부모와 자녀 세대의 계층 구성 비율을 알아낸다. 세대 간 계층 불일치 비율로 세대 간 이동 표를 완성한다.

적용 개념

\# 세대 간 계층별 구성 비율의 상대적 비
\# 세대 간 계층 불일치 비율

04 다음 자료에 대한 분석으로 옳은 것은?

- 갑국의 모든 부모의 자녀는 1명씩이다.
- 갑국의 계층은 A, B, C로 각각 상층, 중층, 하층 중 하나이다.
- 부모 세대와 자녀 세대의 C/(A+B)는 3/7으로 동일하다.
- 부모 세대의 A/(B+C)는 1/4이고, 자녀 세대의 B/(A+C)는 1이다.
- 부모 세대의 계층 구조는 다이아몬드형이며, A는 C보다 높은 계층이다.
- 부모 세대 계층 대비 부모와 자녀의 계층이 일치하는 비율은 상층이 25%, 중층이 50%, 하층이 40%이다.
- 부모 세대 상층에서 자녀 세대 하층으로의 이동은 발생하지 않았다.

① 중층 부모를 둔 하층 자녀가 존재한다.
② 계층 세습 비율이 세대 간 이동 비율보다 높다.
③ 상층 부모를 둔 중층 자녀가 하층 부모를 둔 상층 자녀보다 적다.
④ 세대 간 상승 이동한 자녀는 세대 간 하강 이동한 자녀보다 많다.
⑤ 자녀 세대 상층 중 부모가 중층인 경우가 부모가 하층인 경우보다 많다.

문제 접근 방법

계층별 구성비를 토대로 부모와 자녀 세대의 계층 구성 비율을 알아낸다. 부모 세대의 계층 구조가 다이아몬드형임을 토대로 A, B, C가 어느 계층에 해당하는지를 파악한다. 세대 간 계층 일치 비율을 토대로 세대 간 이동 표를 완성한다.

적용 개념

\# 계층 구성 비율
\# 사회 이동

사회 계층 구조, 사회 이동

바른답·알찬풀이 **62**쪽

사회 계층 구조

Step 1 단원에서 자료 추출하기

자료 1 중층의 중요성

상층 및 하층보다 수적으로 많은 중층이 정치를 이끌어 가는 국가가 이상적인 국가이다. 중층은 기본적인 재산과 교양을 갖추고 있으므로 다른 사람의 재산을 탐내지 않으며, 합리적인 판단을 내릴 가능성이 크기 때문이다.

– 아리스토텔레스 –

자료 2 계층의 양극화

2000년대 초반 사회 양극화를 겪고 있던 브라질의 상파울루시는 뉴욕시 다음으로 개인 헬기가 많이 떠다니는 도시였다. 방탄차도 신뢰하지 않는 부자들이 그만큼 많았기 때문이다. 부잣집 아이들은 등교와 하교 때도 경호원을 동반한 차를 타야 했고, 방과 후에는 집에서 나오지 못하였다.

Step 2 자료에서 핵심 추출하기

〔**자료 해설**〕

자료 1 중층이 사회 안정의 기반이 된다는 주장이다.

자료 2 사회의 양극화는 사회 불안을 초래함을 보여 준다.

자료 1, **자료 2** 모두 중층이 많아야 사회가 안정된다는 주장의 근거가 된다.

〔**자료 분석 비법**〕

한 사회의 계층 구조에서 중층이 많으면 상층과 하층의 충돌을 완화하는 역할을 하므로 사회가 안정된다.

〔**자료에서 추출한 핵심**〕 사회 계층 구조

사회 계층 구조	인구 비율	모습	특징
다이아몬드형	상층＜중층＞하층		사회 안정
모래시계형	상층＞중층＜하층		사회 불안

사회 이동

Step 1 단원에서 자료 추출하기

자료 1 갑국의 부모와 자녀의 계층 이동

구분		부모			
		상층	중층	하층	계
자녀	상층	2	8	10	20
	중층	6	14	40	60
	하층	2	8	10	20
	계	10	30	60	100

자료 2 갑국의 자녀의 세대 내 이동

구분		20년 전 자녀 계층			
		상층	중층	하층	계
현재의 자녀 계층	상층	10	5	5	20
	중층	10	50	10	70
	하층	0	5	5	10
	계	20	60	20	100

Step 2 자료에서 핵심 추출하기

〔**자료 해설**〕

자료 1 갑국의 부모와 자녀의 계층 이동으로 세대 간 이동을 나타낸다.

자료 2 자녀의 20년 전 계층과 현재 계층을 비교한 세대 내 이동을 나타낸다.

〔**자료 분석 비법**〕

자료 1에서 ▨ 부분은 부모와 자녀의 계층이 일치하는 것, ▨ 부분은 세대 간 상승 이동, ▨ 부분은 세대 간 하강 이동이다. **자료 2**에서 ▨ 부분은 계층이 일치하는 것, ▨ 부분은 세대 내 상승 이동, ▨ 부분은 세대 내 하강 이동이다.

〔**자료에서 추출한 핵심**〕 사회 이동

자료 1

계층 구조	세대 간 이동		
부모 : 피라미드형 자녀 : 다이아몬드형	일치	상승	하강
	26%	58%	16%

자료 2

계층 구조	세대 내 이동		
20년 전 : 다이아몬드형 현재 : 다이아몬드형	일치	상승	하강
	65%	20%	15%

Step 3 핵심 알고 문제 풀기

Step 4 고난도 문제 도전하기

(가), (나)를 토대로 A, B국의 자녀 세대에 대한 분석으로 옳지 <u>않은</u> 것은?

(가) 자녀 세대의 계층 구성 현황

(단위 : %)

구분	A국	B국
상층 비율 + 하층 비율	50	70
중층 비율 + 하층 비율	70	80

(나) 자녀 세대의 세대 간 이동 현황

* 자녀 세대 인구수는 A국이 B국의 2배임

① A국 상층 중 부모 세대와 계층 일치 비율은 40% 이하이다.
② B국 중층 중 세대 간 이동 경험자의 비율은 80% 이하이다.
③ 하층 인구수는 B국이 A국보다 많다.
④ 계층 구조는 A국이 B국보다 사회 안정에 유리하다.
⑤ 부모 세대와 계층이 일치하는 사람 수는 A국이 B국보다 많다.

〔문제 해결 비법〕
(가)의 자료로 자녀 세대의 상층, 중층, 하층의 구성 비율을 구한다. (나)의 자료로 계층 세습, 상승 이동, 하강 이동을 각각 표시해 선택지와 대조한다.

다음은 성인 자녀 1명을 둔 가구주 100명을 대상으로 조사한 결과이다. 이에 대한 옳은 분석을 〈보기〉에서 고른 것은? (단, 계층은 상층, 중층, 하층으로만 구분된다.)

〈세대별 계층 간 상대적 비율〉

〈계층 대물림 및 이동 인구 비율〉

* 부모가 중층, 자녀도 중층인 인구 대비 타 계층의 세대 간 계층 일치 비율
** 부모는 중층, 자녀는 다른 계층인 인구 대비 타 계층의 세대 간 계층 이동 비율

┌ 보기 ┐
ㄱ. 부모 세대 계층 대비 계층 대물림 비율은 하층이 가장 높다.
ㄴ. 부모 세대와 자녀 세대는 모두 다이아몬드형 계층 구조이다.
ㄷ. 부모와 자녀 간 계층 이동한 사람은 대물림된 사람보다 많다.
ㄹ. 부모가 하층이었던 자녀 중에 상승 이동한 사람 수는 부모가 상층이었던 자녀 중에 하강 이동한 사람 수의 4배이다.

① ㄱ, ㄴ ② ㄱ, ㄷ ③ ㄴ, ㄷ ④ ㄴ, ㄹ ⑤ ㄷ, ㄹ

Step 3 핵심 알고 문제 풀기

Step 4 고난도 문제 도전하기

다음은 갑국의 계층 자료이다. 이에 대한 분석으로 옳은 것은?

〈세대별 계층 간 상대적 비율〉

구분	부모	자녀
(상층 + 하층)/전체 계층	1/2	4/5
상층/(중층 + 하층)	1/4	1/3

〈자녀 세대 계층 대비 부모와 자녀의 계층 일치의 상대적 비율〉

상층	중층	하층
1/5	1/2	4/11

* 모든 부모의 자녀는 1명씩이고, 갑국의 계층은 상층, 중층, 하층으로만 구분함
** 상층 부모를 둔 하층 자녀 인구와 하층 부모를 둔 중층 자녀 인구의 비는 2:1임

① 자녀 세대의 계층 구조는 피라미드형이다.
② 세대 간 계층 일치 비율이 세대 간 계층 이동 비율보다 높다.
③ 부모 세대 계층 대비 부모와 자녀의 계층 일치 비율은 중층이 상층보다 높다.
④ 부모 세대 계층 대비 부모와 자녀의 계층 불일치 비율은 하층이 상층보다 높다.
⑤ 부모 세대 하층에서 자녀 세대 상층으로 이동한 인구와 자녀 세대 중층으로 이동한 인구는 같다.

〔문제 해결 비법〕
부모 세대와 자녀 세대의 계층 구성 비율을 먼저 구한 뒤 이동 표를 만든다.

다음 자료에 나타난 세대 간 계층 이동에 대한 옳은 분석을 〈보기〉에서 고른 것은? (단, A∼C는 각각 상층, 중층, 하층 중 하나이다.)

〈○○ 지역의 세대별 계층 간 상대적 비〉

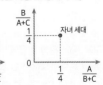

〈자녀 세대에서 부모와 계층이 일치하는 사람 대비 불일치하는 사람의 비〉

	자녀 세대 계층	
A	B	C
0.25	4	1.5

* 모든 부모의 자녀는 1명씩이고, 부모 세대의 계층 구조는 피라미드형임
** 부모 세대 상층에서 자녀 세대 하층으로의 세대 간 이동은 없음
*** 다른 계층에서 중층으로 세대 간 이동한 경우는 모두 ○○ 지역의 산업 구조 변화로 인한 이동이며, 그 외의 이동은 모두 개인적 요인에 의한 것임

┌ 보기 ┐
ㄱ. 개인적 이동이 구조적 이동보다 많다.
ㄴ. 세대 간에 계층 이동을 한 사람은 대물림된 사람보다 적다.
ㄷ. 부모 세대 계층 대비 계층 대물림 비율은 하층이 가장 낮다.
ㄹ. 중층으로 세대 간 이동 중 상승 이동은 하강 이동의 5배이다.

① ㄱ, ㄴ ② ㄱ, ㄷ ③ ㄴ, ㄷ ④ ㄴ, ㄹ ⑤ ㄷ, ㄹ

03 다양한 사회 불평등 현상

🔍 학습길잡이 • 사회적 소수자 차별 문제의 의미와 양상을 이해하고, 해결 방안을 파악한다.
• 성 불평등 현상, 빈곤 문제의 원인과 해결 방안을 모색해 볼 수 있도록 한다.

A 사회적 소수자 차별 문제, 어떻게 해결할 수 있을까

1 사회적 소수자의 의미와 특성 1

우리 사회에서의 사회적 소수자로는 장애인, 여성, 외국인 노동자, 결혼 이민자, 북한 이탈 주민 등을 들 수 있다.

① 의미 : 신체적 또는 문화적 특징 때문에 사회의 다른 구성원으로부터 차별받으며 스스로 차별받는 집단에 속해 있다고 인식하는 사람들

② 특성 ── 그 사회에서 수적으로 반드시 소수인 것은 아니다.
• 소수자 집단의 성원이라는 이유만으로 사회적 차별의 대상이 됨
• 주류 집단에 비해 사회적 자원(권력, 재산 등)의 획득에 불리한 위치에 있음
• 시대, 장소, 소속 집단의 범주 등에 따라 사회적 소수자에 대한 규정이 달라짐

2 사회적 소수자의 차별 양상 2

사회적 소수자에 대한 편견과 차별은 사회 갈등을 초래하고 사회 통합을 저해할 수 있다.

① 교육 기회, 사회적 관계 형성 등에서 배제되어 사회적으로 적응하는 데 어려움을 겪음
② 취업 기회에 대한 정보 부족, 업무 능력에 대한 편견 등으로 경제적 어려움을 겪음

자료로 보는 │ 영화관 피난 안내 영상에 수화·자막 미제공은 장애인 차별

A 씨는 귀가 완전히 들리지 않는 청각 2급 장애인이다. A 씨는 "영화관에서 제공하는 피난 안내 영상물에는 수화가 제공되지 않고 비상구와 출구 등 표시가 명확하지 않다."라며 국가 인권 위원회에 진정을 제기했다. 이에 대해 국가 인권 위원회는 영화 상영 전 나오는 '응급 시 피난 안내 영상물'에 수화·자막을 제공하지 않는 것은 장애인 차별 행위라고 판단했다. 국가 인권 위원회는 해당 영화관에 청각 장애인이 충분히 이해할 수 있도록 피난 안내 영상물에 적합한 내용의 수화·자막을 제공할 것을 권고했다. ─ 『○○신문』, 2018. 3. 16. ─

장애인 차별 금지 및 권리 구제 등에 관한 법률에서는 장애인은 장애인 아닌 사람과 동등한 선택권을 보장받기 위하여 필요한 서비스와 정보를 제공받을 권리를 가진다고 규정하고 있다. 그런데 영화관에서 피난 안내를 할 때 수화나 자막을 제공하지 않는 것은 서비스나 시설 이용에서 장애인을 차별한 것이므로 법률 위반이다. 이에 따라 국가 인권 위원회가 이러한 차별 행위를 해소하도록 구체적인 권고를 내린 것이다.

❓ 국가 인권 위원회는 영화관에서 제공하는 피난 안내 영상물에 수화나 자막을 제공하지 않는 것을 차별 행위라고 판단했는데 그 근거는 무엇일까?

🅰 장애인은 비장애인과 동등하게 필요한 서비스를 이용할 권리가 있는데 이를 제공하지 않았기 때문이다.

3 사회적 소수자 문제의 해결 방안 3 질문

개인적 측면	• 자신과 다른 사람에 대한 편견을 버리고 공존하려는 자세를 가짐 • 사회의 다원화된 가치를 인정하는 관용 및 평등 의식을 가짐
사회적 측면	• 제도와 법을 개선하여 사회적 소수자에 대한 차별을 해소함 • 사회적 소수자를 지원하는 정책이나 제도를 마련함

개념 더하기 자료 채우기

1 사회적 소수자의 성립 요건

• 식별 가능성 : 신체적으로나 문화적으로 다른 집단과 구별되는 뚜렷한 차이가 있다.
• 권력의 열세 : 정치권력을 포함한 사회적 권한의 행사에서 지배 집단보다 열세에 있다.
• 사회적 차별 : 사회적 소수자 집단의 구성원이라는 이유만으로 사회적 차별의 대상이 된다.
• 집합적 정체성 : 스스로 차별받는 집단의 구성원이라는 인식 또는 소속감이 있다.

2 장애인 차별에 관한 인식 조사

사회의 장애인 차별
전혀·별로 없음 27.7
(단위 : %)
심함 72.3

자신의 장애인 차별
심함 13.9
(단위 : %)
전혀·별로 없음 86.1

사회에서는 장애인 차별 문제가 심각하다고 보는 반면, 자신은 차별을 하고 있지 않다고 여기는 경우가 많았다. 이는 장애인 차별에 대한 우리의 인식과 행동의 괴리를 보여 준다.

3 소수자 우대 정책

사회적 소수자 문제는 오랫동안 지속된 차별의 결과이므로 단순히 차별 금지나 의식 개혁만으로는 현재의 구조적인 불평등을 바로잡기 어렵다는 인식하에 등장하였다. 특정 집단에 대한 과거의 차별 결과를 보상하고, 현재와 미래의 평등을 보장하기 위해 국가가 적극적이고 강력한 정책을 편다는 뜻에서 '적극적 우대 조치'라고도 부른다.

✊ 질문 있어요

사회적 소수자가 차별 행위를 당했을 때 어떤 구제 방법이 있나요?

국가 인권 위원회에 진정을 제기할 수 있어요. 국가 인권 위원회는 사실 관계를 조사하여 차별 행위로 판단되면 가해자 측에 차별 구제 조치를 권고할 수 있고, 진정 내용이 범죄 행위에 해당하고 형사 처벌이 필요하다고 인정하면 검찰 총장에게 고발할 수 있어요. 또한 권리 구제에 필요하다고 인정하면 피해자에 대한 법률 구조를 요청할 수 있어요.

✱ 용어사전

✱ 편견(偏 치우치다, 見 견해) 한쪽으로 치우친 공정하지 못한 생각이나 견해

B 성 불평등 문제, 어떻게 해결할 수 있을까

1 성 불평등 현상의 의미와 양상

└─ 태어날 때 결정되는 유전적·신체적 특징에 의한 성
① **의미** : 사회 또는 가족 내에서 <u>생물학적 성</u>과 <u>사회·문화적으로 만들어지는</u>

<u>사회적 성</u>에 기반을 두어 남성과 여성에 관한 편견과 차별이 존재하는 상태

└─ 한 개인을 둘러싼 사회·문화적 환경 속에서 획득·형성되는 성
② **양상** : 일상생활의 성차별적인 관념과 언행, 대중 매체의 왜곡된 여성상과

남성상, 취업 시 성별에 따른 부당한 차별, 남녀 간 임금 격차 등 **4**

2 성 불평등 현상의 원인

① 가부장제
　　　　　왜? 남성 중심의 지배 구조를 사회 전반으로 확산하기 때문이다.
* 남성은 직장 노동을, 여성은 가사 노동을 담당하도록 강요하고, 여성의 몫

으로 주어진 가사 노동의 가치를 상대적으로 낮게 평가해 옴
* 직업 구조 안에서도 남성은 주로 지배적·주도적인 일을 하고 여성은 보조

하는 업무를 담당하는 식의 차별적인 분업이 지속되어 옴

② 차별적 사회화 **5**　**왜?** 성 역할에 관한 고정 관념이 형성되면 다양한 영역에서
　　　　　　　　　　　성별에 따른 차별과 억압으로 이어지기 때문이다.
* 개인은 몸가짐, 말투, 머리 모양, 옷 등에서 성별에 따른 기준을 적용받으

며, 그 사회가 용인하는 여성다움 혹은 남성다움을 학습하면서 성장함
* 차별적 사회화는 부모의 양육 태도, 전통적인 성 역할과 규범을 강조하는

학교 교육, 여성의 성을 상품화하는 대중 매체를 통해 더욱 심화됨

⭐ 3 성 불평등 문제의 해결 방안 **6** 질문

개인적 측면	• 남성과 여성에 관한 *고정 관념과 편견을 버리고 양성평등 의식을 함양해야 함 • 성별의 차이를 인정하되 성차별로 이어지지 않도록 상호 존중해야 함
사회적 측면	• 남녀 차별적인 고용 *관행 제거 • 양성평등 원칙에 어긋나는 법과 제도의 개선 • 양성평등 의식을 함양하기 위해 학교 교육과 대중 매체를 통해 실시할 수 있는 관련 교육 자료나 프로그램 개발 지원

자료로 보는 　유리 천장 지수

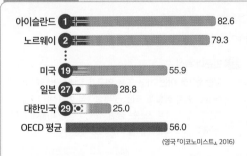

영국의 한 시사 주간지는 성별 임금 격차, 여성의 고등 교육 이수율, 여성의 경제 활동 참가율, 관리자 중 여성 비율 등을 종합하여 유리 천장 지수를 발표하고 있다.

(영국 「이코노미스트」, 2016)

유리 천장은 여성의 사회 참여나 직장 내 승진을 가로막는 보이지 않는 장벽을 뜻한다. 유리 천장 지수는 100점 만점으로, 낮을수록 여성에 대한 장벽이 높음을 의미한다. 우리 나라는 2016년 경제 협력 개발 기구(OECD) 회원국 중 29개국을 대상으로 조사한 유리 천장 지수 순위에서 최하위였다. 그만큼 여성에 대한 고정 관념이 심하다는 것이다.

Q 여성의 사회 참여나 직장 내 승진을 가로막는 보이지 않는 장벽을 무엇이라고 할까?

장샹 l5유 **A**

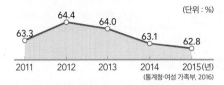

4 남성 대비 여성의 임금 비율

(단위 : %)

64.4

64.0

63.3

63.1

62.8

| 2011 | 2012 | 2013 | 2014 | 2015 (년) |

(통계청·여성 가족부, 2016)

같은 시간 같은 노동을 하는데도 남성이 100만 원을 받는다면 여성은 60여만 원을 받는다. 즉, 여성과 남성의 임금 격차가 큰 편이다.

5 성 역할의 사회화

> 만화 「뽀롱뽀롱 뽀로로」에 등장하는 남성 캐릭터는 모험가, 과학자를 꿈꾼다. 그러나 여성 캐릭터인 루피와 패티는 앞치마를 두르고 맛있는 쿠키를 구워 친구들에게 대접한다. 이러한 만화를 보고 자란 남자아이는 당연히 여성이 요리해 줄 것으로 기대하고, 여자아이는 그 모습에 자신을 비추어 보며 살 수도 있다. 친근한 만화 속의 성차별적인 모습을 반복적으로 시청하면서 아동은 성 역할을 무의식적으로 받아들인다.

만화 주인공의 역할은 남녀가 명확하게 구분되어 있다. 여자아이에게는 여성의 역할에 부여된 사회적 기대를, 남자아이에게는 남성의 역할에 부여된 사회적 기대를 각각 학습하게 하여 자연스럽게 성차별적 인식을 갖게 된다.

6 양성평등을 실현하기 위한 제도

* 양성평등 채용 목표제 : 공무원을 채용할 때 어느 한쪽 성의 합격자 비율이 30% 미만이면 하한 성적 범위 내에서 해당 성의 응시자를 목표 비율만큼 추가 합격시킴
* 성별 영향 분석 평가 제도 : 정부 주요 정책을 수립·시행하는 과정에서 성차별적 요인을 분석·평가하여 정부 정책이 양성평등의 실현에 도움이 되도록 함

👍 질문 있어요

기업에서 직원을 채용할 때 키, 용모, 결혼 여부 등을 요건으로 하지 못한다는데 왜 그런가요?

키, 용모, 결혼 여부 등은 업무와 무관하기 때문이에요. 과거에는 키가 크고 용모 단정한 미혼 여성을 채용 조건으로 하는 경우가 많았어요. 그러나 이는 업무와 관계없이 여성을 차별하는 관행이기 때문에 법으로 금지하게 되었어요.

✳ 용어사전

✳ **고정 관념** 마음속에 굳어 있어 변하지 않는 생각
✳ **관행**(慣 익숙하다, 行 하다) 예전부터 해 오던 대로 함

03

IV. 사회 계층과 불평등

다양한 사회 불평등 현상

C 빈곤 문제, 어떻게 해결할 수 있을까

1 빈곤의 의미와 영향

① 빈곤 : 인간의 기본적인 욕구를 충족하는 데 필요한 자원이나 소득의 결핍
└─ 구체적인 내용은 시대와 사회에 따라 변화한다.
이 지속되는 상태

② 빈곤의 원인 **1**

• 개인적 측면 : 근로 능력의 상실, 성취동기의 부족, 개인적 노력이나 능력
의 부족 등

• 사회적 측면 : 사회 보장 제도의 미비, 교육의 불평등, 불평등한 사회 구조
의 영향 등
└─ 질병, 재해, 실직 등의 어려움에 처한 사회 구성원들의 생활을
국가가 공공 지원을 통해 해결해 주는 제도이다.

③ 빈곤의 영향 질문

• 개인적 측면 : 건강 악화, 상대적 박탈감 유발, 심리적 위축, 사회적 관계
의 축소나 단절 등

• 사회적 측면 : 가족 해체나 범죄 증가 등 사회 불안 초래, 분배 구조를 둘
러싼 사회 갈등 심화 등
└─ 어떤 원인으로 가족의 공동생활이 무너져 유지할 수 없게 되는 일이다.

자료로 보는 — 빈곤의 이유, '희생자 비난하기'와 '시스템 비난하기'

빈곤의 이유를 개인의 책임으로 돌리는 입장과 빈곤은 사회의 구조적 힘에 의해
생산된다고 보는 입장이 있다. 이 두 가지 입장은 각각 '희생자 비난하기'와
'시스템 비난하기'로 불리기도 한다. 먼저 가난한 사람 스스로가 자신의 가난을
책임져야 한다고 보는 첫 번째 입장에는, 빈곤은 개인의 모자람이나 병약함 때문
에 생긴 것이라는 믿음이 깔려 있다. 빈곤을 설명하는 두 번째 방식은 계급이나
성, 인종, 지위, 교육 등의 사회 구조적 힘이 자원 분배 방식을 결정한다고 본다.
결국 개인의 태도를 바꿈으로써 가난을 줄일 수 있는 것이 아니라 불평등한 사회
구조를 개혁하는 것이 필요하다는 주장이다.

빈곤의 이유에 대해 '희생자 비난하기'는 가난이 개인의 책임이라고 본다. 따라서 가난
을 극복하기 위해서는 본인의 태도 변화, 노력 등이 절실하다고 주장한다. '시스템 비난
하기'는 가난이 개인의 나태함 때문이 아니라 사회 구조 때문에 발생하는 문제라고 본
다. 이러한 입장에서는 개인에게 빈곤의 극복을 맡겨서는 안 된다고 주장한다. 사회, 정
부가 적극적인 복지 정책으로 도와주어야 한다는 것이다.

Q 빈곤의 원인이 구조적인 문제라고 보는 견해에서는 빈곤 극복을 위해 어떻게 해야 한다고 주
장할까? **A** 사회, 정부가 적극적인 복지 정책으로 빈곤층을 도와주어야 한다고 주장할 것이다.

2 빈곤의 유형

① 절대적 빈곤

• 의미 : 인간이 최소한의 생활을 유지하는 데 필요한 자원이나 소득이 절대
적으로 부족한 상태

• 특징 : 산업화 과정에서 감소하는 경향이 있지만, 여전히 많은 사회에는
절대적 빈곤에 처한 인구가 많음

• 측정 기준 : 일반적으로 최저 생계비(건강하고 문화적인 생활을 유지하는
데 필요한 최소한의 비용)를 기준으로 파악함 **2**

개념 더하기 자료 채우기

1 빈곤의 발생 과정

그림과 같이 빈곤의 요인은 다양하며 빈곤이 다시 빈곤의
원인으로 작용하기도 한다. 빈곤은 생활의 물질적인 결핍을
초래할 뿐만 아니라 개인의 발전 가능성을 훼손시킨다. 예
컨대 영유아기에 빈곤으로 인해 영양이 결핍되었거나 질병
치료를 제때 받지 못한 사람은 수명이 짧아지거나 신체의
능력이 저하되고, 평생 불편한 몸을 갖게 될 가능성이 있다.
또한 가난으로 인해 성장기에 적절한 교육을 받지 못하면
취업이나 사회 진출에 영향을 미치는 등 개인의 자아실현
을 가로막는다. 그 결과 빈곤이 고착화되고 장기화되어 다
음 세대까지 대물림되는 악순환이 생기기도 한다.

질문 있어요

빈곤은 개인의 삶에 어떤 영향을 끼치나요?
빈곤층은 좁고 비위생적인 주거 공간에서 생활하여 질병에
걸리기 쉽지만 병원 치료를 받기 힘들지요. 또한 열악한 교육
환경으로 자녀들은 꿈을 키우기 어려워요. 빈곤 상태가 계속
되면 심리적 우울감 등으로 사회적 관계가 좁아지거나 끊어
지기도 해요.

2 빈곤의 측정

일반적으로 어떤 가구 또는 인구가 절대적 빈곤에 해당하
는가는 최저 생활에 드는 금액(절대적 빈곤선)을 기준으로
측정하고, 상대적 빈곤은 중위 소득의 일정 비율에 해당하
는 금액(상대적 빈곤선)을 기준으로 측정한다.

용어사전

* **결핍**(缺 이지러지다, 乏 모자라다) 있어야 할 것이 빠지거나
모자람

* **위축**(萎 시들다, 縮 오그라들다) 어떤 힘에 눌려 졸아들고 기
를 펴지 못함

* **경향**(傾 기울다, 向 향하다) 사상이나 행동 또는 어떤 현상에
서 나타나는 일정한 방향성

② 상대적 빈곤

- 의미 : 다른 사람들보다 자원이나 소득을 상대적으로 적게 가져 사회 구성원 대부분이 누리는 생활 수준을 영위하지 못하는 상태
- 특징 : 생활 수준이 향상되더라도 소득 격차가 심화되면 상대적 빈곤 문제가 부각되며, 이 경우 상대적 박탈감과 사회 분열을 가져올 수 있음 **3**
- 측정 기준 : 우리나라의 경우 중위 소득의 50%에 해당하는 금액(상대적 빈곤선) 미만의 가구를 상대적 빈곤율로 정하여 측정함

자료로 보는 우리나라의 상대적 빈곤 정도

ⓐ 소득 5분위 배율 추이

ⓐ 상대적 빈곤율

왼쪽 그래프는 소득 5분위 배율 추이로 상위 20%(5분위) 계층의 소득을 하위 20%(1분위) 계층의 소득으로 나눈 것을 말한다. 잘사는 사람의 소득이 못 사는 사람의 5배 정도이다. 이 수치가 클수록 빈부 격차가 커 사회 불안의 요인이 된다. 오른쪽 그래프는 상대적 빈곤에 처한 사람들의 비율이다. 우리나라에서는 중위 소득 50% 미만의 소득을 가진 사람을 상대적 빈곤 인구로 보는데, 2015년 현재 이 비율이 13.8% 정도이다. 상대적 빈곤은 부의 불평등과 관련 있다. 경제 성장은 절대적 빈곤의 해소에 기여할 수 있지만, 성장의 혜택이 고루 분배되지 않을 경우 상대적 빈곤이 심화될 수 있다.

Ⓠ 우리나라에서 상대적 빈곤율을 측정하는 기준은 무엇일까?

Ⓐ 중위 소득의 50%

③ 주관적 빈곤

- 의미 : 객관적인 소득 수준에 상관없이 스스로가 빈곤에 처해 있다고 인식하는 경우
  └ 자신의 소득이 상당히 높은데도 빈곤층으로 인식하는 사람들이 많다고 한다.
- 특징 : 절대적 빈곤이나 상대적 빈곤의 기준에 따르면 빈곤하지 않은 사람도 자신의 욕구 수준보다 충분한 경제적 능력을 갖추고 있지 못하다고 느낄 수 있음 → 상대적 박탈감의 원인이 됨
- 활용 : 빈곤에 대한 사회 구성원들의 인식 및 *동향 파악

3 빈곤 문제의 해결 방안 **4 5**

① 개인적 측면
┌ 빈곤층에서 비빈곤층으로 이동하는 사람의 비율을 빈곤 탈출률이라고 한다. 이전 연도에 빈곤층이었던 가구 중 조사 연도에 비빈곤층인 가구의 비율을 말한다.
- 빈곤층 스스로 빈곤에서 벗어나려는 자활 의지와 노력
- 빈곤층을 배려·지원하려는 공동체 의식 및 공존의 가치관 함양

② 사회적 측면
- 교육의 기회균등, 직업 훈련 및 일자리 창출 정책 등으로 빈곤의 악순환 방지
- 최저 임금제, *누진세 제도, 사회 보장 제도 등을 통한 빈부 격차 완화와 소득 분배의 형평성 제고
  └ ⓔ 기초 생활비, 의료비, 교육비 등

---

3 상대적 빈곤과 상대적 박탈감

상대적 빈곤과 상대적 박탈감은 모두 다른 사람들과의 비교를 전제로 한다. 그러나 상대적 빈곤은 중위 소득의 50% 미만과 같은 일정한 기준으로 파악하는 객관적 빈곤 상태이다. 반면, 상대적 박탈감은 다른 사람들에 비해 결핍되었다고 느끼는 감정으로 결핍의 주관적 인식이다. 상대적 빈곤 인구라도 상대적 박탈감을 갖지 않을 수 있고, 상대적 빈곤 인구가 아니어도 상대적 박탈감을 느낄 수 있다.

4 최저 임금제

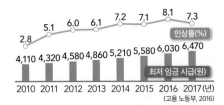

최저 임금제란 국가가 노동자의 생활 안정을 위해 임금의 최저 수준을 정하고, 사용자에게 그 수준 이상의 임금을 지급하도록 법으로 강제하는 제도를 말한다.

5 빈곤을 해결하기 위한 노력

1976년 방글라데시에 설립된 그라민 은행은 담보가 없는 가난한 사람들에게 돈을 빌려주어 빈곤을 퇴치할 수 있는 길을 열고자 하였다. 이처럼 가난한 사람에게 자금과 사업 기회를 마련해 주어 자활할 수 있도록 하는 무담보 소액 대출을 '마이크로크레디트'라고 한다. 가난한 사람들은 대출한 돈으로 수레와 재봉틀, 송아지 등을 구입하여 경제 활동을 할 수 있었고, 이를 통해 일부 사람들은 가난에서 벗어날 수 있었다.

– 「○○신문」, 2016. 10. 13. –

마이크로크레디트는 빈곤층이 빈곤에서 벗어나는 것을 도와주기 위한 노력의 일환이다. 이러한 제도를 통해 빈곤 문제를 해결할 수 있다.

용어사전

* **동향**(動 움직이다, 向 향하다) 사람이나 일이 움직이거나 돌아가는 형세
* **누진세**(累 여러, 進 나아가다, 稅 세금) 과세 대상의 수량이나 값이 증가함에 따라 점점 높은 세율을 적용하는 세금

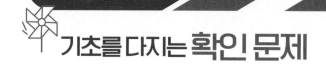
A 사회적 소수자 차별 문제

1 사회적 소수자 : 신체적 또는 문화적 특징 때문에 사회의 다른 구성원으로부터 차별받으며 스스로 차별받는 집단에 속해 있다고 인식하는 사람들

2 사회적 소수자의 차별 양상
① 교육, 사회적 관계 등에서 배제되어 사회적 적응이 어려움
② 취업 정보 부족, 업무 능력에 대한 편견 등으로 경제적 어려움을 겪음

3 사회적 소수자 문제의 해결 방안

개인적 측면	자신과 다른 사람에 대한 편견을 버리고 공존하려는 자세를 가짐
사회적 측면	제도와 법을 개선하여 사회적 소수자에 대한 차별을 해소함

B 성 불평등 문제

1 성 불평등 현상 : 사회 또는 가족 내에서 생물학적 성과 사회·문화적으로 만들어지는 사회적 성에 기반을 두어 남성과 여성에 관한 편견과 차별이 존재하는 상태

2 성 불평등 현상의 원인 : 가부장제, 차별적 사회화

3 성 불평등 문제의 해결 방안

개인적 측면	남성과 여성에 관한 고정 관념과 편견을 버리고 양성평등 의식을 함양, 성별의 차이를 인정하고 상호 존중
사회적 측면	남녀 차별적 고용 관행 제거, 양성평등 원칙에 어긋나는 법과 제도 개선

C 빈곤 문제

1 빈곤 : 인간의 기본적인 욕구를 충족하는 데 필요한 자원이나 소득의 결핍이 지속되는 상태

2 빈곤의 유형

절대적 빈곤	인간이 최소한의 생활을 유지하는 데 필요한 자원이나 소득이 절대적으로 부족한 상태
상대적 빈곤	사회 구성원 대부분이 누리는 생활 수준을 영위하지 못하는 상태

3 빈곤 문제의 해결 방안

개인적 측면	빈곤층 스스로 빈곤에서 벗어나려는 자활 의지와 노력
사회적 측면	교육의 기회균등, 직업 훈련 및 일자리 창출 정책 등으로 빈곤의 악순환 방지

01 다음 설명이 맞으면 ○표, 틀리면 ×표를 하시오.

(1) 사회적 소수자는 소수의 인원, 권력의 열세, 식별 가능성, 사회적 차별, 집합적 정체성을 요건으로 한다. ( )
(2) 가부장제하에서 전통적으로 남성은 바깥일 등의 공적 영역을, 여성은 가사와 양육 등의 사적 영역을 주로 담당하는 성별 분업이 이루어졌다. ( )
(3) 전반적인 생활 수준이 향상되어 절대적 빈곤에 있는 사람의 수가 줄어들더라도 상대적 빈곤 상태에 있는 계층은 존재하기 마련이다. ( )
(4) 소득 5분위 배율은 고소득자와 저소득자 간의 소득 격차를 나타내는 것으로 수치가 높을수록 소득 불평등도가 낮은 것이다. ( )
(5) 최저 임금제, 누진세 제도, 사회 보장 제도 등은 빈부 격차를 완화하고 소득 분배의 형평성을 높이는 제도이다. ( )

02 빈칸에 들어갈 알맞은 말을 쓰시오.

(1) (   )은/는 신체적 또는 문화적 특징 때문에 사회의 다른 구성원으로부터 차별받으며 스스로 차별받는 집단에 속해 있다고 인식하는 사람들을 말한다.
(2) 사회 또는 가족 내에서 생물학적 성과 사회·문화적으로 만들어지는 사회적 성에 기반을 두어 남성과 여성에 관한 편견과 차별이 존재하는 상태를 (   ) 현상이라고 한다.
(3) (   )은/는 전체 가구를 소득 수준에 따라 줄 세웠을 때 정확히 중간에 위치하는 가구의 소득을 말한다.
(4) 절대적 빈곤이나 상대적 빈곤의 기준에 따르면 빈곤하지 않은 사람도 자신의 욕구 수준보다 충분한 경제적 능력을 갖추고 있지 못하다고 느낄 수 있는데, 이를 (   )(이)라고 한다.

03 우리나라에서 빈곤율을 측정하는 기준을 바르게 연결하시오.

(1) 절대적 빈곤율 •　　　　　• ㉠ 최저 생계비
(2) 상대적 빈곤율 •　　　　　• ㉡ 중위 소득의 50%

바른답·알찬풀이 **64쪽**

중요

01 사회적 소수자가 되기 위한 조건이 <u>아닌</u> 것은?

① 구성원의 수가 적어야 한다.

② 정치·경제·사회적 권력에서 열세에 있다.

③ 신체 또는 문화적으로 구별되는 특징이 있다.

④ 그 집단 구성원이라는 이유로 사회적 차별을 받는다.

⑤ 자기가 차별받는 집단의 구성원이라는 점을 느끼고 있다.

02 사회적 소수자라는 이유로 부당하게 차별받은 사례로 보기 <u>어려운</u> 것은?

① 왼손잡이라고 친구들로부터 놀림을 받았다.

② 피부색이 검다고 목욕탕 출입을 제지당했다.

③ 무단결근을 자주 한다는 이유로 징계를 받았다.

④ 북한 이탈 주민이라는 이유로 채용을 거절당했다.

⑤ 비정규직 노동자라는 이유로 보험 가입을 거절당했다.

03 다음 자료에서 찾을 수 있는 문제점으로 가장 적절한 것은?

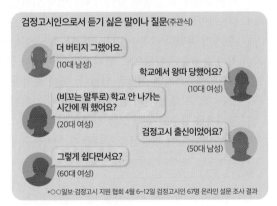

검정고시인으로서 듣기 싫은 말이나 질문(주관식)

더 버티지 그랬어요.
(10대 남성)

학교에서 왕따 당했어요?
(10대 여성)

(비꼬는 말투로) 학교 안 가는 시간에 뭐 했어요?
(20대 여성)

검정고시 출신이었어요?
(50대 남성)

그렇게 쉽다면서요?
(60대 여성)

*○○일보·검정고시 지원 협회 4월 6~12일 검정고시인 67명 온라인 설문 조사 결과

① 사회적 소수자에 대한 편견

② 사회적 소수자에 대한 지나친 기대

③ 사회적 소수자 범위 규정의 애매함

④ 사회적 소수자 보호를 위한 제도 미흡

⑤ 사회적 소수자에 대한 동화 교육 부실

04 다음 사례에 나타난 사회적 소수자 문제에 대한 해결 방안으로 가장 적절한 것은?

> 갑은 탈북 대학생이다. 학교 근처 커피숍에서 아르바이트 직원을 채용한다고 해서 면접을 보러 갔더니 갑의 사투리를 듣고서 채용을 거부했다. 할 수 없이 한 달 동안 사투리를 고쳐 다른 곳에 갔더니 무난히 채용되었다. 그런데 어느 날 우연히 갑이 탈북 학생임을 알게 된 사장이 자꾸만 자신을 피하는 눈치여서 결국 그만두고 나왔다.

① 의식 개혁보다 제도 개선에 주력해야 한다.

② 사회적 소수자의 대상 범위를 줄여야 한다.

③ 사회적 소수자에 대한 편견을 버려야 한다.

④ 사회적 소수자를 주류 사회에 동화시켜야 한다.

⑤ 사회적 소수자 스스로 차별 개선에 노력해야 한다.

중요

05 (가)의 관점에서 (나)에 나타난 문제를 해결하기 위해 제시할 수 있는 방안을 〈보기〉에서 고른 것은?

(가)	사회의 구조나 질서는 단지 개인들의 행위로 설명하기 어려운 나름대로의 구성 원리를 지닌다. 따라서 사회적 문제의 원인과 해결은 제도적인 차원에서 접근해야 한다.
(나)	휠체어를 탄 장애인이 시골에 사는 친구 집에 가려고 해도 버스를 타지 못한다. 시외버스에는 장애인용 편의 시설이 없기 때문이다. 자가용으로 가든지 아니면 많은 돈을 내고 택시를 타고 가야 한다. 대부분의 장애인들은 이처럼 이동권을 침해받고 있다.

┤ 보기 ├

ㄱ. 장애인에 대한 편견을 버리도록 노력한다.

ㄴ. 장애인을 배려하며 공존의 자세를 가진다.

ㄷ. 장애인 편의 시설을 의무적으로 설치하도록 한다.

ㄹ. 관련 법률을 개정하여 장애인의 권리를 실질적으로 보장한다.

① ㄱ, ㄴ　　　② ㄱ, ㄷ　　　③ ㄴ, ㄷ

④ ㄴ, ㄹ　　　⑤ ㄷ, ㄹ

06 다음 사례에 나타난 문제를 해결하기 위한 제도적 방안으로 가장 적절한 것은?

> 하루에 10시간씩 한 달에 29일을 일하면서도 임금을 제대로 받지 못하고 점심은 수시로 거르기도 한다. 이쯤 되면 명백한 근로 기준법 위반 아닌가. 사업주의 동의 없이는 직장을 옮길 수도 없고, 월 수십만 원을 내며 열악한 비닐하우스에 거주하기도 한다. 이러한 농어촌 외국인 노동자가 2만 7천여 명에 이른다.

① 외국인 노동자의 취업 업종을 제한해야 한다.
② 외국인 노동자 스스로 인권 의식을 갖추어야 한다.
③ 외국인 노동자를 사회적 소수자에 포함시키지 않아야 한다.
④ 외국인 노동자의 인권 보장과 관련된 법률을 정비해야 한다.
⑤ 외국인 노동자에 대한 편견을 버리고 공존하려는 자세를 가져야 한다.

중요

07 ㉠~㉣에 대한 옳은 설명을 〈보기〉에서 고른 것은?

> **장애인 고용 촉진 및 직업 재활법**
>
> 제3조(국가와 지방 자치 단체의 책임) ① 국가와 지방 자치 단체는 ㉠ 장애인의 고용 촉진 및 직업 재활에 관하여 사업주 및 국민 일반의 이해를 높이기 위하여 교육·홍보 및 ㉡ 장애인 고용 촉진 운동을 지속적으로 추진하여야 한다.
> 제15조(취업 알선 등) ① 고용 노동부 장관은 고용 정보를 바탕으로 장애인의 희망·적성·능력과 직종 등을 고려하여 ㉢ 장애인에게 적합한 직업을 알선하여야 한다.
> 제24조(장애인 고용 우수 사업주에 대한 우대) ① 고용 노동부 장관은 장애인의 고용에 모범이 되는 사업주를 ㉣ 장애인 고용 우수 사업주로 선정하여 사업을 지원하는 등의 조치를 할 수 있다.

> ┤ 보기 ├
> ㄱ. ㉠은 수적 소수이므로 사회적 소수자이다.
> ㄴ. ㉡은 장애인에 대한 편견 해소에 도움을 준다.
> ㄷ. ㉢은 구성원의 실질적 평등 실현이 목적이다.
> ㄹ. ㉣은 비장애인에게 역차별을 줄 가능성이 크다.

① ㄱ, ㄴ ② ㄱ, ㄷ ③ ㄴ, ㄷ ④ ㄴ, ㄹ ⑤ ㄷ, ㄹ

08 다음 사례에 나타난 사회적 소수자 문제에 대한 해결 방안으로 적절한 내용을 〈보기〉에서 고른 것은?

> "휠체어를 탄 게 무슨 문제가 되는지는 모르겠지만, 식당에서 무조건 나가라는 겁니다." 전동 휠체어를 타고 다니는 갑은 어느 음식점에 식사하러 들어가려다 문전 박대를 당하였다. "가게 주인이 휠체어는 공간을 많이 차지해 통행에 방해된다고 해서 반박했더니, 결국 장애인들이 식당에 있으면 손님들이 안 들어온다고 소리를 지르더군요."

> ┤ 보기 ├
> ㄱ. 사회적 소수자와 공존하는 자세를 가져야 한다.
> ㄴ. 사회적 소수자에 대한 고정 관념을 버려야 한다.
> ㄷ. 사회적 소수자를 우대하는 정책을 추진해야 한다.
> ㄹ. 사회적 소수자 스스로 차별 개선을 위해 노력해야 한다.

① ㄱ, ㄴ ② ㄱ, ㄷ ③ ㄴ, ㄷ
④ ㄴ, ㄹ ⑤ ㄷ, ㄹ

09 다음 사례가 시사하는 바로 가장 적절한 것은?

> 어느 초등학교 운동회 달리기 대회에서 일어난 일이다. 아이들 다섯이 손을 잡고 나란히 걷고 있는데, 이 중 키가 유난히 작은 아이가 있었다. 그 아이는 장애가 있는 6학년 학생으로, 달리기를 할 때마다 꼴찌를 도맡았다. 하지만 이날은 달랐다. 함께 출발한 아이들은 평소보다 천천히 달렸고, 결승선이 가까워 오자 달리기를 멈추고 늦게 오는 친구를 기다렸다. 그렇게 다섯 명이 함께 결승선을 통과한 후 아이들은 말했다고 한다. "우리 다 1등이야."

① 장애인을 사회적 소수자로 대우해야 한다.
② 장애인에 대한 특별한 우대 조치가 필요하다.
③ 장애인에 대한 국가 차원의 지원이 필요하다.
④ 장애인의 인권 보장은 편견 해소에서부터 시작된다.
⑤ 장애인을 차별하지 않도록 법적·제도적 개선을 해야 한다.

10 밑줄 친 '이것'에 대한 설명으로 옳지 <u>않은</u> 것은?

인간을 구분하는 기준으로는 국적, 민족, 계층, 지역 등이 있는데, 인간 사회에서 오랫동안 중요한 주제로 존재해 왔던 기준이 바로 '성(性)'이다. 많은 사회에서 남성과 여성의 기질에 대해 비슷한 선입견을 가지는 경향이 있다. 남성은 공격적이고 적극적인 데 반해, 여성은 수동적이고 소극적이라는 인식이 그러한 예이다. 이러한 인식을 바탕으로 남성은 남성다움을, 여성은 여성다움을 배우게 되는데, 이처럼 사회·문화적으로 만들어지는 성을 이것이라고 한다.

① 사회적 가치가 반영된다.
② 사회마다 다른 모습으로 나타난다.
③ 형성 과정에서 가족이 중요한 영향을 준다.
④ 성 불평등 현상을 초래하는 요인이 되기도 한다.
⑤ 남녀의 생물학적 차이를 부정하는 데 활용되기도 한다.

11 다음 글에 나타난 성 불평등의 발생 원인과 부합하는 진술을 〈보기〉에서 고른 것은?

전통적으로 남성은 바깥일 등의 공적 영역을, 여성은 가사와 양육 등의 사적 영역을 주로 담당하는 성별 분업이 이루어졌다. 그런데 공적 영역에 더 중요한 가치를 부여함으로써 사회적 위세와 권위가 남성에게 집중되었으며, 여성을 남성에게 의존하는 수동적인 존재로 간주하였다. 또한 직업 구조 안에서도 남성은 지배적·주도적 일을 주로 하고, 여성은 보조 업무나 지원 업무를 담당하는 등과 같이 다양한 사회적 기회를 박탈당하였다.

┤ 보기 ├
ㄱ. 남성과 여성의 역할을 명확히 구분하는 것이 필요하다.
ㄴ. 남성 중심인 가부장제가 왜곡된 성 역할 형성에 기여하였다.
ㄷ. 남녀의 불평등한 역할 때문에 가족 간에 대립이 발생할 수 있다.
ㄹ. 여성 스스로의 소극적인 문제 인식이 성 불평등 현상을 촉발시켰다.

① ㄱ, ㄴ ② ㄱ, ㄷ ③ ㄴ, ㄷ ④ ㄴ, ㄹ ⑤ ㄷ, ㄹ

12 교사의 질문에 <u>잘못</u> 답변한 학생은?

교사 : 우리 사회에서 성 불평등이라고 볼 수 있는 사례를 찾아 발표해 볼까요?
갑 : 여성은 생리 휴가를 받아 쉴 수 있지만, 남성은 그렇지 못합니다.
을 : 여성 노동자의 월평균 임금이 남성 임금의 60%에 머물러 있습니다.
병 : 맞벌이 부부의 경우 남편에 비해 아내의 가사 노동 시간이 지나치게 많습니다.
정 : 2016년 현재 우리나라 여성 국회의원의 비율이 17%로 다른 나라에 비해 낮습니다.
무 : 텔레비전 뉴스 앵커를 보면 남자는 나이 든 사람이 많이 있지만, 여자는 대부분 젊은 사람뿐입니다.

① 갑 ② 을 ③ 병 ④ 정 ⑤ 무

중요

13 다음은 성별 임금 격차에 대한 갑, 을의 대화이다. 이에 대한 옳은 설명을 〈보기〉에서 고른 것은?

갑 : 여성 노동자의 종사 분야는 남성 노동자의 종사 분야에 비해 교육 수준이나 직업적 기능 수준이 낮아도 일하는 데 지장이 없는 경우가 많아. 한편 남성은 사회적으로 훨씬 중요하고 위험한 일을 주로 맡아. 이러한 성별 분업은 자연스러운 것이고, 여성의 임금이 남성보다 낮은 것은 당연해.
을 : 남성과 여성이 일하는 분야가 명확하게 구분되는 것은 아니야. 오히려 권력을 가진 집단이 대체로 남성들이므로 이들이 기득권 유지를 위해 여성들에게 사회적으로 중요한 일에 접근할 기회를 제한한 거야. 여성도 얼마든지 중요한 일을 맡을 수 있는데도 그 기회가 없어 덜 중요한 일을 맡고 있으므로 남녀 간 임금 수준에 차이가 나는 거야.

┤ 보기 ├
ㄱ. 갑은 성별 임금 격차를 사회 문제로 인식한다.
ㄴ. 갑은 성별 분업 체계가 전체 사회의 요구를 반영하고 있다고 본다.
ㄷ. 을은 남녀의 차별적 사회화 과정이 성 불평등을 정당화한다고 본다.
ㄹ. 갑은 남성과 여성의 역할 차이를, 을은 남성과 여성 간의 불합리한 차별을 주장한다.

① ㄱ, ㄴ ② ㄱ, ㄷ ③ ㄴ, ㄷ ④ ㄴ, ㄹ ⑤ ㄷ, ㄹ

14 다음 글에서 강조하는 내용으로 가장 적절한 것은?

> 만화 「뽀롱뽀롱 뽀로로」에 등장하는 남성 캐릭터는 모험가, 과학자를 꿈꾼다. 그러나 여성 캐릭터인 루피와 패티는 앞치마를 두르고 맛있는 쿠키를 구워 친구들에게 대접한다. 이러한 만화를 보고 자란 남자아이는 당연히 여성이 요리를 해 줄 것이라고 기대하고, 여자아이는 그 모습에 자신을 비추어 보며 살 수도 있을 것이다.

① 성 불평등 문제의 요인은 가부장제 질서 구조이다.
② 성을 차별하는 관행은 사회화 과정을 통해 학습된다.
③ 성별 분업 체계는 사회의 필요를 반영하여 형성된다.
④ 남녀의 성 역할 차이는 생물학적, 자연적으로 결정된다.
⑤ 성 불평등 문제는 일시적이며, 성별 분업 체계가 확립되면 사라질 것이다.

15 A, B에 대한 설명으로 옳은 것은?

> 사회학자들은 빈곤을 두 가지 유형으로 구분한다. A는 최저 생활이라는 관념에 근거를 두고 있다. 사회적 생존에 필요한 기본적인 재화의 가격, 즉 최저 생계비에 근거해 빈곤선을 결정하는 것이다. 이 빈곤선보다 수입이 낮은 사람이나 가구를 빈곤 상태에 있다고 말한다. B는 다른 사람의 소득과 비교된 것인데, 대체로 중위 소득의 50% 미만의 소득으로 생활하는 것으로 정의된다.

① A는 상대적 박탈감과 관련 있다.
② 후진국과 달리 선진국에서는 B가 문제 되지 않는다.
③ 평균 가구 소득이나 중위 소득이 높아지면 B의 빈곤선도 높아진다.
④ A는 B와 달리 객관적인 기준에 의해 분류되는 빈곤의 유형이다.
⑤ 최저 생계비와 중위 소득이 같을 경우 A와 B에 해당하는 빈곤층은 동일하다.

16 표에 대한 분석으로 옳은 것은?

(단위 : %)

구분	1990년	2000년	2010년	2018년
절대적 빈곤율	6.4	5.1	5.2	5.9
상대적 빈곤율	4.9	5.5	5.2	5.8

* 절대적 빈곤율 : 최저 생계비 수준 미만 소득 가구 비율
** 상대적 빈곤율 : 중위 소득 50% 수준에 미달되는 가구 비율

① 1990년의 최저 생계비는 중위 소득보다 많다.
② 2000년에는 모든 상대적 빈곤 가구가 절대적 빈곤 가구에 해당한다.
③ 2010년에 중위 소득과 최저 생계비 수준이 일치한다.
④ 빈곤 가구가 가장 많은 해는 2018년이다.
⑤ 2018년에는 절대적 빈곤에 속하면서 상대적 빈곤에는 속하지 않는 가구가 존재한다.

17 그림은 갑국의 시기별 빈곤율 통계이다. 이에 대한 옳은 분석을 〈보기〉에서 고른 것은?

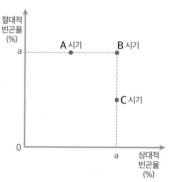

* 절대적 빈곤율 : 전체 가구에서 소득이 최저 생계비 미만인 가구의 비율
** 상대적 빈곤율 : 전체 가구에서 소득이 중위 소득의 50% 미만인 가구의 비율

> **보기**
> ㄱ. C 시기는 최저 생계비가 중위 소득의 50%보다 낮다.
> ㄴ. A 시기는 C 시기와 달리 모든 절대적 빈곤 가구는 상대적 빈곤 가구에 해당한다.
> ㄷ. C 시기는 B 시기에 비해 절대적 빈곤 가구의 비율이 낮다.
> ㄹ. A 시기와 B 시기의 최저 생계비 수준은 같다.

① ㄱ, ㄴ   ② ㄱ, ㄷ   ③ ㄴ, ㄷ
④ ㄴ, ㄹ   ⑤ ㄷ, ㄹ

18 자료에 대한 분석으로 옳지 <u>않은</u> 것은? (단, 갑국의 전체 가구 수의 변화는 없으며, 모든 가구의 구성원 수는 동일하다.)

〈갑국의 빈곤율〉

(단위 : %)

구분	2010년	2018년
절대적 빈곤율	10	5
상대적 빈곤율	15	12

〈갑국의 중위 소득과 최저 생계비〉

(단위 : 달러)

구분	2010년	2018년
중위 소득	2,400	3,000
최저 생계비	800	1,200

① 2010년 전체 가구 중 소득 800달러 이상 1,200달러 미만인 가구의 비율은 5%이다.

② 2018년 전체 가구 중 소득 1,200달러 이상 3,000달러 미만인 가구의 비율은 7%이다.

③ 2010년의 상대적 빈곤선과 2018년의 절대적 빈곤선은 일치한다.

④ 절대적 빈곤과 상대적 빈곤에 모두 속하는 가구의 비율은 2010년이 2018년보다 크다.

⑤ 절대적 빈곤과 상대적 빈곤 중 어느 하나에만 속하는 가구의 비율은 2018년이 2010년보다 크다.

19 다음은 갑국의 시기별 빈곤율을 비교한 것이다. 이에 대한 옳은 분석을 〈보기〉에서 고른 것은? (단, 갑국의 A~C 시기에 가구당 가구원 수는 동일하며 전체 가구 수는 변동 없다.)

• A 시기에 절대적 빈곤율과 상대적 빈곤율이 같다.

• A 시기와 비교할 때 B 시기의 절대적 빈곤율은 같고, 상대적 빈곤율은 2배이다.

• A 시기와 비교할 때 C 시기의 절대적 빈곤율은 2배이고, 상대적 빈곤율은 같다.

┤ 보기 ├

ㄱ. 전체 빈곤 가구는 A 시기가 가장 적다.

ㄴ. B 시기에 절대적 빈곤 가구는 모두 상대적 빈곤 가구에 해당한다.

ㄷ. C 시기의 중위 소득은 최저 생계비의 2배 이상 이다.

ㄹ. A 시기보다 B 시기의 최저 생계비 수준이 높다.

① ㄱ, ㄴ ② ㄱ, ㄷ ③ ㄴ, ㄷ ④ ㄴ, ㄹ ⑤ ㄷ, ㄹ

20 사회적 소수자 문제와 관련하여 다음 두 사례를 종합하여 내릴 수 있는 결론을 서술하시오.

• 갑국에는 A 종교를 믿는 사람보다 B 종교를 믿는 사람들이 많다. B 종교를 믿는 사람들은 종종 A 종교를 믿는 사람들을 차별하고 박해하기도 한다.

• 을국에서는 소수의 백인들이 다수의 흑인들을 지배한다. 대부분의 사회적 요직들이 백인들에게만 허용되고, 흑인들은 백인들의 필요에 의해 단순 노동직이나 보조직에 종사한다.

21 다음 자료에 나타난 문제점을 해결하기 위한 방안을 서술하시오.

22 다음 글을 읽고 물음에 답하시오.

상대적 빈곤은 다른 사람들에 비해 자원이나 소득이 낮아 사회 구성원들이 일반적으로 누리는 생활 수준을 영위하지 못하는 상태이다. 우리나라는 인구를 소득순으로 나열하였을 때 한가운데 위치한 사람의 소득인 (㉠)의 50% 수준을 빈곤선으로 정하고, 이에 미달하는 가구를 상대적 빈곤층으로 정의한다.

(1) ㉠에 해당하는 용어를 쓰시오.

(2) 상대적 빈곤이 문제가 되는 이유를 서술하시오.

01 (가), (나)에 나타난 사회적 소수자 문제에 대한 옳은 설명을 〈보기〉에서 고른 것은?

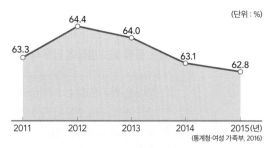

문제 접근 방법

(가)와 (나)의 그림이 의미하는 바가 무엇인지 살펴본다. 직원의 고용 형태가 다르다고 해서 식사 장소에 칸막이를 치는 것이 적절한지 생각해 본다. 아이에게 장애인을 무서운 사람이라고 인식시키는 것이 어떤 문제점을 가져오는지 생각해 본다.

적용 개념

\# 사회적 소수자
\# 적극적 우대 조치
\# 역차별

┌ 보기 ┐

ㄱ. (가)는 소수자 우대 조치로 인한 역차별의 사례이다.
ㄴ. (나)에서는 장애인 차별에 대한 제도 개선이 중요함을 보여 준다.
ㄷ. (가)와 (나) 같은 현상이 심해지면 사회 통합을 저해할 수 있다.
ㄹ. (가)와 (나)는 모두 사회적 소수자에 대한 편견이 원인일 수 있다.

① ㄱ, ㄴ ② ㄱ, ㄷ ③ ㄴ, ㄷ
④ ㄴ, ㄹ ⑤ ㄷ, ㄹ

02 다음 자료에 대한 분석으로 옳은 것은? (단, 남성 임금은 매년 5%씩 증가하였다.)

문제 접근 방법

제시된 그래프는 남성 임금 대비 여성 임금 비율이라는 것에 주목해야 한다. 숫자가 작을수록 남성에 비해 여성의 임금 수준이 낮다는 것이므로 남녀 임금 격차가 커지고 있음을 보여 준다.

적용 개념

\# 평균 임금
\# 임금 격차

(단위 : %)

64.4
64.0
63.3
63.1
62.8

2011 2012 2013 2014 2015(년)

(통계청·여성 가족부, 2016)

◎ 남성 대비 여성의 임금 비율 추이

① 여성의 평균 임금이 가장 낮은 해는 2015년이다.
② 남성과 여성의 임금 격차가 가장 작은 해는 2012년이다.
③ 여성의 평균 임금은 2014년에 비해 2015년에 감소하였다.
④ 2013년보다 2014년에 남성과 여성의 임금 격차가 줄어들었다.
⑤ 모든 연도에서 남성의 평균 임금은 여성의 평균 임금보다 5% 많다.

03 다음 자료에 대한 분석으로 옳은 것은? (단, 이 기간 동안 갑~병국의 전체 가구 수와 절대적 빈곤 가구 수는 지속적으로 증가하였으며, 모든 가구의 구성원 수는 동일하다.)

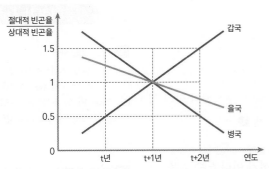

* 절대적 빈곤율 : 전체 가구에서 소득이 최저 생계비 미만인 가구의 비율
** 상대적 빈곤율 : 전체 가구에서 소득이 중위 소득의 50% 미만인 가구의 비율
*** 중위 소득 : 전체 가구를 소득순으로 나열했을 때 한가운데 위치한 가구의 소득

① t+1년의 절대적 빈곤 가구 수는 갑국, 을국, 병국 모두 같다.

② t년부터 t+1년 사이에 갑국은 중위 소득의 1/2이 최저 생계비보다 작다.

③ t년부터 t+1년 사이에 을국과 병국에서 절대적 빈곤 가구는 모두 상대적 빈곤 가구에 속한다.

④ t년부터 t+2년까지 을국은 절대적 빈곤 가구 수의 증가율보다 상대적 빈곤 가구 수의 증가율이 더 높다.

⑤ t+1년부터 t+2년까지 갑국의 상대적 빈곤 가구 수는 증가하였고, 병국의 상대적 빈곤 가구 수는 감소하였다.

문제 접근 방법

세로축이 무엇을 의미하는지부터 확인해야 한다. 절대적 빈곤율과 상대적 빈곤율의 비이므로 1 초과는 절대적 빈곤율>상대적 빈곤율, 1은 절대적 빈곤율=상대적 빈곤율, 1 미만은 절대적 빈곤율<상대적 빈곤율이다. 또 전체 가구 수와 절대적 빈곤 가구 수가 증가하며 모든 가구의 구성원 수는 동일하다는 점을 염두에 둔다.

적용 개념

\# 절대적 빈곤율
\# 상대적 빈곤율

---

04 다음 자료에 대한 옳은 분석을 〈보기〉에서 고른 것은?

- 2015년 갑국의 전체 가구 수는 1,000만 가구이며, 빈곤층 가구 비율은 40%이다.
- 2015년부터 2017년까지 갑국 전체 가구 수와 가구별 구성원 수는 변동이 없다.
- 2016년과 2017년의 빈곤 탈출률과 빈곤 진입률은 다음과 같다.

(단위 : %)

구분	2016년	2017년
빈곤 탈출률	20	10
빈곤 진입률	10	10

┤ 보기 ├

ㄱ. 2016년에는 빈곤 진입 가구보다 빈곤 탈출 가구가 더 많다.

ㄴ. 2017년에는 2016년에 비해 빈곤층 가구가 증가하였다.

ㄷ. 2015년에 비해 2017년에는 비빈곤층 가구가 증가하였다.

ㄹ. 2015년 비빈곤층 가구는 2016년에도 모두 비빈곤층에 속해 있다.

① ㄱ, ㄴ   ② ㄱ, ㄷ   ③ ㄴ, ㄷ

④ ㄴ, ㄹ   ⑤ ㄷ, ㄹ

문제 접근 방법

자료를 가지고 표를 새로 구성해야 한다. 2015년, 2016년, 2017년의 빈곤층 가구, 비빈곤층 가구, 빈곤 탈출 가구, 빈곤 진입 가구를 채워 넣으면 문제를 쉽게 풀 수 있다.

적용 개념

\# 빈곤 탈출률
\# 빈곤 진입률

04 사회 복지와 복지 제도

(학습길잡이) • 사회 복지의 의미와 역할, 우리나라의 사회 복지 제도의 유형 등을 정확히 이해한다.
• 사회 복지 제도의 한계와 극복 노력 방안을 제시할 수 있도록 한다.

A 사회 복지를 어떻게 실현할 수 있을까

1 사회 복지

① 의미 : 교육, 의료, 주거, 고용 등 다양한 차원에서 사회 구성원의 삶의 질을 향상하기 위한 모든 사회적·제도적 노력의 집합체 **1**

② 필요성
┌ 질병, 장애, 실직, 빈곤의 위험 등은 개인의 힘으로는 해결하기 어려운 경우가 많다.
• 누구나 예상치 못한 어려움으로 인간다운 생활을 하기 어려울 수 있음
• 사회 구성원에게 최소한의 인간다운 생활이 보장되지 않으면 심각한 사회 문제가 발생할 수 있음

★ 2 복지 국가의 등장 **2**

① 근대 자본주의의 문제점 : 빈부 격차 심화, 실업 증가, 노동자의 인권 침해, 환경 오염 등이 심각한 사회 문제로 대두됨 → 최소한의 인간다운 삶과 생존권이 박탈되는 다수의 사람들이 생겨남

② 현대 복지 국가의 등장 : 오늘날 대부분의 국가는 국민들의 인간다운 생활 보장을 위한 복지 정책을 추진하는 복지 국가를 지향함

③ 복지 제도의 발달 과정
┌ 빈곤이나 질병의 책임은 개인에게 있다고 보았다.

구분	내용
엘리자베스 구빈법 (1601년) **3**	빈민을 구제하고 부랑을 억제하기 위한 최초의 법, 빈민 구제를 국가의 책임으로 인식
미국 사회 보장법 (1935년)	대공황의 극복 과정에서 뉴딜 정책의 일환으로 실시되어 사회 보장 제도의 기틀 마련 → 본격적인 사회 보장 시대 전개
영국 베버리지 보고서(1942년)	'요람에서 무덤까지' 삶의 질 보장에 대한 국가적 책임 인식 → 기본권으로서의 사회권 정립, 현대적 사회 보장의 의미 확립 (질문)

자료로 보는 베버리지 보고서

• 사회 보험은 전 국민을 대상으로 한다.
• 사회 보험의 급여는 국민의 최저 생활을 보장하는 수준이어야 한다.
• 사회 보험에 가입할 수 없는 저소득층은 국가가 지원한다.
• 사회 보험이 성공하기 위해서는 아동 수당을 비롯한 가족 수당, 전 국민을 대상으로 하는 무료 의료 체계, 완전 고용이 전제되어야 한다.

제2차 세계 대전 이후 영국 정부는 빈곤의 원인을 개인이 아닌 사회적 책임으로 인식하고 사회 복지에 관한 다양한 정책을 내놓기 시작하였는데, 베버리지 보고서는 이 중 하나이다. 베버리지는 이 보고서에서 삶의 질 향상을 가로막는 5대 악으로 궁핍, 질병, 불결, 무지, 나태를 들고, 이 중 사회 보장의 궁극적인 목표는 궁핍 해소라고 하였다. 그는 궁핍의 원인으로 실업·질병·노령·사망 등에 따른 소득의 중단을 들었다. 이에 대처하려면 기본적 수요를 맞추기 위한 사회 보장 보험이 마련되어야 한다고 하였다.

Ｑ 영국의 베버리지 보고서에서 사회 보장의 궁극적인 목표로 제시한 것은 무엇일까?

소[해] 믐운 ☑

개념 더하기 자료 채우기

1 인간 개발 지수

삶의 질을 나타내는 지표 중 하나로 인간 개발 지수(HDI : Human Development Index)를 들 수 있다. 이는 국제 연합 개발 계획이 조사하는 지표로 수명, 문자 해독률, 취학률, 국민 소득 등을 종합하여 삶의 수준을 수치로 평가한다.

2 우리나라 역사 속의 사회 복지 제도

• 고구려의 진대법 : 봄철에 식량이 부족한 백성에게 나라의 곡식을 빌려주고 가을이 되어 추수할 때 갚게 함
• 고려의 혜민국 : 서민에게 의약의 혜택을 주기 위한 관서
• 조선의 의창 : 재난에 대비하여 각종 곡물을 비축해 두고 재난 시에 사용하는 제도와 시설

3 엘리자베스 구빈법

소설 『올리버 트위스트』의 배경은 1834년 영국이다. 당시 고아들은 신구빈법에 따라 수용소와 같은 구빈원에서 생활을 하며 하루한 끼를 먹기 위해 노동을 하였다. 주인공 올리버 트위스트도 부모를 잃고 교회에 있는 구빈원에서 생활하며 잡다한 일을 한 대가로 밥을 얻어먹었다. 당시 신구빈법의 표면적인 목표는 국가에 의한 아동 보호였으나, 그 이면에는 아동의 노동력을 활용하려는 의도가 있었다.

(질문 있어요)

전통 사회와 현대 사회에서 복지의 의미에 차이가 있나요?
전통 사회에서는 빈곤의 책임이 개인에게 있다고 보는 경향이 강하였어요. 이에 따라 국가에 의한 체계적인 복지보다 종교 단체 등 민간단체의 자선 활동에 의한 시혜적인 복지가 중심이 되었어요. 현대 사회에서는 사회나 국가에도 빈곤의 책임이 있다는 인식을 바탕으로 복지에 대한 국가의 의무를 강조하고 있습니다. 즉, 복지가 국민의 권리임을 중시하는 것이지요. 이에 따라 복지의 대상이 모든 국민으로 확장되고, 사후 처방적인 복지뿐만 아니라 사전 예방적인 복지도 강조되고 있어요.

★ 용어사전

* **생존권** 사람으로서 생존하는 데 필요한 모든 것을 국가에 요구할 수 있는 권리
* **요람**(搖 흔들다, 籃 대바구니) 젖먹이를 태우고 흔들게 만든 물건

B 복지 제도의 유형과 역할은 무엇일까

1 복지 제도의 유형

① 사회 보험

• 의미와 종류

의미	국민에게 발생하는 질병, 장애, 노령, 실업, 사망 등의 사회적 위험을 보험 방식으로 대처함으로써 국민이 안전한 삶을 누리는 데 필요한 건강과 소득을 보장하는 제도
종류	국민 건강 보험, 국민연금, 고용 보험, 산업 재해 보상 보험, 노인 장기 요양 보험 **4** **5**

• 특징과 한계

특징	• 사전 예방적 성격 : 미래에 직면할 사회적 위험에 대처 • 금전적 지원을 원칙으로 함 • 가입자와 사용자, 국가 및 지방 자치 단체가 공동으로 비용 부담 • 강제 가입 원칙 ┌ 대상자는 의무적으로 가입해야 한다. • 상호 부조의 원리를 기반으로 함 • 원칙적으로 수혜 정도와 무관하게 소득 수준 등 부담 능력에 따라 비용을 부담하고, 사회적 위험이 발생했을 때 비슷한 수준의 보험 급여를 지급하므로 소득 재분배 효과도 있음 └ 조세와 사회 보장 제도를 통해 정책적으로 소득 분포를 수정하는 것이다. ┘
한계	보험료 납부 여력이 없어 보험료를 납부하지 못하는 경우 혜택을 받지 못하는 사각지대에 놓일 수 있음 **질문**

자료로 보는 사회 보험의 종류

국민 건강 보험	국민연금
사회 연대성 및 보험 원리에 따라 국민이 평소에 건강 보험료를 내고 이를 재원으로 국민의 질병이나 부상에 관한 예방, 진단, 치료, 재활, 출산, 건강 증진 및 사망에 보험 급여를 지급하여 국민 보건과 사회 보장을 향상할 것을 목적으로 한다.	노령, 장애, 사망 등에 의해 소득이 없어질 때를 대비하여 평소에 보험료를 납부하였다가 소득 능력이 상실되었을 때 매달 연금을 지급하여 안정된 생활을 할 수 있도록 돕는 소득 보장 제도이다. 가입자, 사용자, 국가로부터 받는 보험료를 재원으로 한다.
고용 보험	**산업 재해 보상 보험**
근로자가 실업한 경우 생활에 필요한 급여를 지급하여 생활 안정과 구직 활동을 촉진하는 제도이다. 근로자와 고용주가 보험료를 공동으로 부담한다. 최근에는 근로자의 고용 안정 사업과 직업 능력 개발 사업 등과 같은 적극적인 노동 시장 정책을 통합적으로 시행한다.	업무상 사유에 따른 근로자의 부상, 질병, 장애, 사망 등에 대해 공정하게 보상하며, 재활 및 사회 복귀를 촉진하기 위한 제도이다. 근로자를 고용하는 고용주가 보험료를 부담한다.
노인 장기 요양 보험	
고령이나 노인성 질병 등의 사유로 일상생활을 혼자서 수행하기 어려운 노인 등에게 신체 활동 또는 가사 활동 지원 등의 장기 요양 급여를 제공하여 노후의 건강 증진 및 생활 안정을 도모하고, 그 가족의 부담을 덜어 줌으로써 국민의 삶의 질을 향상하고자 한다.	

사회 보험은 국민에게 미래에 발생할 수 있는 상해, 질병, 노령, 실업, 사망 등의 사회적 위험을 보험의 방식으로 대처함으로써 국민의 건강과 소득을 보장하는 제도이다. 우리나라의 사회 보험에는 국민 건강 보험, 국민연금, 고용 보험, 산업 재해 보상 보험, 노인 장기 요양 보험 등이 있는데, 이를 5대 사회 보험이라고 한다.

Ⓠ 우리나라의 5대 사회 보험은 무엇일까?

Ⓥ 국민 건강 보험, 국민연금, 고용 보험, 산업 재해 보상 보험, 노인 장기 요양 보험

4 연금 제도

연금은 미리 얼마씩의 보험료를 냈다가 나이가 들었을 때 월급처럼 돌려받는 제도이다. 개인적으로 보험 회사에 가입하는 개인 연금 제도가 있고, 공공 기관에서 운용하는 공적 연금 제도가 있다. 공적 연금 제도에는 공무원 연금, 사립 학교 교직원 연금, 군인 연금, 국민연금이 있다.

5 노인 장기 요양 보험

• 도입 목적 : 고령이나 노인성 질병 등의 사유로 일상생활을 혼자서 수행하기 어려운 노인에게 신체 활동 또는 가사 활동 지원 등의 장기 요양 급여 제공
• 수급 대상 : 장기 요양이 필요한 65세 이상 노인 및 노인성 질병을 가진 65세 미만의 자
• 제공되는 급여 내용 : 수급자 본인 및 가족이 직접 선택
• 재원 마련 : 장기 요양 보험료(건강 보험 가입자 대상으로 건강 보험료의 일정 비율 강제 징수) + 국가 및 지방 자치 단체 부담 + 이용자 본인 부담

노인 장기 요양 보험 제도는 2008년 7월부터 시행되었다. 국민 건강 보험 가입자 또는 그 피부양자 가운데 고령이나 노인성 질병 등으로 일상생활을 혼자서 수행하기 어려운 사람들에게 신체 활동 또는 가사 활동 지원 등의 장기 요양 급여를 판정 등급에 따라 제공한다.

질문 있어요

보험료와 보험금은 어떻게 다른가요?

보험료는 보험 납부 의무자가 매달 내는 돈을 말하고, 보험금은 어떤 사안이 발생했을 때 지급받는 돈을 말해요. 만일 국민연금에 가입했다면 매달 국민연금 보험료를 납부하고, 나이가 들었을 때 일정 금액을 매달 보험금으로 지급받습니다. 아래 표는 어떤 사람의 급여 명세서로, 오른쪽의 빨간색 표시 부분이 보험료에 해당해요.

급여 내역		공제 내역	
기본급	2,200,000	소득세	29,090
수당	300,000	주민세	2,900
교통비	100,000	건강 보험	62,040
식대	100,000	국민연금	99,000
		고용 보험	4,060
급여 총액	2,700,000	합계	197,090

실 수령액 : 2,502,910

✽ 용어사전

* **상호 부조**(相 서로, 互 서로, 扶 돕다, 助 돕다) 서로 돕는 일
* **수혜**(受 받다, 惠 은혜) 혜택을 받음

사회 복지와 복지 제도

② 공공 부조

의미	생활 유지 능력이 없거나 생활이 어려운 국민의 최저 생활을 보장하고 자립을 지원하기 위해 금전적·물질적 급여를 제공하는 제도
종류	국민 기초 생활 보장 제도, 기초 연금 제도, 의료 급여 제도 ➊
특징	• 사후 처방적 성격 : 빈곤 등 현재 직면한 사회적 위험으로부터 구제함 • 금전적 지원을 원칙으로 함 • 국가와 지방 자치 단체가 지원에 필요한 모든 비용을 부담함 • 소득 수준과 같이 특정 기준에 부합하는 국민을 선정하여 지원하는 선별적 복지의 성격을 띰 ┌ 수혜자가 비용을 부담하지 않기 때문이다. • 사회 보험보다 소득 재분배 효과가 큼 질문
한계	• 대상자 선정 과정에서 부정적인 낙인이 발생할 수 있음 • 국가의 재정 부담이 커질 수 있음 • 취약 계층이 국가에 의존하도록 하여 자활을 어렵게 함

자료로 보는 국민 기초 생활 보장 제도의 맞춤형 급여

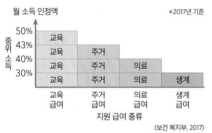

월 소득 인정액 *2017년 기준

중위소득				
50%	교육			
43%	교육	주거		
40%	교육	주거	의료	
30%	교육	주거	의료	생계
	교육 급여	주거 급여	의료 급여	생계 급여

지원 급여 종류
(보건 복지부, 2017)

⚠ 가구 소득에 따른 맞춤형 급여 종류

맞춤형 급여에서는 소득이 중위 소득의 50% 이하에 해당하는 가구를 소득 수준에 따라 4단계로 구분하고, 가구의 소득 수준이 한 단계씩 낮아질수록 교육 급여, 주거 급여, 의료 급여, 생계 급여가 순서대로 하나씩 추가되도록 하였다.

우리나라는 기존 국민 기초 생활 보장 제도를 보완하여 2015년 7월 1일부터 맞춤형 급여를 시행하고 있다. 맞춤형 급여 방식은 소득 수준에 따른 가구별 필요에 맞추어 급여를 제공하고, 복지의 사각지대를 줄여 수혜 대상자를 확대하는 것을 목적으로 한다.

🔍 맞춤형 급여 방식의 실시 목적은 무엇일까?

⚠ 소득 수준에 따라 필요한 급여를 제공하여 복지 사각지대를 줄이고 수혜 대상자를 확대하기 위해

③ 사회 서비스 ┌ 국민의 서로 다른 필요에 부합하는 차별화된 지원을 중시한다. 서비스 제공에 국가가 일정한 지원을 하므로 민간 부문의 참여가 활발한 편이다.

의미	국가와 지방 자치 단체 및 민간 부문의 도움이 필요한 모든 국민에게 복지, 보건 의료, 교육, 고용, 주거, 문화, 환경 등의 분야에서 인간다운 생활을 보장하고 국민의 삶의 질이 향상되도록 서비스를 제공하는 제도 ┌ 상담, 재활, 돌봄, 정보 제공, 관련 시설 이용, 역량 개발, 사회 참여 지원 등
종류	노인 돌봄, 산모·신생아 건강 관리 지원, 가사·간병 방문 지원 등 ➋
특징	• 비금전적 지원을 원칙으로 함 • 비용 부담 능력이 있는 국민은 수익자 부담 원칙, 일정 소득 수준 이하의 국민은 비용의 전부나 일부를 국가나 지방 자치 단체가 지원 • 수혜자의 자활 능력 육성, 생활 불안의 실질적 해결에 기여
한계	사회 보험이나 공공 부조를 보조하는 성격을 지님

2 복지 제도의 역할 ┌ 복지는 사회적 약자들에게 최저 생계의 유지라는 소극적인 차원뿐만 아니라 모든 사회 성원들에게 행복한 삶의 조건을 마련해 주는 적극적인 차원까지도 포함한다.

① **개인적 측면** : 현재나 미래의 위험에 대비하고, 어려움을 겪는 사람들에게 최소한의 인간다운 생활을 보장함

② **사회적 측면** : 사회 구조와 제도를 개선하고 빈부 격차를 완화하여 사회 안정과 통합에 기여함

개념 더하기 자료 채우기

➊ 우리나라의 대표적인 공공 부조

• 국민 기초 생활 보장 제도 : 생활이 어려운 사람에게 생계 급여, 의료 급여, 주거 급여, 교육 급여 등 필요한 급여를 시행하여 이들의 최저 생활을 보장하고 자활을 지원함
• 기초 연금 제도 : 65세 이상인 사람 중 소득이 일정 금액 이하인 사람에게 기초 연금을 지급하여 생활 안정을 지원하고 복지를 증진함
• 의료 급여 제도 : 생활이 어려운 사람에게 의료 급여를 시행하여 국민 보건 향상과 사회 복지 증진에 이바지함

✊ 질문 있어요

공공 부조가 사회 보험에 비해 소득 재분배 효과가 큰 이유는 무엇인가요?

사회 보험은 보험의 혜택을 받는 사람도 보험료를 납부해요. 자신의 소득액에 따라 보험료에 차이가 있지만 위험이 발생했을 때 받는 보험금은 비슷하지요. 즉, 경제적 능력이 높은 사람들은 더 많은 보험료를 내어 그렇지 않은 사람을 돕는 것이므로 소득 재분배 효과가 있습니다. 반면에, 공공 부조는 혜택을 받는 사람은 비용을 부담하지 않습니다. 국가가 국민들이 납부한 세금으로 재원을 마련하는 것이죠. 조세 부담 능력이 있는 국민이 낸 세금을 재원으로 소득 및 재산이 일정 수준 이하인 계층에 무상으로 지원하므로 사회 보험보다 소득 재분배 효과가 큽니다.

➋ 아이 돌봄 서비스

• 의미 : 부모의 양육 부담을 덜기 위해 아이 돌보미 전문가를 양성하여, 일시적으로 돌봄이 필요한 가정에 육아와 관련된 서비스를 제공하는 사업
• 이용 시간 : 365일 24시간
• 이용 대상 : 0세(3개월)~만 12세 자녀를 둔 ○○구 내 모든 가정
• 이용 절차 : ○○구 건강 가정 지원 센터로 회원 신청 및 등록 → 가정 방문 및 면접 → 서비스 신청 → 이용료 수납 → 서비스 이용
• 비용 부담 : 수익자 기준에 따라 일부 부담하고 대부분은 구청에서 부담함

아이 돌봄 지원 사업은 가정의 아이 돌봄을 지원하여 아이의 복지 증진과 보호자의 일·가정 양립을 통한 가족 구성원의 삶의 질 향상을 도모하고 양육 친화적인 사회 환경을 조성하는 데 목적이 있다. 사회 복지의 유형 중 사회 서비스에 해당한다. 시간제로 돌보는 경우와 종일 돌보는 경우가 있으며, 질병 감염 아동을 돌보는 특별 서비스도 있다.

✱ 용어사전

* **낙인**(烙 지지다, 印 도장) 씻기 어려운 불명예스러운 이름
* **수익자**(受 받다, 益 이익, 者 사람) 이익을 얻는 사람

C 복지 제도의 한계를 어떻게 극복해야 할까

1 복지 제도의 한계

① 복지병 발생 **3**

> 복지 혜택을 누리다 보면 취업을 기피하고 사회 복지 급여에 의존하여 생계를 유지하려는 사람들이 생겨나게 된다.

- 복지 혜택으로 인해 스스로 노력하여 소득을 올리기보다는 실업 수당을 비롯한 정부의 복지에 의존하는 경향이 강하게 나타남
- 과도한 사회 보장이 근로 의욕을 감퇴시키고 도덕적 해이가 발생하며, 사회 전반적으로 생산성과 효율성을 떨어뜨리는 결과를 초래함

② 정부 재정 악화 : 복지 관련 지출의 증가와 경기 침체로 재정이 악화되면서 경제적 효율성 하락, 정부의 재정 부담 증가 → 국민의 조세 부담 증가

③ 우리나라 복지 제도의 문제점

> 생산된 재화의 분배가 사회 구성원들 사이에서 보다 균형적으로 이루어질 수 있도록 해야 한다는 가치이다.

- 사회 보험 : 보험료 부과의 형평성 문제
- 공공 부조 : 재정 부담 심화, 근로 의욕 감퇴
- 사회 서비스 : 소득 재분배 효과가 미미함

2 극복 노력

① 생산적 복지 **4** **5**

> **왜?** 복지 제도로 인한 효율성 저하와 복지 축소로 인한 형평성 저하를 모두 해결하기 위해서이다.

의미	빈곤층이 자활 사업에 참여하거나 노동하는 것을 조건으로 지원해 주는 새로운 형태의 복지
특징	• 복지 축소 지향 : 복지 급여 삭감, 급여 자격 조건 강화 등 • 복지 수급자*의 자립 지원 : 직업 교육 실시, 취업 지원 등

② 제도를 정비하여 복지 사각지대 해소 **질문**
③ 일자리를 창출하여 일할 수 있는 환경 조성
④ 일할 의지를 높이려는 자세 함양

자료로 보는 근로 장려 세제

⚠ 근로 장려금

근로 장려 세제는 일정 요건을 충족하는 저소득 근로자 가구에 가구원 구성과 총급여액 등에 따라 산정된 근로 장려금을 지급하여, 근로를 장려하고 실질 소득을 지원하는 근로 연계형 소득 지원 제도이다.

근로 장려 세제는 근로 소득의 크기에 따라 근로 장려금을 차등 지급함으로써 근로를 유인하는 기능이 있다. 이러한 근로 유인으로 근로 빈곤층이 극빈층으로 가는 것을 막을 수 있다. 또한 저소득 근로자 가구에 현금 급여를 제공하여 실질 소득을 증가시킴으로써 조세 제도를 통한 소득 재분배 효과를 기대할 수 있다. 이는 지금까지의 복지 제도와는 달리 근로와 연계된 소득 지원이다. 일할수록 소득이 늘어나도록 하여 단순한 소득 지원 효과 외에도 근로 의욕을 높이고 스스로 빈곤에서 탈출하도록 돕는다.

◎ 근로 장려 세제의 도입 취지는 무엇일까?

Ⓥ 근로 의욕을 높여 스스로 빈곤에서 벗어나도록 돕는다.

---

3 복지병

'요람에서 무덤까지'를 내걸고 지속해서 복지를 강화해 온 영국에서는 지나친 복지로 인한 각종 부작용이 심화함으로써 1970년대 심각한 경기 침체가 발생하였다. 이에 따라 지나친 복지로 인한 각종 병폐를 '영국병' 또는 '복지병'이라고 부르며, 기존 복지 제도의 개선을 주장하는 사람들이 증가하였다.

4 보편적 복지와 선별적 복지

보편적 복지는 영국에서 시작되어 북유럽으로 확산된 복지 모델로, 모든 사람을 대상으로 하는 복지를 지향한다. 형평성은 높지만, 비용이 많이 든다는 단점이 있다. 선별적 복지는 미국을 중심으로 한 복지 모델로, 사회적 지원이 꼭 필요한 대상만을 선정하여 지원한다. 효율성이 높고 비용 절감 효과가 있으나, 형평성이 낮고 낙인 효과가 발생한다.

5 생산적 복지

생산적 복지 이념은 기존의 복지 이념에서 확대된 이념으로서 '일을 통한 복지'를 추구한다. 생산적 복지 이념은 원래 1980년대 초 영국과 미국에서 기존의 일방적 지원 중심의 복지에 대한 반성으로부터 등장하였다. 복지병을 해결하지 못하면 복지와 성장 모두 불가능할 것이라는 문제의식이 확산한 것이다. 이에 따라 생산적 복지 이념은 빈곤층 스스로 빈곤의 악순환에서 벗어날 수 있도록 근로 의욕을 자극하고, 국가가 빈곤층의 자활 노력에 상응하는 복지 혜택을 제공하는 것을 중시한다.

질문 있어요

우리나라에서 복지 사각지대에 놓인 사람들은 어떤 경우인가요?

재산과 소득, 부양 가족 등을 기준으로 국민 기초 생활 보장 수급자의 자격을 정하는데, 이때 빈곤이 드러나지 않는 사람들이 있습니다. 자녀가 재산이 있다고 해도 오래전에 소식이 끊겨 도움을 전혀 받지 못하는데도 자녀의 재산이 있다는 이유로 수급자가 되지 못해 극심한 빈곤에 시달리는 경우를 들 수 있어요. 정부는 이러한 복지 사각지대에 놓인 사람들을 찾아 이들이 복지 혜택을 누릴 수 있도록 해야 합니다.

용어사전

* **도덕적 해이** 법 또는 제도에 허점이 있을 때 그 허점을 이용해 자기 책임을 소홀히 하는 행동
* **수급자**(受 받다, 給 급여, 者 사람) 연금, 급여, 배급 등을 받는 사람

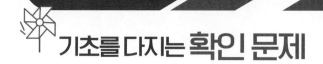

올리드 포인트

A 사회 복지와 복지 국가의 등장

1 사회 복지 : 교육, 의료, 주거, 고용 등 다양한 차원에서 사회 구성원의 삶의 질을 향상하기 위한 모든 사회적·제도적 노력의 집합체

2 복지 제도의 발달 과정

구분	내용
엘리자베스 구빈법(1601년)	빈민 구제와 부랑 억제를 위한 최초의 법, 빈민 구제를 국가의 책임으로 인식
미국 사회 보장법 (1935년)	대공황의 극복 과정에서 뉴딜 정책의 일환으로 실시되어 사회 보장 제도의 기틀 마련 → 본격적인 사회 보장 시대 전개
영국 베버리지 보고서(1942년)	'요람에서 무덤까지' 삶의 질 보장에 대한 국가적 책임 인식 → 기본권으로서의 사회권 정립, 현대적 사회 보장의 의미 확립

B 복지 제도의 유형과 역할

1 복지 제도의 유형

사회 보험	국민에게 발생하는 질병, 장애, 노령, 실업, 사망 등의 사회적 위험을 보험 방식으로 대처함으로써 국민이 안전한 삶을 누리는 데 필요한 건강과 소득을 보장하는 제도
공공 부조	생활 유지 능력이 없거나 생활이 어려운 국민의 최저 생활을 보장하고 자립을 지원하기 위해 금전적·물질적 급여를 제공하는 제도
사회 서비스	국가와 지방 자치 단체 및 민간 부문의 도움이 필요한 모든 국민에게 인간다운 생활을 보장하고, 국민의 삶의 질이 향상되도록 서비스를 제공하는 제도

2 복지 제도의 역할

개인적 측면	현재나 미래의 위험에 대비, 어려움을 겪는 사람들에게 최소한의 인간다운 생활 보장
사회적 측면	사회 구조와 제도의 개선, 빈부 격차 완화로 사회 안정과 통합에 기여

C 복지 제도의 한계와 극복 노력

한계	복지병 발생, 정부 재정 악화
극복 노력	• 빈곤층이 자활 사업에 참여하거나 노동하는 것을 조건으로 지원해 주는 새로운 형태의 복지인 생산적 복지 추구 • 복지 사각지대 해소 • 일자리 창출로 일할 수 있는 환경 조성 • 일할 의지를 높이려는 자세 함양

01 다음 설명이 맞으면 ○표, 틀리면 ×표를 하시오.

(1) 영국은 바이마르 헌법을 통해 현대적 의미의 사회 보장 제도를 확립하였다. ( )

(2) 사회 보험은 원칙적으로 수혜 정도에 따라 비용을 부담하고 상호 부조의 원리를 기반으로 한다. ( )

(3) 우리나라의 사회 보험에는 국민 건강 보험, 노인 장기 요양 보험, 고용 보험, 산업 재해 보상 보험 등이 있다. ( )

(4) 공공 부조는 국가와 지방 자치 단체가 세금을 재원으로 제공하기 때문에 수혜자는 비용을 부담하지 않아 사회 보험보다 소득 재분배 효과가 크다. ( )

(5) 사회 서비스는 미래에 직면할 사회적 위험에 대처하는 사전 예방적 성격이 있고 금전적 지원을 원칙으로 한다. ( )

02 빈칸에 들어갈 알맞은 말을 쓰시오.

(1) ( )은/는 교육, 의료, 주거, 고용 등 다양한 차원에서 사회 구성원의 삶의 질을 향상하기 위한 모든 사회적·제도적 노력의 집합체를 말한다.

(2) 고령이나 노인성 질병 등의 사유로 일상생활을 혼자서 수행하기 어려운 노인 등에게 신체 활동 또는 가사 활동 지원 등의 장기 요양 급여를 제공하는 사회 보험을 ( )(이)라고 한다.

(3) ( )은/는 국가나 지방 자치 단체 등의 도움이 필요한 모든 국민에게 인간다운 생활을 보장하고 상담, 재활, 돌봄, 정보 제공, 관련 시설 이용, 역량 개발, 사회 참여 지원 등을 통해 국민의 삶의 질이 향상되도록 지원하는 제도이다.

(4) ( )은/는 복지 제도에 따른 효율성 저하와 복지 축소에 따른 형평성 저하를 모두 해결하기 위해 등장한 것으로, 복지와 노동을 연계하는 복지 제도이다.

03 사회 복지 제도의 유형과 그 예를 바르게 연결하시오.

(1) 공공 부조 •　　　　　　• ㉠ 국민연금

(2) 사회 보험 •　　　　　　• ㉡ 기초 연금

01 (가) 시대와 (나) 시대의 사회 복지 이념에 대한 옳은 설명만을 〈보기〉에서 있는 대로 고른 것은?

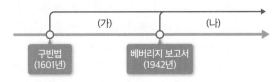

┤ 보기 ├
- ㄱ. (가)에서는 사회 복지의 사전 예방적 성격을 강조하였다.
- ㄴ. (가)에서는 사회 복지를 부자의 시혜(施惠)로 인식하였다.
- ㄷ. (나)에서는 인간다운 생활 보장을 국가의 의무로 인식하였다.
- ㄹ. (가)보다 (나)에서 빈곤에 대한 사회의 책임을 강조하였다.

① ㄱ, ㄴ　　　② ㄱ, ㄹ　　　③ ㄴ, ㄷ
④ ㄱ, ㄴ, ㄷ　　⑤ ㄴ, ㄷ, ㄹ

02 밑줄 친 제도의 특징으로 가장 적절한 것은?

우리나라 최초의 빈민 구제 제도인 진대법은 고구려 고국천왕 16년에 재상 을파소가 실시하였는데, 춘궁기에 국가가 백성에게 양곡을 빌려주었다가 수확기에 갚도록 한 제도이다. 여기서 진(賑)은 흉년에 굶주린 백성들에게 곡식을 나누어 주는 것을 뜻하고, 대(貸)는 봄에 곡식을 빌려주었다가 가을 추수기에 거두어들이는 것을 뜻한다.

① 농민의 빈곤 해소에 도움을 주었다.
② 사회 복지의 운영을 민간이 담당하였다.
③ 하층이 대부분 상층으로 이동하게 되었다.
④ 복지의 대상을 사회 구성원 전체로 보았다.
⑤ 농민의 여가 활동을 발전시키는 데 기여하였다.

03 다음 자료에 대한 분석으로 옳은 것은?

빈민은 세 가지 범주로 나누어 대책을 강구한다. 노동 능력이 있는 빈민에게는 일을 제공하며, 일을 거절할 경우에는 교정원에 1년간 감금하여 중노동을 시킨다. 노동 능력이 없는 빈민(노인, 만성 질환자, 시각 장애인, 정신 장애인)은 구빈원이나 의료원에 입소한다. 보호자가 없는 아동은 남자의 경우 24세까지, 여자의 경우 21세 또는 결혼할 때까지 양모 공장 등에 도제로 보낸다.　　　－ 엘리자베스 구빈법(1601년) －

① 빈곤의 원인을 개인에게서 찾고 있다.
② 최소한의 인간다운 생활 보장을 국가의 의무로 본다.
③ 사회 복지 비용을 사회 전체가 부담해야 한다고 본다.
④ 노동 능력이 있는 자의 빈곤을 사회의 책임으로 본다.
⑤ 사회 보장의 영역을 미래의 위험 대비까지 넓히고 있다.

04 다음에 나타난 복지 제도의 특징으로 보기 <u>어려운</u> 것은?

제5조(적용 대상 등)　① 국내에 거주하는 국민은 건강 보험의 가입자 또는 피부양자가 된다. 다만, 다음 각 호의 어느 하나에 해당하는 사람은 제외한다.
　　　　……
제41조(요양 급여)　① 가입자와 피부양자의 질병, 부상, 출산 등에 대하여 다음 각 호의 요양 급여를 실시한다.
　1. 진찰·검사
　2. 약제(藥劑)·치료 재료의 지급
　3. 처치·수술 및 그 밖의 치료
　　　　……

① 가입 대상자는 의무적으로 가입해야 한다.
② 미래의 불안 요소에 대해 사회가 연대하여 대비한다.
③ 소득 수준에 비례하여 개인 부담액이 차등적으로 부과된다.
④ 소득 재분배를 통해 생활 무능력자의 최저 생활을 보장한다.
⑤ 사업에 필요한 비용은 국가와 가입 대상자 등이 공동으로 부담한다.

05 다음은 직장인 갑의 급여 명세서이다. (가)에 해당하는 복지 제도의 특징으로 옳지 않은 것은?

급여 내역		공제 내역		
기본급	2,200,000	소득세		29,090
수당	300,000	주민세		2,900
교통비	100,000	건강 보험	(가)	62,040
식대	100,000	국민연금		99,000
		고용 보험		4,060
급여 총액	2,700,000	합계		197,090

실 수령액 : 2,502,910

① 선별적 복지에 해당한다.
② 소득 재분배 효과가 있다.
③ 사전 예방적 성격을 갖는다.
④ 금전적 지원을 원칙으로 한다.
⑤ 상호 부조의 원리를 바탕으로 한다.

06 다음과 같은 특징을 지니는 우리나라의 사회 보장 제도에 해당하는 것은?

- 국가의 재정 부담이 큰 편이다.
- 수혜자는 비용을 부담하지 않는다.
- 인간적인 삶을 위한 최저 생활을 보장한다.

① 국민연금
② 고용 보험
③ 기초 연금
④ 국민 건강 보험
⑤ 산업 재해 보상 보험

07 밑줄 친 '이것'에 대한 옳은 설명을 〈보기〉에서 고른 것은?

이것은 국가 또는 지방 자치 단체가 생활이 곤궁한 사람이나 사회적으로 보호가 필요한 사람에게 직접 생활에 필요한 금품을 제공하거나, 관련 기관을 통해 지원함으로써 그 혜택이 돌아가게 하는 사회 보장 제도이다.

┤ 보기 ├
ㄱ. 상호 부조의 성격이 강하다.
ㄴ. 경제적 무능력자를 대상으로 한다.
ㄷ. 수혜자가 비용의 일정 부분을 부담한다.
ㄹ. 대상자 선정을 위해 개별적으로 조사한다.

① ㄱ, ㄴ   ② ㄱ, ㄷ   ③ ㄴ, ㄷ
④ ㄴ, ㄹ   ⑤ ㄷ, ㄹ

08 ㉠~㉣에 대한 옳은 설명을 〈보기〉에서 고른 것은?

갑은 현재 법원 사무직 공무원이다. 경력은 약 25년 정도이고 고등학교에 다니는 두 아이를 키우고 있다. 갑은 10여 년 전에 보험 설계사인 친구의 부탁으로 ㉠ 상해 보험에 가입해 매달 7만 원 정도씩 보험료를 납입하고 있다. 또 몇 년 전에는 ㉡ ◇◇ 개인 연금에 가입하여 매달 20만 원씩 납입하고 있다. 갑의 이번 달 월급은 300만 원 정도인데, ㉢ 공무원 연금 보험료로 25만 원, ㉣ 국민 건강 보험의 보험료로 15만 원, 기타 이유로 공제되는 금액이 많다 보니 실제 손에 들어오는 돈은 200만 원 남짓하다. 앞으로 돈 쓸 일도 많은데 퇴직할 시기는 다가오고 있어 걱정이다.

┤ 보기 ├
ㄱ. 갑은 ㉠과 ㉡에서 임의로 탈퇴할 수 있다.
ㄴ. ㉢과 ㉣은 소득 수준에 비례하여 보험료가 차등 부과된다.
ㄷ. 갑은 퇴직 이후 ㉠과 ㉢에 의해 일정한 수입을 유지할 수 있다.
ㄹ. 갑이 교통사고로 병원에 입원할 경우 ㉢과 ㉣의 혜택을 받을 수 있다.

① ㄱ, ㄴ   ② ㄱ, ㄷ   ③ ㄴ, ㄷ
④ ㄴ, ㄹ   ⑤ ㄷ, ㄹ

[★★★] 중요

09 ㉠, ㉡에 대한 설명으로 옳은 것은?

- 갑은 사고로 모든 재산을 잃게 되었지만 동 주민 센터의 도움으로 ㉠ 국민 기초 생활 보장 대상자로 선정되었다.
- 젊었을 때부터 ㉡ 국민연금 보험료를 납부하였던 을은 연금 지급이 개시되어 노후 생활에 도움을 받고 있다.

① ㉠은 상호 부조의 성격을 가진다.
② ㉠은 강제 가입의 원칙이 적용된다.
③ ㉡은 국가가 비용을 전액 부담한다.
④ ㉡은 저소득층만을 수혜 대상으로 한다.
⑤ ㉠은 ㉡에 비해 소득 재분배 효과가 크다.

10 다음과 같은 행사의 시행으로 예상되는 효과로 가장 적절한 것은?

Ⓐ ○○도 주최
노인 일자리 박람회

Ⓐ ○○ 공단 주최
장애인 기술 교육

① 기업의 조세 부담을 줄일 수 있다.
② 실업 문제를 시장 자율로 해결한다.
③ 복지와 노동을 연계하여 삶의 질을 높인다.
④ 소득 재분배를 통해 계층 간 갈등을 완화한다.
⑤ 노사 간 갈등을 예방하여 생산성을 향상시킨다.

중요
11 다음에 나타난 사회 보장 제도에 대한 설명으로 옳은 것은?

- 의미 : 부모의 양육 부담을 덜기 위해 아이 돌보미 전문가를 양성하여, 일시적으로 돌봄이 필요한 가정에 육아와 관련된 서비스를 제공하는 사업
- 이용 시간 : 365일 24시간
- 이용 대상 : 0세(3개월)~만 12세 자녀를 둔 ○○구 내 모든 가정
- 이용 절차 : ○○구 건강 가정 지원 센터로 회원 신청 및 등록 → 가정 방문 및 면접 → 서비스 신청 → 이용료 수납 → 서비스 이용
- 비용 부담 : 수익자가 기준에 따라 일부 부담하고 대부분은 구청에서 부담함

① 사전 예방적 성격을 띤다.
② 의무 가입을 원칙으로 한다.
③ 비금전적 지원을 원칙으로 한다.
④ 가입자가 납부한 보험료로 운영된다.
⑤ 빈곤층의 최저 생활 보장을 목적으로 한다.

12 (가)~(다)는 우리나라 사회 보장 제도의 세 가지 유형이다. 이에 대한 설명으로 옳은 것은?

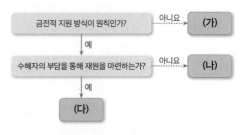

① (가)는 (나)에 비해 소득 재분배 효과가 크다.
② (나)는 (다)와 달리 의무 가입이 원칙이다.
③ (다)는 (가)와 달리 대상자를 선별하여 시행한다.
④ (다)는 (나)에 비해 상호 부조의 성격이 강하다.
⑤ (다)는 (나)에 비해 사후 처방적인 성격이 강하다.

중요
13 표의 (가)~(다)에 대한 설명으로 옳지 <u>않은</u> 것은?

〈사회 보장 제도의 종류〉

구분	(가)	(나)	(다)
대상	전 국민	빈곤층	지원이 필요한 국민
효과	미래 위험 대비	최저 생활 보장	정상적 사회생활 지원
성격	금전적 지원		비금전적 지원

① (가)의 대상자는 의무적으로 가입해야 한다.
② (나)에는 국민연금, 의료 급여 제도가 있다.
③ (다)는 개인의 필요에 부합하는 차별화된 지원을 중시한다.
④ (나)는 (가)에 비해 국가의 재정 부담을 가중시킨다.
⑤ (다)는 (가), (나)와 달리 민간 부문도 참여할 수 있다.

14 ㉠의 역할에 대한 설명으로 옳지 <u>않은</u> 것은?

누구나 질병, 장애, 노령 등에 처할 수 있다. 그러나 개인이 각자 이러한 위험에 대처하는 데 한계가 있다. 이에 따라 국가적 차원에서 사회 구성원이 생존에 불안을 느끼지 않고 생활하도록 사회 안전망을 갖춘 것이 ㉠ 복지 제도이다.

① 사회적 위험을 예방할 수 있다.
② 개인의 삶의 질을 높일 수 있다.
③ 지나친 빈부 격차를 줄일 수 있다.
④ 계층 이동을 방지하여 사회를 안정시킨다.
⑤ 노동 의욕을 높여 생산성 향상에 도움을 준다.

★★ 중요

15 밑줄 친 '한 학생'에 해당하는 사람은?

> 교사 : 우리나라의 사회 보장 제도에 대해 말해 볼까요?
> 갑 : 사회 보험은 강제 가입을 원칙으로 하고, 상호 부조의 성격이 강합니다.
> 을 : 공공 부조는 빈곤층에게 인간다운 최저 생활을 보장하는 것이 목표입니다.
> 병 : 사회 서비스는 주로 비금전적 지원을 하는 것으로, 도움이 필요한 모든 국민을 대상으로 합니다.
> 정 : 사회 보험의 사례로 국민 건강 보험, 국민연금, 고용 보험, 기초 연금 등이 있습니다.
> 무 : 사회 보험은 수혜자도 비용을 부담하지만, 공공 부조는 수혜자가 비용을 부담하지 않아 소득 재분배 효과가 사회 보험보다 큽니다.
> 교사 : 잘 대답했어요. 그런데 <u>한 학생</u>은 잘못 말했어요.

① 갑 　② 을 　③ 병 　④ 정 　⑤ 무

16 그림의 (가), (나) 시기에 갑국이 대처하고자 한 문제점으로 옳은 것은?

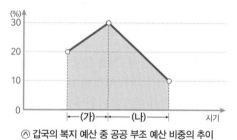

ⓐ 갑국의 복지 예산 중 공공 부조 예산 비중의 추이

	(가)	(나)
①	저출산 현상 심화	소득 불평등 심화
②	빈곤층 인구 증가	정부의 재정 적자 심화
③	계층 간 갈등 심화	저소득층 인구 증가
④	정부의 재정 적자 심화	고령 인구 증가
⑤	국민의 조세 부담 증가	사회적 소수자 집단 증가

17 다음 글에서 강조하는 내용으로 가장 적절한 것은?

> 스웨덴은 인구 900만 명 중 100만 명이 실업자이다. 국가는 실업자에게 3년 동안 임금의 80%를 실업 수당으로 준다. 이를 위해 30% 가까운 법인세와 최고 80%에 달하는 소득세를 거둔다. 기업이나 개인이 조세 부담을 피하려면 해외로 탈출할 수밖에 없다. 독일은 경제 규모 세계 3위, 수출 세계 1위의 경제 대국이지만 언제부터인가 '유럽의 병자(病者)'로 불리고 있다. 2000년 이후 연평균 경제 성장률이 1%도 안 되고, 실업률은 10%가 넘는다. 유권자의 41%가 수입을 주로 국가에 의존하고 있다. 일하지 않아도 정부로부터 받는 돈으로 먹고살 만하다고 한다. 기업들은 최소한 근로자들이 일하지 않고도 얻는 수입보다 훨씬 많은 임금을 주어야 한다. 이에 기업들의 투자가 위축되고 해외로 이전하는 기업이 늘고 있다.

① 빈곤 문제는 전 세계가 나서야 해결된다.
② 물질적 가치가 충족되어야 삶의 질이 높아진다.
③ 국민이 나태하면 정치권력의 부정부패가 심해진다.
④ 지나친 복지 지출은 경제 성장에 부담으로 작용할 수 있다.
⑤ 국민의 인간다운 생활을 보장하기 위해 국가가 적극 나서야 한다.

18 다음 글을 통해 내릴 수 있는 결론으로 가장 적절한 것은?

> 중앙 부처, 지방 자치 단체, 공기업 등이 장애인을 위해 벌이는 사업은 60여 가지가 넘는데, 그 대상자 선정 기준은 장애인 등록증이다. 건강이 좋아져 장애를 면했거나 사망하면 등록증을 당연히 반납해야 한다. 그러나 최근 5년간 반납했어야 할 등록증은 33만 4,000개였지만 회수된 것은 35%인 11만 9,000개였다. 나머지는 악용될 가능성이 있는 것이다. 실제로 감사원이 미반납된 장애인 등록증이 철도 할인에 사용된 적이 있는지 알아봤더니, 최근 3년간 1만 6,000건이 부정 사용된 사실을 파악했다.

① 복지 수혜 대상의 범위를 줄여야 한다.
② 미래를 위해 현재의 복지를 포기해야 한다.
③ 복지가 국가의 책임이라는 인식을 버려야 한다.
④ 근로 의욕을 강화하는 복지 정책을 마련해야 한다.
⑤ 수혜자의 도덕적 해이를 막을 대책을 세워야 한다.

19 다음은 복지에 대한 어떤 학자의 주장이다. 이 주장에 부합하는 진술을 〈보기〉에서 고른 것은?

> 복지 제도는 사람들이 독립적이고 의미 있는 삶을 살도록 해 주어야 하는데, 오히려 사람들이 복지에 의존하게 만든다. 복지 대상이 되는 사람들은 복지 수당에 물질적으로뿐만 아니라 심리적으로도 의존하게 된다. 자신의 삶에 대해 적극적인 태도를 가지기보다는 복지 제도가 자신들을 부양해 줄 것을 믿고 단념하며 수동적인 태도를 받아들인다.

┤ 보기 ├
ㄱ. 노동을 해야 복지 혜택을 받을 수 있는 구조를 구축해야 한다.
ㄴ. 복지의 축소는 빈곤의 심화와 사회 양극화라는 또 다른 문제를 야기한다.
ㄷ. 빈곤자가 안정된 생활을 누릴 수 있을 때까지 복지 혜택을 지원해야 한다.
ㄹ. 복지 의존자가 많아지면 복지 비용을 지불하는 납세자와 갈등이 발생할 수 있다.

① ㄱ, ㄴ ② ㄱ, ㄹ ③ ㄴ, ㄷ ④ ㄴ, ㄹ ⑤ ㄷ, ㄹ

★★중요
20 다음 제도에 대한 설명으로 옳은 것은?

> 근로 장려 세제는 가구의 성격, 근로 소득에 따라 근로 장려금을 차등 지원하는 제도이다. 홑벌이 가구의 경우 근로 소득 900만 원까지는 170만 원의 범위에서 일을 할수록 근로 장려금이 많아진다. 따라서 근로 소득과 근로 장려금을 합하면 가구의 소득이 늘어나는 구조이다.

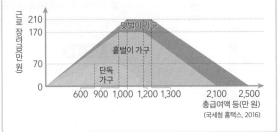
(국세청 홈택스, 2016)

① 강제 가입이 원칙이다.
② 근로와 복지를 연계한다.
③ 상호 부조의 원리가 적용된다.
④ 비금전적 지원의 성격이 강하다.
⑤ 본인의 비용 부담을 전제로 한다.

21 다음은 영국의 베버리지 보고서의 일부이다. 이 자료에서 찾을 수 있는 복지의 성격을 서술하시오.

> • 사회 보험은 전 국민을 대상으로 한다.
> • 사회 보험의 급여는 국민의 최저 생활을 보장하는 수준이어야 한다.
> • 사회 보험에 가입할 수 없는 저소득층은 국가가 지원한다.
> • 사회 보험이 성공하기 위해서는 아동 수당을 비롯한 가족 수당, 전 국민을 대상으로 하는 무료 의료 체계, 완전 고용이 전제되어야 한다.

22 (가), (나)를 읽고 물음에 답하시오.

(가)	(나)
국민의 질병이나 부상에 관한 예방, 진단, 치료, 재활, 출산, 건강 증진 및 사망에 보험 급여를 지급하여 국민 보건과 사회 보장을 향상하고자 한다.	고령이나 노인성 질병 등의 사유로 일상생활을 혼자서 수행하기 어려운 노인 등에게 신체 활동 또는 가사 활동 지원 등의 급여를 제공한다.

(1) (가), (나)의 제도를 각각 쓰시오.

(2) (가), (나) 제도의 공통적인 특징을 두 가지 서술하시오.

23 다음과 같은 사회 복지 제도의 특징을 두 가지 서술하시오.

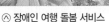
Ⓐ 장애인 여행 돌봄 서비스   Ⓐ 아이 돌봄 서비스

24 을의 대답에 나타난 사회 복지의 문제점을 서술하시오.

> 갑 : 직장을 그만둔 지 오래되었는데 아직도 취업을 안 했네? 취업 준비는 하고 있어?
> 을 : 직장을 다니지 않아도 생계비를 지원받기 때문에 먹고살 만해. 취업 준비를 할 필요가 없어.

01 다음 제도에 대한 옳은 설명을 〈보기〉에서 고른 것은?

우리나라는 기존 국민 기초 생활 보장 제
도를 보완하여 2015년 7월 1일부터 맞춤
형 급여를 시행하고 있다. 기존에는 최저
생계비 이하의 소득 등 특정 기준에 부합
하는 가구에게 생계·의료·주거·교육 급
여를 일괄 지원하였다. 그런데 맞춤형 급
여에서는 소득이 중위 소득의 50% 이하
에 해당하는 가구를 소득 수준에 따라 네

◎ 가구 소득에 따른 맞춤형 급여 종류

(보건 복지부, 2017)

단계로 구분하고 가구의 소득 수준이 한 단계씩 낮아질수록 교육 급여, 주거 급여, 의
료 급여, 생계 급여가 순서대로 하나씩 추가되도록 하였다.

┤ 보기 ├
ㄱ. 전체적으로 국민 기초 생활 보장 수급 대상자가 줄어든다.
ㄴ. 교육 급여를 받는 가구가 주거 급여를 받는 가구보다 많다.
ㄷ. 생계 급여를 받던 가구 중 일부는 제도 개편으로 지원을 못 받을 수 있다.
ㄹ. 중위 소득이 300만 원일 경우 월 100만 원 소득 가구는 의료 급여를 받을 수 없다.

① ㄱ, ㄴ   ② ㄱ, ㄷ   ③ ㄴ, ㄷ   ④ ㄴ, ㄹ   ⑤ ㄷ, ㄹ

🔍 **문제 접근 방법**

국민 기초 생활 보장 제도가 일괄 급여
방식에서 소득 수준에 따라 차등 지급
하는 맞춤형 급여 방식으로 바뀌었다.
소득 수준에 따라 어떤 급여가 포함되
고, 어떤 급여가 제외되는지를 살펴보
면 된다.

✏️ **적용 개념**

중위 소득
교육 급여
주거 급여
의료 급여
생계 급여

02 다음은 우리나라의 사회 보장 제도 (가), (나)의 A, B 지역 수급자 비율을 나타낸 것이다. 이에
대한 설명으로 옳지 않은 것은? (단, B 지역의 인구는 A 지역의 2배이다.)

(가) 국가가 가구 소득 인정액이 기준액 이하인 가구
의 기초 생활을 보장하기 위해 급여를 지급하고,
자활을 지원하는 제도
(나) 가입자와 고용주 등이 부담해서 마련한 기금을
통해 노령, 장애 등에 대한 연금 급여를 지급하여
생활 안정을 도모하는 제도

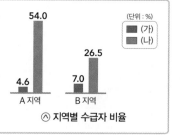

◎ 지역별 수급자 비율

① (가)는 (나)와 달리 사후 처방적 성격을 지닌다.
② (나)는 (가)와 달리 상호 부조의 원리가 적용된다.
③ 강제 가입 원칙이 적용되는 제도의 수급자는 A 지역이 B 지역보다 많다.
④ 소득 재분배 효과가 있는 제도의 수급자 비율은 A, B 지역 모두 10% 미만이다.
⑤ A, B 지역 모두 수혜자 비용 부담 원칙이 적용되는 제도의 수급자는 그렇지 않은
제도의 수급자에 비해 많다.

🔍 **문제 접근 방법**

(가), (나)가 어떤 제도인지부터 확인하
고, 선택지를 살펴본다. B 지역의 인구
가 A 지역의 2배이므로 A 지역의 인구
를 100명으로, B 지역의 인구를 200명
으로 가정하면 문제를 풀기가 쉽다.

✏️ **적용 개념**

국민 기초 생활 보장 제도
국민연금
상호 부조의 원리
소득 재분배 효과

[03~04] (가), (나)는 사회 보장 제도의 유형을 나타낸다. 물음에 답하시오. (단, (가), (나)는 각각 사회 보험, 공공 부조 중 하나이다.)

(가)   (나)

문제 접근 방법
(가), (나)가 나타내는 의미를 파악해야 한다. (가)는 세금을 내는 사람과 수혜자가 다른 사람임을 염두에 두어야 한다. (나)는 보험료를 내는 사람과 혜택을 받는 사람이 같음을 유의해야 한다.

03 (가), (나)에 대한 설명으로 옳은 것은?

① (가)는 수혜자가 비용을 부담한다.
② (가)는 상호 부조의 성격을 갖는다.
③ (나)는 소득 재분배 효과를 기대하기 어렵다.
④ (나)는 미래의 위험에 대한 사전 예방적 기능을 강조한다.
⑤ (가)는 (나)에 비해 수혜 대상자의 범위가 넓다.

적용 개념
\# 소득 재분배 효과
\# 상호 부조

04 (가), (나)에 해당하는 우리나라의 사회 보장 제도를 〈보기〉에서 고른 것은?

┌ 보기 ┐
ㄱ. (가) : 국민연금   ㄴ. (가) : 기초 연금
ㄷ. (나) : 고용 보험   ㄹ. (나) : 의료 급여

① ㄱ, ㄴ   ② ㄱ, ㄷ   ③ ㄴ, ㄷ   ④ ㄴ, ㄹ   ⑤ ㄷ, ㄹ

적용 개념
\# 사회 보험
\# 공공 부조

05 갑과 을의 주장에 대한 분석으로 옳지 <u>않은</u> 것은?

갑 : 우리 사회는 날이 갈수록 재산이나 소득에서 양극화가 심화되고 있다. 가난한 사람들은 제아무리 노력해도 가난에서 벗어날 수 없다. 부자들이 모든 기회를 가로막고 있기 때문이다. 더 이상 개인에게 가난의 원인을 돌려서는 안 된다. 국가가 나서서 국민이라면 누구든지 인간다운 생활을 누릴 수 있는 권리를 보장해야 한다.
을 : 우리나라는 자본주의 국가이다. 열심히 노력하면 누구나 잘살 수 있다. 노력하지 않는 사람에게 복지 혜택을 주기 시작하면 가만히 누워 끝없이 요구하기만 할 것이다. 국가는 개인이 일할 수 있는 기회만 제공해야 한다. 더 이상 국민의 세금으로 가난한 사람을 구제하려고 해서는 안 된다.

① 갑은 복지 예산의 확대를 강조할 것이다.
② 갑은 복지를 시민의 권리로 인식하고 있다.
③ 을은 신자유주의와 맥락을 같이한다.
④ 을은 복지병의 확산을 우려하고 있다.
⑤ 갑, 을 모두 생산적 복지를 강조하고 있다.

문제 접근 방법
복지에 대한 갑과 을의 주장을 잘 살펴본다. 갑은 가난의 원인을 개인에게 돌려서는 안 된다는 주장을 통해 국가의 복지 이행을 강조한다. 을은 국민의 세금으로 가난한 사람을 구제하려고 해서는 안 된다는 주장을 통해 복지병을 우려한다.

적용 개념
\# 복지의 의무
\# 복지병
\# 생산적 복지

유형
1
사회 불평등 현상을 설명하는 이론

다음은 사회 불평등 현상을 설명하는 이론이다. 이에 대한 옳은 설명을 〈보기〉에서 고른 것은?

> 생산 수단의 '소유'와 '소유의 결여'가 계급의 위치를 결정하는 기본적 요인임을 인정한다. 하지만 노동 시장에서 능력의 차이를 초래하는 소유의 종류나 기술, 신용, 자격 등도 계급 분화에 영향을 준다. 또한 개인이 다른 사람으로부터 받는 존경이나 개인이 누리는 명예, 위신에 의한 지위 집단 등도 사회 불평등 현상의 또 다른 차원으로 작동한다.

┤ 보기 ├
ㄱ. 중간 계급의 존재를 부정한다.
ㄴ. 경제적 위치에 따른 집단 내 연대 의식을 강조한다.
ㄷ. 사회 불평등에서 위계를 결정하는 기준이 다원적이다.
ㄹ. 사회 불평등 현상을 연속선상에 서열화된 것으로 본다.

① ㄱ, ㄴ　　② ㄱ, ㄷ　　③ ㄴ, ㄷ　　④ ㄴ, ㄹ　　⑤ ㄷ, ㄹ

>> **유형 분석** 사회 불평등 현상을 설명하는 이론을 이해하고 있는지 묻는 문제는 제시문이나 그림을 주고 출제되는 경우가 많다.

☑ **공략법**
❶ 제시문에 나타난 사회 불평등 현상을 설명하는 이론을 파악한다.
❷ 선택지에서 사회 불평등 현상에 관한 해당 이론에 대해 바르게 설명한 것을 골라낸다.

유형
2
세대 간 이동의 분석

다음 자료에 나타난 갑국의 세대 간 계층 이동에 대한 옳은 분석을 〈보기〉에서 고른 것은? (단, 계층은 상층, 중층, 하층으로만 구분하며, A~C는 각각 상층, 중층, 하층 중 하나이다.)

〈세대 간 계층별 구성 비율의 상대적 비〉

구분	A	B	C
부모 세대 해당 계층 대비 자녀 세대 해당 계층의 상대적 비	0.5	1	2

〈세대 간 계층 이동 현황〉

(단위 : %)

구분	A	B	C
부모 세대 해당 계층 대비 부모와 자녀의 계층 불일치 비율	75	0	50

* 모든 부모의 자녀는 1명씩이고, 부모 세대의 계층 구조는 다이아몬드형임
** A는 C보다 높은 계층이며, 부모 세대의 계층 구성비에서 A는 B와 C를 합한 것의 1.5배임

┤ 보기 ├
ㄱ. 세대 간 상승 이동한 자녀가 세대 간 하강 이동한 자녀의 3배이다.
ㄴ. 자녀 세대 계층 대비 계층 대물림 비율은 상층이 가장 높고 하층이 가장 낮다.
ㄷ. 중층으로 세대 간 상승 이동한 자녀와 중층으로 세대 간 하강 이동한 자녀의 수는 같다.
ㄹ. 세대 간 계층 이동을 한 사람의 수는 중층 부모를 둔 자녀가 하층 부모를 둔 자녀의 3배이다.

① ㄱ, ㄴ　　② ㄱ, ㄷ　　③ ㄴ, ㄷ　　④ ㄴ, ㄹ　　⑤ ㄷ, ㄹ

>> **유형 분석** 세대 간 계층 이동에 대한 문제는 표, 그래프, 제시문 등 다양한 형태로 나올 수 있고, 매년 출제된다.

☑ **공략법**
❶ 표 아래의 단서에서 다이아몬드형 계층 구조, 계층 구성비로 A, B, C가 어느 계층인지를 확인한다.
❷ 세대 간 계층별 구성 비율의 상대적 비로 부모 세대와 자녀 세대의 각 계층의 구성 비율을 구한다.
❸ 세대 간 계층 이동 현황으로 세대 간 이동에 관한 표를 완성한다.
❹ 선택지에서 세대 간 이동의 표에 대해 옳게 설명한 것을 골라낸다.

빈곤과 관련된 다양한 개념

다음 자료에 대한 분석으로 옳은 것은?

> 표는 갑국과 을국의 절대적 빈곤 가구 수(A) 대비 상대적 빈곤 가구 수(B)의 변화
> 를 나타낸 것이다. 두 국가 모두 2000년에서 2010년 사이에 최저 생계비는 지속
> 적으로 증가하였다. (단, 갑국과 을국 각각 모든 가구의 구성원 수는 동일하다.)
>
> | 구분 | 2000년 | 2005년 | 2010년 |
> |------|--------|--------|--------|
> | 갑국(B/A) | 0.25 | 1 | 1.5 |
> | 을국(B/A) | 2 | 1 | 0.5 |
>
> * 절대적 빈곤 가구 : 가구 소득이 절대적 빈곤선(최저 생계비) 미만인 가구
> ** 상대적 빈곤 가구 : 가구 소득이 상대적 빈곤선(중위 소득의 50%) 미만인 가구
> *** 중위 소득 : 전체 가구를 소득순으로 나열했을 때 한가운데 위치한 가구의 소득

① 2000년에 갑국에서 절대적 빈곤선은 상대적 빈곤선의 4배이다.

② 2000년에 을국에서 상대적 빈곤 가구는 모두 절대적 빈곤 가구에 해당한다.

③ 2005년 대비 2010년에 갑국은 절대적 빈곤선과 상대적 빈곤선이 모두 높아졌다.

④ 2010년에 을국에서 중위 소득 대비 최저 생계비의 비율은 50% 미만이다.

⑤ 2010년에 갑국은 을국과 달리 상대적 빈곤 가구의 비율이 절대적 빈곤 가구의
비율보다 낮다.

사회 보장 제도의 종류

우리나라 사회 보장 제도 A~C의 일반적 특징에 대한 설명으로 옳은 것은? (단, A~C는
각각 공공 부조, 사회 보험, 사회 서비스 중 하나이다.)

> 68세인 갑, 을, 병은 각각 자신에게 맞는 사회 보장 제도에 대한 정보를 관련 기관
> 홈페이지에서 찾아보았다.
> ○ 갑이 찾은 제도는 A의 하나로, 건강 증진 및 생활 안정을 도모한다. 재원은 가
>   입자가 납부하는 보험료, 국가와 지방 자치 단체 부담금으로 조달한다.
> ○ 을이 찾은 제도는 B의 하나로, 생활이 어려운 사람에게 안정적인 소득 기반을
>   제공하여 생활 안정을 지원한다. 소득 인정액이 보건 복지부 장관이 매년 결
>   정·고시하는 선정 기준액 이하인 65세 이상의 자에 한하여 차등 지급한다.
> ○ 병이 찾은 제도는 C의 하나로, 식사, 세면, 옷 갈아입기, 구강 관리, 화장실 이
>   용, 외출, 목욕 등의 신변 활동을 지원한다. 또한 취사, 생활필수품 구매, 청소,
>   세탁 등 일상생활을 지원한다.

① A는 대상자의 수혜 정도에 따른 비용 부담을 원칙으로 한다.

② B는 사후 처방적 성격이 강하다.

③ C는 강제 가입을 원칙으로 한다.

④ B는 A, C와 달리 소득 재분배 효과가 있다.

⑤ B, C는 A보다 수혜 대상자의 범위가 넓다.

IV 단원 개념 마무리

01 사회 불평등 현상의 이해

• **사회 불평등 현상을 보는 관점**

기능론	갈등론

• 가치 분배 기준 : 개인의 노력, 능력, 업적 등 사회 전체적으로 합의된 정당한 기준
• 사회적 기능
  – 개인에게 성취동기를 부여하고 구성원 간 경쟁을 유발함으로써 사회가 효율적으로 작동하는 데 기여함
  – 각 지위나 직업을 담당하는 데 필요한 능력을 갖춘 인재들이 적재적소에 배치됨으로써 사회 전체의 효율성이 향상됨
• 평가 : 사회 불평등은 보편적이고 불가피한 현상임
	• 가치 분배 기준 : 가정 배경, 권력 등 지배 집단만의 합의가 반영되고 지배 집단에 유리한 기준
	• 사회적 기능
	  – 사회적 희소가치가 개인의 능력과 무관하게 분배됨으로써 피지배 집단 구성원의 계층 상승을 억압함
	  – 불평등한 계층 구조를 재생산하거나 고착화함으로써 사회적 갈등과 대립 관계를 형성하는 요인이 됨
	• 평가 : 사회 불평등은 보편적이지만 불가피한 현상은 아님

사회 불평등 현상을 볼 때 기능론적 관점과 갈등론적 관점을 조화시켜 균형 있게 이해해야 함

• **사회 불평등 현상을 설명하는 이론**

계급론 (마르크스)	• 기준 : 생산 수단의 소유 여부 • 특징 : 이분법적·불연속적으로 계급을 구분함, 계급 간 지배와 피지배 관계로 갈등과 대립이 불가피함, 동일 계급 구성원 간에는 연대 의식이 강하고 다른 계급 구성원 간에는 적대감이 강함, 사회 변혁 운동의 이론적 토대가 됨
다원적 불평등론 (베버)	• 기준 : 경제적 재산, 사회적 위신, 정치적 권력 등 다양한 요인을 고려함 • 특징 : 계층이 연속적·복합적으로 나타나는 서열화임을 강조함, 다양한 요인에 따른 희소가치의 불평등한 분배를 범주화함, 계층 의식이 뚜렷하지 않고 다른 계층에 대한 적대감이 약함, 지위 불일치 현상을 설명하기에 적합함

02 사회 계층 구조와 사회 이동

• **사회 계층 구조의 유형**

폐쇄적	개방적	피라미드형	다이아몬드형
개인의 노력과 관계없이 다른 계층으로 상승하거나 하강할 가능성이 극히 제한됨	개인의 능력, 노력에 따라 다른 계층으로 상승하거나 하강할 가능성이 열려 있음	하층의 비율이 가장 높고, 상층의 비율이 가장 낮음 → 전통 사회에서 주로 나타남	상층이나 하층보다 중층의 비율이 높음 → 근대 이후 산업 사회에서 나타남

• **사회 이동의 유형**

이동 방향	세대 범위	이동 원인
• 수직 이동 : 계층적 위치가 위아래로 변화 → 상승 이동, 하강 이동 • 수평 이동 : 같은 계층 내에서의 위치 변화	• 세대 내 이동 : 한 개인의 생애 동안에 일어나는 계층적 위치의 변화 • 세대 간 이동 : 한 세대와 그다음 세대 간에 나타나는 계층적 위치의 변화	• 개인적 이동 : 한 개인의 능력이나 노력에 따른 계층적 위치의 변화 • 구조적 이동 : 급격한 사회 변동으로 생기는 계층적 위치의 변화

03 다양한 사회 불평등 현상

사회적 소수자 차별 문제

- 사회적 소수자 : 신체적 또는 문화적 특징 때문에 사회의 다른 구성원으로부터 차별받으며 스스로 차별받는 집단에 속해 있다고 인식하는 사람들
- 차별 양상
  - 교육 기회, 사회적 관계 등에서 배제되어 사회적 적응이 어려움
  - 취업 정보 부족, 업무 능력에 대한 편견 등으로 경제적 어려움을 겪음
- 대책
  - 개인적 차원 : 자신과 다른 사람에 대한 편견을 버리고 공존하려는 자세를 가짐
  - 사회적 차원 : 제도와 법을 개선하여 사회적 소수자에 대한 차별을 해소함

성 불평등 문제

- 양상 : 일상생활의 성차별적인 관념과 언행, 대중 매체의 왜곡된 여성상과 남성상, 남녀 간 임금 격차 등
- 원인
  - 가부장제 : 남성은 직장 노동을, 여성은 가사 노동을 담당하도록 강요, 직업 구조 내 업무 분담 차별
  - 차별적 사회화 : 개인은 성별에 따른 기준을 적용받으며, 그 사회가 용인하는 여성다움 혹은 남성다움을 학습하면서 성장함
- 대책
  - 개인적 차원 : 양성평등 의식 함양
  - 사회적 차원 : 남녀 차별적 고용 관행 제거, 양성평등 원칙에 근거한 법과 제도 마련

빈곤 문제

- 영향
  - 개인적 측면 : 건강 악화, 상대적 박탈감 유발, 심리적 위축 등
  - 사회적 측면 : 사회 불안 초래
- 유형
  - 절대적 빈곤 : 최소한의 생활 유지에 필요한 자원이나 소득이 절대적으로 부족한 상태
  - 상대적 빈곤 : 사회 구성원 대부분이 누리는 생활 수준을 영위하지 못하는 상태
- 대책
  - 개인적 차원 : 자활 의지와 노력
  - 사회적 차원 : 교육의 기회균등, 직업 훈련 및 일자리 창출 정책 등으로 빈곤의 악순환 방지

04 사회 복지와 복지 제도

- 복지 제도의 유형

사회 보험

- 의미 : 질병, 장애, 노령, 실업, 사망 등의 사회적 위험을 보험 방식으로 대처함으로써 국민의 건강과 소득을 보장하는 제도
- 특징
  - 사전 예방적 성격 : 미래에 직면할 사회적 위험에 대처
  - 강제 가입 원칙
  - 수혜 정도와 무관하게 소득 수준 등 부담 능력에 따라 비용을 부담
- 종류 : 국민 건강 보험, 국민연금, 고용 보험, 산업 재해 보상 보험, 노인 장기 요양 보험

공공 부조

- 의미 : 생활 유지 능력이 없거나 생활이 어려운 국민의 최저 생활을 보장하고 자립을 지원하기 위해 금전적·물질적 급여를 제공하는 제도
- 특징
  - 사후 처방적 성격 : 빈곤 등 현재 직면한 사회적 위험으로부터 구제함
  - 소득 수준과 같이 특정 기준에 부합하는 국민을 선정하여 지원하는 선별적 복지의 성격
  - 소득 재분배 효과가 매우 큼
- 종류 : 국민 기초 생활 보장 제도, 기초 연금 제도, 의료 급여 제도

사회 서비스

- 의미 : 국가와 지방 자치 단체 및 민간 부문의 도움이 필요한 모든 국민에게 복지, 보건 의료, 교육, 고용, 주거, 문화, 환경 등의 분야에서 인간다운 생활을 보장하고 국민의 삶의 질이 향상되도록 서비스를 제공하는 제도
- 특징
  - 비금전적 지원을 원칙으로 함
  - 비용 부담 능력이 있는 국민은 수익자 부담, 일정 소득 수준 이하의 국민은 국가나 지방 자치 단체가 지원
- 종류 : 노인 돌봄, 산모·신생아 건강 관리 지원, 가사·간병 방문 지원 등

- 복지 제도의 한계와 극복 노력

복지 제도의 한계	과도한 사회 보장이 사회 전반적으로 생산성과 효율성을 떨어뜨리는 결과를 초래함, 정부 재정이 악화됨
극복 노력	생산적 복지 → 빈곤층이 자활 사업에 참여하거나 노동하는 것을 조건으로 지원해 주는 새로운 형태의 복지

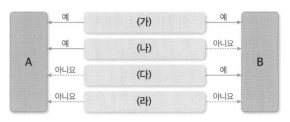

실전 대비 IV 단원 문제 마무리

01 (가)~(다)의 신문 기사 제목에 나타난 불평등의 유형에 대한 설명으로 옳은 것은?

(가)	(나)	(다)
고소득층과 저소득층 간의 소득 격차, 점점 심해져	원로 정치인 A, 정부의 권력 남용에 우려 표명	농어촌 주민, 1년에 영화 0.5편 관람에 불과, 도시민의 1/4 수준

① (가)는 명예, 건강, 문화 등에서의 불평등을 말한다.
② (나)는 민주적 선거가 시행되면 나타나지 않는다.
③ (다)는 가장 일반적이고 전형적인 불평등의 모습이다.
④ (가)는 (나)와 (다)의 원인으로 작용하기도 한다.
⑤ 시민 혁명은 (가)와 (다)의 해소를 주장한 것이다.

개념 피드백 167쪽

02 사회 불평등 현상을 바라보는 갑, 을 관점의 일반적인 특징에 대한 설명으로 옳은 것은?

전문·과학 및 기술 서비스업 종사자 대부분 고소득 누려

숙박 및 음식점업, 농림·어업 종사자 중 빈곤층 많아

갑 : 전문·과학 및 기술 서비스업은 사회적으로 중요도가 높다. 이에 비해 숙박 및 음식점업이나 농림·어업 등은 중요도가 약하다. 따라서 업종에 따라 임금 차이가 발생하는 것은 당연하다.

을 : 그렇지 않다. 숙박 및 음식점업이나 농림·어업이 사회적으로 중요하지 않은 것은 아니다. 업종에 따라 임금 차이가 나는 것은 기득권층이 자신의 지배적 위치를 유지하기 위해 가치를 달리 부여했기 때문이다.

① 갑은 분배 구조의 근본적 개혁이 필요하다고 본다.
② 을은 사회 불평등 현상의 원인으로 개인의 능력과 노력을 강조한다.
③ 갑은 을과 달리 사회 불평등 현상을 극복해야 할 대상으로 본다.
④ 을은 갑과 달리 부의 분배 구조나 제도가 공정하지 않다고 본다.
⑤ 갑, 을 모두 사회 불평등 현상을 필수 불가결한 것으로 본다.

개념 피드백 169쪽

03 그림은 사회 불평등 현상을 설명하는 이론 A, B를 구분한 것이다. (가)~(라)에 들어갈 질문으로 옳은 내용을 〈보기〉에서 고른 것은? (단, A는 경제적 요인만을 고려하는 이론이다.)

| 보기 |
ㄱ. (가) : 지위 불일치 현상을 설명하기에 적합한가?
ㄴ. (나) : 정치적 불평등이 경제적 불평등에 종속됨을 강조하는가?
ㄷ. (다) : 사회 불평등 현상을 연속적으로 나타나는 서열화 현상으로 파악하는가?
ㄹ. (라) : 동일한 위계에 속한 구성원 간 귀속 의식을 강조하는가?

① ㄱ, ㄴ   ② ㄱ, ㄷ   ③ ㄴ, ㄷ
④ ㄴ, ㄹ   ⑤ ㄷ, ㄹ

04 다음 자료에 대한 설명으로 옳지 <u>않은</u> 것은?

갑국과 을국의 2000년 계층 구조는 모두 (가)에 해당하였다. 2018년에 갑국의 계층 구조는 (나)로 변화하였고, 을국의 계층 구조는 (다)로 변화하였다.

① (가)는 수직 이동이 거의 불가능한 계층 구조이다.
② 저개발국에서는 일반적으로 (나)보다 (가)가 나타난다.
③ (가)~(다) 중 (나)가 사회 통합에 가장 유리하다.
④ 2018년 갑국의 계층 구조는 복지 제도의 확대로 인해 변화하였을 것이다.
⑤ 2018년 을국의 계층 구조는 정보화를 비관적으로 보는 근거가 된다.

개념 피드백 180~181쪽

05 (가), (나)에 대한 설명으로 옳은 것은?

> (가) 가난한 농부의 아들이었던 갑은 고등학교만 겨우
> 졸업한 뒤 편의점 아르바이트를 하면서 틈틈이 공
> 부하였고, 결국 행정 고등 고시에 합격하여 고급
> 공무원으로 일하고 있다.
>
> (나) ○○ 은행 지점장으로 일하던 을은 어떤 기업에
> 대출을 해 주었는데 그 기업이 부도가 나는 바람
> 에 책임을 지고 사표를 냈다. 생계를 해결하기 위
> 해 새로운 직장을 찾았지만 쉽지 않자, 택배업체
> 배달원으로 힘들게 생활하고 있다.

① (가), (나) 모두 수직 이동이 나타나 있다.
② (가)에는 (나)와 달리 수평 이동이 나타나 있다.
③ (나)에는 (가)와 달리 귀속 지위가 나타나 있다.
④ (나)에는 (가)와 달리 세대 간 이동이 나타나 있다.
⑤ (가)에는 개인적 이동, (나)에는 구조적 이동이 나타나 있다.

06 다음 자료에 대한 분석으로 옳지 않은 것은? (단, 계층은 상층, 중층, 하층으로만 구분되고, 모든 부모와 자녀는 1명씩이다.)

> • 부모 세대의 중층 비율은 상층 비율과 하층 비율을 합
> 한 것의 1.5배이며, 상층 비율과 하층 비율은 같다.
> • 부모 세대 해당 계층 대비 부모와 자녀의 계층 일치
> 비율은 상층 30%, 중층 50%, 하층 75%이다.
> • 자녀 세대 해당 계층 대비 부모와 자녀의 계층 일치
> 비율은 상층 20%, 하층 60%이다.
> • 부모 세대 하층에서 자녀 세대 상층으로 이동한 경
> 우는 없다.

① 부모의 계층을 대물림한 자녀의 수는 전체 자녀의 과반수이다.
② 하층 부모를 둔 하층 자녀는 하층 부모를 둔 중층 자녀의 3배이다.
③ 세대 간 상승 이동을 한 자녀가 세대 간 하강 이동을 한 자녀보다 많다.
④ 부모 세대의 계층 구조에 비해 자녀 세대의 계층 구조의 안정성이 약화되었다.
⑤ 중층인 자녀 중 세대 간 상승 이동한 자녀가 세대 간 하강 이동한 자녀의 2배이다.

07 그림은 갑국의 부모와 자녀의 계층 구성비이다. 이에 대한 설명으로 옳지 않은 것은? (단, 갑국의 모든 부모와 자녀는 1명씩이다.)

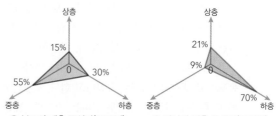

Ⓐ 부모의 계층 구성비(1980년)　Ⓐ 자녀의 계층 구성비(2015년)

① 부모 세대보다 자녀 세대에서 계층 양극화의 정도가 심하다.
② 부모가 중층일 때 자녀로 계층이 세습된 최대 비율이 가장 낮다.
③ 갑국의 계층 구조는 다이아몬드형에서 모래시계형으로 변화하였다.
④ 세대 간 상승 이동을 한 사람이 세대 간 하강 이동을 한 사람보다 많다.
⑤ 자녀 세대의 하층 구성원 수는 부모 세대의 하층 구성원 수의 2배 이상이다.

08 다음에서 학생들의 답변을 종합하여 추론할 수 있는 교사의 질문으로 가장 적절한 것은?

> 교사 : ＿＿＿＿＿＿＿＿＿＿＿＿＿＿＿
> 학생 1 : 돈이 많이 든다는 이유로 장애인 편의 시설
> 　　　　설치 요구를 거부하는 학교가 있습니다.
> 학생 2 : 동남아시아 출신 노동자라고 하여 함께 식사
> 　　　　하기를 싫어하는 동료가 있습니다.
> 학생 3 : 결혼 이민자라고 해서 취업을 제한하는 회사
> 　　　　가 있습니다.

① 사회 양극화의 사례로 어떤 것이 있을까요?
② 사회적 소수자의 인권 침해 사례로 어떤 것이 있을까요?
③ 우리 사회에서 타협이 요구되는 사례로 어떤 것이 있을까요?
④ 외국인 노동자의 유입에 따른 부작용 사례로 어떤 것이 있을까요?
⑤ 국가 권력의 남용에 의한 기본권 침해 사례로 어떤 것이 있을까요?

09 다음 글이 강조하고 있는 내용으로 가장 적절한 것은?

> 북한 이탈 주민 4명 중 1명(25.3%)이 1년 동안 북한 출신이라는 이유로 차별이나 무시를 당한 경험이 있다고 말했다. 차별 이유는 말투, 생활 방식, 북한에 관한 부정적 인식이 대부분이었다. 상당히 많은 남한 사람들은 북한 이탈 주민을 같은 언어나 역사를 가진 동포라고 생각하지 않는 것 같다고 한다. 즉, 전혀 다른 민족이나 인종을 대하듯 한다는 것이다. 북한 이탈 주민뿐만 아니라 외국인 노동자, 결혼 이민자 등 우리 사회에서 사회적 소수자라고 불리는 사람들은 이러한 차별을 많이 겪는 편이다.

① 사회적 소수자를 우대하는 정책이 필요하다.
② 사회적 소수자를 주류 사회에 동화시켜야 한다.
③ 사회적 소수자의 범위를 합리적으로 정해야 한다.
④ 사회적 소수자 스스로가 차별 개선을 위해 노력해야 한다.
⑤ 사회적 소수자에 대한 편견을 버리고 공존하려는 자세를 가져야 한다.

10 다음 글에서 추론할 수 있는 내용으로 가장 적절한 것은?

> 동화책의 줄거리는 거의 언제나 남성과 사내아이들에 관한 것이다. 남성은 모험가, 사냥꾼, 용사, 선원, 군인, 의사, 노동자 등으로 활동적이고 분주하며 활기찬 모습이다. 이에 비해 여성은 수동적이며 조용하다. 여성은 남성을 위해 가정을 이루고 남성에 의해 구출되며, 남성 영웅을 보좌하는 역할을 수행하는 존재이다. 동화책을 자주 읽는 어린이들은 책에 나와 있는 대로 해야 하는 것으로 받아들인다.

① 성별 분업은 사회적 효율성을 높인다.
② 남녀 간의 역할 차이는 명확하게 구분되어야 한다.
③ 남성다움과 여성다움의 형성은 사회적 합의에 의한 것이다.
④ 차별적 사회화 과정을 통해 성 역할이 인위적으로 형성된다.
⑤ 유소년기의 사회화는 개인의 인성 형성에 중요한 영향을 미친다.

개념 피드백 194~195쪽

11 (가), (나)에 대한 옳은 설명을 〈보기〉에서 고른 것은?

> (가) 전체 사회의 소득 분포와 관계없이 최저라고 생각되는 어떤 수준에 미달하는 상태를 뜻한다.
> (나) 빈곤을 그 사회의 일반적인 소득 수준에 따라 파악하는데, 우리나라에서는 전체 가구 중 중위 소득의 50% 수준에 미달하는 상태로 본다.

┤ 보기 ├
ㄱ. 경제가 발달할수록 (가)와 (나)의 기준은 하향 조정된다.
ㄴ. 동일한 사람이 (가)와 (나)의 문제를 모두 갖고 있는 경우도 있다.
ㄷ. (가)의 기준은 어느 사회나 동일하지만, (나)의 기준은 사회마다 다르다.
ㄹ. 선진국이 되면 (가)보다 (나)가 더 큰 사회 문제로 등장하는 경우가 일반적이다.

① ㄱ, ㄴ   ② ㄱ, ㄷ   ③ ㄴ, ㄷ
④ ㄴ, ㄹ   ⑤ ㄷ, ㄹ

개념 피드백 205~206쪽

12 자료는 갑, 을의 최근 한 달간 수입 및 지출 내역이다. 이에 대한 설명으로 옳은 것은?

갑		을	
수입	지출	수입	지출
■월급 : 300만 원	■국민연금 : 30만 원 ■국민 건강 보험 : 20만 원 ■노인 장기 요양 보험 : 2만 원 ⋮	■기초 생활 급여 : 40만 원 ■기초 연금 : 20만 원	■월세 : 20만 원 ■전기 및 가스 요금 : 10만 원 ■기타 생활비 : 20만 원 ⋮
300만 원	300만 원	60만 원	60만 원

① 갑은 노후를 대비한 사회 보험에 2만 원을 지출하였다.
② 갑은 자신의 선택에 의해 국민 건강 보험에 가입했을 것이다.
③ 을은 상호 부조의 원리에 기초한 연금을 받고 있다.
④ 을은 일정한 자격 요건을 심사받아 기초 생활 수급자가 되었을 것이다.
⑤ 갑에게 적용된 복지 제도와 달리 을에게 적용된 복지 제도는 소득 재분배 효과가 있다.

13 우리나라 사회 보장 제도의 유형 A~C에 대한 설명으로 옳은 것은? (단, A~C는 각각 사회 보험, 공공 부조, 사회 서비스 중 하나이다.)

유형	사례
A	갑은 가구 소득 인정액이 선정 기준액 이하로 판정되어 매월 일정 금액을 정부로부터 받고 있다.
B	을은 갑자기 실직했지만 재취업 노력을 하고 있는 것이 인정되어 당분간 일정 급여를 받고 있다.
C	병은 장애인으로 일주일에 한 번씩 복지관에서 실시하는 목욕 서비스를 받고 있다.

① 수혜 대상자의 범위는 B가 가장 넓다.
② A는 B, C와 달리 사전 예방적 성격을 가진다.
③ A, C는 B와 달리 상호 부조의 원리가 적용된다.
④ A, B, C는 모두 금전적 지원을 원칙으로 한다.
⑤ 소득 재분배 효과는 C>B>A의 순으로 나타난다.

14 다음 글에서 강조하는 입장으로 가장 적절한 것은?

주요 유럽 국가들이 자신들의 부담 능력에 과다한 복지 체계를 수정하고자 혼신을 다하는 것은 우리에게 많은 시사점을 준다. 1960년대 우리가 경제 개발에 눈뜨기 시작할 무렵 유럽은 이미 복지 선진국으로 알려져 있었다. 그런데 이들 나라가 최근 '복지병'에 시달리면서 이제껏 자랑으로 여겼던 복지 체계를 대폭 수정하지 않으면 안 된다는 사실은 가히 충격적이다. 지금 성장과 분배의 이분론적 함정에 빠져 귀중한 시간을 낭비하고 있는가 하면 장기적 부담 능력은 제대로 감안하지 않은 채 복지 증대의 목소리가 높아지고 있는 우리로서는 이러한 움직임에 더욱 관심을 가지고 주목할 필요가 있다고 하겠다.

① 사회 복지에 관한 한 국가는 무한 책임을 져야 한다.
② 국가 정책에서 효율성보다는 형평성을 중시해야 한다.
③ 지나친 복지는 개인의 근로 의욕을 감퇴시킬 수 있다.
④ 사회 복지의 본질을 경제 성장과 연관시켜서는 안 된다.
⑤ 복지 사회를 만드는 데 개인의 빈곤 탈출 의지가 끼치는 영향력이 가장 크다.

15 다음 글에서 강조하는 내용을 사회 불평등 현상을 보는 관점과 관련하여 서술하시오.

성과급 제도가 시행되면 개인의 노력과 능력에 상관없이 자본가의 의도에 따라 어떤 사람은 성과가 좋은 부서에 발령을 받아 별다른 노력을 하지 않아도 일정한 성과를 낼 수 있지만, 어떤 사람은 아무리 노력해도 성과를 낼 수 없는 부서에 발령을 받을 수도 있다.

16 다음 글을 읽고 물음에 답하시오.

성 불평등 현상의 원인은 여러 가지가 있지만, 우선 남성 중심적인 지배 질서를 일컫는 (㉠)을/를 들 수 있다. (㉠)에서 전통적으로 남성은 직장 노동을, 여성은 가사 노동을 담당하도록 강요하면서 여성의 몫으로 주어진 가사 노동의 가치를 상대적으로 낮게 평가해 온 것이다. 이러한 과정 속에서 여성은 남성에게 의존하는 수동적 존재로 취급되었고, 다양한 사회적 기회를 박탈당했다.

(1) ㉠에 해당하는 용어를 쓰시오.

(2) 성 불평등 현상을 극복할 수 있는 개인적 차원의 노력을 서술하시오.

17 (가), (나)를 읽고 물음에 답하시오.

(가)	(나)
저는 아내와 단둘이 살고 있는데 두 사람 모두 지병이 있어 제대로 된 직장 생활을 하지 못하고 일용직으로 어렵게 살아가고 있습니다. 그래서 동 주민 센터에 국민 기초 생활 보장 제도의 수급권자로 선정해 줄 것을 신청하였는데, 다행히 수급자로 선정되어 국가로부터 도움을 받고 있습니다.	딸이 주의력 결핍 과잉 행동 장애(ADHD)라는 진단을 받아 걱정했지만 드림 스타트 서비스를 통해 지역 아동 센터 연계 상담과 치료, 학습 지원을 받았습니다. 드림 스타트를 통해 제 아이는 능력을 키울 수 있었고, 우리 가족이 안정을 되찾으면서 삶의 질이 높아졌습니다.

(1) (가), (나)에 해당하는 사회 보장 제도의 유형을 쓰시오.

(2) (나)와 달리 (가) 제도가 지니는 특징을 두 가지 서술하시오.

OMR

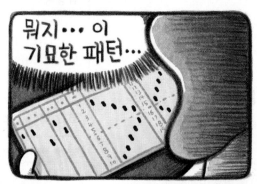

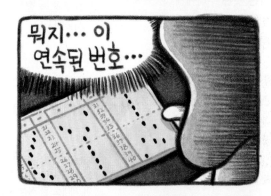

글 / 그림 우쿠쥐

V

현대의
사회 변동

자~! 힘을 내서
차근차근 시작해요.

01 사회 변동과 사회 운동

(학습길잡이) • 사회 변동을 설명하는 이론(진화론, 순환론, 기능론, 갈등론)의 특징을 비교하여 파악하도록 한다.
• 사회 운동의 의미를 이해하고, 그 유형을 파악한다.

A 사회 변동이란 무엇이고, 왜 일어날까

1 사회 변동의 의미와 특징

① 사회 변동 : 생활 양식, 가치, 사회적 관계, 사회 구조 등이 변화하는 현상

② 사회 변동의 특징 : 사회 변동의 속도와 양상은 사회마다 다르며, 변화가 사회 전반에 걸쳐 동시에 나타나고, 과거에 비해 사회 변동의 속도가 빨라짐
└ 사회·문화 현상의 특수성으로 인해 속도와 양상은 사회마다 다르지만, 문화의 총체성으로 인해 사회 전반에 걸쳐 변동이 나타난다.

2 사회 변동의 요인과 사례

기술 발전	정보 통신 기술의 발전에 따른 정보 사회 도래
인구 구조의 변화	노인 인구 비중 증가에 따른 노인 복지 제도 확대
집단 간 갈등	성차별, 인종 차별 등의 사회적 모순 해결
가치관 변화	자유주의와 민주주의 확산으로 시민의 정치 참여 증대
자연환경적 요인	기후 변화에 적응하는 과정에서 사회 변화 발생

B 사회 변동을 어떻게 설명할 수 있을까

1 사회 변동의 방향에 관한 이론

① 진화론

내용	• 사회 변동은 일정한 방향을 가지고 있으며, 변동은 발전과 진보를 의미함 • 사회의 발전 방향을 예측하고 설명하는 데 유용함
한계	• 서구 사회를 진화한 사회로 전제하며, 서구 제국주의 역사를 정당화함 **1** • 다양한 경로의 사회 발전 양상을 설명하기 어려움 ─(왜?) 퇴보나 멸망을 경험한 문명을 설명하기 어렵기 때문이다.
사례	개발 도상국이 근대화 과정을 거쳐 선진국으로 발전한 경우

② 순환론

내용	• 사회는 시간의 흐름에 따라 생성, 성장, 쇠퇴, 소멸의 과정을 반복함 • 사회는 퇴보하고 붕괴하기도 함을 인정함, 과거의 사회 변동을 설명하는 데 유용함
한계	• 앞으로의 변동을 예측하고 대응하는 데는 한계가 있음 **2** (질문) • 단기적 사회 변동 과정을 설명하기 어려움
사례	국가나 사회가 갈등이나 전쟁 등으로 흥망성쇠를 거듭하는 경우

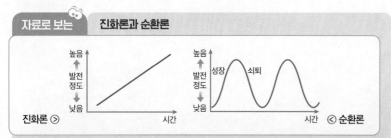

자료로 보는 | 진화론과 순환론

진화론은 발전이라는 한 방향으로 사회가 변동한다고 보는 반면, 순환론은 성장과 쇠퇴를 반복한다고 본다.

Ⓠ 사회가 성장할 뿐만 아니라 쇠퇴, 소멸한다고 바라보는 이론은 무엇일까? 굴룡꾼 ▼

개념 더하기 자료 채우기

1 서구 제국주의

서구는 유럽과 북아메리카를 통칭하는 단어로, 서구 국가들은 아프리카 및 남아메리카 지역을 식민 지배하고 경제·문화적으로 수탈하였다. 이러한 식민 지배와 수탈의 바탕에는 서구 사회가 아프리카 및 남아메리카 사회보다 더 발전한 사회라는 믿음이 있었으며, 이로 인해 진화론은 서구 제국주의를 옹호한다는 비판을 받는다.

2 순환론의 한계

순환론은 모든 사회가 결국 쇠퇴·소멸하게 된다고 전제하고 있다. 그 쇠퇴와 소멸을 운명과 같은 것으로 바라본다는 점에서 운명론적 시각이라는 평가를 받기도 한다. 즉, 사회 구조가 어떠한 이유로 어떻게 변해 왔고 어떻게 변해 갈지에 대해서는 설명하지 못하고, 쇠퇴하고 말 것을 전제한다는 점에서 인간 행위의 역동성과 자율성을 과소평가한다는 비판을 받는다.

(질문 있어요)

순환론은 왜 앞으로의 변동을 예측하고 대응하기 어려운가요?

순환론은 지난 역사 속에서 반복되는 사회 변동을 설명하고 해석하는 데는 유용하나, 현 사회가 역사적 순환 과정 중 어디에 위치하는지에 대해서는 설명하지 못해요. 따라서 앞으로의 사회 변동 방향에 대해서 예측하는 데 한계가 있으며, 변화에 대응하기도 어려워요.

(용어사전)

* **양상**(樣 모양, 相 모양) 사물이나 현상의 모양이나 상태
* **진보**(進 나아가다, 步 걸음) 정도나 수준이 향상되어 감
* **순환**(循 돌다, 環 돌다) 주기적으로 자꾸 되풀이하여 돎

2 사회 구조적 측면에서 사회 변동을 설명하는 이론

① 기능론

기본 관점	• 사회는 수많은 부분들이 각각의 기능을 원활하게 수행할 때 균형을 이루고 안정을 유지할 수 있음 • 사회 변동은 사회의 부분이나 전체가 마찰을 극복하고 균형의 상태를 찾아가는 과정임 **3**
장점	사회의 질서와 안정을 바탕으로 점진적 사회 변동 과정을 설명하기에 용이함
단점	급진적 사회 변동을 설명하기 곤란하며 *보수적 경향이 있음 └ 기능론은 혁명과 같은 사건의 발생을 설명하기 어렵다.

② 갈등론

기본 관점	• 사회는 경제적 부, 정치적 권력 등의 희소가치를 더 많이 획득하려는 구성원들 간의 경쟁과 투쟁의 장임 **질문** • 불공정한 자원 분배로 사회적 희소가치를 갖지 못한 피지배 집단이 지배 집단에 저항하는 과정에서 사회가 변동함
장점	사회 질서 이면에 숨어 있는 모순과 갈등을 통해 급격한 사회 변동을 설명하기에 용이함 **4**
단점	사회 변동을 갈등과 대립의 측면에서만 파악한다는 비판을 받음

C 사회 운동이란 무엇일까

1 사회 운동의 의미와 특징

개인적 차원의 노력이 시민 단체와 같은 집단적 ─┐
노력으로 확대될 때 사회 운동이 된다.

① **사회 운동** : 사회 변동을 이끌어 내기 위한 지속적이면서 집단적인 노력

② **사회 운동의 특징** : 운동의 목표가 뚜렷하고 활동 방법이 구체적이며, 목표와 활동을 정당화하는 신념과 가치가 있고, 체계적인 조직 형태를 갖춤

2 사회 운동의 유형

┌ **예** 프랑스 혁명, 사회주의 혁명 등이 대표적 사례이다.

개혁적 사회 운동 **5**	사회 체제 내에서 제도의 부분적 변화를 추구하는 운동
혁명적 사회 운동	사회 체제 자체의 변화를 추구하는 운동
*복고적 사회 운동	과거의 전통적인 사회 유형으로 돌아가려는 운동

자료로 보는 **사회 운동의 유형**

(가) 러다이트 운동은 1811년 말경 영국 노팅엄 근처에서 시작되었다. 저임금에 시달리던 영국의 직물 노동자들이 공장에 불을 지르고 기계를 파괴한 사건으로, 산업 혁명의 물결에 저항한 움직임으로 볼 수 있다.

(나) ○○ 시민 단체는 환경 파괴적인 자본주의 생산 양식에 경종을 울리기 위해 환경 파괴 기업 제품 불매 운동, 친환경 제품 소비 운동, 공정 무역 상품 소비 운동 등 여러 분야에서 다른 시민 단체와 연대하여 캠페인을 벌이고 있다.

(가)는 과거의 전통적인 사회 유형으로 되돌아가려는 운동이라는 점에서 복고적 사회 운동에 해당한다. (나)는 사회 체제 자체의 변화가 아니라, 사회 체제 내에서의 부분적인 변화를 추구한다는 점에서 개혁적 사회 운동에 해당한다. 개혁적 사회 운동과 혁명적 사회 운동의 차이는 체제 자체에 대한 변화를 추구하는지 여부이다.

Q 전반적인 사회 구조를 파괴하지 않고 특정 부분의 개혁을 추구하는 사회 운동 유형은 무엇일까?

A 개혁적 사회 운동

개념 **더하기** 자료 **채우기**

3 균형을 찾아가는 과정으로 사회 변동을 보는 기능론

안정과 균형을 중시하는 기능론은 일시적으로 균형이 깨어진 상황을 사회 문제로 인식한다. 유기체와 같이 사회 또한 다시 균형으로 돌아오려는 성질을 가지고 있어서 일시적 불균형의 상태가 다시 균형의 상태로 되돌아오게 되며, 그 과정에서 나타나는 현상을 사회 변동으로 여긴다.

질문 있어요

갈등론은 왜 사회를 투쟁의 장으로 바라보나요?
갈등론은 사회가 지배 집단과 피지배 집단으로 구성되어 있다고 봐요. 기존의 사회 구조에서 유리한 상황에 있는 지배 집단은 기존 사회 질서를 유지하려고 하는 반면, 그렇지 못한 피지배 집단은 변화를 추구하려고 하므로 두 집단 사이에 갈등과 투쟁이 불가피하다고 여겨요.

4 급격한 사회 변동을 설명할 수 있는 갈등론

사회 제도 내에서의 변화와 같은 점진적 사회 변동 과정은 기능론으로 설명이 가능하나, 혁명과 같이 사회 제도 자체가 붕괴하고 새로운 체제가 등장하는 규모의 변동은 기능론으로 설명하기 어렵다. 반면 갈등론은 기존의 권력관계나 계급 관계 등의 구조가 변화하는 변동을 설명하는 데 유용한 이론이다.

5 개혁적 사회 운동과 혁명적 사회 운동

개혁적 사회 운동은 기존 사회 질서에 만족하지만 어떤 개혁이 필요할 때 발생한다. 사형제 폐지, 소비자 주권 향상 등과 같이 사회 체계의 일부분을 바꾸려는 제한적 목표를 가진다. 혁명적 사회 운동은 기존 사회 질서 전반의 급진적 변동을 추구할 때 발생한다. 절대 왕정이라는 구제도를 타파한 프랑스 혁명 등과 같이 체제 자체를 변화시키려고 하는 사회 운동이다.

용어사전

* **보수**(保 지키다, 守 지키다) 새로운 것을 받아들이기보다 재래의 풍습이나 전통을 중히 여기어 유지하려고 함
* **복고**(復 돌아오다, 古 오래되다) 오래된 것으로 돌아감

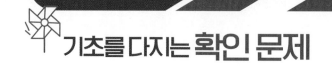
A 사회 변동의 의미와 요인

의미	생활 양식, 가치, 사회 구조 등이 변화하는 현상
특징	• 사회마다 사회 변동의 속도가 다름 • 여러 분야에 걸쳐 변화가 동시에 나타남 • 과거에 비해 오늘날 변동 속도가 빨라짐
요인	기술 발전, 인구 구조의 변화, 집단 간 갈등, 가치관 변화, 자연환경적 요인 등

B 사회 변동을 설명하는 이론

1 사회 변동의 방향에 관한 이론

구분	진화론	순환론
내용	• 사회 변동은 진보와 발전의 양상으로 나타남 • 사회 발전의 방향을 설명하기에 용이함	• 사회는 생성, 성장, 쇠퇴, 소멸을 반복함 • 지난 역사 속의 사회 변동 설명에 용이함
한계	• 서구 중심적 가치관 • 모든 사회의 변동 방향이 동일하지 않음	• 앞으로의 변동 방향 예측 및 대응이 어려움 • 단기 변동 설명 어려움
사례	개발 도상국이 선진국으로 발전한 사례	역사 속 국가들의 멸망 사례

2 사회 구조적 측면에서 사회 변동을 설명하는 이론

구분	기능론	갈등론
내용	사회 변동은 일시적 불균형 상태에서 균형 상태를 찾아가는 과정임	지배 집단과 피지배 집단 간의 갈등 과정에서 사회 변동이 나타남
한계	급격한 사회 변동을 설명하기 어려움	사회 변동을 갈등과 대립의 측면에서만 파악함

C 사회 운동

1 의미와 특징

의미	사회 변동을 위한 지속적이고 집단적인 노력
특징	• 뚜렷한 목표와 구체적 활동 방법이 나타남 • 목표와 활동을 정당화하는 신념과 가치가 있음 • 목표를 실행할 수 있는 체계적 조직을 갖춤

2 유형

개혁적 사회 운동	현 체제 내에서 체제의 일부를 바꾸려는 운동 ◉ 노동조합의 임금 인상 요구
혁명적 사회 운동	현 체제 자체를 변화시키려는 운동 ◉ 프랑스 혁명
복고적 사회 운동	과거의 전통적인 사회 유형으로 돌아가려는 운동 ◉ 신나치주의 운동

01 다음 설명이 맞으면 ○표, 틀리면 ×표를 하시오.

(1) 진화론은 사회 변동의 양상이 모든 사회에서 동일하게 나타난다고 본다. ( )

(2) 순환론은 서구 사회를 진보한 사회라고 전제한다는 점에서 서구 중심적이라는 비판을 받는다. ( )

(3) 개발 도상국에서 근대화 과정을 거쳐 선진국으로 발전한 국가의 사례는 진화론으로 설명하기에 용이하다. ( )

(4) 기능론은 지배 집단과 피지배 집단 간 대립과 투쟁의 과정에서 사회 변동이 나타난다고 본다. ( )

(5) 갈등론은 일시적 불균형 상태에서 균형 상태로 회복되는 과정을 사회 변동으로 본다. ( )

02 빈칸에 들어갈 알맞은 말을 쓰시오.

(1) ( )은/는 사회 변동을 이끌어 내기 위한 지속적이면서 집단적인 노력을 의미한다.

(2) ( )은/는 생활 양식, 가치, 규범, 사회적 관계, 사회 구조 등이 변화하는 현상을 말한다.

(3) ( )은/는 사회 질서 이면에 숨어 있는 모순과 갈등을 통해 급격한 사회 변동을 설명하기에 용이하다.

(4) 진화론과 순환론 중 ( )은/는 단기적 사회 변동 과정을 설명하기 어렵다는 한계를 가진다.

(5) 진화론과 순환론 중 ( )은/는 사회 변동을 발전이라는 측면에서 바라보며, 모든 사회가 일정한 방향으로 변동한다고 여긴다.

03 사회 변동을 설명하는 이론과 그 특징을 바르게 연결하시오.

(1) 갈등론 •　　　　• ㉠ 서구 제국주의를 정당화하는 논리로 악용된다.

(2) 순환론 •　　　　• ㉡ 역사 속의 사회 변동을 설명하고 해석하기에 용이하다.

(3) 진화론 •　　　　• ㉢ 사회 변동을 갈등과 대립의 측면에서만 바라본다는 비판을 받는다.

01 다음에 나타난 사회 변동을 바라보는 이론에 대한 설명으로 옳은 것은?

> 모든 사회가 사회 변동을 통해 발전하고 성장할 수 있을까? 지난 역사 속에서 나타난 수많은 국가의 사례들은 그렇지 않음을 보여 준다. 사회는 일정 기간 성장기를 거쳐 발전하다가 일정 기간 쇠퇴기를 거쳐 소멸하는 과정을 반복하고 있다.

① 사회 변동을 발전·진보의 과정으로 이해한다.
② 모든 사회가 단선적 방향으로 변화한다고 본다.
③ 단기적 변동을 설명하기 어렵다는 비판을 받는다.
④ 역사 속에 나타난 과거의 사례를 설명하기 어렵다.
⑤ 사회 변동의 방향을 예측하기에 용이하다는 장점이 있다.

02 (가), (나)에 나타난 사회 변동 양상의 특징에 대한 옳은 설명을 〈보기〉에서 고른 것은?

> (가) 과거에 비해 사교육을 받는 방식과 형태가 달라지고 있다. 예전에는 학원에 가서 수업을 듣는 모습이 사교육의 일반적인 형태였으나, 오늘날에는 인터넷이라는 매체를 활용하여 온라인상에서 강의를 듣는 소위 '인터넷 강의'라는 방식이 확대되고 있다.
> (나) 과거에 비해 사교육 시장의 규모가 줄어들고 있다. 학원이 밀집된 ○○ 지역의 경우 폐업한 학원도 늘어나고 있다. 이는 입시 위주 교육에 대한 사회적 인식이 변화하여 암기 중심의 사교육에 대한 수요가 감소하였기 때문이다.

┤ 보기 ├
ㄱ. (가)는 가치관의 변화에 따른 사회 변동 사례이다.
ㄴ. (가)에서는 한 요인의 변화가 다른 변화를 유발하였다.
ㄷ. (나)는 사회 변동의 속도가 사회마다 다름을 나타낸다.
ㄹ. (나)는 계몽주의 확산에 따른 봉건제의 붕괴와 변동 요인이 동일하다.

① ㄱ, ㄴ
② ㄱ, ㄷ
③ ㄴ, ㄷ
④ ㄴ, ㄹ
⑤ ㄷ, ㄹ

03 다음에 나타난 사회 변동 양상의 특징에 대한 옳은 설명을 〈보기〉에서 고른 것은?

> 스마트폰의 등장 이후 우리 삶의 전반에 변화가 나타나고 있다. 이제는 지하철에서 종이 신문을 보는 사람이 거의 없으며, 드라마나 예능 프로그램도 텔레비전 대신 스마트폰을 통해 시청한다. 가족 간, 친구 간의 대화 또한 스마트폰을 활용하여 이루어지는 경우가 많다. 정치인들도 이제는 유권자를 만나서 악수하는 것보다 스마트폰을 이용하여 누리 소통망(SNS) 등을 통해 소통하고 있으며, 이로 인해 국민들의 의사가 정치 과정에 보다 쉽게 전해지고 있다.

┤ 보기 ├
ㄱ. 사회 변동의 속도와 모습은 사회마다 다르다.
ㄴ. 과거에 비해 사회 변동의 속도가 빨라지고 있다.
ㄷ. 여러 분야에 걸쳐 변화가 광범위하게 나타나고 있다.
ㄹ. 어느 한 영역의 변화가 다른 영역의 변화로 이어지고 있다.

① ㄱ, ㄴ
② ㄱ, ㄷ
③ ㄴ, ㄷ
④ ㄴ, ㄹ
⑤ ㄷ, ㄹ

04 (중요) 사회 변동을 설명하는 이론 A, B에 대한 옳은 설명을 〈보기〉에서 고른 것은?

> 사회 구조적 측면에서 사회 변동을 설명하는 이론 중 A는 사회 변동은 사회 구조가 일시적인 마찰을 극복하고 전체적인 균형과 안정 상태를 되찾아 가는 과정이라고 설명한다. 반면 B는 사회 변동은 구조적 불평등에 따른 지배 집단과 피지배 집단 간의 갈등으로 초래된 현상이라고 본다.

┤ 보기 ├
ㄱ. A는 급진적 사회 변동을 설명하기에 용이하다.
ㄴ. A는 협동과 조화를 경시한다는 비판을 받는다.
ㄷ. B는 사회 질서 이면에 숨겨진 모순과 갈등을 중시한다.
ㄹ. B는 사회가 구성원들 간의 대립과 투쟁의 장이라고 본다.

① ㄱ, ㄴ
② ㄱ, ㄷ
③ ㄴ, ㄷ
④ ㄴ, ㄹ
⑤ ㄷ, ㄹ

중요

05 그림은 사회 변동의 방향에 관한 이론 (가), (나)를 나타낸 것이다. 이에 대한 옳은 설명을 〈보기〉에서 고른 것은?

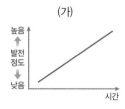
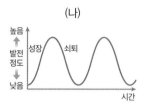

┤ 보기 ├
ㄱ. (가)는 사회 변동을 발전의 과정으로 본다.
ㄴ. (가)는 운명론적 시각이라는 비판을 받는다.
ㄷ. (나)는 역사 속에 나타난 변동 양상을 설명하기에 유용하다.
ㄹ. (나)는 서구 제국주의를 옹호하는 논리로 악용된다는 비판을 받는다.

① ㄱ, ㄴ   ② ㄱ, ㄷ   ③ ㄴ, ㄷ
④ ㄴ, ㄹ   ⑤ ㄷ, ㄹ

중요

06 밑줄 친 부분에 들어갈 적절한 내용을 〈보기〉에서 고른 것은?

A를 주장하는 사람들은 사회 변동을 긍정적인 현상으로 간주한다. 그들은 사회 변동이 특정한 방향을 가지고 있으며, 방향이라는 것은 단순한 사회에서 복잡하고 분화된 사회로 옮겨 감을 의미한다고 주장한다. 이러한 A의 기본적인 착상은 다윈의 『종의 기원』에서 얻었는데, 모든 생물체가 단순한 것에서 복잡한 것으로 진화해 나가는 과정을 인간 사회의 변동 과정에 적용시켰다. A는 사회의 변화 방향을 설명하는 데는 유용하지만 _____는 비판을 받기도 한다.

┤ 보기 ├
ㄱ. 단기적 사회 변동 과정을 설명하기 어렵다
ㄴ. 급격한 사회 변동 양상을 설명하기 어렵다
ㄷ. 서구 제국주의를 정당화하는 수단으로 악용된다
ㄹ. 다양한 경로의 사회 변동 양상을 설명하기 어렵다

① ㄱ, ㄴ   ② ㄱ, ㄷ   ③ ㄴ, ㄷ
④ ㄴ, ㄹ   ⑤ ㄷ, ㄹ

07 다음 대화에서 사회 변동을 바라보는 갑, 을의 관점에 대한 설명으로 옳지 <u>않은</u> 것은?

① 갑의 관점은 사회 변동 방향 예측이 용이하다.
② 갑의 관점은 역사를 단선적 진화 과정으로 본다.
③ 을의 관점은 단기적 사회 변동을 설명하기에 용이하다.
④ 을의 관점은 앞으로의 변동 방향을 예측하기가 어렵다.
⑤ 을의 관점은 반복되어 온 사회 변동을 설명하는 데 유용하다.

08 다음 두 사례에 공통적으로 나타난 사회 변동 요인으로 가장 적절한 것은?

• 출생아 수 감소에 따라 학령 인구가 줄어들면서 신입생을 모집하지 못하여 문을 닫는 대학이 나타나고 있다. 과거와 달리 학생을 모집하기 위해 대학이 경쟁하는 사회가 된 것이다.
• 노인 인구의 비중이 높아짐에 따라 노인의 정치적 영향력이 커지고 있다. 특히, 노인의 투표율이 다른 세대에 비해 높아 정치인들이 노인들의 표심을 잡기 위해 노력하고 있다.

① 기술의 발전   ② 가치관의 변화
③ 집단 간 갈등   ④ 자연환경적 요인
⑤ 인구 구조의 변화

중요
09 사회 변동을 바라보는 (가), (나) 이론에 대한 옳은 설명을 〈보기〉에서 고른 것은?

> (가) 우리 사회는 소수의 지배 집단이 자신들에게 유리한 분배 구조와 사회 규범 등을 다수의 피지배 집단에 강제함으로써 유지된다.
> (나) 사회는 상호 의존적인 부분들로 구성되어 있으며, 이들 각 부분은 균형을 이루면서 통합되어 안정적으로 유지되고 있다.

┤ 보기 ├
ㄱ. (가)는 집단 간 갈등 과정에서 사회 변동이 나타난다고 본다.
ㄴ. (나)는 균형 회복 과정을 사회 변동으로 이해한다.
ㄷ. (가), (나) 모두 급진적 사회 변동을 설명하기에 적합하지 않다.
ㄹ. (가)와 달리 (나)는 개인의 능동성보다 사회 구조의 영향력을 강조한다.

① ㄱ, ㄴ　　② ㄱ, ㄷ　　③ ㄴ, ㄷ
④ ㄴ, ㄹ　　⑤ ㄷ, ㄹ

10 사회 운동의 유형 (가), (나)에 대한 옳은 설명을 〈보기〉에서 고른 것은?

> (가) 1789년 절대 왕정과 신분제를 바탕으로 유지되던 구제도의 모순을 타파하고 새로운 체제로 변화시키려는 프랑스 혁명이 일어났다.
> (나) ○○ 시민 단체는 최저 임금 인상을 요구하는 전 국민 서명 운동을 벌여 100만 명의 서명을 받은 후, 이를 국회에 제출할 예정이다.

┤ 보기 ├
ㄱ. (가)는 체제 자체의 변화를 추구한 사례이다.
ㄴ. (나)는 사회 변화에 저항하기 위한 사례이다.
ㄷ. (가)는 혁명적 사회 운동, (나)는 개혁적 사회 운동에 해당한다.
ㄹ. (나)와 달리 (가)는 체계적인 조직의 형태로 사회 운동이 나타나고 있다.

① ㄱ, ㄴ　　② ㄱ, ㄷ　　③ ㄴ, ㄷ
④ ㄴ, ㄹ　　⑤ ㄷ, ㄹ

11 표는 사회 변동을 설명하는 이론의 공통점과 각각의 한계점을 나타낸 것이다. 물음에 답하시오.

구분	(가)	(나)
공통점	사회 변동의 방향에 관한 이론	
한계점	서구 제국주의를 옹호하는 논리로 악용된다.	(다)

(1) (가), (나)에 들어갈 이론을 쓰시오.

(2) (다)에 적절한 내용을 한 가지만 서술하시오.

12 다음 글을 읽고 물음에 답하시오.

> A에 따르면 사회 변동은 긍정적인 현상이고 이는 발전적인 양상으로 나타난다. 즉, 사회 변동은 일정한 방향을 가지고 있으며 변동은 진보의 방향으로 나아간다.

(1) A에 해당하는 이론을 쓰시오.

(2) A의 한계점을 두 가지 서술하시오.

13 다음 글을 읽고 물음에 답하시오.

> 사회는 상호 의존하는 여러 부분들로 이루어져 있고, 균형을 유지하려는 경향이 있다. 따라서 사회의 어느 한 부분에 변화가 일어나면 그와 연관되어 있는 다른 부분들도 변화를 일으켜 균형이 회복된다. 인체는 날씨가 더우면 땀을 흘리고 추우면 몸을 떨어 체온을 유지하는 것과 같이, 사회 또한 어떤 원인에 의해 혼란이 일어나면 그것을 해결함으로써 균형을 유지하려는 성향을 가지고 있다.

(1) 윗글에 나타난 사회 변동 이론을 쓰시오.

(2) 윗글에 나타난 이론에서 바라보는 사회 변동의 의미를 윗글의 내용과 연계하여 서술하시오.

01 표는 질문 (가)와 (나)를 활용하여 사회 변동 방향에 관한 이론 A, B를 구분한 것이다. 이에 대한 옳은 설명을 〈보기〉에서 고른 것은?

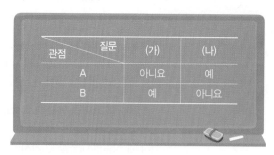

관점＼질문	(가)	(나)
A	아니요	예
B	예	아니요

┤ 보기 ├

ㄱ. (가)가 '서구 제국주의를 정당화한다는 비판을 받는가?'라면 A는 진화론이다.

ㄴ. (나)가 '단기적 사회 변동을 설명하기 어려운가?'라면 B는 순환론이다.

ㄷ. A가 진화론이면 (가)에는 '사회 변동 방향에 대한 예측이 어려운가?'가 적절하다.

ㄹ. B가 순환론이면 (나)에는 '사회 변동은 일정한 방향으로 나타나는가?'가 적절하다.

① ㄱ, ㄴ　　　　② ㄱ, ㄷ　　　　③ ㄴ, ㄷ
④ ㄴ, ㄹ　　　　⑤ ㄷ, ㄹ

🔍 **문제 접근 방법**

최근 들어 수능에서 논리 및 사고력을 요구하는 문항의 출제 비율이 증가하고 있다. 이 문항 또한 보기의 내용을 하나씩 표에 대입하여 옳고 그름을 판단해야 한다는 점에서 상당한 사고력을 요구한다.

✏️ **적용 개념**

\# 사회 변동 방향에 관한 이론
\# 진화론의 특징
\# 순환론의 특징

02 (가), (나)에 대한 옳은 설명만을 〈보기〉에서 있는 대로 고른 것은?

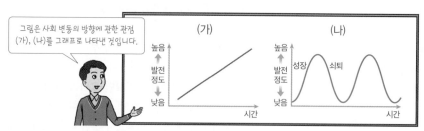

그림은 사회 변동의 방향에 관한 관점 (가), (나)를 그래프로 나타낸 것입니다.

┤ 보기 ├

ㄱ. (가)는 모든 사회에서 동일한 변동 양상이 나타나지 않음을 간과한다.

ㄴ. (나)는 미래의 사회 변동에 대해 적극적으로 대응하기에 유용하다.

ㄷ. (가)와 달리 (나)는 단선적이고 표준화된 발전 경로를 중시한다.

ㄹ. (나)와 달리 (가)는 사회가 이전보다 복잡하고 분화된 양상으로 변화한다고 본다.

① ㄱ, ㄴ　　　　② ㄱ, ㄹ　　　　③ ㄴ, ㄷ
④ ㄱ, ㄷ, ㄹ　　　　⑤ ㄴ, ㄷ, ㄹ

🔍 **문제 접근 방법**

사회 변동의 방향에 관한 관점이라는 점에서 (가), (나)가 진화론, 순환론 중 하나임을 파악해야 한다. (가)와 달리 (나)는 성장과 쇠퇴가 반복되고 있다.

✏️ **적용 개념**

\# 사회 변동의 방향에 관한 관점
\# 단선적인 변동
\# 성장과 쇠퇴의 반복

03 갑, 을이 사회 변동을 보는 견해에 대한 옳은 설명을 〈보기〉에서 고른 것은?

> 교사 : 현대 사회의 변동을 초래한 근본적인 요인은 무엇일까요?
>
> 갑 : 오늘날 우리 사회의 변동 양상은 과학 기술의 발달에 의해 초래되거나 파생된 것이 대부분입니다. 예를 들어 스마트폰이라는 기술의 발전은 우리들의 일상생활 전반에 영향을 미쳤으며, 사고방식에까지 영향을 주고 있습니다.
>
> 을 : 과거부터 오늘날까지 과학 기술은 지속적으로 발전하고 있지만 과거에 비해 오늘날 과학 기술의 발전에 따른 영향이 더 확대되고 있는 것은, 그러한 과학 기술을 사용하는 인간의 사고방식이 과거에 비해 주체적이고 적극적으로 변화했기 때문입니다.

┤ 보기 ├
ㄱ. 갑은 사회 변동이 광범위하게 나타난다고 본다.
ㄴ. 갑은 비물질문화의 변화가 물질문화의 변화를 초래한다고 본다.
ㄷ. 을은 가치관의 변화가 사회 변동의 요인이라고 본다.
ㄹ. 을은 사회 변동의 속도가 사회마다 다르게 나타난다고 본다.

① ㄱ, ㄴ   ② ㄱ, ㄷ   ③ ㄴ, ㄷ
④ ㄴ, ㄹ   ⑤ ㄷ, ㄹ

ⓟ 문제 접근 방법

갑과 을의 대화는 특정 개념에 대한 내용이 아니므로 보기의 진술을 하나씩 제시문에 대입하여 옳고 그름을 파악해야 한다. 사회 변동의 요인과 문화의 유형을 연계하여 이해해야 정답을 찾을 수 있다.

ⓘ 적용 개념

\# 물질문화와 비물질문화
\# 사회 변동의 특징

04 다음 글쓴이의 주장에 부합하는 진술만을 〈보기〉에서 있는 대로 고른 것은?

> 어떤 사람들은 사회를 생물 유기체에 비유하면서 사회의 각 부분은 나름대로 역동적이지만, 부분의 변화는 조정되고 통합되어 사회 전체적으로 비교적 균형 잡힌 형태를 유지한다고 주장하고 있다. 그러나 사회적 희소가치를 독점하고 있는 집단과 그렇지 못한 집단 사이에서 일상적으로 갈등이 나타나고 있는 현대 사회에서 균형과 안정을 강조하는 사회 변동 이론이 과연 타당한가에 대해 의문을 제기하지 않을 수 없다. 우리 사회가 어떻게 변화하고 있는지 정확히 이해하기 위해서는 사회 구성원 간에 나타나는 갈등적 상호 작용의 원인과 그러한 갈등이 초래하고 있는 영향에 대해 우선적으로 살펴봐야 할 것이다.

┤ 보기 ├
ㄱ. 사회 제도는 특정 집단의 이익을 대변하고 있다.
ㄴ. 불평등한 분배 구조는 사회 변동을 초래하는 요인이다.
ㄷ. 사회 문제는 일시적으로 균형이 상실된 상태에 불과하다.
ㄹ. 사회는 필연적으로 변동하며, 변동의 동력은 집단 간 갈등 구조이다.

① ㄱ, ㄴ   ② ㄱ, ㄷ   ③ ㄷ, ㄹ
④ ㄱ, ㄴ, ㄹ   ⑤ ㄴ, ㄷ, ㄹ

ⓟ 문제 접근 방법

제시된 글을 전체적으로 이해해야 글쓴이의 주장을 파악할 수 있다. 제시문의 초반은 기능론에 부합하는 내용이지만 후반은 갈등론에 부합하는 내용으로, 글쓴이는 갈등론적 관점으로 사회를 바라보고 있다.

ⓘ 적용 개념

\# 기능론
\# 갈등론
\# 사회 구조적 측면에서 사회 변동을 설명하는 이론

02 현대 사회의 변화와 대응 방안

(학습길잡이) • 세계화, 정보화의 영향과 대응 방안을 파악해 두어야 한다.
• 저출산·고령화와 다문화적 변화의 영향과 대응 방안을 이해한다.

A 세계화, 어떻게 대응해야 할까

1 세계화의 의미와 요인

① 세계화 : 전 세계가 상호 의존적으로 통합되어 가는 현상

② 세계화의 요인 : 교통 및 통신 기술 발달, 자유 무역으로 국가 간 교역*확대, 다양한 국제 행위 주체 등장 **1**
┌ 과거에는 국가만이 국제 행위의 주체였으나 오늘날에는
다국적 기업, 비정부 기구, 정부 간 국제기구 등 국제 행
위 주체가 다양해졌다.

★ 2 세계화의 영향과 대응 방안

① 세계화의 영향

• 긍정적 영향

경제적 측면	• 더 넓은 소비 시장 확보, 기업의 생산 및 고용 증가 • 다양한 상품을 저렴한 가격으로 소비 가능 (질문)
문화적 측면	• 다양한 문화를 경험할 수 있는 기회 확대 • 국가 간 문화 교류로 새로운 문화 형성 → 문화적 다양성 증대
정치적 측면	민주주의, 인간의 존엄성과 같은 보편적 가치 확산

• 부정적 영향

경제적 측면	• 경쟁력을 갖추지 못한 기업 및 개인의 도태* • 선진국과 개발 도상국 간의 빈부 격차 확대 • 한 국가에서 발생한 경제적 위기가 전 세계로 확대 **2**
문화적 측면	• 강대국과의 교류 과정에서 약소국 문화 소멸 → 문화적 획일화 초래 • 다양한 문화가 교류하는 과정에서 문화 충돌에 따른 갈등 발생
정치적 측면	• 강대국 중심의 의사 결정으로 약소국의 자율성 침해 • 다양한 국제 행위 주체의 영향으로 개별 정부의 자율성 침해

└ 국제 정치는 힘의 논리가 작용하며, 국제 연합(UN) 안전 보장 이사회의
경우에도 강대국 중심으로 의사 결정이 이루어진다.

② 세계화의 대응 방안

경제적 측면	• 개인 및 기업의 경쟁력 확보 노력 • 개발 도상국의 생산자 보호를 위한 노력(공정 무역) **3**
문화적 측면	• 다른 문화를 그들의 관점에서 이해하는 문화 상대주의 태도 견지* • 타 문화의 비판적 수용과 우리 문화의 창조적 계승
정치적 측면	전 지구적 문제 해결을 위해 세계 공동체 의식 함양

(자료로 보는) **소수 언어의 소멸**

영국 케임브리지 대학 연구진이 세계 7,000여 개에 달하는 소수 인종 언어 중 약 25%가 소멸 위기에 처했다는 연구 결과를 발표하였다. 특히 경제 성장이 가속화될수록 토착 언어의 소멸 또한 빨라지는 것으로 나타났다.

경제 성장 과정에서 영어와 같은 세계 공용어를 사용하는 경향이 높아지고 토착 언어에 대한 관심이 낮아져 소수 언어의 소멸 현상이 나타나고 있다. 언어의 영역에서 세계화로 인하여 문화의 다양성이 약화되고 있다.

Ⓠ 전 세계가 상호 의존적으로 통합되어 가는 현상을 무엇이라고 할까?

화K I세 Ⓐ

(개념더하기 자료 채우기)

1 국가 간 교역 확대

전 세계적인 자유 무역 확대를 위해 조직한 세계 무역 기구(WTO), 국가 간 자유 무역을 추구하는 자유 무역 협정(FTA) 등으로 인하여 국가 간 무역 장벽이 낮아졌으며 그 결과 국가 간 교역이 확대되고 있다. 이 같은 흐름 속에서 국가 간 상호 의존성은 더욱 높아지고 있으며, 세계화가 심화되고 있다.

(질문 있어요)

국가 간 교역이 증가하면 왜 다양한 상품을 저렴한 가격에 소비할 수 있나요?

세계화가 확대되면서 각 나라는 상대적으로 경쟁력을 가진 재화 및 서비스의 생산에 특화하여 상대국과 교역을 하고 있어요. 그 결과 과거에는 국내에서 비싼 가격에 생산되었거나 생산이 불가능하였던 재화나 서비스를 보다 낮은 가격에 수입할 수 있어 소비자들은 다양한 상품을 저렴하게 소비할 수 있어요. 예를 들어 과거 바나나는 가장 비싼 과일 중 하나였으나 수입이 증가하여 요즘에는 바나나를 저렴한 가격에 사 먹을 수 있어요.

2 전 세계로 확대되는 경제 위기

2007년 미국에서 발생한 경제 위기는 태평양 건너 우리나라에도 영향을 미쳐 우리나라의 경기 또한 침체되었다. 이처럼 한 국가의 경제 위기가 전 세계적으로 확대되는 까닭은 국가 간 상호 의존성이 높아지고 있기 때문이다. 우리의 주된 수출 대상국인 미국의 경기가 침체되면 수출이 감소하여 우리 기업의 생산량이 감소하므로 경제 위기에 빠진다.

3 공정 무역

우리나라와 같이 세계화를 통해 경제 성장에 성공한 나라도 있지만, 자유 무역에 참여하였으나 오히려 선진국과의 빈부 격차가 확대되는 개발 도상국도 있다. 이러한 국가들을 위하여 개발 도상국에서 생산된 재화에 대해 정당한 대가를 지불하자는 공정 무역 운동이 나타나고 있다.

(★용어사전)

* **교역**(交 주고받다, 易 바꾸다) 주고받으며 서로 교환함
* **도태**(淘 가려내다, 汰 지나가다) 가려내어 사라짐
* **견지**(見 보다, 地 처해 있는 형편) 어떤 사물을 판단하거나 관찰하는 입장

B 정보화, 어떻게 대응해야 할까

1 정보화의 의미와 요인
① **정보화** : 산업 사회에서 정보 사회로 변화하는 현상 **4**
② **정보화의 요인** : 정보 통신 기술 발달, 지식과 정보에 대한 사회적 인식 변화, 지식과 정보가 사회 활동 전반에서 차지하는 비중 증가
└ 정보 사회가 등장하게 된 결정적인 요인은 컴퓨터, 인터넷의 등장이다.

★ 2 정보화의 영향과 대응 방안
① **정보화의 영향**
• 긍정적 영향

경제적 측면	• 다품종 소량 생산 방식 확대 및 전자 상거래 활성화 **5** • 생산 과정에 소비자의 참여 확대 및 재택근무* 등 근로 환경 변화
정치적 측면	• 의사 결정의 분권화, 관료제 약화(탈관료제 조직의 등장) (질문) • 국민이 정치 과정에 참여하는 기회 확대(전자 투표* 등)
사회·문화적 측면	• 사회적 관계를 맺는 공간적 범위 확대(누리 소통망(SNS), 온라인 카페 등) • 가상 공간을 통한 문화 교류 확대

• 부정적 영향

윤리적 측면	정보 윤리가 확립되지 않아 악성 댓글, 저작권 침해 등의 문제 발생
정치적 측면	특정 권력이 정보를 독점하고 통제하여 시민의 자유와 권리 위축 **6**
사회·문화적 측면	• 정보에 대한 접근·소유·활용 능력의 차이에 따라 나타나는 불평등 현상인 정보 격차 발생 • 가상 공간이 현실 세계로 연결되지 못하는 피상적 인간관계 확대 • 타인의 사생활에 대한 관찰·감시가 용이해짐(사생활 침해)

② **정보화의 대응 방안**

제도적 방안	• 사이버 범죄* 및 사생활 침해에 대한 처벌 강화 • 정보 격차 해소를 위해 정보 소외 계층에 대한 지원책 마련
개인적 방안	• 정보 윤리를 함양하여 가상 공간상에서 타인의 권리 존중 • 개개인의 정보 이용 능력 및 정보 보안 의식 강화

└ (왜?) 정보 문제에 대응하려면 정보를 비판적으로 분석·평가할 수 있어야 한다.

자료로 보는 **정보 격차 실태**

장애인 62.5% — 접근 83.5 역량 47.0 활용 62.4
저소득층 74.5% — 접근 87.8 역량 67.2 활용 71.5
장노년층 56.3% — 접근 79.7 역량 38.0 활용 57.2
농어민 55.2% — 접근 73.4 역량 41.2 활용 55.5

(단위: %)

* 접근은 컴퓨터, 모바일 기기 등의 접근 가능 정도, 역량은 그 이용 능력 정도, 활용은 컴퓨터, 모바일 기기 등의 사용 및 응용 능력 수준을 의미함

위 자료는 일반 국민의 정보화 수준을 100으로 가정했을 때 장애인, 저소득층, 장노년층, 농어민 등 취약 계층의 정보화 수준을 나타낸 것이다. 정보 사회에서 정보는 부가 가치의 원천이라는 점에서 정보 격차는 경제적 격차로 이어질 수 있으며, 이는 기존의 불평등한 구조가 더욱 악화되거나 재생산된다는 점에서 문제가 있다.

❓ 정보에 대한 접근, 소유, 활용 능력의 차이에 따라 발생하는 불평등을 무엇이라고 할까?

차ﾃ 보장 Ⓐ

---

4 산업 사회와 정보 사회

산업 사회는 2차 산업(공업)의 비중이 높고, 노동과 자본이 부가 가치를 창출하는 주된 원천이 되는 사회이다. 서구 사회의 경우 산업 혁명 이후 농업 사회에서 산업 사회로 변화하였다. 정보 사회는 지식과 정보가 부가 가치를 창출하는 주된 원천이 되는 사회로, 3차 산업(서비스) 비중이 증가한다.

구분	산업 사회	정보 사회
조직 형태	관료제 중심	탈관료제 확대
생산 방식	소품종 대량 생산	다품종 소량 생산
소통 방식	일방향 소통	쌍방향 소통
대중 매체	전통적 대중 매체	뉴 미디어 중심

5 다품종 소량 생산 방식

산업 사회에서는 기업이 대량으로 생산한 재화와 서비스를 소비자는 단순히 소비만 하였다. 그러나 정보 사회에서는 소비자의 수요가 다양해지고, 소비자의 요구 사항이 기업의 생산 과정에 적극적으로 반영되어 기업이 생산하는 품종이 산업 사회에 비해 다양해졌다.

🤛 **질문 있어요**

정보 사회에서는 왜 관료제가 약화되나요?

산업 사회에서는 대규모 조직을 효율적으로 운영하기 위해 관료제가 확대되었어요. 그러나 정보 사회에서는 빠르게 변화하는 환경에 대응하기 위해 보다 유연한 조직 형태가 요구되었으며, 이는 탈관료제 조직의 등장으로 이어지게 되었지요. 즉, 산업 사회에서는 관료제가 효율적인 조직 형태였으나, 정보 사회에서는 오히려 관료제의 부작용이 부각되어 자연스럽게 탈관료제가 확대되었어요.

6 정보화에 따른 시민의 자유와 권리 위축

조지 오웰의 소설 『1984』에서는 '빅브라더'라는 권력 집단이 정보를 독점 및 감시함으로써 시민들을 통제한다. 정보 통신 기술이 발달하여 빅브라더는 소설 속 상상이 아니라 현실 속에서 구현 가능하게 되었다. 개개인의 모든 일상이 디지털화되어 관찰 및 감시가 더욱 용이해진 것이다. 따라서 정보 사회에서는 시민의 자유와 권리가 침해되지 않도록 시민들이 정부 및 권력 집단을 감시하고 비판할 수 있어야 한다.

⊛ **용어사전**

* **재택근무** 집에서 회사 업무를 수행하는 근무 형태
* **전자 투표** 인터넷 기술을 활용하여 직접 투표소에 방문하여 투표하는 것이 아니라 온라인상으로 투표하는 정치 참여 방식
* **사이버 범죄** 가상 공간상에서 발생하는 범법 행위로 악성 댓글을 통한 모욕, 불법 다운로드로 인한 저작권 침해 등이 있음

02 현대 사회의 변화와 대응 방안

C 저출산·고령화, 어떻게 대응해야 할까

1 저출산·고령화의 의미와 요인

① 저출산·고령화의 의미 ┌─ 여성 1명이 가임 기간(15~49세) 동안 낳을 것으로
예상되는 평균 출생아 수를 의미한다.
- 저출산 : 합계 출산율이 지속적으로 낮아지는 현상
- 고령화 : 전체 인구에서 65세 이상 인구가 차지하는 비율이 높아지는 현상

② 저출산·고령화의 요인

저출산	고령화
• 결혼 나이 상승 ❶ • 결혼과 자녀에 대한 가치관 변화 ❷ • 자녀 양육에 따른 경제적 부담 증가 • 여성의 사회 진출 증가	• 생활 수준 향상과 의료 기술의 발달에 따른 평균 수명 증가 • 출산율 저하에 따른 고령화 정도의 가속화 [질문]

2 저출산·고령화의 영향과 대응 방안

① 저출산·고령화의 영향
┌─ 경제 활동의 주축이 되는 15~64세의 인구를 의미한다.

저출산	고령화
• 생산 가능 인구 감소에 따른 경기 침체 • 생산력 저하에 따른 인구 부양 문제 발생 • 인구 감소로 인해 사회의 지속 가능성 저하	• 노인 인구 증가에 따른 *노년 부양비 증가 • 청장년층과 노년층 간 세대 갈등 증가 • 노후 대비 부족으로 인한 노인 문제 발생

└─ 노인 복지 지출이 증가하여 정부의
재정 건전성이 악화될 수 있다.

② 저출산·고령화의 대응 방안

저출산	고령화
• 출산과 육아에 대한 지원 강화 • 자녀 양육비 및 교육비 부담 경감 • 성 평등으로 가족 내 여성 부담 경감 • 일·가정 양립이 가능한 제도 마련 ❸	• 노인 문제 해결을 위한 노인 복지 확대 • 정년 연장 등으로 노인 일자리 문제 해결 • 개인적 차원과 제도적 차원에서 노후 대비 강화

└─ 여성에게 가사 노동의 부담이 가중되고 있는 문제를 해결해야 한다.

자료로 보는 부양비 증가 추이

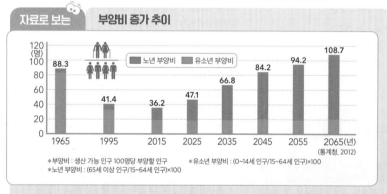

* 부양비 : 생산 가능 인구 100명당 부양할 인구
* 유소년 부양비 : (0~14세 인구/15~64세 인구)×100
* 노년 부양비 : (65세 이상 인구/15~64세 인구)×100
(통계청, 2012)

생산 가능 인구가 부양해야 할 대상은 유소년과 노년으로 구분된다. 따라서 부양비 또한 노년 부양비와 유소년 부양비로 구분된다. 지난 시절 높은 출산율로 인해 유소년 부양비의 비중이 높았다. 그리고 베이비 붐 시대에 태어난 사람들이 청장년층이 되어 생산 가능 인구가 증가하여 유소년 부양비는 지속적으로 감소하였다. 부양비가 감소하자 사회 전체적으로 다른 곳에 투자할 여력이 생겼고, 이는 경제 성장으로 이어졌다. 그런데 노년 부양비가 급증하면서 2015년을 기점으로 전체 부양비가 증가하고 있다. 저출산·고령화로 인해 부양비 증가 추이는 지속될 것으로 예상된다.

Q 합계 출산율이 지속적으로 낮아지는 현상을 무엇이라고 하는가?

---

❶ 초혼 연령 상승

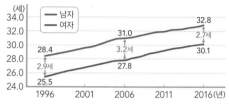

초혼 연령은 20년 전에 비해 약 4세 정도 상승하였다. 초혼 연령이 상승함에 따라 초산 연령 또한 상승하게 되며, 이는 둘째 자녀 출산의 어려움으로 이어져 저출산의 요인이 된다. 이러한 초혼 연령의 상승은 결혼에 대한 인식 변화, 청년 실업 증가, 신혼부부가 거주할 주택 부족 등 다양한 사회·경제적 요인이 총체적으로 작용한 결과이다.

❷ 혼인 건수의 감소

혼인 건수는 1995년 43.5만 건에서 2016년 28.2만 건으로 크게 감소하였다. 출산율이 유지된다고 하더라도 혼인이 감소할 경우 출산할 수 있는 대상 자체가 감소하기 때문에 출생아 수는 줄어들게 된다. 혼인 건수의 감소는 결혼에 대한 인식의 변화 등 다양한 요인에 의해 나타나고 있다.

질문 있어요

저출산으로 인해 고령화가 왜 가속화되나요?
저출산·고령화 현상은 산업화된 모든 국가에서 나타나는 공통된 현상이에요. 그런데 서구 유럽 국가들과 달리 우리나라의 경우 고령화가 빠르게 진행될 것으로 예상되고 있어요. 이는 출산율이 급격히 낮아짐에 따라 전체 인구에서 노인이 차지하는 비율이 빠르게 증가하고 있기 때문이에요. 고령화는 불가피하나 급격한 고령화는 사회 문제를 야기할 수 있기 때문에 적절한 대응이 필요해요.

❸ 일·가정 양립이 가능한 제도

우리나라 여성들의 경제 활동 참가율은 서구 선진국에 비해 낮은 편이다. 직장을 다니며 육아하기 어려운 환경과 제도 때문에 육아를 위해 직장을 그만두는 경우가 많고, 이는 여성이 출산을 주저하는 요인이 된다. 서구 선진국의 사례를 보면 여성의 경제 활동 참가율이 높아질수록 출산율 또한 높아진다. 즉, 여성이 경력 단절을 걱정하지 않고 출산과 양육을 할 수 있는 문화 및 제도가 갖추어져야 저출산 문제를 해결할 수 있다.

＊용어사전

* **노년 부양비** 15~64세 인구에 대한 65세 이상 인구의 비율
* **노후(老 늙다, 後 후)** 늙어진 뒤를 말함

D 다문화적 변화, 어떻게 대응해야 할까

1 다문화 사회의 의미와 다문화적 변화의 요인

① **다문화 사회** : 서로 다른 문화적 배경을 가진 사람들이 공존하는 사회

② **다문화적 변화의 요인** : 국가 간 교류 및 국제 이동 증가, 결혼·유학·노동 등에 따른 국내 거주 외국인 증가 **4**
　　└ 한 국가의 구성원이 국경을 넘어 다른 나라로 이동하는 것을 의미한다.

★2 다문화적 변화의 영향과 대응 방안

① 다문화적 변화의 영향

긍정적 영향	• 문화 선택의 폭이 넓어짐에 따라 삶의 질 향상 • 문화적 다양성을 바탕으로 문화 창조 능력 향상 • 서로 다른 문화 간 교류를 바탕으로 문화 발전 기회 증대 **질문** • 저출산·고령화에 따른 노동력 부족 해소*
부정적 영향	• 언어와 관습의 차이에 따른 적응의 어려움 ┌ 우리 전통문화가 타 문화에 동화되어 • 외부 문화의 유입으로 전통문화의 정체성 약화┘문화 정체성이 약화될 수 있다. • 이질적인 집단 간에 상호 이해 부족으로 인한 갈등 발생 **5**

② 다문화적 변화의 대응 방안
　　┌ 다문화 사회로의 변화는 불가피하다. 따라서 다른 문화를 배척하는
　　태도보다는 다른 문화를 인정하고 소통하려는 태도가 필요하다.

• **개인적 차원** : 다른 문화와 적극적으로 소통하려는 태도를 가지고, 다른 문화에 대한 상대주의적 태도 및 관용*의 자세 함양

• **제도적 차원** : 이주민의 사회 정착을 지원하는 제도와 이주민에 대한 사회적* 차별을 금지하는 방안 마련, 이주민의 문화에 대한 이해도 향상을 위한 교육 실시 **6**

③ 다문화 정책
　　┌ 철을 녹이는 용광로와 같이 기존의 문화에 이주민의 문화가
　　녹아들게 하는 다문화 정책이다.

동화주의	• 용광로(Melting Pot) 정책 • 이주민을 기존의 주류 사회 문화에 동화시키려는 정책 • 문화적 동질감이 높아져 사회 통합에 유리함
다문화주의 (문화 다원주의)	• 샐러드 볼(Salad Bowl) 정책 다양한 채소와 과일이 제맛을 유지하며 섞여 있는 샐러드 　볼과 같이 개별 문화가 정체성을 유지하도록 하는 정책이다. • 이주민들이 그들의 문화를 유지하도록 지원하는 정책 • 문화의 다양성을 높일 수 있고, 이주민의 자존감 향상에 도움이 됨

자료로 보는　다문화 사회로의 변화

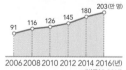

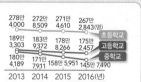

⊕ 국내 체류 외국인 수 추이　⊕ 다문화 학생 수 추이　⊕ 초·중·고교 학생 수 추이

국내 체류 외국인의 수가 증가함에 따라 다문화 학생 수 또한 증가세를 보이고 있다. 반면 저출산의 영향으로 초·중·고교 학생 수는 지속적으로 감소하여 전체 학생 중 다문화 학생의 비율이 증가하고 있다. 학교라는 공간에 한정해 보더라도 우리 사회는 다문화 사회로 빠른 속도로 변해 가고 있다.

🅠 다양한 문화를 가진 사람들이 공존하는 사회를 무엇이라고 할까?　🅐 다문화 사회

개념 더하기 자료 채우기

4 국내 거주 외국인의 유형

국내 거주 외국인의 이동 유형은 크게 내국인과 결혼을 위해 이주한 경우, 국내 대학 등으로 유학을 위해 이주한 경우, 일자리를 찾아 이주한 경우로 구분할 수 있다. 특히, 국내 노동자들이 취업을 꺼리는 직종의 노동력 감소 문제를 해소하기 위해 외국인 노동자를 적극적으로 받아들이면서 외국인 노동자의 규모가 빠르게 증가하였다.

✋질문 있어요

다문화 사회에서는 왜 문화 발전 기회가 증대되나요?

문화 융합의 사례와 같이 서로 다른 문화가 교류하는 과정에서 이전과 다른 새로운 문화가 나타날 수 있어요. 즉, 고립된 사회의 문화에 비해 개방된 사회의 문화는 더욱 다양한 형태로 발전할 수 있어요. 여러 문화가 공존하게 되면 사회 구성원은 다양하고 풍부한 문화적 경험을 하게 되어 새로운 문화를 창조하거나 문화 발전을 촉진할 수 있어요.

5 다문화 사회의 갈등

다문화 사회에서 나타나는 갈등의 주된 요인은 타 문화에 대한 배타적인 태도이다. 다문화 사회에서 배타적인 태도는 갈등을 초래할 뿐이다. 다른 문화를 있는 그대로 인정하고 존중하는 문화 상대주의적 태도와 다른 문화를 틀림이 아닌 다름으로 인정하는 관용의 태도가 요구된다.

6 이주민 차별 금지 방안

정부는 외국인에 대한 사회적 처우 개선을 위해 재한 외국인 처우 기본법을 제정하였다. 외국인이라는 이유로 겪을 수 있는 사회적 차별을 해소하고, 우리 사회에서 내국인과 동등하게 외국인의 기본적 권리를 보장받을 수 있도록 적절한 제도를 마련해야 한다.

✳용어사전

* **해소**(解 풀다, 消 사라지다) 어려운 일이나 문제가 되는 상태를 해결하여 없애 버림

* **관용**(寬 너그럽다, 容 모양) 남의 잘못에 대해 너그러이 용서하는 것

* **차별**(差 다르다, 別 나누다) 차이를 두어 구별함

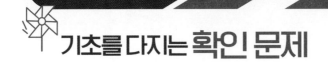

올리드 포인트

A 세계화

경제적 영향	수출 증가에 따른 경제 활성화, 경쟁력 부족 집단의 도태, 선진국과 개발 도상국 간의 빈부 격차 확대
문화적 영향	다양한 문화 접촉 기회 증가, 새로운 문화 창출의 가능성 증대, 선진국 문화 중심의 획일화 현상 초래
정치적 영향	보편적 가치의 전 세계적 확산, 강대국 중심의 의사 결정 구조, 개별 정부의 자율성 침해
대응 방안	경쟁력 확보, 문화 상대주의 견지, 세계 공동체 의식 함양

B 정보화

경제적 영향	다품종 소량 생산 방식 확대, 전자 상거래 활성화, 재택근무 등 근로 환경 변화
정치적 영향	의사 결정의 분권화, 관료제 약화, 전자 투표 발달로 시민의 참여 기회 확대, 시민의 자유·권리 위축
사회·문화적 영향	사회적 관계를 맺는 공간적 범위 확대, 정보 격차 발생, 사생활 침해 등 정보 윤리 문제 발생
대응 방안	사이버 범죄 처벌 강화, 정보 윤리 함양

C 저출산·고령화

1 저출산

영향	생산 가능 인구 감소에 따른 경기 침체 및 인구 부양 문제 발생, 사회의 지속 가능성 저하
대응 방안	출산과 육아에 대한 지원 강화, 일·가정 양립을 위한 제도 마련

2 고령화

영향	노년 부양비 증가, 세대 간 갈등 증가, 노후 대비 부족으로 인한 노인 문제 증가
대응 방안	노인 복지 확대, 노인 일자리 문제 해결

D 다문화적 변화

긍정적 영향	문화 선택의 폭 확대, 문화 창조 능력 향상, 문화 발전 기회 증대, 노동력 부족 해소
부정적 영향	언어와 관습 차이로 적응에 어려움, 외부 문화 유입에 따른 문화 정체성 약화, 문화 간 충돌 및 갈등
대응 방안	다른 문화에 대한 상대주의적 태도 및 관용의 자세, 이주민에 대한 지원 방안 마련

01 다음 설명이 맞으면 ○표, 틀리면 ×표를 하시오.

(1) 세계화가 확대될수록 한 국가에서 발생한 경제 위기가 다른 국가로 전해질 가능성은 낮아진다. ( )

(2) 산업 사회에서는 다품종 소량 생산 방식이, 정보 사회에서는 소품종 대량 생산 방식이 일반적이다. ( )

(3) 합계 출산율이 낮아지는 현상이 급격히 나타날수록 고령화는 가속화된다. ( )

(4) 다문화 사회에서 문화 충돌에 따른 갈등을 예방하기 위해서는 배타주의적 태도가 요구된다. ( )

(5) 정보 사회에서는 인터넷 기술이 발달하여 재택근무와 같이 이전과 다른 근로 환경이 조성된다. ( )

02 빈칸에 들어갈 알맞은 말을 쓰시오.

(1) ( )은/는 정보에 대한 접근, 소유, 활용 능력의 차이에 따라 발생하는 불평등 현상이다.

(2) ( )은/는 세계화에 따른 빈부 격차 해소를 위해 개발 도상국의 생산자를 보호하는 무역 방식을 의미한다.

(3) ( )은/는 전체 인구에서 65세 이상 인구의 비율이 높아지는 현상이다.

(4) 다양한 인종·종교·문화를 가진 사람들이 함께 어우러져 살아가는 사회를 ( )(이)라고 한다.

03 현대 사회의 변화 양상과 그 영향을 바르게 연결하시오.

(1) 정보화 •

(2) 고령화 •

(3) 다문화적 변화 •

• ㉠ 노인 부양을 위한 사회적 비용 증가

• ㉡ 문화 간 충돌에 따른 사회적 갈등 초래

• ㉢ 악성 댓글, 저작권 침해 등의 정보 윤리 문제 발생

01 밑줄 친 '이것'의 체결이 확대될 경우 예상되는 현상으로 가장 적절한 것은?

> 이것은 국가 간 상품의 자유로운 이동을 위해 모든 무역 장벽을 완화하거나 제거하는 협정이다. 특정 국가 간의 상호 무역 증진을 위해 물자나 서비스 이동을 자유화하는 협정으로, 자유 무역을 실현하기 위해 양국 간 또는 지역 간에 체결하는 특혜 무역 협정이다.

① 국가 간 교역량이 감소한다.
② 국가 간 상호 의존성이 낮아진다.
③ 국내외 기업 간 경쟁이 완화된다.
④ 다양한 문화를 접할 기회가 감소한다.
⑤ 경쟁력이 약한 기업 및 산업이 도태된다.

02 다음 대화의 밑줄 친 부분에 적절한 진술을 〈보기〉에서 고른 것은?

> 교사 : A의 요인에 대해 말해 볼까요?
> 갑 : 인적·물적·문화적 교류가 용이해지고, 자유 무역으로 국가 간 교류가 확대되어 A가 나타나고 있습니다.
> 교사 : 정확히 이야기하였습니다. 그럼 A가 확대되어 나타나는 부정적 영향을 말해 볼까요?
> 을 : _____

> ┤ 보기 ├
> ㄱ. 선진국과 개발 도상국 간 빈부 격차가 확대될 수 있습니다.
> ㄴ. 강대국 문화의 전파로 약소국의 전통문화가 소멸될 수 있습니다.
> ㄷ. 출산율이 하락하여 생산 활동에 참여할 인구가 감소할 수 있습니다.
> ㄹ. 가상 공간에서 이루어지는 사회적 관계가 확대되어 피상적 인간관계가 확산될 수 있습니다.

① ㄱ, ㄴ   ② ㄱ, ㄷ   ③ ㄴ, ㄷ
④ ㄴ, ㄹ   ⑤ ㄷ, ㄹ

03 다음 대화에서 을의 의견에 부합하는 사례를 〈보기〉에서 고른 것은?

> 갑 : 국가 간 교류가 증가하여 다양한 문화를 경험할 수 있는 기회가 늘어나고 있어. 그리고 서로 다른 문화가 교류하는 과정에서 새로운 문화가 창출되는 등 문화 다양성이 확대되고 있어.
> 을 : 그런데 서로 다른 사회의 문화가 교류하는 과정에서 강대국의 문화에 의해 약소국의 문화 정체성이 약화되는 사례 또한 나타나고 있어.

> ┤ 보기 ├
> ㄱ. 서양의 결혼 의식과 우리나라의 전통 혼례 방식이 결합하여 탄생한 결혼식 문화
> ㄴ. 세계 공용어인 영어의 사용 비중이 증가하여 고유 언어의 명맥이 약해진 국가의 사례
> ㄷ. 서양 음식인 햄버거와 전통 음식인 불고기가 만나 불고기 버거라는 새로운 음식이 만들어진 사례
> ㄹ. 케이팝(K-Pop)의 전파로 청소년들 사이에서 전통 음악에 대한 관심이 낮아진 동남아시아 국가의 사례

① ㄱ, ㄴ   ② ㄱ, ㄷ   ③ ㄴ, ㄷ
④ ㄴ, ㄹ   ⑤ ㄷ, ㄹ

04 다음 대화에서 을의 주장을 뒷받침할 근거가 되는 내용으로 적절한 것은?

> 저는 보다 많은 국가들과 자유 무역 협정(FTA)을 체결해야 한다고 생각합니다. 세계화 시대에 더 많은 국가들과 교역을 해야 우리나라의 이익이 늘어납니다.

> 세계화의 확대는 긍정적인 면도 있지만, 부정적인 면도 크므로 저는 더 이상의 자유 무역 협정(FTA) 체결을 반대합니다.

갑   을

① 기업의 생산 및 고용이 증가한다.
② 다양한 문화를 경험할 수 있는 기회가 마련된다.
③ 경쟁력을 갖추지 못한 기업 및 종사자가 도태된다.
④ 소비자가 선택할 수 있는 재화의 범위가 확대된다.
⑤ 민주주의와 같은 보편적 가치가 전 세계적으로 확산된다.

05 다음 사례에서 공통적으로 추론할 수 있는 정보 사회의 문제점으로 가장 적절한 것은?

> • 비슷한 취미를 가진 사람들이 모여 자신의 의견을 나누는 온라인 카페가 증가하고 있다. 그렇지만 정작 취미 생활을 함께 나눌 친구는 없는 경우가 많다.
> • 누리 소통망(SNS) 상에서 많은 이웃과 친구를 가진 사람이지만, 정작 자신의 생일날 함께 생일 케이크를 자르며 정을 나눌 친구가 없는 경우가 적지 않다고 한다.
> • 학교 친구들과 누리 소통망(SNS) 상에서는 서로 '좋아요'를 누르고 댓글을 다는 등 적극적인 교류를 하는 학생 중 실제 현실에서는 친분을 나누는 방법을 모르는 경우도 있다.

① 정보 격차가 발생한다.
② 피상적 인간관계가 확대된다.
③ 시민의 자유와 권리가 위축된다.
④ 타인의 사생활에 대한 침해가 증가한다.
⑤ 정보 윤리가 확립되지 않아 저작권 침해 문제가 발생한다.

06 다음 대화에서 갑, 을의 진술을 토대로 추론할 수 있는 정보 사회의 특징으로 가장 적절한 것은?

> 갑 : 산업 사회에서는 미리 정해진 절차와 규정에 따라 업무가 처리되었습니다. 반면 정보 사회에서는 새로운 상황에 탄력적으로 대처하는 능력이 중시되고 있습니다.
> 을 : 산업 사회에서는 단계적 보고와 지시 등의 업무에 많은 시간을 사용하였습니다. 그러나 정보 사회에서는 자율적 판단에 기초한 의사 결정 과정이 중시되고 있습니다.
> 교사 : 두 학생 모두 산업 사회와 정보 사회의 차이점에 대해 정확히 이야기하였어요.

① 소품종 대량 생산 방식이 일반화된다.
② 인터넷을 활용한 근무 방식이 확대된다.
③ 지식과 정보가 부가 가치의 원천이 된다.
④ 창의적이고 유연한 사고의 필요성이 증대된다.
⑤ 사회적 관계를 맺을 수 있는 공간적 범위가 확대된다.

07 다음 내용에서 파악할 수 있는 정보 사회의 특징을 〈보기〉에서 고른 것은?

> 소품종 대량 생산 시대에 개인은 기업이 생산한 재화와 서비스를 단순 소비하는 역할만을 담당하였다. 그러나 인터넷이 발달하여 해당 기업의 제품을 사용하는 소비자 개개인의 선호가 기업에 전달될 수 있는 장이 마련되었으며, 오히려 기업이 개개인들이 운영하는 블로그 등을 보며 고객들이 선호할 만한 재화와 서비스를 개발하여 판매하는 경우도 증가하고 있다.

┤ 보기 ├
ㄱ. 대중이 획일화·몰개성화된다.
ㄴ. 다품종 소량 생산 방식이 일반화된다.
ㄷ. 지식·정보와 관련된 서비스업이 쇠퇴한다.
ㄹ. 소비자가 생산 과정에 참여할 기회가 확대된다.

① ㄱ, ㄴ ② ㄱ, ㄷ ③ ㄴ, ㄷ
④ ㄴ, ㄹ ⑤ ㄷ, ㄹ

★★★
중요

08 표는 A, B 사회를 일반적인 특징에 따라 구분한 것이다. A, B에 대한 옳은 설명을 〈보기〉에서 고른 것은?

구분	A	B
부의 원천	노동, 자본	지식, 정보
생산 양식	소품종 대량 생산	다품종 소량 생산

┤ 보기 ├
ㄱ. A는 B에 비해 관료제화 정도가 높다.
ㄴ. A는 B에 비해 3차 산업의 비중이 높다.
ㄷ. B는 A에 비해 비대면 접촉의 비중이 높다.
ㄹ. B는 A에 비해 가정과 일터의 결합 정도가 낮다.

① ㄱ, ㄴ ② ㄱ, ㄷ ③ ㄴ, ㄷ
④ ㄴ, ㄹ ⑤ ㄷ, ㄹ

09 다음 내용에서 파악할 수 있는 정보 사회의 특징을 〈보기〉에서 고른 것은?

> 정치 과정은 시민들의 의견을 수렴하여 정책 및 법률에 반영한 후 이를 집행하는 일련의 절차를 말한다. 정치 과정에서 시민들의 의견을 수렴하는 단계를 '투입'이라고 한다. 과거에는 시민들의 대표인 국회의원이 투입에서 주된 역할을 수행하였다. 그러나 정보 통신 기술이 발달하여 시민이 가상 공간을 통해 자신의 의견을 손쉽게 개진할 수 있게 되었다. 이제는 정부에서 시민들의 의견을 빠르게 수렴하기 위한 인터넷 창구를 마련할 정도가 되었다.

┤ 보기 ├
ㄱ. 대의 민주주의의 한계를 극복하기 어려워진다.
ㄴ. 국민이 정치 과정에 참여하는 기회가 증대된다.
ㄷ. 시민의 요구가 정책 결정자에게 신속히 전달된다.
ㄹ. 권력 집단에 의해 시민의 자유와 권리가 위축될 수 있다.

① ㄱ, ㄴ   ② ㄱ, ㄷ   ③ ㄴ, ㄷ
④ ㄴ, ㄹ   ⑤ ㄷ, ㄹ

10 밑줄 친 주장에 대한 근거로 적절한 자료를 〈보기〉에서 고른 것은?

> 정보화가 진전됨에 따라 우리들의 삶이 어떻게 변화할지에 대해 상반된 의견이 존재한다. 먼저 정보화가 진전될수록 누구나 쉽게 정보에 접근할 수 있게 되어 빈부 격차가 완화될 것이라는 주장이 있다. 이러한 주장은 정보화에 따른 생산성 증가의 혜택을 다 같이 누릴 수 있다고 전제한다. 반면, 정보화가 진행될수록 부의 편중이 더욱 심화될 것이라고 보는 견해도 있다. 현재의 불평등한 사회 구조가 정보화 과정에서 더욱 공고화될 것이라는 주장이다.

┤ 보기 ├
ㄱ. 소득 계층별 정보에의 접근성 차이 정도
ㄴ. 일반인과 사회적 약자의 정보 격차 정도
ㄷ. 청소년의 스마트폰 및 온라인 게임 중독 실태
ㄹ. 정보화 과정에서 초래되는 정보 윤리 문제 현황

① ㄱ, ㄴ   ② ㄱ, ㄷ   ③ ㄴ, ㄷ
④ ㄴ, ㄹ   ⑤ ㄷ, ㄹ

11 그림은 A, B 사회의 특징을 비교한 것이다. 이에 대한 옳은 설명을 〈보기〉에서 고른 것은? (단, A, B는 각각 정보 사회, 산업 사회 중 하나이다.)

* 세로축에서 멀수록 그 정도가 높거나 강함

┤ 보기 ├
ㄱ. A는 B에 비해 지식과 정보의 가치가 중시된다.
ㄴ. B는 A에 비해 다품종 소량 생산의 비중이 높다.
ㄷ. (가)에는 '면대면 접촉의 비중'이 들어갈 수 있다.
ㄹ. (가)에는 '쌍방향 미디어의 비중'이 들어갈 수 있다.

① ㄱ, ㄴ   ② ㄱ, ㄷ   ③ ㄴ, ㄷ
④ ㄴ, ㄹ   ⑤ ㄷ, ㄹ

12 표는 우리나라의 연도별 출생아 수와 합계 출산율을 나타낸 것이다. 이와 같은 현상을 초래한 요인으로 적절하지 **않은** 것은?

구분	출생아 수(천 명)	합계 출산율(명)
1990년	649.7	1.570
2000년	634.5	1.467
2010년	470.2	1.226
2014년	435.3	1.210

* 합계 출산율 : 여자 1명이 가임 기간(15~49세) 동안 낳을 것으로 예상되는 평균 출생아 수

① 결혼 나이 상승
② 자녀 양육비 및 교육비 부담 증가
③ 결혼에 대한 인식 변화에 따른 비혼 증가
④ 의료 기술의 발달에 따른 평균 수명 증가
⑤ 자녀에 대한 인식 변화에 따라 자녀를 가지지 않는 부부 증가

13 다음 내용에서 공통적으로 추론할 수 있는 고령화에 따른 문제점으로 가장 적절한 것은?

> • 정부는 노인 빈곤 문제를 해결하기 위해 소득 계층 하위 80%의 노인들에게 매월 30만 원의 급여를 지급하는 복지 제도를 마련할 계획이나, 청년층에 제공될 복지를 축소하여 한정된 예산을 노인 복지에 집중하는 것에 대한 청년층의 비판이 제기되고 있다.
> • 정부는 노인 일자리 대책의 하나로 정년 연장을 추진하고 있다. 정부 정책이 실시될 경우 정년이 70세까지 연장될 것으로 보이나, 이로 인하여 신규 채용이 감소할 것이라는 우려가 동시에 제기되고 있다.

① 생산력이 저하되어 경기가 침체된다.
② 노인 부양 비용에 대한 부담이 낮아진다.
③ 노년층과 다른 세대 간의 갈등이 증가한다.
④ 인구가 감소하여 사회의 지속 가능성이 낮아진다.
⑤ 생산 가능 인구가 감소하여 노동력이 부족해진다.

15 다음 대화에 나타난 A에 관한 설명으로 옳은 것은?

> 교사 : A의 발생 요인에 관해 이야기해 볼까요?
> 학생 1 : 초혼 연령이 상승하기 때문입니다.
> 학생 2 : 자녀 양육에 따른 경제적 부담이 크기 때문입니다.
> 학생 3 : 결혼과 자녀에 대한 가치관이 변화하였기 때문입니다.
> 학생 4 : 여성의 사회 진출이 증가하기 때문입니다.
> 학생 5 : 가사 노동 구조가 여성 중심이기 때문입니다.
> 교사 : 맞아요. 이러한 요인들이 복합적으로 영향을 미쳐 A가 점점 심화되고 있어요.

① 평균 수명이 증가하는 현상이다.
② 합계 출산율이 낮아지는 현상이다.
③ 세대 간 갈등이 증가하는 현상이다.
④ 평균 가구원 수가 증가하는 현상이다.
⑤ 노인 인구의 비율이 높아지는 현상이다.

14 그림은 갑국과 을국의 인구 구조를 나타낸 것이다. 이에 대한 옳은 설명 및 추론을 〈보기〉에서 고른 것은?

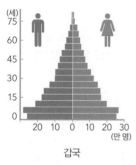
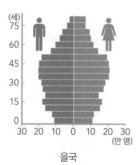

| 보기 |
ㄱ. 노인 복지 부담은 갑국에 비해 을국이 클 것이다.
ㄴ. 합계 출산율은 갑국에 비해 을국이 높을 것이다.
ㄷ. 전체 인구에서 65세 이상 인구의 비율은 갑국에 비해 을국이 더 높다.
ㄹ. 저출산·고령화 현상은 을국보다 갑국에서 더 심각한 사회 문제로 나타날 것이다.

① ㄱ, ㄴ   ② ㄱ, ㄷ   ③ ㄴ, ㄷ
④ ㄴ, ㄹ   ⑤ ㄷ, ㄹ

[중요]

16 그림은 갑국의 연령 계층별 인구 구성비 변화를 나타낸 것이다. 이에 대한 옳은 설명 및 추론을 〈보기〉에서 고른 것은?

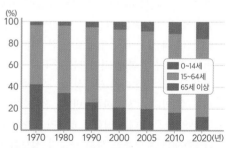

| 보기 |
ㄱ. 65세 이상 인구 비율은 높아지고 있다.
ㄴ. 0~14세 인구는 지속적으로 감소하고 있다.
ㄷ. 갑국의 출산율과 사망률 모두 하락하고 있을 것이다.
ㄹ. 0~14세 인구 대비 65세 이상 인구의 비는 낮아지고 있다.

① ㄱ, ㄴ   ② ㄱ, ㄷ   ③ ㄴ, ㄷ
④ ㄴ, ㄹ   ⑤ ㄷ, ㄹ

17 그림은 우리나라에 거주하는 외국인 주민 수와 그 비중을 나타낸 것이다. 이러한 추세가 지속될 경우 예상되는 사회 현상으로 적절하지 <u>않은</u> 것은?

① 문화 공존의 자세 함양 노력이 필요하다.
② 서로 다른 문화의 접촉이 늘어나 문화 발전의 기회가 많아진다.
③ 다른 문화에 대한 배타적 태도의 필요성이 사회적으로 증대된다.
④ 서로 다른 문화에 대한 이해가 부족하여 문화 갈등이 증가할 수 있다.
⑤ 저출산·고령화 때문에 나타나는 노동력 부족 문제가 완화될 수 있다.

중요 ★★★

18 다음에 나타난 다문화 정책 A, B에 대한 옳은 설명을 〈보기〉에서 고른 것은?

A는 한 사회에 이주해 온 다양한 특성이 있는 사람들을 주류 사회 문화에 동화시키고자 한다. 즉, 소수 문화를 향유하는 이주민들을 주류 사회의 구성원으로서 효과적으로 적응시키는 데 초점을 둔다. 반면 B는 한 사회 내에서 다양성을 유지하고, 집단 간 차이와 서로 다른 문화 요소를 존중하고자 한다. 즉, 모든 구성원이 자신들의 고유한 문화 정체성을 유지하면서 한 사회의 구성원으로서 생활하는 데 초점을 둔다.

┤ 보기 ├
ㄱ. A는 샐러드 볼 정책에 해당한다.
ㄴ. B는 문화 동화를 기반으로 한다.
ㄷ. A는 B에 비해 안정적 사회 통합에 유리하다.
ㄹ. B는 A에 비해 문화 갈등을 예방하는 데 유리하다.

① ㄱ, ㄴ   ② ㄱ, ㄷ   ③ ㄴ, ㄷ
④ ㄴ, ㄹ   ⑤ ㄷ, ㄹ

---

19 다음 내용에 나타난 정부 정책의 긍정적 영향과 부정적 영향을 <u>한 가지씩</u> 서술하시오.

우리나라는 중국, 미국, 캐나다, 칠레 등 전 세계에 걸쳐 많은 나라와 자유 무역 협정(FTA)을 체결하였으며, 이를 더욱 확대하기 위해 현재도 여러 국가들과 협상 중이다.

---

20 그림은 산업 사회와 정보 사회의 특징을 비교한 것이다. 물음에 답하시오.

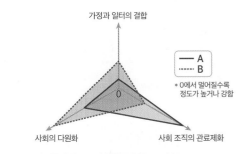

(1) A, B에 해당하는 사회를 각각 쓰시오.

(2) A 사회에 비해 B 사회에서 두드러지게 나타나는 특징을 <u>한 가지만</u> 서술하시오. (단, 위 그림에서 제시되지 않은 내용을 서술할 것)

---

21 다음 대화에서 을의 견해에 부합하는 저출산 문제 해결 방안을 <u>두 가지</u> 서술하시오.

갑 : 저출산 문제는 출산에 대한 사회적 인식이 변화하여 나타났다고 생각해. 과거와 달리 꼭 아이를 낳아야 한다고 생각하는 사람들이 줄어들고 있어.
을 : 현실적으로 여성이 아이를 낳아 키우는 것이 여러 가지 면에서 힘들기 때문에 출산을 기피하는 것이 아닐까? 사회적으로 출산과 양육을 지원하는 제도가 충분히 마련되어 있지 않은 것이 저출산의 원인이라고 생각해.

01 표는 산업 사회와 정보 사회의 특징을 비교한 것이다. (가), (나)에 들어갈 내용을 〈보기〉에서 바르게 연결한 것은? (단, A, B는 각각 산업 사회와 정보 사회 중 하나이다.)

비교 기준	비교 결과
지식·정보·서비스 산업의 비중	A > B
(가)	A < B
(나)	A > B

┌ 보기 ┐

ㄱ. 직업의 동질성 정도　　　　ㄴ. 업무 방식의 표준화 정도
ㄷ. 구성원 간 비대면 접촉 정도　　ㄹ. 가정과 일터의 결합 정도

	(가)	(나)			(가)	(나)
①	ㄱ, ㄴ	ㄷ, ㄹ		②	ㄱ, ㄷ	ㄴ, ㄹ
③	ㄴ, ㄷ	ㄱ, ㄹ		④	ㄴ, ㄹ	ㄱ, ㄷ
⑤	ㄷ, ㄹ	ㄱ, ㄴ				

🔍 문제 접근 방법

지식·정보·서비스 산업의 비중을 비교하여 A와 B가 각각 정보 사회와 산업 사회 중 어느 사회인지 파악한다. 그리고 각 보기의 정도가 산업 사회와 정보 사회 중 어느 사회에서 더 크게 나타나는지 비교하여 판단한다.

✏️ 적용 개념

정보 사회의 특징
산업 사회의 특징

02 그림은 A, B 사회의 특징을 비교한 것이다. 이에 대한 설명으로 옳은 것은? (단, A, B 사회는 각각 산업 사회와 정보 사회 중 하나이다.)

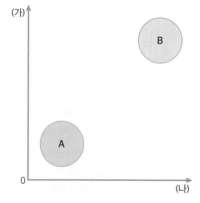

① A가 정보 사회라면 (가)에는 '사회 변동의 속도'가 들어갈 수 있다.
② A가 산업 사회라면 (나)에는 '관료제 조직의 비중'이 들어갈 수 있다.
③ B가 정보 사회라면 (가)에는 '대면 접촉의 비중'이 들어갈 수 있다.
④ B가 산업 사회라면 (나)에는 '가정과 일터의 결합 정도'가 들어갈 수 있다.
⑤ (가)가 '직업의 동질성', (나)가 '업무 방식의 표준화 정도'라면 A는 정보 사회, B는 산업 사회이다.

🔍 문제 접근 방법

이 문제는 제시된 선지를 하나씩 제시된 그림에 대입하여 옳고 그름을 파악해야 한다는 점에서 일정 수준의 사고력이 요구되고, 정답 풀이에 시간이 많이 소요되는 고난도 문항이다.

✏️ 적용 개념

정보 사회의 특징
산업 사회의 특징

03 다음 대화에서 을의 주장에 부합하는 사례를 〈보기〉에서 고른 것은?

> 갑 : 세계화의 부정적인 영향도 분명 존재하지만 전 세계가 하나의 시장이 되어 많은 국가 및 기업들이 경쟁하는 과정에서 전 지구적 차원의 생산성이 증대하며, 이는 인류의 발전으로 이어질 수 있습니다. 각 나라가 비교 우위를 가진 재화 및 서비스에 특화하여 생산하고 교역하는 과정은 결국 지구촌 전체의 번영을 가져올 것입니다.
>
> 을 : 비교 우위 이론에 따라 전 세계적으로 분업과 교환이 이루어진다면 지구 전체적인 생산량은 분명 증가할 것입니다. 그러나 현실적으로 분배의 과정에서 문제가 발생하고 있으며, 세계화에 참여하는 모든 주체가 세계화에 따른 이익을 공유하는 것은 아닙니다. 즉, 세계화는 분명 한계를 가지고 있습니다.

> ┤ 보기 ├
> ㄱ. 경쟁력이 약한 기업 및 종사자의 이익 감소
> ㄴ. 선진국과 개발 도상국 간의 빈부 격차 확대
> ㄷ. 문화 획일화로 인한 약소국의 전통문화 소멸
> ㄹ. 다국적 기업의 영향 증대로 개별 정부의 자율성 침해

① ㄱ, ㄴ ② ㄱ, ㄷ ③ ㄴ, ㄷ
④ ㄴ, ㄹ ⑤ ㄷ, ㄹ

문제 접근 방법

갑과 을의 대화 내용을 분석하여 세계화에 대해 을이 가지는 입장을 이해해야 한다. 특히 세계화의 영향 중 을이 주목하는 분야를 파악한 후 그에 부합하는 사례를 찾아야 한다.

적용 개념

세계화의 부정적 영향
경제적 측면의 부정적 영향

04 표는 갑국~병국의 연령 계층별 인구 구성비의 변화를 나타낸 것이다. 이에 대한 옳은 설명만을 〈보기〉에서 있는 대로 고른 것은?

(단위 : %)

구분	갑국		을국		병국	
	1970년	2010년	1970년	2010년	1970년	2010년
0~14세	16	15	27	20	16	8
15~64세	67	55	65	65	75	55
65세 이상	17	30	8	15	9	37

> ┤ 보기 ├
> ㄱ. 갑국~병국 모두 고령화 현상이 심화되었다.
> ㄴ. 0~14세 인구는 갑국~병국 모두에서 감소하였다.
> ㄷ. 갑국과 달리 을국의 15~64세 인구 수는 동일하다.
> ㄹ. 65세 이상 인구 대비 15~64세 인구의 비는 갑국~병국 모두 감소하였다.

① ㄱ, ㄴ ② ㄱ, ㄹ ③ ㄴ, ㄷ
④ ㄱ, ㄷ, ㄹ ⑤ ㄴ, ㄷ, ㄹ

문제 접근 방법

제시된 자료는 연령대별 인구 구성비를 나타낸 것이다. 이를 통해 연령대별 인구의 비를 국가별로 비교할 수 있다. 그러나 각 국가별, 연도별로 전체 인구가 제시되어 있지 않기 때문에 국가별 인구수를 비교할 수 없다.

적용 개념

고령화 현상

03 전 지구적 수준의 문제와 세계 시민

학습길잡이 • 환경 문제, 자원 문제, 전쟁과 테러 같은 전 지구적 수준의 문제에 관해 파악한다.
• 지속 가능한 사회를 위한 세계 시민의 역할을 이해한다.

개념 더하기 자료 채우기

1 산림 파괴

식물은 광합성 과정에서 이산화 탄소를 흡수하고 산소를 배출한다. 따라서 대규모 산림은 지구의 허파와 같은 역할을 하며 대기 중의 이산화 탄소 양을 조절하는 기능을 수행하고 있다. 그런데 산업화 과정에서 과도한 산림 파괴가 일어나 대기 중의 온실가스가 더욱 증가하게 되었다.

A 전 지구적 수준의 문제에는 어떤 것이 있을까

1 환경 문제

① 원인과 영향

구분	원인	영향
지구 온난화	화석 연료의 사용 증가와 산림 파괴 등에 따른 대기 중 온실가스의 증가 **1**	기상 이변 발생, 생태계 교란 및 동식물의 서식지 변화, 해수면 상승에 따른 피해 등
사막화	산림 남벌, 목초지 과잉 개발, 기상 이변 등	인간이 생활 가능한 공간 감소, 황사 등의 대기 오염 초래 등
열대 우림 파괴	개발을 위한 무분별한 벌목 및 방화	온실가스 증대로 인한 지구 온난화 가속화, 생태계 파괴 등

└ 열대 우림 지역에서는 기후적 특성 때문에 척박해진 토양을 비옥하게 하는 화전이 광범위하게 나타나고 있다.

② 해결 방안

• 제도적 방안 : 온실가스 배출량 감축을 의무화하는 기후 변화 협약 마련, 환경친화적인 상품 개발, 재활용 활성화 방안 마련 **2 3**

• 의식적 방안 : 환경 문제의 심각성에 대한 각성, 자연과 함께 더불어 살아가려는 인식의 전환

지구 온난화 문제는 어느 한 국가의 노력으로 해결하기 어렵다는 점에서 전 지구적 수준의 문제이다. 따라서 전 지구적 차원의 노력이 필요하며, 모든 국가들이 공감하는 합의점을 마련할 수 있는 협약이 필요하다.

2 환경친화적인 상품

같은 상품이라도 생산 공정 등의 차이로 인해 생산 과정에서 배출되는 온실가스의 양은 많거나 적을 수 있다. 또한 사용 후 폐기 과정에서 쉽게 분해되고, 태워도 공해가 적으며 재활용이 쉽도록 제조할 수 있다. 이처럼 생산과 폐기 과정에서 환경에 미치는 영향을 고려한 상품을 환경친화적인 상품이라고 한다.

2 자원 문제

┌ 태양광 발전, 풍력 발전 등과 같이 화석 연료를 대체할 수 있는 에너지이다.

구분	내용	해결 방안
에너지 부족	석유 등과 같은 에너지 자원의 매장량 감소 및 고갈 우려	대체 에너지 개발, 성장 위주 정책에 대한 개선
식량 부족	지역에 따라 식량 부족에 따른 기아 문제 발생 **질문**	식량 분배 방식에 대한 고려
물 부족	산업화 과정에서 물 수요가 증가하여 물 부족 현상 발생	수자원의 효율적 활용 방안 마련

3 재활용 활성화

인류가 사용하는 거의 대부분의 재화는 생산 과정에서 에너지가 소요되며, 환경 문제를 초래하고 있다. 따라서 환경 문제를 해결하는 좋은 방법 중 하나는 생산된 재화를 재활용하는 것이다. 이를 위해 정부는 재활용이 활성화될 수 있도록 재활용 업체에 보조금을 지급하는 등 다양한 방안을 마련하고 있다.

자료로 보는 에너지 부족 문제와 대안

	천연가스	석탄	석유
187조 입방미터		8,915억 톤	1조 6,976억 배럴

3.5조 입방미터 약 53년 38억 톤 335억 배럴 약 50년
약 114년

확인 매장량 / 연간 생산량 / 가채 연수

*2015년 기준 (영국 석유 기업 BP 발표, 2016)

◇ 화석 에너지 자원의 매장량과 가채 연수

◇ 태양열 발전 지붕

자원 고갈 문제에 대응하기 위해 자원 절약뿐만 아니라 대체 에너지 개발이 요구되고 있다. 최근 들어 우리나라에도 소규모 태양광 발전 시설이 많아지고 있다. 이처럼 대체 에너지 기술 개발 및 보급을 위해 사회 전체적인 노력과 참여가 필요하다.

Q 태양광 발전 등과 같이 화석 에너지를 대체할 수 있는 에너지를 무엇이라고 할까?

A 대체 에너지

질문 있어요

왜 지역에 따라 기아 문제가 발생하나요?

지구상에는 모든 인류가 충분히 먹을 만큼의 식량이 생산되고 있어요. 그러나 곡물에서 연료를 추출하는 바이오 에탄올 연료 생산의 증가, 곡물을 사료로 하는 가축 사육의 증가 등으로 인하여 일부 지역에서는 인간이 먹을 식량이 부족한 현상이 나타나고 있습니다. 결국 기아는 생산의 문제가 아니라 분배의 문제이지요.

✳ 용어사전

* **산림**(山 산, 林 수풀) 수목이 집단적으로 생육하고 있는 산이나 숲

* **기아**(飢 굶주리다, 餓 굶주리다) 식량 부족에 따른 지속적인 굶주림

3 전쟁과 테러 ④

① 의미
- *전쟁 : 국가 간에 전면적으로 발생하는 무력 행위
- *테러 : 개인이나 단체가 특정한 목적으로 행사하는 폭력 행위

② 해결 방안 : 갈등을 평화적으로 해결하려는 노력, 인류의 보편적 가치를 지
향할 수 있는 세계 시민 의식 함양 └─ 인권, 생명 등이 이에 해당한다.

B 세계 시민과 지속 가능한 사회란 무엇일까

1 세계 시민 ⑤

① 의미 : 세계 공동체 의식을 가지고 전 지구적 수준의 문제 해결을 위해 노
력하는 사람 └─ 어느 한 국가의 국민으로서가 아니라 인류 공동체의 일원으로서 고민하고 사고하는 것이다.

② 역할 : 전 지구적 수준의 문제에 관심을 가지고 주체적이고 능동적으로 참
여하여 해결 방안 모색, 인류의 보편적 가치를 추구하고 이를 보전하기 위
해 노력 질문

★ 2 지속 가능한 사회 ⑥
└─ 미래 세대의 삶이 보장되기 위해서는 미래 세대가 자신들의 필요만큼 개발할 수 있는 여력이 지구상에 남아 있어야 한다. 즉, 미래 세대의 개발 여력을 고려하여 현세대가 개발을 해야 한다는 의미이다.

① 의미 : 현세대와 미래 세대의 삶이 함께 보장되는 사회

② 실천 방안

개인적 차원	친환경 제품 사용, 재활용품 분리배출 등
집단적 차원	시민 단체, 국제기구 등 집단적 차원의 실천
의식적 차원	전 지구적 수준의 문제에 대한 관심 제고, 국가 간 협력의 필요성에 대한 인식 제고

자료로 보는 지속 가능한 사회를 위한 행동

(가) 에코라이프(ecolife)는 생태학(ecology)과 생활(life)이 결합된 말로, 친환경적,
생태적 생활 방식을 의미한다. 유리병 재활용, 적정량의 음식 조리, 자전거
이용, 샤워 시간 줄이기, 일회용품 줄이기, 집에서 식물 키우기 등이 에코라
이프를 실천하는 대표적인 생활 습관으로 제시되고 있다.

(나) 아무것도 사지 않는 날(Buy Nothing Day)은 과도한 소비가 지구를 파괴하
고, 미래 세대가 자원을 이용할 권리를 빼앗는 행위가 될 수 있음을 알리는
캠페인이다. 매년 11월 26일을 '아무것도 사지 않는 날'로 정하여 소비 행위
를 잠시 멈추고 소비와 환경, 지속 가능한 발전에 대해 생각해 보게 한다.

지속 가능한 사회가 되기 위해서는 현세대의 필요를 충족하기 위하여 미래 세대가 사용
할 경제·사회·환경 등의 자원을 낭비하거나 여건을 저하하지 않고, 서로 조화와 균형을
이루어야 한다. 이를 위해서는 무엇보다 먼저 자원 및 에너지를 낭비하지 않아야 한다.
꼭 필요한 자원 및 에너지의 소비는 불가피하지만, 불필요한 소비 또는 낭비가 없는지
우리의 삶을 돌아보고 실천할 수 있어야 한다. (가), (나)는 일상생활에서 실천할 수 있는
지속 가능한 사회를 위한 행동이다.

◎ 현세대뿐만 아니라 미래 세대도 안정적이고 풍요로운 삶을 살 수 있도록 경제 성장, 사회 안
정과 통합, 환경 보전 등이 조화를 이루는 사회를 무엇이라고 할까? Ⓐ 회사 현임 지속 가능한 사회

④ 전쟁과 테러의 공통점과 차이점

전쟁과 테러 모두 인명 피해를 가져올 수 있는 행위라는 공
통점을 가진다. 그러나 전쟁이 상대방 군인을 대상으로 한
무력 행위인 반면, 테러는 군인뿐만 아니라 민간인을 포함
한 불특정 다수를 대상으로 한 폭력 행위라는 차이가 있다.
일반적으로 테러에 비해 국가 간에 발생하는 전쟁은 피해
의 규모가 더 크게 나타난다.

⑤ 세계 시민의 목표

1. 우리 모두는 인류 공동체의 구성원으로서 책
   임 의식을 가져야 합니다.
2. 이를 위해 인류 보편의 가치를 내면화하는 것
   이 필수적입니다.
3. 세계의 쟁점과 지구촌의 상호 의존성을 비판
   적으로 이해해야 합니다.
4. 인류 공동의 문제 해결을 위해 능동적으로 참
   여할 수 있어야 합니다.

세계 시민은 특정 국가의 국민으로서만이 아니라 인류 공동
체의 일원으로서 세계 공동체 의식을 가지고 지구촌 문제를
해결하기 위해 협력하는 사람이다.

질문 있어요

전 지구적 수준의 문제는 어떻게 해결해야 하나요?
지구 온난화, 사막화, 자원 부족 등과 같은 전 지구적 수준의
문제가 미치는 영향 및 경각심 정도는 국가마다 달라요. 그렇
지만 이들 문제가 궁극적으로 특정 국가가 아니라 전체 인류
의 생존에 위협이 된다는 점에서 공동 대응이 필요해요. 그러
므로 개별 국가의 차원이 아니라 지구 공동체 차원에서 고민
하고, 해결 방안을 모색하며 실천할 수 있는 사람이 되어야
해요. 이를 세계 시민이라고 하며, 앞으로 그 역할과 필요성
은 더욱 커질 것이에요.

⑥ 지속 가능한 사회와 세계 시민

미래 세대의 삶이 보장되기 위해서는 오늘날 인류가 직면
하고 있는 전 지구적 수준의 문제를 해결해야 한다. 전 지
구적 수준의 문제 해결을 위해서는 개별 국가, 개별 구성원
의 노력뿐만 아니라 전 지구적 차원의 협력이 필요하다. 따
라서 인류 공동체의 일원으로서 전 지구적 수준의 문제를
고민하고 실천하는 세계 시민 의식을 가져야 한다.

✱ 용어사전

* *전쟁(戰 싸우다, 爭 다투다) 조직적인 무력 행위
* *테러 살인, 납치, 유괴, 약탈 등 다양한 방법으로 폭력을 행
사하여 사회적 공포를 일으키는 행위

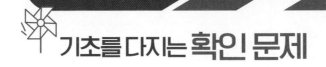

A 전 지구적 수준의 문제

1 환경 문제

지구 온난화	• 내용 : 지구의 평균 기온이 상승하는 현상 • 원인 : 화석 연료 사용 증가와 산림 파괴 • 영향 : 기상 이변 발생, 생태계 교란 및 동식물의 서식지 변화, 해수면 상승에 따른 피해 등
사막화	• 내용 : 사막 지역이 확대되는 현상 • 원인 : 산림 남벌, 목초지 과잉 개발, 기상 이변 등 • 영향 : 생활 공간 감소, 황사 등의 대기 오염 초래
열대 우림 파괴	• 내용 : 대규모 산림이 파괴되는 현상 • 원인 : 개발을 위한 무분별한 벌목 및 방화 • 영향 : 온실가스 증대로 인한 지구 온난화 가속화

2 자원 문제

에너지 부족	• 내용 : 석유 등과 같은 에너지 자원의 매장량 감소 • 대안 : 대체 에너지 개발, 성장 위주 정책 개선
식량 부족	• 내용 : 지역에 따라 식량 부족과 기아 문제 발생 • 대안 : 식량 분배 방식에 대한 고려
물 부족	• 내용 : 산업화로 물 수요가 증가하여 물 부족 발생 • 대안 : 수자원의 효율적 활용 방안 마련

3 전쟁과 테러

내용	• 전쟁 : 국가 간에 전면적으로 발생하는 무력 행위 • 테러 : 특정한 목적으로 행사하는 폭력 행위
해결 방안	• 갈등을 평화적으로 해결하려는 노력 • 인류의 보편적 가치를 지향할 수 있는 세계 시민 의식 함양

B 세계 시민과 지속 가능한 사회

1 세계 시민

의미	세계 공동체 의식을 가지고 전 지구적 수준의 문제 해결을 위해 노력하는 사람
역할	• 전 지구적 수준의 문제에 관심을 가지고 주체적이고 능동적으로 참여하여 해결 방안 모색 • 인류의 보편적 가치를 추구하고 이를 보전하기 위해 노력

2 지속 가능한 사회

의미	현세대와 미래 세대의 삶이 함께 보장되는 사회
실천 방안	• 개인적 차원 : 친환경 제품 사용, 재활용품 분리 배출 등 • 집단적 차원 : 시민 단체, 국제기구의 실천 • 의식적 차원 : 전 지구적 수준의 문제에 대한 관심 제고, 국가 간 협력의 필요성에 대한 인식 제고

---

01 다음 설명이 맞으면 ○표, 틀리면 ×표를 하시오.

(1) 대기 중의 온실가스가 증가할수록 지구의 평균 기온이 낮아진다. ( )

(2) 지구 온난화 현상은 해수면 상승의 주요한 요인이다. ( )

(3) 열대 우림 파괴는 지구 온난화를 가속화하는 요인이다. ( )

(4) 자원 고갈 문제의 대안으로 태양광 발전과 같은 대체 에너지 개발이 제시되고 있다. ( )

(5) 지속 가능한 사회는 현세대는 물론 미래 세대의 삶이 함께 보장되는 사회이다. ( )

02 빈칸에 들어갈 알맞은 말을 쓰시오.

(1) ( )은/는 세계 공동체 의식을 가지고 지구촌 문제 해결을 위해 협력하는 사람이다.

(2) ( )은/는 개인이나 단체가 특정한 목적으로 행사하는 폭력 행위이다.

(3) ( ) 현상은 지구의 평균 기온이 지속해서 상승하는 현상으로, 기상 이변과 생태계 교란 등의 영향을 준다.

(4) ( ) 개발은 석유와 같은 화석 에너지 부족 문제에 대한 대안이다.

03 환경 문제와 그 발생 원인을 바르게 연결하시오.

(1) 사막화 • • ㉠ 대기 중 온실가스 증가

(2) 지구 온난화 • • ㉡ 개발을 위한 무분별한 벌목

(3) 열대 우림 파괴 • • ㉢ 목초지의 과잉 개발, 강수량 감소

01 다음 글을 바르게 이해한 학생을 〈보기〉에서 고른 것은?

> A국 정부는 바람을 타고 B국에서 전해지는 모래로 인한 피해가 확대되자 B국 정부와 황사 및 사막화 방지 협력에 관한 협정을 체결하였다. A국 정부는 황사의 발원지인 사막 인근 지역에 나무를 심는 조림 사업을 실시하고, B국 또한 목초지의 과잉 개발을 제한하고 있다. 이러한 노력으로 인해 메말랐던 황무지가 푸른 숲으로 조금씩 변해 가고 있다.

┤ 보기 ├
갑 : 국가 간 협력으로 환경 문제를 해결하고 있어요.
을 : 지구 온난화 문제 해결을 위해 노력하고 있어요.
병 : 사막화 현상에 두 국가가 공동 대응하고 있어요.
정 : 기후 변화 협약을 통해 온실가스 배출량이 줄어들고 있어요.

① 갑, 을 ② 갑, 병 ③ 을, 병
④ 을, 정 ⑤ 병, 정

★★
중요
02 다음 사례에서 도출할 수 있는 기아 문제의 특징으로 가장 적절한 것은?

> • 세계적으로 영양실조에 걸린 사람들의 숫자는 약 8억 명으로 매년 약 1,200만 명의 아동들이 기아로 사망하고 있다. 반면, 선진국에서는 비만 증가에 따른 건강 악화가 사회 문제가 되고 있다.
> • 국제 유가가 급등함에 따라 선진국에서는 옥수수 등과 같은 곡물에서 추출한 바이오 연료의 생산이 증가하고 있다. 이에 따라 국제 곡물 가격이 크게 상승하였고, 이는 저개발국의 기아 문제 확대로 이어지고 있다.

① 식량 생산 부족이 주된 원인이다.
② 산업화 과정에서 문제가 악화되고 있다.
③ 개별 국가의 노력으로 해결이 가능한 문제이다.
④ 생산된 식량이 적절히 분배되지 못해 생기는 문제이다.
⑤ 문제 해결을 위해 지구 전체적인 생산량 증대가 요구된다.

03 다음 글을 통해 파악할 수 있는 지구 온난화 문제의 특징을 〈보기〉에서 고른 것은?

> 농업 사회에서 산업 사회로 변화하는 과정에서 대규모 공장들이 크게 증가하였다. 경제 성장 우선 정책에 따라 자연환경에 대한 고려 없이 대규모 공장에서 온실가스를 대량으로 배출하였으며, 그 결과 오늘날 지구 온난화에 직면하였다. 지구 온난화의 해결을 위해 온실가스 감축이 필요하나, 어느 한 국가가 온실가스 감축을 위해 자국의 공장을 폐쇄한다고 하더라도 다른 국가가 공장 운영을 확대한다면 지구 전체적으로 온실가스의 양은 감소하지 않을 것이다.

┤ 보기 ├
ㄱ. 산업화 과정에서 초래된 문제이다.
ㄴ. 자원 개발을 통해 문제를 해결할 수 있다.
ㄷ. 문제 해결을 위해 여러 국가가 공동 대응해야 한다.
ㄹ. 극지방의 빙하가 녹아내려 해수면이 낮아지면서 문제가 악화되고 있다.

① ㄱ, ㄴ ② ㄱ, ㄷ ③ ㄴ, ㄷ
④ ㄴ, ㄹ ⑤ ㄷ, ㄹ

04 다음에 나타난 전 지구적 수준의 문제에 대한 옳은 설명을 〈보기〉에서 고른 것은?

> 화석 연료 사용으로 온실가스층이 두꺼워지면 지구에서 방출되는 에너지의 양이 감소하면서 지구의 평균 기온이 상승한다. 온실가스 중에서 이러한 현상을 일으키는 주범은 이산화 탄소이다. 이산화 탄소는 석유나 석탄과 같은 화석 연료가 연소될 때 가장 많이 발생한다. 또한 열대림을 태워 개발하는 과정에서도 이산화 탄소가 배출된다.

┤ 보기 ├
ㄱ. 개별 국가의 대응으로 해결 가능하다.
ㄴ. 산업화 과정에서 더욱 심화되고 있다.
ㄷ. 해수면 상승, 이상 기후 문제를 초래하고 있다.
ㄹ. 산업화되지 않은 국가에는 영향을 미치지 않고 있다.

① ㄱ, ㄴ ② ㄱ, ㄷ ③ ㄴ, ㄷ
④ ㄴ, ㄹ ⑤ ㄷ, ㄹ

05 다음 대화에서 추론할 수 있는 내용으로 가장 적절한 것은?

전 세계 옥수수 생산량의 62%가 바이오 에탄올 생산에 사용되고 있어.

유가가 상승하여 바이오 에탄올에 대한 수요가 더욱 증가할 것이라고 하네.

갑   을

① 국제 곡물 가격이 하락할 것이다.
② 곡물 수입 국가에서 식량 부족 문제가 생길 것이다.
③ 식량 부족 국가들의 곡물 수입 부담이 감소할 것이다.
④ 바이오 연료의 생산 확대로 식량 부족 문제가 완화될 것이다.
⑤ 지구상 모든 인류가 먹을 만큼 식량이 충분히 생산되지 않고 있다.

06 다음에 나타난 전 지구적 수준의 문제에 대한 옳은 설명을 〈보기〉에서 고른 것은?

> 여러 국가들을 지나는 하천을 국제 공유 하천이라고 한다. 예를 들어 하천의 상류는 갑국에 위치하나, 하류는 을국에 위치하는 경우가 이에 해당한다. 이러한 국제 공유 하천은 최근 들어 국제 분쟁의 요인이 되고 있다. 아프리카의 나일강 상류는 에티오피아이고 하류는 이집트이다. 에티오피아가 나일강 상류에 높이 145m, 길이 1,800m의 댐을 건설하려고 하자, 이집트는 이 댐이 국가 안보에 극심한 위협을 줄 것이라고 판단하였으며, 이는 두 국가 사이의 갈등을 초래하였다. 결국 두 나라는 나일강의 수자원 공유에 대한 기본 합의에 서명하였다.

| 보기 |
ㄱ. 무분별한 벌목으로 나타난 문제이다.
ㄴ. 국가 간에 유기적인 협력이 필요한 문제이다.
ㄷ. 대체 에너지의 개발을 통해 해결이 가능하다.
ㄹ. 자원 문제가 국가 간 분쟁으로 이어지고 있다.

① ㄱ, ㄴ   ② ㄱ, ㄷ   ③ ㄴ, ㄷ
④ ㄴ, ㄹ   ⑤ ㄷ, ㄹ

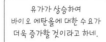

07 다음에 나타난 전 지구적 수준의 문제 해결 방안에 대한 설명으로 적절하지 <u>않은</u> 것은?

> 2015년 11월 30일부터 2주간 파리에서 진행된 기후 변화 국제 회의에서 지구의 평균 온도가 산업화 이전 대비 2도 이상 상승하지 않도록 온실가스 배출량을 줄이는 것을 목표로 하는 파리 협정을 체결하였다. 이전의 기후 변화 협약이었던 교토 의정서가 선진국에만 강제적 이행 규정을 두었던 것과 달리 파리 협정은 전 세계 195개 당사국이 모두 의무적으로 온실가스 배출량 감축 목표치를 준수하도록 하였다.

① 지구 온난화 문제를 해결하고자 한다.
② 지속 가능한 사회의 구축을 추구하고 있다.
③ 국가 간 협력을 통해 문제 해결을 모색하고 있다.
④ 세계 공동체 의식을 바탕으로 해결 방안을 마련하고 있다.
⑤ 개별 국가의 이해관계를 중심으로 해결 방안을 모색하고 있다.

08 다음은 테러 현황을 나타낸 것이다. 이를 근거로 '예'라는 대답이 가능한 질문을 〈보기〉에서 고른 것은?

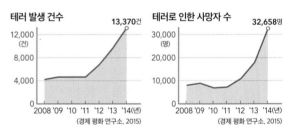

테러 발생 건수 — 13,370건 (경제 평화 연구소, 2015)
테러로 인한 사망자 수 — 32,658명 (경제 평화 연구소, 2015)

| 보기 |
ㄱ. 국가 간에 전면적인 무력 행위가 늘어나고 있는가?
ㄴ. 과거에 비해 오늘날 테러의 위험이 감소하고 있는가?
ㄷ. 테러에 대한 전 지구적 차원의 대책 마련이 요구되는가?
ㄹ. 과거에 비해 분쟁 당사자 간에 상호 존중의 자세가 더욱 요구되고 있는가?

① ㄱ, ㄴ   ② ㄱ, ㄷ   ③ ㄴ, ㄷ
④ ㄴ, ㄹ   ⑤ ㄷ, ㄹ

09 교사의 질문에 대한 학생의 응답으로 적절하지 <u>않은</u> 것은?

지구촌 문제 해결을 위한 세계 시민의 역할에 대해 이야기해 볼까요?

'세계 시민의 역할'

① 인류 공동의 문제에 능동적으로 참여해야 합니다.
② 인류 공동체 구성원으로서 책임 의식을 가져야 합니다.
③ 국가를 초월하여 참여 및 연대를 할 수 있어야 합니다.
④ 전 지구적 수준의 문제에 지속적인 관심을 가져야 합니다.
⑤ 인류의 보편적 가치가 아닌 개인적 이해관계에 집중해야 합니다.

10 밑줄 친 '참여와 실천'에 해당하는 사례를 〈보기〉에서 고른 것은?

> ESSD는 'Environmentally Sound and Sustainable Development'의 약자로 '환경적으로 건전하며 환경을 보존할 수 있는 발전'을 의미한다. 즉, 지구 환경 용량을 초과하지 않는 범위 내에서 지속적 성장과 발전이 있어야 한다는 뜻이다. 이는 미래 세대의 삶의 질, 미래 세대의 개발 여력을 감안한 발전이라는 점에서 지속 가능한 발전이다. 지속 가능한 발전은 '지속 가능한 사회'와 맥락을 같이하며, 이를 위해서는 세계 시민으로서의 <u>참여와 실천</u>이 요구된다.

┤ 보기 ├
ㄱ. 에너지 효율 우수 제품의 사용을 권장한다.
ㄴ. 친환경적이고 생태적 생활 방식을 습관화한다.
ㄷ. 공동체의 이익보다 경제적 이윤 추구를 우선시한다.
ㄹ. 전 지구적 수준의 문제 해결을 위한 국가 간 협력에 반대한다.

① ㄱ, ㄴ   ② ㄱ, ㄷ   ③ ㄴ, ㄷ
④ ㄴ, ㄹ   ⑤ ㄷ, ㄹ

11 표는 전 지구적 수준의 문제를 구분한 것이다. 물음에 답하시오.

구분	환경 문제	자원 문제
종류	(가)	• 자원 부족 • 식량 부족 • 물 부족

(1) (가)에 들어갈 환경 문제를 <u>세 가지</u> 쓰시오.

(2) (가)에 들어갈 세 가지 환경 문제에 대해 각각의 해결 방안을 서술하시오.

12 다음 글을 읽고 물음에 답하시오.

> 상당수의 저개발국은 식량 수입국이다. 식량 수입국은 국제 곡물 가격이 상승할 경우 식량 부족 문제에 직면하게 되며, 이는 기아 현상으로 이어진다. 그런데 국제 곡물 가격 상승은 전 지구적 차원의 식량 부족 때문이 아니라, 바이오 연료와 같이 식량을 다른 용도로 사용하고자 하는 수요가 증가하여 나타난다.

(1) 위 사례에 나타난 전 지구 수준의 문제를 쓰시오.

(2) 위 사례에 나타난 문제의 발생 원인과 해결 방안을 윗글의 내용을 바탕으로 서술하시오.

13 다음을 통해 파악할 수 있는 전 지구적 수준의 문제가 가지는 특징을 서술하시오.

> 지구 온난화로 인해 나타난 기후 변화 때문에 전 지구적으로 자연재해가 증가하고 있다. 지구 온난화는 특정 국가의 문제가 아니라 모든 인류가 직면한 문제이다. 지구 온난화에 대응하기 위해서는 온실가스 감축이 필요한데, 어느 한 국가가 온실가스를 감축해도 다른 국가들이 여전히 온실가스를 종전과 같이 배출한다면 지구 전체적으로 대기 중 온실가스의 양은 큰 변화가 없을 것이다.

등급을 올리는 고난도 문제

01 다음 사례에 대한 옳은 설명을 〈보기〉에서 고른 것은?

유럽 연합(EU)은 디젤 자동차의 배기가스 배출을 줄이기 위해서 '유로 규제'라는 규제 방안을 마련하여 적용하고 있다. '유로 규제'는 가장 낮은 규제 등급인 유로 1에서 2014년부터 적용되고 있는 가장 높은 규제 등급인 유로 6까지 있으며, 유로 6의 경우 유로 5에 비해 대표적인 온실가스인 질소 산화물의 허용치가 5분의 1로 줄어들게 된다. 유로 규제는 유럽 연합에서 제정한 규제이지만 유럽 연합뿐만 아니라 세계 여러 나라에서 적용하고 있으며, 이들 국가에서 자동차를 판매하기 위해서는 유로 규제를 충족해야 한다. 이에 따라 전 세계 자동차 업체들은 유로 규제를 충족하기 위해 온실가스 배출량을 줄인 엔진을 개발하여 장착하고 있다.

┤ 보기 ├
ㄱ. 지구 온난화 현상 해결에 도움이 되는 방안이다.
ㄴ. 규제를 통해 환경친화적인 상품의 개발을 장려하고 있다.
ㄷ. 지속 가능한 발전을 위한 개별 국가 차원의 노력에 해당한다.
ㄹ. 무력으로 대규모 인명 피해를 초래하는 전 지구적 수준의 문제에 대한 대응 방안이다.

① ㄱ, ㄴ   ② ㄱ, ㄷ   ③ ㄴ, ㄷ
④ ㄴ, ㄹ   ⑤ ㄷ, ㄹ

문제 접근 방법
제시된 사례에 대한 이해를 바탕으로 옳은 설명을 찾는 문항으로, 사전 지식보다는 제시된 글을 읽고 옳고 그름을 판단해야 한다.

적용 개념
지구 온난화
지속 가능한 발전

02 다음 글을 바탕으로 추론할 수 있는 열대 우림 파괴의 영향을 〈보기〉에서 고른 것은?

국제 연합 식량 농업 기구(FAO)에 의하면 1980년 이후 5년간 이 지역 열대림의 560만 ha가 소멸된 것으로 추정되었고, 위성 관측에 따르면 아마존 열대림이 1987년 한 해 동안 800만 ha가 소실되었다고 한다. 울창한 삼림 1ha는 연간 평균 이산화 탄소 16톤을 흡수하고 산소 12톤을 방출하는데, 이 산소량은 44명이 1년간 호흡할 수 있는 양이다. 따라서 지구상에서 1천만 ha의 삼림이 없어진다면 이산화 탄소 1억 6천만 톤의 흡수 능력과 산소 1억 2천만 톤의 생산력이 없어지는 셈이다.

┤ 보기 ├
ㄱ. 토양 침식과 극심한 물 부족이 초래된다.
ㄴ. 지구 온난화 현상을 더욱 가속화시킨다.
ㄷ. 대기 중 온실가스가 증가하는 요인이 된다.
ㄹ. 생물 종의 다양성이 증가하여 생태계가 파괴된다.

① ㄱ, ㄴ   ② ㄱ, ㄷ   ③ ㄴ, ㄷ
④ ㄴ, ㄹ   ⑤ ㄷ, ㄹ

문제 접근 방법
'다음 글을 바탕으로 추론'이라는 전제에 유의해야 한다. 제시된 글을 바탕으로 열대 우림 파괴의 영향을 추론해야 한다.

적용 개념
열대 우림 파괴
지구 온난화

03 다음은 『왜 세계의 절반은 굶주리는가?』라는 책을 소개하는 글이다. 이를 바탕으로 식량 부족 문제를 해결하기 위한 적절한 방안을 〈보기〉에서 고른 것은?

> 부족한 것 없이 하루하루를 보내는 전 세계의 많은 사람들. 음식점에서는 손만 조금 댄 반찬들이 쓰레기통으로 버려지는 경우가 허다하다. 그러나 우리가 이렇게 음식을 낭비하며 살아가고 있는 지금 이 순간에도 지구 어느 곳에서는 밥 한 끼, 빵 한 조각을 먹지 못해 죽어 가고 있는 이들이 많다는 것을 알고 있는가? 이 책에서는 전쟁과 정치적 무질서로 인해 구호 조치가 무색해지는 비참한 현실, 소는 배불리 먹으면서 사람은 굶는 모순된 현실 등을 자세히 설명한다. 또한 사막화와 삼림 파괴, 도시화와 식민지 정책, 불평등을 야기하는 신자유주의 등 기아를 발생시키는 정치·사회·경제적인 구조들을 살펴본다. 그리고 구호 조직의 활동과 딜레마 속 사각지대에 놓여 있는 기아 아동들, 부자들의 쓰레기로 연명하는 사람들의 모습을 보여 주며 사람이 가져야 할 인정과 지구촌 식구로서 당연히 해야 할 도리를 촉구한다.

┤ 보기 ├
ㄱ. 식량 생산 증대를 위한 기술 개발을 촉구한다.
ㄴ. 인류 공동체 일원으로서의 세계 시민 의식을 견지한다.
ㄷ. 전 지구적 빈부 격차 완화를 위한 구조적 방안을 모색한다.
ㄹ. 육식 위주의 식습관으로 바꾸어 육류 소비 증대를 위해 노력한다.

① ㄱ, ㄴ   ② ㄱ, ㄷ   ③ ㄴ, ㄷ
④ ㄴ, ㄹ   ⑤ ㄷ, ㄹ

04 그림에서 교사의 질문에 대한 적절한 대답만을 〈보기〉에서 있는 대로 고른 것은?

다음은 국제 연합(UN)이 발표한 지구촌 과제 중 일부입니다. 이들 과제의 공통점에 대해 이야기해 볼까요?

• 에너지의 지속 가능한 사용에 대한 보장
• 자연 자원에 대한 지속 가능한 관리

┤ 보기 ├
ㄱ. 인간 중심적인 사고방식과 개발 계획이 요구되는 문제입니다.
ㄴ. 개별 국가의 노력이 아닌 전 지구적 차원의 협력이 요구되는 문제입니다.
ㄷ. 현세대뿐만 아니라 다음 세대의 삶에 대한 배려와 존중이 필요한 문제입니다.
ㄹ. 전 지구적 문제에 대해 고민하고 참여하는 세계 시민 의식이 필요한 문제입니다.

① ㄱ, ㄴ   ② ㄱ, ㄷ   ③ ㄷ, ㄹ
④ ㄱ, ㄴ, ㄹ   ⑤ ㄴ, ㄷ, ㄹ

사회 변동 이론

Step 1 　단원에서 자료 추출하기

자료 ① 사회 변동의 방향에 관한 이론

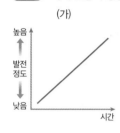 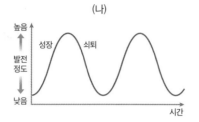

(가)　　　　　　　　　　(나)

자료 ② 진화론과 순환론

(가) 인간 사회는 원시적, 중간적, 근대적 사회로 변해 왔다. 원시적 사회에서 중간적 사회로 발전하는 데는 언어의 발달이, 중간적 사회에서 근대적 사회로 발전하는 데는 규범의 제도화가 중요한 요인으로 작용하였다.

(나) 문명도 생애 주기가 있어서 일련의 발생과 성장 단계를 거쳐 결국 몰락의 과정을 겪는다. 인류 역사 이래 여러 문화권을 검토한 결과 모든 문명은 일반적으로 천 년을 생애 주기로 하는 것으로 나타났다.

Step 2 　자료에서 핵심 추출하기

〔 자료 해설 〕

자료 ① (가)는 사회 변동을 단선적인 발전으로 보고 있다는 점에서 진화론, (나)는 사회 변동을 성장과 쇠퇴가 반복하는 과정으로 보고 있다는 점에서 순환론에 해당한다.

자료 ② (가)는 '원시적 – 중간적 – 근대적'과 같은 단계적 발전으로 사회 변동을 설명한다는 점에서 진화론, (나)는 성장과 몰락의 과정으로 사회 변동을 설명한다는 점에서 순환론에 해당한다.

〔 자료 분석 비법 〕

진화론은 사회 변동이 '발전·진보'라는 한 방향으로 나타난다고 보는 반면, 순환론은 사회 변동이 단선적으로 진보하기만 하는 것이 아니라 쇠퇴, 소멸하기도 한다고 본다.

〔 자료에서 추출한 핵심 〕 사회 변동의 방향

진화론은 변동 방향이 일정한 반면, 순환론은 변동 방향이 생성 – 성장 – 쇠퇴 – 소멸의 과정으로 반복되어 나타난다.

정보 사회의 특징

Step 1 　단원에서 자료 추출하기

자료 ① 정보 사회와 산업 사회

A 사회	B 사회
직장인 갑은 출근하지 않고 집에서 컴퓨터로 회사의 업무를 본다. 인터넷을 통해 직장 동료 및 협력 업체와 협의하며, 팀장 또는 CEO에게 직접 보고를 하는 등 여러 가지 일을 집에서 처리한다.	직장인 을은 매일 아침 9시부터 오후 6시까지 자동차 제조 공장에서 일한다. 출근 후 업무 지시를 받아 하루 종일 컨베이어 벨트에 실려 오는 자동차에 타이머를 장착하는 일을 수행한다.

자료 ② 정보 사회, 산업 사회, 농업 사회

기준　　　　사회	(가)	(나)	(다)
가정과 일터의 결합 정도	+	++	+++
사회의 다원화 정도	++	+++	+
사회 조직의 관료제화 정도	+++	++	+

* +의 개수가 많을수록 강함 내지 높음을 나타냄

Step 2 　자료에서 핵심 추출하기

〔 자료 해설 〕

자료 ① A 사회는 인터넷을 활용하여 재택근무가 이루어지고 있다는 점에서 정보 사회의 특성이 나타나는 반면, B 사회는 공장에서 대량 생산이 이루어지고 있다는 점에서 산업 사회의 특성이 나타난다.

자료 ② 사회 조직의 관료제화 정도가 가장 높은 (가)는 산업 사회, 사회의 다원화 정도가 가장 높은 (나)는 정보 사회, 가정과 일터의 결합 정도가 가장 높은 (다)는 농업 사회임을 알 수 있다.

〔 자료 분석 비법 〕

정보 사회, 산업 사회, 농업 사회의 특성은 다른 사회와의 비교를 통해 나타난다. 예를 들어 정보 사회에서도 관료제의 특성이 나타나지만 그 정도가 산업 사회에 비해 약하다.

〔 자료에서 추출한 핵심 〕 정보·산업·농업 사회의 특성

가정과 일터의 결합 정도	농업 사회 > 정보 사회 > 산업 사회
사회의 다원화 정도	정보 사회 > 산업 사회 > 농업 사회
사회 조직의 관료제화 정도	산업 사회 > 정보 사회 > 농업 사회

Step 3 핵심 알고 문제 풀기

그림은 사회 변동에 대한 관점 A, B의 공통점과 차이점을 나타낸 것이다. 이에 대한 옳은 설명을 〈보기〉에서 고른 것은?

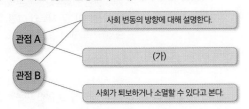

관점 A	사회 변동의 방향에 대해 설명한다.
관점 B	(가)
	사회가 퇴보하거나 소멸할 수 있다고 본다.

┤ 보기 ├
ㄱ. A는 운명론적 관점이라는 평가를 받는다.
ㄴ. B는 사회 변동이 단선적으로 나타난다고 본다.
ㄷ. B와 달리 A는 사회 변동에 대한 예측과 대응이 용이하다.
ㄹ. (가)에는 '다양한 경로의 사회 변동을 설명하기 어렵다.'가 들어갈 수 있다.

① ㄱ, ㄴ   ② ㄱ, ㄷ   ③ ㄴ, ㄷ   ④ ㄴ, ㄹ   ⑤ ㄷ, ㄹ

〖 문제 해결 비법 〗
관점 A, B는 사회 변동의 방향에 대해 설명하므로 진화론 또는 순환론이다. 그 중 사회가 퇴보 또는 소멸할 수 있다고 보는 것이 무엇인지 먼저 찾아야 한다.

Step 4 고난도 문제 도전하기

표는 사회 변동에 대한 관점 A, B를 질문 (가), (나)를 활용하여 구분한 것이다. 이에 대한 옳은 설명만을 〈보기〉에서 있는 대로 고른 것은? (단, A, B는 각각 진화론과 순환론 중 하나이다.)

구분	(가)	(나)
A	아니요	예
B	예	아니요

┤ 보기 ├
ㄱ. A가 진화론이면, (가)에는 '서구 중심적이라는 비판을 받는가?'가 적절하다.
ㄴ. B가 순환론이면, (나)에는 '사회 변동 방향을 예측하기 용이한가?'가 적절하다.
ㄷ. (가)가 '사회 변동은 일정한 방향을 가지고 있는가?'라면, A는 B와 달리 사회 변동을 사회 발전으로 인식한다.

① ㄱ   ② ㄴ   ③ ㄷ
④ ㄱ, ㄴ   ⑤ ㄴ, ㄷ

Step 3 핵심 알고 문제 풀기

(가)~(다)에 해당하는 사회에 대한 옳은 설명을 〈보기〉에서 고른 것은? (단, (가)~(다)는 각각 농업 사회, 산업 사회, 정보 사회 중 하나이다.)

일반적으로 (가)는 (나)보다 가정과 일터의 결합 정도가 강하고, (나)는 (다)보다 산업에서 제조업이 차지하는 비중이 높으며, (다)는 (가)보다 사회 변동 속도가 느리다.

┤ 보기 ├
ㄱ. (가)는 쌍방향 미디어가 보편적으로 나타난다.
ㄴ. (나)는 표준화된 업무 방식이 보편화된다.
ㄷ. (다)는 지식 및 정보가 부가 가치 창출의 근원이다.
ㄹ. (가)는 (나)에 비해 구성원 간의 비대면 접촉 정도가 낮다.

① ㄱ, ㄴ   ② ㄱ, ㄷ   ③ ㄴ, ㄷ   ④ ㄴ, ㄹ   ⑤ ㄷ, ㄹ

〖 문제 해결 비법 〗
가정과 일터의 결합 정도, 산업에서 제조업이 차지하는 비중, 사회 변동 속도를 비교하여 (가)~(다)가 해당하는 사회를 파악해야 한다. 농업 사회, 산업 사회, 정보 사회의 특징을 비교하여 알아 두어야 한다.

Step 4 고난도 문제 도전하기

그림은 A, B 사회의 일반적인 특징을 비교한 것이다. 이에 대한 옳은 설명을 〈보기〉에서 고른 것은? (단, A, B는 각각 산업 사회와 정보 사회 중 하나이다.)

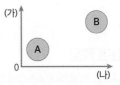

┤ 보기 ├
ㄱ. A가 산업 사회라면, (가)에는 '가정과 일터의 결합 정도', (나)에는 '구성원 간 비대면 접촉 정도'가 적절하다.
ㄴ. B가 정보 사회라면, (가)에는 '전자 상거래의 비중', (나)에는 '업무 방식의 표준화 정도'가 적절하다.
ㄷ. (가)가 '기술 발전의 속도', (나)가 '3차 산업의 비중'이라면, A는 B에 비해 구성원 간 익명성이 낮다.
ㄹ. (가)가 '사회의 다원화 정도', (나)가 '다품종 소량 생산의 비중'이라면, B는 A에 비해 사회 조직의 관료제화 정도가 높다.

① ㄱ, ㄴ   ② ㄱ, ㄷ   ③ ㄴ, ㄷ   ④ ㄴ, ㄹ   ⑤ ㄷ, ㄹ

V 단원 수능 빈출 유형

유형 1 사회 변동의 방향에 관한 이론

사회 변동의 방향을 보는 관점 (가), (나)에 대한 설명으로 옳은 것은?

> (가) 단순한 생물체가 점차 그 조직의 구조가 분화되고 통합되어 복합적인 생물체로 변화되듯이, 사회 또한 사회를 구성하는 집단이 증가할 뿐만 아니라 집단 간 결합이 양적, 질적으로 강화되는 방향으로 변화될 것이다.
>
> (나) 한 사회가 일련의 도전에 어떻게 반응하는가에 따라 변동 방향이 좌우된다. 그 반응의 성공 여부에 의해 개별 사회가 성장하고 쇠퇴하는데, 결국 인류 문명에서 이러한 성장과 쇠퇴는 지속적으로 되풀이될 것이다.

① (가)는 사회가 주기적으로 동일한 과정을 통해 변동하는 것으로 본다.

② (나)는 서구의 제국주의 역사를 정당화하는 수단으로 악용될 수 있다는 비판을 받는다.

③ (가)는 (나)와 달리 모든 사회가 일정한 방향으로 발전한다고 본다.

④ (나)는 (가)와 달리 선진국과 후진국 간의 불평등한 힘의 관계에 주목한다.

⑤ (가), (나) 모두 서구 사회가 밟아 왔던 변동의 과정이 최선의 것은 아니라고 본다.

>> **유형 분석** 사회 변동에 관한 이론을 묻는 문제는 출제 빈도가 상대적으로 높은 주제는 아니지만, 사회 변동 방향에 관한 진화론과 순환론의 내용을 묻는 문항이 글 자료와 그림 형태로 출제되기도 한다.

☑ **공략법**

❶ 제시문 (가), (나)의 내용이 진화론과 순환론 중 어떤 이론을 설명하는지 파악한다.

❷ 진화론과 순환론에 관해 올바른 내용을 제시한 선지를 고른다.

유형 2 정보 사회의 특징

표는 (가), (나)를 적용하여 A~C의 일반적인 특징을 비교한 것이다. 이에 대한 설명으로 옳은 것은? (단, A~C는 각각 농업 사회, 산업 사회, 정보 사회 중 하나이다.)

비교 기준 \ 사회	A	B	C
(가)	+++	+	++
(나)	++	+++	+

* +의 개수가 많을수록 높음, 빠름, 강함을 의미함

① (가)가 '가정과 일터의 분리 정도'이면, A는 C보다 관료제 조직의 비중이 높다.

② (가)가 '구성원의 비대면 접촉 정도'이면, C는 B보다 확대 가족의 비중이 높다.

③ (나)가 '구성원 간의 익명성 정도'이면, A는 B보다 전자 상거래의 비중이 높다.

④ (가)가 '사회 변동의 속도'이면, (나)는 '사회의 다원화 정도'가 적절하다.

⑤ (나)가 '직업의 동질성 정도'이면, (가)는 '의사 결정의 분권화 정도'가 적절하다.

>> **유형 분석** 최근 들어 수능 출제 비율이 증가하고 있는 '비어 있는 형태의 표' 문항으로, 제시된 선지를 하나씩 표에 대입하여 옳고 그름을 파악해야 한다.

☑ **공략법**

❶ 선지 ①부터 하나씩 대입하여 옳고 그름을 파악한다.

❷ 모든 선지를 대입해야 하므로 다른 유형의 문항에 비하여 시간이 많이 소요되기 때문에 빠르게 사고하고 판단할 수 있어야 한다.

유형 3 사회 변동의 방향에 관한 이론

사회 변동을 바라보는 (가)의 관점을 통해 (나)의 관점을 비판한 내용으로 옳은 것은?

> (가) 인류 사회는 일정한 방향으로 진보해 온 것이 아니라 시간의 흐름에 따라 생성, 성장, 쇠퇴, 소멸의 과정을 반복해 왔다. 사회 변동은 단선적 발전 과정이 아니라 주기적으로 반복되어 나타난다.
>
> (나) 인류 사회는 사회 변동을 통해 특정한 방향으로 진보해 왔다. 방향을 갖는다는 것은 단순한 사회로부터 복잡하고 분화된 사회로, 진보한다는 것은 새롭고 보다 나은 문명의 사회로 나아감을 의미한다.

① 사회 변동을 운명론적 관점으로만 설명하고 있다.
② 사회 변동을 대립과 갈등이라는 속성으로만 파악한다.
③ 사회 변동을 질서와 안정을 추구하는 것으로만 파악한다.
④ 사회 변동의 방향을 예측하기 어려워 역동적 대응이 곤란하다.
⑤ 사회 변동 과정에서 나타나는 사회의 멸망을 설명하기 어렵다.

> **유형 분석** 사회 변동의 방향에 관한 이론인 순환론과 진화론의 내용과 함께 각 관점이 가지고 있는 한계를 비판하는 내용을 묻는 문항이 출제된다.
>
> ☑ **공략법**
> ❶ 제시문 (가), (나)의 내용이 진화론과 순환론 중 어떤 이론을 설명하는지 파악한다.
> ❷ (가) 순환론의 관점에서 (나) 진화론의 한계를 지적하는 내용의 선지를 고른다.

유형 4 정보 사회의 특징

A~C의 일반적 특징에 대한 설명으로 옳은 것은? (단, A~C는 각각 농업 사회, 산업 사회, 정보 사회 중 하나이다.)

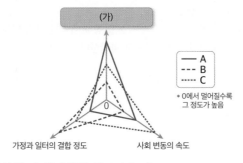

① A는 B보다 구성원 간 익명성의 정도가 높다.
② A는 C보다 다품종 소량 생산의 비중이 크다.
③ B는 C보다 지식 산업을 통한 부가 가치 창출이 유리하다.
④ C는 B보다 직업의 동질성이 강하다.
⑤ (가)에는 '비대면 접촉의 정도'가 들어갈 수 있다.

> **유형 분석** 정보 사회의 특징을 묻는 문항은 표, 그래프, 그림 등 다양한 형태의 자료를 제시하고 산업 사회, 농업 사회와 특징의 정도를 비교하는 방식으로 출제된다.
>
> ☑ **공략법**
> ❶ 제시된 조건을 활용하여 A~C에 해당하는 사회를 파악한다.
> ❷ 선지의 A~C에 해당하는 사회를 대입하여 각 내용의 옳고 그름을 파악한다. 이를 위해서는 각 사회의 특징에 대한 정확한 이해가 필요하다.

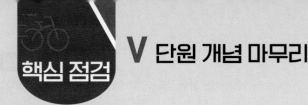

V 단원 개념 마무리

01 사회 변동과 사회 운동

• 사회 변동과 사회 운동

사회 변동	사회 운동
• 의미 : 생활 양식, 사회적 관계, 사회 구조 등이 변화하는 현상 • 특징 : 변동의 속도와 양상은 사회마다 다르고, 변화가 사회 전반에 걸쳐 동시에 나타나며, 과거에 비해 속도가 빨라짐 • 요인 : 기술 발전, 인구 구조의 변화, 집단 간 갈등, 가치관 변화, 자연환경적 요인 등	• 의미 : 사회 변동을 이끌어 내기 위한 지속적·집단적인 노력 • 특징 : 운동의 목표가 뚜렷하고 활동 방법이 구체적임, 목표와 활동을 정당화하는 구체적인 신념과 가치가 있음, 목표를 실행으로 옮길 수 있는 체계적인 조직 형태를 띠고 있음 • 유형 : 개혁적 사회 운동, 혁명적 사회 운동, 복고적 사회 운동

• 사회 변동을 설명하는 이론

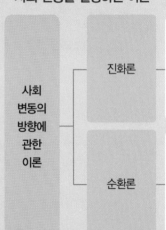

사회 변동의 방향에 관한 이론	진화론	• 내용 : 사회 변동은 일정한 방향을 가지고 있으며, 변동은 발전과 진보를 의미함, 사회의 발전 방향을 예측하고 설명하는 데 유용함 • 한계 : 서구 사회를 진보된 사회로 전제하고 있으며, 서구 제국주의 역사를 정당화하는 데 악용될 우려가 있음, 사회 변동이 항상 발전을 의미하지 않으며 모든 사회가 같은 방향으로 변화하지 않기 때문에 다양한 경로의 사회 발전 양상을 설명하기 어려움
	순환론	• 내용 : 사회 변동은 시간의 흐름에 따라 생성, 성장, 쇠퇴, 소멸의 과정을 반복하는 것이라고 봄, 사회는 단선적으로 진보하기만 하는 것이 아니라 퇴보하고 붕괴하기도 함, 과거의 사회 변동을 설명하는 데 유용함 • 한계 : 앞으로의 변동을 예측하고 대응하는 데 한계가 있음, 순환론이 전제하는 순환 과정은 매우 오랜 시간에 걸쳐 일어나는 것이기 때문에 단기적 사회 변동 과정을 설명하기 어려움

사회 구조적 측면에서 사회 변동을 설명하는 이론	기능론	• 내용 : 사회는 많은 부분들이 각각의 기능을 원활하게 수행할 때 균형을 이루고 안정을 유지할 수 있음, 사회 변동은 사회의 부분이나 전체가 마찰을 극복하고 균형의 상태를 찾아가는 과정임 • 장점 : 사회의 질서와 안정을 바탕으로 점진적 사회 변동 과정을 설명하기에 용이함 • 단점 : 급진적 사회 변동을 설명하기 곤란하며 보수적 경향이 있음
	갈등론	• 내용 : 사회를 경제적 부, 정치적 권력 등의 희소가치를 더 많이 획득하려는 구성원들 간의 경쟁과 투쟁의 장으로 이해함, 불공정한 자원 분배로 사회적 희소가치를 갖지 못한 피지배 집단이 지배 집단에 저항하는 과정에서 사회가 변동함 • 장점 : 사회 질서 이면에 숨어 있는 모순과 갈등을 통해 급격한 사회 변동을 설명하기에 용이함 • 단점 : 사회 변동을 갈등과 대립의 측면에서만 파악한다는 비판을 받음

02 현대 사회의 변화와 대응 방안

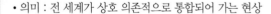

세계화	• 의미 : 전 세계가 상호 의존적으로 통합되어 가는 현상
	• 영향
	  – 경제적 : 국가 간 무역 증대, 다양한 상품을 저렴한 가격으로 소비 가능, 경쟁력을 갖추지 못한 기업 및 개인의 도태, 국가 간 빈부 격차 확대, 한 국가에서 발생한 경제적 위기가 전 세계 확대
	  – 문화적 : 문화 교류 확대로 문화적 다양성 증대, 강대국 문화 중심으로 문화적 획일화 초래, 문화 충돌에 따른 갈등
	  – 정치적 : 보편적 가치 확산, 강대국 중심의 의사 결정으로 약소국의 자율성 침해
	• 대안 방안 : 경쟁력 확보, 문화 상대주의 태도 견지, 세계 공동체 의식 함양

정보화	• 의미 : 산업 사회에서 정보 사회로 변화하는 현상
	• 영향
	  – 경제적 : 다품종 소량 생산 방식 확대, 전자 상거래 활성화, 재택근무 등 노동자의 근로 환경 변화
	  – 정치적 : 의사 결정의 분권화, 국민의 정치 과정 참여 기회 확대, 정보 독점으로 시민의 자유와 권리 위축
	  – 사회·문화적 : 사회적 관계의 공간적 범위 확대, 정보 불평등 현상인 정보 격차 발생, 피상적 인간관계 확대
	• 대응 방안 : 사이버 범죄 처벌 강화, 정보 소외 계층에 대한 지원책 마련, 정보 윤리 함양

저출산
·
고령화
	• 저출산 : 합계 출산율이 지속적으로 낮아지는 현상
	  – 영향 : 생산 가능 인구 감소에 따른 경기 침체, 생산력 저하에 따른 인구 부양 문제 발생
	  – 대응 방안 : 출산과 육아에 대한 지원 강화, 일·가정 양립이 가능한 제도 마련
	• 고령화 : 전체 인구에서 65세 이상 인구가 차지하는 비율이 높아지는 현상
	  – 영향 : 노년 부양비 증가, 청장년층과 노년층 간 세대 갈등 증가, 노인 빈곤 등 노인 문제 발생
	  – 대응 방안 : 노인 복지 확대, 노인 일자리 확충, 노후 대비 강화

다문화적
변화
	• 다문화 사회 : 다양한 문화를 가진 사람들이 공존하는 사회
	• 영향
	  – 긍정적 : 문화 선택의 폭이 넓어져 삶의 질 향상, 문화적 다양성을 바탕으로 문화 창조 능력 향상, 서로 다른 문화 간 교류를 바탕으로 문화 발전 기회 증대, 저출산·고령화에 따른 노동력 부족 해소
	  – 부정적 : 언어와 관습의 차이에 따른 적응의 어려움, 외부 문화의 유입으로 전통문화의 정체성 약화, 이질적인 집단 간에 상호 이해 부족으로 갈등 발생
	• 대응 방안 : 다른 문화에 대한 관용의 자세 함양, 이주민의 사회 정착 지원 제도 마련

03 전 지구적 수준의 문제와 세계 시민

• 전 지구적 수준의 문제

환경 문제	자원 문제	전쟁과 테러
• 지구 온난화 : 화석 연료의 사용에 따른 온실가스 증가로 발생, 기상 이변·해수면 상승 등에 따른 피해 초래 • 사막화 : 사막 지역이 확대되는 현상, 산림의 남벌 및 목초지의 과잉 개발 등으로 발생, 황사 등의 대기오염 초래 • 열대 우림 파괴 : 무분별한 벌목 및 방화로 발생, 지구 온난화의 가속화 초래	• 에너지 부족 : 에너지 고갈 우려, 대체 에너지 개발 및 성장 위주 정책에 대한 개선 필요 • 식량 부족 : 지역에 따라 식량 부족과 기아 문제 발생, 식량 분배 방식에 대한 고려 필요 • 물 부족 : 산업화에 따른 물 수요 증가, 수자원의 효율적 활용 방안 마련	• 전쟁 : 국가 간에 전면적으로 발생하는 무력 행위 • 테러 : 개인이나 단체가 특정한 목적으로 행사하는 폭력 행위 • 해결 방안 : 갈등을 평화적으로 해결하려는 노력, 인류의 보편적 가치를 지향할 수 있는 세계 시민 의식 함양 필요

• 세계 시민과 지속 가능한 사회

세계 시민	지속 가능한 사회

• 의미 : 세계 공동체 의식을 가지고 전 지구적 수준의 문제 해결을 위해 노력하는 사람
• 역할 : 전 지구적 수준의 문제에 관심을 가지고 주체적이고 능동적으로 참여하여 해결 방안 모색, 인류의 보편적 가치를 추구하고 이를 보전하기 위해 노력
	• 의미 : 현세대와 미래 세대의 삶이 함께 보장되는 사회
	• 실천 방안
	  – 개인적 차원 : 친환경 제품 사용, 재활용품 분리배출 등
	  – 집단적 차원 : 시민 단체, 국제기구 등에 참여 및 활동
	  – 의식적 차원 : 전 지구적 수준의 문제에 대한 관심 제고

01 다음에 나타난 사회 변동 현상에 대한 옳은 설명을 〈보기〉에서 고른 것은?

> 과거에 비해 결혼을 꼭 해야 한다, 아이를 꼭 낳아야 한다는 인식이 감소하였으며 이에 따라 1인 가구 및 2인 가구의 비율이 높아지고 있다. 결혼 및 출산에 대한 인식이 변화하여 합계 출산율 및 출생아 수가 감소하고 있으며, 이는 고령화 현상 심화로 이어지고 있다.

─┤ 보기 ├─
ㄱ. 사회 변동 양상이 사회마다 다르게 나타난다.
ㄴ. 과거에 비해 사회 변동 속도가 빨라지고 있다.
ㄷ. 사회 구성원의 가치관 변화가 인구 변동을 가져온다.
ㄹ. 사회 변동이 여러 분야에서 서로 연관되어 나타나고 있다.

① ㄱ, ㄴ   ② ㄱ, ㄷ   ③ ㄴ, ㄷ
④ ㄴ, ㄹ   ⑤ ㄷ, ㄹ

개념 피드백 226쪽

02 그림은 사회 변동의 방향을 바라보는 관점 A, B를 구분한 것이다. 이에 대한 옳은 설명을 〈보기〉에서 고른 것은?

─┤ 보기 ├─
ㄱ. (가)가 '서구 중심적이라는 비판을 받는가?'라면 A는 순환론, B는 진화론이다.
ㄴ. (나)가 '운명론적 관점이라는 비판을 받는가?'라면 A는 순환론, B는 진화론이다.
ㄷ. (가)가 '사회 변동을 발전으로 인식하는가?'라면, A는 B에 비해 사회 변동 방향에 대한 예측이 용이하다.
ㄹ. (가)가 '사회 변동에서 문명이 퇴보할 수 있는가?'라면, (나)는 '사회 변동은 일정한 방향이 있는가?'가 적절하다.

① ㄱ, ㄴ   ② ㄱ, ㄷ   ③ ㄴ, ㄷ
④ ㄴ, ㄹ   ⑤ ㄷ, ㄹ

03 사회 구조를 바라보는 (가), (나) 관점에 대한 옳은 설명을 〈보기〉에서 고른 것은?

> (가) 사회는 마치 유기체처럼 다양한 부분들이 상호 의존적으로 맞물려 하나의 체계를 형성하고 있으며, 각 부분들이 사회 전체의 존속과 통합을 위해 맡은 기능을 수행한다.
> (나) 사회는 희소가치를 둘러싼 구성원들 간의 갈등과 대립으로 가득 차 있고 이는 필연적인 현상이다. 또한 사회 규범이나 제도 모두 지배 집단이 자신의 기득권을 유지하기 위해 강제와 억압으로 규정한 것이다.

─┤ 보기 ├─
ㄱ. (가)는 급격한 사회 변동을 설명하기에 용이하다.
ㄴ. (가)는 일시적 불균형을 극복하고 균형 상태로 회복하는 과정을 사회 변동으로 본다.
ㄷ. (나)는 점진적 사회 변동을 설명하기에 용이하다.
ㄹ. (나)는 계급 간 갈등의 해소 과정을 사회 변동으로 이해한다.

① ㄱ, ㄴ   ② ㄱ, ㄷ   ③ ㄴ, ㄷ
④ ㄴ, ㄹ   ⑤ ㄷ, ㄹ

04 다음은 사회 변동의 방향을 바라보는 관점 A, B를 구분한 판서 내용이다. 이에 대한 설명으로 옳은 것은?

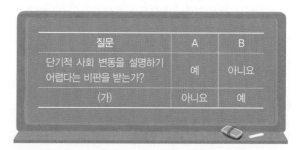

질문	A	B
단기적 사회 변동을 설명하기 어렵다는 비판을 받는가?	예	아니요
(가)	아니요	예

① A는 사회 변동 방향이 일정하다고 본다.
② A는 서구 제국주의를 옹호한다는 비판을 받는다.
③ B는 운명론적 시각으로 사회 변동을 바라본다.
④ B는 사회가 퇴보하거나 소멸할 수 있다고 본다.
⑤ (가)에는 '다양한 경로의 사회 변동에 대한 설명이 어려운가?'가 적절하다.

05 (가), (나)는 사회 변동의 방향을 바라보는 관점을 나타낸 것이다. 각 관점의 한계를 〈보기〉에서 고른 것은?

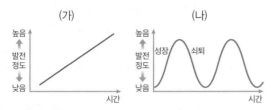

┤ 보기 ├
ㄱ. 사회 변동 방향에 대한 예측이 어렵다.
ㄴ. 단기적 사회 변동 과정을 설명하기 어렵다.
ㄷ. 다양한 경로의 사회 변동 양상을 설명하기 어렵다.
ㄹ. 서구 제국주의를 옹호하는 논리로 악용될 수 있다.

	(가)	(나)		(가)	(나)
①	ㄱ, ㄴ	ㄷ, ㄹ	②	ㄱ, ㄷ	ㄴ, ㄹ
③	ㄴ, ㄷ	ㄱ, ㄹ	④	ㄴ, ㄹ	ㄱ, ㄷ
⑤	ㄷ, ㄹ	ㄱ, ㄴ			

07 그림은 A~C 사회를 질문에 따라 구분한 것이다. 이에 대한 옳은 설명을 〈보기〉에서 고른 것은? (단, A~C 사회는 각각 정보 사회, 산업 사회, 농업 사회 중 하나이다.)

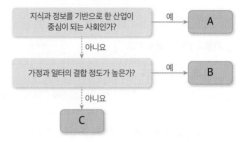

┤ 보기 ├
ㄱ. A는 관료제가 보편화되기 시작한 사회이다.
ㄴ. B는 1차 산업 중심의 전통적인 사회이다.
ㄷ. C는 쌍방향 매체가 보편적으로 사용되는 사회이다.
ㄹ. B는 A에 비해 면대면 접촉의 비중이 높은 사회이다.

① ㄱ, ㄴ ② ㄱ, ㄷ ③ ㄴ, ㄷ
④ ㄴ, ㄹ ⑤ ㄷ, ㄹ

⑦ 개념 피드백 234쪽

06 세계화를 바라보는 갑, 을의 주장에 대한 설명으로 옳은 것은?

국가 간에 비교 우위를 가진 재화의 생산에 특화할 경우 전 지구적으로 생산 규모가 증가합니다. 즉, 국가 간 분업 및 교역은 지구 전체적으로 이익이 되므로 자유 무역을 확대해야 합니다.

국가 간 교역이 확대될 경우 한 나라 안에서 경쟁력이 약한 산업은 쇠퇴하고 종사자는 실업에 직면하게 됩니다. 즉, 국가 간 자유 무역을 확대하면 빈부 격차가 심해질 뿐입니다.

갑 을

① 갑은 세계화의 부정적 측면에 집중하고 있다.
② 갑은 세계화를 정치적 측면에서 바라보고 있다.
③ 을은 세계화에 대해 긍정적 입장을 표명하고 있다.
④ 을은 세계화로 인한 문화 다양성 약화를 우려하고 있다.
⑤ 갑과 달리 을은 자유 무역 협정(FTA) 체결 확대에 반대할 것이다.

⑦ 개념 피드백 235쪽

08 다음 글에서 강조하고 있는 정보 사회의 특징으로 가장 적절한 것은?

스마트폰이 등장한 이후 우리 삶은 크게 변화하고 있다. 다양한 지식과 정보에 접근하기 쉬워지면서 지식과 정보를 활용한 산업은 더욱 확대되었다. 그러나 경제적 어려움으로 스마트폰을 구입하지 못하는 저소득층이나, 복잡한 스마트폰 기능을 충분히 활용하지 못하는 노년층은 정보 활용에 어려움을 겪는다.

① 가상 공간을 통해 피상적 인간관계가 확대된다.
② 소비자가 생산 과정에 참여하는 기회가 확대된다.
③ 소비자의 기호를 반영한 다품종 소량 생산 방식이 확대된다.
④ 사회적 소외 계층과 일반 국민 사이의 정보 격차가 확대된다.
⑤ 뉴 미디어의 등장으로 정보 수용자와 정보 생산자의 경계가 약화된다.

09 표는 A~C 사회를 질문에 따라 구분한 것이다. 이에 대한 옳은 설명을 〈보기〉에서 고른 것은? (단, A~C 사회는 각각 정보 사회, 산업 사회, 농업 사회 중 하나이다.)

구분	A	B	C
가정과 일터의 분리 정도	+	+++	++
사회 변화의 속도	+	++	+++

* +의 개수가 많을수록 강함 또는 높음을 나타냄

┤ 보기 ├
ㄱ. A는 B보다 구성원 간 익명성의 정도가 높다.
ㄴ. B는 C보다 사회 조직의 관료제화 정도가 높다.
ㄷ. C는 A보다 지식 산업의 부가 가치 총량이 크다.
ㄹ. A~C 중 의사 결정의 분권화 정도는 B가 가장 높다.

① ㄱ, ㄴ   ② ㄱ, ㄷ   ③ ㄴ, ㄷ
④ ㄴ, ㄹ   ⑤ ㄷ, ㄹ

개념 피드백 236쪽

10 교사의 질문에 대해 옳은 응답을 한 학생을 〈보기〉에서 고른 것은?

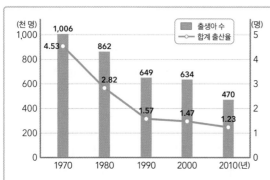

교사 : 우리나라의 출생아 수 및 합계 출산율을 나타낸 자료예요. 이를 바탕으로 1970년과 비교한 2010년 우리 사회의 모습을 추론해 보세요.

┤ 보기 ├
갑 : 고령화 정도가 완화되었을 것 같아요.
을 : 여성의 사회 진출이 증가했을 것 같아요.
병 : 자녀 양육 및 교육비 부담이 증가했을 것 같아요.
정 : 출산의 필요성에 대한 구성원의 인식이 높아졌을 것 같아요.

① 갑, 을   ② 갑, 병   ③ 을, 병
④ 을, 정   ⑤ 병, 정

11 다음 글의 A에 대한 옳은 설명을 〈보기〉에서 고른 것은?

사회 외부에서 다른 문화를 가진 사람들이 다수 이주해 올 경우 사회의 안정적 유지에 영향을 미칠 수 있다. 따라서 어느 사회이든 다문화 사회로 변화해 가는 과정에서 이주민을 대상으로 한 다문화 정책을 실시한다. 여러 다문화 정책 중 A는 안정적 사회 통합을 강조하는 방안으로, 이주민을 기존 주류 사회의 문화에 동화시키려는 정책이다.

┤ 보기 ├
ㄱ. 용광로(Melting Pot) 정책에 해당한다.
ㄴ. 추진하는 과정에서 문화 충돌이 야기될 수 있다.
ㄷ. 다른 사회의 문화 요소와의 문화 공존을 추구한다.
ㄹ. 다른 문화에 대한 상대주의적 태도를 바탕으로 한다.

① ㄱ, ㄴ   ② ㄱ, ㄷ   ③ ㄴ, ㄷ
④ ㄴ, ㄹ   ⑤ ㄷ, ㄹ

개념 피드백 246쪽

12 다음 내용에서 추론할 수 있는 지구 온난화의 발생 원인을 〈보기〉에서 고른 것은?

이산화 탄소는 대표적인 온실가스로 지구 표면에서 반사되는 열에너지를 흡수하여 다시 지구 대기층으로 방출한다. 이산화 탄소 농도는 지난 몇 십만 년간 $200 \sim 300$ppm 수준을 유지하였으나, 최근 100년 사이 380ppm까지 급격히 농도가 높아졌다.

┤ 보기 ├
ㄱ. 해수면 상승에 따른 동식물의 서식지 변화
ㄴ. 국가 간 협약에 따른 이산화 탄소 배출량 제한
ㄷ. 열대 우림 파괴에 따른 이산화 탄소 흡수량 감소
ㄹ. 산업화 과정에서 석탄 등 화석 연료의 사용 증가

① ㄱ, ㄴ   ② ㄱ, ㄷ   ③ ㄴ, ㄷ
④ ㄴ, ㄹ   ⑤ ㄷ, ㄹ

13 (가), (나)에서 공통적으로 추론할 수 있는 전 지구적 수준의 문제의 특징으로 가장 적절한 것은?

> (가) 아프리카 지역에서 발생한 전염병이 전 세계적으로 급격히 확산되자 세계 보건 기구(WHO)는 각 국 정부와 공조하여 환자의 이동을 금지하고, 전염병의 발병 원인을 파악하고 있다.
>
> (나) ○○ 지역에서 발생한 분쟁으로 인해 사상자가 증가하자 미국, 러시아, 영국, 프랑스를 비롯한 강대국과 국제 연합(UN)이 개입하여 분쟁 방지 및 긴장 완화를 위한 방안을 마련하고 있다.

① 대규모 인명 피해를 초래한다.
② 급속한 산업화가 발생 원인이다.
③ 개별 국가의 자율성을 침해한다.
④ 해결을 위해 국가 간 협력이 필요하다.
⑤ 의식적 차원의 노력이 선행되어야 한다.

14 밑줄 친 부분에 해당하는 사례를 〈보기〉에서 고른 것은?

> 자원 소비가 급증하면서 고갈 시기 또한 앞당겨지고 있다. 전 세계적으로 미개척 자원을 선점하기 위한 국가 간 경쟁이 치열해지고 있다. 해외 자원 개발 경쟁에서 밀리면 미래가 없다. 몇 년 안에 광물 자원 가격이 급등할 수 있으며, 최근에는 자원 부국들이 자국의 자원 개발을 억제하는 자원 보호주의 정책을 펼치고 있다. 이러한 상황에서 대형 자원 개발 회사를 육성하여 자원 전쟁에서 살아남을 방안을 찾을 수도 있지만, 자원을 덜 소비하고도 잘사는 방법을 연구하는 형태의 대안 마련이 더 시급하다.

┤ 보기 ├
ㄱ. 자전거 이용과 같은 에코라이프를 실천한다.
ㄴ. 삶의 편리함을 위해 일회용품 사용을 확대한다.
ㄷ. 생산 과정에서 자원 소비가 적은 친환경적 제품을 사용한다.
ㄹ. 수요 증대를 통한 경기 활성화를 위해 필요 이상으로 재화를 소비한다.

① ㄱ, ㄴ ② ㄱ, ㄷ ③ ㄴ, ㄷ
④ ㄴ, ㄹ ⑤ ㄷ, ㄹ

15 다음 글에 나타난 사회 변동을 바라보는 관점이 무엇인지 쓰고, 그 한계점을 두 가지 서술하시오.

> 모든 사회가 사회 변동을 통해 더 나은 상태로 나아갈 수 있다는 주장에 동의하지 않는다. 지난 역사에서 살펴볼 수 있듯이 모든 사회는 일정 기간 성장기를 거쳐 발전하다가 일정 기간 쇠퇴기를 거쳐 소멸하는 과정을 반복하고 있다. 즉, 사회 변동은 마치 시계추와 같이 진자 운동을 하고 있다.

16 표는 주요 국가의 65세 이상 인구 비율의 전망치를 나타낸 것이다. 2010년과 2050년 우리나라의 고령화 정도를 다른 나라와 비교하고, 이를 통해 파악할 수 있는 우리나라 고령화 현상의 특징을 서술하시오.

(단위 : %)

연도	한국	일본	프랑스	독일	미국	영국
2010년	11.0	22.5	16.5	20.5	12.8	16.6
2020년	15.6	28.4	20.2	22.4	15.8	18.9
2030년	24.3	30.6	23.2	27.3	19.4	21.6
2040년	32.5	34.9	25.3	30.3	20.5	23.7
2050년	38.2	37.7	25.9	30.2	21.0	24.1

17 다음 그림을 보고 물음에 답하시오.

> A는 사회 변동 속도가 가장 빠르고, B는 사회의 관료제화 정도가 가장 높으며, C는 면대면 접촉 비중이 가장 높아요. A~C가 각각 정보 사회, 산업 사회, 농업 사회 중 하나라면, 각각 무엇인지 말해 보세요.

(1) 교사의 질문에 대해 답을 쓰시오

(2) ㉠~㉢에 들어갈 내용을 각각 서술하시오.

> A~C의 특징을 비교하면
> • A는 B에 비해 ＿＿＿＿＿＿＿＿
> • B는 C에 비해 ＿＿＿＿＿＿＿＿
> • C는 A에 비해 ＿＿＿＿＿＿＿＿

Memo

유형까지 꽉 잡는
개념 완전 학습!

수학 I, 수학 II, 확률과 통계, 미적분, 기하

1 개념 완전 학습
세분화한 교과서 개념을
한 쪽의 간결한 설명으로
완전하게 개념 이해

2 유형 완전 학습
유형별 대표 문제부터
유사 및 변형 유제까지
완벽한 유형 훈련

3 수준별 마무리 학습
시험 출제율 높은 유형과
수준별 문제로
촘촘하게 실전 대비

고등 도서 안내

문학 입문서

손쉬운

작품 이해에서 문제 해결까지
손쉬운 비법을 담은 문학 입문서

현대 문학, 고전 문학

비주얼 개념서

룩 LOOK

이미지 연상으로 필수 개념을 쉽게 익히는
비주얼 개념서

국어　문법
영어　분석독해

수학 개념 기본서

수학중심

개념과 유형을 한 번에 잡는 강력한
개념 기본서

수학Ⅰ, 수학Ⅱ, 확률과 통계, 미적분, 기하

수학 문제 기본서

유형중심

체계적인 유형별 학습으로 실전에서 강력한
문제 기본서

수학Ⅰ, 수학Ⅱ, 확률과 통계, 미적분

사회·과학 필수 기본서

개념 학습과 유형 학습으로 내신과 수능을 잡는
필수 기본서

엔픽

[2022 개정]
사회　통합사회1, 통합사회2*, 한국사1, 한국사2*
과학　통합과학1, 통합과학2, 물리학*, 화학*, 생명과학*,
　　　지구과학*

*2025년 상반기 출간 예정

올리드

[2015 개정]
사회　한국지리, 사회·문화, 생활과 윤리, 윤리와 사상
과학　물리학Ⅰ, 화학Ⅰ, 생명과학Ⅰ, 지구과학Ⅰ

기출 분석 문제집

완벽한 기출 문제 분석으로 시험에 대비하는 1등급 문제집

1등급 만들기

[2022 개정]
수학　공통수학1, 공통수학2, 대수, 확률과 통계*, 미적분Ⅰ*
사회　통합사회1, 통합사회2*, 한국사1, 한국사2*,
　　　세계시민과 지리, 사회와 문화, 세계사, 현대사회와 윤리
과학　통합과학1, 통합과학2

*2025년 상반기 출간 예정

[2015 개정]
국어　문학, 독서
수학　수학Ⅰ, 수학Ⅱ, 확률과 통계, 미적분, 기하
사회　한국지리, 세계지리, 생활과 윤리, 윤리와 사상,
　　　사회·문화, 정치와 법, 경제, 세계사, 동아시아사
과학　물리학Ⅰ, 화학Ⅰ, 생명과학Ⅰ, 지구과학Ⅰ,
　　　물리학Ⅱ, 화학Ⅱ, 생명과학Ⅱ, 지구과학Ⅱ

바른답·알찬풀이

Mirae N 에듀

NEW 올리드

바른답 · 알찬풀이

내신 잡는 필수 개념서

바른답·알찬풀이

사회·문화

Ⅰ 사회·문화 현상의 탐구

01 사회·문화 현상의 이해

기초를 다지는 확인 문제
14쪽

01 (1) × (2) ○ (3) ○ (4) ○ (5) × (6) × **02** (1) 확률
(2) 간학문적 경향 (3) 기능론 (4) 상황 정의 **03** (1) ㉡
(2) ㉠ (3) ㉢

실력을 키우는 실전 문제
15~19쪽

01 ② **02** ④ **03** ③ **04** ④ **05** ① **06** ⑤
07 ③ **08** ④ **09** ② **10** ④ **11** ① **12** ④
13 ⑤ **14** ③ **15** ③ **16** ④ **17** ③ **18** ⑤
19 ⑤

20 예시답안 ㉠은 자연 현상이며, 자연 현상은 몰가치성, 존재 법칙, 필연성과 확실성의 원리를 특징으로 한다. ㉡은 사회·문화 현상으로, 사회·문화 현상은 가치 함축성, 당위 법칙, 개연성과 확률의 원리를 특징으로 한다.

21 예시답안 상징적 상호 작용론은 사회·문화 현상을 인간이 다른 사람들과 상호 작용을 한 결과로 발생한 주관적 의미가 담긴 현상으로 보며, 구체적인 일상생활을 관찰함으로써 인간의 능동적인 사고와 행위의 측면을 설명한다.

22 (1) 갑 : 기능론, 을 : 갈등론 (2) **예시답안** 기능론은 기존 사회의 질서와 균형을 지나치게 강조하고, 혁명과 같은 급격한 사회 변동을 설명하기 곤란하다는 한계를 지닌다. 갈등론은 사회의 구성 요소가 합리적으로 역할이 분담되어 있는 상황을 설명하기 곤란하며, 갈등이나 대립 측면을 강조하여 사회의 존속과 통합을 경시한다는 비판을 받는다.

01 (가)는 사회·문화 현상, (나)는 자연 현상에 해당한다. 사회·문화 현상은 인간의 의지와 행동에 의해 일어나기 때문에 가치 함축적이고 당위성을 지닌다.
바로잡기 ① 사회·문화 현상은 예외가 존재한다.
③, ④ 자연 현상의 특징에 해당한다.
⑤ 사회·문화 현상은 보편성뿐만 아니라 특수성도 갖는다.

02 ㉡은 인간의 의지나 의도와 관계없이 나타나는 현상이므로 자연 현상에 해당한다. ㉠, ㉢은 인간에 의해 나타나는 현상이므로 사회·문화 현상에 해당한다. 사회·문화 현상은 인과 관계가 어느 정도 나타나지만 예외가 존재하는 확률의 원리가 적용된다.
바로잡기 ① 규범의 지배를 받는 것은 사회·문화 현상이다.
② 사회·문화 현상은 자연 현상과 마찬가지로 인과 관계가 나타나지만, 자연 현상에 비해 인과 관계가 명확하지 않다는 특징이 있다.
③ 자연 현상은 시간과 공간을 초월한 보편성을 갖는다. 이에 비해 사회·문화 현상은 보편성뿐만 아니라 특수성도 지닌다.
⑤ 자연 현상은 몰가치적이어서 통제된 실험이 용이하다.

만점 공략 노트
자연 현상과 사회·문화 현상의 비교

자연 현상의 특징	• 몰가치성 : 인간의 의지와 관계없이 발생함 • 보편성 : 시간과 장소를 초월하여 조건이 같으면 항상 동일한 현상이 나타남 • 필연성과 확실성의 원리 : 인과 관계가 명확하고 원인이 동일하면 결과는 예외 없이 동일하게 나타남
사회·문화 현상의 특징	• 가치 함축성 : 인간의 의지, 감정 등이 내포되어 있어 가치 판단이 가능함 • 보편성과 특수성 : 보편성뿐만 아니라 시간과 공간에 따라 다르게 나타나는 특수성이 존재함 • 개연성과 확률의 원리 : 인과 관계가 나타나지만 예외도 존재함

03 제시된 사례는 사회·문화 현상이 시간과 공간에 따라 달리 나타나거나 달리 인식되고 있음을 보여 준다. 이처럼 보편성만이 존재하는 자연 현상과 달리 사회·문화 현상은 보편성과 함께 특수성을 지니고 있다.
바로잡기 ① 확실성의 원리가 지배하는 것은 자연 현상이다. 사회·문화 현상은 확률의 원리가 지배한다.
② 존재 법칙의 지배를 받는 것은 자연 현상이다.
④ 몰가치성은 자연 현상의 특징이다.
⑤는 사회·문화 현상의 특징에 해당하지만, 제시된 사례와는 직접적인 관련성이 없다.

04 자연 현상은 몰가치적이며, 사회·문화 현상은 가치 함축적이다. 자연 현상은 보편성만 나타나지만, 사회·문화 현상은 보편성과 특수성이 나타난다. 자연 현상은 동일한 조건에서 같은 결과를 보여 주는 필연성을 지니지만, 사회·문화 현상은 같은 조건에서도 다른 결과가 나타날 수 있다는 개연성을 지닌다.
바로잡기 ㄹ. 자연 현상뿐만 아니라 사회·문화 현상에도 보편성이 존재하므로 구분 기준이 될 수 없다.

05 우리가 어떠한 현상을 비난하고 죄악시하는 것은, 그 현상에 어떠한 가치 판단을 할 수 있는 행위가 포함되어 있기 때문이다. 그런데 자연 현상은 인간의 의지나 가치와 무관하게 일어나는 몰가치성을 특징으로 하기 때문에 비난할 수도 죄악시할 수도 없다.
바로잡기 ②, ③ 존재 법칙과 인과 법칙도 자연 현상의 특징에 해당하지만, 제시문이 강조하는 바와는 거리가 있다.
④ 확실성의 원리는 예외가 없다는 것을 의미한다.
⑤ 자연 현상은 시간과 공간에 구별 없이 항상 동일한 현상이 나타나는 보편성을 가진다는 특징이 있지만, 이것은 제시문이 강조하는 바와는 관련이 없다.

06 제시된 글은 다양한 학문적 관점을 종합해서 '현대 직장 여성의 삶'을 이해해야 함을 말하고 있으며, 이를 통해 간학문적 연구의 필요성을 도출할 수 있다. 간학문적 관점은 오늘날의 사회·문화 현상이 복잡하고 다양할 뿐만 아니라 급속하게 변하기 때문에 필요해진 연구 경향이다.

세분화 경향	• 배경 : 연구 대상인 사회가 복잡하고 다양해짐에 따라 세분화되고 전문화된 연구가 필요함 • 양상 : 전통적인 사회 과학이 더욱 전문화된 영역으로 세분화되면서 응용 사회 과학이 등장함
간학문적 경향	• 배경 : 개별 학문의 이론과 방법으로는 복잡한 현대 사회·문화 현상을 종합적으로 이해하기 어려움 • 양상 : 복합적인 원인과 양상으로 나타나는 사회·문화 현상에 대해 다양한 학문적 관점과 탐구 방법이 종합적으로 적용됨

07 첫 번째 사례는 어떤 사회·문화 현상을 예측함으로써 오히려 그 현상이 나타나지 않게 됨을 보여 주고, 두 번째 사례는 어떤 현상의 예측이 원인이 되어 실제로 그 현상이 나타나게 됨을 보여 준다. 이처럼 사회·문화 현상에 대한 예측은 예측 자체가 원인으로 작용해서 예측을 실현시킬 수도 있고 예측 자체를 틀리도록 만들 수도 있다. 이는 사회·문화 현상이 인간의 의도와 가치가 개입되어 나타나기 때문이다.

[바로잡기] ① 몰가치적인 것은 자연 현상의 특징이다. 사회·문화 현상은 가치 함축적이다.

② 사회·문화 현상은 인과 관계가 명확하지 않다.

④ 사회·문화 현상은 보편성과 특수성이 동시에 존재하지만, 어느 것이 더 강하게 작용한다고 말하기 어렵다.

⑤ 필연성과 확실성의 원리는 자연 현상의 특징이다.

08 제시된 글에서 특정 분야의 지식만으로는 세상을 이해하고 설명하기가 어렵다고 하였으므로 간학문적 연구의 필요성을 도출할 수 있다. 간학문적 접근은 여러 학문을 바탕으로 사회 현상을 총체적으로 이해하고자 한다.

[바로잡기] ①, ⑤는 사회 과학의 세분화 경향이 필요함을 주장하고 있다.

②는 사회 과학자의 연구 윤리에 대한 내용이다.

③은 사회 과학의 연구 방법을 적용할 때 필요하다.

09　　　　　　　　　　　　　　　　　자료 분석 노트

> 이처럼 일상적으로 일어나는 행위의 거의 대부분은 상대방의 <u>행위에 대한 자신의 주관적 인식에 따른 반응이다.</u> 이를 통해 사회·문화 현상을 바라볼 때에는 그러한 현상을 만들어 내는 <u>인간의 주관적인 동기와 의미 파악에 연구의 초점을 두어야 함</u>을 알 수 있다.
> → 사물이나 행위의 의미는 그것이 존재하는 상황과 행위 주체인 인간이 부여하는 의미에 따라 달라질 수 있다고 보므로 상징적 상호 작용론의 관점이다.

사회·문화 현상을 바라볼 때 그러한 현상을 만들어 내는 인간의 주관적인 동기와 의미 파악에 연구의 초점을 두는 관점은 상징적 상호 작용론이며, 이는 미시적 관점에 해당한다. 미시적 관점은 개인의 행동에 영향을 미치는 사회 구조나 제도의 힘을 간과한다는 비판을 받는다.

[바로잡기] ① 사회를 미시적인 관점에서 이해한다.

③은 기능론에 해당하며, 기능론은 거시적 관점에 해당한다.

④ 미시적 관점은 인간 행위의 자율성을 중시한다.

⑤는 갈등론에 해당하며, 갈등론은 거시적 관점에 해당한다.

미시적 관점	• 개인적 측면에서 사회·문화 현상을 탐구 • 개인의 행동이나 태도, 개인 간의 상호 작용을 중시
거시적 관점	• 사회 전체와의 관련 속에서 사회·문화 현상을 탐구 • 사회 제도나 구조 등을 중시

10 제시된 글은 경제 제도, 정치 제도와 같은 사회 제도가 사회의 존속과 유지 그리고 통합을 위해 반드시 필요하다고 여기므로 기능론적 관점에서 사회·문화 현상을 바라보고 있다. 사회를 유기체에 비유하는 사회 유기체설은 기능론의 바탕이 되며, 기능론에서는 사회 구성 요소들의 역할이 사회 전체의 의사가 반영되어 결정되었다고 본다.

[바로잡기] ④ 사회 구성 요소의 대립은 보편적 현상이며 사회 발전에 기여한다고 보는 관점은 갈등론이다.

11 교사 을은 학생이 교사의 기운을 북돋아 주는 말에 반응해서 생활 태도가 달라질 수 있음을 말하고 있는데, 이를 통해 상징적 상호 작용론을 도출할 수 있다. 상징적 상호 작용론은 인간은 자율성을 지닌 능동적인 존재이며, 사물이나 행위에 복잡한 의미를 부여하는 상징을 활용할 수 있음을 강조한다.

[바로잡기] ② 사회 구성 요소의 유기적 연관성, 즉 구성 요소의 상호 의존성을 강조하는 것은 사회를 유기체로 인식하는 기능론이다.

③ 상징적 상호 작용론은 미시적 관점에 해당한다.

④ 사회는 이익을 둘러싸고 대립하는 집단으로 구성되어 있다고 보는 관점은 갈등론이다.

⑤ 사회의 존속과 균형, 유지를 강조하는 것은 기능론이다.

12　　　　　　　　　　　　　　　　　자료 분석 노트

> 부모가 아이를 대하는 방식대로 아이는 성장한다. 사람은 타인이 바라보는 자기 자신에 대한 이미지에 맞추어 행동하려는 경향이 있기 때문에 부모가 아이를 어떻게 대하느냐에 따라 아이는 자존감이 강한 아이로 클 수도 있고 아닐 수도 있다. 사람은 타인의 기대 수준에 자신의 행위를 맞추려고 노력하기 때문에 부모가 아이에게 어떠한 이미지를 주느냐에 따라서 그들의 사회화 내용은 달라진다.
> └ 개인의 행동이나 태도, 개인 간의 상호 작용을 중시하고, 개인적 측면에서 사회·문화 현상을 탐구하려는 관점은 미시적 관점이다.

제시된 글에서 사회·문화 현상을 바라보는 미시적 관점을 도출할 수 있다. 미시적 관점은 인간의 자율성 및 의미 전달 수단인 언어, 문자, 몸짓 등의 분석을 중시한다.

바로잡기 ㄱ. 법칙 발견에 유리한 것은 거시적 관점이다.
ㄷ. 사회 구조의 분석을 통해 개인의 행동을 이해하려고 하는 것은 거시적 관점이다.

13 필자는 사회를 유기체에 비유해서 이해하고 있는데, 사회 유기체설을 바탕으로 하는 관점은 기능론이다. ①, ②, ③, ④ 안정과 조화, 통합을 중시하는 기능론은 사회 변화의 당위성, 사회적 갈등의 순기능, 집단 갈등의 발생 배경, 지배와 피지배의 사회 구조를 간과하기 쉽다.
바로잡기 ⑤ 기능론은 사회가 유기체와 같이 조화와 균형을 이룬다고 보므로 사회 구성 요소들 간의 조화를 강조한다.

14 사회 규범이 사람들 사이의 상호 작용에 의해 형성되었다는 내용에서 미시적 관점인 상징적 상호 작용론을 도출할 수 있다. 이러한 관점은 인간은 자율성을 지닌 능동적인 존재라고 여기며 이러한 능동적 사고와 행위의 측면을 설명하는 데 효과적이다. 한편, 개인의 행동에 영향을 미치는 사회 구조의 힘을 간과한다는 비판을 받기도 한다.
바로잡기 ③ 상징적 상호 작용론은 법칙의 발견이 아니라, 인간의 행위가 지닌 의미와 해석을 중시한다.

상징적 상호 작용론 　　　　　　　　　　　만점 공략 노트

의미	사회·문화 현상은 인간이 다른 사람들과 상호 작용을 한 결과로 발생한 주관적 의미가 담긴 현상이며, 상호 주관적인 성격을 띰
특징	• 사회·문화 현상을 만들어 내는 인간의 주관적 동기와 의미를 중시함 • 개인은 나름대로의 방식으로 사회나 주어진 상황을 해석·정의하여 행동함 • 구체적인 일상생활을 관찰함으로써 인간의 능동적인 사고와 행위의 측면을 설명함
비판	개인의 행동에 영향을 미치는 사회 구조의 거대한 힘을 간과하고, 거시적 수준의 일반적인 법칙 발견이 곤란함

15 제시된 글은 인간이 주어진 상황을 주관적으로 해석하고 그것에 특정한 의미를 부여함으로써 재구성한다는 내용이다. 이와 같이 인간이 다른 사람들과 끊임없이 접촉하고 상호 작용하는 가운데 발생하는 일상적인 현상에 초점을 두고, 그러한 현상을 만들어 내는 인간의 주관적인 동기와 의미를 중시하는 관점은 상징적 상호 작용론이다. 상징적 상호 작용론은 개인의 행위가 사회 구조나 제도의 영향에 의해 나타날 수 있음을 간과한다는 비판을 받는다.
바로잡기 ① 상징적 상호 작용론은 의사소통의 수단인 상징에 대한 분석을 중시한다.
②는 갈등론에 대한 비판이다.
④는 기능론에 대한 비판이다.
⑤는 거시적 관점에 대한 비판이며, 상징적 상호 작용론은 미시적 관점에 해당한다.

16 　　　　　　　　　　　　　　　　　　　　　　자료 분석 노트

기능론은 학교 교육이 개인을 사회에 적응하도록 하는 기능을 하고, 사회에 필요한 인재를 사회 각 부분에 적절하게 배치하여 사회 통합과 안정에 기여한다고 본다.

교육은 사회적으로 필요한 인재를 양성하여 적재적소에 배치하는 역할을 담당합니다.

교육이 인력 양성과 사회 질서 유지에 기여한다고 하지만 누가 인재로 양성되며, 누구를 위한 질서인지 생각해 본다면 사회적 합의의 산물이 아닙니다. 교육도 하나의 지배 이념이며 수단입니다.

갑　　　　　　　　　　　　　　　　　　을

갈등론은 현재의 사회 질서가 사회적 합의의 산물이 아니며, 교육 제도가 지배 집단이 피지배 집단을 통제하는 수단으로 작용하여 사회 불평등 구조를 재생산하는 데 기여한다고 여긴다.

교육 제도에 대해 갑은 기능론, 을은 갈등론을 취하고 있다. 기능론은 개인이 교육을 통해 사회적 성공을 얻을 수 있다고 보는 반면, 갈등론에서는 가정 배경과 같은 선천적 요인이 개인의 사회적 성공을 좌우한다고 본다.
바로잡기 ① 사회의 안정과 질서 유지 측면을 간과하는 것은 갈등론적 관점이다.
② 사회 구조보다는 구체적 인간 행동의 분석을 중시하는 것은 미시적 관점이다. 기능론은 거시적 관점에 해당한다.
③ 사회의 구성 요소들과 전체 사회와의 관계를 밝히는 데 관심이 있는 것은 기능론적 관점이다.
⑤ 사회적 역할의 구분을 사회적 기능 분화에 부합하기 위한 현상으로 이해하는 것은 기능론적 관점이다.

기능론과 갈등론 　　　　　　　　　　　만점 공략 노트

기능론	갈등론
• 사회는 유기체와 같이 구성 요소들이 상호 의존하고 있는 부분들의 체계 • 현재의 상태를 유지, 보전하면서 사회를 결속시키는 데 중점 • 균형, 통합, 안정, 사회 구성원 간의 협동 강조	• 사회는 희소가치를 둘러싼 구성 요소들 간의 상호 대립 관계 • 현재의 사회 모습을 변화시켜서 사회를 원하는 방향으로 바꾸는 데 중점 • 강제, 변동, 마찰, 사회 구성원 간의 갈등 강조

17 병은 임원들이 기업의 운명을 결정짓는 중요한 위치에 있으므로 그에 맞는 보상을 하는 것이 적절하다고 여긴다. 이는 사회가 각 부문별로 기능적으로 분화되어 있으며, 각각 제 기능을 수행함으로써 사회 전체가 존속·유지된다고 보는 기능론적 관점과 맥락을 같이한다. 기능론은 사회 구조에 대한 분석을 바탕으로 사회 현상의 의미를 이해하는 거시적 관점이다.
바로잡기 ① 사회는 자체에 내재된 모순 때문에 불안정하다고 여기는 것은 갈등론이다.
② 사회적 행위의 동기를 분석함으로써 사회를 이해하려고 하는 것은 미시적 관점이다.
④ 사회·문화 현상의 의미가 행위 주체에 따라 다르게 규정된다고 보

는 것은 상징적 상호 작용론이다.

⑤ 사회가 발전하기 위해서는 사회 변동을 통한 사회 구조의 변화가 있어야 한다고 보는 것은 갈등론이다.

18 갑은 성별 임금 차이는 남녀의 업무 분담에서 나타나는 자연스러운 현상이라고 보고 있으므로 기능론적 관점이다. 을은 남녀 임금 격차가 가부장제의 산물로서 여성을 수동적으로 취급하는 결과를 초래하고 있으므로 갈등론적 관점이다. 기능론은 사회 규범이 사회 구성원 전체의 필요와 합의에 의해 형성되었다고 보는 반면, 갈등론은 기득권자의 필요에 의해 형성되었다고 본다.

[바로잡기] ① 인간 행위에 부여하는 주관적 의미를 중시하는 것은 상징적 상호 작용론이다.

② 사회화를 사회 통합을 위한 바람직한 수단으로 여기는 것은 기능론이다.

③ 사회를 유기체에 비유해서 이해하는 것은 기능론이다.

④ 기능론과 갈등론 모두 사회 현상을 사회 전체의 구조와 관련지어 바라봐야 한다고 주장하는 거시적 관점이다.

19 인간이 능동적으로 대상과 상황을 규정한다고 여기는 갑은 상징적 상호 작용론적 관점을 가지고 있다. 현재의 사회 질서가 모든 사회 구성원의 합의에 근거한 것이라고 여기는 을은 기능론, 그렇지 않다고 여기는 병은 갈등론적 관점을 가지고 있다. 상징적 상호 작용론은 미시적 관점이고, 기능론과 갈등론은 거시적 관점이다.

[바로잡기] ① 사회가 대립하는 집단으로 구성된다고 보는 것은 갈등론이다.

② 사회가 항상 변동의 원인을 내재하고 있다고 보는 것은 갈등론이다.

③ 일상생활에서 일어나는 상호 작용의 맥락을 중시하는 것은 상징적 상호 작용론이다.

④ 사회의 자동 조절 기능을 강조하는 것은 기능론이다.

20 [이렇게 쓰면 만점] 자연 현상과 사회·문화 현상의 특징을 몰가치성과 가치 함축성, 확실성의 원리와 확률의 원리, 보편성과 특수성의 내용을 중심으로 한 가지씩 서술하면 만점이다.

[이렇게 쓰면 감점] 사회·문화 현상에는 인과 관계가 나타나지 않는다고 서술하면 감점이다.

21 [이렇게 쓰면 만점] 제시문의 필자가 가진 관점이 상징적 상호 작용론임을 밝히고, 상호 작용의 결과로 발생한 주관적 의미, 인간의 자율성 강조 등을 서술하면 만점이다.

[이렇게 쓰면 감점] 상징적 상호 작용론임을 밝히는 데만 그쳤다면 감점이다.

22 [이렇게 쓰면 감점] (2) 급격한 사회 변동을 설명하기 어렵다는 내용 이외의 것을 서술하였지만 기능론의 한계와 거리가 멀면 감점이다. 또한 사회의 존속과 갈등, 유지를 경시한다는 내용 이외의 것을 서술하였지만 갈등론의 한계와 거리가 멀면 감점이다.

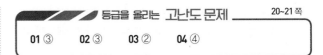

등급을 올리는 **고난도 문제** _____ 20~21쪽

01 ③   02 ③   03 ②   04 ④

01 자연 현상과 사회·문화 현상의 특징 비교 [자료 분석 노트]

㉠'물체의 가속도는 그 물체에 작용하는 힘의 크기에 비례하고, 물체의 질량에는 반비례한다.'라는 가속도의 법칙은 모든
└자연 현상에 해당한다.
물체에 해당되며, 지구상의 모든 지역에서 보편적이다. 그러나 사회 과학의 이론은 그렇지 않다. 예를 들어 낙인 이론은 사회의 부정적 낙인에 의해 일탈자가 될 가능성이 높아진다는 이론
└인과 관계가 존재함을 알 수 있다.
인데, 부정적 낙인에도 불구하고 ㉡ 이를 극복하고 2차적 일탈로 이어지지 않는 경우를 볼 수 있다. 이처럼 사회·문화 현상
└사회·문화 현상에 해당한다.
은 자연 현상과 달리   ㉢
                      └예외가 존재한다는 내용이 들어가야 한다.

㉠은 인간의 의지와 무관하게 발생한 현상이므로 자연 현상, ㉡은 인간의 의지나 가치가 반영되어 나타난 현상이므로 사회·문화 현상에 해당한다. 자연 현상과 마찬가지로 사회·문화 현상에도 인과 관계가 나타나지만 예외도 존재한다. 즉 사회·문화 현상에는 개연성의 원리가 작용한다.

[바로잡기] ① 당위 법칙의 지배를 받는 것은 사회·문화 현상이다.

② 존재 법칙의 지배를 받는 것은 자연 현상이다.

④ 보편성과 특수성을 모두 가지는 것은 사회·문화 현상이다.

⑤ 사회·문화 현상에는 예외적인 현상이 나타날 수 있으므로 ㉢에는 예외가 존재한다는 내용이 들어가야 한다.

02 사회·문화 현상의 특징 [자료 분석 노트]

과학에서 모든 현상은 '자연 발생적'인 것이 아니라 어떠한 원인에 의해 나타난 결과이며, 이러한 원인과 결과를 논리적으로 설명할 수 있어야 한다. 예를 들어 선거에서 어느 유권자가 특정 후보자에게 표를 던진 경우, 연구자들은 그 투표 행위가 아무런 이유 없이 일어난 것이 아니라 후보자의 공약, 정당, 지연, 학연 등 다양한 원인으로 인해 일어났다고 결론을 내린다. 그런데 _____ 는 것에 유의해야 한다. 즉, 갑이라는 유권자는 공약과 지연을 중시하고, 을이라는 유권자는
                              └원인에 해당한다.
학연과 후보의 품성을 중시한다고 해도 둘 다 홍길동 후보를
└원인에 해당한다.   └결과에 해당한다.
선택할 수 있다.

제시된 글을 통해 동일한 사회·문화 현상일지라도 그러한 현상을 발생시키는 원인은 다양할 수 있음을 알 수 있다.

[바로잡기] ① 제시된 글은 서로 다른 원인에 의해서도 동일한 결과가 나타날 수 있음을 보여 준다.

② 결과를 바탕으로 원인을 도출하는 것은 가능하다는 내용은 나와있지 않다.

④ 사회·문화 현상은 개연성이 존재하는 확률의 원리가 적용된다.

⑤ 사회·문화 현상에도 인과 관계는 나타나지만 예외가 있을 뿐이다.

03 미시적 관점

자료 분석 노트

> 실업 문제는 실업자가 주변 사람들과 상호 작용을 하면서 낙오자로 인식되는 과정에 초점을 맞추어야 한다. 사회 구성원들이
> └ 사회 현상을 분석할 때, 사람들 간의 상호 작용과 현상이 형성되는 과정에 초점을 맞추는 것은 미시적 관점이다.
> 실업자를 무능력자, 낙오자, 게으른 사람 등의 시선으로 바라보는 것이 실업자들을 위축시키고, 자기 스스로를 낙오자라고 인식함에 따라 점점 더 사회에 부적응하게 되는 문제를 낳기
> └ 사회 구조와는 관련이 없으므로 미시적 관점임을 알 수 있다.
> 때문이다.

실업 문제를 실업자가 주변 사람들과 상호 작용을 하면서 낙오자로 인식되는 과정에 초점을 맞추어야 한다는 관점은 사회·문화 현상을 만들어 내는 인간의 주관적 동기와 의미를 중시하는 미시적 관점이다.

바로잡기 ㄴ, ㄹ. 사회 변동을 균형으로 돌아가기 위한 일시적인 과정으로 이해하고, 사회 규범을 전체 사회의 필요에 의해 구성원들의 합의에 기초한 것이라고 보는 관점은 기능론이다. 이러한 기능론은 사회 문제를 병리적인 현상으로 보고 있다.

04 기능론, 갈등론, 상징적 상호 작용론의 비교

자료 분석 노트

> (가) 개인은 수많은 사람들과의 접촉을 통해 그들에게 비쳐진 자기 모습을 바라보고 행동을 변화시켜 나가는데 그러한 과정이 사회화이다.
> → 상호 작용의 분석을 통해 사회화를 설명하므로 상징적 상호 작용론에 해당한다.
> (나) 사회 규범은 전체 구성원의 이익과 사회의 원활한 작용에 기여하는데, 사회화를 통해 이와 같은 사회 규범이 전승됨으로써 사회의 존속이 가능해진다.
> → 사회화를 통해 사회가 존속됨을 강조하므로 기능론에 해당한다.
> (다) 사회화에는 기존 질서 유지를 위한 특정 집단의 의지가 반영된다. 전체 구성원들의 이익을 위해 사회화가 이루어진다는 것은 사회화에 대한 올바른 평가가 아니다.
> → 특정 집단, 즉 기득권 집단의 필요에 의해 사회화가 이루어진다고 보므로 갈등론에 해당한다.

(가)는 상징적 상호 작용론, (나)는 기능론, (다)는 갈등론에 해당한다. 사회 변동의 불가피성을 강조하는 것은 갈등론이다. 기능론은 사회 제도의 상호 의존 관계에 주목하고, 사회화의 내용이 사회적으로 합의되었다고 본다.

바로잡기 ㄹ. 기능론과 갈등론은 거시적 관점, 상징적 상호 작용론은 미시적 관점에 해당한다. 거시적 관점은 사회·문화 현상을 사회 구조와 관련하여 사회 전체의 측면에서 탐구하려고 하는 반면, 미시적 관점은 개인적 측면에서 사회·문화 현상을 탐구하려고 한다.

---

02 사회·문화 현상의 연구 방법

01 (1) × (2) ○ (3) ○ (4) ○ (5) × **02** (1) 일원론
(2) 질적 연구 방법 (3) 개념의 조작적 정의 (4) 독립, 종속
(5) 참여 관찰법 **03** (1) ⓒ (2) ㉠ (3) ⓛ

01 ①	**02** ⑤	**03** ④	**04** ②	**05** ⑤	**06** ⑤
07 ⑤	**08** ④	**09** ⑤	**10** ⑤	**11** ⑤	**12** ②
13 ⑤	**14** ①	**15** ④	**16** ②	**17** ④	**18** ⑤

19 (1) 질적 연구 방법 (2) **예시답안** 노숙자들의 심리 상태를 파악하기 위해서는 직접 노숙자들의 생활 실태를 자연스럽게 살펴보고, 이들의 정서적 불안 상태나 사회 적응 능력 등을 이해하고 파악하는 것이 필요하기 때문이다.

20 **예시답안** A는 질문지법이다. 질문지법은 회수율과 응답률이 낮을 경우 신뢰도의 문제가 발생할 수 있으며 응답자가 성의 없거나 피상적으로 답할 가능성이 높다. 또한 표본 집단의 대표성이 낮을 경우 일반화가 곤란하다.

21 (1) **예시답안** 참여 관찰법, 언어적 의사소통이 잘되지 않는 원시 사회 풍습의 의미를 파악하기 위해서는 연구자가 직접 참여하여 관찰하는 것이 필요하기 때문이다. (2) **예시답안** 질문지법, 직장인의 사내 동호회 활동과 직무 만족도와의 상관관계를 파악하기 위해서는 계량적 연구가 필요하다.

01 사회·문화 현상에 대한 객관적 연구가 가능하고 '행위자의 행위에 대한 외면적 관찰을 통해 사회에 내재된 어떤 질서를 찾는 데 연구의 초점을 두어야 한다.'라는 내용에서 양적 연구 방법을 도출할 수 있다. 양적 연구 방법은 경험적 자료를 계량화하여 변수 간의 인과 관계를 밝히는 것을 목적으로 한다. **바로잡기** ②, ③, ④, ⑤는 질적 연구 방법의 특징에 해당한다.

양적 연구 방법	**만점 공략 노트**
의미	사회·문화 현상을 계량화하여 보편성을 발견하는 것
전제	사회·문화 현상은 자연 현상과 같은 방법으로 연구할 수 있음
목적	사회·문화 현상에 대한 일반적인 법칙이나 이론 발견
특징	• 정확하고 객관적인 연구 가능 • 계량화가 어려운 인간의 주관적인 영역에 대한 탐구 곤란 • 인간의 동기, 의도, 가치가 배제된 피상적 연구에 그칠 수 있음

02 모든 것을 설명할 수 있는 이론을 찾는 연구 방법은 유용하지 않고, 연구자와 연구 대상이 분리될 수 없다는 내용을 통해 필자는 질적 연구 방법을 옹호하고 있음을 알 수 있다. 일반적으로 질적 연구는 자료 수집을 통해 결론을 도출하는 귀납적 연구 절차를 밟는다.

바로잡기 ① 결론의 재생 가능성은 동일한 연구 과정을 거치면 동일한 결론이 나온다는 의미이며, 이것은 양적 연구 방법의 특징에 해당한다.
② 질적 연구 방법은 방법론적 이원론을 바탕으로 한다.
③ 양적 연구 방법은 이론 도출을 통해 미래 예측에 적합하다.
④ 일반적으로 질적 연구 방법은 연구자의 내면세계를 파악할 수 있는 1차 자료 수집을 중시한다.

03 계량화된 자료 분석을 통해 일반화를 꾀했으므로 뒤르켐은 양적 연구 방법을 사용하였다. 양적 연구는 계량화를 바탕으로 하므로 정확하고 객관적인 연구가 가능하며, 인과 관계를 밝히는 법칙 발견을 목적으로 한다. 또한 추상적인 개념을 측정이 가능하게 조작하는 개념의 조작화는 양적 연구에서 중시된다.
바로잡기 ④ 연구자의 직관에 의한 의미 파악을 중시하는 것은 질적 연구 방법에 해당한다.

04 제시된 글에는 양적 연구 방법의 한계가 나타나 있다. 양적 연구는 계량화된 자료를 분석하여 사회·문화 현상에 대한 인과 관계를 밝히는 데 중점을 두는 연구 방법이기 때문에 주로 질문지법과 실험법을 사용한다. 질문지법은 자료의 비교·분석이 용이하고, 실험법은 인과 관계를 밝히는 데 가장 적합한 자료 수집 방법이다. 질문지법과 실험법을 통해 구조화되고 체계적인 자료를 수집할 수 있다.
바로잡기 ② 조사자와 피조사자의 정서적 교감을 중시하는 것은 면접법이다.

05 (가)는 질적 연구, (나)는 양적 연구에 해당한다. 양적 연구는 현상의 인과 관계 등을 설명하는 것을 목적으로 하고, 질적 연구는 현상 자체에 대한 이해를 목적으로 한다.
바로잡기 ① 일반적으로 질적 연구는 귀납적 과정을, 양적 연구는 연역적 과정을 적용한다.
② 연구 결과를 일반화할 수 있어 미래 예측이 용이한 것은 양적 연구이다.
③ 두 연구 방법 모두 경험적 자료를 중시한다.
④ 양적 연구에 비해 질적 연구는 비공식적 자료의 활용을 중시하는 연구 방법이다.

06 (가) 주당 스포츠 참여 시간과 생활 만족도 간의 상관관계를 밝힌 연구에는 양적 연구 방법이 사용되었다. (나) 다문화 가정의 결혼 이주 여성들이 겪고 있는 어려움은 질적 연구 방법으로 연구하였다. ⑤ 인간의 행위를 내적 동기와 분리하여 연구하는 것은 양적 연구이다.
바로잡기 ① 양적 연구는 방법론적 일원론을 바탕으로 한다.
② 질적 연구는 귀납적 추론 과정을 거쳐 연구 결과를 도출한다.
③ 변수와 변수 간의 관계 파악에는 양적 연구가 적합하다.
④ 양적 연구, 질적 연구 모두 경험적 자료를 바탕으로 연구를 진행한다.

07 표본 조사가 일반적이고, 구조화되고 표준화된 도구를 사용하는 자료 수집 방법은 질문지법이다. 질문지법은 조사하려는 내용을 질문지로 작성하여 조사 대상자에게 답변을 얻어 자료를 수집하는 방법이다. 이러한 질문지법은 시간과 비용이 비교적 적게 들고, 자료 분석이 용이한 방법이다.
바로잡기 ① 자연 과학에서 가장 많이 사용하는 자료 수집 방법은 실험법으로 볼 수 있다.
② 질문지법은 분석 기준이 명확하고 통계 처리가 용이하여 비교·분석 연구에 적합하다.
③ 현상의 발생과 기록이 동시에 이루어질 수 있는 것은 참여 관찰법의 특징이다.
④ 자료 수집에 비교적 많은 시간이 소요되는 것은 면접법과 참여 관찰법, 실험법으로 볼 수 있다.

질문지법의 장점과 단점 | **만점 공략 노트**

장점	단점
• 다수를 대상으로 대량의 자료를 수집하는 데 유리함 • 비교적 시간과 비용 측면에서 효율적임 • 분석 기준이 명확하고 통계 처리가 용이하여 비교·분석 연구에 적합함 • 수량화된 자료이므로 정확성과 객관성이 높음	• 문자 언어를 통해 조사할 경우 문맹자에게 활용하기가 곤란함 • 회수율, 응답률이 낮게 나타나는 경우가 많음 • 무성의한 응답, 악의적인 응답 가능성을 배제할 수 없음 • 표본 집단의 대표성이 낮을 경우 조사 결과를 일반화하기 곤란함

08 | **자료 분석 노트**

○○ 모둠은 '인구 고령화에 따른 문제점'을 주제로 수행 평가 과제를 분담하여 진행 중이다. 모둠원 중 갑은 지난 10년간의 인구 변천과 관련된 통계 자료를 조사하기로 하였고, 을은 노
└ 기존의 1차 자료에서 주제에 필요한 내용만을 조사하는 것이므로 문헌 연구법을 통해 2차 자료를 수집하려고 한다.
년층을 직접 만나서 일상생활 속에서 느끼는 어려움을 들어 보기로 하였다.
└ 조사 대상자를 직접 만나 이야기를 듣는 것은 면접법을 통해 1차 자료를 수집하는 모습이다.

갑은 문헌 연구법을 통해 자료를 수집하였고, 을은 면접법을 통해 자료를 수집하였다. 면접법에 비해 문헌 연구법이 시간과 비용 측면에서 효율적이다.
바로잡기 ① 갑이 수집한 자료는 기존의 자료이므로 2차 자료에 해당한다. 이에 비해 을이 수집한 자료는 연구자 본인이 연구를 위해 직접 수집한 것이므로 1차 자료에 해당한다.
② 계량화된 자료는 양적 자료이며, 면접법을 통해 수집한 자료는 질적 자료에 해당한다.
③ 구조화되고 표준화된 도구로 자료를 수집하는 것은 질문지법과 실험법에 해당한다.
⑤ 문헌 연구법과 면접법 모두 경험적 자료 수집에 적절한 자료 수집 방법이다.

09

질문지법과 면접법은 문자 언어나 음성 언어 등의 언어적 상호 작용이 필수적이지만, 참여 관찰법은 대상을 관찰하기만 하면 된다.

언어적 상호 작용이 필수적인가? ──아니요──▶ (A) 참여 관찰법

│예

개인적 특성을 고려한 자료 수집이 용이한가? ──아니요──▶ (B) 질문지법

│예

(C) ── 면접법

질문지법은 조사 대상자 모두에게 같은 형식의 질문지를 배포하여 조사하지만, 면접법은 조사 대상자 개인의 특성을 고려하여 질문을 첨가하거나 생략하는 것이 가능하다.

A는 참여 관찰법, B는 질문지법, C는 면접법에 해당한다. 세 자료 수집 방법 중에서 자료 수집 도구의 구조화 정도는 질문지법이 가장 높다.

바로잡기 ① 참여 관찰법은 질적 자료 수집에 적절하다.
② 참여 관찰법은 연구 대상자의 일상을 심층적으로 이해하는 데 유리하다.
③ 자료의 통계 및 비교·분석에 유리한 것은 질문지법이다.
④ 다수를 대상으로 많은 자료를 수집하는 데는 질문지법이 적절하다.

10 두 연구 주제를 수행하기에 적합한 자료 수집 방법은 실험법이다. 실험법은 독립 변수 이외의 다른 변수를 통제한 후 연구 대상자에게 독립 변수를 인위적으로 처치하고 그로 인해 나타나는 종속 변수의 변화를 파악하는 방법으로, 독립 변수와 종속 변수 간의 인과 관계 파악에 유리하다.

바로잡기 ① 시·공간적 제약을 극복할 수 있는 것은 문헌 연구법의 장점에 해당한다.
② 실험법은 연구자의 주관이 개입될 가능성이 상대적으로 작다.
③ 대량의 구조화된 자료를 수집하기에 용이한 것은 질문지법이다.
④ 피조사자의 깊이 있는 답변을 이끌어 내기에 쉬운 것은 면접법이다.

11 A는 참여 관찰법, B는 면접법에 해당한다. ㉠에는 옳지 않은 진술이 들어가야 한다. 면접법은 참여 관찰법과 달리 언어적 상호 작용에 근거해서 자료를 수집한다.

바로잡기 ① 연구 주제 선정 단계에서 많이 사용되는 자료 수집 방법은 문헌 연구법이다.
②, ③ 특정 사안에 대한 찬반 여론 조사에서 많이 사용되고, 조사 대상의 규모가 클 때 유용한 자료 수집 방법은 질문지법이다.
④ 현장의 생생한 자료를 얻을 수 있다는 장점이 있는 것은 참여 관찰법이다.

면접법의 장점

• 조사 대상자의 행위 동기나 가치 등 주관적인 세계를 심층적으로 이해하는 데 유리함
• 신뢰 관계 형성을 통해 응답 거부나 회피, 무성의한 응답의 문제를 방지할 수 있음
• 대화로 자료를 수집하므로 문맹자에게도 실시할 수 있음

12 제시된 내용은 참여 관찰법의 특징에 해당한다. ㄱ. 참여 관찰법은 연구 대상자의 내면세계를 파악하는 데 유리하므로 질적 자료 수집에 적절하다. ㄹ. 참여 관찰법은 연구자의 참여가 피연구자에게 영향을 미쳐 피연구자의 행동이 수정될 수 있는 우려가 있다.

바로잡기 ㄴ. 참여 관찰법은 연구자의 편견 개입 가능성이 크기 때문에 객관적인 자료 수집에 유리하다고 볼 수 없다.
ㄷ. 참여 관찰법은 비교적 시간과 비용이 많이 소요된다.

13 피자 가게를 알게 된 동기가 주어진 보기 이외의 것일 수 있으며, 배달 시간이 20분 미만이거나 60분 초과인 경우 응답하기가 어렵다. 즉 응답 가능한 모든 보기가 제시되지 않았다. 또 여러 토핑 중 어떤 것은 많고 어떤 것은 적다고 생각하는 경우에도 응답하기가 어렵다. 즉 한 문항에 여러 가지 질문을 동시에 하고 있다.

바로잡기 ㄱ, ㄴ. 특정 응답을 유도하는 질문이나 응답 보기 간에 중복된 내용은 찾아볼 수 없다.

14 ㄱ. 질문지법을 통해 얻은 자료는 양적 자료에 해당하고, 면접법을 통해 얻은 자료는 질적 자료에 해당한다. ㄴ. 모집단은 ○○ 고등학교 학생들인 데 비해 표본은 1학년만 추출하여 2, 3학년은 누락되었기 때문에 표본 집단이 모집단의 특성을 대표하기 어렵다.

바로잡기 ㄷ. 1차 자료는 조사자가 조사 목적에 맞게 직접 수집한 자료를 의미하며, 2차 자료는 기존의 자료를 가리킨다. 조사 계획서를 통해 조사자가 직접 자료를 수집할 것임을 알 수 있다.
ㄹ. 면접법은 객관성의 확보와는 거리가 있는 자료 수집 방법이다.

15 제시된 연구는 실험법을 통해 진행되었는데, 두 개의 실험 집단을 성별로 구성하여 동질적이지 않다. 실험 집단의 구성이 동질적이지 않으면 사후 결과의 차이가 독립 변수에 의한 것인지 명확하지 않아 연구 결과를 신뢰할 수 없다.

바로잡기 ① 통제 집단이 없다고 해서 연구 결과를 신뢰할 수 없는 것은 아니다.
② 제시된 사례에서 비윤리적인 내용을 도출할 수 없다.
③ 표본 수가 적어서가 아니라 통제된 상황에서의 실험으로 얻어진 결론을 일상에 적용하여 일반화하기는 어렵다.
⑤ 결론 도출을 통해 계량화된 자료 수집이 이루어졌음을 알 수 있다.

16

재수생 15명을 개별적으로 만나 그들과 대화하면서 고등학교 3학년 때와 재수생으로서의 수험 생활이 어떻게 다른지 그들에게 직접 들어 봄으로써 재수생의 수험 생활에 대해 이해하고자 하였다.

→ 직접 조사 대상자를 면접하여 필요한 정보를 대화로 수집하였으므로 자료 수집 방법 중 면접법에 해당한다.

제시된 내용에 나타난 자료 수집 방법은 면접법이다. 면접법은 연구 대상자에 대한 심층적인 자료를 수집할 수 있어 해석적 연구에 적합하지만, 연구자의 주관이 개입될 우려가 있다.

바로잡기 ㄴ. 면접법은 소수를 대상으로 깊이 있는 정보를 수집하는 방법으로서 많은 수를 대상으로 실시하지 못하므로 그 결과를 모집단 전체에 일반화하기에는 무리가 있다.

ㄹ. 면접법은 심층적인 질적 자료를 수집하는 것으로서, 자료를 계량화하기는 어렵다.

17 질문지법과 면접법은 언어를 통해 자료를 수집하므로 C는 참여 관찰법에 해당하고, A, B는 각각 질문지법이나 면접법 중 하나이다. ㄴ. 참여 관찰법은 질적 자료 수집에 적절한 자료 수집 방법이므로 ㈎에 '질적 자료 수집에 적절한가?'는 들어갈 수 없다. ㄹ. B가 질문지법이면, A는 면접법에 해당한다. 면접법과 참여 관찰법은 비구조화·비표준화된 자료 수집 방법인데 비해, 질문지법은 구조화·표준화된 자료 수집 방법이다.

바로잡기 ㄱ. 비교적 짧은 시간에 다수에게서 자료를 얻을 수 있는 방법은 질문지법이다.

ㄷ. 독립 변수와 종속 변수 간의 관계를 파악하는 연구에 유용한 것은 실험법이다.

18 ㉠은 고서를 통해 자료를 수집하였으므로 문헌 연구법, ㉡은 사람을 직접 만나 자료를 수집하였으므로 면접법, ㉢은 참여 관찰법에 해당한다. 문헌 연구법은 다른 수집 방법의 보조적 기능을 수행하는 경우가 많으며, 과거 자료와 같이 시간적 제약이 있는 자료 수집에 적절하다. 시간과 비용 측면에서 효율적인 것은 질문지법과 문헌 연구법이며, 면접법과 참여 관찰법은 방법론적 이원론에 바탕을 둔 질적 연구에서 많이 사용한다.

바로잡기 ⑤ 많은 사람을 대상으로 자료를 수집할 때 유용하게 사용하는 것은 질문지법이다.

19 **이렇게 쓰면 만점** (2) 참여 관찰법이 조사 대상자의 생활 실태, 사회 적응 정도를 파악하여 그들의 심리 상태를 파악하는 데 가장 적합하다고 서술하면 만점이다.

20 **이렇게 쓰면 만점** 회수율, 응답률, 성의 없는 답변 등의 내용을 포함하여 서술하면 만점이다.

이렇게 쓰면 감점 질문지법의 의미를 밝히는 데 그쳤다면 감점이다.

21 **이렇게 쓰면 만점** (1), (2) 원시 부족과 같이 의사소통이 어려울 경우에는 참여 관찰법이 적합하고, 계량화된 자료를 수집하는 데는 질문지법이 적절하다고 서술하면 만점이다.

이렇게 쓰면 감점 (1), (2) 참여 관찰법과 질문지법의 의미를 밝히는 데 그쳤다면 감점이다.

01 양적 자료와 질적 자료 수집 방법   자료 분석 노트

○○ 고등학교 방과 후 학교 담당 교사인 갑은 방과 후 학교에 대한 <u>전체 학생들의 만족도를</u> 조사하려고 한다. 이를 위해
└모집단
갑은 2학년 2개 학급 학생을 대상으로 두 가지 방법을 동시에
└표본
실시하여 자료를 수집하고자 한다. 1안은 방과 후 학교에 대한 학생들의 만족도를 설문 조사하는 것이고, 2안은 두 개 반에서
└질문지법을 이용해 양적 자료를 수집하려는 계획이다.
5명씩 선정하여 방과 후 학교에 대한 불만 내용을 면접 조사하는 것이다.
└면접법을 이용해 질적 자료를 수집하려는 계획이다.

ㄱ. 모집단은 ○○ 고등학교인 데 비해 표본은 2학년 2개 학급이므로 표본이 모집단을 대표하지 못하고 있다. ㄴ. 1안은 설문 조사이므로 양적 자료를 수집할 수 있으며, 2안은 면접법을 통한 조사이므로 질적 자료를 수집할 수 있다. ㄷ. 개념의 조작적 정의를 하는 것은 양적 자료를 수집할 때만 필요하고, 질적 자료 수집 과정에서는 필요하지 않다.

바로잡기 ㄹ. 조사자와 조사 대상자 간의 정서적 교감이 필요한 것은 면접법이다.

02 자료 수집 방법의 비교   자료 분석 노트

• ㈎를 기준으로 할 경우, ㉠~㉢ 모두 해당한다.
└면접법, 참여 관찰법, 질문지법의 공통점에 해당하는 내용이 들어가야 한다.
• ㈏를 기준으로 할 경우, ㉠, ㉡은 해당하지만 ㉢은 해당하지 않는다.
• ㈐를 기준으로 할 경우, ㉡, ㉢은 해당하지만 ㉠은 해당하지 않는다.
• ㈑를 기준으로 할 경우, ㉢은 해당하지만 ㉠, ㉡은 해당하지 않는다.
→ 질문지법과 면접법은 언어적 상호 작용이 필수적이라는 공통점이 있고, 면접법과 참여 관찰법은 연구자의 주관이 개입되기 쉽다는 공통점이 있다.

ㄱ. 면접법, 참여 관찰법, 질문지법 모두 경험적 자료를 수집하는 데 유용하다. ㄴ. 질적 자료를 수집하는 데 적절한 자료 수집 방법은 면접법과 참여 관찰법이고, 양적 연구에 적합한 자료 수집 방법은 질문지법이다.

바로잡기 ㄷ. 주로 언어에 의존하여 자료를 수집하는 것은 면접법과 질문지법이므로 ㉠은 참여 관찰법에 해당한다. 연구 대상자와의 신뢰 관계 형성이 중요한 자료 수집 방법은 면접법이다.

ㄹ. 연구자의 주관적 해석 가능성이 낮은 자료 수집 방법은 질문지법이고, 실제성 있는 자료 수집에 적합한 자료 수집 방법은 참여 관찰법이다.

03 자료 수집 방법과 사회·문화 현상의 연구 방법 ｜자료 분석 노트｜

> 자료 수집 방법 A, B는 <u>연구자 개인의 가치나 주관의 개입 없이 '자연 상태 그대로'의 현상이나 행위를 담은 자료를 수집하</u>
> └ 객관적인 자료를 의미하므로 A, B는 각각 질문지법과 실험법 중 하나이다.
> 는 데 적합하다. 이에 비해 <u>자료 수집 방법 C, D에 의해 획득</u>
> └ 연구자의 가치가 개입되기 쉬우므로 각각 면접법과 참여 관찰법 중 하나이다.
> 된 자료는 연구자의 접근 태도에 따라 연구 대상자로부터 얻는 내용이 달라질 수 있기 때문에 실제를 있는 그대로 반영한 것이라고 볼 수 없다. 그러므로 ㈎ 연구 방법은 A, B를 주로 사
> ┌ 질적 연구 방법   └ 양적 연구 방법
> 용하고, ㈏ 연구 방법은 C, D를 주로 사용한다.

A, B는 객관적인 자료, 즉 양적 자료 수집에 적절하므로 각각 질문지법과 실험법 중 하나에 해당하고 C, D는 각각 질적 자료 수집에 적절한 참여 관찰법과 면접법 중 하나에 해당한다. 따라서 ㈎ 연구 방법은 양적 연구 방법이고, ㈏ 연구 방법은 질적 연구 방법이다. ④ 양적 연구 방법은 법칙 발견에 유리하다.

【바로잡기】 ① 연구자와 연구 대상자 간의 유대감 형성이 필수적인 자료 수집 방법은 면접법이다.
② 조사 대상자의 규모가 클 때 유용성이 큰 것은 질문지법이다.
③ 계량화된 자료 수집에 적절한 것은 질문지법과 실험법이다.
⑤ ⑺ 연구 방법과 ⑻ 연구 방법 모두 경험적 자료를 바탕으로 한다.

04 질문지법과 면접법 ｜자료 분석 노트｜

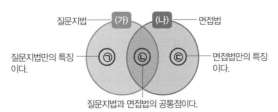

> 정부는 구제역 대응 방안의 문제점을 파악하기 위해 ㈎ 전체 구제역 피해 축산 농가주 1,521명을 대상으로 설문지를 배포하여 현행 구제역 대응 방안의 문제점을 조사하였고, 다른 한
> └ 질문지법
> 편으로는 ㈏ 구제역 방역 담당자 7명을 대상으로 현행 방역 체제의 문제점 및 개선 방안에 대한 의견을 청취하였다.
> └ 면접법

㈎는 대규모 집단을 대상으로 자료를 수집할 수 있는 질문지법이다. ㈏는 소수를 대상으로 대화를 통해 자료를 수집하는 면접법이다. 질문지법과 면접법 모두 언어를 통해 자료를 수집한다는 공통점이 있다.

【바로잡기】 ① 질문지법과 면접법에 의해 수집된 자료는 모두 1차 자료이고, 이는 ⓛ에 적절하다.
② 자료의 실제성 확보에 유리한 것은 참여 관찰법이다.
④ 통계 분석 절차를 거치는 것은 양적 자료 수집 과정이며, 면접법은 질적 자료 수집 과정에 해당한다.
⑤ 독립 변수 외에 다른 변수의 개입을 완벽히 통제하기 어려운 것은 실험법이다.

올리드 특강 _____ 35쪽

| 사회·문화 현상의 연구 방법 | Step 3 ② | Step 4 ④ |
| 자료 수집 방법 | Step 3 ⑤ | Step 4 ⑤ |

사회·문화 현상의 연구 방법 •

Step 3 ㈎는 양적 연구 방법, ㈏는 질적 연구 방법에 해당한다. ② 양적 연구는 독립 변수와 종속 변수 간의 관계 설정, 즉 가설을 바탕으로 연구를 진행한다.

【바로잡기】 ① 양적 연구는 연구자와 연구 대상의 엄격한 분리를 통해 객관적 연구가 가능하다고 본다.
③ 일반화와 법칙 발견을 목적으로 하는 것은 양적 연구이다.
④ 질적 연구는 사회·문화 현상과 자연 현상의 차이를 강조하는 방법론적 이원론을 바탕으로 한다.
⑤ 개념의 조작적 정의는 양적 연구에서 이루어진다.

Step 4 ㄴ. 갑은 문헌 연구법을 통해 2차 자료를 수집하였고, 면접법을 통해 1차 자료를 수집하였다. ㄹ. 면접법은 비표준화·비구조화된 자료 수집 방법에 해당한다.

【바로잡기】 ㄱ. 사례는 실험법과 관련이 없으므로 ⓛ과 ⓛ을 실험 집단과 통제 집단으로 구분할 수 없다.
ㄷ. 선거 참여율의 비교 분석은 양적 연구이므로 방법론적 일원론에 근거한 것이다. 면접법은 질적 연구이므로 방법론적 이원론에 근거한다.

자료 수집 방법 •

Step 3 A는 참여 관찰법, B는 면접법에 해당한다. ⑤ 면접법은 언어적 상호 작용에 근거해서 자료를 수집한다.

【바로잡기】 ① 연구 주제 선정 단계에 많이 사용되는 자료 수집 방법은 문헌 연구법이다.
②, ③ 다수를 대상으로 하는 여론 조사에서 많이 사용되고 계량화된 자료를 수집하기에 적절한 자료 수집 방법은 질문지법이다.
④ 시간과 비용, 장소의 제약에서 자유로운 편인 자료 수집 방법은 문헌 연구법이다.

Step 4 제시된 그림은 자료 수집 방법을 각각의 특징을 중심으로 분류한 것이다. 심층적인 자료를 수집하기에 적합한 방법으로는 면접법과 참여 관찰법이 있다. 이 중 연구 대상자와의 언어적 의사소통이 필수적인 것은 면접법이므로 ㈎는 면접법이고, ㈏는 참여 관찰법이다. 따라서 ㈐는 질문지법이다. 면접법과 참여 관찰법은 질적 연구에서 주로 사용하고, 질문지법은 양적 연구에서 주로 사용한다. 심층적인 자료를 수집하기에 적합한 방법이 아닌 것으로는 질문지법과 실험법이 있는데, 이 중 많은 연구 대상자를 조사하기에 더 적합한 것은 질문지법이므로 ㈐는 질문지법이다. 면접법과 참여 관찰법은 질적 연구에서 주로 사용하고, 질문지법과 실험법은 양적 연구에서 주로 사용한다.

【바로잡기】 ㄱ. 독립 변수의 효과를 측정하여 종속 변수와의 관계를 규명하는 데 더 적합한 방법은 실험법이다.
ㄴ. 2차 자료를 수집하는 데 유용한 것은 문헌 연구법이다.

03 사회·문화 현상의 탐구 절차와 윤리

기초를 다지는 확인 문제 _____ 40쪽

01 (1) ○ (2) ○ (3) × (4) × (5) ○　**02** (1) 가설 (2)
개방적 (3) 중립적 (4) 익명성　**03** (1) ⓒ (2) ⓐ (3) ⓑ

실력을 키우는 실전 문제 _____ 41~45쪽

01 ⑤	**02** ④	**03** ⑤	**04** ①	**05** ③	**06** ①
07 ⑤	**08** ⑤	**09** ⑤	**10** ①	**11** ⑤	**12** ①
13 ③	**14** ②	**15** ③	**16** ③	**17** ⑤	**18** ③

19 (1) 성찰적 태도 (2) **예시답안** 사회·문화 현상을 보이는 그대로 당연하게 받아들이지 않고 현상의 이면에 담긴 의미나 원리 등을 적극적이고 능동적으로 살펴보려고 하기 때문이다.
20 **예시답안** (가)는 연구 주제 선정, (나)는 자료 수집, (다)는 결론 도출, (라)는 자료 분석에 해당하고, 이 중 (나), (다), (라) 단계에서는 연구자의 엄격한 가치 중립적 자세가 요구된다.
21 **예시답안** 사회·문화 현상을 연구할 때 자신이 속한 사회의 가치, 연구자 자신의 가치나 편견, 이해관계 때문에 사회·문화 현상을 객관적 태도로 탐구하기 어렵다.

01 (가)는 양적 연구, (나)는 질적 연구의 과정이다. 양적 연구 방법의 핵심은 가설을 설정하고 검증하여 일반화하는 것에 있는 반면, 질적 연구 방법은 자료를 수집해서 해석하는 데 중점을 둔다. 이처럼 질적 연구 과정에서 가설 설정과 검증 단계를 거치지 않는 것은, 사회·문화 현상의 법칙을 발견하는 것보다는 사회·문화 현상의 의미를 해석하는 데 더 큰 의미를 부여하기 때문이다.
바로잡기 ① 연구자의 가치를 배제하는 것은 양적 연구 방법이 유리하다.
② 분석 기준이 명확하여 통계 처리가 용이한 것은 양적 연구의 장점에 해당한다.
③ 질적 연구는 가설을 검증하는 것이 불가능하다고 보는 것이 아니라, 법칙을 발견하는 것에 의미를 부여하지 않는다.
④ 질적 연구 방법이 연구에 소요되는 시간과 비용을 최소화한다고 단정할 수 없다.

02 밑줄 친 '이것'은 가설에 해당한다. 가설이란 탐구하고자 나는 주제에 대한 잠정적인 결론으로, 원인과 결과의 관계를 진술한 문장을 가리킨다. 가설은 검증 가능한 형태로 서술해야 한다. ㄱ. 가설은 연구 목적을 구체화시킨 것이다. ㄴ. 가설 설정은 양적 연구에서 활용되며, 질적 연구에서는 거의 사용되지 않는다. ㄹ. 가설은 자료 수집 및 분석을 통해 검증을 거쳐 옳은 것으로 인정되면 이론으로 발전하게 된다.
바로잡기 ㄷ. 변수와 변수 간의 관계를 논리적으로 설정한 가설은 변수 간의 정(+)의 상관관계뿐만 아니라 부(−)의 상관관계를 밝히거나 관계가 없음을 밝힐 수도 있다.

03

자료 분석 노트

> Ⅰ. 연구 목적
> Ⅱ. 이론적 배경
> Ⅲ. 연구 가설 설정 – 연구 가설을 설정하고 이를 검증하여 결론을 도출하였으므로 연역적 추론이 이루어졌다.
> Ⅳ. 연구 설계
> Ⅴ. 자료 수집 및 분석
> 　1. A 집단과 B 집단의 사전 동질성 비교
> 　2. A 집단과 B 집단의 사전·사후 점수 비교
> Ⅵ. 결론

→ 이 연구는 양적 연구 방법을 적용하였다.
→ 연구 가설 설정과 연구 설계 단계에서는 연구자의 가치가 개입될 수 있으나, 자료 수집 및 분석 단계와 결론 도출 단계에서는 가치 중립이 필요하다.

연구 설계 단계에서는 연구자의 가치 개입이 불가피하지만, 자료 수집 및 분석 단계에서는 연구자의 가치가 배제되어야 한다.
바로잡기 ① 가설 설정을 하였으므로 연역적 추론이 이루어졌다.
② 개념의 조작적 정의는 연구 설계 단계에서 이루어진다.
③ 실험법을 사용하였으나 A, B 두 집단 모두 실험 집단인지, 어느 한 집단만이 실험 집단인지 알 수 없으므로 두 집단 모두 독립 변수가 처치되었다고 단정할 수 없다.
④ 양적 연구는 방법론적 일원론에 바탕을 둔 연구 방법이다.

04 A는 가설, B는 자료 수집과 분석 혹은 가설 검증에 해당한다. 가설은 경험적으로 검증이 가능하도록 가치 중립적으로 진술되어야 한다.
바로잡기 ㄷ. 가설이 기각될 경우 새로운 연구를 처음부터 다시 진행해야 하며, 가설에 맞춰 수집된 자료를 수정하는 것은 연구를 왜곡하는 행위이다.
ㄹ. 자료 수집과 분석, 가설 검증 단계에서는 연구자의 가치를 최대한 배제해야 하지만, 가설 설정 단계에서는 연구자의 가치가 개입될 수밖에 없다.

05 개념 정의는 연구 방법과 관련 없이 필수적인 데 비해, 계량화를 중시하지 않는 질적 연구에서는 개념의 조작적 정의 과정이 필요하지 않다.
바로잡기 ㄱ. 개념 정의는 양적, 질적 연구에서 모두 필요하다.
ㄹ. 하나의 개념에 대해 개념 정의와 개념의 조작적 정의가 둘 다 행해질 수 있다.

06 ○○ 지역 고등학생 1,000명을 대상으로 질문을 하여 얻은 자료는 양적 자료이며, 무작위로 선정한 10명을 만나 물어본 결과 얻은 자료는 연구 대상자의 내면세계를 파악할 수 있는 질적 자료이다. 또한 이 연구에서 사용된 질문지법과 면접법은 언어적 상호 작용을 바탕으로 한다. ○○ 지역 고등학생을 대상으로 조사된 결과를 전국의 고등학생에게 일반화하여 적용하기는 어렵다.
바로잡기 ① 질문지법을 사용하였으므로 자료 수집 후 통계적 기법을 활용하였다.

바른답·알찬풀이 **11**

07 연구를 통해 가설 검증을 하여 가설이 기각되었음을 알 수 있다. 가설의 기각이나 수용 여부는 가설 검증을 함으로써 알 수 있다. 이 연구에서 □□ 수업 방법은 독립 변수이고 종속 변수는 작문 실력이다. ⓒ은 작문 실력이 비슷하게 실험 집단과 통제 집단을 구성하기 위한 사전 검사로 독립 변수의 처치 이전에 미리 작문 테스트를 실시한 것이다.

바로잡기 ㄷ. ②은 실험 집단, ◎은 통제 집단이다. 두 집단 모두 사전 검사, 사후 검사를 통해 종속 변수를 두 번 측정한다.

08 가설은 독립 변수와 종속 변수 간의 인과 관계가 분명해야 하고, 개념의 조작적 정의를 통해 경험적으로 측정 가능한 문장으로 진술되어야 한다. 또한 당위가 아니라 가치 중립적인 사실과 관련된 진술이어야 한다. ㈎~㈢ 중에서 이러한 조건을 모두 충족하는 가설은 ㈏이다.

바로잡기 ⑤ ㈐는 부모와의 대화 시간과 청소년의 비행 정도는 관련이 있을 것이라고만 진술되어 있고, 변수 간의 관계가 양(+)의 관계인지 음(−)의 관계인지 명확하지 않으므로 가설로서는 적절하지 않다.

09 A는 사실, B는 가치에 해당한다. 사실은 실제로 존재하는 대상이나 실제의 세계에서 벌어지는 현상에 대해 경험적으로 검증이 가능한 명제이다. 사실과 달리 가치는 주관적 평가 의식이 개입되어 객관화하기 어렵고 검증이 불가능하다. 따라서, ㄱ, ㄷ, ㄹ은 가치에 해당한다.

바로잡기 ㄴ. 한국의 출산율이 세계 최저 수준인지는 참과 거짓을 가릴 수 있으므로 사실에 해당한다.

사실과 가치 **만점 공략 노트**

사실	• 인간의 주관적 가치 및 평가와 무관하게 존재하는 현상에 대한 진술 • 경험적 자료에 의해 참, 거짓 여부를 판단할 수 있음
가치	• 현상에 대한 인간의 주관적 평가나 주장이 개입된 진술 • 경험적 자료에 의해 참, 거짓 여부를 판단할 수 없음

10 ㄱ은 자료 분석, ㄴ은 자료 수집, ㄷ은 연구 결과의 활용, ㄹ은 가설 설정 단계에 해당한다. 따라서 연구 과정은 ㄹ → ㄴ → ㄱ → ㄷ의 순서로 이루어지며, 이 중 가치 중립을 반드시 지켜야 하는 단계는 자료 수집 및 분석 단계인 ㄱ, ㄴ이다.

바로잡기 ㄷ, ㄹ. 가설 설정과 연구 결과의 활용 단계에서는 연구자의 가치가 개입될 수밖에 없다.

11 제시된 글은 가치 중립의 의의에 대해 주장하고 있다. 연구 과정에서의 가치 중립은 자료 수집 및 분석 과정에서 자신의 가치를 포함시키지 않아야 한다는 것을 의미한다.

바로잡기 ① 사회·문화 현상 자체가 가치 함축적이므로 가치 함축적인 현상을 연구 대상에서 제외할 수 없다.
② 제시된 글은 연구 과정에서의 가치 중립에 대한 내용이다.
③ 법칙 발견을 목적으로 하는 것은 양적 연구이다.
④ 연구자의 사회적 책임에 대한 언급은 없다.

12 ㈎는 자료 분석 및 가설 검증, ㈏는 연구 주제 선정, ㈐는 자료 수집, ㈑는 가설 설정 단계에 해당한다. 따라서 연구 과정은 ㈏ → ㈑ → ㈐ → ㈎의 순서로 진행된다. 연구 과정 중에서 연구 주제 선정과 가설 설정 단계에서는 연구자의 가치가 개입될 수밖에 없으며, 자료 분석 및 가설 검증과 결론 도출 단계에서는 철저한 가치 중립이 요구된다. 이 연구는 전국을 대상으로 한 것이 아니라 6대 대도시만을 표본으로 선정하여 실시하였으므로 일반화하기 어렵다.

바로잡기 ① 추상적 개념을 측정 가능하게 하는 개념의 조작적 정의는 자료 수집 단계 이전에 이루어져야 한다.

13 필자는 개방적 태도의 중요성을 말하고 있다. 개방적 태도는 나의 주장이나 생각이 틀릴 수도 있다는 전제하에서 타인의 주장을 열린 마음으로 수용하려는 태도를 말한다.

바로잡기 ①, ② 연구자의 선입견이나 주관적 가치, 감정적 요소, 이해관계 등을 배제하고 냉정한 제3자의 눈으로 사회·문화 현상을 인식하려는 태도는 객관적 태도이다.
④ 사회·문화 현상이 나타나는 사회의 특수성을 인식하고, 그 현상이 지닌 고유한 가치와 의미를 그 사회의 맥락에서 이해하고 탐구하려는 태도는 상대주의적 태도이다.
⑤ 사회·문화 현상을 그대로 받아들이지 않고 현상의 이면에 담긴 의미나 원리 등을 적극적이고 능동적으로 살펴보는 태도는 성찰적 태도이다.

개방적 태도 **만점 공략 노트**

의미	사회·문화 현상의 연구 방법이나 관점은 다양하므로 자신의 주장과 다른 주장이 존재할 수 있음을 인정하고, 자신의 주장에 대한 비판을 허용하는 태도
필요성	과학적 연구의 결론이라도 반증에 의해 얼마든지 진리가 아님이 밝혀질 가능성이 있는 잠정적인 진리이므로 새로운 주장의 가능성을 허용해야 함

14 밑줄 친 '오류'는 사회 과학을 연구하는 연구자와 객체인 연구 대상이 엄격히 분리되지 않아 발생하는 현상임을 알 수 있다. 자연 과학에서는 관찰 대상과 관찰자가 분명히 구별될 수 있지만, 사회 과학에서는 이 둘을 구분하기가 어려워 객관성이 떨어질 수 있음을 지적하고 있다.

바로잡기 ①, ③ 사회·문화 현상은 인간의 의지가 개입되고, 보편성보다 특수성이 강하게 나타나기도 하지만 제시문의 오류와는 거리가 있다.
④ 사회·문화 현상은 가치 함축적이지만 규칙성을 도출할 수 있다.
⑤ 사회 과학은 계량화할 수 없는 현상 연구에도 적합하다.

15 제시된 글은 객관적 태도와 관련 있다. 객관적 태도는 냉정한 제3자의 입장에서 사회·문화 현상이 가진 사실로서의 특성만을 파악하는 태도를 가리킨다.

바로잡기 ① 사회·문화 현상이 발생한 맥락을 고려하여 이해해야 한다는 주장은 상대주의적 태도와 관련 있다.
②, ④ 개방적 태도는 새로운 사실이나 타인의 주장을 편견 없이 받아

들이고, 과학적 연구의 결론이라고 할지라도 잠정적인 가설로 받아들이는 것이다.

⑤ 사회·문화 현상의 이면에 담겨 있는 원인이나 결과를 능동적으로 살펴보는 것은 성찰적 태도이다.

객관적 태도 　　　　　　　　　　　　　　　 만점 공략 노트

의미	탐구 과정에서 연구자가 자신의 주관적 가치나 편견, 이해관계 등을 배제하고 사회·문화 현상이 가진 사실로서의 특성만을 파악하는 태도임
필요성	• 연구 과정에서 객관적 태도가 지켜지지 않을 경우, 연구 결과가 왜곡될 수 있음 • 연구자도 인간으로서 주관적 가치를 갖기 때문에 그것이 연구에 개입하는 것을 방지해야 함 • 연구자가 속한 사회나 시대의 지배적인 가치가 연구자도 모르는 사이에 연구자를 통해 연구에 개입할 수 있음을 주의해야 함

16 제시문에서는 티베트인의 조장 풍습을 그들의 환경과 종교 등 그 사회의 맥락에서 이해하고 있다. 이처럼 다른 사회의 문화를 그 사회의 맥락에서 이해하고, 그 문화의 상대적 가치를 인정하려는 태도를 상대주의적 태도라고 한다.

바로잡기 ① 성찰적 태도는 누구나 당연하게 생각하는 사회·문화 현상을 적극적이고 능동적인 자세로 의문을 갖고 연구하려는 태도이다. ② 인간과 자연의 조화를 중시하는 태도는 사회·문화 현상의 탐구 태도로 보기는 어렵다. ④ 자신의 연구 결과에 대한 비판을 수용하는 태도는 개방적 태도이다. ⑤ 사실과 가치를 엄격히 분리하여 연구하는 것은 가치 중립적 태도이다.

17 사례에서 갑은 연구 대상자인 청소년들에게 선정적이고 폭력적인 내용의 정보를 제공함으로써 결과적으로 청소년들에게 악영향을 끼쳤으므로 연구 대상자의 인권을 고려하지 않고 연구를 진행했다는 비판을 받을 수 있다.

바로잡기 ① 갑의 연구 결과가 사회 발전에 기여하였는가는 갑의 연구가 지닌 문제점과 관련 없다. ② 갑은 가치 중립적 연구 태도를 유지하였으므로 문제점으로 볼 수 없다. ③ 가설 검증에 유용한 연구 방법을 찾는 것은 갑의 연구가 지닌 문제점과 관련이 없다. ④ 과학적 연구 결과의 활용에 대한 내용은 갑의 연구가 지닌 문제점과 관련이 없다.

18 과학자에게 가치 중립적인 태도를 가지라는 것은 연구 과정에서 편견이나 주관을 최대한 배제하라는 의미일 뿐, 연구 주제를 선정하거나 그 연구 결과를 활용할 때에도 그렇게 하라는 것은 아님에 주의해야 한다. 즉, 과학자는 자신이 선정한 연구 과제와 그에 따른 연구 결과가 인류에게 미치는 긍정적·부정적 요인을 고려해야 하며, 비록 자신이 의도하지는 않았다고 할지라도 그것이 악용될 가능성을 막기 위해서 적

극적인 가치 판단이 필요하다.

바로잡기 ①, ②, ⑤ 연구자는 냉정한 제3자의 자세를 견지하고, 자료 수집 및 분석 단계에서는 최대한 가치를 배제해야 하며, 자신의 주관적 가치로 인해 연구의 객관성을 훼손해서는 안 되지만 연구 결과 활용에는 적극적인 가치 판단을 해야 한다. ④ 연구 주제의 선정 과정에서는 연구자의 가치가 개입될 수밖에 없다.

19 이렇게 쓰면 만점 (2) 성찰적 태도를 밝힌 이유로 그동안 당연하게 여기던 것에 의문을 품고 탐구하려고 한다는 내용 등을 서술하면 만점이다.

20 이렇게 쓰면 감점 각 연구 단계를 정확히 밝히는 데 그쳤다면 감점이다.

21 이렇게 쓰면 만점 사회·문화 현상을 연구하는 과정에서 제시된 이유 때문에 객관적 태도를 가지기 어렵다는 내용을 서술하면 만점이다.

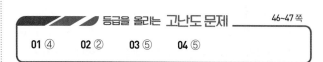

등급을 올리는 **고난도 문제** _____ 46~47쪽

01 ④ 　　**02** ② 　　**03** ⑤ 　　**04** ⑤

01 가설의 요건 　　　　　　　　　　　　　　 자료 분석 노트

> 연구에 사용할 가설이 좋은 가설인지의 여부는 몇 가지 기준에 의해 평가할 수 있다. 좋은 가설은 다음 ㈎~㈏를 충족시켜야 한다.
> ㈎ 가설은 검증이 가능해야 한다.
> – 가설은 경험적 자료에 의해 검증될 수 있어야 한다.
> ㈏ 가설은 검증 필요성이 있어야 한다.
> – 당연한 사실을 내용으로 하는 가설은 검증의 필요성이 없다.
> ㈐ 가설은 변수 간의 관계가 분명해야 한다.
> – 가설은 독립 변수와 종속 변수의 관계가 분명해야 한다.

ㄱ. 두 변수를 갖추고 있고, 두 변수 간 관계 방향도 명확하며 검증 가능성, 검증 필요성이 모두 있는 주장이다. ㄴ. 변수 간 정(+)의 관계를 설정하였으나 동어 반복에 해당하는 진술로서 검증 필요성이 없다. ㄷ. 검증의 필요성도 있고 검증 가능성도 있지만 변수 간의 관계가 있다는 것이 정(+)의 관계인지 부(−)의 관계인지 명확하지 않아 가설로서는 적절하지 않다. 반면, 두 변수 간에 '관련이 있다'는 진술과 달리 '관련이 없다'는 진술은 자료 분석을 통해 '타당하다 혹은 타당하지 않다'는 판단이 가능하므로 두 변수 간의 관계를 명확히 규정한 가설에 해당된다.

바로잡기 ㄹ. 변수 간 정(+)의 관계를 설정하였으나 검증할 필요성이 없다. 본성이 선하다는 것은 타인에 대한 배려심이 깊다는 것을 포함하므로 동어 반복에 해당하는 진술로, 당연한 사실을 내용으로 하는 가설이다.

02 양적 연구 사례 분석

자료 분석 노트

(가) 연구 주제 : 청소년 비행에 영향을 주는 요인은 무엇인가?

(나) 연구 가설 : 가정 요인보다 학교 요인이 청소년 비행에 미치는 영향이 더 클 것이다.

(다) 조사 대상 : 비행으로 인해 학내·외 처벌을 받은 청소년 1,500명 → 대규모 집단을 대상으로 자료를 수집하였고, 계량화가 가능했으므로 질문지법을 사용하였음을 알 수 있다.

(라) 자료 수집 및 분석 결과
└ 이 단계에서는 연구자의 가치가 최대한 배제되어야 한다. (단위 : %)

구분	가정 요인				학교 요인				대인 관계			계
	가정 불화	자유 방임	엄격	계	성적	흥미	고립	계	비행 친구	폭력 서클	계	
남자	26	14	12	52	16	10	6	32	10	6	16	100
여자	14	10	20	44	14	14	10	38	8	10	18	100
계	20	12	16	48	15	12	8	35	9	8	17	100

남자와 여자 모두 학교 요인보다 가정 요인의 비율이 높다.

① 계량화를 통한 가설 검증 및 일반화를 목표로 하고 있으므로 양적 연구에 해당한다. ③ 연구 주제 선정과 가설 설정 과정에서는 연구자의 가치가 개입된다. ④ (다)의 비행 청소년 1,500명은 모집단의 특성을 대표하는 표본 집단이다. ⑤ 자료 수집 및 분석에서는 연구자의 가치가 최대한 배제되어야 한다.

바로잡기 ② 가설과 자료 분석 결과가 일치하지 않으므로 가설은 기각되었다.

03 실험법을 사용한 양적 연구

자료 분석 노트

㉠ 학업 성취도에 ㉡ 협동 학습 프로그램의 적용이 긍정적 영
　　└ 종속 변수　　　└ 독립 변수
향을 미칠 것이라는 가설이 타당함을 입증하기 위한 실험을 설계할 때에는 원칙적으로 ㉢ 협동 학습 프로그램을 적용할 학생
　　　　　　　　　　　　└ 실험 집단
집단과 ㉣ 예전처럼 강의식 수업을 적용할 학생 집단을 구성해
　　　└ 통제 집단
야 한다. 물론 실험 처치 ㉤ 이전의 상태를 확인하는 절차를
　　　　　　　　└ 사전 검사
거칠 필요가 있다. 그리고 이 과정을 거친 후 ㉥ 두 집단의 변
　　　　　　　　　　　　　　└ 사후 검사 비교
화 내용을 비교해야 한다.

자료는 실험법의 적용 과정을 보여 주고 있다. ㉢은 실험 집단, ㉣은 통제 집단에 해당한다. ㄴ. 학업 성취도는 종속 변수이므로, 사전 검사와 사후 검사에서 측정이 이루어진다. 따라서 실험 집단에서 2회, 통제 집단에서 2회가 측정된다. ㄷ. ㉤은 사전 검사에 해당하며, 사전 검사에서는 종속 변수의 측정이 이루어진다. ㄹ. 독립 변수 처치 후 실험 집단과 통제 집단의 종속 변수를 측정하여 사전 검사한 종속 변수와 비교한다. 그 결과 실험 집단에서만 종속 변수에 해당하는 학업 성취도가 높아졌다면 가설은 수용된다.

바로잡기 ㄱ. 독립 변수는 ㉡이고, 종속 변수는 ㉠이다.

04 연구 윤리

자료 분석 노트

(가) 갑은 폭력적인 인터넷 게임이 초등학생의 인성에 미치는 영향을 알아보기 위해 초등학생 10명을 6개월간 하루 3시간씩 폭력적인 인터넷 게임에 노출하게 하였다. 그 결과 두 변수 간의 상관관계는 확인되었으나 학생들은 6개월 전에 비해 폭력적 성향이 강하게 나타났다.
└ 초등학생들이 폭력적으로 변한 것은 연구 대상자에 대한 윤리에 어긋난다.

(나) 실험법을 바탕으로 자료를 수집하고자 하는 을은 사전 동의를 구할 경우 피실험자에게 영향을 미쳐 왜곡된 결과가 도출될 수 있다고 보고 이를 생략한 것은 물론 연구 이후에도 사후 동의를 구하지 않았다.
└ 연구 대상자에게 동의를 구하지 않은 것은 연구 대상자에 대한 윤리에 위배된다.

(가)는 사회·문화 현상을 탐구할 때에는 연구 과정에서 연구 행위로 인해 연구 대상자들에게 의도하거나 의도하지 않은 변화를 초래할 수 있음을 보여 준다. (나)에서는 연구 대상자에게 사전 동의와 사후 동의를 구하지 않았음을 알 수 있다. ㄷ. 사전 동의를 구할 경우 연구에 영향을 미칠 것을 우려한 것을 통해 연구의 객관성을 확보하려고 했음을 알 수 있다. ㄹ. 사회·문화 현상의 탐구는 인간을 대상으로 하기 때문에 연구 과정에서 발생할 수 있는 인권 침해를 방지해야 한다.

바로잡기 ㄱ. (가)에서 피조사자의 신상을 노출하였다는 내용은 없다. ㄴ. (가)에서 연구자의 자발적 참여 보장 여부는 나와 있지 않다.

수능 특강　　　　　　　　48~49쪽

유형 1 ③	유형 2 ④	유형 3 ②	유형 4 ③

유형 1 양적 연구와 실험법

자료 분석

연구자 갑은 주변에 방관자들이 있으면, 곤경에 처한 사람이 낯선 사람으로부터 도움을 받을 가능성이 줄어든다는 '방관자 효과'를 검증하
　　　　　　　　　　　　　　　　　　　　　　└ 양적 연구
기 위한 연구에 착수하였다. 우선 갑은 접이식 커튼을 쳐, 보이지는 않지만 소리를 들을 수 있는 공간을 만들었다. 그리고 그곳에서 연구 대상자들에게 의자에 오르다 떨어져 도움을 청하는 노인의 녹음된 비명을 듣게 하였다. 연구 대상자들은 두 집단으로 구분되었는데, 한 연구 조건에서는 ㉠ 연구 대상자만 있게 했고, 다른 연구 조건에서는 의도
　　　　　　　　└ 통제 집단
적으로 노인의 비명에 반응하지 않도록 연구자와 공모한 방관자들을 ㉡ 연구 대상자와 함께 있게 했다. ㉢ 방관자들의 존재 여부에 따른 반
└ 실험 집단(독립 변수를 처치한 집단)　　└ 독립 변수(원인)
응을 비교한 결과, '나 홀로 조건'에서는 연구 대상자의 70%가 도움을 주려고 한 반면, '방관자 조건'에서는 20%만이 도움을 주려고 하였다.

└ 연구자는 곤경에 처한 사람이 낯선 사람으로부터 도움을 받을 가능성이 방관자의 유무에 의해 영향을 받는지를 집단 간 비교, 즉 실험법을 통해 검증하고자 한다.

✗ ㉠은 실험 집단, ㉡은 통제 집단에 해당한다.
　→ ㉠은 통제 집단, ㉡은 실험 집단이다.

◯ ㉢은 독립 변수에 해당한다.
　→ 방관자들의 존재 여부에 따라 반응이 달라지므로 ㉢은 독립 변수이다.

✗ 실제성이 높은 현장 자료를 얻기 용이한 자료 수집 방법을 사용하였다.
　└ 참여 관찰법의 장점

◯ ㉣ 연구자가 설정한 상황을 바탕으로 연구 대상자를 관찰하는 자료 수집 방법을 사용하였다.
　→ 연구자가 상황을 통제하였음을 의미하므로 실험법을 도출할 수 있다.

유형 2 질문지법, 면접법, 참여 관찰법의 특징

자료 분석

자료 수집 방법	사례
(가) – 질문지법	청소년 일탈을 연구하기 위해 가족 간 대화 빈도와 일탈 행동을 측정할 수 있는 설문 문항을 개발하여 전국의 중·고등학생 2,000명을 대상으로 조사를 실시하였다. └ 질문지
(나) – 면접법	초등학생의 음악 활동과 사회성 간의 관계를 연구하기 위해 초등학생 20명과 심층 인터뷰를 하여 오케스트라 └ 심층 면접 활동이 친구 관계에 미치는 영향을 탐구하였다.
(다) – 참여 관찰법	실외 놀이를 통해 나타나는 유아들의 특징을 살펴보고자 4개월간 ○○ 어린이집에 머물며 유아들의 행동과 └ 참여 관찰 대화 내용, 놀이 상황 등 전반적인 상황을 모두 기록하였다.

선택지 분석

✗ (가)는 (나)보다 질적 자료 수집에 용이하다.
　→ 면접법, 참여 관찰법이 질적 자료 수집에 용이하다.

✗ (나)와 달리 (다)는 연구자의 주관적 가치가 개입될 우려가 있다.
　→ 면접법, 참여 관찰법 모두 연구자의 주관적 가치가 개입될 우려가 있다.

✗ (다)와 달리 (가)는 인위적으로 통제된 상황에서 변수의 효과를 관찰한다.
　└ 실험법의 특징

④ (가)에 비해 (나), (다)는 연구 대상에 대해 심층적으로 파악하기 용이하다.
　└ 질적 연구의 특징

✗ (나)와 달리 (가), (다)는 자료 수집 과정에서 언어를 매개로 한 상호 작용이 필수적이다.
　→ 참여 관찰법은 언어적 상호 작용이 필수적이지 않다.

유형 3 면접법, 실험법, 질문지법, 참여 관찰법의 특징 비교

자료 분석

구분		주로 계량화된 자료를 수집하는 데 활용되는가?	
		예	아니요
(가)	예	A	B
	아니요	C	D

→ 계량화된 자료는 양적 자료에 해당하므로 A, C는 각각 질문지법과 실험법 중 하나이고, B, D는 각각 면접법과 참여 관찰법 중 하나이다.

✗ (가)는 '인위적으로 통제된 상황에서 변수의 효과를 관찰하는 방법인가?'가 적절하다.
　└ 실험법에만 해당하는 특징

② (가)가 '언어적 상호 작용에 의한 자료 수집이 필수적인가?'라면 A는 질문지법, D는 참여 관찰법이다.
　└ 질문지법과 면접법
　→ B는 면접법, C는 실험법이다.

✗ (가)가 '자료 수집 시 연구 대상자의 응답이 필수 요건인가?'라면 B는 면접법, C는 질문지법이다.
　└ 면접법과 질문지법
　→ A는 질문지법, C는 실험법, D는 참여 관찰법이다.

✗ A가 질문지법이라면 (가)는 '다수를 대상으로 한 자료 수집에 주로 사용되는가?'가 적절하다.
　└ 질문지법
　→ 면접법과 참여 관찰법은 다수를 대상으로 하기에 곤란하다.

✗ B가 참여 관찰법이라면 (가)는 '연구자가 현상이 실제로 발생한 현지에 가서 연구해야 하는가?'가 적절하다.
　└ 참여 관찰법에만 해당하는 특징
　→ A에 해당하는 자료 수집 방법이 없다.

유형 4 사회·문화 현상의 연구 윤리

자료 분석

연구 대상자와 관련된 연구 윤리에 관해 말하고 있다.

연구자는 연구 목적과 절차, 연구가 미칠 수 있는 영향 등을 연구 대상자에게 공지하고 자료 수집에 대하여 허락을 받아야 합니다.

연구에 대한 고지 의무 / 사전 동의

연구 과정에서 지켜야 할 연구 윤리에 관해 말하고 있다.

연구자는 정직한 방법으로 자료를 수집해야 하며, 의도한 결론을 이끌어 내기 위해 자료를 왜곡하여 분석해서는 안 됩니다.

갑 / 을

선택지 분석

✗ 공동 연구 성과를 단독 연구 성과로 발표하는 것은 갑이 강조하는 연구 윤리에 어긋난다.
　→ 동료 연구자에 대한 연구 윤리이다. 갑은 연구 대상자와 관련된 연구 윤리를 강조하고 있다.

◯ 연구 대상자에게 연구 참여에 대한 동의를 받지 않는 것은 갑이 강조하는 연구 윤리에 어긋난다.
　└ 사전 동의

◯ 연구 의뢰자의 이익을 위해 자료를 조작하여 분석하는 것은 을이 강조하는 연구 윤리에 어긋난다.
　└ 연구 과정

✗ 갑은 자료 분석 단계에서, 을은 연구 결과 발표 단계에서 지켜야 할 연구 윤리를 강조하고 있다.
　→ 갑은 자료를 수집하기 전 단계에서, 을은 자료 수집 및 분석 단계에서 지켜야 할 연구 윤리를 강조하고 있다.

01 ⑤	02 ③	03 ⑤	04 ③	05 ②	06 ④
07 ⑤	08 ④	09 ①	10 ④	11 ⑤	12 ④
13 ②	14 ②	15 ②			

16 예시답안 사회·문화 현상은 보편성도 가지지만, 시간과 장소에 따른 특수성도 나타난다.

17 (1) ㉠ 질문지법, ㉡ 면접법 (2) 예시답안 질문지법은 대규모 집단을 대상으로 하기에 적합하고 시간과 비용 측면에서 효율적이다. 면접법은 연구 대상자의 심층적인 정보 수집에 유리하고 문맹자에게도 실시할 수 있다.

18 (1) 개념의 조작적 정의 (2) 예시답안 추상적인 개념을 측정이 가능하도록 구체적 지표로 바꾸는 것이다.

01 ㉠, ㉢은 사회·문화 현상, ㉡은 자연 현상에 해당한다. ⑤ 사회·문화 현상은 개연성과 확률의 원리가 적용되는 데 비해 자연 현상은 필연성과 확실성의 원리가 적용된다.

바로잡기 ① 자연 현상은 존재 법칙, 사회·문화 현상은 당위 법칙의 지배를 받는다.
② 자연 현상은 보편성만이 존재하는 데 비해 사회·문화 현상은 보편성뿐만 아니라 특수성도 나타난다.
③ 사회·문화 현상에서도 인과 관계가 나타난다.
④ 자연 현상과 사회·문화 현상 모두 경험적 자료로 연구할 수 있다.

02 제시된 자료의 워크숍에서는 해당 주제에 대해 다양한 학문 분야의 전문가들이 모여 발표와 토론을 진행할 것임을 알 수 있으며, 이를 통해 해당 주제에 대한 간학문적 접근을 도출할 수 있다. ③ 간학문적 접근은 하나의 사회·문화 현상에 대하여 다양한 학문적 관점이나 방법을 적용하여 총체적으로 접근하는 것을 의미한다.

바로잡기 ① 제시된 자료에는 가치 중립과 관련된 내용을 찾아볼 수 없다.
② 사회·문화 현상을 바라보는 관점에 관한 언급은 제시된 자료에서 찾을 수 없다.
④ 자연 과학의 연구 방법을 사회 과학에 도입한 것은 방법론적 일원론에 해당한다.
⑤ 사회 과학의 전문성 강화보다는 총체적 접근을 꾀하고 있음을 알 수 있다.

03 필자는 사회 유기체설을 취하고 있으며 이는 기능론의 전제에 해당한다. 기능론은 사회 유기체설의 입장에서 사회의 구성 요소들의 기능이 제대로 수행될 때 전체 사회가 유지된다고 본다.

바로잡기 ①, ③ 인간 행위에 대한 주관적 의미 부여를 중시하고, 사회 구조보다는 구체적 인간 행동의 분석을 중시하는 관점은 미시적 관점이다. 기능론은 거시적 관점에 해당한다.
②, ④ 사회 문제 해결을 위해 사회 제도의 개혁을 중시하고, 다양한 사회적 관계의 속성을 지배와 피지배의 관계로 보는 것은 갈등론에 해당한다.

04 필자는 기능론적 관점으로 사회·문화 현상을 바라보고 있다. 기능론은 사회 구성원 각자가 맡은 역할에 충실하면 사회가 발전할 수 있고, 성 역할 구분 및 사회의 법과 제도는 구성원들의 합의를 바탕으로 하기 때문에 사회의 유지와 존속에 기여하고 있다고 여긴다.

바로잡기 ③ 특정 집단에 의해 사회 질서가 형성된다고 하였을 때 그 특정 집단은 사회의 기득권층임을 파악할 수 있는데, 기득권층을 위해 사회가 움직인다고 보는 관점은 갈등론이다.

05 제시된 글은 프랑스의 사회학자 뒤르켐의 『자살론』 중 일부이다. 제시된 글에서 뒤르켐은 자살은 개인적 요인이 아니라 사회적 요인으로 설명할 수 있는 사회·문화 현상이라고 하였다. 자살을 개인적 차원이 아니라 사회적 차원에서 바라보아야 한다는 주장은 미시적 차원이 아니라 거시적 차원에서 분석해야 한다는 의미이다.

바로잡기 ① 구성원 간의 상호 작용을 통한 분석은 미시적 관점이다.
③, ④ 제시된 글을 통해서는 직접적으로 도출하기 어렵다.
⑤ 개인의 속성을 통해 사회·문화 현상을 분석하는 것은 미시적 관점에 해당한다.

06 갑은 기능론, 을은 갈등론에서 사회·문화 현상을 바라보고 있다. 갈등론적 관점에서는 사회 질서를 소수 집단, 즉 기득권층의 의사가 반영되어 형성된 것이라고 보는 반면, 기능론적 관점에서는 사회 구성원 전체의 합의를 바탕으로 사회 질서가 형성되었다고 본다.

바로잡기 ①, ② 인간이 자율적 의지에 의해 행동하는 존재라고 가정하고, 구성원 간 상호 작용의 이해에 초점을 맞추는 관점은 상징적 상호 작용론이다.
③ 사회를 유기체에 비유해서 이해하는 관점은 기능론이다.
⑤ 기능론과 갈등론 모두 거시적 관점에서 사회·문화 현상을 바라보는 관점이다.

07 (가) 독거노인이 느끼는 심리적 불안감을 이해하기 위해서는 인간의 행위 동기나 목적 등을 파악할 수 있는 질적 연구 방법을 적용해야 한다. (나) 독거노인의 평균 수입과 삶의 만족도 간의 상관관계를 파악하려면 계량화된 자료를 통계적으로 분석하여 인과 관계를 찾는 양적 연구 방법을 적용해야 한다. 즉, 질적 연구 방법은 사회·문화 현상에 대한 이해를 목적으로 하는 반면, 양적 연구 방법은 사회·문화 현상에 대한 설명을 목적으로 한다.

바로잡기 ① (나)는 개념의 조작적 정의가 필수적이다.
② (나)는 (가)와 달리 연역적 과정을 거친다.
③ (가)와 (나) 모두 경험적 자료를 바탕으로 한다.
④ (가)와 달리 (나)는 연구자와 연구 대상의 분리를 전제로 한다.

08 A는 양적 연구 방법, B는 질적 연구 방법에 해당한다. 양적 연구 방법은 사회·문화 현상에 대한 일반적인 법칙이나 이론을

발견하는 데 유리하고, 질적 연구 방법을 통해서는 사회·문화 현상 속에 담긴 인간의 행위 동기 및 목적 등을 이해할 수 있다.

바로잡기 ① 연구자와 연구 대상을 분리할 수 없다고 보는 것은 질적 연구 방법이다.
② 계량화된 자료의 분석을 중시하는 것은 양적 연구 방법이다.
③ 사회·문화 현상과 자연 현상의 동질성을 강조하는 방법론적 일원론을 바탕으로 하는 것은 양적 연구 방법이다.
⑤ 양적 연구 방법은 연역적 절차를, 질적 연구 방법은 귀납적 절차를 중시한다.

09 A는 면접법, B는 참여 관찰법, C는 질문지법에 해당한다. ① 면접법은 글을 모르는 사람에게도 실시할 수 있다.

바로잡기 ② 연구 대상자와의 정서적 교감이 중시되는 것은 면접법이다.
③ 질문지법은 시간과 비용 측면에서 효율적이라는 평가를 받는다.
④ 질문지법은 양적 자료, 면접법과 참여 관찰법은 질적 자료를 수집하는 데 적절하다.
⑤ 연구 대상에 대한 심층적 이해는 질적 자료에 해당하며, 질적 자료 수집에 유리한 것은 면접법과 참여 관찰법이다.

10 계량화된 자료 수집 및 분석 대신 현상 속에 담긴 인간의 동기나 목적 등 주관적 행위 요소를 이해해야 한다는 의미를 내포하고 있으므로, 연구자는 질적 연구 방법을 선호하고 있음을 알 수 있다.

바로잡기 ㄹ. 놀이 치료 전과 후에 자폐 아동이 구사하는 언어 수를 비교하는 것은 계량화된 자료를 수집하는 과정이며, 이는 양적 연구에서 사용된다.

11 제시된 연구 과정을 표로 요약하면 다음과 같다.

구분	A 집단	B 집단	C 집단
사전 검사	실시	실시	미실시
독립 변수 처치	처치	처치하지 않음	처치
사후 검사	실시	실시	실시
사전 검사와 사후 검사 비교	비교	비교	사후 검사만 측정

ㄴ. 실험 집단과 통제 집단은 동질적이어야 독립 변수가 종속 변수에 미치는 영향을 정확히 파악할 수 있다. ㄷ. 독립 변수를 처치한 A 집단은 실험 집단, 독립 변수를 처치하지 않은 B 집단은 통제 집단이다. 실험 집단과 통제 집단을 비교·분석하여 독립 변수와 종속 변수의 관계를 파악할 수 있다. ㄹ. A, B 집단, 즉 실험 집단과 통제 집단에는 사전 검사를 실시했지만 C 집단에는 사전 검사를 실시하지 않았다. 이는 사전 검사 자체가 피실험자에게 영향을 미치기 때문이다.

바로잡기 ㄱ. 독립 변수를 처치한 A 집단이 실험 집단이고 그렇지 않은 B 집단이 통제 집단이다.

12 을은 설문 조사를 통해 자료를 수집했으므로 질문지법을 사용했음을 알 수 있다. 이에 비해 갑은 을의 연구 결과물을 통

해 자료를 수집했으므로 문헌 연구법을, 병은 면접법을 통해 자료를 수집했음을 알 수 있다. ④ 질문지법은 구조화되고 표준화된 설문지를 통해 자료를 수집한다.

바로잡기 ① 면접법은 가치 개입의 정도가 높은 편이다.
② 을은 질문지법을 통해 자료를 수집했으므로 1차 자료를 수집하였다. 이에 비해 갑은 을의 연구 결과물을 활용했으므로 2차 자료를 수집하였다.
③ 자료의 실제성을 보장할 수 있는 자료 수집 방법은 참여 관찰법이다.
⑤ 일반화가 용이한 자료 수집 방법은 질문지법이다.

13 조사 대상자를 선정하고 자료 수집 방법을 결정하는 연구 과정은 연구 설계 단계이다. 연구 설계는 자료 수집을 하기 위한 사전 단계이며, 연구의 설계도에 해당한다.

바로잡기 ㄴ. 연구 설계는 양적 연구와 질적 연구 모두에서 꼭 필요한 단계이다.
ㄹ. 독립 변수와 종속 변수의 관계는 가설 설정 단계에서 결정한다.

14 제시된 사례는 평생 교육 참여 집단과 비참여 집단을 대상으로 자료를 수집하였고, 자료 분석을 통해 두 집단 간 삶의 의미에 대한 긍정적 인식 비율 차이를 도출하였다. ② 개념의 조작적 정의는 연구 설계 단계에서 이루어지는데, 연구 설계는 가설 설정 이후 자료 수집 이전 단계에 해당한다.

바로잡기 ① 제시된 사례는 실험법을 적용하지 않았으므로 실험 집단과 통제 집단으로 구분하는 것은 옳지 않다.
③ 사례에서 종속 변수와 독립 변수는 제시되어 있지만 두 변수 간의 관계에 대해서는 언급하고 있지 않다. 즉 가설이 무엇인지 도출할 수 없기 때문에 가설의 수용 여부를 판단할 수 없다.
④ 중년 여성의 삶을 바라보는 태도는 종속 변수에 해당한다. 독립 변수는 평생 교육 프로그램이다.
⑤ 갑의 연구는 양적 연구 방법을 통해 이루어졌으며 양적 연구는 방법론적 일원론을 바탕으로 한다.

15 제시문의 '입장을 달리하는 다른 학문이나 주장을 인정하는 자세', '상대방 주장에 대한 이해를 전제로'라는 내용을 통해 필자는 개방적 태도의 필요성을 강조하고 있음을 알 수 있다. 개방적 태도는 자신의 주장만을 절대시하지 않고 상대방의 주장을 수용할 줄 아는 자세를 말한다.

16 **이렇게 쓰면 감점** 보편성과 특수성을 언급하지 않고 예외가 존재한다, 혹은 개연성이 있다 등으로 서술하면 감점이다.

17 **이렇게 쓰면 감점** (2) 질문지법과 면접법 각각의 장점을 쓰지 않고, 두 자료 수집 방법의 특징을 서술하면 감점이다.

18 **이렇게 쓰면 만점** (2) 개념의 조작적 정의의 의미를 옳게 설명하면 만점이다.

01 개인과 사회의 관계

기초를 다지는 확인 문제 ___ 62쪽

01 (1) × (2) × (3) ○ (4) ○ (5) × (6) ○
02 (1) 사회 구조 (2) 사회 실재론 (3) 사회 유기체설 (4) 사회
명목론 **03** (1) ㉡ (2) ㉠

실력을 키우는 실전 문제 ___ 63~67쪽

01 ④	**02** ②	**03** ③	**04** ⑤	**05** ①	**06** ①
07 ⑤	**08** ④	**09** ①	**10** ④	**11** ④	**12** ④
13 ⑤	**14** ⑤	**15** ③	**16** ②	**17** ①	**18** ⑤

19 (1) 사회 유기체설 (2) 예시답안 사회가 개인보다 우위에 있는
독자적인 존재라고 하였으므로 사회 실재론에 해당한다.
20 예시답안 국가는 개인들이 자신들의 재산과 자유를 보장받기
위해 합의를 통해 만들었다고 보므로 사회 명목론에 해당한다.
21 예시답안 ㉠ 교통 법규 위반자에 대한 처벌 법규를 강화한다.
㉡ 사회 구성원 개개인이 교통 법규 준수 의식을 확고히 한다.

01 사회 내의 다양한 사회적 관계를 맺는 방식이 정형화되어 안
정된 틀을 이루고 있는 상태를 사회 구조라고 한다. 사회 구
조는 개인의 행동을 제약하고 자유를 구속하기도 하며, 구성
원들이 안정된 사회적 관계를 유지할 수 있도록 하여 원활한
사회생활을 가능하게 한다.

바로잡기 ㄷ. 사회 구조는 장기적으로 구성원들의 행동, 가치, 규범
등의 변화에 의해 그 성격이 달라질 수 있다.

02 사회적 상호 작용에는 협동, 경쟁, 갈등 등이 있다. 제시된 내
용은 경쟁에 대한 설명이다. 경쟁은 동일한 목표를 달성함에
있어 서로 상대방을 앞서려고 하는 상태로, 대체로 목표는 제
한되어 있으나 그것을 달성하려는 사람들이 많을 때 나타난
다. ㄱ. 마라톤 경기는 우승하는 것을 목표로 경기하는 것이
므로 경쟁에 해당한다. ㄷ. 대학 수학 능력 시험은 시험 결과
우수한 성적을 얻어 원하는 대학교에 가고자 하는 것이므로
경쟁에 해당한다.

바로잡기 ㄴ. 감독, 선수, 코칭스태프 간의 팀워크를 다지는 것은 협
동의 사례에 해당한다.
ㄹ. 민주화 요구 시위는 갈등의 사례에 해당한다.

03 제시된 글에서 사회 구조는 사회 구성원이 바뀌어도 변하지
않는 성격을 가지고 있음을 보여 주고 있다. 이는 사회 구조
의 특징 중 지속성에 해당한다. 지속성이란 사회 구성원은 사
회 구조에 의해 행동의 제약을 받게 되어, 사회 구조는 사회
구성원이 바뀌더라도 크게 달라지지 않고 오랫동안 유지된다
는 것을 말한다.

사회 구조의 특징 [만점 공략 노트]

지속성	사회 구조는 사회 구성원이 바뀌어도 크게 달라지지 않고 오랫동안 유지됨
안정성	사회 구성원은 구조화된 행동을 함으로써 안정적인 사회적 관계를 유지할 수 있음
변동 가능성	사회 구성원의 행동, 가치, 규범 등의 변화에 의해 사회 구조의 성격이 달라질 수 있음
강제성	사회 구조는 사회 구성원의 의지나 생각과는 상관없이 특정 행위를 하도록 구속할 수 있음

04 [자료 분석 노트]

사회 구조는 사회 구성원 간의 상호 관계를 맺는 방식이 정형
화되어 안정된 틀을 이루고 있는 상태로 인간의 행위에 많은
영향을 미친다. 그러나 인간의 행위가 항상 사회 구조에 따라
└ 사회 구조가 개인의 행위를 결정한다고 보는 견해에 해당한다.
결정되는 것은 아니다. 인간은 자율적인 의지를 가지고 있기
때문에 사회 구조에 저항하기도 한다. 이렇듯 인간은 사회 구
└ 개인의 행위가 사회 구조로부터 자유롭다는 견해에 해당한다.
조의 틀 속에서 삶을 영위하기도 하지만 자유 의지로 사회 구
조를 변화시키기도 한다.
└ 사회 구조와 개인은 서로 영향을 주고받는 관계에 있음을 보여 준다.

필자는 인간은 사회 구조의 틀 속에서 삶을 영위하기도 하지
만 자유 의지로 사회 구조를 변화시키기도 한다고 보므로 사
회 구조와 개인은 서로 영향을 주고받는 관계라고 인식한다.

바로잡기 ㄱ은 사회 구조의 기능에 해당하는 내용으로, 제시된 글에
서 강조하는 내용은 아니다.
ㄴ은 사회 구조의 지속성에 대한 내용으로, 제시된 글의 주장과 거리
가 멀다.

05 인간이 사회로부터 자유롭지 못하다고 생각하는 것은 전형적
인 사회 실재론의 주장이다. 또한 사회는 그 자체의 생명력을
가지고 있다고 보는 것도 사회 실재론과 관련 있다. 사회 실
재론은 사회는 유기체와 같으며, 개인은 단지 사회 안에 존재
하는 하나의 구성원에 불과하고 실제로 존재하는 것은 전체
로서의 사회뿐이라고 보는 입장이다.

바로잡기 ②, ③, ④, ⑤는 사회 명목론의 관점이다.

사회 실재론 [만점 공략 노트]

기본 입장	• 사회는 개인의 외부에 실제로 존재하며, 독자적인 특성을 지니고 있음 • 사회는 개인들의 합 이상이며, 개인은 사회의 구성 요소에 불과함
관련 이론	사회 유기체설
장점	사회가 개인의 행동에 어떤 영향을 미치는지 설명할 수 있음
한계	인간의 주체적이고 능동적인 행위를 설명하기 곤란함

06

산소의 원자 기호는 O이다. 이것이 둘 모이면 O$_2$가 되어 생명을 유지하기 위한 호흡에 사용된다. <u>같은 원자가 모여 O$_3$가 될 경우 오존이라고 부른다. 이 물질은 산소와는 전혀 다른 물질로, 소량일 때는 살균과 소독 등의 작용을 하지만 다량을 장기간 흡입하였을 경우 인체에 치명적인 영향을 미친다.</u> 사회도

└ 같은 원자가 모였는데도 전혀 다른 성질의 원소가 되었음을 보여 준다.

마찬가지이다. <u>같은 원자가 구성되는 방식에 따라 전혀 다른 성질을 지니듯, 같은 인간들이 모여 있는 사회도 결합 방식에 따라 전혀 다른 규범과 체제를 나타낼 수 있다.</u>

└ 같은 인간들이 모여 있어도 결합 방식에 따라 전혀 다른 모습을 띨 수 있다는 것은 사회를 개인의 단순한 합 이상의 고유한 특성을 지닌 독립적 실체로 보는 사회 실재론과 연결된다.

제시된 글에서는 산소 원자가 모이는 방식에 따라 단순히 그 합이 되는 것이 아니라 또 다른 무언가로 재탄생되는 것을 바탕으로, 사회도 역시 인간들의 결합 방식에 따라 달라질 수 있음을 보여 주고 있다. 따라서 이러한 관점은 사회 실재론으로 볼 수 있다. ① 사회 실재론에서는 개인은 단지 사회를 이루는 구성 요소에 불과하다고 본다.

바로잡기 ②, ③, ④, ⑤ 사회 계약설에 바탕을 둔 관점은 사회 명목론이다. 사회 명목론은 사회보다 개인의 우월성을 강조하고, 개인의 특성이 사회의 특성을 결정한다고 본다.

07 제시된 내용은 모두 사회는 개인의 단순한 합 이상의 고유한 특성을 지닌다고 보는 사회 실재론에 해당한다. 사회 실재론은 개인은 단지 사회 안에 존재하는 하나의 구성원에 불과하고 실제로 존재하는 것은 전체로서의 사회뿐이라고 보는 관점으로, 사회의 특성이 개인의 특성을 결정한다고 본다.

바로잡기 ①, ②, ③, ④는 사회 명목론 관점이다.

08 제시된 글에서 사장 갑은 회사 전체의 팀워크를 강조하기 위해 제복 착용, 사가 및 구호 제창, 회사 홍보 등을 행하였다. 이는 개인보다 사회를 더 중시하는 사회 실재론과 관련 있다. ㄴ. 사회 실재론에서는 사회가 개인의 단순한 합 이상이며, 구성원 개개인의 특성만으로 설명할 수 없는 독특한 특성을 가진 실체라고 본다. ㄹ. 사회 실재론에서는 개인보다 사회를 더 중시하므로 사회 제도나 사회 구조에 관심을 가진다. 따라서 어떤 사회 문제가 발생했을 때 그 사회의 구조적 원인을 찾아내어 해결하려고 한다.

바로잡기 ㄱ. 사회가 구성원들의 동의에 기초하여 존립한다고 보는 것은 사회 명목론의 입장이다.

ㄷ. 사회 명목론에서는 사회보다 개인을 중시하므로, 사회를 변화시키는 원동력은 개인의 특성과 힘이라고 주장한다.

09 제시된 글은 사회 유기체설로 사회 실재론의 근거가 된다. 사회 실재론에서는 사회가 개인과는 다른 고유한 특성을 지니며, 사회를 구성하고 있는 개인의 삶에 영향을 미친다고 본

다. ① 가풍은 그 집안의 고유한 특성을 나타내며, 특정한 가풍에 따라 개인이 영향을 받는다고 보는 것은 사회 실재론의 관점에 해당한다.

바로잡기 ② 신용 불량자 문제의 원인을 개인의 무분별한 소비 행태 때문으로 보는 것은 사회 명목론의 관점이다.

③ 사원을 채용할 때 출신 대학교보다 개인의 능력을 중시해야 한다는 주장은 사회보다 개인을 우선하는 사회 명목론의 관점이다.

④ 청소년 비행의 원인을 분석할 때 비행 청소년 개인의 정서를 중시하는 것은 사회 명목론의 관점이다.

⑤ 회사에 근무하는 사원들이 우수하다면 좋은 회사로 판단하는 태도는 회사 자체보다는 사원들 개개인을 중시하는 것이므로 사회 명목론의 관점이다.

10 그림에서 감독은 팀을 위해 선수 개인이 희생해야 한다고 주장하는데, 이는 개인보다 사회를 우선시하는 사회 실재론과 맥락을 같이한다. 사회 실재론은 사회에 그 자체의 독특한 특성이 있다고 본다. ④ 사회 실재론은 개인적 특성으로 설명하기 어려운 사람들의 행동을 이해하는 데 유용하다.

바로잡기 ① 사회가 개인의 행복과 발전을 위해 존재한다고 보는 것은 개인의 행복을 사회보다 중시하는 사회 명목론에 해당한다.

② 개인의 특성을 이해하면 그 개인이 모인 사회의 특성을 알 수 있다고 한 것은 개인을 사회보다 중시하는 사회 명목론에 해당한다.

③ 사회 문제를 해결하기 위해 개인의 의식을 개혁해야 한다고 보는 것은 사회 구조보다는 개인의 의식을 더 중시하는 사회 명목론이다.

⑤ 개인의 심리적 특성으로 사회·문화 현상을 설명할 수 있다는 것은 개인을 중시하는 사회 명목론이다.

11 제시된 글에서 일류대에 들어가도 개인의 능력이 저절로 갖추어지는 것은 아니라는 표현을 통해 개인과 사회의 관계를 바라보는 관점 중 사회 명목론의 관점임을 알 수 있다. ④ 사회 명목론은 사회는 개인의 목표를 실현시켜 주는 수단에 불과하다고 본다.

바로잡기 ① 사회를 개인들의 합 이상이라고 보는 것은 사회 실재론이다.

② 사회가 개인을 규제하고 구속한다고 보는 것은 사회 실재론이다.

③ 사회가 개인의 외부에 실제로 존재한다고 보는 것은 사회 실재론이다.

⑤ 사회 구조나 사회 제도를 통해 사회·문화 현상을 파악해야 한다고 보는 것은 사회 실재론이다.

12 제시된 글은 사회 계약설로 개인의 권리 보호를 위해 계약에 의해 사회를 만든 것이라는 내용이므로, 사회보다 개인을 중시하는 사회 명목론의 이론적 근거로 사용된다. 사회 명목론에서는 사회 자체보다 사회를 구성하는 개인의 특성과 행동 양식에 초점을 맞추어 사회·문화 현상을 분석한다. 즉, 개인을 사회를 구성하는 능동적인 존재로 인정하므로 개인이 발전해야 개인의 합인 사회가 발전한다고 본다.

바로잡기 ㄱ. 개인은 사회 속에서만 존재 의미를 갖는다고 보는 것은 개인보다 사회를 중시하는 사회 실재론의 관점이다.

ㄷ. 사회 실재론에서는 사회가 개인의 단순한 합 이상이며, 구성원 개개인의 특성만으로 설명할 수 없는 독특한 특성을 지니고 있는 실체라고 본다.

사회 명목론 만점 공략 노트

기본 입장	• 사회는 단지 개인들이 모여 있는 것으로 실제로 존재하지 않음 • 사회는 개인들의 집합체에 붙여진 이름에 불과함
관련 이론	사회 계약설
장점	사회를 구성하고 변화시키는 능동적인 존재로서의 개인을 인정함
한계	• 개인의 행위에 사회 구조나 사회 제도가 끼치는 영향력을 간과함 • 개인의 행위나 심리 상태만으로 설명할 수 없는 사회 현상이 있음 • 극단적 이기주의를 초래할 우려가 있음

13 갑은 후보자의 출신 대학, 소속 정당과 같은 외부 요소를 중시하므로 사회 실재론, 을은 후보자 개인의 인성, 능력 등을 강조하므로 사회 명목론과 관련이 깊다. ① 개인보다 사회가 우선한다고 보는 것은 사회 실재론이다. ② 사회·문화 현상이 개인의 심리적 현상으로 환원된다고 보는 것은 사회 명목론이다. ③ 사회가 독자적인 특성을 지니고 있다고 보는 것은 사회 실재론이다. ④ 집합적 속성이 개인적 속성의 총합이라고 보는 것은 사회 명목론이다.

바로잡기 ⑤ 개인의 행동이 사회 구조에 의해 결정된다고 보는 것은 사회 실재론이다.

14 자료 분석 노트

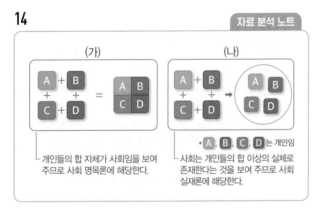

개인과 사회의 관계를 바라보는 관점 중 (가)는 사회 명목론, (나)는 사회 실재론에 해당한다. ㄷ. 극단적인 개인주의로 흐를 우려가 있는 것은 사회 명목론이다. ㄹ. 전체를 위한 개인의 희생을 정당화할 우려가 있는 것은 사회 실재론이다.

바로잡기 ㄱ. 사회 문제를 해결하기 위해 사회 구조를 탐구해야 한다고 보는 것은 사회 실재론이다.
ㄴ. 결혼 시 가풍보다 인품을 보는 것은 사회 명목론과 관련이 깊다.

15 개인과 사회의 관계를 바라보는 관점 중 갑은 사회 실재론, 을은 사회 명목론의 입장에 있다. ㄴ. 사회 실재론은 인간의

주체적이고 능동적인 행위를 설명하기 곤란하다. ㄷ. 사회 명목론은 개인의 행위만으로 설명할 수 없는 사회·문화 현상을 이해하기 곤란하다.

바로잡기 ㄱ. 사회·문화 현상의 분석 단위로 개인의 의식, 심리 상태를 중시하는 것은 사회 명목론이다.
ㄹ. 사회가 개인의 외부에 실제로 존재한다고 보는 것은 사회 실재론이다.

16 자료 분석 노트

갑 후보 : 저는 집권 여당의 공천을 받은 사람입니다. 여러분이 원하는 정책을 추진하려면 집권당의 도움이 필요합니다. 강력한 집권당 소속인 저를 밀어주십시오.
– 갑은 자신의 소속 정당을 내세우며 선택해 줄 것을 요구하고 있다. 이는 정당이라는 사회를 후보자라는 개인보다 중시하는 것이므로 사회 실재론과 관련 있다.

을 후보 : 저는 행정 고등 고시에 합격하여 25년간 공직 생활을 했습니다. 행정 경험이 풍부하고 도덕적으로도 이미 검증을 받았습니다. 인물 됨됨이를 보고 저를 뽑아 주십시오.
– 을은 행정 경험이 풍부하다는 것과 도덕성이 검증되었다는 것을 내세우며 인물 됨됨이를 보고 선택해 줄 것을 요구하고 있다. 이는 후보자라는 개인을 중시하는 것이므로 사회 명목론과 관련 있다.

갑은 자신이 집권 여당의 공천을 받았음을 강조한다. 즉, 자신의 개인적인 능력보다는 집권 여당이라는 집단의 힘을 중시한다. 이는 개인보다 사회를 더 중시하는 사회 실재론의 관점이다. 을은 자신의 개인적인 능력을 강조한다. 즉, 사회보다 개인을 중시하는 사회 명목론의 관점이다.

바로잡기 ② 개인들이 계약을 맺어 사회를 구성하였다고 보는 사회 계약설은 사회 명목론의 이론적 근거이다.

17 로크는 사회 계약설을 주장한 대표적인 학자로, 사회 계약설은 사회 명목론의 관점을 반영한다. 사회 계약설은 사회는 시민들의 기본권을 보장하기 위해 그들 간의 계약을 통해 형성되었다고 보는 이론으로, 근대 시민 혁명에 많은 영향을 미쳤다. 이에 비해 스펜서는, 사회를 생명력을 지닌 실재하는 존재로 보는 사회 유기체설을 주장하였다. 이는 사회 실재론의 관점과 관련 있다.

바로잡기 ① 사회를 개인보다 우선하는 것은 사회 실재론이다. 사회 명목론은 개인을 사회보다 우선시한다.

18 (나) 스펜서의 관점으로 사회를 바라보는 것은 사회 실재론에 속한다. 사회 실재론은 사회는 개인을 초월하여 존재하는 독립적인 실체로, 개개인의 성질과는 전혀 다른 고유한 특성을 지닌다고 본다. 따라서 개인보다는 사회가 우위에 있다고 주장한다. ⑤ 현재 재학생이 졸업하고 신입생이 학교에 들어오더라도 학교는 변하지 않는다는 것은 개인보다는 사회를 중시한 관점으로 볼 수 있다.

바로잡기 ①, ②, ③, ④는 모두 사회보다 개인의 우월성을 강조하는 사회 명목론에 해당한다.

19 이렇게 쓰면 **만점** (2) 사회가 개인보다 우위에 있다는 점을 포함하여 서술하면 만점이다.

20 이렇게 쓰면 **만점** 국가는 개인들의 목적을 위해 개인 간의 합의를 통해 만들어졌다는 내용을 포함하여 서술하면 만점이다.

21 이렇게 쓰면 **감점** 사회 실재론의 해결책과 사회 명목론의 해결책 중 어느 한 가지만 서술하면 감점이다.

등급을 올리는 **고난도 문제** _____ 68~69쪽

| 01 ⑤ | 02 ③ | 03 ⑤ | 04 ⑤ |

01 사회 실재론 　　　　　　　　　　　　　 자료 분석 노트

> 자살은 개인의 심리 상태에 의해 유발되는 현상인 것처럼 보인다. 사업에 실패했다든가, 실연당했다든가 하는 등의 사건이 빚어낸 비관적인 심리 상태가 자살로 이어지는 것 같이 보인다. 그러나 왜 자살률이 어떤 사회에서는 높고 어떤 사회에서는 낮은가? <u>한 사회에서 사람들 사이의 결속력이 급격히 떨어지거나 사회 규범이 갑자기 무너지면 그 사회의 자살률은 왜 증가하는가?</u>
> └ 자살률의 증감 요인은 사회의 성격에 따라 결정된다고 본다. 이는 사회학 분야를 처음 개척한 뒤르켐의 자살론을 바탕으로 한 주장이다. 이와 같은 관점은 더 나아가 사회가 단순히 개인의 합이라는 사회 명목론을 반박하는 근거로 제시될 수 있다. 이러한 사고가 바로 사회 실재론으로 이어진다.

밑줄 친 부분에는 자살률의 증감 요인은 사회의 성격에 따라 결정된다는 주장이 나타나 있다. 이는 개인보다 사회의 영향력을 중시하는 것으로, 사회 실재론과 관련 있다.

바로잡기 ①, ②, ③, ④는 모두 사회는 단순히 이름만으로 존재한다고 보는 사회 명목론에 해당한다.

02 개인과 사회의 관계를 바라보는 관점 　　　 자료 분석 노트

> 사회에 대해 어떤 사람들은 '본능', '의지', '모방 성향', '이기심과 합리적 선택'과 같은 구성원의 개인적인 특성을 기반으로 분석한다. 이러한 관점은 사회가 개인의 특성과 행동을 집합한 결과라는 점을 전제한다. 그런데 이는 개인의 특성과 행동
> └ 개인의 특성을 중시하고 있으므로 사회 명목론에 해당한다.
> 을 규정하는 근원적인 규범이 존재함을 무시하는 것이다. 이
> └ 개인의 특성과 행동을 규정하는 근원적인 규범이 외부에 존재한다고 보므로 사회 실재론에 해당한다.
> 점에서 "　　A　　"라는 주장에는 동의할 수 없다.
> 밑줄 친 부분에 들어갈 주장에 동의할 수 없다고 하였으므로 └ 사회 명목론에 해당하는 주장이 들어가야 한다.

필자는 사회 실재론의 관점을 가지고 있으므로 밑줄 친 부분에는 사회 명목론에 해당하는 진술이 들어가야 한다. ㄴ, ㄷ. 개인의 발전이 곧 사회의 발전이라고 보는 것, 사회적 사실이 개인적 행위로 환원될 수 있다고 보는 것은 모두 사회 명목론에 해당한다.

바로잡기 ㄱ, ㄹ. 개인이 사회에 종속된 존재라고 보는 것, 사회는 개인의 외부에 실제로 존재하는 고유한 실체라고 보는 것은 모두 사회 실재론에 해당한다.

03 개인과 사회의 관계를 바라보는 관점 　　　 자료 분석 노트

> (가) 사회화는 사회가 바람직하다고 여기는 행위 양식을 개인에게 내면화시키는 과정이다. 개인은 주어진 행위 양식 이외에 다른 선택이 있다는 사실조차 의식하지 못한다. <u>사회 속 개인의 어떠한 행위 양식도 개인이 스스로 만들어 내는 경우는 없다.</u>
> └ 개인이 스스로 만들어 내는 것이 없다고 보는 것은 사회 실재론의 관점이다.
> (나) 사회화는 단순히 정보를 받아들이는 일방적인 과정이 아니라, 자신의 상황에 따라 외부의 대상을 재구성하고 그것에 의미를 부여하는 동적인 과정이다. 대상은 현실 세계에 객관적으로 존재하는 것처럼 보이지만, <u>정작 실재하는 것은 개별 행위자들이 대상에 부여하는 다양한 의미이다.</u>
> └ 개별 행위자들이 대상에 부여하는 다양한 의미만 존재한다고 보므로 사회 명목론에 해당한다.

개인과 사회의 관계를 바라보는 관점 중 (가)는 사회 실재론, (나)는 사회 명목론에 해당한다. ㄴ. 사회는 개인들의 집합체에 붙여진 이름에 불과하다고 보는 것은 사회 명목론이다. ㄷ. 개인은 사회 속에서만 존재 의미를 가질 수 있다고 보는 것은 사회 실재론이다. ㄹ. 개인의 능동성이 사회의 구속성보다 우선한다고 보는 것은 사회 명목론이다.

바로잡기 ㄱ. 사회 규범이 개인들에 의해 형성되고 변화한다고 보는 것은 사회 명목론이다.

04 개인과 사회의 관계를 바라보는 관점 　　　 자료 분석 노트

> <u>사회는 단지 개인들이 모여 있는 것으로 실제로 존재하지 않는</u>
> └ 사회가 실제로 존재하지 않는다고 보므로 사회 명목론에 해당한다.
> 다고 보는 (가) 관점이 있지만 이는 옳지 않다. 물은 두 개의 수소 원자와 한 개의 산소 원자가 결합하였지만 수소, 산소와는 전혀 다른 속성을 가진 분자의 집합체이다. <u>이렇듯 사회도 개인들의 합 이상이며 단순한 개인들의 합과는 다른 속성을 갖는다는</u>
> └ 사회가 개인들의 합 이상이라고 보므로 사회 실재론에 해당한다.
> (나) 관점이 옳다. 사회 구성원들에게 규범과 질서를 부과하는 사회는 개인보다 우위에 있는 독자적인 존재이다.

(가) 관점은 사회 명목론, (나) 관점은 사회 실재론에 해당한다. ㄱ, ㄴ. 도덕적인 개인들이 모인 집단이 도덕적인 것은 아니라고 보는 것, 사회 전체의 이익이 특수한 개인의 이익보다 우선한다고 보는 것은 사회의 우월성을 강조하는 사회 실재론에 해당한다. ㄷ, ㄹ. 개인은 사회를 구성하고 변화시키는 능동적인 존재라고 보는 것, 사회·문화 현상이 개별 구성원들의 행위나 심리 상태만으로 설명이 가능하다고 보는 것은 개인의 우월성을 강조하는 사회 명목론에 해당한다.

01 갑은 어려서부터 사회화 과정을 거치지 않았기 때문에 언어 능력을 제대로 갖추지 못하였다. 사회화는 타인과의 상호 작용을 통해 이루어진다.

바로잡기 ① 초기 사회화는 유아기에 주로 이루어지지만 제시된 사례에서 강조하는 내용은 아니다. 또한 갑은 20세에 초기 사회화를 경험하였다.
② 갑은 20세에 이르러서야 언어를 배우고 있다. 인간의 언어 능력은 후천적으로 학습되는 것이다.
④ 초기 사회화는 주로 가족과 같은 비공식적 사회화 기관에서 이루어진다.
⑤ 언어 능력이 1차적 사회화 기관보다 2차적 사회화 기관에서 더 향상된다고 볼 수 없다.

02

자료 분석 노트

사회 변화에 적응하기 위해 새롭게 등장한 지식이나 가치, 행동 양식 등을 습득하는 과정으로, <u>변화의 속도가 빠른 현대 사</u>
└ 재사회화의 의미이다.
<u>회에서 한 개인이 기존에 습득한 지식이나 생활 양식만으로는 적응하기 어렵기 때문에 그 중요성이 더욱 커지고 있다.</u>
└ 현대 사회에서 재사회화가 활발히 이루어지는 이유이다.

변화하는 사회에 적응하기 위해 새롭게 등장한 지식이나 가치, 행동 양식 등을 습득하는 것을 재사회화라고 한다.

바로잡기 ㄱ. 유치원에서 식사 예절을 배우는 것은 변화하는 사회에 적응하기 위한 재사회화가 아니라 사회화에 해당한다.
ㄹ. 고등학교에서 역사에 대한 수업을 듣는 것은 변화하는 사회에 적응하기 위한 것이 아니다.

03 인간이 다른 사람과의 사회적 상호 작용을 통해 사회생활에 필요한 언어, 지식, 기능 등을 습득하고, 한 사회의 가치·규

범 등을 내면화하는 과정을 사회화라고 한다.

바로잡기 ③ 사회화는 학교뿐만 아니라 가족, 대중 매체, 직장 등에 의해서도 이루어진다.

사회화의 의미와 기능		만점 공략 노트
의미	인간이 사회 구성원과의 상호 작용을 통해 사회생활에 필요한 지식, 기술, 규범, 가치 등을 배우는 과정	
기능	• 개인적 차원 : 사회생활에 필요한 언어, 지식, 기술, 행동 양식 등을 습득, 사회의 가치와 규범 등을 내면화, 자아 정체성과 인성 형성 • 사회적 차원 : 문화의 공유 및 세대 간 전승, 사회의 유지와 존속 및 발전에 기여	

04 "사회화는 타인과의 상호 작용을 통해 자아를 형성하는 과정인가?"라는 질문으로 A와 B를 구분할 수 없으므로 C가 상징적 상호 작용론적 관점이다. "사회화는 지배 체제를 유지하기 위한 도구인가?"라는 질문으로 B와 C를 구분할 수 있으므로 B는 갈등론적 관점이다. 따라서 A는 기능론적 관점이다. ㄱ. 사회 구조의 안정을 위해 사회화가 필요하다고 보는 것은 기능론적 관점이다. ㄹ. 상징적 상호 작용론적 관점은 미시적 관점에서 사회화를 인식한다.

바로잡기 ㄴ. 구성원들이 합의한 지배적인 규범이 존재한다고 보는 것은 기능론적 관점이다.
ㄷ. 기능론, 갈등론, 상징적 상호 작용론적 관점 모두 사회화를 통해 자아 정체성 및 사회적 소속감이 형성된다고 본다.

05 (가)는 1차적 사회화 기관, (나)는 비공식적 사회화 기관에 대한 설명이다. 가족, 또래 집단은 1차적 사회화 기관이다. 가족, 대중 매체, 또래 집단은 비공식적 사회화 기관이다.

바로잡기 ㄱ. 학교는 2차적 사회화 기관이면서 공식적 사회화 기관이다.

06 A는 1차적 사회화를 담당하는 1차적 사회화 기관, B는 부수적으로 사회화 기능을 수행하는 비공식적 사회화 기관, C는 공식적 사회화 기관이다. ㄴ. 인성 형성에 영향을 주는 사회화는 주로 1차적 사회화 기관에서 이루어진다. ㄷ. 직업 훈련소는 공식적 사회화 기관이면서 2차적 사회화 기관이다.

바로잡기 ㄱ. 대중 매체는 2차적 사회화 기관이면서 비공식적 사회화 기관이므로 B에 해당한다.
ㄹ. 현대 사회에서 비공식적 사회화 기관보다 공식적 사회화 기관의 역할이 더 중요해지고 있다고 단정할 수 없다.

07 ㄴ. B는 2차적 사회화 기관이면서 공식적 사회화 기관이므로 아동기 이후의 사회화를 담당하고, C는 1차적 사회화 기관이면서 비공식적 사회화 기관이므로 유아기의 사회화를 주로 담당한다고 볼 수 있다. ㄷ. 공식적 사회화 기관과 비공식적 사회화 기관은 사회화 기관의 형성 목적에 따른 구분이므로 B와 D는 2차적 사회화 기관 중 사회화 기관의 형성 목적에 따라 구분한 것이다. ㄹ. 1차적 사회화 기관과 2차적 사회화 기관

은 사회화의 내용에 따른 구분이므로 C와 D는 비공식적 사회화 기관 중 사회화의 내용에 따라 구분한 것이다.

바로잡기 ㄱ. 가족은 C의 예에 해당한다.

사회화 기관의 유형 만점 공략 노트

사회화의 내용에 따른 분류	• 1차적 사회화 기관 : 기초적인 사회화를 담당하는 기관 • 2차적 사회화 기관 : 전문적인 지식과 기능의 사회화를 담당하는 기관
형성 목적에 따른 분류	• 공식적 사회화 기관 : 사회화를 목적으로 설립하여 체계적으로 사회화를 수행하는 기관 • 비공식적 사회화 기관 : 사회화 이외의 목적으로 설립하였으나 부수적으로 사회화를 수행하는 기관

08 자료 분석 노트

유아기를 거쳐 아동기, 청소년기에 접어들면서 (가)의 영향력은 점차 감소하고, (나)의 영향력이 점차 커진다. (나)에서 구성원들은 공통의 관심사와 흥미를 가지고 서로 정보를 교환하며 자신의 마음을 터놓는 등 함께 어울려 지낸다. (나) 내에서
└ 공통의 관심사와 흥미를 가지고 서로 정보를 교환하며 자신의 마음을 터놓는 사회화 기관은 또래 집단이다.
구성원들은 자신들의 보호 주체였던 (가) 내에서보다 자율적이
└ 유아기에 구성원들의 보호 주체인 사회화 기관은 가족이다.
고 독립적으로 행동한다.

(가)는 가족, (나)는 또래 집단이다. ㄷ. 가족, 또래 집단 모두 비공식적 사회화 기관이다. ㄹ. 가족, 또래 집단 모두 인성 형성의 사회화를 주로 담당한다.

바로잡기 ㄱ. 가족과 또래 집단 모두 주로 초기 사회화를 담당한다.
ㄴ. 전문적인 지식과 기능의 사회화를 담당하는 것은 2차적 사회화 기관이다. 가족, 또래 집단은 모두 1차적 사회화 기관이다.

09 자료 분석 노트

• 갑은 내년에 회사의 중국 지사로 발령될 예정이므로 매일 회사 일을 마치고 중국어 학원에 가서 중국어 공부를 한다.
└ 공식적 사회화 기관이자 2차적 사회화 기관이다.
– 예기 사회화의 사례이다.
• 을은 ○○ 백화점 문화 센터에서 주관하는 '인터넷 활용 능
└ 공식적 사회화 기관이자 2차적 사회화 기관이다.
력 향상 교실'에 다니고 있다. 정보 사회에서 인터넷을 활용하는 것은 필수이기 때문이다. – 재사회화의 사례이다.

ㄱ. 갑이 미래의 중국 생활을 위해 중국어를 배우는 것은 예기 사회화이다. ㄴ. 정보 사회에 적응하기 위해 인터넷 활용법을 배우는 을은 재사회화를 경험하고 있다. ㄹ. 갑과 을은 모두 2차적 사회화 기관인 중국어 학원, 백화점 문화 센터에서 사회화를 경험하고 있다.

바로잡기 ㄷ. 갑과 을은 모두 공식적 사회화 기관에서 사회화를 경험하고 있다.

10
(가)는 성취 지위, (나)는 귀속 지위이다. ㄴ. 청소년, 노인은 귀속 지위이다. ㄷ. 현대 사회에서는 성취 지위의 중요성이 더 크다. ㄹ. 개인은 성취 지위와 귀속 지위를 모두 가질 수 있다.

바로잡기 ㄱ. 아버지, 아내는 성취 지위이고, 딸은 귀속 지위이다.

지위의 의미와 종류 만점 공략 노트

의미	한 개인이 사회 구성원으로서 집단이나 사회 내에서 차지하는 위치
종류	• 귀속 지위 : 개인의 능력이나 노력과는 관계없이 선천적으로 가지게 되는 지위 **예** 남성, 여성, 아들, 딸 등 • 성취 지위 : 개인의 의지나 노력을 통해 후천적으로 획득한 지위 **예** 학생, 교사, 어머니, 남편 등

11
청소년기의 대표적 사회화 기관에는 학교, 또래 집단, 대중 매체 등이 있으며, 성인기에는 재사회화가 이루어질 수 있다.

바로잡기 ㄴ. 유아기에는 기본적인 욕구 충족 및 정서적 반응 방식의 습득이 주로 이루어지며, 대표적 사회화 기관에는 가족이 있다.
ㄹ. 가족은 유아기와 아동기의 대표적 사회화 기관에 해당한다.

사회화의 과정 만점 공략 노트

구분	사회화 내용	대표적 사회화 기관
유아기	기본적인 욕구 충족 및 정서적 반응 방식 습득	가족
아동기	언어, 규칙, 가치관 습득	가족, 또래 집단
청소년기	지식과 기술 습득, 진로 및 직업 선택	학교, 또래 집단, 대중 매체
성인기	새로운 기술과 지식, 생활 양식 습득	직장, 대중 매체

12
갑이 공부를 열심히 하여 장학생이 된 것, 을이 아이디어를 제출하여 과장으로 승진한 것은 모두 역할 행동에 대한 보상을 받은 것이고, 대학생, 회사원, 과장은 모두 성취 지위이다.

바로잡기 ㄴ. 갑과 을은 모두 역할 갈등을 겪고 있지 않다.
ㄹ. 제시된 사례에는 갑과 을의 귀속 지위가 나타나 있지 않다.

13
④ 장학금을 받은 것은 갑이 학생으로서 역할 행동을 잘 수행하였기 때문에 받는 보상이다.

바로잡기 ① 회장은 현대 사회에서 중시되는 성취 지위이다.
② 학교는 2차적 사회화 기관이자 공식적 사회화 기관이다.
③ 또래 집단은 아동기와 청소년기의 사회화에 중요한 역할을 한다.
⑤ 사장은 개인의 의지나 노력으로 얻는 성취 지위이다.

14
역할 갈등에 대해 갑~병의 답이 모두 옳으므로 정의 답변은 틀린 내용이어야 한다. ① 역할 갈등을 원만하게 해결하지 못하면 개인은 심리적 불안감을 느낀다. ③ 가족 행사와 회사 일이 겹친 여성은 두 가지의 지위에서 발생하는 역할의 충돌을 경험한다. ④ 역할 갈등을 해결하기 위해 사회적으로 어떤

역할을 우선해야 하는지에 대한 사회적 합의가 필요하다. ⑤ 역할 갈등을 해결하기 위해 역할의 우선순위를 매겨 더 중요하다고 생각되는 역할부터 수행할 수 있다.

바로잡기 ② 역할 갈등은 역할 행동을 하기 전의 심리적 고민 상태이다.

15 갑은 탁구부 동아리 회원과 학급 회장의 역할 사이에 충돌이 발생한 역할 갈등을 겪고 있다. ⑤ 역할 갈등을 해결하려면 역할의 우선순위를 정해 더 중요한 역할을 수행해야 한다.

바로잡기 ① 제시된 글에는 개인의 의지나 노력과 상관없이 선천적으로 주어진 귀속 지위가 나타나 있지 않다.
② 제시된 글에는 사회 변동에 따라 새로운 지식, 가치 등을 습득하는 재사회화가 나타나 있지 않다.
③ ㉠은 갑의 역할 갈등이다.
④ 역할 갈등은 현대 사회가 다원화되면서 발생할 가능성이 높다.

16 ㄱ. 학교는 사회화를 위해 설립된 기관으로 공식적 사회화 기관이며, 전문적인 지식과 기능의 사회화를 담당하는 2차적 사회화 기관이다. ㄷ. 수업 분위기 조성을 위해 힘쓴 것은 갑이 학급 회장으로서의 지위에 따라 수행한 역할 행동이다.

바로잡기 ㄴ. 학급 회장은 개인의 의지나 노력에 의해 후천적으로 얻게 된 성취 지위이다.
ㄹ. 갑의 고민은 서로 다른 지위에 따른 역할 간에 충돌이 발생하는 역할 갈등이 아니다.

17 ·································· **자료 분석 노트**

베트남 출신의 ㉠ 어머니를 둔 갑은 어려운 타국 생활 속에서
└ 성취 지위이다.
도 항상 밝은 모습의 어머니가 자랑스럽다. 어려운 여건임에도 불구하고 갑은 ㉡ 성실하게 공부하여 성적이 같은 학년 ㉢ 학생
└ 갑의 역할 행동이다.   성취 지위이다.
중 항상 상위권이다. 이러한 갑의 태도를 높게 평가한 ㉣ 담임
교사는 모범 학생상 대상자로 갑을 추천하였고, 갑은 ㉤ 모범
└ 성취 지위이다.
학생상을 받았다. 현재 고등학교 3학년인 갑은 어느 대학을
└ 갑의 역할 행동에 따른 보상이다.
갈 것인지에 대해 ㉥ 고민을 하고 있다.
└ 진학에 대한 고민으로, 역할 갈등이 아니다.

ㄱ. 어머니, 학생, 담임 교사는 개인의 의지나 노력으로 얻는

성취 지위에 해당한다. ㄴ. 갑이 성실하게 공부하는 것은 학생으로서의 역할 행동이다.

바로잡기 ㄷ. 보상이나 제재는 역할이 아니라 역할 행동에 대해 이루어진다. 따라서 ㉤은 갑의 역할 행동에 대한 보상이다.
ㄹ. ㉥은 역할 갈등이 아니라 진학에 대한 고민이다. 역할 갈등은 서로 다른 지위에 따른 역할 간에 충돌이 발생하는 상황이다.

18 제시된 글과 같이 직장 어린이집을 설치하도록 하는 것은 직장인과 부모라는 지위에 따른 역할 갈등을 해결하기 위한 사회적 차원의 방안이다.

바로잡기 ① 역할의 우선순위를 결정하여 역할 갈등을 해결할 수 있지만, 제시된 글의 내용과는 거리가 멀다.
② 보상은 역할 행동에 따른 것이다.
③ 제시된 글에는 사회 변화에 따라 재사회화를 한다는 내용이 나와 있지 않다.
④ 제시된 글에는 사회화 기관으로서 가족을 중요시한다는 내용은 나와 있지 않다.

19 **이렇게 쓰면 감점** 사회화와 관련한 내용을 쓰지 않고 야생에서 생활하였기 때문이라는 등의 내용만 서술하면 감점이다.

20 **이렇게 쓰면 만점** 갑과 을이 재사회화를 경험하고 있다는 것을 그 이유를 들어 서술하면 만점이다.

21 **이렇게 쓰면 만점** 역할 갈등을 해결하는 개인적 측면의 방안을 서술하면 만점이다.

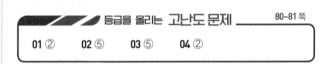

01 사회화의 특징 ·································· **자료 분석 노트**

1779년 남부 프랑스의 아베롱 숲에서 12~13세로 추정되는 한 소년이 발견되었다. 소년은 옷을 입지 않았고 소년의 몸에는 무수한 상처가 나 있었다. 소년은 말을 못하고 짐승의 소리만 낼 뿐이었고, 후각도 오물이나 향수에 대해 반응을 나타내지 못했다. 지능은 매우 낮았으며 기억력, 판단력, 사고력도 결여되어 있었다. 소년은 말 그대로 야만인이었다. 소년은 어려서부터 오랫동안 사회생활로부터 격리되어 있었기 때문에 사회적 관념, 행동 양식, 사고방식, 관습 등을 습득할 수 없었다.
└ 소년이 사회로부터 격리되어 있었기 때문에 타인과의 상호 작용이 없었고, 이로 인해 사회화 과정을 거치지 못했다는 것을 알 수 있다.
이는 사회화와 관련하여 ___(가)___ 는 점을 보여 준다.

사회화는 타인과의 상호 작용 과정을 통해 이루어지는데, 제시된 글의 소년은 타인과의 상호 작용이 없는 상태로 오랜 세월을 지냈기 때문에 사회화되지 못하였다. 따라서 이를 통해

ㄱ. 사회화는 사회 구성원과 상호 작용하면서 이루어진다는 것을 알 수 있다. 또한 ㄷ. 인간은 학습을 통해 인간다운 존재가 됨을 알 수 있다.

바로잡기 ㄴ. 사회화의 내용과 방식은 시대와 사회에 따라 다르게 나타나지만 제시된 글의 내용과는 거리가 멀다.

ㄹ. 지식과 기술 습득은 2차적 사회화 기관에서 주로 이루어지지만 제시된 글의 내용과는 거리가 멀다.

02 사회화 기관의 구분
자료 분석 노트

┌ 가족과 직장 중 기본적인 욕구 충족에 대한 사회화가 이루어지는
　사회화 기관은 가족이다. 따라서 A는 가족, B는 직장이다.

구분	A	B
기본적인 욕구 충족에 대한 사회화가 이루어집니까?	예	아니요
(가)	예	예
(나)	아니요	예

가족과 직장의 공통된 특징을　　직장의 특징에만 해당하는
묻는 질문이 들어가야 한다.　　　질문이 들어가야 한다.

⑤ 가족과 직장은 비공식적 사회화 기관이고, 가족은 1차적 사회화 기관, 직장은 2차적 사회화 기관이다.

바로잡기 ①, ②, ③, ④ 사회화 이외의 목적으로 설립된 사회화 기관은 비공식적 사회화 기관이고, 사회화를 목적으로 설립된 사회화 기관은 공식적 사회화 기관이다. 가족은 비공식적 사회화 기관이면서 1차적 사회화 기관이고, 직장은 비공식적 사회화 기관이면서 2차적 사회화 기관이다.

03 가족의 사회화 내용
자료 분석 노트

• 어느 정치학자의 연구 결과에 따르면 개인의 정치적 성향은 학교에서 정치학 학습을 통해 이루어지기보다는 가족 구성원의 정치적 성향에 더 큰 영향을 받는다고 한다.
└ 개인의 정치적 성향이 가족의 영향을 받는다는 것을 보여 준다.

• 어느 사회학자의 연구 결과에 따르면 가족 구성원 모두가 타국으로 이민을 간 경우, 부모는 자녀의 교육을 해당 국가의 교육 제도에 맞춘다. 그러나 기본적인 예절과 관련해서는 모국에서의 가정 교육 방식대로 자녀를 가르치는 경향이 있다
└ 기본적인 예절과 관련한 사회화는 가족에 의해
　 결정되는 경향이 강하다는 것을 보여 준다.
고 한다.

⑤ 개인의 정치적 성향이 가족 구성원에 의해 영향을 받는다는 점, 타국에서도 모국에서의 가정 교육 방식대로 기본적인 예절을 가르친다는 점을 통해 인간의 가치관 형성이 가장 중요하고 기초적인 사회화 기관인 가족에 의해 결정되는 경향이 강하다는 것을 알 수 있다.

바로잡기 ① 사회화는 평생에 걸쳐 진행되나 제시된 자료의 내용과는 거리가 멀다.

② 사회화는 시대나 사회에 따라 그 내용과 방식이 다양하다는 것은 두 번째 사례에만 나타난다.

③ 1차적 사회화 기관에서는 주로 인성 형성과 같은 원초적 사회화가 이루어진다.

④ 인간이 사회 구성원으로서의 제 역할을 하기 위해서는 사회화가 필수적이기는 하지만 제시된 자료의 내용과는 거리가 멀다.

04 사회화, 지위, 역할
자료 분석 노트

갑은 ㉠ 대학교 졸업 후 취직이 되지 않아 고민하다가 ㉡ 어머
　　　└ 공식적 사회화 기관이자
　　　　2차적 사회화 기관이다.
니의 조언을 받아 ㉢ 직업 훈련소에서 기술을 배웠다. ㉣ 열심
　└ 성취 지위이다.　└ 공식적 사회화 기관이자
　　　　　　　　　　　2차적 사회화 기관이다.
히 노력하여 관련 자격증을 취득하였고, 관련 직종 회사에 입
└ 갑의 역할 행동이다.
사하였다. 얼마 후 미국 지사로 발령이 나 미국 지사에 가기
전에 ㉤ 영어 공부를 하였다. 5년 후, 국내 지사로 들어올 수
　　　　└ 예기 사회화에 해당한다.
있는 기회가 생겼는데 갑은 국내로 돌아올지 미국에 좀 더 있
을지 ㉥ 고민에 빠졌다.
　　　└ 진로에 대해 고민하는 것으로, 역할 갈등이 아니다.

② ㉡은 개인의 의지와 노력을 통해 후천적으로 획득하는 성취 지위이다. 성취 지위는 현대 사회에서 그 중요성이 더욱 커지고 있다.

바로잡기 ① 대학교와 직업 훈련소는 공식적 사회화 기관이자 2차적 사회화 기관이다.

③ 갑이 자격증 취득을 위해 열심히 노력한 것은 갑의 역할 행동을 나타낸다.

④ 갑이 미국 지사로 가기 전에 영어 공부를 하는 것은 예기 사회화에 해당하며, 이는 사회화가 평생 이루어진다는 것을 보여 준다.

⑤ 국내로의 복귀 여부를 고민하는 것은 서로 다른 지위에 따른 역할 간에 충돌이 발생하는 역할 갈등이 아니다.

O3 사회 집단과 사회 조직

01 한우 축제에 모인 여행객들과 달리 시민 단체에서 활동하는
사람들은 지속적인 상호 작용을 하며 구성원 간 소속감과 공
동체 의식을 가지고 있다.

바로잡기 ① 사회 집단의 요건으로 구성원들이 모두 공통의 목적
을 가지고 있다는 것을 들기 어렵다. 사회 집단이 아닌 한우 축제에 모인
사람들도 축제를 즐긴다는 공통의 목적을 가지고 있다고 볼 수 있다.
② 사회 집단에서 수단적 인간관계만 나타나는 것은 아니다.
③ 사회 집단은 지속적인 상호 작용이 나타난다.
④ 사회 집단은 2인 이상의 사람들로 구성되지만, 사회 집단이 아닌
한우 축제에 모인 여행객들도 2인 이상이다.

사회 집단 　　　　　　 만점 공략 노트

의미	둘 이상의 사람들이 소속감이나 공동체 의식을 가지고 지속적인 상호 작용을 하는 모임
사례	가족, 또래 집단, 학교, 직장, 동호회 등

02 구성원 간의 접촉 방식에 따라 1차 집단과 2차 집단으로 분류
되며, 구성원 간의 직접적인 대면 접촉을 통해 전인격적인 관
계를 맺는 집단은 1차 집단이다. 가족, 또래 집단은 1차 집단
에 해당한다.

바로잡기 ㄱ, ㄷ. 회사와 학교는 간접적 접촉과 수단적 만남이 이루어
지고, 공식적 통제가 일반적으로 나타나는 2차 집단이다.

03 구성원의 본질 의지에 의해 자연 발생적으로 형성된 집단인
A는 공동 사회, 특정한 목적을 달성하기 위해 선택 의지에 따
라 결합된 집단인 B는 이익 사회이다. ㄴ. 공식 조직은 이익
사회에 해당한다. ㄷ. 공동 사회는 결합 자체가 집단의 목적
이다. ㄹ. 이익 사회에서는 이해타산적인 인간관계가 주로 나
타난다.

바로잡기 ㄱ. 학교, 정당은 이익 사회의 예이다. 공동 사회의 예로 가
족, 친족 등이 있다.

공동 사회(공동체)와 이익 사회(결사체) 　 만점 공략 노트

공동 사회	• 본질 의지에 따라 자연 발생적으로 형성 • 결합 자체가 목적 • 구성원 간 관계가 친밀하고 정서적 • 가족, 친족 등
이익 사회	• 선택 의지에 따라 인위적으로 형성 • 특정 목적을 위해 의도적으로 형성 • 구성원 간 관계가 타산적이고 목표 지향적 • 회사, 학교, 정당 등

04 한 개인이 자신의 행동과 판단의 기준으로 삼는 집단을 준거
집단이라고 한다. ⑤ 제시된 사례에서 갑과 을은 모두 준거
집단에 소속되어 있지 않다.

바로잡기 ① 갑의 준거 집단은 구성원이 많은 가족이다. 가족은 공동
사회이다.
② 을은 국가라고 하는 사회 집단에 속해 있다.
③ 을은 갑과 달리 준거 집단을 통해 소속 집단을 평가하고 있다.
④ 내집단은 개인이 소속되어 있으면서 소속감과 공동체 의식이 강한
집단이다. 갑과 을은 모두 내집단을 준거 집단으로 삼고 있지 않다.

준거 집단 　　　　　　 만점 공략 노트

의미	한 개인이 자신의 행동과 판단의 기준으로 삼는 집단
소속 집단과의 관계	• 소속 집단과 준거 집단이 일치하는 경우 : 소속 집단에 대한 만족감 향상, 자신감과 안정감 형성 • 소속 집단과 준거 집단이 일치하지 않는 경우 : 상대적 박탈감 초래, 소속 집단에 대한 불만 형성, 준거 집단에 속하려고 노력하는 계기 마련

05 　　　　　　　　　　　　　　　　 자료 분석 노트

(㉠)은/는 개인이 자신의 신념이나 태도 등을 정하는 기
준으로 삼거나 행동이나 판단의 근거로 여기는 집단이다. 따라
└─준거 집단의 의미이다.
서 한 개인의 (㉠)을/를 아는 것은 그 개인을 이해하는
데 중요한 길잡이가 될 수 있다.
└─준거 집단은 개인의 생각이나 행동의 지침이 되어
　개인의 삶에 큰 영향을 미치기 때문이다.

개인이 자신의 신념이나 태도 등을 정하는 기준으로 삼거나
행동이나 판단의 근거로 여기는 집단을 준거 집단이라고 한
다. ㄱ. 준거 집단은 변할 수 있다. ㄷ. 자신이 원하는 대학교
에 가면 소속 집단과 준거 집단이 일치하게 된다. ㄹ. 준거 집
단이 소속 집단과 일치하지 않을 경우 소속 집단에 대한 불만
을 갖게 되어 집단 구성원과 갈등이 나타날 수 있다.

바로잡기 ㄴ. 준거 집단은 한 개인이 동시에 여러 개를 가질 수 있다.

06 ㈎는 선택적 결합 의지로 형성된 집단인 이익 사회가 아니고, ㈏는 이익 사회이면서 비공식 조직이 아니며, ㈐는 이익 사회이면서 비공식 조직이다. 따라서 가족은 공동 사회이므로 ㈎에 해당한다. 회사는 이익 사회이면서 공식 조직이므로 ㈏에 해당한다. 회사 내 동호회는 이익 사회이면서 비공식 조직이므로 ㈐에 해당한다.

07 ① □□ 초등학교 야구부는 이익 사회에 해당한다. ② 갑은 프로 야구 선수가 되는 것을 목표로 하므로 프로 야구 선수는 갑의 준거 집단이다. ③ 프로 야구 선수를 하고 싶어 하는 갑이 △△ 고등학교 및 ◇◇ 대학교 야구부에 장학생으로 들어 갔으므로 △△ 고등학교 및 ◇◇ 대학교 야구부는 갑의 소속 집단이자 준거 집단으로 볼 수 있다. ⑤ 교사가 되고 싶어 하던 갑이 현재 ○○ 고등학교에서 체육 교사로 근무하고 있으므로 ○○ 고등학교는 갑의 내집단이다.

바로잡기 ④ ◇◇ 대학교 대학원은 특정한 목적을 달성하기 위해 조직되었으며, 구성원의 지위와 역할이 명확하고 정해진 절차와 규범에 따라 목표를 달성하려는 공식 조직이다.

공식 조직과 비공식 조직 만점 공략 노트

공식 조직	• 구성원의 지위와 역할이 명확하고 정해진 절차와 규범에 따라 특정 목적을 달성하기 위한 조직 • 2차적 인간관계 중시 • 학교, 회사 등
비공식 조직	• 공식 조직의 구성원들이 조직 내에서 공통의 관심사나 취미 등에 따라 형성한 조직 • 친밀한 인간관계 중시 • 회사 내 동문회, 향우회, 동호회 등

08 노동조합, 야구 동호회, 시민 단체는 모두 공통의 관심사나 목표를 가진 사람들이 자발적으로 결성한 자발적 결사체이다. 자발적 결사체는 구성원의 가입과 탈퇴가 자유롭다.

바로잡기 ㄴ. 현대 사회에서는 개인들의 관심사와 사회적 욕구의 증대 등으로 자발적 결사체의 활동이 활발하게 나타난다.
ㄷ. 공식 조직 내에서 친밀한 인간관계를 바탕으로 형성되는 조직은 비공식 조직이다.

자발적 결사체 만점 공략 노트

의미	공통의 관심사나 목표를 가진 사람들이 자발적으로 결성한 집단
특징	• 구성원의 자발적 참여로 조직이 운영됨 • 가입과 탈퇴가 자유로움 • 조직의 목표에 대한 구성원들의 신념이 뚜렷함 • 조직이 민주적으로 운영됨

09 ㄱ. 회사, 대학원, 시민 단체, 동호회는 모두 이익 사회이다. 따라서 ㈎에 이익 사회가 들어갈 수 없다. ㄴ. 시민 단체와

동호회는 자발적 결사체로 가입과 탈퇴가 자유롭다.

바로잡기 ㄷ. 내집단, 외집단을 분류하는 기준이 소속감이다. 자료에 제시된 사회 집단은 내집단, 외집단을 구분한 것이 아니다.
ㄹ. 회사, 대학원, 시민 단체는 공식 조직이다.

10 구성원의 이익을 추구하기 위해 결성한 집단인 ㈎는 이익 집단, 구성원 간 취미나 여가를 공유하고 친밀감과 유대감을 갖기 위해 결성한 집단인 ㈏는 친목 집단, 사회 문제의 해결이나 봉사 등을 통해 공익을 추구하기 위한 목적으로 결성한 집단인 ㈐는 시민 단체이다. 이익 집단, 친목 집단, 시민 단체는 모두 자발적 결사체이다. 자발적 결사체는 사회의 다원화에 기여할 수 있고, 구성원의 가입과 탈퇴가 자유롭다.

바로잡기 ㄱ. 자발적 결사체는 사회가 다원화되면서 현대 사회에서 그 비중이 커지고 있다.
ㄴ. 친목 집단이 공식 조직 내에서만 만들어지는 것은 아니다.

11 자료 분석 노트

오전 6시 30분 : ㉠ 사회인 야구 동호회 활동
└─이익 사회, 자발적 결사체
오전 9시 : ㉡ 게임 제작 업체 출근
└─이익 사회, 공식 조직
오전 11시 : ㉢ 영업팀과 회의
└─이익 사회, 공식 조직
오후 2시 : 밀린 결재 처리
오후 5시 : ㉣ 사내 게임 동호회 활동
└─이익 사회, 비공식 조직, 자발적 결사체
오후 7시 : 막내아들 생일 축하 ㉤ 가족 모임 참석
└─공동 사회

ㄱ. 동호회는 이익 사회, 가족은 공동 사회이다. ㄴ. 회사는 공식 조직이자 이익 사회이다. ㄷ. 회사의 영업팀은 공식 조직, 사내 게임 동호회는 비공식 조직이다.

바로잡기 ㄹ. 제시된 자료에서 자발적 결사체는 사회인 야구 동호회, 사내 게임 동호회로 2개이다.

12 자료 분석 노트

㈎ 공통의 관심사나 목표를 가진 사람들이 자발적으로 결성한 집단 – 자발적 결사체
㈏ 구성원의 지위와 역할이 명확하고 정해진 절차와 규범에 따라 특정 목적을 달성하기 위한 조직 – 공식 조직

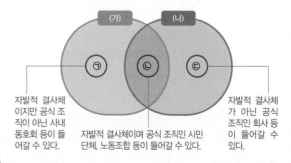

자발적 결사체이지만 공식 조직이 아닌 사내 동호회 등이 들어갈 수 있다.

자발적 결사체이며 공식 조직인 시민 단체, 노동조합 등이 들어갈 수 있다.

자발적 결사체가 아닌 공식 조직인 회사 등이 들어갈 수 있다.

공통의 관심사나 목표를 가진 사람들이 자발적으로 결성한 집단인 (개)는 자발적 결사체, 구성원의 지위와 역할이 명확하고 정해진 절차와 규범에 따라 특정 목적을 달성하기 위한 조직인 (내)는 공식 조직이다. ⑤ 사내 동호회는 자발적 결사체이자 비공식 조직이므로 ㉠에 적절하다. 시민 단체는 자발적 결사체이자 공식 조직이므로 ㉡에 적절하다. 회사는 공식 조직이고 자발적 결사체가 아니므로 ㉢에 적절하다. 이 외에 노동조합은 자발적 결사체이자 공식 조직이므로 ㉡에 적절하다. 동호회는 자발적 결사체이나 공식 조직은 아니므로 ㉠에 적절하다. 가족은 자발적 결사체도 아니고, 공식 조직도 아니므로 ㉠~㉢에 해당하지 않는다.

13 근대 산업화 이후 조직 규모가 커지면서 대규모 조직을 효율적으로 관리할 수 있는 조직 운영 방식의 필요성이 증대하여 등장한 조직 운영 형태를 관료제라고 한다. 즉, ㉠은 관료제이다. ① 관료제는 권한과 책임의 정도에 따라 엄격한 위계질서가 강조된다. ③ 관료제에서는 구성원들의 경험을 중시하여 연공서열에 따라 보상하는 것을 원칙으로 한다. ④ 관료제에서는 효율적인 업무 처리를 위해 각각의 구성원들이 분담한 일을 처리하므로 업무의 세분화와 전문화가 나타난다. ⑤ 관료제에서는 전문적인 자격이나 능력 등 일정한 기준에 따라 공개경쟁을 통해 지위를 획득할 수 있어 구성원들에게 공평한 기회가 주어진다.

바로잡기 ② 수평적 조직 체계는 탈관료제의 특징이다. 관료제는 수직적으로 계층화, 수평적으로는 기능상 분업 체계를 이루고 있는 조직 운영 방식이다.

관료제의 특징	만점 공략 노트
업무의 세분화·전문화	업무에 따라 부서가 나뉘고 하는 일이 뚜렷이 구분되어 전문적으로 업무를 처리함
지위의 위계 서열화	권한과 책임의 정도에 따라 조직 내 지위가 서열화되어 있음
규칙과 절차에 따른 업무 처리	문서화된 규칙과 절차에 따라 표준화된 과업을 수행함
연공서열에 따른 보상	구성원들의 경력에 따라 보상이 이루어짐
지위 획득의 공평한 기회 보장	일정한 기준에 따라 공개경쟁을 통해 지위를 획득함

14 그림에 나타난 조직 운영 원리는 구성원 간의 서열화된 위계를 바탕으로 수직적으로는 계층화되고 수평적으로는 기능상 분업 체계를 이루고 있는 관료제이다. ① 관료제에서는 위계 서열화로 지위에 따라 권한과 책임이 명확하게 규정되어 있다. ③ 관료제에서는 업무가 분화되고 전문화되어 있으므로 복잡한 업무를 효율적으로 처리할 수 있다. ④ 관료제는 대규모 조직을 효율적으로 관리할 수 있는 조직 운영 방식이다.

⑤ 관료제에서는 규칙과 절차에 따른 표준화된 과업 수행이 이루어지므로 구성원이 바뀌더라도 지속적인 과업 수행이 가능하다.

바로잡기 ② 관료제에서는 업무가 세분화·전문화되어 있고 규칙과 절차에 따라 업무를 처리하므로 구성원 개인의 업무 재량 범위가 한정적이다.

15 구성원들이 조직 내에서 분담한 일만을 반복적으로 수행함으로써 창의력이나 자율성을 발휘하지 못하고 조직의 부속품으로 전락하는 것을 인간 소외 현상이라고 한다.

바로잡기 ① 무사안일주의는 창의적·능동적 업무 수행을 피하고, 피동적·소극적으로 현상을 유지하려는 행동 성향을 말한다. 관료제의 역기능에 해당하지만 제시된 글에서 파악할 수 없다.
③ 관료제는 변화에 대한 적응력이 부족하다는 문제점이 있지만 제시된 글의 내용과는 거리가 멀다.
④ 관료제에서는 하향식 의사 결정 구조가 나타나지만 제시된 글의 내용과는 거리가 멀다.
⑤ 조직의 목적 달성보다 수단을 더 중시하는 것은 목적 전치 현상으로, 제시된 글에서 찾아보기 어렵다.

관료제의 문제점	만점 공략 노트
목적 전치 현상	본래의 목적보다 규칙과 절차 준수를 우선시함
경직된 조직 운영	변화에 신속하고 유연하게 대처하지 못함
인간 소외 현상	구성원이 창의성을 발휘하지 못하고 조직의 부속품이 됨
무사안일주의	신분 보장과 연공서열에 따른 승진과 보상으로 유발됨

16 자료 분석 노트

교사 : 탈관료제의 특징에 대해 설명해 보세요.
　　└ 관료제의 문제점을 해결하기 위해 등장하였다.
갑 : 의사 결정 권한이 분산되어 있어요.
　　└ 탈관료제는 수평적 조직 체계를 이루고 있다.
을 : 환경 변화에 대한 유연한 대처가 가능해요.
　　└ 탈관료제는 상황이나 목적에 따라 자유롭게 구성되고 해체될 수 있다.
병 : 연공서열에 따른 보상이 이루어져요.
　　└ 관료제는 경력을 중시하여 연공서열에 따른 보상이 이루어진다. 반면, 탈관료제는 능력과 성과에 따른 보상이 이루어진다.
정 : 목적 전치 현상이 나타나기도 해요.
　　└ 관료제의 문제점이다. 관료제는 규칙과 절차를 너무 중시한 나머지 본래 목적을 소홀히 하는 목적 전치 현상이 나타나기도 한다.

탈관료제에서는 능력과 성과를 평가하여 승진과 임금 수준을 결정하고, 목적 전치 현상은 관료제의 역기능 중 하나이다. 탈관료제는 관료제의 한계와 문제점을 개선하기 위해 고안한 구성원의 창의성과 자율성을 중시하는 새로운 조직 형태로 의사 결정 권한이 분산되어 있고, 환경 변화에 대한 유연한 대처가 가능하다.

바로잡기 병, 정. 관료제의 특징을 말하고 있다.

17 (가)는 팀제 조직, (나)는 네트워크형 조직으로 모두 탈관료제 조직 운영 방식에 해당한다. 탈관료제는 관료제에서 벗어나 구성원의 창의성과 자율성을 보장하는 새로운 조직 형태로 능력과 업적에 따른 보상이 이루어진다.

바로잡기 ㄱ. 변화에 적응력이 떨어지는 것은 관료제의 역기능이다.
ㄹ. 위계 서열화로 소수에게 권한이 집중되는 것은 관료제의 특징이다. 탈관료제는 의사 결정의 권한이 분산되어 있다.

탈관료제의 특징과 유형		만점 공략 노트
특징	• 수평적 조직 체계 : 의사 결정 권한 분산, 개인의 창의성 발휘 가능 • 유연한 조직 구조 : 환경 변화에 유연한 대처, 신속한 의사 결정 • 능력과 성과에 따른 보상 : 개인의 성취동기 진작	
유형	팀제 조직, 네트워크형 조직 등	

18 자료 분석 노트

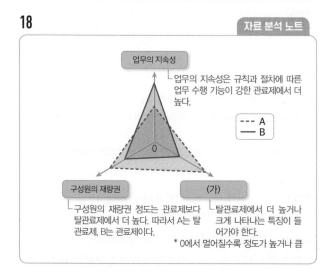

관료제와 탈관료제 중 업무의 지속성은 관료제가 높고, 구성원의 재량권은 탈관료제가 높다. 따라서 A는 탈관료제, B는 관료제이다. ③ 탈관료제가 관료제에 비해 유연한 조직 구조를 가지고 있다.

바로잡기 ① 조직 운영의 예측 가능성은 관료제에서 더 높으므로 (가)에 들어갈 수 없다.
② 탈관료제에서 능력과 업적에 따른 보상 정도가 더 크므로 (가)에 들어갈 수 있다.
④ 관료제와 탈관료제 모두 효율적인 조직 운영 원리이다. 다만 어떤 면에서 효율적인지가 다를 뿐이다.
⑤ 탈관료제는 관료제에 비해 상향식 의사 결정이 이루어진다. 관료제는 하향식 의사 결정이 이루어진다.

19 **이렇게 쓰면 감점** (2) 외집단 내용을 넣지 않고 사회 통합을 저해할 수 있다고만 서술하면 감점이다.

20 **이렇게 쓰면 만점** 구성원의 임기 보장과 연공서열에 따른 승진 및 보상이 이루어져 무사안일주의가 발생한다고 서술하면 만점이다.

21 **이렇게 쓰면 만점** (2) 탈관료제가 관료제에 비해 갖는 장점 두 가지를 정확하게 서술하면 만점이다.

등급을 올리는 고난도 문제 ___ 92~93쪽

01 ④ **02** ③ **03** ① **04** ④

01 사회 집단의 분류   자료 분석 노트

구분	(가)	(나)	(다)
구성원의 가입과 탈퇴가 자유롭습니까? – 긍정의 답이면 자발적 결사체이다.	예	아니요	아니요
선택 의지에 의해 결합되었습니까? – 긍정의 답이면 이익 사회이다.	예	예	아니요

(가)는 자발적 결사체이자 이익 사회이다. (나)는 자발적 결사체는 아니고 이익 사회이다. (다)는 자발적 결사체도 아니고 이익 사회도 아니다. 종친회와 시민 단체는 자발적 결사체이자 이익 사회이다. 학교와 회사는 자발적 결사체가 아니고 이익 사회이다. 가족은 자발적 결사체가 아니고 공동 사회이다.

02 사회 집단의 분류   자료 분석 노트

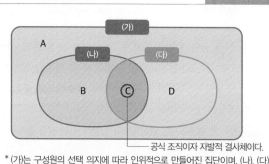

제시된 그림에서 (가)는 이익 사회이고, (나), (다)는 각각 공식 조직, 자발적 결사체 중 하나이므로 C는 공식 조직이자 자발적 결사체이다. ③ 노동조합은 이익 사회, 공식 조직, 자발적 결사체이므로 C에 해당한다.

바로잡기 ① 회사 내 야구 동호회는 이익 사회, 자발적 결사체, 비공식 조직이므로 B 또는 D에 해당한다.
② 학교는 이익 사회, 공식 조직이지만 자발적 결사체는 아니다. 따라서 B가 학교라면 (나)는 공식 조직, (다)는 자발적 결사체가 된다. 그러므로 가입과 탈퇴가 자유로운 것은 자발적 결사체인 (다)이다.
④ 회사는 공식 조직이지만 자발적 결사체는 아니다. 따라서 (나)가 자발적 결사체라면 회사는 D의 예이다.
⑤ 시민 단체는 자발적 결사체, 공식 조직이므로 C에 해당한다.

03 사회 집단의 특징 비교

– 제시된 모든 사회 집단은 이익 사회에 해당하며, 이 중 자발적 결사체는 고등학교 총동문회, 변호사 협회, 시민 단체, 배드민턴 동호회, 기업인 모임이다.

② 변호사 협회는 기업과 달리 자발적 결사체이다. ③ 시민 단체와 기업인 모임은 구성원의 가입과 탈퇴가 자유로운 자발적 결사체이다. ④ 동호회는 2차 집단이지만 정서적 유대가 깊어지면 1차 집단의 성격이 나타날 수도 있다. ⑤ 고등학교 총동문회, 변호사 협회, 시민 단체, 기업, 배드민턴 동호회, 기업인 모임, 고등학교는 모두 이익 사회이다.

바로잡기 ① 고등학교 총동문회, 고등학교는 공식 조직이다.

04 관료제와 탈관료제의 특징 비교

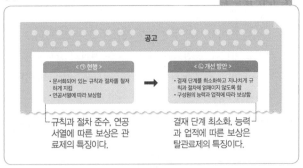

현행 조직 운영 원리는 관료제, 개선되는 조직 운영 원리는 탈관료제이다. ④ 탈관료제는 수평적 조직 체계를 이루고 있으며 구성원 간 자유로운 의사소통이 가능하므로 중간 관리층의 역할 비중이 낮다.

바로잡기 ① 탈관료제는 관료제보다 상향식 의사 결정 방식을 강조한다.
② 탈관료제는 관료제보다 환경 변화에 유연한 대처가 용이하다.
③ 전인격적 인간관계는 관료제, 탈관료제 모두의 특징이 아니다.
⑤ 대규모 조직을 효율적으로 운영하기에 적합한 조직 운영 방식은 관료제이다.

올리드 특강   95쪽

| 사회 집단과 사회 조직 | Step3 ⑤ | Step4 ③ |
| 사회 조직의 운영 원리 | Step3 ④ | Step4 ② |

사회 집단과 사회 조직

Step3 (가)는 자발적 결사체, (나)는 공식 조직, (다)는 비공식 조직, (라)는 이익 사회이다. ㄴ. 비공식 조직은 모두 공통의 관심사나 이해관계를 가진 사람들이 공통 목표를 달성하기 위해 자발적으로 형

성한 자발적 결사체에 해당한다. ㄷ. 비공식 조직의 구성원은 모두 공식 조직의 구성원이다. ㄹ. 자발적 결사체, 공식 조직, 비공식 조직은 모두 인간의 합리적이고 선택적인 의지에 따라 특정 목적을 위해 의도적으로 만들어진 이익 사회에 해당한다.

바로잡기 ㄱ. 노동조합은 자발적 결사체에 해당하지만, 명확한 과업을 가지고 있으므로 공식 조직에 해당한다.

Step4 A는 공동 사회, B는 이익 사회, C는 비공식 조직, D는 공식 조직, E는 자발적 결사체이다. ㄴ. 회사 내 동호회는 이익 사회, 비공식 조직, 자발적 결사체에 해당한다. ㄷ. 가족은 공동 사회에 해당하지만, 자발적 결사체에 해당하지 않는다.

바로잡기 ㄱ. 회사는 이익 사회, 공식 조직에 해당하지만, 자발적 결사체에 해당하지 않는다.
ㄹ. 시민 단체는 자발적 결사체에 해당하고, 공식 조직에도 해당한다.

사회 조직의 운영 원리

Step3 직급에 따른 보상, 규칙과 절차의 엄격화, 업무의 전문화·세분화, 구성원의 권한과 책임의 명확화를 통해 관료제를 추구한다는 것을 알 수 있다. ④ 관료제는 대규모 조직을 효율적으로 운영하기에 용이하다.

바로잡기 ① 관료제는 수직적 조직 체계를 강조한다.
② 관료제는 구성원의 권한과 책임이 명확하기 때문에 재량권의 범위가 좁다.
③ 관료제에서는 개인이 자율성과 창의성을 발휘하기 어렵다.
⑤ 관료제는 외부 환경에 대한 유연한 대처가 곤란하다.

Step4 A, B는 각각 관료제, 탈관료제 중 하나이므로 (가)에는 관료제만의 특징이나 탈관료제만의 특징이 들어가야 한다. ㄱ. 관료제와 탈관료제 모두 효율적인 조직 목표 달성을 추구하므로 (가)에 들어갈 수 없는 내용이다. ㄷ. 하향식 의사 결정 방식을 따르는 것은 관료제이므로 A는 관료제, B는 탈관료제가 된다. 관료제는 탈관료제보다 소수의 상층부에 권력이 집중된다.

바로잡기 ㄴ. 능력에 따른 보상은 탈관료제의 특징이다. 따라서 A는 탈관료제, B는 관료제가 된다. 조직 운영의 유연성이 큰 것은 탈관료제이다.
ㄹ. B가 관료제라면 (가)에는 탈관료제의 특징이 들어가야 한다. 지위의 위계 서열화는 관료제의 특징이므로 (가)에 들어갈 수 없다.

━━━ **기초를 다지는 확인 문제** ━━━ 100쪽

01 (1) ○ (2) ○ (3) ○ (4) × (5) × **02** (1) 일탈 행동
(2) 머튼의 아노미 이론 (3) 차별 교제 이론 (4) 낙인 이론
03 (1) ㉠ (2) ㉢ (3) ㉡

━━━ **실력을 키우는 실전 문제** ━━━ 101~105쪽

01 ⑤	02 ⑤	03 ④	04 ①	05 ④	06 ④
07 ⑤	08 ⑤	09 ③	10 ⑤	11 ③	12 ②
13 ⑤	14 ⑤	15 ②	16 ②	17 ③	18 ②

19 **예시답안** 머튼의 아노미 이론 / 대학 진학이라는 문화적 목표와 이를 달성하기 위한 제도적 수단이 일치하지 않아 청소년 비행이 나타났다고 보기 때문이다.
20 (1) 차별 교제 이론 (2) **예시답안** 정상적인 집단과의 교류를 촉진한다.
21 (1) 갑 : 뒤르켐의 아노미 이론, 을 : 낙인 이론 (2) **예시답안** 뒤르켐의 아노미 이론은 개인들 간의 상호 작용이 일탈 행동에 미치는 영향력을 소홀히 한다. 낙인 이론은 낙인찍히지 않아도 계속 일탈 행동을 저지르는 사람의 행동을 설명하기 곤란하다.

01 우리나라에서 과거에는 일탈 행동이었던 것이 현재에는 일탈 행동이 아닌 점, 우리나라에서는 일탈 행동이 아닌 것이 어떤 나라에서는 일탈 행동인 점을 통해 일탈 행동에 대한 규정은 시대나 사회에 따라 다르다는 것을 알 수 있다.
바로잡기 ① 일탈 행동은 사회 통합을 저해하지만 제시된 사례의 내용과는 거리가 멀다.
② 일탈 행동의 원인은 개인의 의식에 있을 수 있지만 제시된 글에는 그 내용이 나타나 있지 않다.
③ 일탈 행동은 사회 변동의 원동력이 될 수 있는 순기능을 가지고 있지만 제시된 글에는 나타나 있지 않다.
④ 일탈 행동이 지배 집단의 규정에 의해 결정된다는 내용은 제시된 글에 나타나 있지 않다.

일탈 행동의 의미와 특성 **만점 공략 노트**
• 의미 : 한 사회에서 일반적으로 받아들여지는 사회 규범이나 기대에 어긋나는 행위
• 상대성 : 시대나 사회의 변화, 상황에 따라 일탈 행동에 대한 판단 기준이 달라짐

02 일탈 행동을 저지른 사람에 대해 엄중한 제재를 가하면 그와 같은 행위를 저지르지 못하도록 하는 효과를 가져오므로 기존의 규범과 질서를 한층 더 강화시켜 기존 질서의 유지에 도움을 줄 수 있다.
바로잡기 ①, ③ 일탈 행동에 대처하는 과정에서 일탈 방지를 위한 사회적 합의나 대안을 도출하며 집단 결속과 유대가 강화될 수 있지만 제시된 글의 내용과 거리가 멀다.

② 일탈 행동으로 사회 구조나 제도가 변할 수 있으므로 일탈 행동은 사회 변동의 원동력으로 작용하기도 하지만 제시된 글과 거리가 멀다.
④ 일탈 행동을 통해 사회 문제를 표출함으로써 대비책을 마련할 수 있는 기회가 제공되기도 하지만 제시된 글에서 파악할 수 없다.

일탈 행동에 대한 규정과 제재의 효과 **만점 공략 노트**
• 일탈 행동에 대한 규정 : 사회적으로 바람직한 행동의 기준을 제시
• 일탈 행동에 대한 제재 : 잠재적 일탈자에 대한 경고 효과 발휘

03 갑과 을은 일탈 행동이 발생하는 원인을 체형, 인상, 신체 구조 형태 등의 생물학적 요인에서 찾고 있다.
바로잡기 ①, ② 제시된 글에서는 일탈 행동의 원인을 사회적 요인이나 개인의 심리적 요인에서 찾고 있지 않다.
③ 일탈 행동에 대한 규정은 시대와 장소에 따라 달라지나 제시된 글을 통해 파악할 수 없는 내용이다.
⑤ 일탈 행동은 사회 구성원의 가치관에 따라 상대적으로 판단된다고 보는 것은 낙인 이론이고, 제시된 글의 내용과는 관련이 없다.

04 좌절 – 공격 이론은 일탈 행동이 좌절, 욕구, 억압된 충동의 강도 등에 의해 나타난다고 보며, 이는 일탈 행동의 원인을 개인의 심리적 측면에서 파악한 것이다.
바로잡기 ② 일탈 행동의 원인을 생물학적 측면에서 파악하는 학자도 있지만 제시된 글에서는 나타나 있지 않다.
③ 제시된 글에서는 일탈 행동의 원인을 사회적 요인이 아니라 개인적 요인에서 찾고 있다.
④ 제시된 글에서는 심리적 측면에서 일탈 행동의 원인을 찾으므로 사회 규범의 통제력 회복은 해결책이 되기 어렵다.
⑤ 일탈 행동에 대한 판단 기준은 사회에 따라 다르나 제시된 글의 내용과는 거리가 멀다.

05 문화적 목표와 제도적 수단 간의 괴리에 의해 일탈 행동이 발생한다고 보는 것은 머튼의 아노미 이론이다. ㄴ. 머튼의 아노미 이론은 거시적 차원에서 일탈 행동의 원인을 분석한다. ㄹ. 머튼의 아노미 이론은 문화적 목표를 달성할 수 있는 적합한 수단 제공을 일탈의 해결책으로 제시한다.
바로잡기 ㄱ. 아노미 이론은 문화적 목표와 상관없이 발생하는 일시적 범죄 등을 설명하기 어렵다.
ㄷ. 일탈 행동이 발생하는 과정에 주목하여 일탈 행동을 설명하는 것은 차별 교제 이론이다.

06 **자료 분석 노트**

• 갑은 학교 시험에서 좋은 성적을 받고 싶었으나 공부를 열심
　└ 문화적 목표　　　　　　　　제도적 수단의 부재 ┘
히 하지 않아 부정행위를 할 수밖에 없었다.
　　　　　　└ 일탈 행동 ┘
• 을은 돈을 많이 벌어 부모님께 효도를 하려고 했으나 아무리
　　　　└ 문화적 목표 ┘
노력해도 돈을 벌 수 있는 방법이 없자 절도 행위를 하였다.
└ 제도적 수단의 부재 ┘　　　　　　　└ 일탈 행동 ┘
– 갑, 을은 문화적 목표와 제도적 수단 간의 괴리로 비합법적 수단을 사용하여 문화적 목표를 달성하려고 한다. 이는 머튼의 아노미 이론에 해당하는 사례이다.

제시된 사례와 공통적으로 관련된 일탈 이론은 머튼의 아노미 이론이다. 머튼의 아노미 이론은 일부 사회 구성원들에게는 문화적 목표만 주어지고 제도적 수단은 주어지지 않아 목표와 수단 간의 괴리로 일탈 행동이 발생한다고 본다.

바로잡기 ① 낙인 이론은 일탈 행동과 일탈자 여부는 타인들의 부정적 반응(낙인, 규정 등)이 결정적인 요인이 된다고 본다.
② 갈등 이론은 불평등한 사회 구조와 계급 갈등으로 인해 범죄와 일탈 행동이 발생한다고 본다.
③ 차별 교제 이론은 일탈 집단과의 차별적인 교제가 일탈 행동을 학습하는 계기가 된다고 본다.
⑤ 뒤르켐의 아노미 이론은 급속한 사회 변동으로 새로운 가치관이 미처 정립되지 못하거나, 기존의 규범과 새로운 규범이 혼재된 가치관의 혼란 상태로 일탈 행동이 발생한다고 본다.

07 기존의 규범과 새로운 규범이 혼재되면서 나타나는 도덕적 혼란 혹은 무규범 상태에서 일탈 행동이 발생한다고 보는 것은 뒤르켐의 아노미 이론이다. ①, ②, ③, ④ 뒤르켐의 아노미 이론은 사회 구조적 관점에서 일탈 행동의 원인을 찾으므로 상호 작용의 영향력을 간과하고 사회 규범의 통제력 회복, 일탈자에 대한 사회화 등을 해결책으로 제시한다.

바로잡기 ⑤ 일탈 행동이 발생하는 과정을 설명하는 데 유용한 이론은 차별 교제 이론이다.

08

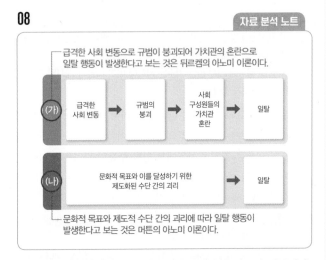

- 급격한 사회 변동으로 규범이 붕괴되어 가치관의 혼란으로 일탈 행동이 발생한다고 보는 것은 뒤르켐의 아노미 이론이다.
- 문화적 목표와 제도적 수단 간의 괴리에 따라 일탈 행동이 발생한다고 보는 것은 머튼의 아노미 이론이다.

(가)는 뒤르켐의 아노미 이론, (나)는 머튼의 아노미 이론이다. ⑤ 아노미 이론은 사회 규범의 부재나 혼재, 개인과 집단의 욕구 충족 수단 부족 등 사회 구조적 관점에서 일탈 행동의 원인을 찾는다.

바로잡기 ① 문화적 목표에 도달할 기회를 제공하는 것은 머튼의 아노미 이론에서 제시하는 일탈의 해결책이다.
② 새로운 가치관 확립은 뒤르켐의 아노미 이론에서 제시하는 일탈의 해결책이다.
③ 어떤 사람들과 상호 작용하느냐에 따라 일탈 행동 여부가 결정된다고 보는 것은 차별 교제 이론이다.
④ 아노미 이론에서는 일탈 행동을 규정하는 객관적인 기준이 존재한다고 본다.

아노미 이론		
구분	뒤르켐의 아노미 이론	머튼의 아노미 이론
일탈 행동의 발생 원인	급격한 사회 변동으로 규범이 부재하거나 혼재하여 발생	문화적 목표와 제도적 수단 간의 괴리로 비합법적 수단으로 문화적 목표를 달성하려고 할 때 발생
일탈 행동의 해결책	지배적 규범의 확립	기회의 균등 보장
의의	일탈 행동의 원인을 사회 구조적 관점에서 설명	
한계	개인 간 상호 작용이 일탈 행동에 미치는 영향력 간과, 일탈 행동 발생의 구체적 맥락이나 과정을 간과	

09 제시된 자료의 내용으로 보아 ㉠은 일탈 행동이 일탈 집단과의 상호 작용을 통해 일탈 행동을 학습하여 나타난다는 차별 교제 이론이다.

바로잡기 ① 낙인 이론은 일탈 행동과 일탈자 여부는 다른 사람들의 부정적 반응이 결정적인 요인이 된다고 보는 이론이다.
② 갈등 이론은 불평등한 사회 구조와 계급 갈등으로 인해 범죄와 일탈 행동이 발생한다고 보는 이론이다.
④ 머튼의 아노미 이론은 문화적으로 인정되는 목표와 제도적으로 인정되는 수단 간의 불일치로 일탈 행동이 발생한다고 보는 이론이다.
⑤ 뒤르켐의 아노미 이론은 급속한 사회 변동으로 기존의 규범과 새로운 규범이 혼재된 가치관의 혼란 상태에서 일탈 행동이 발생한다고 보는 이론이다.

10 범죄자들이 다른 범죄자들로부터 범죄 방법을 배우는 학습 과정을 통해 범죄 행위를 실행하게 된다는 것은 차별 교제 이론에서 강조하는 내용이다. ⑤ 차별 교제 이론은 일탈 행동이 타인과의 상호 작용을 통한 학습으로 발생한다고 본다.

바로잡기 ① 가치관의 혼란 상태에서 일탈 행동이 나타난다고 보는 것은 뒤르켐의 아노미 이론이다.
② 머튼의 아노미 이론은 문화적 목표와 제도적 수단의 불일치로 인해 일탈 행동이 나타난다고 본다.
③ 낙인 이론은 부정적 낙인으로 인한 일탈자의 부정적 자아 형성으로 일탈 행동이 나타난다고 본다.
④ 뒤르켐의 아노미 이론은 급속한 사회 변동으로 인한 사회 규범의 약화로 일탈 행동이 나타난다고 본다.

11 일탈 이론 중 일탈 집단과의 차별적인 교제가 일탈 행동을 학습하는 계기가 된다고 보는 것은 차별 교제 이론이다. ③ 차별 교제 이론은 정상적인 집단과의 교류 촉진, 일탈자와의 접촉 차단 등을 일탈 행동의 해결책으로 제시한다.

바로잡기 ① 일탈 행동의 원인을 아노미 상태에서 찾는 것은 아노미 이론이다.
② 일탈 행동을 규정하는 객관적인 기준이 없다고 보는 것은 낙인 이론이다.
④ 다른 사람의 행동에 대한 낙인을 신중하게 해야 한다고 주장하는 것은 낙인 이론이다.

⑤ 차별 교제 이론은 우연적이고 충동적인 범죄가 발생하는 이유를 설명하지 못한다는 한계가 있다.

차별 교제 이론　　　　　만점 공략 노트

내용	일탈 행동은 다른 사람들과의 상호 작용을 통해 학습됨
특징	• 일탈 행동을 하는 사람들과 접촉하면서 일탈 행동의 방법과 일탈 행동을 정당화하는 태도를 학습함 • 개인이 상호 작용하는 사람들에 따라 개인의 일탈 행동 발생 가능성이 달라짐
한계	일탈 행동을 하는 집단과 교류하는 사람이 모두 일탈자가 되는 것은 아니라는 점을 설명하지 못함
대책	일탈 행동의 접촉 기회 차단

12 일탈을 규정짓는 객관적인 규범은 존재하지 않는다는 전제하에 개인이 부여하는 의미나 구성원의 상호 작용을 중심으로 일탈 행동을 이해하고, 특정 개인이나 집단이 일탈자로 규정되는 과정과 사회적 여건에 주목하는 것은 낙인 이론이다.

바로잡기 ① 낙인 이론은 2차적 일탈을 설명하기에 용이하다.
③ 정상적인 사회 집단과의 교류 촉진은 차별 교제 이론의 해결책이다.
④ 사회적 목표를 이룰 수 있는 적합한 수단 제공은 머튼의 아노미 이론의 해결책이다.
⑤ 사회적 합의에 바탕을 둔 지배적 규범의 확립은 뒤르켐의 아노미 이론의 해결책이다.

낙인 이론　　　　　만점 공략 노트

내용	일탈 행동과 일탈자 여부는 다른 사람들의 부정적 반응이 결정적 요인이 됨
특징	• 특정 개인이나 집단이 일탈자로 규정되는 과정과 사회적 여건에 주목함 • 1차적 일탈이 발생한 뒤 낙인이 찍히면 당사자는 부정적 자아가 형성되어 2차적 일탈을 하게 됨
한계	낙인찍히지 않아도 일탈 행동을 반복하는 경우나 낙인찍혀도 일탈 행동을 하지 않는 경우를 설명하지 못함
대책	신중한 낙인

13　　　　　자료 분석 노트

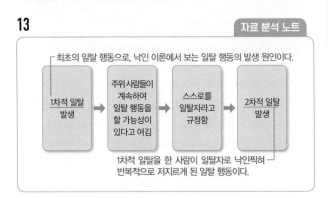

1차적 일탈 발생 후 주위 사람들이 계속하여 일탈 행동을 할 가능성이 있다고 규정함으로써 2차적 일탈이 발생한다고 보는 일탈 이론은 낙인 이론이다. ⑤ 낙인 이론은 특정 개인이나 집

단이 일탈자로 규정되는 과정과 사회적 여건에 주목한다.

바로잡기 ① 낙인 이론은 미시적 관점의 이론이다.
② 낙인 이론은 일탈을 규정짓는 객관적 규범이 없다고 본다.
③ 일탈 행동의 해결책으로 정상적인 사람들과의 교류를 강조하는 것은 차별 교제 이론이다.
④ 사회 규범의 통제력 회복은 뒤르켐의 아노미 이론에서 제시하는 해결책이다.

14 갑은 뒤르켐의 아노미 이론, 을은 차별 교제 이론으로 일탈 행동을 설명하고 있다. ⑤ 아노미 이론, 차별 교제 이론 모두 일탈을 규정하는 객관적 기준이 존재한다고 본다.

바로잡기 ① 일탈자와의 접촉 차단을 일탈 해동의 해결책으로 보는 것은 차별 교제 이론이다.
② 구성원의 상호 작용을 통해 일탈 행동이 나타난다고 보는 것은 낙인 이론, 차별 교제 이론이다.
③ 1차적 일탈이 2차적 일탈로 이어지는 것을 예방해야 한다고 보는 것은 낙인 이론이다.
④ 문화적 목표를 달성할 수 있는 합법적 수단의 부재를 일탈 행동의 원인으로 보는 것은 머튼의 아노미 이론이다.

15　　　　　자료 분석 노트

요즘 사회에서 일어나는 흉악 범죄에 대해 ㉠ 일부 학자들은 일탈자에 대한 타인들의 부정적 반응이 원인이라고 주장하지
└ 일탈 행동과 일탈자 여부는 다른 사람들의 부정적 반응이 결정적 요인이라고 보는 낙인 이론이다.
만 사실은 그렇지 않다. 흉악 범죄는 급속한 사회 변동으로 인해 기존의 사회 규범과 새로운 규범이 혼재되면서 나타나는 도덕적 혼란 또는 무규범 상태에서 비롯된다고 보는 ㉡ 학자들의
└ 지배적 가치관의 부재를 일탈 행동의 원인으로 보는 뒤르켐의 아노미 이론이다.
주장이 옳다.

㉠은 낙인 이론을 강조하는 학자들이고, ㉡은 뒤르켐의 아노미 이론을 강조하는 학자들이다. ② 뒤르켐의 아노미 이론은 급속한 사회 변동으로 새로운 가치관이 미처 정립되지 못하거나, 기존의 규범과 새로운 규범이 혼재된 가치관의 혼란 상태인 아노미 상태에서 일탈 행동이 일어난다고 본다.

바로잡기 ① 비정상적인 일부 사회 체계를 정상화시켜야 한다고 보는 것은 아노미 이론이다.
③ 일탈에 대한 해결책으로 타인에 대한 신중한 낙인이 필요하다고 보는 것은 낙인 이론이다.
④ 특정 개인이나 집단이 일탈자로 규정되는 과정에 주목하는 것은 낙인 이론이다.
⑤ 타인과의 상호 작용을 통해 일탈 행동이 나타난다고 보는 것은 낙인 이론이다.

16 일탈 행동에 대한 객관적 기준이 있다고 보는 것은 머튼의 아노미 이론, 차별 교제 이론이다. 따라서 B는 낙인 이론이다. ㄱ. 2차적 일탈은 낙인 이론에서 강조한다. ㄷ. 일탈 행동의 발생 원인을 문화적 목표와 제도적 수단 간의 괴리로 보는 것은 머튼의 아노미 이론이다. 따라서 ㈎에 "문화적 목표와 제

도적 수단 간의 괴리로 일탈 행동이 발생합니까?"가 들어갈 수 있다.

바로잡기 ㄴ. 기존 사회 규범의 약화나 부재를 일탈의 원인으로 보는 것은 뒤르켐의 아노미 이론이다.

ㄹ. 일탈자와의 접촉 차단을 해결책으로 보는 것은 차별 교제 이론이다. 따라서 (가)에 "일탈자와의 접촉 차단이 해결책입니까?"가 들어가면 A는 차별 교제 이론, B는 낙인 이론, C는 머튼의 아노미 이론이다. 타인에 대한 신중한 낙인을 강조하는 것은 낙인 이론이다.

17 자료 분석 노트

갑 : 범죄는 물질적 성공을 강조하는 사회에서 이를 달성하는 합법적 수단을 갖지 못한 사람들에 의해 발생하는 것입니다.
└ 물질적 성공이라는 문화적 목표를 달성하기 위한 제도적 수단이 없어 일탈 행동이 발생한다고 보므로 머튼의 아노미 이론이다.

을 : 범죄는 사회 구성원의 부정적 인식으로 인해 스스로 일탈자로 여기는 사람들에 의해 발생합니다.
└ 일탈 행동은 사회 구성원의 부정적 인식이 결정적 원인이 되어 발생한다고 보므로 낙인 이론이다.

갑은 머튼의 아노미 이론, 을은 낙인 이론으로 범죄 발생을 설명하고 있다. ㄴ. 아노미 이론은 개인들 간의 상호 작용이 일탈 행동에 미치는 영향력을 소홀히 한다. ㄷ. 낙인 이론은 일탈을 규정하는 객관적 기준이 존재하지 않는다고 본다.

바로잡기 ㄱ. 정상적 사회 집단과의 교류 촉진은 차별 교제 이론에서 주장하는 해결책이다.

ㄹ. 낙인 이론은 최초 범죄가 발생하는 원인을 설명하지 못한다는 한계가 있다.

18 재범률이 높은 이유를 갑은 머튼의 아노미 이론, 을은 낙인 이론, 병은 차별 교제 이론으로 설명하고 있다. ㄱ. 재사회화 기관이 확대되면 합법적인 수단을 갖출 가능성이 높아지므로 머튼의 아노미 이론의 해결책이 될 수 있다. ㄷ. 타인에 대한 신중한 낙인의 필요성을 강조하는 것은 낙인 이론이다.

바로잡기 ㄴ. 일탈 행동 방지를 위해 일탈자와의 접촉 차단을 강조하는 것은 차별 교제 이론이다.

ㄹ. 일탈 행동의 원인을 가치관의 혼란에서 찾는 것은 뒤르켐의 아노미 이론과 관련 깊다.

19 이렇게 쓰면 **만점** 머튼의 아노미 이론과 함께 대학 진학이라는 문화적 목표와 이를 달성하기 위한 제도적 수단이 일치하지 않아 청소년 비행이 나타났다고 보기 때문이라는 내용을 제시하면 만점이다.

20 이렇게 쓰면 **만점** (2) 차별 교제 이론의 해결책으로 정상적인 집단과의 교류 촉진, 일탈자와의 접촉 금지 등을 서술하면 만점이다.

21 이렇게 쓰면 **감점** (2) 뒤르켐의 아노미 이론과 낙인 이론 중 하나의 이론에 대해서만 한계를 서술하면 감점이다.

01 머튼의 아노미 이론 자료 분석 노트

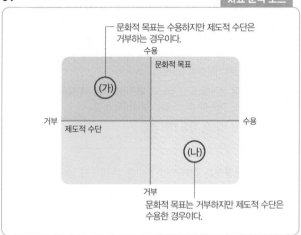

공무원 시험에 합격하기 위해 시험 중 부정행위를 한 것은 문화적 목표는 수용하지만 제도적 수단은 거부한 행위이므로 (가)에 해당한다. 기업 내 경쟁 문화가 싫어 대기업 임원을 그만두고 시골에 내려가 홀로 살고 있는 것은 문화적 목표는 거부하지만 제도적 수단은 수용한 행위이므로 (나)에 해당한다.

바로잡기 ㄱ. 성실하게 공부하여 공무원 시험에 합격한 것은 문화적 목표와 제도적 수단을 모두 수용한 행위이다.

ㄹ. 돈을 많이 벌고 싶다는 생각을 하지 않지만 부자들을 증오하여 범죄를 저지른 것은 문화적 목표와 제도적 수단을 모두 거부한 행위이다.

02 머튼의 아노미 이론과 낙인 이론 자료 분석 노트

정보 사회에서 발생하는 사이버 범죄에 대해 ㉠ 일부 학자들은 과거에는 전혀 문제가 되지 않던 것을 대중 매체 등에서 사회 문제로 규정하면서 문제가 되었다고 본다. 그러나 ㉡ 일부 학
└ 사회 문제로 규정하면서 사회 문제가 되었다는 내용으로 보아 낙인 이론에 해당함을 알 수 있다.
자들은 사이버 범죄는 하층 사람들이 '부자'라는 문화적 목표를 달성할 수 있는 제도적 수단이 제한되어 있어 비합법적인 수단을 사용하면서 나타나는 사회 문제라고 본다.
└ 문화적 목표를 달성할 수 있는 제도적 수단이 제한되어 있어 일탈 행동이 나타난다고 보므로 머튼의 아노미 이론에 해당함을 알 수 있다.

사이버 범죄에 대해 ㉠의 학자들은 낙인 이론, ㉡의 학자들은 머튼의 아노미 이론으로 설명하고 있다. ① 타인의 부정적 반응이 일탈 행동의 원인이라고 보는 것은 낙인 이론이다.

바로잡기 ② 일탈 집단과의 접촉 차단을 일탈 행동의 해결책으로 제시하는 것은 차별 교제 이론이다.

③ 낙인 이론은 최초의 일탈을 설명할 수 없다.

④ 사회 통제의 강화를 일탈 행동에 대한 해결책으로 제시하는 것은 뒤르켐의 아노미 이론이다.

⑤ 다른 사람과의 상호 작용으로 일탈 행동을 학습하여 일탈 행동이 발생한다고 보는 것은 차별 교제 이론이다.

03 일탈 이론

(가)에는 아노미 이론만의 특징 또는 차별 교제 이론만의 특징이 들어갈 수 있다.

→ 예
···→ 아니요

└ 낙인 이론은 일탈을 규정하는 객관적인 기준이 존재하지 않는다는 전제하에 일탈 행동을 설명한다. 따라서 A는 낙인 이론이다.

일탈을 규정하는 객관적 기준이 존재한다고 보는 B, C는 각각 아노미 이론, 차별 교제 이론 중 하나이고, 일탈을 규정하는 객관적 기준이 존재하지 않는다고 보는 A는 낙인 이론이다. ㄱ. 일탈이 타인과의 상호 작용 과정에서 학습된다고 보는 것은 차별 교제 이론이다. 이에 따라 A는 낙인 이론, B는 아노미 이론, C는 차별 교제 이론이 된다. ㄷ. B가 아노미 이론이면 (가)에 차별 교제 이론의 내용이 들어가야 한다. 일탈의 원인을 타인의 부정적 규정으로 보는 것은 낙인 이론이므로 (가)에 들어갈 수 없다.

바로잡기 ㄴ. 문화적 목표를 달성할 수 있는 적합한 수단의 제공을 일탈의 해결책으로 강조하는 것은 머튼의 아노미 이론이다.

ㄹ. C가 아노미 이론이면 B는 차별 교제 이론이다. 낙인 이론은 미시적 관점에서 일탈을 바라본다.

04 일탈 이론

정상적인 사회 집단과의 교류 촉진을 일탈 행동의 해결 방안으로 제시하는 것은 차별 교제 이론이다.

무규범 상태는 뒤르켐의 아노미 이론, 문화적 목표와 제도적 수단의 불일치는 머튼의 아노미 이론에서 제시하는 일탈의 원인이다.

구분	Ⓐ	Ⓑ	Ⓒ
원인	(가)	무규범 상태, 문화적 목표와 제도적 수단의 불일치	개인이 부여하는 의미나 사회 구성원의 규정
해결 방안	정상적인 사회 집단과의 교류 촉진	(나)	(다)

개인이 부여하는 의미나 사회 구성원의 규정을 일탈 행동의 원인으로 보는 것은 낙인 이론이다.

A는 차별 교제 이론, B는 아노미 이론, C는 낙인 이론이다. ③ 낙인 이론에서는 일탈 행동의 해결책으로 신중한 낙인을 제시한다.

바로잡기 ① 지배적 가치관의 부재를 일탈 행동의 원인으로 보는 것은 뒤르켐의 아노미 이론이다.

② 일탈자와의 접촉 차단은 차별 교제 이론에서 제시하는 일탈 행동의 해결 방안이다.

④ 일탈 행동의 상대성을 강조하는 것은 낙인 이론이다.

⑤ 사회 구조가 개인의 일탈 행동에 미치는 영향을 간과하는 것은 낙인 이론이다.

수능 특강

108~109 쪽

유형1 ③   유형2 ②   유형3 ②   유형4 ④

유형1 개인과 사회의 관계를 바라보는 관점 이해

(가)는 결혼, 가족, 종교와 같은 사회 제도가 개인적 욕구로 구성되고 개인의 정신 상태가 유일하게 관찰 가능한 대상이라고 보므로 사회 명목론에 해당한다. (나)는 사회 제도가 개인의 의식 외부에 실체로서 존재한다고 보므로 사회 실재론에 해당한다.

선택지 분석

✗ (가)는 사회가 개인들의 속성으로 환원될 수 없다고 본다.
→ 사회 실재론에 대한 설명이다. 사회 명목론은 사회가 개인들의 속성으로 환원될 수 있다고 본다.

Ⓛ (가)는 사회가 개인의 자율적인 의지에 의해 형성된다고 본다.
→ 사회 명목론은 개인의 자율성과 능동성을 강조한다.

Ⓒ (나)는 개인이 사회 속에서만 존재 의미를 갖는다고 본다.
→ 사회 실재론은 개인보다 사회의 우월성을 강조한다.

✗ (나)는 개인들이 옳다고 믿기 때문에 사회 규범이 존재한다고 본다.
→ 사회 명목론에 대한 설명으로, 사회 명목론은 개인들의 의지에 의해 사회를 만들었다고 본다.

유형2 사회화, 지위와 역할, 사회 집단 이해

직장은 비공식적 사회화 기관이자 2차적 사회화 기관이고, 학원은 공식적 사회화 기관이자 2차적 사회화 기관이다.

선택지 분석

✗ ㉠, ㉢은 개인의 의지와 노력에 의해 획득한 지위이다.
→ 연예인 2세는 귀속 지위, 가수는 성취 지위이다. 연예인 2세는 자신의 의지나 노력으로 얻게 된 지위가 아니다.

② ㉡은 비공식적 사회화 기관, ㉣은 2차적 사회화 기관이다.
→ A 인터넷 쇼핑몰은 사회화를 목적으로 형성된 것은 아니지만 사회화가 이루어지는 비공식적 사회화 기관이다. 연기 학원은 전문적인 지식과 정보 등을 사회화하는 2차적 사회화 기관이다.

✗ ㉣은 갑의 내집단이자 준거 집단이다.
→ 시청자 평가단은 갑의 내집단이 아니며, 준거 집단 여부를 판단할 수 없다.

✗ ㉤은 재사회화에 해당한다.
→ 텔레비전 프로그램에 지원하는 것은 변화하는 사회에 적응하기 위한 학습 과정이 아니다. 텔레비전 프로그램에 지원하여 경쟁하는 과정에서 사회화될 수 있지만 지원 자체가 재사회화라고 보기는 어렵다.

✗ ㉥은 갑의 역할 갈등에 해당한다.
→ 가수 활동을 계속할지, 배우로 전향할지에 대해 고민하는 것은 진로에 대한 고민이다. 역할 갈등은 현재 가지고 있는 지위 간에 충돌이 발생하는 상황이다. 가수는 갑의 지위이지만 배우는 갑의 지위가 아니다.

유형3 사회 집단과 사회 조직의 특징 이해

㉠, ㉡은 선택적 의지에 의해 형성되는 이익 사회이다. 갑~병은 모두 가족이라는 공동 사회에 소속되어 있다. 또한 갑은 대학원, 시민 단체라는 공식 조직에 소속되어 있다. 을은 노동조합이라는 공식 조직에 소속되어 있다. 병은 봉사 단체, 학급이라는 공식 조직에 소속되어 있다.

선택지 분석

Ⓞ ㉠, ㉡은 선택적 의지에 의해 형성되는 이익 사회이다.
→ 시민 단체, 학급은 모두 이익 사회이다. 선택적 의지에 의해 형성된 집단은 이익 사회, 본질적 의지에 의해 형성된 집단은 공동 사회이다.

✗ 갑, 을은 병과 달리 자발적 결사체에 소속되어 있다.

> → 갑은 시민 단체, 을은 사내 야구 동호회, 노동조합, 병은 봉사 단체라는 자발적 결사체에 소속되어 있다. 자발적 결사체는 구성원의 가입과 탈퇴가 자유롭다는 특징이 있다.

✗ 을, 병은 갑과 달리 비공식 조직에 소속되어 있다.

> → 제시된 자료에서 비공식 조직은 을이 소속되어 있는 사내 야구 동호회밖에 없다. 비공식 조직은 공식 조직의 구성원들이 만든 집단이다.

ⓔ 갑~병 모두 공동 사회와 공식 조직에 소속되어 있다.

> → 가족은 공동 사회이고, 대학원, 시민 단체, 노동조합, 봉사 단체, 학급 등은 공식 조직이다.

유형 4 일탈 이론 이해

자료 분석

(가) 공식적으로 일탈자라고 규정되면 성공을 위한 합법적 수단으로부터 배제되고 일탈자라는 자아 개념을 가지게 되어, 미래의 일탈 가능성이 증가하게 된다. 결국 일탈자라고 규정짓는 것은 사회적 지위를 부여하는 것과 같다.

> – 일탈자로 규정되면 일탈자라는 자아 개념을 가지게 되어 일탈 행동을 한다고 설명하므로 낙인 이론에 해당한다.

(나) 경제적 성공을 강조하는 문화를 구성원 모두가 공유하는 사회에서, 제도된 수단이 부족한 특정 계층은 성공에 어려움을 겪게 된다. 따라서 이들은 불법적인 방법을 통해서라도 성공하려고 시도함으로써 일탈 행동을 하게 된다.

> – 문화적 목표와 제도적 수단 간의 괴리로 일탈 행동이 발생한다고 보므로 머튼의 아노미 이론에 해당한다.

(다) 하층에 속한 사람들이 일탈 행동을 많이 한다는 주장이 있지만, 하층에서도 일부만 일탈 행동을 한다. 이들이 일탈 행동을 하는 것은 일탈자와의 상호 작용을 통해 일탈적 가치와 태도를 수용하기 때문이다.

> – 일탈자와의 상호 작용을 통해 일탈을 학습하여 일탈 행동을 한다고 보므로 차별 교제 이론에 해당한다.

선택지 분석

✗ (가)는 (다)와 달리 사회의 지배적 가치와 규범을 사회화하지 못함으로써 일탈 행동이 발생한다고 본다.

> → 뒤르켐의 아노미 이론에 대한 설명이다. 낙인 이론에서는 1차적 일탈에 대한 낙인에 따른 부정적 정체성 형성을 일탈 행동의 원인으로 본다.

✗ (나)는 (가)와 달리 일탈 행동의 발생에 있어 타인과의 상호 작용을 통한 학습 과정을 강조한다.

> → 차별 교제 이론에 대한 설명이다. 차별 교제 이론에서의 타인은 일탈 행동을 저지르는 집단을 의미한다.

✗ (다)는 (나)와 달리 문화적 목표의 달성 기회를 공평하게 보장할 것을 강조한다.

> → 머튼의 아노미 이론에 대한 설명이다. 차별 교제 이론에서는 일탈 행동의 접촉 기회 차단을 강조한다.

④ (가)는 (나), (다)와 달리 일탈이 행동의 속성에 의해서가 아니라 그에 대한 사회적 반응에 의해 규정된다고 본다.

> → 낙인 이론은 일탈이 사회적 반응에 의해 규정된다고 본다. 즉, 낙인 이론에서는 일탈을 규정짓는 객관적 기준이 존재한다고 보지 않는다.

✗ (나)는 (가), (다)와 달리 일탈적 정체성을 형성하게 되면 일탈 행동을 반복할 가능성이 높아진다고 본다.

> → 낙인 이론에 대한 설명이다.

실전 대비 Ⅱ 단원 문제 마무리

01 ③	02 ①	03 ①	04 ⑤	05 ①	06 ④
07 ②	08 ⑤	09 ①	10 ⑤	11 ②	12 ⑤
13 ③	14 ④				

15 **예시답안** 사회 실재론 / 인간의 주체적이고 능동적인 행위를 설명하기 곤란하다.

16 **예시답안** 비공식 조직이 공식 조직의 목표 달성을 저해할 수 있다.

17 (1) 낙인 이론 (2) **예시답안** 1차적 일탈 후 주위 사람들로부터 계속하여 일탈 행동을 할 가능성이 있다고 낙인찍혀 스스로를 일탈자라고 인식하여 2차적 일탈을 저질렀기 때문이다.

01 사회 구조는 한 사회의 개인과 집단이 사회적 관계를 맺는 방식이 정형화되어 안정된 틀을 이루고 있는 상태로, ㄴ. 강제성과 ㄹ. 안정성을 가지고 있어 국가 간 왕래가 활발해지더라도 혼란 문제는 발생하지 않는다.

> **바로잡기** ㄱ. 사회 구조는 사회 구성원이 바뀌어도 크게 달라지지 않고 오랫동안 유지되는 지속성을 가진다.
> ㄹ. 사회 구조는 장기적으로 변동 가능성을 가지나 제시된 글의 내용과는 거리가 멀다.

02 (가)는 사회 계약설, (나)는 사회 유기체설이다. 사회 계약설은 사회 명목론, 사회 유기체설은 사회 실재론과 관련이 깊다. 사회에 대한 개인의 우월성을 강조하는 것은 사회 명목론이고, 사회가 개인의 행동을 제약하고 자유를 구속한다고 보는 것은 사회 실재론이다.

> **바로잡기** ㄷ. 사회가 개인의 단순한 합 이상이라고 보는 관점은 사회 실재론이다.
> ㄹ. 사회 구조나 사회 제도가 개인의 삶에 영향을 주지 않는다고 보는 것은 사회 명목론이다.

03 개인과 사회의 관계를 바라보는 관점 중 갑은 사회 명목론, 을은 사회 실재론에 해당한다. 사회를 개인들의 집합체에 붙여진 이름에 불과하다고 보는 것, 사회를 변화시키는 능동적인 존재로서의 개인을 인정하는 것은 사회 명목론이다.

> **바로잡기** ㄴ. 인간의 주체적이고 능동적인 행위를 설명하기에 용이한 것은 사회 명목론이다.
> ㄹ. 극단적인 개인주의로 흐를 우려가 있는 것은 사회 명목론이다.

04 ㄷ. 대중 매체와 달리 또래 집단에서는 인성적 측면의 사회화가 주로 이루어진다. ㄹ. 가족, 또래 집단은 1차적 사회화 기관이면서 비공식적 사회화 기관이고, 학교는 2차적 사회화 기관이면서 공식적 사회화 기관이다.

> **바로잡기** ㄱ. 가족, 회사, 또래 집단은 비공식적 사회화 기관이다. 학교는 공식적 사회화 기관이다.
> ㄴ. 회사와 학교는 2차적 사회화 기관이다.

05 ① 갑이 해외 근무 준비를 위해 어학 수업을 수강하는 것은

미래에 속하게 될 집단에서 요구되는 행동 양식을 미리 학습하는 예기 사회화에 해당한다.

바로잡기 ② 을이 속해 있는 2차적 사회화 기관은 시민 단체, 총동문회, 회사로 3개이다.
③ 갑은 비공식적 사회화 기관인 농구 동호회, 지역 축구회에 속해 있다. 시민 단체, 총동문회, 회사는 비공식적 사회화 기관이므로 을도 비공식적 사회화 기관에 속해 있다.
④ 가족은 1차적 사회화 기관으로, 갑, 을 모두 속해 있다.
⑤ 갑은 어학 학원에 다니므로 공식적 사회화 기관에 속해 있지만, 을은 공식적 사회화 기관에 속해 있지 않다.

06 한 개인에게 요구되는 역할들이 충돌하여 나타나는 심리적 갈등을 역할 갈등이라고 한다. 따라서 A는 역할 갈등이다.

바로잡기 ④ 역할 갈등을 해결하기 위해 사회적 차원의 해결 방안도 필요하다.

07 구성원의 접촉 방식에 따라 1차 집단과 2차 집단을 구분할 수 있다. 가족, 놀이 집단은 1차 집단, 학교, 회사, 정당은 2차 집단이다.

바로잡기 ① 사회 집단은 2인 이상이 소속감과 공동체 의식을 가지고 지속적인 상호 작용을 하는 집단이지만, 구성원의 수에 따라 사회 집단을 분류할 수 있는 것은 아니다.
③ (가), (나) 집단 모두 구성원들의 지속적인 상호 작용이 이루어진다.
④ (가), (나) 집단 모두 구성원이 소속감과 공동체 의식을 가지고 있다.
⑤ 자발적 결사체는 구성원의 가입과 탈퇴가 자유롭다. 정당은 학교, 회사와 달리 가입과 탈퇴가 자유롭다.

08 ⑤ 아들, 딸은 귀속 지위이고, 어머니, 배우자는 성취 지위이다.

바로잡기 ① 갑은 ○○ 증권 회사에 입사 지원서를 낸 것이므로 ○○ 증권 회사는 갑의 내집단이 아니다. 내집단은 소속되어 있으면서 소속감을 느끼는 사회 집단이다.
② □□ 고등학교, △△ 대학교 경영학과는 공식 조직이다.
③ ◇◇ 증권 회사는 갑의 소속 집단이었지만 갑의 준거 집단인지 여부는 판단할 수 없다.
④ 갑이 증권 거래 상담사 자격증을 취득한 것은 갑의 역할 행동에 대한 보상이다.

09 구성원의 의지와 선택에 의해 형성된 집단은 이익 사회, 수단적 만남과 간접적 접촉이 이루어지는 집단은 2차 집단이다. 따라서 A는 이익 사회이자 2차 집단이고, B는 이익 사회이지만 2차 집단이 아니며, C는 이익 사회도 아니고 2차 집단도 아니다. ① 회사는 이익 사회이자 2차 집단이므로 A에 해당한다.

바로잡기 ② 정당은 이익 사회이자 2차 집단이므로 A에 해당한다.
③ 노동조합은 이익 사회이자 2차 집단이므로 A에 해당한다.
④ 친한 친구들끼리 만든 농구 동호회는 이익 사회이고 1차 집단의 성격도 나타날 수 있다.
⑤ 가족은 공동 사회이자 1차 집단이므로 C에 해당한다. 또래 집단도 공동 사회이자 1차 집단이므로 C에 해당한다.

10 ⑤ 갑~병이 속해 있는 자발적 결사체를 살펴보면, 갑은 축구 동호회, 시민 단체, 을은 축구 동호회, 노동조합, 대학 총동문회, 병은 축구 동호회, 사내 축구회, 향우회이다.

바로잡기 ① 갑은 공식 조직인 회사에 속해 있다. 을이 속해 있는 노동조합, 대학 총동문회는 공식 조직이다.
② 병이 속해 있는 사내 축구회는 비공식 조직이다. 을은 비공식 조직에 속해 있지 않다.
③ 갑, 을, 병은 모두 이익 사회에 속해 있다.
④ 갑, 병은 공동 사회에 속해 있지 않다.

11 소수에 의한 의사 결정 방식을 개선하고, 팀제를 실시하며, 능력과 업적에 따라 보상하도록 한다는 내용을 통해 탈관료제를 추구함을 알 수 있다. 탈관료제에서는 개인의 창의성과 자율성을 중시하고, 수평적 조직 체계를 중시한다.

바로잡기 ㄴ. 관료제에서는 업무의 표준화, 규칙과 절차 준수 등으로 인해 구성원이 바뀌어도 지속적인 업무 수행이 가능하다.
ㄹ. 관료제에서는 문서화된 표준화된 업무 수행을 중시한다.

12 ㄷ. 탈관료제는 관료제에 비해 유연한 조직 구조를 가지고 있으며 관료제는 위계 서열화를 중시한다. 따라서 (다)에 '유연한 조직 구조'가 들어가면 A는 관료제, B는 탈관료제이다. ㄹ. 관료제는 탈관료제에 비해 업무의 세분화, 전문화의 정도가 크며, 경력에 따른 보상을 한다. 따라서 (가)에 '업무의 세분화, 전문화'가 들어가면 (다)에 '경력에 따른 보상'이 들어갈 수 없다.

바로잡기 ㄱ. 조직 목표의 효율적 달성이라는 기준으로는 관료제와 탈관료제를 구분할 수 없다.
ㄴ. 수평적 조직 체계는 탈관료제의 특징이므로 B가 탈관료제라면 (다)에 들어갈 수 있다.

13 제시된 글을 통해 파악할 수 있는 청소년 비행의 원인을 설명하는 이론은 머튼의 아노미 이론이다. 머튼의 아노미 이론은 거시적 관점에서 일탈 행동을 설명하고, 문화적 목표를 이룰 수 있는 제도적 수단의 제공을 해결책으로 제시한다.

바로잡기 ㄱ. 차별 교제 이론에 관한 내용이다.
ㄹ. 사회적 낙인에 의한 부정적 자아 형성을 청소년 비행의 원인으로 보는 것은 낙인 이론이다.

14 흉악 범죄에 대해 갑은 뒤르켐의 아노미 이론, 을은 낙인 이론으로 설명하고 있다. 낙인 이론은 2차적 일탈에 주목하여 일탈을 설명하고, 아노미 이론과 달리 일탈을 규정하는 객관적인 기준이 존재한다고 보지 않는다.

바로잡기 ㄱ. 정상적인 사회 집단과의 교류를 일탈 행동의 해결책으로 보는 것은 차별 교제 이론이다.
ㄷ. 사회적 상호 작용과 사회적 학습 과정에 주목하여 일탈을 설명하는 것은 차별 교제 이론이다.

15 **이렇게 쓰면 만점** 사회 실재론이라고 쓰고, 개인의 영향력을 간과할 수 있다는 내용의 한계를 함께 서술하면 만점이다.

16 **이렇게 쓰면 만점** 비공식 조직이 공식 조직에 끼칠 수 있는 부정적 영향의 내용을 서술하면 만점이다.

17 **이렇게 쓰면 감점** (2) 1차적 일탈과 2차적 일탈을 넣어 서술하지 않고 낙인을 찍었기 때문이라고만 서술하면 감점이다.

01 문화의 이해

기초를 다지는 확인 문제 _____ 122쪽

01 (1) × (2) ○ (3) × (4) ○ (5) × **02** (1) 보편성
(2) 축적성 (3) 총체론 (4) 자문화 중심주의 (5) 극단적 문화 상
대주의 **03** (1) ㉠ (2) ㉢ (3) ㉡

실력을 키우는 실전 문제 _____ 123~127쪽

01 ① **02** ③ **03** ⑤ **04** ④ **05** ⑤ **06** ⑤
07 ② **08** ③ **09** ① **10** ⑤ **11** ④ **12** ③
13 ④ **14** ④ **15** ② **16** ② **17** ④ **18** ④
19 ③ **20** ④

21 (1) 문화의 총체성 (2) **예시답안** 여러 구성 요소들이 상호 유
기적인 관련을 맺고 있다는 것을 의미하는 문화의 총체성으로 인
해 문화의 한 부분에 변동이 일어나면 연쇄적으로 다른 부분에도
영향을 주어 변동이 일어난다.
22 (1) 자문화 중심주의 (2) **예시답안** 자문화 중심주의는 국제 사
회에서 문화적인 갈등을 초래할 수 있다.
23 **예시답안** 문화를 총체론적 관점으로 이해하는 것이 필요하다.
총체론적 관점은 문화를 한 부분만으로 보는 것이 아니라 부분적
요소와 관련된 전체적인 체계 속에서 파악하는 것이다.

01 ㉠은 생활 양식의 총체를 의미하는 넓은 의미의 문화이고 ㉡
은 정신적·물질적으로 우수한, 세련된 것 등을 의미하는 좁
은 의미의 문화이다. ②, ③ ㉠은 넓은 의미의 문화로서 ㉡보
다 포괄적인 의미를 가지고 있다. ㉡은 예술 활동 혹은 여가
시간과 관련된 행위를 의미하는 좁은 의미의 문화이다. 좁은
의미의 문화는 그 외에도 발전된 것, 세련된 것, 편리한 것,
교양 등의 의미를 가지고 있지만, 넓은 의미의 문화는 생활
양식의 총체라는 의미를 가지고 있다. ④ ㉠은 생활 양식의
총체를 의미하기 때문에 특정 문화만을 지칭하는, 혹은 발전
된 것에 한정하여 문화를 이해하는 ㉡보다 문화의 상대성을
설명하기에 유리하다. 생활 양식은 어느 사회에나 존재하기
때문이다. ⑤ 좁은 의미의 문화는 문화를 세련되고 우아한 것
으로 본다.

바로잡기 ① 좁은 의미의 문화는 ㉡이다.

문화의 의미 _____ **만점 공략 노트**

좁은 의미	정신적·물질적으로 우수한, 세련된 또는 예술적인 것 ⑩ 문화인, 문화재, 문화 상품권 등
넓은 의미	한 사회의 구성원들이 공유하는 행동 양식이나 사고방식 등 인간의 모든 생활 양식 ⑩ 청소년 문화, 지역 문화, 한국 문화 등

02 제시된 사례들은 각 구성원들 간에 공통으로 가지는 행동 양
식 및 사고방식으로 문화의 공유성에 해당한다. 문화의 공유
성은 사고와 행동의 동질성을 형성하여 타인의 행동을 예측
하고 이해할 수 있게 해 주고, 구성원 간의 원활한 사회생활
을 가능하게 한다.

바로잡기 ㄱ. 문화의 학습성에 해당한다.
ㄹ. 문화의 축적성에 해당한다.

문화의 속성 _____ **만점 공략 노트**

공유성	문화는 한 사회 구성원이 공통으로 가지는 생활 양식
학습성	문화는 사회화 과정을 통해 후천적으로 습득
축적성	문화는 상징을 통해 한 세대에서 다음 세대로 전승
변동성	문화는 문화 요소가 추가되거나 소멸되면서 변화
총체성	문화는 각 문화 요소들이 상호 유기적인 관계를 맺으며 긴밀하게 연결되어 있는 통합된 체계

03 ㄱ. 처음 고구마를 씻어서 먹은 경험이 좋았기 때문에 지속했
고, 이를 다른 원숭이들이 모방하며 고유한 행동 양식이 형성
되었다. 인간도 스스로 한 경험과 타인의 행동을 모방함으로
써 문화를 학습할 수 있다. ㄴ. 처음 물에 고구마를 씻어 먹은
원숭이뿐만 아니라 다음 세대에도 그 행동 양식이 존재하고
있다. 이처럼 문화는 처음에 그 문화를 만들어서 시행한 사람
이 죽은 후에도 유지되는 속성이 있다. ㄹ. 해당 지역의 원숭
이들은 모두 고구마를 물에 씻어 먹는 행동 양식을 공유하고
있다. 인간의 문화도 한 사회 구성원들이 공유하는 속성을 가
지고 있다.

바로잡기 ㄱ. 상징체계란 언어와 문자 같은 의사소통의 기호 체계이
다. 인간은 상징을 통한 문화 학습이 가능하지만 동물은 언제나 문자
등을 사용하지 못한다.

04 제시문은 이슬람교에서 돼지고기를 금기시하는 이유에 대한
내용이다. ① 무슬림의 돼지고기 금기 문화는 그 사회에서만
나타나는 특수한 문화이다. ②, ③ 문화는 자연환경 등에 걸
맞게 발전해 온 것이다. 돼지고기를 금지하는 이슬람의 규범
도 척박한 자연환경에서 사회 통합을 저해하지 않도록 발생
한 문화이다. ⑤ 종교 규범을 통해 돼지고기를 금지함으로써
무슬림들에게는 이를 지키게 하는 구속력을 가지고 있다.

바로잡기 ④ 보편성은 시공을 초월하여 나타나는 공통성이다. 이슬람
문화에서 돼지고기를 금지하는 것을 통해 문화의 보편성을 엿보기는
힘들다.

05 '우리 문화와는 다른'은 한국 문화의 특수성을 의미한다. 또
'우리네 감정이나 정서에도 딱 맞아요'는 한국 문화가 다른 나
라의 문화와 공유되는 보편성을 의미한다. 따라서 종합적으
로 볼 때 문화의 보편성과 특수성을 잘 조합시킨 문화 상품
개발이 성공 요인이라고 볼 수 있다.

바로잡기 ① 우리 문화의 고유성만 있었다면 외국인들만이 가지고 있는 감정이나 정서를 자극하기 힘들었을 것이다.

② 시공을 초월한 보편성만 있었다면 그들 문화와는 다른 그 무엇을 찾아보기 힘들었을 것이다.

③ 문화를 상업적으로 만들어서 확산시킨 것도 문화의 확산에 영향을 미쳤을 수 있지만 주어진 자료에서는 이를 찾아보기 힘들다.

④ 문화 창조 능력도 무관하지는 않지만, 문화 창조 능력이 특별히 더 뛰어난지 여부 역시 주어진 제시문으로는 도출하기 어렵다.

06 비가 오면 우산을 쓰고 다니는 행위는 사회 구성원 다수가 공유하는 것이며, 일정 기간 동안의 지속성을 갖고 있으며, 후천적인 학습에 의해서 이루어지는 것이므로 문화로 볼 수 있다. 또한 이러한 행위는 환경에 적응하기 위해 인간이 창조한 현상이다.

바로잡기 ⑤ 선천적인 것, 생물적 본능에 의한 행동, 개인적인 습관이나 버릇, 일시적이고 충동적인 행동은 문화적인 것으로 볼 수 없다.

문화인 것과 비문화인 것	**만점 공략 노트**
문화인 것	후천적으로 학습한 행위, 지속적인 행동, 구성원 다수가 공유하는 것
비문화인 것	선천적으로 타고난 것, 생물적인 본능에 의한 행동, 개인적인 습관이나 버릇, 일시적이고 충동적인 행동

07 여아를 살해하는 것이나 명예 살인은 모두 인간의 생명을 해하는 문화이다. 이는 인간의 생명의 존엄성을 해치는 것으로서 인류가 지향하는 인간 존중의 가치에 위배된다. 카스트 제도라는 신분 제도나 여성 할례 역시 특정 계층 혹은 여성과 같은 사회적 약자의 인권을 유린함으로써 인간의 존엄성을 파괴하는 문화이다. 이와 같은 문화를 인정하는 것은 극단적 문화 상대주의의 사례로 볼 수 있다.

바로잡기 ② 화장은 시신을 불에 태우는 장례 문화이다. 이는 그 사회의 종교적·자연환경적 맥락에서 필연적으로 등장하게 된 것이며, 이와 같은 풍습이 인권을 침해한다거나 인간의 존엄성을 훼손한다고 보기 어렵다.

08 한국인과 중국인이 축의금을 내는 봉투의 색깔이 다른 것은 문화의 공유성으로 설명할 수 있다. ㄴ. 공유성은 한 사회 구성원들이 공통적으로 가지고 있다는 것을 의미한다. 사회 구성원들에게 해당 문화는 공동의 장(場)을 제공한다. ㄷ. 공유하는 문화이기 때문에 그 문화에 걸맞은 행위를 했을 때 상대방이 어떻게 대응할지 예측할 수 있으며, 그에 적절하게 대응할 수 있게 해 준다.

바로잡기 ㄱ. 시대에 따라 다른 성격을 가지고 있다는 것은 문화의 변동성에 관한 설명이다.

ㄹ. 다른 사회 구성 요소들 간의 유기적인 관련성을 갖고 있다는 것은 문화의 총체성(전체성)에 관한 설명이다.

09 갑의 말을 통해 문화가 학습되지 않으면 나타나는 현상을, 또한 을의 말을 통해 서로 다른 문화를 학습하게 될 경우 나타

나는 현상을 알 수 있다. 따라서 갑, 을의 답변이 문화의 학습성과 관련이 있다.

바로잡기 병. 문화의 총체성과 변동성에 관한 설명이다.

정. 문화의 공유성에 관한 설명이다.

10   **자료 분석 노트**

인터넷의 발달은 인류의 생활 양식 전반에 큰 변화를 가져왔다. 재택근무, 홈 쇼핑, 홈뱅킹, 전자 상거래, 전자 민주주의,
└ 문화의 변동성을 보여 준다.
1인 미디어의 등장 등 사회 전반에 걸쳐 여러 가지 변화가 나타났다.
└ 문화의 총체성을 보여 준다.

한 부문의 변화가 연쇄적으로 다른 부문에까지 영향을 미쳐 사회 전반에 걸친 변화를 가져왔다. 이는 문화의 구성 요소들이 상호 유기적인 관련성을 갖고 있기 때문이다. 따라서 이를 통해 문화의 전체성과 변동성을 도출할 수 있다.

바로잡기 ㄱ, ㄴ. 문화의 공유성은 한 사회 구성원들이 공통적으로 향유하는 속성을 의미하며, 학습성은 후천적인 학습에 의해서 문화가 습득된다는 속성이다.

11 인간은 상징체계 등을 사용해 이전 문화를 후대로 전승시킬 수 있다. 이는 후대의 인간이 전대에서 했던 시행착오 없이 문화를 계승, 발전시킬 수 있는 토대가 되었다. 이는 문화의 축적성과 관계가 깊다.

12 문화는 부분이 모여 전체로서 또 다른 하나의 체계를 형성한다고 보는 총체론적 관점이다.

바로잡기 ① 비교론적 관점은 서로 다른 문화 간의 비교를 통해 보편성과 특수성을 찾아 의미를 분석하는 관점이다.

② 상대론적 관점은 해당 사회 구성원의 입장에서 문화를 이해하는 관점이다.

문화를 바라보는 관점	**만점 공략 노트**
비교론적 관점	서로 다른 문화의 유사성과 차이점을 비교하여 문화가 갖는 보편성과 특수성을 이해하려는 관점
총체론적 관점	특정한 문화 요소를 이해할 때 다른 요소나 전체와의 관련 속에서 그 의미를 파악하려는 관점
상대론적 관점	그 사회의 역사적·문화적 배경과 사회적 맥락 속에서 고유한 의미를 찾으려는 관점

13 자료에서 서구인들은 자신의 문화 기준으로 인디언 문화를 낮게 평가하고 있다. 이를 통해 서구인들은 자문화 중심주의적 문화 이해의 태도를 지니고 있음을 알 수 있다. 자문화 중심주의는 자기 문화에 대한 자긍심을 고양하고 문화적 주체성을 확립하게 하고, 집단 내의 일체감과 자부심을 강화시켜 사회 통합에 기여하기도 한다. 하지만 다른 문화에 대한 올바른 이해를 곤란하게 하여 국가 간 문화 이해와 협력에 장애가

되고 문화의 폐쇄성을 초래하여 자기 문화의 발전을 저해하고 국수주의로 흐를 위험성이 있다.

바로잡기 ④ 문화 사대주의가 갖는 부정적 측면에 해당한다.

14 자료를 통해 글의 필자는 일본인임을 알 수 있는데, 필자는 자기 고유의 문자인 가나를 낮게 평가하고 다른 나라의 문자인 영어를 높게 평가하고 있으므로 이를 통해 필자가 지닌 문화 이해의 태도는 문화 사대주의임을 알 수 있다. 문화 사대주의는 다른 사회의 문화만을 가장 좋은 것으로 여겨 그것을 동경하거나 숭상하는 태도로, 다른 문화에 대한 거부감이 약해 외래문화 요소를 쉽게 수용할 수 있다는 긍정적 측면이 있기는 하지만 자기 고유의 문화 가치를 과소평가하여 문화적 주체성을 상실할 우려가 크다.

바로잡기 ① 문화 사대주의는 타 문화의 수용에 적극적이다.
② 자문화 중심주의에 해당한다.
③ 극단적 문화 상대주의에 해당한다.
⑤ 자문화 중심주의에 해당한다.

15 문화 이해의 태도 중 (가)는 자문화 중심주의, (나)는 문화 사대주의, (다)는 문화 상대주의에 해당한다. ② 자문화 중심주의는 문화의 상대성을 부정하는 태도로, 문화는 해당 사회의 환경적 맥락을 고려해서 이해해야 하는 것을 간과하는 태도에 해당한다.

바로잡기 ① 자기 문화의 정체성을 상실할 우려가 있는 문화 이해의 태도는 문화 사대주의에 해당한다.
③ 근대 사회의 제국주의는 서양의 문화가 가장 우수하고 아시아, 아프리카의 문화는 열등하다는 자문화 중심주의에 바탕을 두고 있다.
④ 인간의 존엄성 존중과 같은 인류 보편의 가치 기준이 존재한다는 사실을 무시하는 것은 극단적 문화 상대주의와 관련 있다.
⑤ 절대적 기준을 가지고 다른 문화를 평가하는 것은 자문화 중심주의와 문화 사대주의에 해당한다.

16 글의 필자는 문화는 각 사회의 특성을 반영해서 나타난 것이기 때문에 평가의 대상이 될 수 없다고 강조하고 있으므로 이를 통해 문화 상대주의를 도출할 수 있다. 문화 절대주의는 문화 상대주의와 대립되는 개념으로 문화를 평가하는 기준이 있다는 주장으로 자문화 중심주의와 문화 사대주의가 이에 해당한다.

바로잡기 ㄴ. 진화론에 대한 설명이며 진화론은 문화의 우열을 바탕으로 하고 있으므로 문화 상대주의와 대립된다.
ㄹ. 자기 문화를 기준으로 다른 문화를 평가하는 것은 자문화 중심주의에 해당한다.

문화 상대주의 〔만점 공략 노트〕

의미	각 사회의 맥락에서 문화를 이해하는 태도
특징	다양한 문화적 배경을 지닌 집단들이 공존하는 현대 사회에서 그 중요성이 더욱 커짐

17 제시된 문화를 바라보는 관점은 비교론적 관점이다. 비교론적 관점은 타 문화와 자문화의 비교를 통해 두 문화가 가지고 있는 공통점과 차이점을 파악하게 함으로써 자기 문화에 대한 객관적 인식을 가능하게 한다는 특징이 있다.

바로잡기 ① 문화의 총체성을 찾을 수 있는 관점은 총체론적 관점에 가깝다.
② 젓가락 문화가 시대적으로 어떻게 변화되어 왔는지는 제시문으로 알 수 없다.
③ 문화의 발전이란 이전보다 나아졌다는 것인데, 이 역시 제시문으로는 파악할 수 없다.
⑤ 다른 문화 요소나 전체와의 관련성을 파악할 수 있는 관점은 총체론적 관점이다. 제시문에서는 두 사회의 문화적 차이와 공통점은 알 수 있으나 한 사회 내에서 그와 같은 문화 요소가 다른 문화 요소들과 어떤 관련성을 가지고 있는지는 알 수 없다.

18 제시문에서 알 수 있는 문화의 속성은 학습성이다. 어디에서 어떤 사회화를 했느냐에 따라 다른 입맛을 갖게 되었다고 이야기하고 있기 때문이다. 학습성을 통해 문화는 선천적으로 타고나는 것이 아니라 학습의 결과라는 것을 알 수 있다.

바로잡기 ① 상대방의 행동을 예측 가능하게 해 주는 것은 공유성 때문이다.
② 새로운 특성이 추가되거나 기존의 특성이 소멸되기도 하는 문화의 특성은 변동성이다.
③ 문화에 새로운 문화 요소가 추가되어 다음 세대로 전승되는 것은 문화의 축적성이다.
⑤ 문화의 한 부분에서 일어난 변동이 연쇄적으로 다른 문화 요소들의 변화를 가져오는 이유는 문화 요소들 간의 유기적 관련성 때문이다. 이는 총체성(전체성)으로 설명할 수 있다.

19 〔자료 분석 노트〕

(가) 문화에는 공통점과 차이점이 존재한다. 공통점과 차이점을 파악하면 자기 문화에 대한 객관적인 인식이 가능하며, 타 문화를 이해하는 폭을 넓힐 수 있다.
– 서로 다른 문화의 유사성과 차이점을 비교하여 파악하는 관점인 비교론적 관점이다.

(나) 모든 것은 다른 것에 연결되어 있다는 인식을 바탕으로 어떤 문화 요소를 파악하고자 할 때 전체와의 연관 속에서 다른 문화 요소들과의 상호 관련성까지 주목해야만 한다.
– 문화를 한 부분으로만 보는 것이 아니라 부분적 요소와 관련된 전체적인 체계 속에서 파악하는 관점인 총체론적 관점이다.

(가)는 비교론적 관점, (나)는 총체론적 관점이다. ① 중국과 한국의 유교 문화를 연구하는 것은 (가)의 비교론적 관점이 적절하다. ② 우리나라와 일본의 음식 문화를 조사하는 것은 (가)의 비교론적 관점에 해당한다. ④ 이혼이 청소년이나 노인 등에게 미친 영향을 조사하는 것은 관련성을 중심으로 파악하는 것이므로 (나)의 총체론적 관점에 해당한다. ⑤ 인구가 정치, 경제, 문화 등과 관련 있다고 생각하고 이의 관련성을 중심으로 연구하는 것이므로 (나)의 총체론적 관점에 해당한다.

20 제시문은 상대론적 관점에 대한 설명이다. 상대론적 관점은
문화는 그것이 발생한 사회의 역사적·환경적·사회적 맥락 속
에서 의미와 가치를 지닌다는 것을 전제로 하며, 자신의 문화
와 타 문화를 편견 없이 이해하는 데 필요한 관점이다.

21 이렇게 쓰면 감점 (2) 총체성을 설명하면서 '문화 구성 요소 간
의 유기적 연관성', '한 부분의 변동이 다른 부분의 변동을 초
래'를 포함하고 있지 않으면 감점이다.

22 이렇게 쓰면 만점 (2) 자문화 중심주의가 국제 사회에서 다른
문화를 가진 사회들 간의 갈등을 유발한다고 서술했다면 만
점이다.

23 이렇게 쓰면 감점 총체론적 관점이라는 사실만 밝히고 그에 관
한 설명을 하지 않았을 경우에는 감점이다. 총체론적 관점의
의미까지 서술해야 한다.

등급을 올리는 고난도 문제 128~129쪽

01 ①　　**02** ③　　**03** ③　　**04** ④

01 문화를 바라보는 관점

자료 분석 노트

> 우리나라, 일본, 중국에서는 밥상에 둘러앉아 반찬을 고루 나
> 누어 먹는다. 이는 집단적 행동 양식이 강한 성향을 반영한다.
> └ 서로 다른 문화의 유사성을 제시하였다.
> 또 한국의 고추장, 매실을 식초에 절인 일본의 우메보시, 채소
> 를 소금에 절인 중국의 짜차이는 한·중·일을 대표하는 부식으
> 로 각 민족의 고유성을 나타낸다. 고추장은 직설적이고 정열
> 적인 한국인의 성격을 대변하고, 우메보시의 신맛은 속내를
> 드러내지 않는 일본인들의 내성적인 성격을 반영한다. 짜차이
> 는 하루 동안 물에 담가 짠맛을 희석시키면 또 다른 맛을 가미
> 할 수 있는데, 이는 개방적이며 수용력이 뛰어난 중국인의 성
> 격을 보여 준다. – 서로 다른 문화의 차이점을 비교하였다.
> – 서로 다른 문화의 유사성과 차이점을 비교하여 문화가 갖는 보편성과 특수성
> 을 이해하려는 관점을 비교론적 관점이라고 한다.

제시된 자료에는 문화를 이해하는 비교론적 관점이 나타나
있다. ㄱ. 문화를 비교하는 과정에서 자기 문화의 특징을 더
명료하게 이해하여 성찰을 가능하게 한다. ㄴ. 비교론적 관점
은 서로 다른 문화 간의 유사성과 차이점을 분석하여 문화가
갖는 보편성과 특수성을 이해하려는 입장이다.

02 문화의 속성

자료 분석 노트

└ 전체성(총체성) └ 변동성, 축적성 └ 공유성, 학습성 └ 축적성

갑~정은 문화의 속성에 대한 사례를 이야기하고 있다. ① 갑
은 복식 문화에 영향을 미친 다른 문화 요소들을 찾아보겠다
고 했다. 이는 문화의 전체성(총체성)을 파악하는 데 유용하
다. ② 을은 대중문화의 변동 양상을 발표하고 있다. 따라서
문화의 변동성을 파악하는 데 유용하다. ④ 청소년들이 공유
하는 문화를 연구한다고 했으므로 문화의 공유성을, 청소년
들이 어떤 경로로 비속어를 접하고 사용하게 되었는지 조사
한다고 했으므로 이를 통해 문화의 학습성을 도출할 수 있다.
⑤ 문화의 축적, 학습 등을 통해 이전보다 더 나은 문화를 만
들 수 있었던 요인 중 하나는 인간의 상징체계, 즉 인간의 문
자와 언어의 힘이 매우 중요하다. 따라서 인간의 문화 발전
원동력에서 상징체계가 빠질 수 없다는 추론은 가능하다.

03 문화 이해의 태도

자료 분석 노트

교사

자문화 중심주의 ┐

> 티베트에서는 장례 풍습으로 조장 문화를 가지고 있습니다.
> 조장이란 시신을 독수리의 먹이로 주는 풍습이지요.

> 짐승의 먹이로 시신을 주는 것은 우리의 매장 풍습과 다르게
> 잔인하고 야만적인 문화입니다.

갑

┌ 문화 상대주의

> 매장이나 화장이 부적합한 자연환경, 그들의 종교적 이유가
> 결합하여 만들어 낸 풍습이므로 함부로
> 나쁘게 평가해서는 안 됩니다.

을

문화 사대주의 ┐

> 정말 친환경적인 장례 풍습입니다. 우리도 후진적인
> 장례 풍습에서 벗어나 티베트와 같이 시대를 앞서가는
> 장례 풍습을 따라야 합니다.

병

열을 평가하는 태도로, 이는 모두 문화의 상대성을 부정한다
는 공통점을 가지고 있다.

바로잡기 ① 갑은 자문화 중심주의를 가지고 있다. 이는 문화 제국주
의로 흐를 가능성이 높다.

② 갑은 자문화 중심주의로 문화의 상대성을 부정하지만, 을은 문화
상대주의로 문화의 상대성을 인정한다.

④ 문화 상대주의적 태도를 가진 을은 문화의 획일화를 부정적으로
볼 것이다.

⑤ 타 문화 수용에 소극적인 태도를 보이는 것은 자문화 중심주의에
가깝다.

04 문화 이해의 태도와 문화를 바라보는 관점   `자료 분석 노트`

> 야노마모 사람들은 내가 가진 것 중에서 ㉠ 그들이 원하는 것
> 이라면 성냥, 손전등, 손도끼 등 가리지 않고 달라고 요구하였
> └ 그들만의 독특한 문화이다.
> 다. 시간이 지날수록 그런 요구는 더 심해졌고 ㉡ 나는 야노마
> 모 사람들의 요구에 진저리가 날 지경이 되었다. ㉢ 나는 그들
> └ 자문화 중심주의적 태도를 가졌기 때문이다.
> 이 무리한 요구를 할 때 야노마모 사람들이 하는 것처럼 화를
> 내기 시작하였다. 내가 화를 내자 야노마모 사람들은 "너 이제
> └ 문화 상대주의적 태도를 가지기 시작하였다.
> 야노마모 사람 다 되었다."라고 하면서 더 이상 무리한 요구를
> 하지 않았다. 사나운 사람일수록 다른 사람으로부터 존경을
> 더 받으며 정치적 위세가 높아지므로 야노마모 사람들은 사람
> 을 대할 때 우선 그가 얼마나 사나운 사람인지를 알아야 했다.
> 즉 이들의 요구는 협박을 한 후에 ㉣ 내가 어느 정도까지 인내
> 하는지 그리고 얼마나 사나운 사람인지를 시험해 보기 위한 과
> 정이었다.
> └ 총체론적 관점으로 바라보게 되었다.

타인의 인내를 시험하는 야노마모의 특수한 문화에 대해 이
야기 하고 있다. 필자는 야노마모 문화를 부정적으로 평가하
는 자문화 중심주의 태도를 취하고 있었으며, 이후 야노마모
사람들이 하는 것처럼 화를 내기 시작하였을 때에는 문화 상
대주의적 태도로 바뀌었음을 알 수 있다. 또한 야노마모 사람
들의 문화 요소들을 연관시켜 이해하고 있으므로 총체론적
관점이 나타나 있다고 볼 수 있다. ㄴ. ㉡은 필자가 야노마모
사람들의 문화를 그 사회의 맥락에서 이해하지 못하고 자신
의 문화적 관점에서 봤기 때문이다. 즉 필자는 자문화 중심주
의적 태도를 보이고 있다. ㄹ. ㉣은 야노마모 사람들의 문화
요소들을 연관시켜 이해하고 있으므로 총체론적 관점이라고
볼 수 있다.

바로잡기
ㄱ. 야노마모 사람들이 ㉠처럼 한 이유는 서구의 물질문화에 물
들어서 그런 것이 아니라 다른 사람을 시험하는 그들만의 독특한 방
식이다. 따라서 이를 문화 사대주의의 결과로 볼 수는 없다.

ㄷ. 필자는 야노마모 사람들의 문화를 이해하고 그 문화적 맥락에
따라서 행동했으므로 문화 상대주의라고 보아야 한다.

---

02 현대 사회의 다양한 문화 양상

기초를 다지는 확인 문제   134쪽

01 (1) × (2) × (3) ○ (4) ○ (5) ○ **02** (1) 하위문화
(2) 반문화 (3) 대중문화 (4) 상업성   **03** (1) ㉡ (2) ㉣
(3) ㉢ (4) ㉠

실력을 키우는 실전 문제   135~139쪽

01 ⑤ **02** ② **03** ③ **04** ③ **05** ⑤ **06** ③
07 ③ **08** ⑤ **09** ⑤ **10** ④ **11** ⑤ **12** ④
13 ③ **14** ① **15** ① **16** ① **17** ② **18** ④
19 ④

20 **예시답안** 교통·통신 등의 발달로 문화 교류가 활발해져 문화
적인 경계가 약해졌기 때문이다.

21 (1) 하위문화 (2) **예시답안** 하위문화는 해당 문화를 공유하는
사람들 간의 소속감이나 연대감을 강화해 주고, 전체 문화에 다양성
을 부여하여 문화의 창조와 변화에 기여할 수 있다.

22 **예시답안** 대중문화가 상업성을 추구하고 있기 때문이다.

01 하위문화는 부분 문화로서 전체 문화를 토대로 형성되지만,
동시에 전체 문화와 구별되는 특수성이 나타난다. ① 제시된
것은 하위문화이다. 하위문화는 특정 집단만이 누리는 문화
로, 그들끼리의 공유성과 동질성을 특징으로 한다. ② 하위문
화는 다양한 하위 집단의 욕구를 충족시켜 주는 기능을 한다.
③ 다양한 하위문화는 한 사회의 문화적 다양성 실현에 도움
이 된다. ④ 하위문화는 전체 문화의 토대 위에 있지만, 동시
에 전체 문화와 구별되는 특징이 있다. 예를 들면 노인 문화
도 한국 문화의 토대 위에 있지만, 노인들만 공유하는 고유성
이 존재한다.

바로잡기 ⑤ 주류 문화와 대립적인 성격을 갖고 있는 것은 하위문화
중 반문화이다. 주어진 문화는 반문화의 사례로만 보기 어렵다.

02 제시문에는 청소년 문화가 나타나 있다. ① 청소년 문화는 하
위문화의 하나로서 새로운 것을 추구하고 개방적이라는 특성
을 통해 감각적이고 변화 지향적인 성격을 가지고 있다는 것
을 알 수 있다. ③ 대중문화의 형성에 청소년 문화의 영향이
크다는 것을 통해 전체 문화의 변화를 유도하는 경우도 있다
고 볼 수 있다. ④ 청소년 문화는 청소년들만 공유하는 문화로
서 부분 문화, 즉 하위문화이다. ⑤ 청소년 문화는 하위문화의
하나로서 기성세대의 문화와 구별되는 독자성을 갖고 있다.

바로잡기 ② 청소년 문화가 기성세대 문화와 차이가 있다고 해서 항
상 충돌한다고 볼 만한 근거는 주어진 자료에서 찾을 수 없다.

03 각 지역마다 고유한 문화적 캐릭터나 특징을 갖는 것이 최근
의 지역 개발에서 중시되고 있다. 이는 곧 관광 상품이 되어
경제 성장의 원천이 될 수 있기 때문이다. ①, ② 지역 문화를

활용하여 다양한 경제적 상품을 개발하기 위하여 노력하는 것은 지역 문화의 다원화에 기여한다. ④ 옛날이야기의 연고지 등을 상품화하는 과정에서 전통문화의 발굴, 보존에 긍정적인 역할을 하고 있다고 볼 수 있다. ⑤ 지역 축제와 같은 문화 상품이 지역 경제 성장에 영향을 미친다고 볼 수 있다.

[바로잡기] ③ 지역 문화를 둘러싼 사회적 갈등이 증가하고 있다는 내용은 제시문에 나타나 있지 않다.

04 ㄴ, ㄷ. 세대 간에 서로 다른 문화가 형성되는 이유는 각 세대마다 경험한 문화가 다르기 때문이다. 사회 변동이 빠르면 세대마다 경험의 차이가 크기 때문에 세대 간의 문화적 갈등이 나타나기 쉽다. 이러한 세대 문화는 연령대별로 다르게 형성된 문화이다.

[바로잡기] ㄱ. 할아버지 세대의 문화와 손자 세대의 문화가 각각 다르기 때문에 나타나는 현상이다. 그들끼리의 공유성은 없지만 각각의 세대에서는 공유성이 있다.
ㄹ. 정보 통신 매체의 발달에 따른 교류는 제시된 사례와는 관련이 없다.

05 제시된 자료에는 하위문화의 유형 중 반문화가 나타나 있다. ① 다양한 하위문화는 주류 문화에서 미처 생각하지 못했던 문화의 다양성을 파악할 수 있는 계기를 제공한다. ②, ④ 반문화는 하위문화 중에서도 기존의 문화에 반대한다는 점에서 차이가 있으며, 해당 문화를 가진 사람들 간의 연대 의식은 하위문화에 대한 일반적인 설명으로 볼 수 있다. ③ 반문화는 주류 문화와 구별되는 하위문화에 해당한다.

[바로잡기] ⑤ 테러를 자행하는 무정부주의나 나체 문화를 지지하는 사람들이 인류의 보편적인 가치를 지향한다고 볼 수는 없다.

06 ㄴ. 히피 문화는 반문화이다. 인종 문제, 계층 문제 등에 대해 비판을 했다는 것은 평등을 지향하는 사회 발전의 새로운 방향을 제시한 것이라고 볼 수 있다. ㄷ. 히피 문화는 기존의 지배 문화에 대한 비판을 하면서 등장한 문화이다. 이를 통해 주류 문화가 가지고 있는 모순이나 문제점 등에 대한 관심을 갖게 해 주었다고 볼 수 있다.

[바로잡기] ㄱ. 히피 문화가 특정 지역에서 시작되긴 하였지만, 이는 지역 문화라기보다는 반문화이다. 지역 문화는 지역 주민들이 공유하는 생활 양식을 의미한다.
ㄹ. 한 사회 구성원 대부분이 공유하는 문화는 전체 문화이다. 반문화는 하위문화의 하나이다.

07 (가)는 특정 집단이 공유하는 문화라고 했으므로 하위문화, (나)는 하위문화의 하나이지만 지배적인 문화와 대립되는 문화라고 했으므로 반문화라는 것을 알 수 있다.

08 밑줄 친 문화는 청소년 문화로, 하위문화의 하나에 해당하는 세대 문화에 속한다. 세대 문화는 특정한 연령층이 공유하는 문화로, 공통의 체험을 기반으로 하여 구성원 간 생활 양식이 비슷하다. 이러한 세대 문화를 건전하게 발달시키기 위해서

는 지속적인 의사소통으로 다른 연령층과 공감대를 만드는 노력이 필요하다.

[바로잡기] ㄱ. 세대 문화의 하나인 청소년 문화는 일반적으로 기성세대의 문화에 비판적이고 새로운 것을 추구하는 경향이 있기는 하지만, 항상 다른 연령층의 문화와 충돌하는 것은 아니다.

09 제시문은 한국 문화 안에 다양한 하위문화가 있다는 것을 보여 준다. ① 청소년 문화, 여성 문화, 노인 문화 등 한국 문화 안에는 여러 가지 하위문화가 존재한다. ② 문화는 사회 구성원들이 공유하는 것이다. 그중 일부 사회 구성원만 공유하는 문화를 하위문화라고 한다. ③ 한국 문화라는 공통적 토대, 즉 보편성 위에 다양한 하위문화가 나타난다는 것을 통해 문화의 특수성을 파악할 수 있다. ④ 청소년들의 문화는 기존 문법을 파괴하는 경향이 있다고 했으므로 주류 문화와 함께 이에 저항적 성격을 띠는 문화가 공존한다고 볼 수 있다.

[바로잡기] ⑤ 청소년 세대의 문화는 청소년 시기에 일시적으로 나타나는 것일 가능성이 높다. 청소년 문화가 그들의 성장과 함께 주류 문화가 된다고 판단할 만한 근거를 제시문에서 찾아보기 어렵다.

청소년 문화		만점 공략 노트

의미	청소년 집단이 공유하는 문화
특징	• 기성 문화에 저항적이며 반문화적 성향 • 새로운 것을 추구하며 변화 지향적 경향 • 대중 매체 등의 영향을 받아 충동적이고 모방적 성향 • 빠른 문화 수용

10 (가)는 서적으로 인쇄 매체이고, (나)는 인터넷으로 뉴 미디어에 해당한다. 인쇄 매체는 다른 매체에 비해 복잡하고 심층적인 정보를 담을 수 있다는 장점이 있다. 뉴 미디어는 정보 생산자와 수용자 간에 상호 작용이 활발하게 이루어지고, 정보 수용자가 정보의 생산에도 참여한다는 점에서 쌍방향적 정보 전달이 이루어진다.

[바로잡기] ㄱ. 인터넷과 같은 뉴 미디어가 등장하였다고 해서 인쇄 매체가 소멸되어 가는 것은 아니며, 여전히 신문, 서적과 같은 인쇄 매체는 정보 수용자들이 선호하는 대중 매체이다.
ㄷ. 인쇄 매체는 주로 시각적인 이미지의 정보만을 제공한다. 청각을 통해 정보를 전달하는 것은 곤란하다.

11 자료 분석 노트

A 사회의 지배적인 대중 매체는 다양성 정도가 낮고 정보의 생산이 독점적으로 이루어지며 여론 조작의 가능성이 높은 신문, 텔레비전과 같은 일방향 매체이다.

특성	A 사회	B 사회
대중 매체의 다양성	낮음	높음
정보 생산의 독점성	높음	낮음
대중 매체를 통한 여론 조작의 가능성	높음	낮음

B 사회의 지배적인 대중 매체는 쌍방향 매체임을 알 수 있다.

정보의 생산이 독점적으로 이루어져 대중이 수동적으로 소비하게 될 경우 여론 조작의 가능성이 높아진다. 이는 일방향 매체가 지니는 특징에 해당한다. 일방향 매체는 흔히 텔레비전과 같은 전통적인 매체이며, 양방향 매체는 현대 사회의 뉴 미디어로 대중의 능동성 발휘가 가능하다. 따라서 A 사회는 일방향 매체, B 사회는 양방향 매체가 지배적이다. ㄷ. 정보 수용자의 능동성 발휘는 정보 생산자와 수용자 간에 상호 작용이 원활하게 이루어지는 쌍방향 매체에서 가능하다. ㄹ. 뉴 미디어는 쌍방향 매체의 특성을 지닌다.

바로잡기 ㄱ. 쌍방향 매체는 B 사회에서 발달하였다.
ㄴ. 대중문화의 확산 속도는 일반적으로 일방향 매체에 비해 쌍방향 매체가 빠르다.

12 활자를 통해 정보를 전달하는 매체는 인쇄 매체로 가장 대표적인 것이 신문, 잡지, 서적이다. 인쇄 매체는 다른 매체에 비해 복잡하고 깊이 있는 정보를 전달하는 데 유용하지만 정보를 전달하는 속도는 상대적으로 느린 편이다.

바로잡기 ① ㉠과 ㉡은 모두 인쇄 매체이다.
② 동일한 인쇄 매체이므로 정보 전달의 범위를 비교할 수 없다.
③ 대중에 대한 영향력의 크기를 비교할 수 없다.
⑤ ㉠과 ㉡은 정보 수용자의 능동성보다 수동성이 강하게 나타난다. 정보 수용자의 능동성은 뉴 미디어에서 나타나는 특성이다.

13 ㄱ. (개) 시기는 계층 문화가 존재한다. ㄴ. (내) 시기에는 대중 문화가 등장한다. 계층 간의 문화적 이질성은 (개) 시기에 더 크다. 대중 매체가 뉴 미디어보다 단순하고 일방향성을 띤다. 따라서 (내) 시기는 (대) 시기보다 문화를 통해 대중을 조작하기 수월하다. ㄷ. (내) 시기는 일방향 매체를 통해 특정 집단이 만든 문화가 지배적인데 반해 (대) 시기에는 쌍방향 매체를 통해 개인도 문화를 생산, 확산시키는 것이 가능하기 때문에 문화적 다양성이 실현될 가능성이 더 크다.

바로잡기 ㄹ. (나) 시기보다 (다) 시기에서 문화적 교류가 활발해질 수밖에 없다. 따라서 문화의 생산자와 소비자 간의 경계나 국가 간 문화적 경계는 약화된다.

14 대중문화의 등장 배경은 갑이 말한 대중 매체의 발달, 대중이라는 집단이 형성된 데 기인한다. 또한 을이 말한 것과 관계 있는데, 대중 사회는 정치적으로 보통 선거, 경제적으로 대량 생산, 사회적으로 대중 교육 등이 확산되어 나타났으며 이는 대중문화의 형성과 밀접한 관련을 가지고 있다.

바로잡기 병. 산업화로 인해 사람들의 경제 수준이 향상되었고, 이로 인해 여가 시간이 확대되면서 대중문화가 등장하게 되었다.
정. 과거에는 여가나 오락 등의 문화가 소수 지배 계층이 누리는 문화라는 인식이 있었으나, 오늘날에는 대중들이 문화를 자유롭게 향유할 수 있는 여건이 제공되면서 대중문화가 활성화되었다.

15 대중의 속성 중 타인 지향적인 성격, 타인과 차별화되고 싶지 않은 성격 등이 제시되어 있다. 이와 같은 대중의 속성은 모든 구성원이 동일한 문화를 누리게 되는 문화의 획일화를 가져올 수 있다. 타인들과 유사한 문화, 동질적인 문화를 수용할 가능성이 높기 때문이다.

바로잡기 ② 타인 지향적인 속성이 정치적 우매화와 아주 동떨어진 것이라고 볼 수는 없지만, 직접적인 결과를 초래한다고 보기는 어렵다.
③ 타인 지향적인 속성이 일시적인 문화 형성을 가져온다고 보기는 어렵다. 일시적인지 여부를 판단할 만한 근거가 없다.
④ 타인 지향적 속성이 계층 간의 문화적 동질성을 가져오게 될 가능성은 높지만, 갈등을 심화시킬 가능성이 높다고 보기는 어렵다.
⑤ 타인 지향적 속성은 오히려 개성적인 문화를 파괴하고 동질적, 획일적인 문화를 양산시키는 경향이 있다.

16 대중문화가 상업적 의도, 즉 이윤 창출의 수단으로 이용되고 있다. 이는 대중문화가 도구화된 것이다. 시청률 경쟁이 저속한 프로그램을 양산하고 있는데 이는 과도한 상업성에 빠져 있기 때문이다.

바로잡기 ㄷ. 대중문화는 대중이 알아야 할 것보다 알고 싶어 하는 것을 보여 주는 경향이 있고, 기업은 자신들이 저속한 프로그램을 만드는 이유를 대중의 취향을 반영하기 때문이라고 주장한다. 따라서 대중의 취향을 반영하지 않은 것을 제시문에 나타난 문제점이라고 보기는 어렵다.
ㄹ. 대중 매체의 역기능 중 하나는 대중을 대중문화의 객체로 전락시키는 것이다.

대중문화의 기능	만점 공략 노트

순기능	역기능
• 정보를 신속하게 전달 • 과거 특정 계층만 누리던 문화를 누구나 쉽게 향유 • 사회 통합과 민주화에 기여 • 개인적·사회적 긴장 해소와 오락 제공	• 문화의 상업화로 저질 문화 양산 가능 • 획일화된 문화로 개성과 주체성 상실 • 정치권력이 대중 조작 수단으로 이용

17 뉴스가 선정성과 오락성을 중심으로 변화되는 이유는 시청률을 높여 광고 수익을 더 많이 창출하기 위해서이다. 즉, 대중 문화도 특정 기업의 이윤 추구 수단이 되고 있기 때문이다.

바로잡기 ① 문화의 민주화란 특정 문화에 대한 장벽이 사라지고, 누구나 문화를 즐길 수 있게 되었다는 의미로 많이 사용된다.
③ 특정 엘리트 집단이 문화를 만들기 때문에 문화가 상업성을 추구하는 것이 아니라, 기업의 속성이 대중 매체를 소유한 기업에서도 나타나기 때문이다.
④ 대중 매체가 일방향성을 가지고 있기 때문에 뉴스가 선정성과 오락성을 중심으로 변화된다고 보기 어렵다.
⑤ 실제로 대중은 선정적이고 오락성이 강한 뉴스를 좋아하는 경향이 있고, 대중 매체를 소유한 기업은 이를 이용하고, 더 심화시키는 것이다.

18 ㉠에 들어갈 개념은 대중 조작이다. ① 대중 조작은 정치권력뿐만 아니라 거대 자본에 의해 이루어지기도 한다. ② 대중 조작은 대중 매체를 장악하여 획일화된 정보만 지속적으로

주입하면 쉽게 할 수 있다. ③ 정치권력이 하는 대중 조작의 목표는 이데올로기를 주입하여 자신의 편으로 끌어들이거나 탈정치화 현상을 유도하여 안정적으로 자신들의 정권을 유지하는 것이다. ⑤ 대중이 합리적이고 이성적인 판단을 할 경우, 대중 조작은 어려워질 수 있다. 따라서 이성보다는 감성적인 접근을 하는 것이 대중 조작에는 더 효과적이다.

바로잡기 ④ 대중은 대중 매체에서 나오는 정보를 비판적으로 수용함으로써 대중 조작에서 벗어날 수 있다.

19 대중문화에 따라 그 사회 구성원들이 갖는 가치관이 달라졌다는 것을 알 수 있다. 이를 통해 대중문화가 대중들을 사회화시키는 데 영향을 미친다는 것을 알 수 있다.

바로잡기 ① 일반적으로 대중문화는 소비를 자극·촉진하는 경향이 있지만 제시된 대화는 이와 관련이 없다.
② 대중문화는 대중이 누리는 것이기는 하지만 대중이 만드는 것이라는 내용을 제시된 대화에서 판단하기는 어렵다.
③ 대중문화가 사회적 가치로부터 자유롭다고 보기는 어렵다. 제시된 대화에서는 오히려 사회적 가치를 반영한다고 볼 수 있다.
⑤ 대중문화는 기존에 상류층만 누리던 계층 문화를 대중들도 누릴 수 있게 해 주었다. 하지만 제시된 대화와는 관련이 없다.

20 이렇게 쓰면 만점 교통·통신 발달로 문화 교류가 활발해져 문화의 경계가 약해진 원인, 양상, 결과를 모두 서술하면 만점이다.

21 이렇게 쓰면 감점 (2) 하위문화의 순기능이 아니라 역기능을 서술하면 감점이다.

22 이렇게 쓰면 만점 대중문화가 상업성을 추구하기 때문이라고 서술하면 만점이다.

등급을 올리는 고난도 문제 140~141 쪽

01 ②   02 ④   03 ③   04 ①

01 전체 문화, 하위문화, 대항문화 [자료 분석 노트]

㉠ 하위문화(sub culture)와 ㉡ 전체 문화 사이의 기능적 관계는 대개의 경우 상호 보완적이다. 즉, 하위문화는 그 독자성을 통해 지배적인 문화 구조를 보완하고, 이의 유지·존속에 공헌하는 경우가 많다. 그러나 지배적 문화에 대립·저항하는 ㉢ 대항문화(counter culture)로서의 작용을 하는 경우도 있다. 즉, 하위문화의 독자성이 강하여 그 내용이 지배적 문화에 대하여 비판적·적대적이며, 더욱이 그것이 사회에서 어느 정도의 영
└ 대항문화는 지배적 문화에 대립·저항하는 문화이다.
향력을 가지게 될 때에는 대항문화로서 작용하고, 지배적 문화 구조의 동요와 변동을 유도함으로써 새로운 문화 형성의 계기가 되기도 한다.

반문화는 기존의 주류 문화에 동조하기를 거부하고 사회 질서에 순응하지 않는 모습을 보이는 경향이 있어, 사회 통합에 기여하는 측면이 강하다고 볼 수 없다.

바로잡기 ① 전체 문화는 한 사회 구성원들 대부분이 공유하는 문화이다.
③ ㉢은 지배적인 문화에 정면으로 반대하며 대립하는 문화이므로, 지배 집단에 의해 일탈 문화로 규정되기도 한다.
④ 하위문화는 소속된 사회의 결속력을 강화해 주기도 하며, 전체 문화의 획일성을 방지하여 문화의 다양성과 역동성을 높이는 데 기여한다.
⑤ 비행 청소년 집단 문화, 성적 소수자 문화는 반문화의 성격을 띠는 하위문화에 해당한다.

02 대중 매체를 바라보는 이론 [자료 분석 노트]

• 탄환 이론은 대중 매체의 메시지가 목표물을 정확하게 맞혀 쓰러뜨리는 탄환처럼 수용자인 대중에게 직접적이고 강력한 효과를 갖는다고 본다. 예를 들어 대중 매체를 통한 히틀러의 선동에 대중들이 열광적으로 넘어간 것을 들 수 있다.
└ 대중이 대중 매체의 정보를 무비판적으로 받아들인 사례이다.
• 모방 이론은 대중 매체가 수용자, 특히 어린이나 청소년들로 하여금 본받고 싶어 하는 욕망을 갖도록 한다고 본다. 예를 들어 청소년이 유명 연예인의 말투나 행동, 복장을 따라 하며 자신의 정체성을 찾으려 하는 것을 들 수 있다.
└ 대중 매체의 정보를 일방적으로 수용하는 경향이 나타난다.

대중이 대중 매체의 정보를 일방적으로 수용한다고 보기 때문에 탄환 이론이나 모방 이론이 가능하다. 이는 대중이 수동적이고 무비판적이라는 것을 보여 준다.

바로잡기 ① 대중은 소비 지향적이다. 이런 특징을 대중 매체가 활용하여 광고 효과를 높이기도 한다. 제시문에서 모방 이론의 경우에는 직접 관련이 있지만, 탄환 이론과는 직접적인 관련성이 떨어진다.
②, ⑤ 대중은 스스로는 개성을 중시한다고 생각하지만 실제로는 매체를 통해서 나오는 유행 등을 모방하기 때문에 차별화된 개성을 실현하는 것이 아니라 획일화되고 있다.
③ 대중이 즉흥적이고 충동적이라는 내용을 파악하기는 어렵다.

03 대중 매체의 성격 [자료 분석 노트]

자본주의 사회에서 미디어 산업은 대중 매체를 통하여 대중문화를 생산함으로써 이윤을 남겨야 하는 하나의 산업이다. 이
└ 대중문화에서 상업성이 나타나는 이유가 서술되어 있다.
들에게는 대중문화를 생산하는 데 필요한 재원을 조달하고 이윤을 획득할 수 있는 수단인 시청료나 구독료, 광고 등이 매우 중요하다. 미디어 산업은 일반 기업과는 구별되는 문화적 성격도 띠는데, 여기에서 문화는 오락의 성격과 이데올로기의 성격을 동시에 지닌다. …… 민주주의 사회에서 대중 매체는
└ 대중 조작의 수단으로 활용될 수 있다는 것을 말하고 있다.
단순히 지배 세력의 힘에 의해서만 영향을 받는 것이 아니라 제한적이지만 공적인 기구로서의 규범적 힘도 작용한다.
└ 대중 매체는 통치 도구나 이윤 추구의 수단으로 활용될 수도 있지만, 동시에 민주주의의 발전에 기여하는 공적인 기구로서의 역할도 한다는 것을 밝히고 있다.

ㄱ. 대중 매체를 통해 생산되는 대중문화는 지배 이데올로기의 성격을 갖는다고 설명하고 있다. 이는 대중 조작의 수단으로 활용되어 지배 집단의 이익에 충실할 수 있다는 것을 보여 준다. ㄴ. 대중 매체는 미디어 산업의 하나로서 사적 이윤 추구를 하지만, 동시에 민주주의 사회에 공헌하는 공공성의 추구라는 두 가지 면을 모두 가지고 있다고 설명하고 있다. ㄷ. 대중 매체는 사회적 모순이나 갈등 없이 지배 이데올로기를 전파하는 것이 아니며, 공적인 기구로서의 규범적 힘도 작용한다고 설명하고 있다. 이를 통해 정치권력에 대한 감시와 비판을 통해 민주주의 발전에 기여할 수 있다는 것을 알 수 있다.

바로잡기 ㄹ. 대중 매체가 전달하는 정보는 대개 여러 제작자를 통해 확인되고 취사선택 및 가공 과정을 거쳐 만들어지므로 정보 수용자인 대중에게 가공된 정보를 제공한다.

04 대중문화의 문제점

자료 분석 노트

정치적 불만을 억제하는 데 대중문화를 활용한 것이다.

백성들은 즐겁게 해 주면 정치에 불평이 없어진다. 매일 검투 경기를 벌이도록 하여라.

황제가 검투 경기를 벌이도록 한 이유는 정치적 불만을 억제하기 위해서이다. 따라서 대중문화를 통해 대중의 탈정치화 현상, 즉 정치에 관심을 갖지 않고 정치에서 벗어나게 하는 목적을 달성하고자 한다는 것을 알 수 있다.

바로잡기 ② 대중문화는 인간의 개성과 주체성을 상실하게 하고, 인간을 도구화하는 인간 소외 현상을 유발할 수 있다. 하지만 제시된 사례와는 관계없다.
③, ④ 대중문화는 상업적 이윤 달성에만 매달릴 경우 선정적인 저질 문화를 양산할 수 있다. 하지만 이 역시 제시된 사례와는 관계없다.
⑤ 대중이 검투 경기를 즐기게 하는 목적이 대중의 생활 양식을 획일화시키기 위해서라고 보기는 어렵다. 대중이 하나의 스포츠에 몰입하게 될 경우 획일화된다고 볼 수는 있지만, 이를 통해 생활 양식이 획일화된다고 일반화하기는 어렵다.

03 문화 변동의 이해

146쪽
기초를 다지는 확인 문제

01 (1) × (2) ○ (3) ○ (4) ○ (5) ×　　02 (1) 발명, 발견
(2) 내재적 (3) 문화 동화 (4) 문화 지체 (5) 정체성　03 (1) ⓒ
(2) ㉠ (3) ㉡

147~151쪽
실력을 키우는 실전 문제

01 ④	02 ⑤	03 ⑤	04 ②	05 ①	06 ⑤
07 ⑤	08 ②	09 ⑤	10 ⑤	11 ①	12 ④
13 ②	14 ⑤	15 ②	16 ②	17 ⑤	18 ①

19 예시답안 문화 융합 사례에 해당한다. 문화 융합은 한 사회에서 다른 사회로 문화 요소가 전파될 때, 선택적인 수용, 재해석과 절충 등을 통해 어느 문화에도 속하지 않는 제3의 문화가 생기는 현상을 가리킨다.
20 (1) 문화 지체 현상 (2) 예시답안 문화 지체 현상이란 물질문화의 변동 속도를 그와 관련된 비물질문화가 따라가지 못해 그 두 문화 요소 간의 괴리로 인해 발생하는 부조화 현상을 의미한다.
21 (1) 강제적 문화 접변 (2) 예시답안 강제적 문화 접변이 시도될 경우 문화 수용자는 외래문화에 대해 저항하거나 과거의 문화로 되돌아가려는 복고 운동을 벌일 수 있다.

01 (가)는 외래문화인 서양식 음식 문화와 전통 음식 문화가 공존하고 있는 것을 보여 준다. (나)는 서로 다른 문화 요소 간의 접촉으로 새로운 문화 요소가 등장한 것으로서 문화 융합의 사례에 해당한다. (다)는 외래문화 요소에 의해 토착 언어가 사라진 것이므로 문화 동화로 볼 수 있다. ㄴ. (가)에서 서양식 음식 문화와 한국식 음식 문화가 공존하는 것은 문화 공존으로 볼 수 있고, (나)에서 라이스버거는 문화 융합의 산물로 볼 수 있다. ㄹ. (가) 문화 공존, (나) 문화 융합, (다) 문화 동화는 모두 문화 접변의 하위 개념이다.

바로잡기 ㄱ. (가)와 (나)의 문화 접변에서 문화 수용자가 어떤 태도나 입장을 취했는지 제시된 사례로는 알 수 없다.
ㄷ. 문화 접변은 문화 변동의 요인이 외부에 있다.

02 강화도 성당은 서양의 건축 양식과 우리의 전통 건축 양식이 결합된 새로운 건축 양식이다. 따라서 문화 융합의 산물로 볼 수 있다. 서양식 건축 문화가 우리 사회로 전파되었기 때문에 문화 융합이 가능한 것이다.

바로잡기 ㄱ, ㄴ. 제시문은 문화 융합의 사례로서 문화 동화나 문화 공존의 사례로 볼 만한 근거는 없다.

03 제시문은 문화 지체 현상을 보여 준다. 문화 지체는 물질문화와 비물질문화 간의 부조화 현상으로 발생하는 것이다. 부조화란 윤리 규범과 같은 비물질문화가 과학 기술과 같은 물질문화의 발전 속도를 따라오지 못해서 발생하는 것이다.

바로잡기 ㄱ. 문화 지체가 문화 정체성을 약화시킨다고 보기는 어렵다.

ㄴ. 문화 지체는 세대 간의 문화적 차이에 따른 갈등으로 인해 발생하는 것이 아니다.

04 제시된 사례는 강제적 문화 접변에 해당한다. 유럽인 신부의 입장에서 자문화를 중심으로 문화 동화를 유도함으로써 사회적인 혼란 등을 유발하였다. 이는 상대주의적 태도로 타 문화를 이해하지 않았기 때문에 발생한 문제이다.

바로잡기 ② 문화 융합은 서로 다른 두 문화 체계 간의 접촉으로 새로운 문화 요소를 만들어 내는 것이다. 제시된 사례는 문화 동화를 강요한 것으로서 문화 융합으로 보기 어렵다.

05 체로키 문자는 체로키족이 백인의 문자로부터 아이디어를 얻어 발명한 것이라고 했으므로 자극 전파의 사례로 볼 수 있다.

06 ㄴ. 특정 문화가 타 문화를 파괴하고 자신들의 문화만을 확산시키는 행위는 자칫 문화의 획일화를 초래할 수 있다. ㄷ. 강제적 문화 접변이 이루어질 경우에는 문화 수용자와 문화 이식자 간의 갈등이 발생할 수 있다. ㄹ. 강제적 문화 접변을 당하는 입장에서는 이에 대한 저항 운동이나 다시 과거로 되돌아가 문화적 정체성을 회복하고자 하는 복고 운동을 일으키기도 한다.

바로잡기 ㄱ. 문화는 상대성을 가지고 있는 것으로서 어떤 문화가 더 우월하다고 할 수 없기 때문에 문화의 근대화가 이루어졌다고 보기 어렵다.

07

인도에서 탄생한 종교인 불교는 정작 인도에서는 보편적인 종
└ 문화 변동의 내재적 요인 중 하나인 발명이 나타난다.
교로 자리 잡지 못했다. 하지만 중국으로 넘어와 사회 전반에
큰 영향을 미쳤다. 이후 중국의 승려에 의해 우리나라에 전래
된 불교는 우리의 토속 신앙과 결합하여 칠성신을 모시는 칠성
└ 승려를 통한 직접적 접촉에 따른 문화 변동이므로 문화 변동의 외재적 요인
중 하나인 직접 전파가 나타난다. 이러한 직접 전파는 문화 전파의 하나이다.
각이 절에 세워지는 등 매우 독특한 불교문화를 형성하였다.
└ 외래문화와 토착 문화의 상호 작용 결과로 제3의 문화가 만들어졌으므
로 문화 접변의 결과 중 문화 융합이 나타난다.

불교가 인도에서 발명된 것이고, 우리나라로 문화 전파가 되었으며, 승려를 통해 직접 전파된 것임을 알 수 있다. 또한 우리나라에서 전통 종교와 만나며 새로운 문화적 산물인 칠성각이 만들어졌다는 것을 통해 문화 융합을 알 수 있다.

바로잡기 ⑤ 문화 동화를 설명할 수 있는 사례는 제시문에서 찾을 수 없다.

08 ㄱ. 절의 산신각은 우리나라에 전파된 문화 요소인 불교와 기존의 문화 요소인 무속 신앙이 결합해서 형성된 문화 요소에 해당하므로 문화 융합 사례로 볼 수 있다. ㄹ. 당시 불교는 구성원들 간의 직접적인 접촉 과정에서 전달되었을 것임을 추론할 수 있으므로 직접 전파에 해당한다.

바로잡기 ㄴ. 기존에는 없었던 제3의 문화 요소인 산신각이 생겼으므로 발명은 도출할 수 있지만 발견은 찾아볼 수 없다.

ㄷ. 불교가 무속 신앙으로 변하게 되면 문화 동화 현상에 해당하는데, 절이라고 하는 불교 고유의 문화가 존재하므로 문화 동화로 볼 수 없다.

09 당시 일본은 무력으로 단발령과 같은 그들의 문화 요소를 조선에 강제적으로 전파시켰기 때문에 제시문에 나타난 문화 변동은 강제적 문화 접변임을 알 수 있다. 강제적 문화 접변은 해당 사회로부터 저항을 불러일으키는 경우가 대부분이기 때문에 최익현의 의병 운동과 같이 조선 사회 내부의 저항에 부딪히게 되었다. 우리 조상들은 상소, 의병 운동, 만민 공동회, 국채 보상 운동 등 다양한 형태의 저항 운동을 전개함으로써 강제적 문화 접변에 대항하였다.

10 ⑴는 한국 문화와 중국 문화의 서로 다른 두 문화 요소가 중국 내에 나란히 존재하고 있으므로 문화 공존에 해당한다. ⑵는 아프리카의 많은 문화가 전파된 서양 문화에 의해 흡수되어 정체성을 상실했으므로 문화 동화에 해당한다. ⑶는 나바호 인디언 문화와 에스파냐 문화가 결합하여 이전에는 없었던 새로운 문화 요소가 형성되었으므로 문화 융합에 해당한다.

11 백인 문화와 기존 원주민들의 문화가 접촉해서 발생한 문화 변동이므로 문화 접변에 해당하고, 원주민들에게 강제로 옷을 입게 했으므로 강제적 문화 접변이며, 비록 강제적이었지만 원주민들에게 적합하여 오늘날 세계적인 옷이 되었으므로 성공적인 문화 접변 사례로 볼 수 있다.

바로잡기 ② 강제적으로 옷을 입혔으므로 자발적으로 볼 수 없다.
③ 전파와 발명이 동시에 발생하는 것은 자극 전파에 해당하는 설명이다.
④ 서로 다른 문화가 나란히 존재하는 문화 공존과는 거리가 멀다.
⑤ 내재적 변동은 발명, 발견에 의한 문화 변동이므로 옳지 않다.

12 제시된 사례는 물질문화인 카메라의 발달 속도를 비물질문화인 사람들의 의식이 쫓아가지 못해 나온 부작용 현상을 보여 주고 있다. 일반적으로 의식주나 기술 등의 물질문화는 빠르게 변동하는 데 비해, 제도나 규범, 가치관과 같은 비물질문화의 영역은 상대적으로 변화 속도가 느릴 뿐 아니라 외부에서 들어오는 것은 쉽게 받아들이지 못한다. 이와 같이 물질문화의 변동 속도와 비물질문화의 변동 속도의 차이에서 나타나는 부조화 현상을 문화 지체라고 한다.

바로잡기 ①, ②, ③, ⑤ 제시된 자료와는 관련이 없다.

13 A~C는 모두 문화 접변의 결과로 나타난 문화 변동 양상이다. 그중 A는 문화 공존, B는 문화 동화, C는 문화 융합에 해당한다. ② 우리나라 일제 강점기의 일본식 성명 강요와 같이 제국주의 국가의 식민 정책은 식민지의 문화를 자국에 동화시키는 것을 목적으로 하는 것이 일반적이었다.

바로잡기 ① 자극 전파 사례에 해당한다.
③ 2차 발명 사례에 해당한다.
④ 문화 공존은 다양한 문화 요소의 이해와 수용을 바탕으로 하므로 틀린 진술이다.

⑤ A~C 모두 문화 접변 양상이므로 외재적 변동에 해당한다.

14 두 사례 모두 외래문화 요소와 기존의 문화 요소가 결합하여 이전에는 없었던 제3의 문화 요소가 형성된 문화 융합 현상이 나타나 있다.

바로잡기 ① 문화 융합은 서로 다른 두 사회가 장기간에 걸쳐 전면적인 접촉을 하여 변동이 일어나는 문화 접변의 결과이다.
② 문화 융합은 기존의 고유한 성질을 유지하면서 새로운 문화 요소가 형성된 경우이다.
③ 문화 동화에 해당한다.
④ 문화 공존에 해당한다.

15 이태리타월이 발명되어 우리 문화와 일본 문화에까지 변동을 가져왔다. 우리 때밀이 문화가 일본에 확산된 것은 일본 관광객에 의해서이다. 따라서 이는 직접 전파로 볼 수 있다.

바로잡기 ㄴ. 간접 전파는 매체를 통해 문화가 전파되는 것인데, 제시문에서는 간접 전파를 찾아볼 수 없다.
ㄹ. 문화 동화는 한 사회의 문화가 다른 사회의 문화 체계에 흡수되어 정체성을 상실하는 것인데, 제시문에서는 찾아보기 어렵다.

문화 전파의 종류		만점 공략 노트
직접 전파	문화 요소를 제공하는 사회와 그것을 수용하는 사회 간에 나타나는 구성원의 직접적인 접촉 과정에서 문화 요소 제공자 혹은 문화 요소 수용자에 의해 문화 요소가 전달되는 현상	
간접 전파	문화 요소를 제공하는 사회와 그것을 수용하는 사회 간에 나타나는 구성원들 간의 직접적인 접촉이 아닌 매개체를 통해 문화 요소가 전달되는 현상	
자극 전파	서로 다른 문화 체계 간에 문화 요소의 구체적인 내용이 아니라 문화 요소와 관련된 추상적인 개념이나 아이디어만 전파되어 새로운 문화 요소의 등장을 자극하는 현상	

16 ① 국수는 물질문화이며, 유학 간 승려들에 의한 전파는 직접 전파에 해당한다. ③ 국수의 수용은 자발적으로 이루어졌다. ④ 생선 국수는 생선과 국수가 결합되었다는 점에서, 문화 융합의 사례이다. ⑤ 국수가 전국적으로 나타난 것은 문화의 보편성, 모양과 맛 및 국수가 만들어진 사연 등이 지역마다 다른 것은 문화의 특수성을 보여 준다.

바로잡기 ② 문화 개혁이라 함은 비교적 단기간에 걸쳐 인위적인 노력에 의해 나타나는 급속한 문화 변동으로, 갑오개혁과 같은 것을 그 예로 들 수 있다. 인위적인 노력의 결과 국수가 정착된 것은 문화 개혁이 아니다.

17 외래문화와 전통문화가 결합하여 새로운 문화 요소가 등장하고 있다. 문화 요소들 간의 결합으로 새로운 문화 요소가 만들어지는 것은 문화가 끊임없이 새로운 방식을 시도하며 변화하고 있다는 것을 보여 준다. 문화 융합의 산물을 보면 자문화와 타 문화 간의 영역 구분이 쉽지 않다는 것을 알 수 있다. 외래문화가 들어와서 문화 융합이 발생하는 것은 세계화로 인해 문화의 교류가 늘어나면서 나타나는 현상이다.

바로잡기 ⑤ 기존에 없던 새로운 문화 요소가 나타난다고 해서 이를 문화적 정체성이 훼손된다고 단언하기는 어려우며, 오히려 다양한 문화 발전의 토대가 될 수 있다.

18 제시문은 전통 규범은 붕괴됐으나 새로운 규범으로 대체하지 못해 사람들이 가치관의 혼란을 겪으면서 발생하는 문제이다. 이는 아노미 현상으로 설명할 수 있다.

바로잡기 ① 문화 지체는 물질문화의 변동 속도를 비물질문화가 따라가지 못해 발생하는 문제이다.

19 이렇게 쓰면 **만점** 서로 다른 문화 요소가 결합하여 기존 문화 요소와 다른 성격을 지닌 제3의 문화가 형성되었다고 서술해도 좋다.

20 이렇게 쓰면 **만점** (2) 문화 지체 현상의 의미를 물질문화와 비물질문화의 개념을 이용하여 변동 속도가 다르다는 점을 들어 정확히 서술하면 만점이다.

21 이렇게 쓰면 **만점** (2) 강제적 문화 접변이 시도되면 문화 수용자는 저항하거나 복고 운동을 벌인다는 내용을 서술하면 만점이다.

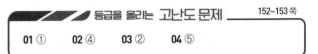

등급을 올리는 **고난도 문제** ___ 152~153쪽

01 ①　　**02** ④　　**03** ②　　**04** ⑤

01 문화 변동　　　　　　　　　　**자료 분석 노트**

⊙ 중국과의 접촉을 통해 우리나라에 한자가 전래된 것은 대략
└ 비물질문화의 직접 전파에 해당한다.
기원전 2세기경으로 추정된다. 이후 ⓒ 우리나라에서는 한자의 음과 훈을 빌려 표기하는 이두를 만들어 사용했지만 불편함
└ 자극 전파에 해당한다.
이 있었다. 조선 시대에 이르러 세종대왕이 우리말에 맞는 ⓒ 한글을 창제하여 비로소 우리 고유의 글자를 사용하게 되었
└ 발명에 해당한다.
다. ② 한글은 한때 사대부 등에 의해 경시되기도 했지만 오늘
└ 문화 사대주의에 따라 나타난 현상이다.
날 여러 나라에서 가르칠 정도로 그 위상이 높아졌다. 특히 최근에는 한류의 인기에 힘입어 ⓜ 동남아 지역에서 한국어 교육수요가 증가하고 있다.
└ 자발적 문화 접변에 해당한다.

① 중국과의 접촉으로 우리나라에 한자가 전래된 것은 비물질문화인 한자가 직접 전파, 즉 사람이 다른 문화와 직접 접촉하여 전파가 이루어진 사례에 해당한다.

바로잡기 ② ⓒ은 자극 전파에 해당하는 사례이다. 미국의 지배를 받은 필리핀에서 영어와 타갈로그어를 같이 사용하는 것은 문화 변동의 양상인 문화 공존의 사례이다. 그리고 미국의 지배를 받았다는 것을 통해 문화 변동의 요인 중 직접 전파에 해당함을 알 수 있다.
③ ⓒ은 발명으로 내재적 요인에 의한 문화 변동이다.

④ ㉣은 아노미 현상에 따른 문제점이 아니라 사대부가 문화 사대주의적 태도를 가지고 있었기 때문에 한글을 경시하였다.

⑤ ㉤은 강제적 문화 접변이 아니라 자발적 문화 접변에 해당한다.

02 문화 접변의 결과

자료 분석 노트

* ▨, ▨, ▨는 문화 요소이다.

A : (가) 지역의 문화가 (나) 지역으로 전파되어 기존의 (가), (나) 문화와는 완전히 다른 문화가 형성되었다. 이는 문화 융합으로 설명할 수 있다.

B : (가) 지역의 문화와 (나) 지역의 문화가 절반씩 자리 잡고 있다. 이는 기존의 (나) 지역 문화에서 변화가 나타나 두 문화가 나름대로의 고유성을 가지고 한 사회에서 공존하는 것이므로 문화 공존으로 설명할 수 있다.

C : (가) 지역의 문화가 (나) 지역으로 들어와 (나) 지역의 문화는 완전히 사라지고 (가) 지역의 문화만 남았다. 이는 문화 동화로 설명할 수 있다.

A는 문화 융합, B는 문화 공존, C는 문화 동화이다. 문화 융합은 서로 다른 두 개의 문화가 만나 제3의 새로운 문화가 창조되므로, 서로 다른 문화가 만나 어느 한쪽이 다른 쪽에 흡수되는 문화 동화보다 문화의 다양성이 증진된다.

바로잡기 ① 자기 문화의 정체성을 상실하는 문화 변동의 양상은 문화 동화이다. 따라서 C에 해당한다.

② 문화 동화라고 해서 항상 동화되는 쪽의 반발과 저항을 수반하는 것은 아니다.

③ 식민 통치하에서는 강압적으로 문화 동화를 유도하는 경우가 많다. 따라서 C에 해당한다.

⑤ 두 문화 요소가 공존하는 문화 공존 역시 문화 변동의 양상 중 하나이다.

03 문화 변동의 요인 및 양상

자료 분석 노트

일본의 야키니쿠(燒肉)는 재일 교포가 만들어 일본 사회가 키운 음식이다. 야키니쿠의 시작은 제2차 세계 대전 후였다. 한 _{└ 직접 전파를 보여 준다.}
국에 살다가 일본으로 건너간 재일 한국인들이 일본인들이 먹지 않던 내장을 구워 팔기 시작했고 이후 1950년대에 고기 소비가 늘고 소의 다른 부위까지 팔면서 고기구이 식당인 야키니쿠 레스토랑은 1960년대에서 1980년대까지 전국적으로 퍼졌다. 애초에는 연기가 자욱하고 기름기에 절어 있는 이미지 때문에 중년 남자들이 술 마시러 가는 곳이었지만 연기를 빨아들이는 장치가 개발되고 1970년대 외식 산업이 발달하면서 대중화됐다. 지금은 내장 외에도 갈비, 등심 등 쇠고기뿐만 아니라 삼겹살까지 자리를 잡았다. <u>현재 일본 사회의 야키니쿠 레스토랑은 한국의 고기 식당과 달리 매우 다양한 메뉴를 개발하여 일본의 문화로 자리를 잡았다.</u>
_{└ 문화 융합을 보여 준다.}

ㄱ. 재일 한국인에 의해 일본에서 기존에는 없었던 음식 문화가 등장하였다. 따라서 직접 전파에 의해 일어난 문화 접변이

라고 할 수 있다. ㄷ. 야키니쿠 레스토랑은 한국의 음식 문화와 일본의 음식 문화가 만나 나타난 문화 융합이므로 문화 접변의 산물이라고 할 수 있다.

바로잡기 ㄴ. 야키니쿠 레스토랑을 일본 문화라고 하지 못할 근거는 없다. 하지만 전통문화가 원형 그대로 유지된 것은 아니므로 문화의 정체성이 전통문화의 원형을 유지할 때 형성된다고 볼 수 없다.

ㄹ. 일본 사회에서 한국 문화와 일본 문화가 독창성을 가지고 공존하고 있는지는 제시문에 나타나지 않는다. 한국 문화의 영향으로 일본의 음식 문화에 나타난 변화 양상만을 다루고 있기 때문이다.

04 문화 변동의 문제점

자료 분석 노트

인터넷상에서 일어나는 댓글 싸움은 기본적으로 상대방이 무슨 말을 하고 있는지를 이해하지 못하는 데서 비롯된 것이고, 나아가 '화면 너머에 있어 보이지 않는 사람'이라는 전제에서 발생하는 '상대방 무시'에서 비롯된다고 할 수 있다. 과거에는 주로 전문적인 분야에서 이런 댓글 싸움이 많았지만 요즘은 일상의 아주 사소한 일들에까지 그 싸움이 확산되고 있다. 웹 서핑을 하다가 들른 몇몇 블로그에서 벌어지고 있는 상호 비방과 <u>상대방을 거침없이 깎아내리는 모습을 보면서 문화의 발전을 사람의 정신 발전이 못 쫓아가는 것 같아 안타깝기만 하다.</u>
_{└ 물질문화의 변동 속도가 비물질문화의 변동 속도보다 빨라서
나타나는 문화 지체 현상이다.}

제시문의 마지막 문장을 통해 필자는 문화 지체 현상에 따른 폐해를 걱정하고 있음을 알 수 있다. 문화 지체는 물질문화의 변동 속도가 비물질문화의 변동 속도보다 빨라서 나타나는 현상을 말하며, 문화 지체 현상은 사회적 긴장을 유발하여 사회 문제가 될 수 있다.

바로잡기 ① 강제적인 외부 압력에 의해 문화 요소의 변동이 이루어지는 강제적 문화 접변 내용은 도출할 수 없다.

②, ③, ④ 문화 변동의 주요 원인, 정체성 유지 방안, 문화 공급자의 자세 모두 제시문과는 관련 없다.

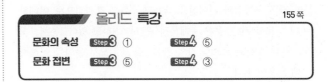

문화의 속성

Step 3 우리나라 사람이라면 시험 보기 전에 주는 엿과 떡이 합격을 기원한다는 의미를 가지고 있음을 알고 있다. 이러한 사례는 문화의 공유성과 관련 있다.

바로잡기 ② 문화의 축적성에 관한 설명이다.

③ 문화의 총체성(전체성)에 관한 설명이다.

④, ⑤ 문화의 변동성에 관한 설명이다.

Step 4 인터넷의 발달이 거래 형태, 소식 전달, 근무 형태 등에 변화를 주었다는 것을 통해 변동성을 도출할 수 있고, 인터넷의 발달로 인해 여러 문화 요소가 연쇄적으로 변화한 것을 통해 문화의

총체성을 도출할 수 있다.

바로잡기 ① 문화의 변동성을 부정하는 것이므로 틀린 진술이다.
② 문화의 학습성에 해당하는 사례이다.
③ 비물질문화의 변화가 물질문화의 변화를 초래할 수 있어 틀린 진술이다.
④ 문화의 공유성으로 보아야 한다.

문화 접변

Step3 양국 간 문화 교류로 인해 갑국에서 나타난 변동은 음식 문화에서의 문화 융합 현상이다. 반면 을국에서는 음식 문화에서 문화 병존 현상이 나타났다.

바로잡기 ② 새로운 문화 요소의 발견에 대한 자료는 주어져 있지 않다.
③ 자극 전파는 전파와 발명의 복합인데, 자료에는 나타나 있지 않다.
④ 물질문화와 비물질문화 간의 변동 속도 차이에 기인하는 문화 지체 현상은 자료에 나타나 있지 않다.

Step4 C국 이민자 집단은 A국의 문화에 동화되어 그들만의 독특한 생활 양식을 갖고 있지 않다. 따라서 C국 이민자 집단의 문화는 A국의 하위문화가 아니다.

바로잡기 ① A국 국민들은 자문화에 대한 자부심이 있었기 때문에 이민자 집단의 문화에 동화되지 않고 자신들의 고유한 문화를 지켜 냈다.
② B국 이민자 집단에서는 B국의 문화 요소와 A국의 문화 요소가 공존하고 있다.
④ C국 이민자들은 원래의 A국 국민들에 비해 자문화에 대한 정체성이 약하여 A국 문화에 동화되었다.
⑤ B국 이민자 집단의 문화에 B국의 문화 요소와 C국의 문화 요소가 결합하여 문화 융합이 나타난 것을 통해 B국 이민자 집단과 C국 이민자 집단 사이에 문화 접변이 발생하였음을 알 수 있다.

수능 특강   156~157쪽

| 유형 1 ① | 유형 2 ⑤ | 유형 3 ① | 유형 4 ⑤ |

유형 1 문화를 바라보는 관점

갑은 비교론적 관점을 취하고 있다. 비교론적 관점은 서로 다른 문화 간의 공통점과 차이점을 찾아 자문화를 객관적으로 이해하는 데 도움이 된다. 을은 총체론적 관점을 취하고 있다. 총체론적 관점은 다른 문화 요소들 간의 관련성을 중심으로 문화를 이해하는 데 도움이 된다.

선택지 분석

ㄱ 갑의 관점은 서로 다른 문화 간의 공통점과 차이점을 파악하고자 한다.
→ 비교론적 관점은 서로 다른 문화 간의 공통점과 차이점을 찾아 자문화를 객관적으로 이해하는 데 도움이 된다.

ㄴ 을의 관점은 다양한 문화 요소를 전체적인 맥락에서 이해하고자 한다.
→ 총체론적 관점은 다른 문화 요소들 간의 관련성을 중심으로 문화를 이해하는 데 도움이 된다.

ㄷ 갑의 관점은 을의 관점과 달리 모든 문화는 고유한 가치를 지닌다고 본다.
→ 모든 문화의 고유한 가치를 인정하는 것은 상대론적 관점으로서 갑과 을의 관점과는 관련이 없다.

ㄹ 을의 관점은 갑의 관점과 달리 자문화를 객관적으로 인식하는 데 효과적이다.
→ 자문화를 객관적으로 인식하는 데 도움이 되는 것은 갑의 비교론적 관점이다.

유형 2 대중 매체의 특성

A는 인쇄 매체, B는 뉴 미디어, C는 영상 매체이다. 뉴 미디어는 정보 전달자와 수용자 간 경계가 명확하지 않다.

선택지 분석

✗ (가) : 정보 전달의 신속성
→ 뉴 미디어가 인쇄 매체보다 정보를 신속하게 전달하는 데 유리하다.

✗ (가) : 정보 획득 시 사용 가능한 감각의 다양성
→ 뉴 미디어는 시청각 정보를 제공할 수 있지만, 인쇄 매체의 경우 시각만 사용된다.

✗ (가) : 정보 전달 시 문맹자의 정보 접근 가능성
→ 인쇄 매체의 경우 문맹자의 정보 접근성은 불가능하다.

✗ (나) : 정보의 복제와 재가공의 용이성
→ 정보 복제와 재가공의 용이성은 뉴 미디어의 장점으로 볼 수 있다.

⑤ (나) : 정보 전달자와 수용자 간 구분의 명확성
→ 뉴 미디어는 영상 매체와 달리 정보 전달자와 정보 수용자 간의 경계가 명확하지 않다.

유형 3 하위문화

(가)를 통해 온라인 게임은 과거에 하위문화였다가 전체 문화가 되었음을 알 수 있다. 인터넷과 스마트폰과 같은 물질문화가 하위문화를 전체 문화로 변동시키는 데 기여하였다. (나)에서는 하위문화의 한 사례인 청소년 문화가 세대 문화 간의 이질성을 심화한 것을 보여 준다.

선택지 분석

① (가)에서는 물질문화 변동으로 인해 하위문화가 전체 문화로 변화되었다.
→ 물질문화가 하위문화를 전체 문화로 변동시키는 데 기여하였다.

✗ (나)에서는 하위문화로 인해 세대 문화 간의 이질성이 약화되었다.
→ (나)에서는 하위문화로 인해 세대 간의 소통 장애가 발생하고 있다. 하위문화가 세대 문화 간의 이질성을 심화시켰다고 볼 수 있다.

✗ (가)는 (나)와 달리 문화 지체 현상을 포함하고 있다.
→ (가), (나)에서 모두 문화 지체 현상을 찾아볼 만한 근거가 없다.

✗ (나)는 (가)와 달리 반문화의 범위가 확장된 사례이다.
→ (가), (나)에서 모두 반문화로 볼 만한 현상을 찾아보기 어렵다. 온라인 게임이나 은어를 반문화라고 보기는 어렵다.

✗ (가), (나)는 모두 특정 집단의 문화가 기존의 주류 문화를 대체한 사례이다.
→ (나)에서는 청소년의 언어문화가 나타나지만 이것이 주류 문화를 대체했다고 보기는 어렵다.

유형 4 문화 변동의 원인 및 양상

(가)에서는 매개체를 통해 미국의 문화가 한국에 전파된 사례와 한국의 대중음악이 세계 여러 나라로 전파된 사례가 나타난다. 이는 모두 간접 전파에 해당한다. (나)에서는 인적 교류를 통해 한국 사회가 다문화 사회로 변화되며 한국 문화가 변화되고 있다는 사례가 나타난다. 이는 직접 전파이다. 따라서 (가)와 (나)에서는 공통적으로 외재적 요인에 의해 문화 접변이 나타났다고 볼 수 있다.

선택지 분석

✗ (가)에서는 직접 전파, (나)에서는 간접 전파가 나타난다.
→ (가)는 간접 전파, (나)는 직접 전파이다.

✗ (가)와 달리 (나)에서는 자극 전파에 따른 문화 변동이 나타난다.
→ (가), (나) 모두 자극 전파로 볼 만한 사례는 찾아볼 수 없다.

✗ (나)와 달리 (가)에서는 구성원의 자발성에 기초한 문화 변동이 나타난다.
→ (가), (나) 모두 문화 수용자의 자발성에 기초한 문화 접변이라고 할 수 있다.

✗ 세계화가 진행될수록 (가)보다 (나)에 나타난 문화 변동 요인의 영향력이 커진다.

→ 세계화가 진행될수록 매체에 의한 전파, 즉 간접 전파는 그 영향력이 커지고 있다.

⑤ (가), (나) 모두 외재적 요인에 의한 문화 접변에 해당한다.

→ (가)와 (나)에서는 공통적으로 외재적 요인에 의해 문화 접변이 나타났다고 볼 수 있다.

160~163쪽

실전 대비 III 단원 문제 마무리

01 ⑤	02 ④	03 ③	04 ①	05 ④	06 ⑤
07 ④	08 ⑤	09 ②	10 ⑤	11 ④	12 ③
13 ①	14 ⑤	15 ②	16 ⑤		

17 (1) 총체성(전체성) (2) 총체론적 관점 (3) **예시답안** 인터넷의 발명은 정치적으로 전자 민주주의를, 경제적으로 전자 상거래를, 사회적으로 누리 소통망(SNS) 등을 확산시키며 우리의 삶 전반에 큰 변화를 가져왔다.

18 **예시답안** 문화 상대성을 부정하는 문화 사대주의가 나타나 있으며, 문화 사대주의는 자기 문화에 대한 정체성을 약화시킬 수 있다.

19 (1) 하위문화 (2) 지역 문화, 세대 문화, 반문화

(3) **예시답안** 하위문화는 전체 문화에서 누릴 수 없는 하위 집단 나름의 욕구를 충족시켜 주고 전체 문화의 획일화를 방지하여 문화의 역동성과 다양성을 제공한다.

01 무는 생활 양식의 총체를 의미하는 말로 넓은 의미로 문화를 사용하고 있다.

바로잡기 ①, ②, ③, ④ 갑, 정의 대화에 나타난 문화는 좁은 의미의 문화이 다.

02 문화적 행동은 공통성도 있지만, 사회마다 다른 특수성도 나타난다는 점에서 인류 공통의 본성과는 다르다. 인간의 본능은 시공을 초월하여 인류가 공통적으로 가지고 있는 것이다. 단, 문화에 따라 표출하는 방식은 다르다.

바로잡기 ④ 문화적인 행동은 사회마다 다르게 나타나지만, 본능적인 욕구는 대개 인류 공통의 모습을 띤다.

03 하나의 문화 요소가 다른 문화 요소들과 유기적인 관련성을 가지고 있다는 것을 보여 주는 사례이다. 이를 통해 문화의 총체성(전체성)을 설명할 수 있다. 문화의 총체성이란 문화의 구성 요소들이 유기체와 같이 전체로서 또 다른 하나의 체계를 형성하고 있다는 것이다.

바로잡기 ① 공유성은 한 사회 구성원들이 공통으로 가지는 행동 양식 및 사고방식을 의미한다.

② 학습성은 인간의 문화적 특성이 선천적인 것이 아니라 후천적인 학습에 의해 획득된 것이라는 속성이다.

④ 축적성은 문화는 인간의 학습 능력과 상징체계에 의해 세대 간에 전승되면서 축적된다는 것이다.

⑤ 변동성은 문화는 시간이 흐르면서 기존 문화 요소가 사라지거나 새로운 요소가 창조되는 등 지속적으로 변화한다는 의미이다.

04 인간은 신체적·심리적 공통성이 있고, 이로 인해 문화에도 공통성이 나타나는데 이를 문화의 보편성이라고 한다. 하지만 자연환경이나 역사적 경험 등의 차이로 인해 문화에 차이가 나타나는데 이를 문화의 특수성이라고 한다. 갑은 보편성, 을은 특수성에 주목하고 있다.

바로잡기 ② 갑이 보편성, 을이 특수성에 주목한다고 해서 갑은 상대주의, 을은 절대주의로 단정할 수는 없다. 상대주의라고 보편성을 완전히 부정하는 것은 아니며, 특수성을 보는 관점은 오히려 상대주의에 가깝기 때문이다.

③ 거시적 관점과 미시적 관점은 관련이 없다.

④ 비교론적 관점은 두 문화 체계의 비교를, 총체론적 관점은 다른 문화 요소들 간의 관련성을 중심으로 문화를 보는 것이다. 제시된 대화는 이와 관련이 없다.

⑤ 갑과 을은 모두 문화를 넓은 의미로 보고 있다. 문화를 삶의 양식으로 이해하고 있기 때문이다.

05 제시문에서 우려하는 문화 이해의 태도는 자문화 중심주의이다. 자문화 중심주의는 자문화가 타 문화보다 우수하다고 생각하기 때문에 문화의 우열을 구분할 수 있다고 보며, 타 문화와의 갈등을 유발하기 쉽다.

바로잡기 ㄱ. 자문화 중심주의는 타 문화에 대해 배타성을 가지고 있기 때문에 타 문화의 수용에 불리하다.

ㄷ. 자문화 중심주의는 자문화만을 우수하다고 믿는 주관성 때문에 문화를 객관적으로 인식하기 어렵다.

06 갑은 문화 상대주의를 주장하고 있으며, 을은 극단적 문화 상대주의를 경계하고 있다. 따라서 (가)에 들어갈 논리로 가장 적절한 것은 극단적 문화 상대주의로 흐를 경우에 발생할 수 있는 문제점이다. 극단적 문화 상대주의로 흐를 경우 인류가 지향하는 보편적 가치가 훼손될 수 있다.

바로잡기 ① 상대주의를 부정하는 입장에서는 문화의 획일화를 긍정적으로 볼 가능성이 있다.

② 상대주의를 부정하면 문화적 갈등을 심화시킬 수 있다.

③ 문화의 상대성을 부정하고 절대적인 기준으로 문화를 볼 경우에는 문화를 객관적으로 보기 어렵다.

④ 문화의 상대성을 부정하면 문화의 특수성을 이해하기 어렵다.

07 A는 문화 상대주의, B는 문화 사대주의, C는 자문화 중심주의이다. ① 문화 상대주의(A)는 문화 사대주의(B), 자문화 중심주의(C)와 달리 문화의 절대성을 부정하고, 해당 사회의 맥락에서 문화를 이해하는 태도이다. ② 문화 상대주의(A)는 문화 사대주의(B), 자문화 중심주의(C)보다 문화 교류가 활발해지고 있는 오늘날과 같은 세계화 시대에 문화 갈등을 방지하기 위해 더욱 요구되는 문화 이해 태도이다. ③ 자문화 중심주의(C)는 문화 상대주의(A), 문화 사대주의(B)보다 국제적 긴장이나 마찰을 초래할 가능성이 높다. 그 이유는 타 문화를 경시하고 자문화를 주입하려는 경향이 강하기 때문이다. ⑤ 문화 사대주의(B), 자문화 중심주의(C)는 문화 상대주

의(A)와 달리 문화의 상대성을 부정하고 특정 기준으로 문화를 평가한다는 공통점이 있다.

바로잡기 ④ 문화 상대주의(A)는 문화 사대주의(B)와 자문화 중심주의(C)에 비해 문화의 다양성 보존에 도움이 된다.

08 제시문에 나타난 문화 개념은 하위문화이다. 하위문화는 공유하는 사람들 간의 소속감이나 연대 의식을 강화해 주는 역할을 하기도 하며, 해당 전체 사회의 문화적 획일성을 방지하고 다양성을 부여하여 문화의 창조와 변화에 기여하기도 한다. 하위문화는 비록 일부의 구성원들에게만 해당하는 문화이지만 다양한 상호 작용을 통해 해당 사회의 통합에 기여하기도 하고 갈등의 요인으로 작용하기도 한다.

바로잡기 ⑤ 반문화에 대한 설명이며, 반문화는 하위문화에 속하지만 그렇다고 해서 모든 하위문화가 반문화인 것은 아니다.

09 세대, 성별, 지역, 계층 등 다양하게 존재하며, 전체 문화를 형성하는 원천이라는 내용을 통해 제시문을 모두 포괄할 수 있는 주제는 하위문화의 성격임을 알 수 있다.

10 (가)는 하위문화이고, (나)는 반문화이다. ① 노인 문화와 지역 문화는 하위문화에 포함된다. ② 한 개인은 여러 개의 집단에 동시에 속해 있으므로 다양한 하위문화에 속해 있다. ③ 반문화는 하위문화에 포함된다. ④ 하위문화는 특정 집단의 구성원이 공유하는 문화라는 객관적 기준을 충족시키면 되지만, 반문화는 기존의 주류 문화에 저항하고 대립한다는 가치 판단을 전제로 한 개념이다.

바로잡기 ⑤ 청소년 문화는 하위문화에 속하고 기성세대의 문화에 저항하는 모습을 보이기 때문에 반문화의 성격이 나타날 수도 있다.

11 대중 매체가 하나의 사회화 기관으로서 거기에서 나오는 정보를 통해 대중들은 정보를 습득한다는 것을 알 수 있다.

바로잡기 ① 광고를 통해 소비를 촉진한다는 특징이 소비 지향적인데, 제시문은 소비 지향적인지 여부는 판단하기 어렵다.
② 대중문화는 대중이 향유하는 문화이다.
③ 대중문화는 대중의 취향에 맞춰 소수의 엘리트에 의해 만들어지는 경향이 있다.
⑤ 대중 매체에서 나오는 정보가 항상 합리적이고 옳은 것은 아니다. 제시문은 오히려 정보 전달이 제대로 되지 않아서 발생하는 문제이다.

12 대중이 시청자 게시판을 통해 자신의 뜻을 적극적으로 피력하는 것을 통해 대중문화의 생산에 소비자가 참여하고 있다고 볼 수 있다. 한편, 드라마를 시청하지 않은 사람이 주인공의 연기를 평가한 것을 통해 검증할 수 없는 정보가 양산·확대될 수 있다는 문제점도 찾아볼 수 있다.

바로잡기 ㄱ. 대중문화가 사고나 행동의 획일화를 초래할 수 있기는 하지만 제시된 자료에서 대중문화에 대한 대중들의 평가는 매우 다양하다. 따라서 취향이 획일화된다고 판단하기는 어렵다.
ㄹ. 대중 조작은 대중문화의 생산자가 자신들의 의도대로 대중의 생각

과 행동을 지배하는 것인데, 제시된 자료는 대중이 생산자에게 요구하는 것이므로 대중 조작의 수단으로 활용된다고 보기는 어렵다.

13 A는 사회 내부의 요인에 의해 나타났으므로 발명, B는 다른 문화 체계로부터 아이디어가 전파되어 새로운 문화 요소가 발명되었으므로 자극 전파, C는 매체에 의해 전파가 이루어졌으므로 간접 전파, D는 매체에 의한 전파가 아니므로 사람에 의한 직접 전파이다. ㄱ. 모든 발명이 문화 변동을 유발하는 것은 아니다. 발명이 사회 구성원들에게 수용되어 삶의 방식을 변화시킬 때에만 문화 변동이 가능하다. ㄴ. 중국에서 전해진 한자의 아이디어를 바탕으로 이두 문자를 만든 것은 자극 전파인 B에 해당한다.

바로잡기 ㄷ. 문화 변동 요인 중 내부적 요인은 발명과 발견으로, A만 해당한다.
ㄹ. 인터넷은 매체이다. 따라서 간접 전파인 C에 해당한다.

14 (가)는 우리 문화 체계 안에서의 발명으로 인해 우리 문화가 변화된 것이므로 문화의 내재적 변동이다. (나)는 외래문화 요소의 전파가 새로운 문화 요소의 발명을 가져온 것이므로 자극 전파이다.

15 (가)에서 만주족은 외부로부터 전파된 한족의 문화에 영향을 받아서 자기의 문화 자체를 상실했기 때문에 문화 변동 양상 중 문화 동화에 해당한다. 이에 비해 (나)는 기존의 문화 요소와 새로운 문화 요소가 서로의 영역을 인정하면서 같이 존재하기 때문에 문화 공존에 해당한다. ② 전파된 문화 요소에 의해 자국의 문화를 상실하였으므로 옳은 진술이다.

바로잡기 ① 문화 상대주의는 다른 문화를 존중하는 것이므로 (가)와는 관련 없다.
③ 다양한 문화 집단으로 구성된 다문화 사회에서는 (나)가 나타나기 쉽다.
④ 두 사례 모두 전파에 의한 문화 변동이다.
⑤ 문화 융합에 관한 설명이다.

16 필자는 개량 한복의 우수성을 강조하고 있다. 개량 한복은 우리의 전통문화 요소인 한복을 계승하면서도 외래의 문화 요소인 주머니를 결합시킨 것으로, 이를 통해 문화의 정체성을 지키면서 외래의 우수한 문화를 주체적으로 수용하는 것이 바람직한 문화의 계승 방안임을 말하고 있다.

17 **이렇게 쓰면 만점** (3) 적절한 사례를 통해 문화 요소들 간의 연관성을 두 가지 이상 서술하면 만점이다.

18 **이렇게 쓰면 만점** 제시문에 나타난 문화 이해 태도가 문화 사대주의라는 것을 파악하고, 그 문제점을 서술하면 만점이다.

19 **이렇게 쓰면 감점** (3) 하위문화의 공통적인 기능이 아닌 반문화, 지역 문화, 세대 문화 등 일부의 기능만 서술하면 감점이다.

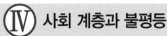

01 사회 불평등 현상의 이해

기초를 다지는 확인 문제
170쪽

01 (1) ○ (2) ○ (3) × (4) ○ (5) × **02** (1) 사회 불평등 (2) 정치적 (3) 기능론 (4) 갈등론 (5) 생산 수단 **03** (1) ⓒ (2) ⓒ

실력을 키우는 실전 문제
171~175쪽

01 ③ **02** ⑤ **03** ⑤ **04** ③ **05** ④ **06** ①
07 ③ **08** ⑤ **09** ③ **10** ① **11** ⑤ **12** ⑤
13 ② **14** ② **15** ① **16** ⑤ **17** ② **18** ③
19 ①
20 예시답안 계층 간 갈등이나 상대적 박탈감을 유발하여 사회 통합을 저해할 수 있다.
21 예시답안 소득과 재산 등이 차등 분배됨으로써 발생하는 경제적 불평등에 해당한다.
22 예시답안 사회에서 기능적으로 중요한 일을 하는 사람과 그렇지 않은 사람 간에 적절한 차등 분배가 이루어져야 사람들이 역할 수행에 최선을 다하게 된다고 여긴다.
23 (1) 생산 수단의 소유 여부 (2) **예시답안** 지위 불일치 현상을 설명할 수 있다. 계층이 연속적이고 서열화함을 나타낸다.

01 밑줄 친 '이것'은 사회 불평등 현상이다.

바로잡기 ③ 사회 불평등 현상은 가족과 이웃의 삶의 질, 직업 만족, 금융 기관의 신용 등급 등에서 다양하게 발견된다. 따라서 사회 구성원 간 생활 양식이나 가치관, 사고방식 등이 다양화된다.

02 A국은 300만 명의 국민이 굶주리고 있는데 대통령은 초호화 생일 파티를 즐겨 논란이 되고 있다. 이는 정치권력이 균등하게 분배되지 못해 생기는 정치적 불평등에 해당한다.

바로잡기 ① 정치적 불평등은 권력을 가진 사람과 가지지 못한 사람 간의 불평등 문제로 국민의 교육 수준을 높인다고 해결되지 않는다.
② 정치적 불평등은 정치 집단뿐만 아니라 일상생활 곳곳에 존재한다.
③ 정치적 불평등은 과거에는 왕위의 계승 등 선천적인 조건으로 발생했지만, 지금은 선거 등 민주적 방식에 의해 주로 발생한다.
④ 과거 전통 사회에서도 정치적 불평등이 존재했다.

03 전통 사회에서는 타고난 출생 신분에 따라 사회 불평등 현상이 나타났지만, 오늘날에는 개인의 노력이나 능력 등의 후천적인 요인 때문에 주로 발생한다.

04 (가)는 경제적 불평등, (나)는 사회·문화적 불평등, (다)는 정치적 불평등이다. ㄴ. 정치적 불평등은 권력을 소유하거나 행사하는 집단과 그렇지 않은 집단 간의 불평등이다. ㄷ. 재산이나 소득이 많으면 고등 교육을 받거나 문화생활을 누릴 기회가 많아 사회·문화적으로 남보다 우월한 위치를 확보할 수 있으

며, 이러한 불평등은 권력의 소유나 행사로도 이어질 수 있다. 따라서 경제적 불평등은 사회·문화적 불평등이나 정치적 불평등에 영향을 끼치는 경우가 많다.

바로잡기 ㄱ. 경제적 불평등은 부모로부터 물려받은 재산 등 선천적 요인뿐만 아니라 개인의 능력이나 노력 등에 따라서도 발생한다.
ㄹ. 모든 사회 불평등 현상은 사회적 자원이 희소한 데 비해 인간의 욕구는 무한하기 때문에 발생한다.

05 주거 기본법은 경제적 약자에게 주거비를 보조하고 주거 약자를 지원하기 위한 대책에 대한 규정으로, 이는 경제적 불평등이 다른 불평등으로 이어지지 않게 하기 위한 조치이다.

바로잡기 ① 경제적 약자에게 주거비를 보조해 준다고 해서 사회 불평등 현상이 근본적으로 해결되는 것은 아니다.
② 주택은 사람들의 욕구에 비해 항상 부족하므로 사회적 희소가치가 될 수밖에 없다.
③ 경제적 약자에게 주거비를 보조하는 등의 조치는 귀속 지위 중심의 사회 계층 구조를 타파하고 성취 지위 중심의 사회 계층 구조를 만드는 데 기여할 것이다.
⑤ 제시된 정책은 주거 생활에서 인간다운 생활을 하지 못하는 사람이 없도록 하자는 것으로, 모든 사람이 균등한 수준의 주거 생활을 누리게 하는 것을 목표로 하지 않는다.

06 제시된 글에서는 어렵고 힘들지만 중요한 일을 하는 사람에게는 그렇지 않은 일을 하는 사람보다 더 많은 보수를 주어야 한다고 주장하므로 기능론과 관련 있다. ㄱ. 기능론에서는 직업의 기능적 중요도와 역할 수행 능력에 따라 적절한 차등 분배가 이루어져야 사람들이 열심히 노력하여 결과적으로 사회 발전을 이룰 수 있다고 본다. ㄴ. 기능론에서 볼 때 사회 불평등 현상은 사회적 자원이 개인의 능력이나 사회적 기여도에 따라 합리적인 방법으로 분배된 결과로 자연스러운 현상이며 사회가 원활하게 기능하기 위해 불가피한 것이다.

바로잡기 ㄷ은 갈등론에 대한 설명이다.
ㄹ. 기능론에서는 개인의 능력에 따라 사회적 자원을 차등 분배하면 사회 구성원이 자신의 능력을 최대한 발휘하기 위해 노력하고, 이에 따라 인재를 적재적소에 배치하여 결과적으로 사회가 발전한다고 본다.

사회 불평등 현상을 보는 기능론	만점 공략 노트
발생 원인	사회적 희소가치의 차별적 분배 결과
특징	• 모든 사회에 존재하는 보편적 현상 • 사회의 유지와 발전을 위해 필수 불가결함 • 사회적 희소가치의 분배에 대한 사회 구성원 간의 합의된 기준이 존재함 • 개인의 능력과 노력에 의해 합리적으로 분배됨
사회적 기능	• 개인과 사회가 최선의 기능을 하도록 하는 장치 • 성취동기를 부여하고 인재를 충원함으로써 사회 발전에 기여함
한계	권력이나 가정 배경 등이 사회 불평등 현상에 미치는 현실적인 영향력을 무시함

07 갑은 기능론의 관점에서 성과급제를 주장하고 있다. 기능론에서는 사회의 수많은 직업들은 기능적 중요도가 다르므로 사회적으로 더 중요한 직업을 수행하는 사람에게 더 많은 보상이 주어져야 한다고 주장한다.

바로잡기 ① 사회 불평등 현상이 상대적 박탈감을 유발한다고 보는 것은 갈등론이다.
② 기능론은 사회적 희소가치를 차등 분배하는 것이 바람직하다고 본다.
④ 기능론에서는 사회 불평등 현상은 보편적이고 불가피하다고 본다.
⑤ 기능론에서는 사회 불평등 현상이 일의 중요도, 개인의 능력이나 노력에 따른 성과 등 공정한 분배 방식에 따라 나타난다고 본다.

08 갑국은 엄격한 신분 제도로 인해 사회 불평등 현상이 나타난다. 개인은 아무리 노력해도 신분 이동이 이루어지지 않는다. 반면, 을국은 개방적인 사회로 개인의 노력에 의해 계층 이동이 가능하다. ㄷ. 을국에서는 개인의 노력에 따라 계층 이동이 가능하므로 성취동기를 자극하여 사회 발전이 촉진될 수 있다. ㄹ. 을국에서는 자신의 능력이나 노력 등 후천적 요인이 개인의 계층을 결정한다.

바로잡기 ㄱ. 갑국과 을국 모두 재산, 권력 등 사회적 희소가치는 계층에 따라 차등 분배되고 있다. 다만 그 분배 방식이 다를 뿐이다.
ㄴ. 갑국에서는 개인의 노력과는 상관없이 계층이 결정되므로 을국보다 다른 계층 구성원에 대한 적대감이 심할 것이다.

09 제시된 글에서는 사회적 희소가치의 차등 분배, 일의 기능적 중요도를 언급하고 있으므로 기능론에서 사회 불평등 현상을 보고 있다. ㄴ. 판매 실적은 개인의 능력을 의미한다. 개인의 능력에 따라 상여금이라는 자원을 분배하는 것이므로 기능론의 사례이다. ㄷ. 혁신적인 아이디어는 개인의 능력에 해당한다. 능력에 따라 승진시키는 것이므로 기능론의 사례이다.

바로잡기 ㄱ. 사회적 저명 인사 부모는 지배 집단으로 볼 수 있다. 지배 집단에 유리한 기준을 적용하는 것은 갈등론에 해당한다.
ㄹ. 의무 교육 기간을 늘리는 것은 보편적 복지이다. 능력이 뛰어난 사람을 선별적으로 우대하는 것이 아니므로 기능론의 사례로 볼 수 없다.

10

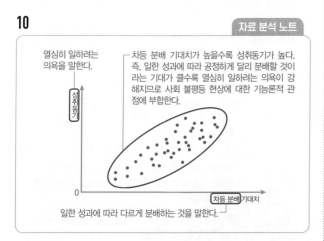

자료 분석 노트

열심히 일하려는 의욕을 말한다.

차등 분배 기대치가 높을수록 성취동기가 높다. 즉, 일한 성과에 따라 공정하게 달리 분배할 것이라는 기대가 클수록 열심히 일하려는 의욕이 강해지므로 사회 불평등 현상에 대한 기능론적 관점에 부합한다.

(세로축) 성취동기
(가로축) 차등 분배 기대치

일한 성과에 따라 다르게 분배하는 것을 말한다.

제시된 그림에서 차등 분배 기대치가 높을수록 성취동기가

높다는 것을 알 수 있다. 즉, 사회 불평등 현상을 기능론에서 바라보고 있다. ㄱ. 기능론에서는 일의 중요성과 개인의 성과에 따른 차등 분배로 나타나는 사회 불평등 현상이 개인과 사회가 최선의 기능을 하도록 만든다고 본다. ㄴ. 기능론에서는 사회적 희소가치의 분배 절차와 기준이 사회 전체적으로 합의되어 있다고 본다.

바로잡기 ㄷ, ㄹ은 갈등론에 해당하는 설명이다. 갈등론에서는 지배 집단이 기득권 유지를 위해 자기들에게만 유리한 가치 분배 기준을 마련하기 때문에 세대 간의 지위가 고착화된다고 주장한다.

11 젊은 나이에 사장이 된 것에 대해 갑은 개인의 능력 때문이라고 보므로 기능론, 을은 아버지의 배경 때문이라고 보므로 갈등론을 취한다. 갈등론에서는 지배 집단의 기득권 유지 욕구 때문에 사회적 희소가치가 불공정하게 분배되어 사회 불평등 현상이 나타난다고 본다.

바로잡기 ① 갈등론에서는 사회적 희소가치가 지배 집단이 정한 기준에 의해 불공정하게 분배된다고 본다.
② 갈등론은 직업의 기능적 중요도에 차이가 있음을 인정하지 않으므로 균등 분배를 주장한다.
③ 갈등론에서는 사회 불평등 현상이 지배 집단의 불공정한 분배에 의해 발생하기 때문에 계층 간의 갈등과 대립을 불러와 사회 발전을 저해한다고 본다.
④ 사회 구조보다는 구체적인 개인의 행동 분석을 중시하는 것은 미시적 관점이다. 갈등론은 거시적 관점에 해당한다.

사회 불평등 현상을 보는 갈등론		만점 공략 노트
발생 원인	지배 집단이 기득권을 유지하려고 함에 따라 존속됨	
특징	• 보편적으로 존재하지만 필수 불가결한 현상은 아님 • 계급 간 대립과 갈등으로 사회 발전을 저해하고, 사회 존속을 위협함 • 사회적 희소가치가 가정 배경, 권력 등에 의해 강제적으로 분배됨 • 개인의 성과 및 그에 대한 보상은 불공정하게 이루어짐	
사회적 기능	• 개인과 사회가 최선의 기능을 하는 데 장애가 됨 • 상대적 박탈감과 집단 간 갈등을 유발하여 사회 발전을 저해함	
한계	개인의 능력이나 노력이 사회적 보상이나 지위 변동에 미치는 영향을 무시함	

12 제시된 글은 부유한 집안의 자녀가 가난한 집안의 자녀보다 재능 발휘의 기회가 많다는 주장이므로 사회 불평등 현상을 갈등론에서 보고 있음을 알 수 있다. ㄷ. 부모의 가정 배경이나 타고난 계층 등 개인의 귀속적 요인으로 사회적 희소가치가 불공정하게 분배됨으로써 사회 불평등 현상이 발생한다고 보는 것은 갈등론이다. ㄹ. 사회적 희소가치의 분배 기준이 지배 집단이라는 특정 집단의 합의에 의해 결정된다고 보는 것은 갈등론이다.

바로잡기 ㄱ. 균등 분배가 성취동기를 저하시킨다고 보는 것은 기능론이다.

ㄴ. 사회 불평등 현상은 불가피한 것이라고 보는 것은 기능론이다. 갈등론에서는 사회 불평등 현상이 불가피하지 않다고 본다.

13 갑은 사회적으로 합의한 취업의 기준을 개인이 달성하지 못해 실업이 발생한다고 보므로 기능론에 입각하고 있다. 을은 지배 집단의 기득권 유지 때문에 청년들이 취업하지 못한다고 보므로 갈등론에 입각하고 있다.

바로잡기 ② 을은 취업과 같은 사회적 희소가치의 분배에 대한 기준이 지배 집단에 유리한 내용으로 되어 있다고 본다. 즉, 자기들의 기득권 유지를 위해 취업 기준을 마련했기 때문에 청년들이 취업을 못하는 것이라고 본다.

14 갑은 사회에서 중요한 일과 그렇지 않은 일이 있고, 중요성에 따라 보수도 달라야 한다고 주장하므로 사회 불평등 현상을 기능론에서 보고 있다. 을은 사회에서 중요한 일과 그렇지 않은 일을 구분하기 어렵다고 주장하므로 갈등론에서 사회 불평등 현상을 보고 있다. 기능론에서는 사회 불평등 현상이 보편적이며 불가피하다고 보지만, 갈등론에서는 사회 불평등 현상이 보편적이지만 불가피하지는 않으며 사회 발전에 저해되므로 극복해야 할 대상이라고 본다. 따라서 사회 불평등 현상을 극복해야 할 대상으로 보는가에 대한 질문에서 갑은 부정, 을은 긍정의 대답을 할 것이다.

바로잡기 ① 사회 불평등 현상이 사회 발전에 기여하는가에 대해 갑은 긍정, 을은 부정의 대답을 할 것이다.

③ 사회 불평등 현상은 개인의 능력 차이에 따라 발생하는가에 대해 갑은 긍정, 을은 부정의 대답을 할 것이다.

④ 사회적 희소가치는 전체 사회 구성원의 합의에 의해 분배되는가에 대해 갑은 긍정, 을은 부정의 대답을 할 것이다.

⑤ 기능론과 갈등론 모두 사회 불평등 현상은 어느 사회에서나 나타나는 보편적인 현상이라고 본다.

15 (가)는 생산 수단의 소유 여부로 사회 불평등 현상을 구분하므로 계급론이다. 따라서 (나)는 다원적 불평등론이다. ① 다원적 불평등론은 경제적 재산, 정치적 권력, 사회적 위신 등 다양한 요인에 의해 사회 불평등 현상을 구분하므로 어느 하나의 지위가 높더라도 다른 지위는 낮을 수 있다. 따라서 지위 불일치 현상을 설명하기에 적합하다.

바로잡기 ② 계급론은 생산 수단의 소유 여부만으로 자본가 계급과 노동자 계급을 구분하기 때문에 사회 불평등 현상을 불연속적으로 파악한다.

③ 다원적 불평등론은 계급, 권력, 지위 등 다양한 요인으로 사회 불평등 현상을 서열화하여 상층, 중층, 하층으로 범주화하므로 내부 구성원 간의 귀속 의식은 약한 편이다. 내부 구성원 간의 강한 귀속 의식을 강조하는 것은 계급론이다.

④ 계급론과 다원적 불평등론 모두 경제적 요인을 포함한다.

⑤ 계급론은 마르크스, 다원적 불평등론은 베버가 주장하였다.

사회 불평등 현상을 설명하는 이론 **만점 공략 노트**

구분	계급론	다원적 불평등론
대표 학자	마르크스	베버
특징	• 이분법적·불연속적으로 지배 계급과 피지배 계급을 구분함 • 계급 간의 지배와 피지배 관계로 갈등과 대립이 불가피하다고 봄 • 계급에 대한 연대 의식을 중시함	• 계층이 연속적이고 복합적으로 나타나는 서열화임을 강조함 • 계층 의식이 뚜렷하지 않음 • 현대 사회의 지위 불일치 현상을 설명하기에 적합함

16 A는 계급론, B는 다원적 불평등론이다. 계급론은 경제적 불평등에 다른 유형의 불평등이 종속된다고 본다. 다원적 불평등론은 경제적 불평등이 다른 유형의 불평등보다 우월하다고 여기지 않고, 다양한 요인에 의해 사회 불평등 현상이 형성된다고 본다.

17 갑은 계급론에 의해 A, D를 지배 집단인 자본가 계급으로, B, C를 피지배 계급인 노동자 계급으로 분류하였다. 을은 다원적 불평등론에 의해 A, B, C를 각각 상층, 중층, 하층으로 범주화했지만 D는 지위 불일치 현상이 나타난다고 보았다. ① 계급론에서는 생산 수단의 소유 여부를 기준으로 자본가 계급과 노동자 계급으로 분류한다. ③ D는 정치적 측면의 지위와 경제적 측면의 지위가 일치하지 않으므로 지위 불일치 현상의 사례로 제시할 수 있다. ④ 다원적 불평등론에서는 사회 불평등 현상이 경제적 재산, 정치적 권력, 사회적 위신 등 다양한 요인에 의해 결정된다고 본다. ⑤ 갑의 기준인 계급론에서 A, D는 생산 수단을 소유한 지배 계급이지만, 을의 기준인 다원적 불평등론에서는 다양한 요인에 의해 계층이 결정되므로 A, D가 지배 계급이라고 단정하기 어렵다.

바로잡기 ② 갑의 분류에서 A와 B는 서로 다른 계급에 속하므로 적대감을 갖고 있다고 본다. 강한 연대 의식을 갖고 있는 것은 동일한 계급에 속한 A, D와 B, C이다.

18 **자료 분석 노트**

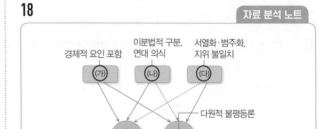

A는 경제적 요인만으로 사회 불평등 현상을 설명하므로 계급론이고, B는 다원적 불평등론이다. ㄴ. (나)에는 계급론에만

해당하는 특징을 묻는 질문이 들어가야 하므로 '사회 구성원 간 강한 연대 의식을 특징으로 하는가?'는 적절하다. ㄷ. (다)에는 다원적 불평등론에만 해당하는 특징을 묻는 질문이 들어가야 하므로 '지위 불일치 현상을 설명하기에 용이한가?'는 적절하다.

바로잡기 ㄱ. (가)에는 계급론과 다원적 불평등론의 공통적인 특징을 묻는 질문이 들어가야 한다. '정치적 불평등이 경제적 불평등에 종속되는가?'는 계급론에만 해당하는 질문이다.

ㄹ. 이분법적, 불연속적으로 사회 불평등을 설명하는 것은 계급론이다. 다원적 불평등론은 사회 불평등을 연속적으로 서열화하여 파악한다.

19 A는 동일 구성원 간 연대 의식이 강하므로 계급론이다. B는 지위 불일치 정도가 높으므로 다원적 불평등론이다. ② 계급론은 생산 수단의 소유 여부만으로 사회 불평등 현상을 보는 방식이므로 다양한 가치에 의한 분배 상태를 설명하기 어렵다.

바로잡기 ② 다원적 불평등론은 경제적 재산, 정치적 권력, 사회적 위신 등으로 사회 불평등 현상을 설명한다. 따라서 사회 불평등 요인으로 경제적 부를 포함한다.

③ 다원적 불평등론은 사회 불평등 구조를 연속적으로 범주화하여 본다. 사회 불평등 구조가 양극화된다고 보는 것은 계급론이다.

④ 사회적 자원이 희소하다고 보는 것은 계급론과 다원적 불평등론 모두이다.

⑤ (가)에는 계급론의 특징이 들어가야 한다. 계층을 연속적인 개념으로 보는 것은 다원적 불평등론의 특징이다.

20 이렇게 쓰면 감점 제시된 자료는 사회 불평등 현상을 나타낸다. 여기서 나타나는 문제점을 개인적 차원에서 서술하면 감점이므로 반드시 사회적 차원에서 서술해야 한다. 사회 불평등 현상은 개인에게 상대적 박탈감이나 좌절감 등을 줄 수 있다. 사회적으로는 계층 간 갈등을 유발하고 사회 통합을 저해할 수 있다.

21 이렇게 쓰면 만점 호텔 뷔페와 무료 급식소를 제시한 자료를 통해 돈이 있는 사람과 없는 사람의 차이, 즉 경제적 불평등이 발생함을 알 수 있다. 경제적 불평등이라고만 쓰면 안 되고, 발생 원인도 함께 써야 한다.

22 이렇게 쓰면 만점 제시된 글은 사회 불평등 현상을 기능론에서 보고 있다. 단순히 기능론에서 보고 있다고 서술하기보다는 일의 중요성이 다르고 그에 따라 보수도 다르다는 내용을 차등 분배를 넣어 서술해야 한다.

23 이렇게 쓰면 감점 (2) (가)는 계급론, (나)는 다원적 불평등론이다. 다원적 불평등론의 특징을 서술할 때 반드시 다원적 불평등론만의 특징을 써야 한다. 계급론과 다원적 불평등론의 공통적인 요소를 쓰면 안 된다. 사회적 자원이 희소하다거나 경제적 요인이 사회 불평등에 포함된다는 것은 공통적인 요인이므로 이러한 내용을 쓰면 감점이다.

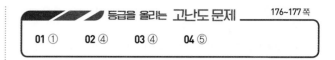

등급을 올리는 고난도 문제 _____ 176~177쪽

01 ①   02 ④   03 ④   04 ⑤

01 사회 불평등 현상   자료 분석 노트

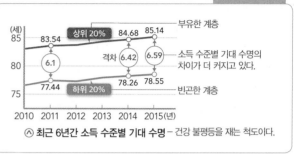

⊙ 최근 6년간 소득 수준별 기대 수명 - 건강 불평등을 재는 척도이다.

시간이 지날수록 고소득층과 저소득층의 기대 수명 차이가 커지고 있다. 즉, 고소득층에 비해 저소득층은 건강 관리에 필요한 재원 마련이 쉽지 않아 건강 관리를 제대로 하지 못해 기대 수명이 낮다. ② 제시된 자료는 고소득층과 저소득층의 건강 불평등이 심각함을 나타낸다. ③ 경제적 불평등이 건강 불평등으로 이어지는 것은 개인의 문제가 아니라 사회 구조적인 문제이다. ④ 기대 수명은 자신의 건강과 관련된 것이며 이는 사회·문화적 불평등에 해당한다. ⑤ 경제적 여건 때문에 자신의 건강을 돌보기 힘든 저소득층을 위해 국가가 별도로 건강 관리 시스템을 운영하는 방안이 요구된다.

바로잡기 ① 건강 불평등의 해결을 저소득층의 의지(빈곤 탈출 노력)에만 맡길 수는 없다. 저소득층은 스스로 건강을 돌볼 여력이 없으므로 사회 전체가 나서서 건강 관리 시스템을 구축해야 한다.

02 사회 불평등 현상을 보는 기능론   자료 분석 노트

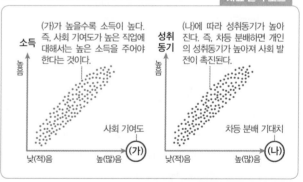

제시된 글은 사회 불평등 현상을 보는 기능론을 나타낸다. 이를 그림으로 표시하면 왼쪽 그림에서 (가)가 높을수록 소득이 높다. 사회 기여도가 높은 일에 종사하는 사람에게 높은 소득을 주어야 한다고 하였으므로 (가)에는 사회 기여도가 적절하다. 오른쪽 그림에서 개인의 성취동기가 높아지는 원인이 (나)이다. (나)는 균등 분배 기대치와 차등 분배 기대치 중 하나이다. 균등 분배를 강조하는 것은 갈등론이고, 기능론에서는 차등 분배를 주장하므로 (나)는 차등 분배 기대치이다.

03 사회 불평등 현상을 보는 관점

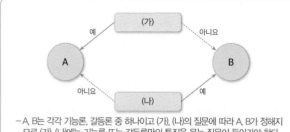

─A, B는 각각 기능론, 갈등론 중 하나이고 (가), (나)의 질문에 따라 A, B가 정해지므로 (가), (나)에는 기능론 또는 갈등론만의 특징을 묻는 질문이 들어가야 한다.

(가), (나)의 질문에 따라 A, B가 정해진다. 따라서 (가), (나)는 기능론 또는 갈등론만의 특징을 묻는 질문이어야 한다. ④ B가 갈등론이라면 (가)에는 기능론만의 특징을 묻는 질문이 들어가야 한다. 기능론에서는 직업별 사회적 역할의 중요도가 다르다고 보고 중요한 역할을 하는 직업에 종사하는 사람에게 보수를 많이 주어야 한다고 주장한다.

바로잡기 ① 기능론과 갈등론 모두 사회 불평등 현상은 보편적인 것이라고 본다. 따라서 (가)에는 이러한 질문이 들어갈 수 없다.
② 기능적 중요성에 따라 사회적 희소가치가 차등 분배된다고 보는 것은 기능론이다. 따라서 B는 기능론이어야 한다.
③ 차등 분배가 사회 구성원의 성취동기를 자극한다고 보는 것은 기능론이다. A가 기능론이라면 이 질문은 (가)에 들어가야 한다.
⑤ 사회 불평등 현상에 사회 구성원 전체가 합의한 가치가 반영되어 있다고 보는 것은 기능론만의 특징이다.

04 계급론과 다원적 불평등론

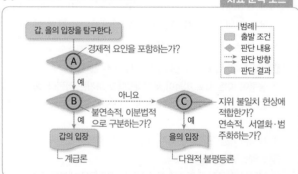

(가)에서 갑은 계급론, 을은 다원적 불평등론에 해당한다. A에는 계급론과 다원적 불평등론의 공통적인 특징, B에는 계급론만 해당하는 특징, C에는 다원적 불평등론만 해당하는 특징에 관한 질문이 들어가야 한다. ㄴ. 내부 구성원 간의 강한 귀속 의식을 강조하는 것은 계급론이므로 적절한 질문이다. ㄷ. 다원적 불평등론은 경제적 재산, 정치적 권력, 사회적 위신 등 다차원적으로 사회 불평등 현상을 설명하므로 적절한 질문이다. ㄹ. 다원적 불평등론은 각 계층이 연속선상에 배열된다는 것을 전제로 한다. 계급론은 생산 수단의 소유 여부에 따라 자본가 계급과 노동자 계급이라는 두 계급으로 양분한다.

바로잡기 ㄱ. 지위 불일치 현상을 설명하기 적절한 것은 다원적 불평등론이므로 C에 적합하다. A에는 '경제적 요인을 포함하는가?'가 적절하다.

사회 계층 구조와 사회 이동

기초를 다지는 확인 문제
182쪽

01 (1) × (2) × (3) × (4) ○ (5) ○ **02** (1) 사회 계층 구조 (2) 중층 (3) 수평 이동 (4) 구조적 이동 **03** (1) ㉡ (2) ㉠

실력을 키우는 실전 문제
183~187쪽

01 ④	02 ⑤	03 ②	04 ①	05 ④	06 ③
07 ⑤	08 ①	09 ⑤	10 ③	11 ③	12 ④
13 ③	14 ⑤	15 ②	16 ④	17 ③	18 ③
19 ③	20 ①	21 ⑤			

22 예시답안 사회 계층은 사회 구성원의 삶의 방식, 행동 양식, 사고방식 등에 영향을 미친다.

23 예시답안 정보화의 진전으로 정보에 대한 접근이 쉬워지고, 세계화의 확산으로 교류가 활발해지면서 계층 간 격차가 줄어든다. 결국 사회 구성원 대부분이 중층으로 편입되면서 타원형 계층 구조로 바뀌게 된다.

24 (1) 구조적 이동 (2) **예시답안** 전쟁이나 혁명 등 급격한 사회 변동으로 계층적 위치가 변화하는 것이다.

25 (1) 36% (2) **예시답안** 부모는 하층이 가장 많은 피라미드형 계층 구조이지만, 자녀는 중층이 가장 많은 다이아몬드형 계층 구조로 바뀌면서 사회가 안정된 모습을 갖추어 간다.

01 사회 계층에 따라 식사 시 대화 내용이나 시간에 대한 생각이 다르다. 이를 통해 사회 계층은 사람들의 일상생활이나 가치관 등에 큰 영향을 미치고 있음을 알 수 있다.

바로잡기 ① 식사 시 대화에서 상층은 음식의 맛보다는 아름다움에 관심을 두고 있으며, 시간에 대해서도 과거나 전통을 회상하면서 여유를 갖고 있는 편이다. 이를 통해 상층은 중층에 비해 사고방식이 유연하다고 볼 수 있다.
② 식사 시 대화에서 중층은 음식의 맛을 강조하지만 하층은 음식의 양을 강조한다. 이를 통해 중층은 하층에 비해 음식의 질에 관심이 강한 편임을 알 수 있다.
③ 계층의 귀속 의식이 상층에서 가장 강한지 알 수 없다.
⑤ 한번 형성된 사회 계층 구조는 비교적 오래 유지되지만, 제시된 자료에서 찾아보기 어렵다.

02 ㄷ. (다)는 제3자의 평가에 의해 피조사자의 계층을 파악하는 방법으로, 지역 사회의 유력 인사를 확인할 수 있다. ㄹ. 객관적 방법은 객관적 자료를 토대로 대규모 인원의 계층 파악이 가능하다.

바로잡기 ㄱ. (가)에서 개인의 직업, 학력, 소득은 각 계층의 특성을 나타내는 객관적 자료이므로 (가)는 객관적 계층 파악에 유리하다.
ㄴ. (나)는 구성원 스스로가 자신의 계층을 말하는 것이므로 가장 주관적인 방법이다.

03 A는 폐쇄적 계층 구조, B는 개방적 계층 구조이다. ② 개방적 계층 구조에서는 노력이나 능력에 따라 사회 이동이 가능하다.

바로잡기 ① 폐쇄적 계층 구조에서는 수직 이동만 제한된다.

③ 개방적 계층 구조에서도 부모의 재산이나 직업이 계층에 영향을 주는 일이 많다.

④ 폐쇄적 계층 구조는 자신이 아무리 노력해도 사회 이동이 불가능하므로 다른 계층에 대해 상대적 박탈감이나 적대감이 강한 편이어서 사회 불안의 요소가 된다.

⑤ 폐쇄적 계층 구조와 개방적 계층 구조는 계층 간 이동의 가능성에 따른 구분이므로 어느 계층이 많은지 알 수 없다.

04 왼쪽 그림은 중층이 가장 적으므로 모래시계형 계층 구조이다. 오른쪽 그림은 중층이 가장 많으므로 다이아몬드형 계층 구조이다. ① 모래시계형 계층 구조에서는 계층의 양극화 현상이 심하지만, 다이아몬드형 계층 구조에서는 중층이 가장 많아 사회가 안정된다.

바로잡기 ② 계층 간 위화감이 심화되는 것은 중층이 별로 없는 모래시계형 계층 구조에서이다.

③ 사회 통합을 위한 정책이 시급한 것은 중층이 적어 상층과 하층 간의 갈등이 심한 모래시계형 계층 구조에서이다.

④ 모래시계형 계층 구조에서 다이아몬드형 계층 구조로 변화하였다고 해서 귀속 지위의 중요성이 커졌다고 보기는 어렵다.

⑤ 한 사회의 계층 구조가 모래시계형에서 다이아몬드형으로 변화했다고 해서 세대 간 이동이 활발해진다고는 보기 어렵다. 세대 간 이동은 세대를 달리하여 사회 이동이 나타나야 하는데, 제시된 자료로 이를 파악할 수 없다.

사회 계층 구조   **만점 공략 노트**

피라미드형 계층 구조	• 상층에서 하층으로 갈수록 계층 구성 비율이 높음 • 전근대적인 신분 사회나 오늘날의 저개발국 등에서 주로 나타남
다이아몬드형 계층 구조	• 중층의 구성 비율이 가장 높음 • 근대 이후 산업 사회에서 주로 나타남 • 사회의 안정성이 비교적 높음
타원형 계층 구조	• 세계화와 정보화로 계층 간 격차가 완화되어 다이아몬드형 계층 구조보다 중층의 비율이 증가함 • 사회 안정 실현에 유리한 계층 구조
모래시계형 계층 구조	• 세계화와 정보화로 격차가 심화하여 중층의 비율이 현저히 낮고 압도적 다수가 하층을 차지함 • 계층 간 갈등이나 대립이 발생할 수 있는 계층 구조

---

05 A국은 2000년에 상층<중층<하층으로 피라미드형 계층 구조였으나 2018년에는 중층>상층>하층으로 다이아몬드형 계층 구조로 변화하였다. 다이아몬드형 계층 구조에서는 중층이 상층과 하층 간의 완충 역할을 하면서 사회 안정을 이끌고 있다.

바로잡기 ㄱ. 제시된 자료에 나타난 계층 이동이 세대 간 이동에 의한 것인지, 세대 내 이동에 의한 것인지는 알 수 없다.

ㄷ. 18년 동안 중층이 가장 많아졌다면 귀속 지위보다 성취 지위가 사회 이동의 중요한 요소임을 추론할 수 있다.

06 A국이 그래프와 같은 사회 계층 구조의 변화를 위해 노력했

다면 하층을 중층으로 끌어올리는 복지 정책을 실시했음을 알 수 있다. ① 무상 의무 교육 기간의 확대는 부모의 교육비 부담을 줄이는 역할을 한다. ② 실업자에 대한 기술 교육 강화는 취업에 도움을 주어 경제력 확보에 기여한다. ④ 누진세 제도, 직접세 중심의 조세 제도 개편은 소득 재분배 효과가 있다. ⑤ 사회적 약자를 보호하기 위한 법과 정책이 추진되었다면 사회적 약자가 포함된 하층의 생활을 안정시켜 중층으로 이동하는 데 도움이 되었을 것이다.

바로잡기 ③ 정부 예산에서 사회 복지 지출 비중을 축소했다면 하층이 중층으로 이동하기 어려웠을 것이다.

07 ⑤ 대중 사회는 대중이 사회를 주도하는 사회이므로 경제적으로 어느 정도 여유가 있는 중층이 많아야 가능하다. 따라서 (다)보다 (라)가 유용하다.

바로잡기 ① (가), (나)는 계층 간 이동의 가능성에 따라 분류한다. (가)는 폐쇄적 계층 구조, (나)는 개방적 계층 구조이다.

② (다)는 피라미드형 계층 구조로, 수직 이동이 차단되었는지 알 수 없으므로 폐쇄적 계층 구조인지 파악할 수 없다.

③ (가)는 귀속 지위, (나)는 성취 지위를 강조한다.

④ (라)는 중층이 가장 많은 다이아몬드형 계층 구조이다. 중층은 상층과 하층 간의 충돌을 완화하므로 계층 간의 위화감이 덜하다.

08 (가)는 다이아몬드형 계층 구조, (나)는 모래시계형 계층 구조이다. 다이아몬드형에서 중층의 상당 부분이 상층이나 하층으로 이동하여 모래시계형이 되었다. 중층은 상층과 하층 사이에서 완충 역할을 하여 사회 안정을 이끌고 있었는데, 모래시계형으로 변화하면서 중층이 가장 적어지므로 사회 양극화로 사회 불안의 가능성이 커진다.

바로잡기 ② 세대 간 이동이 있었는지 알 수 없다.

③ 능력에 따른 사회 이동이 제한되었다고 보기는 어렵다. 중층 중에서 능력이 뛰어난 사람들은 상층으로 이동했을 것이고 능력이 부족한 사람들은 하층으로 이동했을 것이기 때문이다.

④ 제시된 계층 구조의 변화가 개인적 이동에 의한 것인지, 구조적 이동에 의한 것인지 알 수 없다.

⑤ 전문직, 사무직 등의 직종에 종사하는 사람들은 대부분 중층이므로 그 수가 줄어들었을 것이다.

09 A 유형의 중층은 38%, B 유형의 중층은 60%, C 유형의 중층은 20%이다. 따라서 A 유형은 피라미드형 계층 구조, B 유형은 다이아몬드형 계층 구조, C 유형은 모래시계형 계층 구조이다. ⑤ 모래시계형 계층 구조에서 다이아몬드형 계층 구조로 변화하면 중층이 가장 많아지므로 좀 더 안정적인 사회로 변화한 것이다.

바로잡기 ① 피라미드형 계층 구조에서 다이아몬드형 계층 구조로 변화하면 중층이 가장 많아지므로 양극화 현상이 약화된 것이다.

② 사회 보장 실시의 효과가 나타났다면 중층이 두터운 다이아몬드형 계층 구조가 되어야 한다.

③ 다이아몬드형 계층 구조에서 피라미드형 계층 구조로 변한 것은

중층이 줄고 하층이 늘었기 때문이다. 따라서 하강 이동이 상승 이동
보다 더 많았을 것이다.
④ 모래시계형 계층 구조에서 피라미드형 계층 구조로 변했다고 해서
계층을 결정하는 데 귀속 지위가 중요해졌다고 보기 어렵다. 성취 지
위에 따른 사회 이동이 이루어졌을 수도 있기 때문이다.

10 인도의 카스트제는 피라미드형이면서 폐쇄적 계층 구조이다.
현대의 복지 국가는 다이아몬드형이면서 개방적 계층 구조이
다. 따라서 A는 폐쇄적 계층 구조, B는 개방적 계층 구조, C
는 피라미드형 계층 구조, D는 다이아몬드형 계층 구조이다.
③ 피라미드형 계층 구조에서는 하층의 비율이 가장 높고, 상
층의 비율이 가장 낮다.
바로잡기 ① A는 계층 간 이동 가능성에 따라 구분되고 인도의 카스
트제이므로 폐쇄적 계층 구조이다.
② 개방적 계층 구조에서 부모의 계층을 세습하는 경우도 많다.
④ 다이아몬드형 계층 구조는 중층의 비율이 가장 많다는 것이지, 수
직 이동보다 수평 이동이 활발하다는 것은 아니다.
⑤ 사회 안정도는 중층의 비율이 가장 많고 계층 간 이동이 개방적일
때 높다. 따라서 B, D가 A, C에 비해 사회 안정도가 높다.

11 밑줄 친 '이 계층'은 중층이다. 다이아몬드형 계층 구조에서는
중층이 가장 많다.
바로잡기 ① 폐쇄적 계층 구조에서 중층이 가장 적은지 알 수 없다.
폐쇄적 계층 구조는 계층 간 이동 가능성에 따른 구분이기 때문이다.
② 빈부 격차가 큰 사회일수록 중층의 비율이 낮다.
④ 국가가 사회 보장 정책을 강화할수록 중층이 많아진다.
⑤ 중층의 세대 간 세습이 빈번하다는 주장은 근거가 없다.

12 세계화와 정보화를 낙관적으로 보는 사람들은 그에 따라 격
차가 완화되어 타원형 계층 구조가 나타난다고 주장한다. 따
라서 A는 타원형 계층 구조이다.
바로잡기 ① 사회 통합의 필요성이 커지는 것은 중층의 비율이 가장
적은 모래시계형 계층 구조에서이다.
② 타원형 계층 구조에서 세대 간 하강 이동이 제한되는 것은 아니다.
③ 부의 분배 양극화 문제는 모래시계형 계층 구조에서 나타난다.
⑤ 타원형 계층 구조에서 동일 계층 구성원 간의 연대 의식이 강해지
는지 알 수 없다.

13 ① 갑의 할아버지는 사회 이동이 없었지만 아버지는 아파트
경비원에서 5급 사무관으로 상승 이동을 했다. 갑도 사원에
서 법인장으로 상승 이동을 했다. 상승 이동은 수직 이동에
해당한다. ② 갑의 아버지와 갑은 개인적 이동을 하였다. ④
갑의 아버지와 갑은 세대 내 이동을 하였다. ⑤ 갑의 할아버
지, 갑의 아버지, 갑으로 이어지면서 상승 이동을 했으므로
세대 간 이동이 있었다.
바로잡기 ③ 구조적 이동은 전쟁이나 혁명 등 사회의 구조적 변화에
의해 계층적 위치가 변화한 것을 말한다. 갑의 할아버지, 갑의 아버지,
갑 모두 구조적 이동이 발생한 근거는 없다.

14 A는 구조적 이동, B는 세대 간 이동, C는 세대 내 이동이다.
ㄴ. 광복은 사회 변화이고, 이러한 사회 변화에 따라 평교사
에서 교장으로 승진한 것이므로 구조적 이동의 사례이다. ㄷ.
아버지는 회사의 사장이었지만 아들은 노숙자가 되었으므로
세대 간 이동의 사례이다. ㄹ. 음식점 종업원에서 음식점 사
장이 되었으므로 세대 내 이동의 사례이다.
바로잡기 ㄱ. 자수성가하여 토지를 많이 가지게 된 것은 개인적 이동
의 사례이다.

15

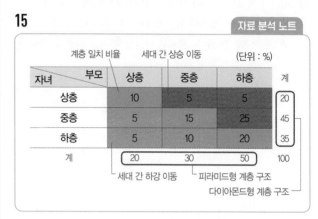

표는 부모와 자녀의 계층을 비교한 것이므로 세대 간 이동을
나타낸다. ㄱ. 세대 간 상승 이동은 35%, 하강 이동은 20%
로 상승 이동이 하강 이동보다 더 많다. ㄹ. 자녀 세대는 다이
아몬드형 계층 구조, 부모 세대는 피라미드형 계층 구조이므
로 자녀 세대의 계층 구조가 더 안정적이다.
바로잡기 ㄴ. 구조적 이동이 일어났는지 알 수 없다.
ㄷ. 세대 간 계층이 세습된 경우는 45%, 계층이 이동한 경우는 55%로
이동한 경우가 더 많다.

16 제시된 표를 다음과 같이 세대 간 이동 표로 바꾸어 본다.

〈갑국의 세대 간 이동〉
(단위 : %)

구분		부모			
		상층	중층	하층	계
자녀	상층	5	6	11	22
	중층	18	10	24	52
	하층	7	4	15	26
	계	30	20	50	100

〈을국의 세대 간 이동〉
(단위 : %)

구분		부모			
		상층	중층	하층	계
자녀	상층	10	7	3	20
	중층	4	20	11	35
	하층	1	8	36	45
	계	15	35	50	100

④ 세대 간 계층 일치 비율이 갑국은 30%, 을국은 66%이다. 따라서 갑국보다 을국에서 세대 간 계층 고착화 현상이 심하다.

바로잡기 ① 갑국의 세대 간 하강 이동률이 29%, 상승 이동률은 41%로 상승 이동률이 높다.

② 갑국에서 상층의 비율이 부모 세대는 30%, 자녀 세대는 22%이다.

③ 을국은 부모와 자녀 세대 모두 피라미드형 계층 구조이다.

⑤ 자녀 세대에서 갑국은 다이아몬드형 계층 구조, 을국은 피라미드형 계층 구조로 갑국이 을국보다 안정된 사회로 볼 수 있다.

17 제시된 자료에서 자녀 세대가 다이아몬드형 계층 구조이며 C는 A보다 높은 계층이라는 점에서 A는 하층, B는 상층, C는 중층임을 알 수 있다. 제시된 자료를 근거로 다음과 같이 세대 간 이동 표를 구성할 수 있다.

(단위 : %)

구분		부모			
		상층	중층	하층	계
자녀	상층	7	3	0	10
	중층	3	15	42	60
	하층	0	12	18	30
	계	10	30	60	100

ㄴ. 자녀 계층 대비 계층 세습 정도는 상층이 7/10, 중층이 15/60, 하층이 18/30로 상층이 가장 높다. ㄷ. 하층에서 상층으로의 세대 간 이동은 0%로 발생하지 않았다.

바로잡기 ㄱ. 세대 간 하강 이동은 15%, 상승 이동은 45%로 상승 이동이 더 많다.

ㄹ. 중층의 세대 간 이동의 경우, 상층으로의 이동은 3%, 하층으로의 이동은 12%로 하층으로의 이동이 더 많다.

18 제시된 자료에서 자녀 세대 계층은 다이아몬드형 계층 구조이며, A는 B보다 높은 계층이라는 점, 자녀 세대 계층 간 상대적 비율(C/B=5/3) 등을 토대로 A는 상층, B는 하층, C는 중층임을 알 수 있다. 제시된 조건을 활용하여 다음과 같이 세대 간 이동 표를 만들어 볼 수 있다.

(단위 : %)

구분		부모			
		상층	중층	하층	계
자녀	상층	8	1	11	20
	중층	2	10	38	50
	하층	0	9	21	30
	계	10	20	70	100

③ 세대 간 상승 이동 비율은 50%, 세대 간 하강 이동 비율은 11%이므로 상승 이동 비율은 하강 이동 비율의 2배를 초과한다.

바로잡기 ① 세대 간 계층 일치 비율은 39%로 50%를 넘지 않는다.

② 부모 계층 대비 자녀 계층의 불일치 비율은 상층 2/10, 중층 10/20, 하층 49/70로 하층이 가장 높다.

④ 부모 세대 하층 중 세대 간 이동을 통해 자녀가 상층이 된 경우는 11% 존재한다.

⑤ 상층의 부모를 둔 중층의 자녀는 2%, 중층의 부모를 둔 상층의 자녀는 1%로 다르다.

19 제시된 자료를 활용하여 다음과 같은 세대 간 이동 표를 만들 수 있다.

(단위 : %)

구분		부모			
		상층	중층	하층	계
자녀	상층	15	0	5	20
	중층	5	30	25	60
	하층	0	0	20	20
	계	20	30	50	100

① 중층 자녀들은 상승 이동 25%, 하강 이동 5%이므로 상승 이동이 더 많다. ② 자녀 세대 대비 계층 불일치 정도는 상층 5/20, 중층 30/60, 하층 0/20이므로 중층이 가장 높다. ④ 자녀 세대의 계층 구조는 다이아몬드형, 부모 세대의 계층 구조는 피라미드형으로 자녀 세대의 계층 구조가 더 안정적이다. ⑤ 전체 자녀를 100명으로 가정할 경우 상승 부모를 둔 중층 자녀는 5명, 하층 부모를 둔 상층 자녀는 5명으로 같다.

바로잡기 ③ 전체 자녀를 100명으로 가정할 경우 부모 세대와 계층이 일치하는 자녀 수는 중층은 30명, 하층은 20명이므로 같지 않다.

20 부모 세대 A는 하강 이동이 없고, C는 상승 이동이 없다는 점을 통해 A는 하층, B는 중층, C는 상층임을 알 수 있다. 제시된 자료를 토대로 하여 세대 간 이동 표를 작성하면 다음과 같다.

(단위 : %)

구분		부모			
		상층	중층	하층	계
자녀	상층	8	10	12	30
	중층	2	20	18	40
	하층	0	10	20	30
	계	10	40	50	100

① 계층을 대물림한 사람은 48%, 계층을 이동한 사람은 52%로 계층을 이동한 사람이 더 많다.

바로잡기 ② 부모 세대는 하층이 50%로 가장 높고, 자녀 세대는 중층이 40%로 가장 높다.

③ 부모 세대 상층에서 자녀 세대 중층으로 이동한 사람은 2%이다.

④ 세대 간 상승 이동을 한 사람은 40%, 하강 이동을 한 사람은 12%이므로 세대 간 상승 이동이 많다.

⑤ 자녀 세대 계층 대비 부모와 자녀 간 계층 불일치 비율은 상층 22/30, 하층 10/30이므로 상층이 하층보다 높다.

21 제시된 자료를 활용하여 다음과 같은 세대 간 이동 표를 만들 수 있다.

(단위 : %)

구분		부모			
		상층	중층	하층	계
자녀	상층	10	6	4	20
	중층	6	18	36	60
	하층	4	6	10	20
	계	20	30	50	100

⑤ 부모 세대 중 자녀와 계층이 일치하지 않는 사람의 비율은 상층 10/20, 중층 12/30, 하층 40/50이므로 하층이 가장 높다.

바로잡기 ① 세대 간 계층 일치 비율은 38%, 불일치 비율은 62%이므로 불일치 비율이 더 높다.
② 부모 세대는 피라미드형 계층 구조, 자녀 세대는 다이아몬드형 계층 구조로 부모 세대의 계층 구조가 자녀 세대의 계층 구조보다 사회 통합에 불리하다.
③ 자녀 세대 중 세대 간 상승 이동한 사람은 상층이 10%, 중층이 36%이므로 중층이 상층의 3배보다 많다.
④ 세대 간 상승 이동한 사람은 46%, 하강 이동한 사람은 16%이므로 상승 이동한 사람이 하강 이동한 사람의 4배를 넘지 않는다.

22 **이렇게 쓰면 감점** 사회 계층 중 특정 계층만을 지적하여 그 계층의 특성만을 서술하는 것은 감점 요인이다.

23 **이렇게 쓰면 만점** 정보화의 진전으로 정보에 대한 접근이 쉬워진다는 점, 세계화의 진전으로 교류가 활발해지면서 계층 간 격차가 줄어든다는 점, 이에 따라 중층이 사회 구성원의 대부분을 차지하면서 타원형 계층 구조가 형성된다는 점을 서술하면 만점이다.

24 **이렇게 쓰면 만점** (2) 시민 혁명으로 시민 계급이 주도권을 잡았으므로 급격한 사회 변동 때문에 계층이 이동했다고 서술해야 한다.

25 **이렇게 쓰면 만점** (2) 부모와 자녀의 계층 구조에서 어느 계층이 가장 많은지를 제시하면서 사회 변화 모습을 서술하면 만점이다.

등급을 올리는 **고난도 문제** 188~189 쪽

01 ①   02 ⑤   03 ②   04 ①

01 사회 계층 구조

자료 분석 노트

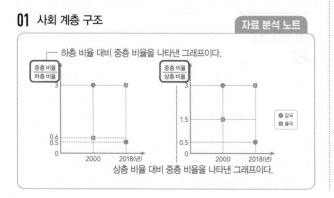

제시된 자료를 토대로 계층 비율을 정리하면 다음과 같다.

(단위 : %)

구분	갑국		을국	
	2000년	2018년	2000년	2018년
상층	20	40	20	20
중층	60	20	30	60
하층	20	40	50	20

① 갑국의 전체 인구수가 변하지 않았다고 하였으므로 갑국의 전체 인구를 2000년과 2018년 모두 100명으로 가정하면, 갑국의 하층 인구는 2000년에는 20명이었으나 2018년에는 40명이 되었다. 즉, 2배 증가하였다.

바로잡기 ② 을국의 중층은 2000년에는 30명, 2018년에는 60명이다. 30명 중 하강 이동을 한 최대한은 20명, 상승 이동을 한 최대한도 20명이므로 하강 이동과 상승 이동 중 무엇이 더 많은지 알 수 없다.
③ 2000년에 갑국의 상층은 20%, 을국의 상층도 20%이다.
④ 갑국의 계층 구조는 2000년에는 중층이 가장 많은 다이아몬드형인데, 2018년에는 중층이 가장 적은 모래시계형이다. 따라서 2000년이 2018년에 비해 더 안정적이다.
⑤ 2018년에 갑국은 모래시계형, 을국은 다이아몬드형 계층 구조이다.

02 세대 간 이동

자료 분석 노트

갑국의 계층 A, B, C는 각각 상층, 중층, 하층 중 하나이며, 모든 부모의 자녀는 1명씩이다. 부모 세대에서 B/A는 1/5이고 C/A는 4/5이다. 자녀 세대에서 B/A 1/6이고 B/C는 1/3이다.

└ 부모 세대 상층 10%, 중층 40%, 하층 50%
  자녀 세대 상층 10%, 중층 30%, 하층 60%

(단위 : %)

자녀 세대의 계층	부모보다 높은 계층인 자녀의 비율	부모보다 낮은 계층인 자녀의 비율
A 하층	⓪	50
B 상층	80	⓪
C 중층	50	10

부모보다 높은 계층인 자녀의 비율이 0%인 것은 자녀가 하층임을 나타낸다. 자녀가 하층이므로 부모보다 계층이 높을 수 없다.

부모보다 낮은 계층인 자녀의 비율이 0%인 것은 자녀가 상층임을 나타낸다. 자녀가 상층이므로 부모보다 낮은 계층이 될 수 없다.

제시된 표를 토대로 A는 하층, B는 상층, C는 중층임을 알 수 있다. 제시된 자료를 토대로 다음 표를 만들 수 있다.

(단위 : %)

구분		부모			
		상층	중층	하층	계
자녀	상층	2	3	5	10
	중층	3	12	15	30
	하층	5	25	30	60
	계	10	40	50	100

ㄷ. 상층 부모를 둔 중층 자녀는 3%, 중층 부모를 둔 상층 자

녀도 3%로 같다. ㄹ. 세대 간 상승 이동을 한 사람은 23%, 하강 이동을 한 사람은 33%로 하강 이동을 한 사람이 많다.

바로잡기 ㄱ. 부모 세대의 계층 구조와 자녀 세대의 계층 구조 모두 피라미드형이고, 중층의 비율이 자녀 세대가 더 적으므로 부모 세대에 비해 안정적이라고 볼 수 없다.

ㄴ. 부모와 계층이 일치하는 자녀는 44%, 불일치하는 자녀는 56%로 불일치하는 자녀가 많다.

03 세대 간 이동

자료 분석 노트

〈세대 간 계층별 구성 비율의 상대적 비〉

구분	A	B	C
부모 세대 해당 계층 대비 자녀 세대 해당 계층의 상대적 비	5/3	1/2	4/5

– 자녀의 계층 구성 비율은 상층 10%, 중층 50%, 하층 40%이다.

〈세대 간 계층 이동 현황〉

(단위 : %)

구분	A	B	C
자녀 세대 해당 계층 대비 부모와 자녀의 계층 불일치 비율	60	0	50

* 모든 부모의 자녀는 1명이고, 부모 세대의 계층 구조는 피라미드형임
└─상층<중층<하층
** 부모 세대의 계층 구성비에서 C는 A와 B를 합친 것이며, B의 2.5배임
C는 하층, A는 중층, B는 상층이다.
부모의 계층 구성 비율은 상층 20%, 중층 30%, 하층 50%이다.

단서에서 A가 중층, B가 상층, C가 하층임을 파악하고 부모와 자녀의 계층 구성 비율을 파악한다. 〈세대 간 계층 이동 현황〉에서 부모와 자녀의 계층 불일치 비율을 통해 계층 일치 비율을 알아낼 수 있다. 이러한 자료를 토대로 세대 간 계층 이동 표를 다음과 같이 완성한다.

(단위 : %)

구분		부모			
		상층	중층	하층	계
자녀	상층	10	0	0	10
	중층	0	20	30	50
	하층	10	10	20	40
	계	20	30	50	100

② 자녀 세대 계층 대비 계층 대물림 비율은 상층 10/10, 중층 20/50, 하층 20/40으로 상층이 가장 높고 중층이 가장 낮다.

바로잡기 ① 세대 간 상승 이동한 자녀는 30%, 세대 간 하강 이동한 자녀는 20%로 2배를 초과하지 못한다.

③ 세대 간 계층을 대물림한 사람은 50%, 세대 간 계층 이동을 한 사람도 50%로 같다.

④ 중층으로 세대 간 상승 이동한 자녀는 30%, 세대 간 하강 이동한 자녀는 0%로 서로 다르다.

⑤ 세대 간 계층 이동을 한 사람의 수는 중층 부모를 둔 자녀는 10%, 하층 부모를 둔 자녀는 30%로 하층 부모를 둔 자녀가 더 많다.

04 세대 간 이동

자료 분석 노트

• 갑국의 모든 부모의 자녀는 1명씩이다.
• 갑국의 계층은 A, B, C로 각각 상층, 중층, 하층 중 하나이다.
• 부모 세대와 자녀 세대의 C/(A+B)는 3/7로 동일하다.
• 부모 세대의 A/(B+C)는 1/4이고, 자녀 세대의 B/(A+C)는 1이다. └─부모 세대와 자녀 세대 모두 A 20%, B 50%, C 30%이다.
• 부모 세대의 계층 구조는 다이아몬드형이며, A는 C보다 높은 계층이다. └─A는 상층, B는 중층, C는 하층이다.
• 부모 세대 계층 대비 부모와 자녀의 계층이 일치하는 비율은 상층이 25%, 중층이 50%, 하층이 40%이다.
• 부모 세대 상층에서 자녀 세대 하층으로의 이동은 발생하지 않았다.

부모 세대의 계층 구조가 다이아몬드형이므로 중층이 가장 많다. 부모 세대와 자녀 세대의 계층 구성비와 A는 C보다 높은 계층임을 통해 A는 상층, B는 중층, C는 하층임을 알 수 있다. 제시된 자료를 바탕으로 다음과 같은 표를 만들 수 있다.

(단위 : %)

구분		부모			
		상층	중층	하층	계
자녀	상층	5	7	8	20
	중층	15	25	10	50
	하층	0	18	12	30
	계	20	50	30	100

① 중층 부모를 둔 하층 자녀는 18%로 존재한다.

바로잡기 ② 계층 세습 비율은 42%, 세대 간 이동 비율은 58%이다.

③ 상층 부모를 둔 중층 자녀는 15%, 하층 부모를 둔 상층 자녀는 8%로 상층 부모를 둔 중층 자녀가 더 많다.

④ 세대 간 상승 이동한 자녀는 25%, 세대 간 하강 이동한 자녀는 33%로 상승 이동한 자녀가 더 적다.

⑤ 자녀 세대 상층 중 부모가 중층인 경우는 7%, 부모가 하층인 경우는 8%로 부모가 하층인 경우가 더 많다.

올리드 특강 191쪽

사회 계층 구조	Step❸ ①	Step❹ ③
사회 이동	Step❸ ⑤	Step❹ ⑤

사회 계층 구조

Step❸ 상층 : 중층 : 하층 비율은 A국이 30 : 50 : 20, B국이 20 : 30 : 50이다. ② B국에서 상승 이동을 한 13%가 모두 하층에서 중층으로 이동하고, 하강 이동을 한 11%가 모두 상층에서 중층으로 이동했다면 최대 24%가 세대 간 이동을 했다. 중층 30% 중 24%는 80%이므로 세대 간 이동 경험자의 비율은 80% 이하이다. ③ 하층은 A국이 20%, B국이 50%로, 인구수는 A국이 B국의 2배이기 때문에 하층 인구수는 B국이 A국보다 많다. ④ A국은 다이아몬드형, B국

은 피라미드형이므로 A국이 사회 안정에 유리하다. ⑤ 부모 세대와의 계층 일치 비율은 A국이 60%, B국이 76%이다. B국의 인구를 100명으로 가정하면 B국은 76명, A국은 120명이다.

바로잡기 ① A국에서 상승 이동을 경험한 12%가 모두 상층으로 이동했다면 A국 상층 중 세대 간 이동을 경험한 사람의 비율은 40%(12/30×100)이고, 이는 최댓값이다. A국 상층 중 부모 세대와 계층이 일치하는 사람의 비율의 최솟값은 60%(18/30×100)이다. 따라서 '60% 이상'이 맞다.

Step 4 ㄴ. 〈세대별 계층 간 상대적 비율〉로 부모 세대는 상층 : 중층 : 하층 비율이 1 : 5 : 4, 자녀 세대는 2 : 5 : 3임을 알 수 있다. 가구주가 100명이고, 자녀도 각각 1명씩이므로 부모 세대는 상층이 10명, 중층이 50명, 하층이 40명이다. 자녀 세대는 상층이 20명, 중층이 50명, 하층이 30명이다. 부모 세대와 자녀 세대 모두 다이아몬드형 계층 구조이다. ㄷ. 〈계층 대물림 및 이동 인구 비율〉에서 중층을 기준으로 하고 있으므로 중층의 대물림 인구수를 a라고 한다. 상층의 대물림 인구수는 $0.2a$이고 하층의 대물림 인구수는 $0.6a$이다. 중층의 이동 인구수를 b라고 하면 상층의 이동 인구수는 $0.2b$이고 하층의 이동 인구수는 b이다. 부모 중층은 a와 b로 구성되고, 부모 하층은 $0.6a$와 b로 구성되므로, $a+b=50$이고 $0.6a+b=40$이다. a와 b는 동일하게 25명이 된다. 따라서 계층이 대물림된 사람의 수는 45명($1.8a$)이고, 계층이 이동한 사람의 수는 55명(100−45)이다. 상층의 대물림 인구수는 5명, 중층의 대물림 인구수는 25명, 하층의 대물림 인구수는 15명이다.

바로잡기 ㄱ. 부모 계층이 자녀에게 대물림된 사람의 수는 상층 5명, 중층 25명, 하층 15명이다. 따라서 부모 세대 계층 대비 계층 대물림 비율은 상층은 5/10, 중층은 25/50, 하층은 15/40이므로 하층이 가장 낮다.
ㄹ. 부모가 하층이었던 자녀는 40명이고 하층을 대물림한 경우는 15명이므로 25명은 상승 이동하였다. 부모가 상층이었던 자녀는 10명인데 그중 상층을 대물림한 경우는 5명이므로 5명은 하강 이동하였다. 따라서 부모가 하층이었던 자녀 중에 상승 이동한 사람 수는 부모가 상층이었던 자녀 중에 하강 이동한 사람 수의 5배이다.

사회 이동

Step 3 〈세대별 계층 간 상대적 비율〉에서 부모 세대는 (상층+하층)/전체 계층=1/2이므로 중층은 50%이다. 하층 비율을 x라고 하면 상층/(중층+하층)=1/4은 {100−(50+x)}/(50+x)=1/4이고, $x=30$이다. 즉, 부모 세대 하층은 30%, 상층은 20%이다. 자녀 세대는 상층 25%, 중층 20%, 하층 55%이다. 〈자녀 세대 계층 대비 부모와 자녀의 계층 일치의 상대적 비율〉로 대물림 비율을 구할 수 있다. 상층은, 부모와 자녀가 모두 상층인 비율/자녀 세대 상층 비율=1/5이다. 자녀 세대 상층 비율은 25%이므로 부모와 자녀가 모두 상층인 비율은 5%이다. 이러한 방식으로 중층에서의 대물림 비율 10%, 하층에서의 대물림 비율 20%를 구할 수 있다. 또한 단서에서 상층 부모를 둔 하층 자녀 인구와 하층 부모를 둔 중층 자녀 인구의 비는 2:1이라고 한다. 하층 부모를 둔 중층 자녀 인구를 A라고 하고, 상층 부모를 둔 중층 자녀 인구를 B라고 하면 5+B+2A=20, B+10+A=20이라는 식을 도출할 수 있

고, 이때 A=5, B=5이다. 이에 따라 표를 완성하면 다음과 같다.

(단위 : %)

구분		부모 세대			
		상층	중층	하층	계
자녀 세대	상층	5	15	5	25
	중층	5	10	5	20
	하층	10	25	20	55
	계	20	50	30	100

⑤ 부모 세대 하층에서 자녀 세대 상층으로 이동한 비율과 부모 세대 하층에서 자녀 세대 중층으로 이동한 비율은 모두 5%이다.

바로잡기 ① 자녀 세대는 모래시계형 계층 구조이다.
② 세대 간 계층 일치 비율은 35%, 세대 간 계층 이동 비율은 65%이다.
③ 부모 세대 계층 대비 부모와 자녀의 계층 일치 비율은 중층이 10/50, 상층이 5/20로, 중층이 상층보다 낮다.
④ 부모 세대 계층 대비 부모와 자녀의 계층 불일치 비율은 하층이 10/30, 상층이 15/20로 하층이 상층보다 낮다.

Step 4 〈○○ 지역의 세대별 계층 간 상대적 비〉로 부모 세대와 자녀 세대의 계층 비율을 구할 수 있다. 부모 세대에서 A:B:C는 6:1:3이다. 부모 세대의 계층 구조가 피라미드형이므로 A는 하층, B는 상층, C는 중층이다. 즉, 부모 세대는 상층 10%, 중층 30%, 하층 60%이다. 자녀 세대에서 A:B:C는 1:1:3이다. 따라서 자녀 세대는 상층 20%, 중층 60%, 하층 20%이다. 〈자녀 세대에서 부모와 계층이 일치하는 사람 대비 불일치하는 사람의 비〉를 보면 자녀 세대 하층(20%)에서 부모와 계층이 일치하는 사람 대비 불일치하는 사람의 비는 0.25이므로, 자녀 세대 하층에서 부모와 계층이 일치하는 사람이 불일치하는 사람보다 4배 많다. 즉, 자녀 세대 20% 중 부모와 계층이 일치하는 사람은 16%, 불일치하는 사람은 4%이다. 이러한 방식으로 자녀 세대의 중층과 상층을 계산한다. 부모 세대 상층에서 자녀 세대 하층으로의 세대 간 이동은 없으므로 이를 종합하여 다음 표를 만들 수 있다.

(단위 : %)

구분		부모 세대			
		상층(B)	중층(C)	하층(A)	계
자녀 세대	상층(B)	4	2	14	20
	중층(C)	6	24	30	60
	하층(A)	0	4	16	20
	계	10	30	60	100

ㄷ. 부모 세대 계층 대비 계층 대물림 비율은 상층이 4/10, 중층이 24/30, 하층이 16/60이므로 하층이 가장 낮다. ㄹ. 중층으로 세대 간 이동 중 상승 이동은 30%, 하강 이동은 6%이다.

바로잡기 ㄱ. 다른 계층에서 중층으로 세대 간 이동한 경우는 모두 ○○ 지역의 산업 구조 변화로 인한 것이므로 이는 구조적 이동의 사례이다. 따라서 구조적 이동은 36%이고, 나머지 이동인 개인적 이동은 20%이다.
ㄴ. 세대 간 이동 비율은 56%이고 계층이 대물림된 비율은 44%이다.

03 다양한 사회 불평등 현상

기초를 다지는 확인 문제 ___ 196쪽

01 (1) × (2) ◯ (3) ◯ (4) × (5) ◯ **02** (1) 사회적 소수자 (2) 성 불평등 (3) 중위 소득 (4) 주관적 빈곤 **03** (1) ㉠ (2) ㉡

실력을 키우는 실전 문제 ___ 197~201쪽

01 ① **02** ③ **03** ① **04** ③ **05** ⑤ **06** ④
07 ③ **08** ① **09** ④ **10** ⑤ **11** ③ **12** ①
13 ④ **14** ② **15** ③ **16** ⑤ **17** ② **18** ②
19 ①

20 예시답안 구성원의 수가 사회적 소수자를 규정하는 절대적 기준은 아니다. 권력의 열세가 핵심적인 요건이다.

21 예시답안 사회적 소수자를 우리 사회의 동등한 구성원으로 인정하는 인식의 전환이 필요하다.

22 (1) 중위 소득 (2) **예시답안** 상대적 빈곤은 상대적 박탈감을 초래하여 사회 갈등을 유발할 수 있다.

01 사회적 소수자란 신체적 또는 문화적 특징으로 인해 사회의 주류 집단으로부터 차별받으며 스스로도 차별받는 집단에 속해 있다는 의식을 가진 사람들이다. 신체, 인종, 민족, 국적 등에서 사회의 주류 집단과 다르다는 이유로 차별 대상이 되고 부당한 대우를 받는 사람들이 이에 해당한다.

바로잡기 ① 사회적 소수자는 그 사회에서 수적으로 반드시 소수(少數)인 것은 아니다. 인종 차별이 극심한 국가에서 차별받는 인종은 사회적 소수자이지만, 그에 해당하는 사람들의 수가 적지 않거나 오히려 더 많을 수도 있다.

사회적 소수자의 성립 요건 · 만점 공략 노트

식별 가능성	신체적 또는 문화적으로 다른 집단과 구별되는 뚜렷한 차이가 있음
권력의 열세	정치권력을 포함한 사회적 권한의 행사에서 지배 집단보다 열세에 있음
사회적 차별	사회적 소수자 집단의 구성원이라는 이유만으로 사회적 차별을 받음
집합적 정체성	스스로 차별받는 집단의 구성원이라는 인식 또는 소속감이 있음

02 무단결근을 자주 하는 것은 회사 규칙을 제대로 지키지 않은 행동이므로 당연히 징계 사유이다. 결근하는 사람이 사회적 소수자인지도 알 수 없다.

03 제시된 자료는 검정고시 출신자에 대해 갖는 편견을 보여 준다. 우리 사회에서 검정고시 출신자를 학교생활에 적응하지 못한 끈기 없는 문제아, 남들보다 쉽게 대학에 가고자 편법을 쓰는 자퇴생으로 단정하는 경우가 적지 않다.

04 갑은 탈북 대학생이라는 이유만으로 채용 과정에서 거부를 당했고, 채용된 뒤에도 자신을 피하는 상황을 겪었다. 이는 북한 이탈 주민에 대한 막연한 편견 때문이다. 이를 통해 북한 이탈 주민과 같은 사회적 소수자에 대한 편견을 제거해야 함을 알 수 있다.

05 (가)에서는 사회 문제를 제도적 차원에서 해결해야 함을 주장한다. (나)는 대중 교통 수단에 장애인용 편의 시설이 부족하기 때문에 장애인이 이동권을 침해받고 있다는 내용이다. 장애인의 이동권을 보장하기 위한 제도적 방안으로 대중 교통 수단에 장애인용 편의 시설을 의무적으로 설치하는 것이나, 관련 법률을 개정하여 장애인이 실질적인 혜택을 얻을 수 있도록 하는 것 등을 들 수 있다.

바로잡기 ㄱ, ㄴ. 장애인에 대한 편견 해소나 공존의 자세 함양 등은 의식적 차원의 노력이다.

06 농어촌 외국인 노동자들이 근로 기준법의 사각지대에서 인권 침해를 받고 있다. 이러한 문제점을 해결하는 제도적 방안으로 근로 기준법을 정비하여 외국인 노동자와 같은 사회적 소수자의 권리를 실질적으로 보장하는 것이 있다.

바로잡기 ① 외국인 노동자의 취업 업종을 제한하는 것은 이들의 노동권을 침해하는 행위이다.
② 외국인 노동자가 스스로 인권 의식을 갖춘다고 해도 제도적인 뒷받침이 있어야 실현 가능하다.
③ 사회적 소수자는 제도적으로 규정되는 것이 아니다.
⑤ 외국인 노동자에 대한 편견을 버리고 공존하려는 자세를 갖는 것은 의식적 차원의 대책이다.

07 ㄴ. 장애인 고용 촉진 운동을 통해 장애인을 실제로 고용하여 장애인과 함께 생활하다 보면 장애인에 대한 편견을 해소하는 데 도움이 될 것이다. ㄷ. 장애인이 직업을 가지면 자신의 생계에 도움이 될 뿐만 아니라, 사회 구성원으로서 일정한 역할이 있다는 자부심을 얻고 비장애인과 공존함으로써 실질적 평등을 실현할 수 있다.

바로잡기 ㄱ. 사회적 소수자를 규정하는 핵심 기준은 수가 아니라 사회적 영향력의 크기이다.
ㄹ. 장애인을 고용한다고 해서 비장애인이 고용상의 차별을 받는 것은 아니다.

08 가게 주인이 휠체어를 탄 장애인을 못 들어오게 하는 것은 장애인에 대한 편견 때문이다. 손님들에게 큰 불편을 주는 것도 아닌데 장애인이 있으면 손님들이 줄어들 것이라는 선입견을 가지고 있다. 장애인에 대한 고정 관념을 버리고 공존의 자세를 갖는 것이 필요하다.

바로잡기 ㄷ. 제시된 사례에 나타난 문제를 해결하기 위해서는 사회적 소수자를 편견으로 대하는 자세를 버려야 한다.
ㄹ. 사회적 소수자가 스스로 차별 개선에 나설 것을 강조하고 있는 것이 아니라, 비장애인의 차별 의식 개선을 강조하고 있다.

09 운동회 달리기 대회에서 꼴찌를 도맡아 하는 장애인 친구를 위해 다른 친구들이 기다렸다가 함께 결승점에 들어오는 모습은 장애인을 대할 때 편견을 버려야 이들의 인권이 실질적으로 보장됨을 시사한다.

[바로잡기] ① 장애인을 사회적 소수자로 대우해야 함을 강조하고 있지는 않다.
② 장애인에게 편견을 지니고 대하지 말라는 것이지 장애인에 대한 특별한 우대 조치가 필요하다고 주장하는 것은 아니다.
③ 장애인에 대한 국가 차원의 지원에 관한 언급은 없다.
⑤ 법적·제도적 개선을 해야 한다는 내용을 추론하기는 어렵다.

10 밑줄 친 '이것'은 사회적 성이다. 생물학적 성은 타고나는 것이지만, 사회적 성은 문화적으로 형성되고 사회화를 통해 각 개인에게 내면화된다. 사회적 성은 여성다움과 남성다움, 혹은 성 역할에 대한 고정 관념의 형태로 나타나며, 이는 성별에 따른 차별과 억압, 그리고 성 불평등으로 이어지고 있다. 그렇다고 하여 사회적 성이 생물학적 성을 부정하는 데 활용되는 것은 아니다. 생물학적 성의 바탕 위에서 차별적 사회화를 통해 사회적 성으로 나타나는 것이다.

11 ㄴ. 제시된 글은 남성 중심적인 가부장제가 왜곡된 성 역할 형성에 기여하였음을 주장하고 있다. 가부장제는 사회 전반에서 남성이 지배 권력을 가지고 그에 대해 여성이 접근하는 것을 체계적으로 허용하지 않는 제도이다. 이 견해에 따르면 가부장제는 여성의 사회 진출을 막는 제도적 제한, 남성의 지배를 정당화하는 대중 매체, 이를 통해 이루어지는 성차별적 사회화에 의해 지속되고 있다. ㄷ. 가부장제로 인해 남녀의 불평등한 역할이 발생하였고, 이러한 불평등한 관계로 인해 가족 간에 대립이 발생할 수 있다는 것이다.

[바로잡기] ㄱ. 남성과 여성의 역할 자체가 불평등하므로 이 역할을 명확히 구분한다면 성 불평등이 더욱 심화될 것이다.
ㄹ. 제시된 글에 의하면 성 불평등 현상은 남성 중심의 가치관, 가족이나 사회에서 남녀의 불평등한 역할 등에 의해 형성된 것이지 여성 스스로의 소극적 문제 인식으로 촉발된 것은 아니다.

성 불평등 현상의 원인   만점 공략 노트

가부장제	• 남성은 직장 노동을, 여성은 가사 노동을 담당하도록 강요함으로써 여성의 몫으로 주어진 가사 노동의 가치를 상대적으로 낮게 평가해 옴 • 직업 구조 안에서도 남성은 주로 지배적·주도적인 일을 하고 여성은 보조하는 업무를 담당하는 식의 차별적인 분업이 지속되어 옴
차별적 사회화	• 개인은 몸가짐, 말투, 머리 모양, 옷 등에서 성별에 따른 기준을 적용받으며, 그 사회가 용인하는 여성다움 혹은 남성다움을 학습하면서 성장함 • 차별적 사회화는 부모의 양육 태도, 전통적인 성 역할과 규범을 강조하는 학교 교육, 여성의 성을 상품화하는 대중 매체를 통해 더욱 심화됨

12   자료 분석 노트

교사 : 우리 사회에서 성 불평등이라고 볼 수 있는 사례를 찾아 발표해 볼까요?
갑 : 여성은 생리 휴가를 받아 쉴 수 있지만, 남성은 그렇지 못합니다.
    – 남녀의 신체적 특징에 따른 조치이므로 성 불평등 현상이 아니다.
을 : 여성 노동자의 월평균 임금이 남성 임금의 60%에 머물러 있습니다.
    – 남녀 임금 격차로, 성 불평등 현상이다.
병 : 맞벌이 부부의 경우 남편에 비해 아내의 가사 노동 시간이 지나치게 많습니다.
    – 가사 노동은 여성의 일이라는 인식 때문에 발생하는 성 불평등 현상이다.
정 : 2016년 현재 우리나라 여성 국회의원의 비율이 17%로 다른 나라에 비해 낮습니다.
    – 정치적 측면에서 나타나는 성 불평등 현상이다.
무 : 텔레비전 뉴스 앵커를 보면 남자는 나이 든 사람이 많이 있지만, 여자는 대부분 젊은 사람뿐입니다.
    – 대중 매체에서 나타나는 성 불평등 현상이다.

성 불평등이란 지위, 권력, 위신 등에서 남녀 간에 차이가 나타나는 현상이다.

[바로잡기] ① 여성의 생리 휴가는 남녀의 신체적 차이에 근거한 것으로, 합리적 근거 없이 여성에게만 특혜를 주는 성 불평등 현상이 아니다.

13 ㄴ. 갑은 남녀가 종사하는 업종이 구분된 것은 자연스러운 현상으로 전체 사회가 성별 분업 체계를 인정하고 있다고 본다.
ㄹ. 갑은 남성과 여성의 역할 차이로 인해 임금 차이가 발생한다고 주장한다. 반면, 을은 남성 중심의 가부장제로 인해 여성이 불합리한 차별을 받고 있다고 주장한다.

[바로잡기] ㄱ. 갑은 남녀의 임금 격차가 사회 문제가 되지 않는다고 본다. 여성이 종사하는 분야는 남성에 비해 사회적 중요성이 덜하기 때문에 낮은 임금을 받는 것은 당연하다는 주장이다.
ㄷ. 을은 성 불평등 현상이 가부장제 때문이라고 본다. 차별적 사회화에 대한 언급은 찾아보기 어렵다.

14 ② 만화에서는 남자 주인공과 여자 주인공의 역할이 명확하게 구분되어 있다. 아이들은 만화 속의 성차별적인 모습을 반복적으로 접하면서 성 역할을 무의식적으로 받아들이게 된다. 결국 성 역할에 대한 차별적 사회화로 인해 성 역할을 당연한 것으로 학습하게 된다.

[바로잡기] ① 제시된 글에서는 성 불평등 문제의 요인을 차별적 사회화 과정에서 찾고 있다.
③ 제시된 글은 성별 분업 체계가 사회의 필요보다는 차별적 사회화 과정을 통해 인위적으로 형성되었다는 주장을 담고 있다.
④ 남녀의 성 역할 차이는 생물학적, 자연적으로 결정되는 것이 아니라 인위적인 사회화 과정을 통해 형성되었다고 본다.
⑤ 성 불평등 문제가 일시적이라는 주장은 찾아볼 수 없다. 또한 성별 분업 체계가 확립되면 성 불평등 문제가 사라질 것이라는 점도 추론하기 어렵다.

15 A는 절대적 빈곤, B는 상대적 빈곤이다. ③ 평균 가구 소득이나 중위 소득이 높아지면 사회의 전반적 소득 수준이 높아지므로 중위 소득의 50%로 측정하는 상대적 빈곤선도 높아진다.

바로잡기 ① 상대적 박탈감과 관련 있는 것은 상대적 빈곤이다.
② 상대적 빈곤은 사회의 일반적인 소득 수준에 비해 빈곤한 것이므로 선진국에서도 문제가 된다.
④ 절대적 빈곤과 상대적 빈곤 모두 객관적인 기준에 의해 분류된다. 절대적 빈곤은 최저 생계비로, 상대적 빈곤은 중위 소득의 50%로 측정하는데 이 두 자료는 모두 객관적인 기준에 의한 것이다.
⑤ 최저 생계비는 절대적 빈곤선, 중위 소득의 50%는 상대적 빈곤선이다. 따라서 최저 생계비와 중위 소득의 50%가 일치해야 절대적 빈곤선과 상대적 빈곤선이 같아 두 유형에 해당하는 빈곤층이 동일하다.

빈곤의 유형 〈만점 공략 노트〉

절대적 빈곤	• 인간이 최소한의 생활을 유지하는 데 필요한 자원이나 소득이 절대적으로 부족한 상태 • 일반적으로 최저 생계비(절대적 빈곤선) 미만의 가구를 절대적 빈곤율로 정하여 측정함
상대적 빈곤	• 사회 구성원 대부분이 누리는 생활 수준을 영위하지 못하는 상태 • 우리나라는 중위 소득의 50%에 해당하는 금액(상대적 빈곤선) 미만의 가구를 상대적 빈곤율로 정하여 측정함

16 ⑤ 2018년에는 절대적 빈곤율이 상대적 빈곤율보다 크다. 모든 상대적 빈곤 가구는 절대적 빈곤 가구이지만, 모든 절대적 빈곤 가구가 상대적 빈곤 가구인 것은 아니다. 즉, 절대적 빈곤에 속하면서 상대적 빈곤에는 속하지 않는 가구가 있다.

바로잡기 ① 1990년에는 절대적 빈곤율이 상대적 빈곤율보다 크다. 즉, 최저 생계비 미만에 속하는 가구가 중위 소득의 50%에 미달하는 가구보다 많다. 이는 최저 생계비가 중위 소득의 50%보다 많다는 것을 의미하며, 중위 소득보다 많은지는 알 수 없다.
② 2000년에는 절대적 빈곤율보다 상대적 빈곤율이 크다. 이는 모든 절대적 빈곤 가구가 상대적 빈곤 가구에 해당함을 의미한다.
③ 2010년에는 절대적 빈곤율과 상대적 빈곤율이 일치한다. 따라서 최저 생계비와 중위 소득의 50% 수준이 일치한다.
④ 제시된 연도의 전체 가구 수를 모르므로 빈곤 가구 수는 알 수 없다.

17 〈자료 분석 노트〉

절대적 빈곤율이 상대적 빈곤율보다 더 크다. 따라서 모든 상대적 빈곤 가구는 절대적 빈곤 가구에 해당한다.

A 시기 - 절대적 빈곤율과 상대적 빈곤율이 a로 같다. 따라서 절대적 빈곤 가구 수와 상대적 빈곤 가구 수가 같다.

C 시기 - 상대적 빈곤율이 절대적 빈곤율보다 크다. 따라서 모든 절대적 빈곤 가구는 상대적 빈곤 가구에 해당한다.

ㄱ. C 시기는 상대적 빈곤율보다 절대적 빈곤율이 낮다. 최저 생계비에 미치지 못하는 가구의 비율이 중위 소득의 50%에 미치지 못하는 가구보다 적다. 이것은 최저 생계비가 중위 소득의 50% 수준보다 낮다는 것을 의미한다. ㄷ. C 시기는 B 시기에 비해 절대적 빈곤율이 낮다. 즉, C 시기는 B 시기에 비해 절대적 빈곤 가구의 비율이 적다는 것을 의미한다.

바로잡기 ㄴ. A 시기는 절대적 빈곤율이 상대적 빈곤율보다 높으므로 모든 상대적 빈곤 가구는 절대적 빈곤 가구에 해당한다. 그러나 C 시기는 상대적 빈곤율이 절대적 빈곤율보다 높으므로 모든 절대적 빈곤 가구는 상대적 빈곤 가구에 해당한다.
ㄹ. A 시기와 B 시기는 절대적 빈곤율이 같다. 이는 두 시기에 최저 생계비 미만에 해당하는 가구의 비율이 같다는 것을 말한다. 두 시기에 최저 생계비 수준이 같은지는 알 수 없다.

18 제시된 자료를 다음과 같이 정리할 수 있다.

구분	800달러 미만 소득	800달러 이상 1,200달러 미만 소득
2010년	10% 가구	5% 가구
	절대적 빈곤 ○ 상대적 빈곤 ○	절대적 빈곤 × 상대적 빈곤 ○

구분	1,200달러 미만 소득	1,200달러 이상 1,500달러 미만 소득
2018년	5% 가구	7% 가구
	절대적 빈곤 ○ 상대적 빈곤 ○	절대적 빈곤 × 상대적 빈곤 ○

① 2010년에는 상대적 빈곤율이 절대적 빈곤율보다 크다. 상대적 빈곤율은 15%, 절대적 빈곤율은 10%이다. 절대적 빈곤 가구가 아니면서 상대적 빈곤 가구인 비율은 5%이다. 따라서 5%의 가구는 최저 생계비 수준을 넘는 소득(800달러 이상)을 가지고 있지만, 중위 소득의 50%(1,200달러)에는 미치지 못한 소득을 가지고 있다. ③ 2010년의 상대적 빈곤선은 중위 소득의 50%인 1,200달러이다. 2018년의 절대적 빈곤선은 최저 생계비인 1,200달러로 일치한다. ④ 절대적 빈곤과 상대적 빈곤에 모두 속하는 가구의 비율은 2010년에는 10%였으나, 2018년에는 5%로 줄어들었다. ⑤ 절대적 빈곤과 상대적 빈곤 중 어느 하나에만 속하는 가구의 비율은 2018년에는 7%, 2010년에는 5%이다.

바로잡기 ② 2018년에도 상대적 빈곤율이 절대적 빈곤율보다 크다. 상대적 빈곤율은 12%, 절대적 빈곤율은 5%이다. 절대적 빈곤 가구가 아니면서 상대적 빈곤 가구인 비율은 7%이다. 따라서 7%의 가구는 최저 생계비 수준을 넘는 소득(1,200달러 이상)을 가지고 있지만, 중위 소득의 50%(1,500달러)에는 미치지 못한 소득을 가지고 있다. 이때 상대적 빈곤선은 중위 소득(3,000달러)이 아니라 중위 소득의 50%(1,500달러)이다.

19 ㄱ. 전체 빈곤 가구는 어느 하나의 빈곤에라도 포함되는 가구의 비율을 말한다. 따라서 절대적 빈곤율과 상대적 빈곤율이

같은 A 시기가 가장 적다. ㄴ. B 시기는 절대적 빈곤율이 상대적 빈곤율보다 작다. 즉, 절대적 빈곤 가구는 모두 상대적 빈곤 가구에 해당한다.

[바로잡기] ㄷ. C 시기는 절대적 빈곤율이 상대적 빈곤율보다 높다. 즉, 중위 소득의 50%보다 최저 생계비가 높다. 따라서 중위 소득은 최저 생계비의 2배 이상이 될 수 없다.

ㄹ. A 시기는 절대적 빈곤율과 상대적 빈곤율이 같으므로 최저 생계비 수준이 중위 소득의 50% 수준과 같다. B 시기는 절대적 빈곤율이 상대적 빈곤율보다 작으므로 최저 생계비 수준이 중위 소득의 50% 수준보다 낮다. 그러나 두 시기의 최저 생계비나 중위 소득이 제시되어 있지 않으므로 최저 생계비 수준을 비교할 수 없다.

20 [이렇게 쓰면 만점] 사회적 소수자의 요건에서 수의 열세는 절대적 기준이 아니라는 점을 알 수 있다. 사회적 소수자의 수가 문제가 아니라 권력의 열세가 핵심이라는 점을 함께 서술하면 만점이다.

21 [이렇게 쓰면 감점] 제시된 자료는 사회적 소수자에 대한 인식에 대한 내용이므로 의식적 차원의 대책을 제시해야 한다. 제도적 차원의 대책(법이나 정책 개선 등)을 제시하면 감점 요인이 된다.

22 [이렇게 쓰면 만점] (2) 상대적 빈곤이 개인에게 상대적 박탈감을 초래한다는 점과 함께 사회에 어떤 영향을 끼치는지도 서술하면 만점이다.

등급을 올리는 고난도 문제 _____ 202~203쪽

01 ⑤   **02** ②   **03** ④   **04** ①

01 사회적 소수자 차별 문제 [자료 분석 노트]

ㄴ. 비정규직 노동자에 대한 부당한 차별로, 차별을 막기 위한 제도 개선이 필요하다.

아이에게 장애인에 대한 편견을 심어 주는 상황으로, 인식 전환이 필요하다.

ㄷ. 사회적 소수자 차별 문제가 심각해지면 주류 집단과 소수자 집단 간 갈등과 대립이 심화되어 사회 통합이 저해될 수 있다. ㄹ. (가)에서는 비정규직 노동자에 대한 차별 의식, (나)에서는 장애인에 대한 편견이 하나의 원인일 수 있다.

[바로잡기] ㄱ. (가)는 비정규직 노동자를 차별하는 모습으로, 소수자 우대 조치로 인한 역차별의 사례로 볼 수 없다.

ㄴ. (나)에서는 부모가 아이에게 장애인이 무서운 사람이라는 편견을 심어 주고 있다. 이는 장애인에 대한 인식 개선이 중요함을 보여 준다.

02 남녀 임금 격차 [자료 분석 노트]

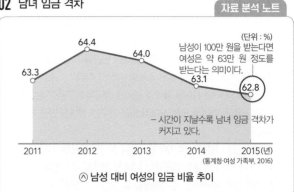

(단위 : %)
남성이 100만 원을 받는다면 여성은 약 63만 원 정도를 받는다는 의미이다.

– 시간이 지날수록 남녀 임금 격차가 커지고 있다.

(통계청·여성 가족부, 2016)

Ⓐ 남성 대비 여성의 임금 비율 추이

제시된 그래프는 남성 임금을 100으로 보았을 때 여성의 임금이다. 따라서 숫자가 작을수록 남녀 임금 격차가 커진다는 것을 나타낸다. ② 2012년에는 남성의 평균 임금이 100일 때 여성의 평균 임금이 64.4로 다른 해와 비교하여 남녀 임금 격차가 가장 작다.

[바로잡기] ①, ③ 남성 임금이 매년 5%씩 증가하고 있어 남성 대비 여성의 임금 비율 추이를 비교해 보면 여성 평균 임금도 계속 증가한다. 따라서 여성 평균 임금이 가장 낮은 해는 2011년이고, 여성 평균 임금은 2014년에 비해 2015년에 증가하였다.

④ 2013년보다 2014년에 남성 임금 대비 여성 임금 수준이 64.0%에서 63.1%로 낮아졌으므로 남녀 임금 격차는 더 커졌다.

⑤ 모든 연도에서 남성 대비 여성의 임금 비율 추이를 비교해 보면, 남성 평균 임금은 여성 평균 임금보다 5% 이상 많다.

03 절대적 빈곤과 상대적 빈곤 [자료 분석 노트]

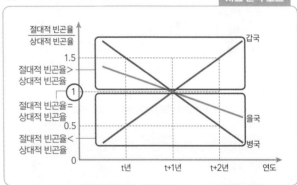

그래프에서 왼쪽의 숫자는 절대적 빈곤율과 상대적 빈곤율의 비이다. 1은 절대적 빈곤율과 상대적 빈곤율이 같은 것이고, 1 초과는 절대적 빈곤율이 상대적 빈곤율보다 크며, 1 미만은 절대적 빈곤율이 상대적 빈곤율보다 작다. ④ 을국의 경우 t년에는 상대적 빈곤율보다 절대적 빈곤율이 높고, t+1년에는 같으며, t+1년 이후 t+2년까지 상대적 빈곤율이 절대적 빈곤율보다 높다. t년부터 전체 가구 수와 절대적 빈곤 가구 수는 계속 증가했으므로 상대적 빈곤율이 절대적 빈곤율을 추월하기 위해서는 절대적 빈곤 가구 수의 증가율보다 상대적 빈곤 가구 수의 증가율이 더 높아야 한다.

[바로잡기] ① t+1년에는 갑국, 을국, 병국 모두 절대적 빈곤율과 상대

적 빈곤율이 같다. 이는 각 국가의 절대적 빈곤 가구 수와 상대적 빈곤 가구 수가 같다는 것을 의미하지만, 각 국가별로 전체 가구 수를 알 수 없으므로 세 국가의 절대적 빈곤 가구 수가 같은지는 알 수 없다.

② t년부터 t+1년 사이에 갑국은 절대적 빈곤율이 상대적 빈곤율보다 작다. 즉, 최저 생계비가 중위 소득의 1/2보다 작다.

③ t년부터 t+1년 사이에 을국과 병국은 절대적 빈곤율이 상대적 빈곤율보다 크다. 따라서 모든 상대적 빈곤 가구는 절대적 빈곤 가구에 해당한다.

⑤ 갑국은 t+1년에는 절대적 빈곤율과 상대적 빈곤율이 같고, 그 후부터 t+2년까지 절대적 빈곤율이 상대적 빈곤율보다 높다. 이를 통해 절대적 빈곤 가구 수는 증가했음을 알 수 있다. 병국은 t+1년에는 절대적 빈곤율과 상대적 빈곤율이 같고, 그 이후부터 t+2년까지 상대적 빈곤율이 절대적 빈곤율보다 높다. 이를 통해 상대적 빈곤 가구 수가 증가했음을 알 수 있다.

04 빈곤

자료 분석 노트

- 2015년 갑국의 전체 가구 수는 1,000만 가구이며, 빈곤층 가구 비율은 40%이다.
  └ 2015년 빈곤층 가구는 400만 가구이다.
- 2015년부터 2017년까지 갑국 전체 가구 수와 가구별 구성원 수는 변동이 없다.
- 2016년과 2017년의 빈곤 탈출률과 빈곤 진입률은 다음과 같다.

┌ 이전 연도의 빈곤층 가구에서 비빈곤층 가구로 된 비율 (단위 : %)

구분	2016년	2017년
빈곤 탈출률	20	10
빈곤 진입률	10	10

└ 이전 연도의 비빈곤층 가구에서 빈곤층 가구로 된 비율

제시된 자료를 바탕으로 연도별 빈곤층과 비빈곤층을 구하면 다음과 같다.

〈갑국의 연도별 빈곤층과 비빈곤층〉
(단위 : 만 가구)

구분	2015년	2016년	2017년
빈곤 탈출 가구	–	80	38
빈곤 진입 가구	–	60	62
빈곤층 가구	400	380	404
비빈곤층 가구	600	620	596

ㄱ. 2016년에는 빈곤 진입 가구 60만 가구, 빈곤 탈출 가구 80만 가구로 빈곤 탈출 가구가 많다. ㄴ. 2016년의 빈곤층 가구는 380만 가구, 2017년에는 404만 가구로 2017년이 2016년에 비해 빈곤층 가구가 증가하였다.

바로잡기 ㄷ. 비빈곤층 가구는 2015년 600만 가구, 2017년 596만 가구로 감소하였다.

ㄹ. 2015년 비빈곤층 가구는 600만 가구인데, 2016년에는 여기서 80만 가구가 들어오고, 60만 가구가 나갔으므로 2015년 비빈곤층 가구가 2016년에도 모두 비빈곤층에 속해 있다고 볼 수 없다.

🔲 04 사회 복지와 복지 제도

기초를 다지는 확인 문제 208쪽

01 (1) × (2) × (3) ○ (4) ○ (5) ×   02 (1) 사회 복지
(2) 노인 장기 요양 보험 (3) 사회 서비스 (4) 생산적 복지

03 (1) ㉡ (2) ㉠

실력을 키우는 실전 문제 209~213쪽

01 ⑤	02 ①	03 ①	04 ④	05 ①	06 ③
07 ④	08 ①	09 ⑤	10 ③	11 ③	12 ④
13 ②	14 ④	15 ④	16 ②	17 ④	18 ⑤
19 ②	20 ②				

21 예시답안 국민이 최소한의 인간다운 생활을 누릴 수 있도록 하는 것이 국가의 책임이자 의무라고 여기며, 빈곤층뿐만 아니라 전체 국민을 대상으로 사전 예방적 복지를 강조하였다.

22 (1) (가) 국민 건강 보험, (나) 노인 장기 요양 보험
(2) 예시답안 미래에 직면할 사회적 위험에 대처한다. 강제 가입을 원칙으로 한다.

23 예시답안 비금전적 지원을 원칙으로 한다. 민간 부문의 참여가 활발하다.

24 예시답안 국가에 의존하려고 하면서 근로 의욕이 저하되고 사회 전체적으로 효율성이 떨어진다.

01 빈곤의 책임이 (가)는 개인에게, (나)는 사회 전체에 있다고 보았다. ㄴ. 구빈법 제정 당시에는 사회 복지를 국가의 의무가 아니라 부자들의 자선 사업 또는 시혜 정도로 인식하였다. ㄷ. 영국은 베버리지 보고서(1942년)를 채택함으로써 현대적 의미의 사회 보장 제도를 확립하였다. 이때부터 국가의 적극적인 개입을 통해 국민이 최소한의 인간다운 생활을 누리도록 보장하는 복지 국가를 추구하였다. ㄹ. 초기 자본주의 시대에는 빈곤의 책임이 개인에게 있다고 보았으나 오늘날에는 사회 전체의 책임이라는 인식이 확산되어 사회 복지의 범위나 대상도 넓어졌고, 위험을 미리 예방하는 수준으로 발전했다.

바로잡기 ㄱ. 영국이 구빈법을 제정할 당시에는 도시 빈민에 대한 응급적인 구호에 초점을 맞추었다. 즉, 사후 처방적 성격이 강조되었다. 사회 복지의 사전 예방적 성격을 강조한 것은 최근의 일이다.

복지 개념의 비교

만점 공략 노트

구분	초기 자본주의	현대 복지 사회
빈곤의 책임	개인의 책임 강조	사회의 책임 강조
복지의 형태	자선적 활동	사회 보장 제도 및 사회 정책
복지의 주체	민간 위주	국가 위주
복지의 대상	극빈층	사회 구성원 전체
복지의 질	최저 생활의 보장	삶의 질 향상
복지의 성격	사후 처방	사전 예방

02 ① 고구려의 진대법은 춘궁기에 곡식을 빌려주어 배고픔을 덜어 주고 가을에는 추수를 통해 갚도록 함으로써 농민들의 빈곤 해소에 도움을 주었다.

바로잡기 ② 진대법은 국가가 직접 운영하였다.
③ 진대법으로 계층이 이동한 것은 아니다.
④ 빈민 구제를 목적으로 한 것으로, 복지의 대상을 사회 구성원 전체로 본 것은 아니다.
⑤ 농민의 여가 활동보다는 당장의 배고픔을 면하게 한 것이다.

03 ① 엘리자베스 구빈법은 노동 능력자에게는 일을 시키고, 무능력자에게는 최저한의 구제를 제공하는 것을 골자로 한다. 빈곤자를 방치하지 않고 국가가 관리하겠다는 뜻을 담고 있지만, 일을 거절할 경우에는 감금하여 중노동을 시키겠다는 것으로 보아 빈곤의 원인을 개인의 게으름으로 파악하고 있다.

바로잡기 ② 당시의 구빈법은 국가가 대상자에게 중노동을 시켰으므로 최소한의 인간다운 생활 보장 책임은 지지 않았다고 볼 수 있다.
③ 사회 복지 비용을 사회 전체가 부담해야 한다는 내용은 찾을 수 없다.
④ 노동 능력이 있는 자의 빈곤을 개인의 책임으로 보고 있다.
⑤ 미래 위험 대비보다 당시의 빈민을 구제하는 영역에 그치고 있다.

04

자료 분석 노트

제5조(적용 대상 등) ① 국내에 거주하는 국민은 건강 보험의
　└강제 가입　　　　　　　　　　　└사회 보험
가입자 또는 피부양자가 된다. 다만, 다음 각 호의 어느 하나에 해당하는 사람은 제외한다.
　　　……

제41조(요양 급여) ① 가입자와 피부양자의 질병, 부상, 출산 등에 대하여 다음 각 호의 요양 급여를 실시한다.
　└국민 건강 보험의 보험금 지급 종류
1. 진찰·검사
2. 약제(藥劑)·치료 재료의 지급
3. 처치·수술 및 그 밖의 치료
　　　……

제시된 자료는 국민 건강 보험법으로 국민 건강 보험은 사회 보험에 해당한다. ① 국민 건강 보험의 가입 대상자는 의무적으로 가입해야 한다. ② 국민 건강 보험은 미래의 불안 요소인 질병, 부상, 출산 등에 대해 사회가 연대하여 대비하고자 한다. ③ 국민 건강 보험은 소득 수준에 비례하여 개인 부담액이 차등적으로 부과된다. 즉, 소득이 많으면 많은 액수를 부담한다. ⑤ 국민 건강 보험 사업에 필요한 비용은 국가와 가입 대상자, 사용자가 공동으로 부담한다.

바로잡기 ④ 소득 재분배를 통해 생활 무능력자의 최저 생활을 보장하는 것은 공공 부조이다.

05 (가)는 사회 보험이다. 사회 보험 가입자는 매달 일정액의 비용을 보험료로 납부하고 있다. ② 사회 보험은 보장 수준에 관계없이 소득이나 재산에 따라 보험료를 납부하므로 소득 재분배 효과가 있다. ③ 사회 보험은 미래에 발생할 수 있는 각

종 위험을 사전에 예방하기 위한 것이다. ④ 사회 보험은 사안이 생겼을 때 일정한 보험금을 지급하는 것으로 금전적 지원을 원칙으로 한다. ⑤ 사회 보험은 가입자가 보험료를 납부하여 이를 재원으로 사안이 발생한 가입자에게 보험금을 지급하는 방식이므로 상호 부조의 원리를 바탕으로 한다.

바로잡기 ① 사회 보험은 전 국민을 대상으로 미래의 위험에 대비하려는 보험의 성격을 가진 보편적 복지 방식의 사회 보장 제도이다. 선별적 복지에 해당하는 것은 빈곤층을 대상으로 하는 공공 부조이다.

사회 보험	만점 공략 노트
목적	노령, 사망, 실업, 질병, 산업 재해 등 미래의 불안에 대처하기 위함
대상	경제적 능력이 있는 모든 국민
비용 부담	피보험자, 기업주 또는 국가가 부담함
특징	• 강제 가입을 원칙으로 함 • 상호 부조의 성격이 강함 • 소득 수준 등 능력에 따라 비용을 부담함
종류	국민 건강 보험, 국민연금, 고용 보험, 산업 재해 보상 보험, 노인 장기 요양 보험

06 제시된 내용은 공공 부조의 특징이다. 공공 부조에 해당하는 제도로는 국민 기초 생활 보장 제도, 기초 연금 제도 등이 있다. 기초 연금은 일정 소득 이하의 노인에게 국가가 연금을 지급하는 것이다.

바로잡기 ①, ②, ④, ⑤는 사회 보험에 해당한다.

공공 부조	만점 공략 노트
목적	국가가 생활 무능력자의 최저 생활을 보장함
대상	생활 유지 능력이 없거나 생활이 어려운 국민
비용 부담	국가나 지방 자치 단체
특징	• 소득 재분배 효과가 큼 • 사후 처방적 성격을 지님 • 국가의 재정 부담이 증대함
종류	국민 기초 생활 보장 제도, 기초 연금, 의료 급여

07 밑줄 친 '이것'은 공공 부조이다. ㄴ. 공공 부조는 인간다운 최저 생활을 하기 어려운 경제적 무능력자를 대상으로 한다. ㄹ. 공공 부조는 빈곤층을 대상으로 하는데, 대상자 선정을 위해 소득이나 재산 등을 개별적으로 조사한다.

바로잡기 ㄱ. 상호 부조의 성격이 강한 것은 사회 보험이다.
ㄷ. 수혜자가 비용의 일정 부분을 부담하는 것은 사회 보험이다. 공공 부조는 수혜자가 비용을 부담하지 않는다.

08 ㄱ. 갑이 가입한 상해 보험은 민간 보험 회사가 운영하는 사 보험이고, ◇◇ 개인 연금은 민간 회사가 운영하는 사적 연금이다. 사보험이나 사적 연금은 개인의 선택으로 가입이나 탈퇴가 이루어진다. ㄴ. 공무원 연금과 국민 건강 보험은 사회

보험으로 소득 수준에 비례하여 보험료가 차등 부과된다.

바로잡기 ㄷ. 개인 연금과 공무원 연금은 갑이 퇴직 이후에도 일정한 수입을 유지할 수 있도록 보험금을 지급한다. 그러나 상해 보험은 갑이 다쳤을 때에만 보험금이 지급된다.
ㄹ. 갑이 교통사고로 병원에 입원할 경우 상해 보험금을 지급받을 수 있고, 국민 건강 보험으로 인해 갑이 지급하는 의료비가 줄어든다.

09 ㉠은 공공 부조, ㉡은 사회 보험에 해당한다. ⑤ 사회 보험은 수혜자가 비용을 부담하는 반면, 공공 부조는 수혜자가 비용을 부담하지 않고 조세 부담 능력이 있는 국민이 낸 세금을 재원으로 활용하므로 소득 재분배 효과가 크다.

바로잡기 ① 공공 부조는 수혜자가 비용을 부담하지 않으므로 상호 부조의 성격을 갖지 않는다.
② 강제 가입의 원칙이 적용되는 것은 사회 보험이다. 공공 부조는 일정한 기준의 빈곤층을 대상으로 국가가 심사하여 선별한다.
③ 국가가 비용을 전액 부담하는 것은 공공 부조이다. 사회 보험은 수혜자, 사업주, 국가 등이 비용을 분담한다.
④ 저소득층만을 수혜 대상으로 하는 것은 공공 부조이다. 사회 보험은 모든 국민을 수혜 대상으로 한다.

10 노인 일자리 박람회, 장애인 기술 교육 등은 비금전적인 지원으로 사회 서비스에 해당한다. ③ 노인이나 장애인에게 취업 정보 제공, 기술 교육 지원 등을 함으로써 복지와 노동을 연계하여 삶의 질을 높일 수 있다.

바로잡기 ① 제시된 행사로 기업의 조세 부담이 줄어드는 것은 아니다.
② 노인 일자리 박람회, 장애인 기술 교육 등을 민간이 아닌, 국가나 지방 자치 단체, 공공 기관이 맡아 실업 문제를 국가가 해결하려고 한다.
④ 소득 재분배를 통해 계층 간 갈등을 완화하는 것은 사회 보험이나 공공 부조이다.
⑤ 제시된 사례는 노사 간 갈등 예방과 관련이 적다.

11 제시된 내용은 아동 돌봄 서비스로 사회 보장 제도 중 사회 서비스에 해당한다. ③ 사회 서비스는 돌봄, 상담, 재활 등 비금전적 지원을 원칙으로 한다.

바로잡기 ① 사전 예방적 성격을 띠는 것은 사회 보험이다.
② 의무 가입을 원칙으로 하는 것은 사회 보험이다.
④ 가입자가 납부한 보험료로 운영되는 것은 사회 보험이다.
⑤ 빈곤층의 최저 생활 보장을 목적으로 하는 것은 공공 부조이다.

사회 서비스	만점 공략 노트
목적	사회 구성원의 정상적 사회생활 지원
대상	도움이 필요한 모든 국민
특징	• 비금전적 지원이 원칙임 • 사회 보험이나 공공 부조를 보조하는 성격을 지님
종류	노인 돌봄, 산모·신생아 건강 관리 지원, 가사·간병 방문 지원 등

12 ㈎는 사회 서비스, ㈏는 공공 부조, ㈐는 사회 보험이다. ④ 공공 부조는 수혜자가 비용을 부담하지 않지만, 사회 보험은

수혜자도 비용을 부담하여 재원을 마련하는 방식이므로 상호 부조의 성격이 강하다.

바로잡기 ① 사회 서비스는 취약 계층을 비금전적인 방식으로 지원하므로 소득 재분배 효과가 크지 않다. 반면, 공공 부조는 빈곤층을 대상으로 국가가 비용을 부담하여 금전적인 방식으로 지원하기 때문에 소득 재분배 효과가 크다.
②, ③ 공공 부조의 대상자는 국가가 소득이나 재산 상황을 보고 선별하지만, 사회 보험은 일정한 자격을 갖춘 사람은 의무적으로 가입해야 하는 것이 원칙이다.
⑤ 사회 보험은 미래의 위험을 사전에 예방하는 성격이 강하고, 공공 부조는 현재의 빈곤층을 사후에 구제하는 성격이 강하다.

13 ㈎는 사회 보험, ㈏는 공공 부조, ㈐는 사회 서비스이다. ① 사회 보험은 법률이 정한 기준에 해당하는 사람은 의무적으로 가입해야 한다. ③ 사회 서비스는 상담, 재활, 돌봄, 역량 개발, 사회 참여 지원 등 다양한 종류의 서비스를 제공하며, 국민의 서로 다른 필요에 부합하는 차별화된 지원을 중시한다. ④ 사회 보험은 수혜자도 비용을 부담하여 국가의 재정 부담이 낮지만, 공공 부조는 수혜자가 비용을 부담하지 않아 국가의 재정 부담이 크다. ⑤ 사회 보험이나 공공 부조는 국가나 공공 기관만이 운영의 주체이지만, 사회 서비스는 기업이나 사회봉사 단체 등 민간 부문도 참여할 수 있다.

바로잡기 ② 공공 부조에는 국민 기초 생활 보장 제도, 기초 연금, 의료 급여 등이 있다. 국민연금은 사회 보험에 해당한다.

14 복지 제도는 질병, 실업, 빈곤 등 다양한 사회적 위험에 대비하여 개인이 최소한의 인간다운 생활을 할 수 있게 하며, 좀 더 나은 계층으로 이동을 촉진한다. 또한 지나친 빈부 격차 등 사회 문제의 원인을 제공하는 사회적 환경을 개선하고, 사회 불평등 현상을 완화하여 사회 통합에 기여한다.

15 '정'의 발언 중 국민 건강 보험, 국민연금, 고용 보험은 사회 보험이지만 기초 연금은 공공 부조에 해당한다. 기초 연금은 노인에게 안정적인 소득 기반을 제공하는 것인데, 모든 노인이 해당되는 것이 아니라 소득 인정액이 선정 기준 이하일 때 혜택을 받을 수 있다.

16 ㈎ 시기에 복지 예산 중 공공 부조 예산이 크게 증가했다면 빈곤층이 늘어났기 때문일 것이다. ㈏ 시기에는 공공 부조 예산이 크게 줄었다. 공공 부조는 국가가 모든 비용을 부담하므로 정부의 재정 부담이 가중된다. 따라서 ㈏ 시기에는 정부의 재정 적자가 심화되어 공공 부조 예산이 줄어들었음을 추론할 수 있다.

17 ④ 스웨덴, 독일 등의 사례를 통해 지나친 복지 지출은 국민을 나태하게 만들어 경제 성장에 부담으로 작용할 수 있음을 알 수 있다.

바로잡기 ① 전 세계가 나서야 빈곤 문제가 해결된다는 내용은 찾아볼 수 없다.

② 복지 지출로 물질적 가치가 충족되었지만 실업률이 높은 것으로 보아 삶의 질이 높아졌다고 볼 수는 없다.

③ 국민이 나태하면 정치권력의 부정부패가 심해진다는 내용은 언급되어 있지 않다.

⑤ 국가가 적극 나서서 복지를 실현했지만 부작용이 크다는 점을 강조하고 있다.

18 ⑤ 제시된 글은 장애인 등록증을 반납해야 하는 상황인데도 장애인 등록증에 따른 혜택을 계속 누리려고 반납하지 않는 현실을 비판하고 있다. 이를 통해 복지 수혜자의 도덕적 해이를 막을 대책을 세워야 함을 알 수 있다.

바로잡기 ① 복지 수혜 대상의 범위를 줄일 경우 인간다운 생활을 하지 못하는 빈곤층이 늘어난다.

② 현재의 복지를 포기하면 빈곤층이 확대되는 문제가 발생한다.

③ 복지가 국가의 책임이라는 인식은 오늘날 복지 국가에서는 꼭 필요하다.

④ 장애인 등록증을 반납하지 않거나 부정 사용하는 것이 문제이며, 장애인의 근로 의욕을 문제 삼고 있지는 않다.

19 ㄱ. 제시된 글에서는 복지 제도가 사람들로 하여금 노동 의욕을 잃게 할 우려가 있다고 주장한다. 따라서 이는 노동을 해야 복지 혜택을 받을 수 있는 구조를 구축해야 한다는 주장에 부합한다. ㄹ. 복지 의존자에게 주어지는 혜택은 결국 일반 국민이 내는 세금에서 나온다. 따라서 국가의 복지 혜택에만 의존하는 수혜자에 대해 복지 비용을 지불하는 납세자는 좋지 않은 시선을 가질 수 있다.

바로잡기 ㄴ. 제시된 글은 복지의 축소로 인한 문제보다는 과다한 복지가 근로 의욕 상실이라는 문제를 초래함을 지적한다.

ㄷ. 제시된 글은 복지에 의존함으로써 생기는 부작용에 대한 내용이므로 복지 혜택 지원 확대와는 거리가 먼 주장이다.

20 ② 근로 장려 세제는 빈곤층에 대한 지원을 근로와 연계시키려는 제도이다. 일을 할수록 혜택을 더 많이 주는 것이므로 수혜자인 빈곤층이 열심히 일하도록 유인한다.

바로잡기 ① 강제 가입이 원칙인 것은 사회 보험이다.

③ 상호 부조의 원리가 적용되는 것은 사회 보험이다.

④ 비금전적 지원의 성격이 강한 것은 사회 서비스이다.

⑤ 본인의 비용 부담을 전제로 하는 것은 사회 보험이다.

21 **이렇게 쓰면 만점** 사회 복지가 국가의 책임이며 의무라는 점, 복지의 대상이 빈곤층뿐만 아니라 전체 국민이라는 점, 사전 예방적인 성격을 갖고 있음을 서술하면 만점이다.

22 **이렇게 쓰면 감점** (2) 사회 보험만의 특징을 제시해야 한다. 공공 부조에도 있는 특징(금전적 지원 방식, 소득 재분배 효과 등)을 제시하면 감점 요인이다.

23 **이렇게 쓰면 만점** 제시된 내용은 사회 서비스이므로 사회 보험이나 공공 부조와 다른 특징을 제시해야 한다. 비금전적 지원, 민간 부문의 참여 가능 등을 서술하면 만점이다.

24 **이렇게 쓰면 감점** 근로 의욕이 저하된다는 점을 강조해야 한다. 개인의 도덕적 해이도 복지 제도의 문제점이지만 제시된 대화에서 직접 추론할 수 없으므로 쓰면 감점이다.

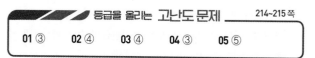

등급을 올리는 고난도 문제 _____ 214~215쪽

01 ③　　02 ④　　03 ④　　04 ③　　05 ⑤

01 국민 기초 생활 보장 제도 ┃ 자료 분석 노트 ┃

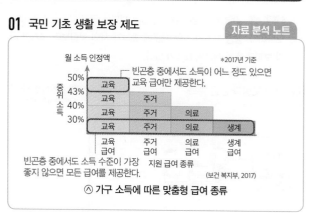

⊙ 가구 소득에 따른 맞춤형 급여 종류

국민 기초 생활 보장 제도를 개편하여 기존에는 최저 생계비 이하인 경우에 모든 급여를 일괄적으로 지급했지만, 이제는 소득 수준에 따라 급여를 차등적으로 지원하게 되었다. ㄴ. 교육 급여는 중위 소득의 50% 이하 가구에게 모두 지급된다. 그러나 주거 급여는 중위 소득의 43% 가구까지만 지급된다. 따라서 교육 급여를 받는 가구가 주거 급여를 받는 가구보다 많다. ㄷ. 기존과 달리 중위 소득의 30% 이하 가구만 생계 급여를 지급받으므로 기존 가구 중 일부는 제도 개편으로 지원을 못 받을 수 있다.

바로잡기 ㄱ. 새로운 제도의 도입으로 급여의 종류에 차이가 있다는 것이고, 전체 수급 대상자가 줄어드는 것은 아니다.

ㄹ. 중위 소득이 300만 원일 경우 월 100만 원 소득 가구는 중위 소득의 33%에 해당하므로 의료 급여를 받을 수 있다.

02 사회 보험과 공공 부조 ┃ 자료 분석 노트 ┃

(가) 국가가 가구 소득 인정액이 기준액 이하인 가구의 기초 생활을 보장하기 위해 급여를 지급하고, 자활을 지원하는 제도 – 국민 기초 생활 보장 제도로, 공공 부조에 속한다.

(나) 가입자와 고용주 등이 부담해서 마련한 기금을 통해 노령, 장애 등에 대한 연금 급여를 지급하여 생활 안정을 도모하는 제도 – 국민연금으로, 사회 보험에 속한다.

(가)는 국민 기초 생활 보장 제도로 공공 부조에 해당한다. (나)는 국민연금으로 사회 보험에 해당한다. ① 국민 기초 생활 보장 제도는 일정한 기준에 미달하는 빈곤층을 구제하기 위한 것이므로 사후 처방적 성격을 지닌다. ② 국민연금과 같은 사회 보험은 가입자와 고용주 등이 부담해서 마련한 기금을 통해 노령이나 장애 등에 대해 연금 급여를 지급하는 방식이

므로 상호 부조의 원리가 적용된다. ③ 강제 가입 원칙이 적용되는 제도는 사회 보험인 국민연금이다. A 지역의 인구를 100명이라고 가정하면 B 지역의 인구는 200명이다. A 지역의 국민 연금 수급자는 54명, B 지역은 53명으로 A 지역이 B 지역보다 많다. ⑤ 수혜자 비용 부담 원칙이 적용되는 제도는 국민연금이다. A, B 지역 모두 국민연금의 수급자는 국민 기초 생활 보장 제도의 수급자에 비해 많다.

바로잡기 ④ 소득 재분배 효과가 있는 제도는 공공 부조와 사회 보험 모두이다. 공공 부조의 소득 재분배 효과가 사회 보험보다 크지만 사회 보험도 소득 재분배 효과가 있다.

03 사회 보험과 공공 부조   자료 분석 노트

(가) – 공공 부조

수혜자는 전혀 다른 사람이며, 비용 부담을 하지 않는다. | 여러 사람이 정부에 세금을 낸 것으로 재원을 마련한다.

(나) – 사회 보험

보험료를 내는 사람과 보험금을 받아 가는 사람이 같다. 상호 부조의 원리가 적용되고, 미래의 위험에 대비하기 위한 것이다.

(가)는 공공 부조, (나)는 사회 보험이다. ④ 사회 보험은 미래에 닥칠 수 있는 위험인 질병, 노령, 실직 등에 대한 사전 예방적 기능을 강조한다.

바로잡기 ① 공공 부조는 수혜자가 비용을 부담하지 않는다.
② 공공 부조는 수혜자가 비용을 부담하지 않고 국가가 일방적으로 빈곤층을 돕는 것이므로 상호 부조의 성격을 갖지 않는다.
③ 사회 보험은 소득이나 재산에 따라 보험료를 부담하고 사안이 발생하면 일정액의 보험금을 받는다. 따라서 소득 재분배 효과가 있다.
⑤ 공공 부조는 일정 범위의 빈곤층이 대상이지만, 사회 보험은 전체 국민이 수혜 대상자이다.

04 사회 보험과 공공 부조 비교

사회 보험에는 국민 건강 보험, 국민연금, 고용 보험, 산업 재해 보상 보험, 노인 장기 요양 보험 등이 있고, 공공 부조에는 국민 기초 생활 보장 제도, 기초 연금, 의료 급여 등이 있다.

05 복지 제도의 역할과 한계   자료 분석 노트

갑 : 우리 사회는 날이 갈수록 재산이나 소득에서 양극화가 심화되고 있다. 가난한 사람들은 제아무리 노력해도 가난에서 벗어날 수 없다. 부자들이 모든 기회를 가로막고 있기 때문이다. 더 이상 개인에게 가난의 원인을 돌려서는 안 된다. 국가가 나서서 국민이라면 누구든지 인간다운 생활
└ 국가의 책임을 강조한다.
을 누릴 수 있는 권리를 보장해야 한다.

을 : 우리나라는 자본주의 국가이다. 열심히 노력하면 누구나 잘살 수 있다. 노력하지 않는 사람에게 복지 혜택을 주기 시작하면 가만히 누워 끝없이 요구하기만 할 것이다. 국가
└ 복지병의 확산을 우려한다.
는 개인이 일할 수 있는 기회만 제공해야 한다. 더 이상 국민의 세금으로 가난한 사람을 구제하려고 해서는 안 된다.

① 갑은 국가의 사회 보장 의무를 강조하므로 복지 예산의 확대를 강조할 것이다. ② 갑은 가난의 원인이 개인에게 있지 않고 사회 구조에 있으므로 양극화 해소를 위해 국가가 적극적으로 나서야 함을 강조하고 있다. 또 국민 누구나 인간다운 생활을 누릴 권리가 있으므로 복지를 시민의 권리로 인식하고 있다. ③ 을은 개인이 열심히 일해서 가난을 극복할 수 있으므로 노력하지 않는 사람에게까지 국가가 복지 혜택을 줄 필요가 없다고 주장한다. 즉, 정부의 시장 개입 지양과 자유로운 경쟁 체제 강화를 추구하는 신자유주의와 맥락을 같이 한다. ④ 을은 무분별한 복지 혜택으로 근로 의욕 저하, 사회 전체의 효율성 저하 등 복지병의 확산을 우려하고 있다.

바로잡기 ⑤ 생산적 복지란 스스로의 능력을 개발하여 자립할 수 있도록 지원하는 복지 정책을 말한다. 갑은 모든 국민은 인간다운 생활을 할 권리가 있으므로 국가가 이를 보장해야 한다는 것을 강조하고 있어 생산적 복지와는 거리가 멀다. 그러나 을은 개인이 일할 수 있는 기회만 제공해야 한다고 주장하는 것으로 보아 생산적 복지 개념이 어느 정도 담겨 있다.

수능 특강   216~217 쪽

유형 1 ⑤   유형 2 ④   유형 3 ③   유형 4 ②

유형 1 사회 불평등 현상을 설명하는 이론

자료 분석

생산 수단의 '소유'와 '소유의 결여'가 계급의 위치를 결정하는 기본적
└ 경제적 측면
요인임을 인정한다. 하지만 노동 시장에서 능력의 차이를 초래하는 소유의 종류나 기술, 신용, 자격 등도 계급 분화에 영향을 준다. 또한 개인이 다른 사람으로부터 받는 존경이나 개인이 누리는 명예, 위신에
└ 사회적 측면
의한 지위 집단 등도 사회 불평등 현상의 또 다른 차원으로 작동한다.
– 다차원적 측면에서 사회 불평등을 설명하므로 다원적 불평등론이다.

✗ 중간 계급의 존재를 부정한다.

→ 계급론에 대한 설명이다. 다원적 불평등론은 중간 계급의 존재를 인정한다.

✗ 경제적 위치에 따른 집단 내 연대 의식을 강조한다.

→ 계급론에 대한 설명이다. 다원적 불평등론은 사회 구성원 간에 같은 계층에 속해 있다는 의식이나 연대 의식이 나타나기 어렵다고 본다.

ⓒ 사회 불평등에서 위계를 결정하는 기준이 다원적이다.

→ 다원적 불평등론은 계급, 권력, 지위 등 다양한 요인이 작용한다고 본다.

ⓔ 사회 불평등 현상을 연속선상에 서열화된 것으로 본다.

→ 다원적 불평등론은 계층이 연속적이고 복합적으로 나타나는 서열화임을 강조한다.

유형 2 세대 간 이동의 분석

자료 분석

〈세대 간 계층별 구성 비율의 상대적 비〉

구분	A	B	C
부모 세대 해당 계층 대비 자녀 세대 해당 계층의 상대적 비	0.5	1	2

└ 부모 세대와 자녀 세대의 계층 구성 비율을 구할 수 있다.

〈세대 간 계층 이동 현황〉

┌ 세대 간 계층 이동 표를 만들 수 있다.　(단위 : %)

구분	A	B	C
부모 세대 해당 계층 대비 부모와 자녀의 계층 불일치 비율	75	0	50

* 모든 부모의 자녀는 1명씩이고, 부모 세대의 계층 구조는 다이아몬드형임
** A는 C보다 높은 계층이며, 부모ㅣ세대의 계층 구성비에서 A는 B와 C를 합한 것의 1.5배임
└ 중층의 비율이 가장 높은데, A, B, C 중 A의 비율이 가장 높으므로 A는 중층, C는 하층, B는 상층이다.

단서 조항을 통해 A는 중층, B는 상층, C는 하층임을 확인한다. 〈세대 간 계층별 구성 비율의 상대적 비〉로 부모와 자녀의 계층 비율을 구한다. 〈세대 간 계층 이동 현황〉에서 계층별 일치 비율을 구하면 다음과 같이 세대 간 이동 표를 완성할 수 있다.

(단위 : %)

구분		부모 세대			
		상층	중층	하층	계
자녀 세대	상층	10	0	0	10
	중층	0	15	15	30
	하층	0	45	15	60
	계	10	60	30	100

선택지 분석

✗ 세대 간 상승 이동한 자녀가 세대 간 하강 이동한 자녀의 3배이다.
　└15%　　└45%　　└1/3배

ⓛ 자녀 세대 계층 대비 계층 대물림 비율은 상층이 가장 높고 하층이 가장 낮다.

→ 상층 10/10, 중층 15/30, 하층 15/60이므로 상층이 가장 높고 하층이 가장 낮다.

✗ 중층으로 세대 간 상승 이동한 자녀와 중층으로 세대 간 하강 이동한 자녀의 수는 같다.
　└15%　　　　　└0%
　└다르다

ⓔ 세대 간 계층 이동을 한 사람의 수는 중층 부모를 둔 자녀가 하층 부모를 둔 자녀의 3배이다.
　└45%　└15%

유형 3 빈곤과 관련된 다양한 개념

자료 분석

표는 갑국과 을국의 절대적 빈곤 가구 수(A) 대비 상대적 빈곤 가구 수(B)의 변화를 나타낸 것이다. 두 국가 모두 2000년에서 2010년 사이에 최저 생계비는 지속적으로 증가하였다. (단, 갑국과 을국 각각 모든 가구의 구성원 수는 동일하다.)

구분	2000년	2005년	2010년
갑국(B/A)	0.25 - A>B	1 - A=B	1.5 - A<B
을국(B/A)	2 - A<B	1	0.5 - A>B

선택지 분석

✗ 2000년에 갑국에서 절대적 빈곤선은 상대적 빈곤선의 4배이다.
　└ 절대적 빈곤 가구 수는 상대적 빈곤 가구 수의

✗ 2000년에 을국에서 상대적 빈곤 가구는 모두 절대적 빈곤 가구에 해당한다.
　└절대적　　　　└상대적

③ 2005년 대비 2010년에 갑국은 절대적 빈곤선과 상대적 빈곤선이 모두 높아졌다.

→ 최저 생계비가 증가했으므로 절대적 빈곤선이 높아졌다. 2005년에는 절대적 빈곤 가구 수와 상대적 빈곤 가구 수가 같다가 2010년에는 상대적 빈곤 가구 수가 절대적 빈곤 가구 수보다 더 많다. 즉, 중위 소득의 50%가 최저 생계비보다 더 높음을 의미하므로 절대적 빈곤선과 상대적 빈곤선 모두 높아졌다.

✗ 2010년에 을국에서 중위 소득 대비 최저 생계비의 비율은 50% 미만이다.
　└초과

✗ 2010년에 갑국은 을국과 달리 상대적 빈곤 가구의 비율이 절대적 빈곤 가구의 비율보다 낮다.
　└높다

유형 4 사회 보장 제도의 종류

자료 분석

• 갑이 찾은 제도는 A의 하나로, 일상생활을 혼자서 수행하기 어려운 사람 등을 지원하여 건강 증진 및 생활 안정을 도모한다. 재원은 가입자가 납부하는 보험료, 국가와 지방 자치 단체 부담금으로 조달한다. – 사회 보험

• 을이 찾은 제도는 B의 하나로, 생활이 어려운 사람에게 안정적인 소득 기반을 제공하여 생활 안정을 지원한다. 소득 인정액이 보건복지부 장관이 매년 결정·고시하는 선정 기준액 이하인 65세 이상의 자에 한하여 차등 지급한다. – 공공 부조

• 병이 찾은 제도는 C의 하나로, 식사, 세면, 옷 갈아입기, 구강 관리, 화장실 이용, 외출, 목욕 등의 신변 활동을 지원한다. 또한 취사, 생활필수품 구매, 청소, 세탁 등 일상생활을 지원한다. – 사회 서비스

선택지 분석

✗ A는 대상자의 수혜 정도에 따른 비용 부담을 원칙으로 한다.
　└ 소득과 재산 등

② B는 사후 처방적 성격이 강하다.

→ 공공 부조는 이미 발생한 어려움에 대한 사후 처방적 성격이 강하다.

✗ C는 강제 가입을 원칙으로 한다.

→ 사회 보험에 대한 설명이다.

✗ B는 A, C와 달리 소득 재분배 효과가 있다.

→ 소득 재분배 효과의 정도는 차이가 있지만 공공 부조, 사회 보험, 사회 서비스는 모두 소득 재분배 효과가 있다.

✗ B, C는 A보다 수혜 대상자의 범위가 넓다.

→ 수혜 대상자의 범위는 사회 보험이 가장 넓다.

01 ④	02 ④	03 ③	04 ①	05 ①	06 ⑤
07 ④	08 ②	09 ⑤	10 ④	11 ④	12 ④
13 ①	14 ③				

15 예시답안 사회 불평등 현상을 갈등론에서 보고 있다. 갈등론은 사회적 자원이 개인의 능력보다 가정 배경이나 권력 등에 따라 불공정하게 분배된다고 본다.

16 (1) 가부장제 (2) **예시답안** 남성과 여성에 관한 고정 관념 및 편견을 버리고 양성평등 의식을 함양해야 한다.

17 (1) (가) 공공 부조, (나) 사회 서비스 (2) **예시답안** 사후 처방적 성격이 강하다. 소득 재분배 효과가 매우 크다.

01 (가)는 경제적 불평등, (나)는 정치적 불평등, (다)는 사회·문화적 불평등이다. ④ 경제적 불평등은 정치적 불평등과 사회·문화적 불평등에 영향을 미칠 수 있다. 예컨대 재산과 소득 수준이 높아지면 정치적 권력을 얻기 쉬워지고, 문화나 건강, 여가 생활을 누릴 기회도 많아질 수 있다.

바로잡기 ① 명예, 건강, 문화 등에서의 불평등은 사회·문화적 불평등이다.
② 민주적 선거가 시행되더라도 선거를 통해 집권한 집단과 집권에 실패한 집단 간의 정치적 불평등이 나타날 수 있다.
③ 가장 일반적이고 전형적인 불평등의 모습은 경제적 불평등이다.
⑤ 시민 혁명은 시민이 자유와 평등을 누릴 기회를 요구했다는 점에서 정치적 불평등의 해소를 주장한 것이다.

02 업종에 따른 소득 수준의 차이를 갑은 기능론, 을은 갈등론으로 보고 있다. ④ 갈등론에서는 부의 분배 구조나 제도가 기득권층에 유리하게 되어 있으므로 공정하지 않다고 본다.

바로잡기 ① 기능론은 업종의 사회적 중요성에 따른 소득 차이를 당연하다고 보므로 분배 구조의 근본적 개혁을 주장하지 않는다.
② 갈등론은 사회 불평등 현상이 발생하는 이유는 기득권을 유지하기 위한 지배 집단의 강제와 억압 때문이라고 주장한다.
③ 기능론은 개인의 능력이나 사회적 기여도에 따라 적절한 차등 분배가 이루어져야 개인의 성취동기를 자극하여 사회 발전을 이룰 수 있다고 본다. 반면, 갈등론은 사회적 자원은 권력이나 가정 배경 등에 의해 불평등하게 분배되고 있으며, 이에 따라 형성된 사회 계층은 개인에게 상대적 박탈감을 주어 집단 간의 대립과 갈등을 초래한다고 본다. 따라서 사회 불평등 현상을 극복해야 할 대상으로 본다.
⑤ 기능론과 갈등론 모두 사회 불평등 현상은 보편적이라고 주장하지만, 필수 불가결한 것으로 보는 것은 기능론뿐이다.

03 사회 불평등 현상을 설명하는 이론에는 계급론과 다원적 불평등론이 있다. A는 경제적 요인만을 고려하므로 계급론이다. 따라서 B는 다원적 불평등론이다. ㄴ. 정치적 불평등이 경제적 불평등에 종속됨을 강조하는 것은 계급론이다. 계급론에서는 생산 수단의 소유 여부라는 경제적 측면만 강조하므로 다른 불평등의 유형은 경제적 불평등에 종속된다고 본다. ㄷ. 사회 불평등 현상을 연속적으로 나타나는 서열화 현

상으로 파악하는 것은 다원적 불평등론이다. 계급론은 사회 불평등 현상을 불연속적으로 파악한다.

바로잡기 ㄱ. 지위 불일치 현상을 설명하기에 적합한 것은 다원적 불평등론이다.
ㄹ. 동일한 위계의 구성원 간 귀속 의식을 강조하는 것은 계급론이다.

04 (가)는 피라미드형 계층 구조, (나)는 다이아몬드형 계층 구조, (다)는 모래시계형 계층 구조이다. ② 저개발국에서는 일반적으로 하층이 가장 많으므로 피라미드형 계층 구조가 잘 나타난다. ③ 다이아몬드형 계층 구조는 중층이 가장 많아 사회 통합에 유리하다. ④ 갑국은 복지 제도의 확대로 하층에 있던 사람들이 상층이나 중층으로 이동함으로써 다이아몬드형으로 변화하였을 것이다. ⑤ 정보화를 비관적으로 바라보는 사람은 정보화가 진전됨에 따라 정보 격차로 인한 빈부 격차가 심화되어 모래시계형 계층 구조가 나타날 것이라고 주장한다.

바로잡기 ① 피라미드형 계층 구조라고 해서 수직 이동이 불가능한 것은 아니다.

05 ① (가)에서 갑은 편의점 아르바이트를 하다가 고급 공무원으로 계층이 상승하였다. (나)에서 을은 은행 지점장으로 일하다가 택배업체 배달원으로 힘겹게 살아가고 있으므로 계층이 하강하였다. 즉, 갑, 을 모두 수직 이동을 경험하였다.

바로잡기 ② (가), (나) 모두 수평 이동은 나타나 있지 않다.
③ (가)에는 갑이 농부의 아들이라는 귀속 지위가 나타나 있지만, (나)에서 을은 귀속 지위가 제시되어 있지 않다.
④ (나)에는 을의 세대 내 이동만 나타나 있다. (가)에서는 갑이 가난한 농부의 아들이었다는 부분으로 세대 간 이동을 파악할 수 있다.
⑤ (가), (나) 모두 개인적 이동만 나타나 있다.

06 제시된 자료로 세대 간 이동 표를 완성하면 다음과 같다.

(단위 : %)

구분		부모			
		상층	중층	하층	계
자녀	상층	6	24	0	30
	중층	10	30	5	45
	하층	4	6	15	25
	계	20	60	20	100

① 부모의 계층을 대물림한 자녀는 51명이다. ② 하층 부모를 둔 하층 자녀는 15명, 하층 부모를 둔 중층 자녀는 5명으로 3배이다. ③ 세대 간 상승 이동을 한 자녀는 29명, 세대 간 하강 이동을 한 자녀는 20명으로 상승 이동을 한 자녀가 더 많다. ④ 부모 세대의 중층은 60%, 자녀 세대의 중층은 45%로 중층이 줄어들었다. 중층이 줄어들었으므로 부모 세대에 비해 자녀 세대의 계층 구조의 안정성이 약화되었다.

바로잡기 ⑤ 전체 자녀 수를 100명으로 가정하면 중층인 자녀 중 세대 간 상승 이동한 자녀는 5명, 세대 간 하강 이동한 자녀는 10명으로 0.5배이다.

07 ① 중층 비율이 부모 세대는 55%였으나 자녀 세대는 9%로 크게 떨어져 계층 양극화의 정도가 심하다. ② 상층인 부모를 가진 자녀가 상층인 경우는 최대 15%, 중층인 부모를 가진 자녀가 중층인 경우는 최대 9%, 하층인 부모를 가진 자녀가 하층인 경우는 최대 30%이다. 따라서 부모가 중층일 때 자녀로 계층이 세습된 최대 비율이 가장 낮다. ③ 부모 세대는 중층이 가장 많은 다이아몬드형이었지만 자녀 세대는 중층이 가장 적은 모래시계형으로 변화하였다. ⑤ 부모를 100명, 자녀를 100명으로 가정하면 자녀 세대의 하층 구성원 수는 70명, 부모 세대의 하층 구성원 수는 30명이다.

바로잡기 ④ 세대 간 상승 이동을 하려면 중층에서 상층, 하층에서 중층이나 상층으로 이동해야 하는데, 모든 경우를 합쳐도 최대 30%이다. 세대 간 하강 이동은 하층이 모두 하층으로 세습된다고 해도 40%는 더 하강 이동을 했을 것이므로 하강 이동이 상승 이동보다 많았다고 볼 수 있다.

08 장애인, 동남아시아 출신 노동자, 결혼 이민자는 사회적 소수자에 해당한다. 학생들의 대답을 통해 교사는 사회적 소수자에 대한 인권 침해 사례를 묻고 있음을 추론할 수 있다.

09 제시된 글은 북한 이탈 주민을 대하는 사람들의 편견을 지적하고 있다. 사회적 소수자에 대한 편견을 버리고 사회적 소수자와 함께 살아가고자 하는 공존의 자세가 필요하다.

바로잡기 ① 사회적 소수자를 우대하는 정책이 필요한 것이 아니라, 이들을 차별하지 않는 자세가 중요하다.
② 사회적 소수자를 주류 사회에 동화시키겠다는 생각은 그들의 문화적 전통을 무시하는 것이다.
③ 사회적 소수자의 범위를 합리적으로 정한다고 해서 차별 문제가 해결되는 것은 아니다.
④ 제시된 글은 사회적 소수자에 대한 편견으로 차별이 발생한다는 내용이다. 사회적 소수자 스스로가 차별 개선을 위해 노력해야 한다는 것을 강조하고 있지는 않다.

10 ④ 동화책에 나타난 남녀의 역할을 보고 어린이들은 성별에 따라 서로 다른 기준을 인식하게 되고, 그 사회가 용인하는 여자다움 혹은 남자다움을 학습하게 된다. 이러한 차별적 사회화 과정을 통해 성 역할이 인위적으로 형성된다.

바로잡기 ① 제시된 글에서는 인위적인 성별 분업이 어린이들에게 성 역할에 대한 차별적인 인식을 갖게 해 줄 수 있음을 우려한다.
② 남녀 간의 역할 차이가 인위적으로 구분되는 것은 바람직하지 않음을 시사한다.
③ 남성다움과 여성다움의 형성이 사회적 합의에 의한 것이라는 근거는 제시되어 있지 않다.
⑤ 유소년기의 사회화가 개인의 인성 형성에 중요한 영향을 미칠 수 있지만 제시된 글에서 강조하는 내용은 아니다.

11 (가)는 절대적 빈곤, (나)는 상대적 빈곤을 말한다. ㄴ. 소득이 최저 수준에 미달하면서 사회의 일반적인 수준에도 미달하는 경우 절대적 빈곤이면서 상대적 빈곤에 처할 수 있다. ㄹ. 선

진국이 되면 최저 수준에 미달하는 절대적 빈곤은 해소되는 경우가 많지만, 사회의 일반적인 소득 수준에 미달하는 상대적 빈곤이 더 큰 사회 문제가 되는 경우가 일반적이다.

바로잡기 ㄱ. 경제가 발달할수록 절대적 빈곤과 상대적 빈곤을 측정하는 기준은 상향될 것이다.
ㄷ. 절대적 빈곤이나 상대적 빈곤을 측정하는 기준은 사회마다 다르다.

12 ④ 국민 기초 생활 수급자는 일정한 소득과 재산의 기준 이하여야 하고, 이를 위해 국가가 심사하는 제도가 있다.

바로잡기 ① 노후를 대비한 사회 보험은 국민연금이다.
② 국민 건강 보험과 같은 사회 보험은 강제 가입이 원칙이다.
③ 을이 받은 기초 연금 20만 원은 일정한 빈곤층의 노인에게 지급되는 공공 부조로, 상호 부조의 원리에 기초한 사회 보험이 아니다.
⑤ 갑에게 적용된 복지 제도는 사회 보험, 을에게 적용된 복지 제도는 공공 부조로, 사회 보험과 공공 부조는 모두 소득 재분배 효과가 있다.

13 A는 공공 부조, B는 사회 보험, C는 사회 서비스이다. ① 사회 보험은 전체 국민을 대상으로 하고, 공공 부조는 빈곤층을 대상으로 하며, 사회 서비스는 도움이 필요한 국민을 대상으로 하므로 수혜 대상자의 범위는 사회 보험이 가장 넓다.

바로잡기 ② 사전 예방적 성격을 가지는 것은 사회 보험이다.
③ 상호 부조의 원리가 적용되는 것은 사회 보험이다.
④ 사회 보험과 공공 부조는 금전적 지원을 원칙으로 하지만, 사회 서비스는 비금전적 지원을 원칙으로 한다.
⑤ 소득 재분배 효과는 공공 부조, 사회 보험, 사회 서비스의 순으로 크게 나타난다.

14 제시된 글은 유럽 국가들의 복지병을 반면교사 삼아 우리 복지 정책의 방향성을 잡아야 한다는 주장을 담고 있다. 지나친 복지는 개인의 근로 의욕 상실, 국가의 재정 악화, 수혜자의 도덕적 해이로 이어질 수 있다.

바로잡기 ① 사회 복지에 관해 국가는 어느 정도의 선에서 한계를 정해야 한다고 주장한다.
② 사회 복지는 효율성보다 형평성을 강조한다. 제시된 글에서는 사회 복지의 문제점을 지적하고 있다.
④ 사회 복지를 과다하게 추구하면 경제 침체를 불러올 수 있다는 점에서 사회 복지의 본질을 경제 성장과 연관시켜야 함을 말하고 있다.
⑤ 개인의 빈곤 탈출 의지에 대한 내용은 언급되어 있지 않다.

15 **이렇게 쓰면 만점** 성과급 제도를 갈등론적 관점에서 분석하고 있다는 내용과 함께 사회적 자원이 가정 배경이나 권력 등에 의해 불공정하게 분배된다는 내용을 서술하면 만점이다.

16 **이렇게 쓰면 감점** (2) 성 불평등 현상의 제도적 해결 방안을 서술하면 감점 요인이다.

17 **이렇게 쓰면 감점** (2) 공공 부조에 해당하는 특징만을 서술해야 한다. 사회 보험이나 사회 서비스와 공통적인 특징을 제시하면 감점 요인이다.

01 사회 변동과 사회 운동

기초를 다지는 확인 문제 _____ 228쪽

01 (1) ○ (2) × (3) ○ (4) × (5) × **02** (1) 사회 운동
(2) 사회 변동 (3) 갈등론 (4) 순환론 (5) 진화론 **03** (1) ⓒ
(2) ⓛ (3) ⓙ

실력을 키우는 실전 문제 _____ 229~231쪽

01 ③ **02** ④ **03** ⑤ **04** ⑤ **05** ② **06** ⑤
07 ③ **08** ⑤ **09** ① **10** ②
11 (1) (가) 진화론, (나) 순환론 (2) **예시답안** 앞으로의 변동 방향
을 예측하여 대응하기 어렵다.
12 (1) 진화론 (2) **예시답안** 모든 사회가 같은 방향으로 변화하지
않기 때문에 다양한 경로의 사회 발전 양상을 설명하기 어렵다. 서
구 사회를 진보한 사회라고 전제한다는 점에서 서구 중심주의적
이라는 비판을 받는다.
13 (1) 기능론 (2) **예시답안** 기능론은 사회가 일시적 불균형이 발
생할 경우 다시 균형을 회복하려는 경향을 가지고 있으며, 균형으
로 되돌아가는 과정에서 사회 변동이 발생한다고 본다.

01   자료 분석 노트

> 모든 사회가 사회 변동을 통해 발전하고 성장할 수 있을까? 지
> 난 역사 속에서 나타난 수많은 국가의 사례들은 그렇지 않음을
> 보여 준다. 사회는 일정 기간 성장기를 거쳐 발전하다가 일정
> 기간 쇠퇴기를 거쳐 소멸하는 과정을 반복하고 있다.
> └ 사회가 단선적으로 진보하기만 하는 것이 아니라 퇴보하고
>   붕괴하기도 한다고 보는 순환론이다.

제시문에 나타난 이론은 사회가 성장과 쇠퇴를 반복한다고
보는 점에서 순환론에 해당한다. 순환론은 오랜 시간에 걸쳐
나타나는 중·장기적 변동을 설명하기에 용이하나, 단기적 변
동을 설명하기는 어렵다.
바로잡기 ① 사회 변동을 발전과 진보의 과정으로 이해하는 이론은
진화론이다.
② 진화론은 사회가 진보, 발전이라는 한 방향으로 변화한다고 본다.
④ 순환론은 역사 속의 중·장기적 변화를 설명하기에 용이하다.
⑤ 순환론은 현 사회가 순환 과정 중 어디에 위치하는지를 설명하지
못하므로 앞으로의 변동 방향을 예측하기 어렵다.

02

(가)는 인터넷이라는 기술의 발달에 따른 사회 변동, (나)는 교육
에 대한 사회적 인식이라는 가치관의 변화에 따른 사회 변동
사례이다. (가)의 경우 기술 변화가 사교육 시장의 변화로 이어
지고 있으며, (나)는 사회 변동 요인이 가치관의 변화라는 점에
서 계몽주의 확산에 따른 봉건제의 붕괴 사례와 동일하다.

바로잡기 ㄱ. 인터넷은 사회 변동의 요인 중 가치관의 변화가 아니라
기술 발달에 해당한다.
ㄷ. (나)에서 사회 변동의 속도가 사회마다 다르다는 것을 보여 주는 내
용은 없다.

사회 변동의 요인과 사례   만점 공략 노트

기술 발전	정보 통신 기술의 발전에 따른 정보 사회 도래
인구 구조 변화	노인 인구 비중 증가에 따른 노인 복지 확대
집단 간 갈등	성차별, 인종 차별 등의 사회적 모순 해결
가치관 변화	자유주의와 민주주의 확산으로 시민의 정치 참여 증대
자연환경적 요인	기후 변화에 적응하는 과정에서 사회 변화 발생

03

스마트폰의 등장이라는 기술의 발전이 대중 매체의 활용 방
식, 인간 관계 맺기 방식, 정치 참여 방식 등 여러 분야에서의
변화로 이어지고 있다.
바로잡기 ㄱ, ㄴ은 사회 변동의 특징에 관한 옳은 설명이나 제시문의
내용과 관련이 없다.

04

사회 구조적 측면에서 사회 변동을 설명하는 이론에는 기능
론과 갈등론이 있다. 제시문의 A는 균형을 찾아가는 과정을
변동으로 본다는 점에서 기능론이며, B는 사회 변동을 지배
집단과 피지배 집단 간의 갈등으로 초래된 현상이라고 보므
로 갈등론이다. 갈등론은 사회가 구성원들 간의 갈등과 대립
의 장이라고 여기며, 사회 질서 이면에 존재하는 모순과 갈등
을 중시한다.
바로잡기 ㄱ. 기능론은 급격한 사회 변동을 설명하기 어렵다는 한계
를 가진다.
ㄴ. 협동과 조화를 경시한다는 비판을 받는 이론은 갈등론이다.

05

(가)는 발전의 방향으로 변동이 나타난다는 점에서 진화론, (나)
는 성장과 쇠퇴의 반복이 나타난다는 점에서 순환론에 해당
한다. 진화론은 사회 변동을 발전으로 인식하고 있으며, 순환
론은 역사 속에서 나타난 사회 변동을 설명하는 데 유용하다.
바로잡기 ㄴ. 순환론은 사회가 결국 쇠퇴하게 된다고 전제한다는 점
에서 운명론적이라는 비판을 받는다.
ㄹ. 진화론은 서구 사회를 진화된 사회라고 전제한다는 점에서 서구
중심적이며, 서구 제국주의를 옹호하는 논리로 악용된다.

사회 변동의 방향에 관한 이론   만점 공략 노트

진화론	순환론
· 사회 변동은 진보와 발전의 양 상으로 나타남 · 사회 발전의 방향을 설명하기 에 용이함 · 서구 중심적 가치관이라는 비 판을 받음	· 사회는 생성, 성장, 쇠퇴, 소멸 을 반복함 · 지난 역사 속의 사회 변동을 설명하기에 용이함 · 앞으로의 변동 방향 예측 및 대응이 어려움

06

> A를 주장하는 사람들은 <u>사회 변동을 긍정적인 현상으로 간주한다.</u> 그들은 사회 변동이 특정한 방향을 가지고 있으며, 방향이라는 것은 단순한 사회에서 복잡하고 분화된 사회로 옮겨 감을 의미한다고 주장한다. 이러한 A의 기본적인 착상은 다윈의
> └ 진화론은 사회 변동이 발전이라는 '특정한 방향'을 가지고 있으며, 사회 변동을 '긍정적인 현상'이라고 본다.
> 『종의 기원』에서 얻었는데, <u>모든 생물체가 단순한 것에서 복잡한 것으로 진화해 나가는 과정을 인간 사회의 변동 과정에 적용시켰다.</u> A는 사회의 변화 방향을 설명하는 데는 유용하지만
> └ 진화론은 생물 유기체가 단순한 것에서 복잡한 개체로 진화해 나갔듯이 사회 또한 단순한 사회에서 복잡하고 분화된 사회로 진화한다고 본다. 즉, 진화론의 관점에서 과거 농경 사회보다 오늘날의 정보 사회는 보다 발전된 사회이다.
> _____는 비판을 받기도 한다.
> └ 진화론의 한계에 대한 내용이 들어가야 한다.

A는 생물 유기체의 진화 과정을 사회 변동에 적용시킨 진화론이다. 진화론은 사회의 발전 방향을 설명하는 데는 유용하나, 모든 사회가 발전이라는 동일한 방향으로 변화하지 않으며, 서구 사회를 발전된 사회로 전제하고 있다는 점에서 서구 제국주의를 정당화한다는 비판을 받는다.

바로잡기 ㄱ. 순환론은 역사 속에 나타난 중·장기적 사회 변동 과정을 설명하기에 용이하나, 단기적 사회 변동을 설명하기는 어렵다.
ㄴ. 기능론은 점진적 사회 변동 과정을 설명하기에 용이하나, 급격한 사회 변동을 설명하기는 어렵다.

07 갑의 관점은 인류의 역사를 성장의 과정으로 본다는 점에서 진화론, 을의 관점은 인류의 역사를 성장과 쇠퇴의 반복으로 본다는 점에서 순환론에 해당한다. 진화론은 발전이라는 한 가지 방향으로 사회 변동을 설명하므로 사회 변동 방향을 예측하는 것이 용이하다. 순환론은 현 사회가 순환 과정 중 어디에 위치하는지 설명하지 못하므로 앞으로의 변동 방향을 예측하기 어려운 반면, 지난 역사 속에서 반복되어 온 사회 변동을 설명하는 데는 유용하다.

바로잡기 ③ 순환론이 전제하는 순환의 과정은 역사 속의 중·장기적 사회 변동 양상을 설명하는 데는 유용하나, 단기적 사회 변동을 설명하기는 어렵다.

08 학령 인구 감소에 따른 대입 경쟁 양상의 변화, 노인 인구 증가에 따른 노인의 정치적 영향력 확대는 모두 인구 구조의 변화에 따른 사회 변동 사례이다.

바로잡기 ① 기술 발전의 사례에는 정보 통신 기술이 발전하여 정보 사회가 도래한 경우를 들 수 있다.
② 가치관 변화의 사례로는 자유주의와 민주주의라는 가치관이 확산되어 시민의 정치 참여가 증대한 것이 있다.
③ 집단 간 갈등으로 성차별, 인종 차별과 같은 사회적 모순이 드러난 사례를 들 수 있다.
④ 자연환경적 요인의 사례에는 기후 변화에 적응하는 과정에서 사회 변화가 발생한 경우를 들 수 있다.

09 (가)는 지배 집단과 피지배 집단 간의 갈등을 강조하고 있다는 점에서 갈등론, (나)는 사회의 균형과 안정을 강조하고 있다는 점에서 기능론이다. 갈등론은 집단 간 갈등 과정에서 사회 변동이 나타난다고 보는 반면, 기능론은 갈등과 같은 일시적 불균형이 회복되는 과정을 사회 변동이라고 본다.

바로잡기 ㄷ. 기능론은 점진적 사회 변동을, 갈등론은 급진적 사회 변동을 설명하기에 용이하다.
ㄹ. 기능론과 갈등론은 모두 사회 구조의 영향력을 중시한다.

사회 구조적 측면에서 사회 변동을 설명하는 이론 **만점 공략 노트**

기능론	갈등론
• 사회 변동은 일시적 불균형 상태에서 균형 상태를 찾아가는 과정임	• 지배 집단과 피지배 집단 간의 갈등 과정에서 사회 변동이 나타남
• 사회의 질서와 안정을 바탕으로 점진적 사회 변동 과정을 설명하기에 용이함	• 사회의 모순과 갈등을 통해 급격한 사회 변동을 설명하기에 용이함
• 급진적 사회 변동을 설명하기 곤란하며 보수적 경향임	• 사회 변동을 갈등과 대립의 측면에서만 파악함

10 (가)는 사회 체제 자체의 변화를 추구하고 있다는 점에서 혁명적 사회 운동의 사례이다. (나)는 현 사회 체제 내에서 특정 부분에 대한 변화를 추구하고 있다는 점에서 개혁적 사회 운동의 사례이다.

바로잡기 ㄴ. (나)는 사회 문제를 해결하여 더 나은 사회를 만들고자 하는 운동이다.
ㄹ. (가), (나) 모두 체계적인 형태로 사회 운동을 전개하는 모습이다.

사회 운동의 유형 **만점 공략 노트**

개혁적 사회 운동	사회 체제 내에서 제도의 부분적 변화를 추구하는 운동
혁명적 사회 운동	사회 체제 자체의 변화를 추구하는 운동
복고적 사회 운동	과거로 돌아가려는 운동

11 이렇게 쓰면 만점 (2) 공통점과 각각의 한계점의 내용을 보고 (가), (나)에 해당하는 이론이 무엇인지 파악할 수 있어야 한다. (가)의 한계 내용이 제시되어 있으므로 (다)에 (나)의 한계를 쓰면 만점을 받을 수 있다.

12 이렇게 쓰면 감점 (2) 서술형은 제시된 조건에 따라 답안을 작성해야 한다. 진화론의 한계점을 두 가지 제시하지 않으면 감점이 될 수 있다.

13 이렇게 쓰면 만점 (2) 제시문의 내용과 연계하여 서술하라는 조건에 따라 '균형의 회복'이라는 내용을 활용하면 만점을 받을 수 있다.

01 진화론과 순환론
자료 분석 노트

A가 진화론이면 순환론에 해당하는 질문이 들어가야 하고,
B가 진화론이면 진화론에 해당하는 질문이 들어가야 한다.

관점 \ 질문	(가)	(나)
A	아니요	예
B	예	아니요

A, B는 사회 변동 방향에 관한 이론이라고 하였으므로 진화론, 순환론 중 하나이다.

A가 진화론이면 진화론에 해당하는 질문이 들어가야 하고, B가 진화론이면 순환론에 해당하는 질문이 들어가야 한다.

ㄷ. A가 진화론이면 (가)에는 진화론에 대해 '아니요'라는 대답이 나올 수 있는 질문이 들어가야 한다. 사회 변동 방향에 대한 예측이 어려운 이론은 순환론이다. ㄹ. B가 순환론이면 (나)에는 순환론에 대해 '아니요'라는 대답이 나올 수 있는 질문이 들어가야 한다. 사회 변동이 일정한 방향으로 나타난다고 보는 이론은 진화론이다.

바로잡기 ㄱ. 서구 제국주의를 정당화한다는 비판을 받는 이론은 진화론이다. 따라서 이 경우 A는 순환론이 되어야 한다.

ㄴ. 단기적 사회 변동을 설명하기 어려운 이론은 순환론이다. 따라서 이 경우 B는 진화론이 되어야 한다.

02 진화론과 순환론의 그래프
자료 분석 노트

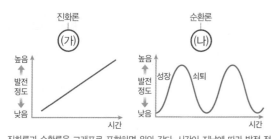

진화론 (가)   순환론 (나)

진화론과 순환론을 그래프로 표현하면 위와 같다. 시간이 지남에 따라 발전 정도가 높아지는 (가)와 달리 (나)는 시간이 지남에 따라 성장과 쇠퇴가 반복되고 있다는 점에서 차이가 있다.

(가)는 사회가 단선적으로 발전함을 나타내고 있다는 점에서 진화론, (나)는 성장과 쇠퇴의 과정이 반복되어 나타나고 있다는 점에서 순환론에 해당한다. 진화론은 사회가 이전보다 분화되고 발전된 양상으로 변화한다고 보고 있으며, 모든 사회의 변동 양상이 동일하게 나타나지 않는다는 점에서 비판을 받고 있다.

바로잡기 ㄴ. 순환론은 현 사회가 순환 과정에서 어디에 위치하는지 알기 어렵기 때문에 미래의 변동 양상에 대한 예측 및 대응이 어렵다.

ㄷ. 발전이라는 한 방향으로의 변동 양상(단선적이고 표준화된 발전 경로)을 중시하는 이론은 진화론이다.

03 사회 변동의 요인
자료 분석 노트

갑 : 오늘날 우리 사회의 변동 양상은 과학 기술의 발달에 의해 초래되거나 파생된 것이 대부분입니다. 예를 들어 스마트 폰이라는 기술의 발전은 우리들의 일상생활 전반에 영향을
└ 사회 변동이 광범위하게 나타난다.
미쳤으며, 사고방식에까지 영향을 주고 있습니다.
└ 물질문화(기술)가 비물질 문화(사고방식)에 영향을 미친다.

을 : 과거부터 오늘날까지 과학 기술은 지속적으로 발전하고 있지만 과거에 비해 오늘날 과학 기술의 발전에 따른 영향이 더 확대되고 있는 것은, 그러한 과학 기술을 사용하는 인간의 사고방식이 과거에 비해 주체적이고 적극적으로
└ 가치관 변화가 사회 변동의 결정적 요인이라고 여긴다.
변화했기 때문입니다.

갑은 과학 기술의 발전이 가져온 변화가 사회 전반에 걸쳐 나타나고 사고방식에까지 영향을 미친다고 보고 있다. 반면 을은 과학 기술의 발전에 따른 영향 또한 사고방식의 영향을 받는다고 보고 있다. 즉, 을은 사고방식의 변화로 인해 오늘날의 사회 변동이 초래되었다고 본다.

바로잡기 ㄴ. 갑은 기술이라는 물질문화가 사고방식이라는 비물질문화에 영향을 미친다고 보고 있다.

ㄹ. 사회 변동의 속도는 사회마다 다르지만 을이 말한 내용과는 관련이 없다.

04 기능론과 갈등론
자료 분석 노트

어떤 사람들은 사회를 생물 유기체에 비유하면서 사회의 각 부분은 나름대로 역동적이지만, 부분의 변화는 조정되고 통합되어 사회 전체적으로 비교적 균형 잡힌 형태를 유지한다고 주장
└ 기능론
하고 있다. 그러나 사회적 희소가치를 독점하고 있는 집단과 그렇지 못한 집단 사이에서 일상적으로 갈등이 나타나고 있는
└ 갈등론
현대 사회에서 균형과 안정을 강조하는 사회 변동 이론이 과연
└ 기능론
타당한가에 대해 의문을 제기하지 않을 수 없다. 우리 사회가 어떻게 변화하고 있는지 정확히 이해하기 위해서는 사회 구성원 간에 나타나는 갈등적 상호 작용의 원인과 그러한 갈등이 초래하고 있는 영향에 대해 우선적으로 살펴봐야 할 것이다.
└ 사회 변동을 갈등론으로 바라볼 것을 주장하고 있다.

제시문의 전반은 기능론적 관점의 진술로 구성되어 있지만, 후반은 이를 반박하는 갈등론적 관점의 내용이다. 갈등론은 사회 제도가 지배 집단이라는 특정 집단의 이익을 대변한다고 보고, 지배 계급 중심의 불평등한 분배 구조로 인해 구성원 간 갈등이 발생하며 이는 변동의 동력이 된다고 여긴다.

바로잡기 ㄷ. 기능론은 사회 문제를 균형이 일시적으로 깨어진 상태로 여기며, 다시 균형이 회복되는 과정을 사회 변동이라고 본다.

02 현대 사회의 변화와 대응 방안

━━━━ 기초를 다지는 확인 문제 ━━━━ 238쪽

01 (1) × (2) × (3) ○ (4) × (5) ○   **02** (1) 정보 격차
(2) 공정 무역 (3) 고령화 (4) 다문화 사회   **03** (1) ⓒ (2) ㉠
(3) ⓛ

━━━━ 실력을 키우는 실전 문제 ━━━━ 239~243쪽

01 ⑤   **02** ①   **03** ④   **04** ③   **05** ②   **06** ④
07 ④   **08** ②   **09** ③   **10** ①   **11** ③   **12** ④
13 ③   **14** ②   **15** ②   **16** ②   **17** ③   **18** ⑤

19 예시답안 자유 무역 협정 체결이 확대될 경우 국가 간 교역이 증가한다. 이로 인해 국내 소비자들은 보다 다양한 재화를 저렴한 가격에 사용할 수 있으나, 경쟁력이 낮은 국내 산업은 도태될 수 있다.
20 (1) A : 산업 사회, B : 정보 사회 (2) 예시답안 정보 사회에서는 산업 사회와 달리 다품종 소량 생산 방식이 일반적으로 나타난다.
21 예시답안 양육 및 교육비 부담을 덜어 줄 수 있는 방안을 마련한다. 일·가정 양립을 위한 제도적 지원을 강화한다.

01 제시문의 밑줄 친 '이것'은 자유 무역 협정(FTA)이다. 자유 무역 협정의 체결이 확대될 경우 국가 간 교역이 늘어나 세계화가 확산되고, 그 과정에서 경쟁력이 약한 기업 및 산업은 도태될 수 있다.

바로잡기 ① 무역 장벽의 완화로 국가 간 교역량은 증가한다.
② 세계화가 확산됨에 따라 국가 간 상호 의존성이 높아진다.
③ 국내 기업과 외국 기업 간의 경쟁이 심화된다.
④ 교류가 확대되어 다양한 문화를 접할 기회는 증가한다.

02 A는 국가 간 교류가 확대되어 전 세계가 상호 의존적으로 통합되어 가는 현상인 세계화이다. 세계화로 인하여 국가 간 빈부 격차 확대, 약소국의 전통문화 소멸 등의 문제점이 나타날 수 있다.

바로잡기 ㄷ. 출산율이 하락하여 생산 가능 인구가 감소하는 현상은 저출산의 영향으로 나타난다.
ㄹ. 가상 공간에서 이루어지는 사회적 관계가 확대되어 피상적 인간관계가 증가하는 현상은 정보화의 영향으로 나타난다.

03 을은 세계화 과정에서 약소국의 문화 정체성이 약화되는 문화 획일화 현상을 우려하고 있다. 케이팝(K-Pop)의 영향으로 전통 음악에 대한 관심이 낮아진 경우나, 영어의 사용 증가로 고유 언어의 명맥이 약해진 경우가 이에 해당한다.

바로잡기 ㄱ. 서구의 예식 문화와 전통 혼례 문화가 결합하여 나타난 우리의 결혼식 문화는 문화 융합의 사례이다.
ㄷ. 서구 음식 문화에 우리 전통 음식 문화가 결합된 불고기 버거는 문화 융합의 사례로, 문화 다양성이 확대된 경우이다.

04 갑과 달리 을은 세계화로 초래되는 부정적인 면을 우려하며 자유 무역 협정(FTA)에 반대 입장을 표명하고 있다. 따라서

을의 주장을 뒷받침할 근거가 되는 내용은 세계화의 부정적 영향이다. 세계화로 경쟁이 심화되어 경쟁력을 갖추지 못한 기업 및 종사자가 도태되는 현상은 세계화의 부정적 영향이다.

바로잡기 ①, ②, ④, ⑤는 세계화에 따른 긍정적 영향에 해당한다.

세계화의 영향	만점 공략 노트
긍정적 영향	**부정적 영향**
• 국가 경제 활성화 및 다양한 상품 생산 가능 • 다양한 문화를 경험할 수 있는 기회 확대 • 인류의 보편적 가치 확산	• 경쟁력을 갖추지 못한 기업과 개인 도태 • 강대국의 문화 전파로 문화의 획일화 초래 • 약소국의 자율성 침해

05 제시된 사례는 모두 사회적 관계를 맺는 공간적 범위가 가상 공간으로 확대된 경우에 해당한다. 동시에 가상 공간에서의 관계가 현실 세계로 이어지지 못하고 피상적 인간관계에 그침을 보여 주고 있다.

바로잡기 ① 정보 격차는 정보에의 접근성 차이에 따른 문제이다.
③ 정부가 권력을 독점할 경우 시민의 자유와 권리가 위축될 수 있다.
④ 타인의 사생활에 대한 침해 증가는 정보화로 사생활에 대한 관찰과 감시가 쉬워지면서 나타난 문제이다.
⑤ 정보 윤리가 확립되지 않아 저작권 침해와 사이버 범죄 등의 일탈 행동이 증가하고 있다.

06 산업 사회에 비해 정보 사회에서 필요한 역량으로 갑은 탄력적인 대처 능력을, 을은 자율적인 판단 능력을 제시하고 있다. 이를 바탕으로 정보 사회에서는 창의적이고 유연한 사고가 필요함을 추론할 수 있다.

바로잡기 ①, ②, ③, ⑤ 모두 정보 사회에 관한 옳은 설명이지만, 제시문과 관련이 없다.

07 산업 사회에서는 기업이 일방적으로 재화와 서비스를 생산하고 소비자는 이를 소비하였다. 그러나 정보 사회에서는 소비자의 수요를 파악하여 재화와 서비스를 생산한다. 즉, 소비자의 의견이 생산 과정에 반영되고 있으며, 이로 인하여 다품종 소량 생산 방식이 일반화되고 있다.

바로잡기 ㄱ. 산업 사회에서 개인은 획일화·몰개성화되었으나, 정보 사회에서는 개인의 개성이 더욱 강화되고 있다.
ㄷ. 지식·정보와 관련된 서비스업은 발전한다.

08 A는 노동과 자본이 부의 원천인 산업 사회, B는 지식과 정보가 부의 원천인 정보 사회이다. 산업 사회는 관료제가 확대된 반면, 정보 사회에서는 탈관료제가 확대되고 있다. 비대면 접촉의 비중은 인터넷이 발달한 정보 사회에서 높게 나타난다.

바로잡기 ㄴ. 2차 산업 중심인 산업 사회에 비해 정보 사회는 3차 산업의 비중이 높다.
ㄹ. 일터와 가정이 엄격히 분리된 산업 사회에 비해 정보 사회는 가정과 일터의 결합 정도가 높다.

09 제시문에 따르면 정보 통신 기술이 발달하여 시민이 정치 과정에 참여하는 기회가 많아지고, 시민들의 의견이 정부에 빠르게 전달되고 있다.

바로잡기 ㄱ. 정보 통신 기술이 발달하면서 과거와 달리 시민들이 다양한 방식으로 의견을 표출할 수 있어 대의 민주주의의 한계를 어느 정도 극복할 수 있게 되었다.
ㄹ. 권력 집단에 의해 시민의 자유와 권리가 위축될 수 있는 것은 정보화에 따른 부정적 영향으로, 제시문과 관련이 없다.

10 제시문의 밑줄 친 견해는 정보화로 인해 부의 양극화가 심화될 것이라는 내용이다. 이러한 주장을 뒷받침할 수 있는 근거로 일반인과 사회적 약자의 정보 격차 정도, 소득 계층에 따른 정보 접근성 차이 정도 등이 적절하다.

바로잡기 ㄷ, ㄹ은 정보화에 따른 부정적 영향에 해당하나, 불평등한 사회 구조의 확대와는 관련이 없다.

11 정보 사회는 재택근무와 같은 근로 형태가 등장하여 산업 사회에 비해 가정과 일터의 결합 정도가 높다. 따라서 A는 산업 사회, B는 정보 사회이다. 정보 사회는 다품종 소량 생산의 비중이 높고, 온라인이 발달하여 산업 사회에 비해 면대면 접촉의 비중은 낮다.

바로잡기 ㄱ. 지식과 정보의 가치는 정보 사회에서 중시된다.
ㄹ. 뉴 미디어와 같은 쌍방향 미디어의 비중은 정보 사회에서 높게 나타난다.

산업 사회와 정보 사회		만점 공략 노트
구분	산업 사회	정보 사회
조직 형태	관료제 중심	탈관료제 확대
생산 방식	소품종 대량 생산	다품종 소량 생산
소통 방식	일방향 소통	쌍방향 소통
대중 매체	전통적 대중 매체	뉴 미디어 중심

12 제시된 자료에 따르면 출생아 수와 합계 출산율이 지속적으로 낮아지고 있다. 이러한 저출산 현상은 자녀 양육에 대한 부담 증가, 여성의 사회 활동 증가, 초혼 연령 상승, 자녀에 대한 가치관 변화로 자녀를 가지지 않는 부부 증가 등 여러 가지 요인이 복합적으로 작용한 결과이다.

바로잡기 ④ 의료 기술의 발달에 따른 평균 수명 증가는 고령화를 초래한 요인이다.

13 노인 복지에 재정이 집중되는 문제, 정년 연장으로 신규 채용이 감소하는 문제에 대한 입장 차이 때문에 세대 간의 갈등이 나타날 수 있다.

바로잡기 ①, ④ 생산력 저하로 인한 경기 침체와 인구 감소로 사회의 지속 가능성이 낮아지는 문제는 제시문의 내용과 관련이 없다.
② 노인 부양 비용에 대한 부담이 증가한다.
⑤ 노동력 부족 문제에 대한 대안 중 하나가 정년 연장이다.

14

자료 분석 노트

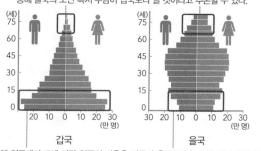

전체 인구에서 65세 이상 인구의 비율은 을국이 갑국보다 높으며, 이를 통해 을국의 노인 복지 부담이 갑국보다 클 것이라고 추론할 수 있다.

전체 인구에서 15세 미만 인구의 비율은 갑국이 을국보다 높으며, 이를 통해 갑국의 출산율이 을국보다 높을 것이라고 추론할 수 있다.
– 연령별 인구를 보여 주는 인구 구조 그래프를 통해 각 사회의 사망률과 출산율을 추론해 볼 수 있다.

갑국은 유소년 인구의 비율이 높은 피라미드형, 을국은 중장년층의 비율이 높은 항아리형 인구 구조를 보이고 있다. 을국은 전체 인구에서 노인 인구 비율이 높으며, 이를 통해 을국의 노인 복지 부담이 갑국에 비해 상대적으로 크다고 추론할 수 있다.

바로잡기 ㄴ. 유소년 인구의 비율을 기준으로 합계 출산율은 갑국이 을국보다 더 높을 것이라고 추론할 수 있다.
ㄹ. 노인 인구의 비율이 높고, 유소년 인구의 비율이 낮은 을국에서 저출산·고령화 문제가 나타날 것이라고 추론할 수 있다.

15 A는 저출산 현상이다. 초혼 연령 상승, 자녀 양육비 및 교육비 부담 증가, 여성의 사회 진출 증가 등은 모두 저출산의 요인에 해당한다. 제시된 요인들이 복합적으로 작용한 결과 출산율이 낮아지고 있다.

바로잡기 ① 의료 기술이 발달하여 평균 수명이 증가한 결과 나타난 현상은 고령화이다.
③ 고령화의 영향으로 세대 간 갈등이 증가하고 있다.
④ 저출산의 영향으로 부부 가구, 1인 가구 등이 증가하여 평균 가구원 수는 감소하고 있다.
⑤ 노인 인구의 비율이 높아지는 현상은 고령화이다.

16

자료 분석 노트

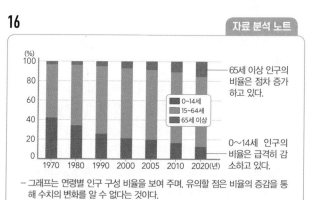

– 그래프는 연령별 인구 구성 비율을 보여 주며, 유의할 점은 비율의 증감을 통해 수치의 변화를 알 수 없다는 것이다.

제시된 그래프는 전체 인구에서 해당 연령대 인구의 비율을 나타낸 것으로 65세 이상 인구의 비율은 지속적으로 높아지고 있는 반면, 0~14세 인구 비율은 하락하고 있다. 사망률이 하락하여 65세 이상 인구가 증가하는 상황에서 출산율이 하락할 경우 이와 같은 현상이 나타난다.

바로잡기 ㄴ. 0~14세 인구 비율은 낮아지고 있으나, 전체 인구가 제시되어 있지 않으므로 0~14세 인구의 감소 여부를 알 수 없다.
ㄹ. 0~14세 인구 비율이 감소하는 반면, 65세 이상 인구 비율이 증가하고 있으므로 0~14세 인구 대비 65세 이상 인구의 비는 높아지고 있다.

17 국내 거주 외국인 수와 비중이 지속적으로 증가할 경우 서로 다른 문화와의 교류가 증가한다. 이로 인해 새로운 문화 요소가 등장할 수도 있고, 문화 갈등이 발생할 수도 있다. 또한 외국인 노동자가 늘어나 노동력 부족 문제가 완화될 수도 있다. 따라서 문화 공존의 자세 함양 노력이 필요하다.

바로잡기 ③ 문화 충돌에 따른 갈등을 예방하기 위해서는 배타적 태도가 아니라 문화 상대주의적 태도의 필요성이 사회적으로 증대할 것이다.

18 A는 주류 문화로의 동화를 중시한다는 점에서 동화주의(용광로 정책)에 해당한다. 반면 B는 이주민들이 자신의 문화 정체성을 유지하도록 한다는 점에서 다문화주의(샐러드 볼 정책)에 해당한다. 동화주의는 이주민들을 주류 사회로 동화시킴으로써 안정적으로 사회를 통합하는 데 유리하다. 다문화주의는 문화 동화 과정에서 초래될 수 있는 갈등을 예방할 수 있다는 점에서 유리하다.

바로잡기 ㄱ. A는 용광로 정책에 해당한다.
ㄴ. 문화 동화를 기반으로 하는 입장은 A이다.

다문화 정책	만점 공략 노트

동화주의	다문화주의
• 용광로 정책 • 이주민을 기존의 주류 사회 문화에 동화시키려 함 • 안정적 사회 통합에 유리	• 샐러드 볼 정책 • 이주민들이 그들의 문화를 유지하도록 지원함 • 문화 간 차이에 따른 사회적 갈등 예방에 유리

19 **이렇게 쓰면** **만점** 국가 간 교역이 증가할 경우의 긍정적 영향을 한 가지, 부정적 영향을 한 가지 서술하면 만점이다.

20 **이렇게 쓰면** **만점** (2) A는 산업 사회, B는 정보 사회이다. 따라서 정보 사회의 특징을 서술하면 만점이다. 그림에 제시되지 않은 내용을 서술해야 함에 유의한다.

21 **이렇게 쓰면** **만점** 갑은 의식적 차원에서, 을은 제도적 차원에서 저출산 문제의 원인을 파악하고 있다. 따라서 을의 견해에 부합하는 저출산 문제의 해결 방안으로 제도적 차원의 대응책을 두 가지 제시하면 만점이다.

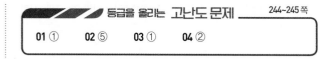

등급을 올리는 **고난도 문제** ___ 244~245쪽

01 ① **02** ⑤ **03** ① **04** ②

01 산업 사회와 정보 사회의 특징 〔자료 분석 노트〕

A, B는 각각 산업 사회와 정보 사회 중 하나인데, 지식·정보·서비스 산업의 비중이 높은 것은 정보 사회이므로 A는 정보 사회, B는 산업 사회이다.

비교 기준	비교 결과
지식·정보·서비스 산업의 비중	A>B
(가)	A<B
(나)	A>B

(가) 정보 사회보다 산업 사회에서 더 높게 나타나는 것이 들어가야 한다.
(나) 산업 사회보다 정보 사회에서 더 높게 나타나는 것이 들어가야 한다.

지식·정보·서비스 산업의 비중은 산업 사회보다 정보 사회에서 높게 나타난다. 따라서 A는 정보 사회, B는 산업 사회이다. 정보 사회는 산업 사회에 비해 가상 공간을 활용한 소통이 증가하여 비대면 접촉 정도가 높으며, 재택근무 등의 근무 형태가 일반화되어 가정과 일터의 결합 정도가 높다. 또한 정보 사회는 산업 사회에 비해 다원화된 사회이므로 직업의 동질성은 산업 사회가 더 높다. 업무 방식의 표준화 정도는 관료제화 정도가 더 높은 산업 사회에서 보다 높게 나타난다.

02 산업 사회와 정보 사회의 특징 〔자료 분석 노트〕

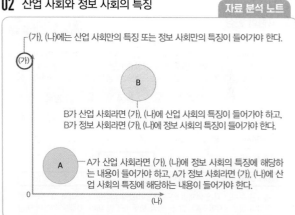

(가), (나)에는 산업 사회만의 특징 또는 정보 사회만의 특징이 들어가야 한다.

B가 산업 사회라면 (가), (나)에 산업 사회의 특징이 들어가야 하고, B가 정보 사회라면 (가), (나)에 정보 사회의 특징이 들어가야 한다.

A가 산업 사회라면 (가), (나)에 정보 사회의 특징에 해당하는 내용이 들어가야 하고, A가 정보 사회라면 (가), (나)에 산업 사회의 특징에 해당하는 내용이 들어가야 한다.

직업의 동질성은 상대적으로 다원화 정도가 낮은 산업 사회가 정보 사회보다 크다. 업무 방식의 표준화 정도 또한 관료제화 정도가 높은 산업 사회가 정보 사회보다 크다. 따라서 (가)가 '직업의 동질성', (나)가 '업무 방식의 표준화 정도'라면 A는 정보 사회, B는 산업 사회로 특정할 수 있다.

바로잡기 ① 사회 변동의 속도는 산업 사회보다 정보 사회에서 더 빠르므로 (가)가 '사회 변동의 속도'라면 A는 산업 사회이다.
② 관료제 조직의 비중은 정보 사회보다 산업 사회에서 더 높기 때문에 (나)가 '관료제 조직의 비중'이라면 A는 정보 사회이다.
③ 대면 접촉의 비중은 산업 사회가 정보 사회보다 더 높기 때문에 (가)에 '대면 접촉의 비중'이 들어간다면 B는 산업 사회이다.
④ 가정과 일터의 결합 정도는 정보 사회가 산업 사회보다 더 높기 때

문에 (나)에 '가정과 일터의 결합 정도'가 들어간다면 B는 정보 사회
이다.

03 세계화의 영향

> 비교 우위 이론에 따라 전 세계적으로 분업과 교환이 이루어진
> 다면 지구 전체적인 생산량은 분명 증가할 것입니다. 그러나
> 현실적으로 분배의 과정에서 문제가 발생하고 있으며, 세계화
> 에 참여하는 모든 주체가 세계화에 따른 이익을 공유하는 것은
> 아닙니다. 즉, 세계화는 분명 한계를 가지고 있습니다.
> └ 을은 세계화의 긍정적인 면에 대해서 인정하고 있으나, 현실적으로 부정적
>   인 면이 나타나고 있음을 지적하고 있다. 특히 모든 경제 주체에게 세계화
>   가 긍정적이지 않음을 강조하고 있다.

갑은 세계화에 대해 긍정적으로 바라보는 반면, 을은 세계화
의 긍정적인 측면에 한계가 있다는 입장이다. 특히 분배의 문
제로 인해 모든 경제 주체가 세계화 과정에서 이익을 얻지 않
음을 강조하고 있다. 이러한 을의 주장에 부합하는 사례로 선
진국과 개발 도상국 간의 빈부 격차 확대나 경쟁력이 약한 기
업 및 종사자의 이익 감소가 적절하다.

바로잡기 ㄷ. 문화의 획일화는 문화적 측면에서 나타나는 세계화의
부정적 영향이다.
ㄹ. 개별 정부의 자율성 침해는 정치적 측면에서 나타나는 세계화의
부정적 영향이다.

04 고령화 현상

> 을국에서 15~64세 인구 비율은 1970년과 2010년에 65%로 같지만, 연도별 인
> 구수가 제시되어 있지 않기 때문에 1970년과 2010년의 15~64세 인구수가 동일
> 한지 여부는 알 수 없다. 즉, 비율과 수는 구분하여 생각해야 한다. (단위 : %)

구분	갑국		을국		병국	
	1970년	2010년	1970년	2010년	1970년	2010년
0~14세	16	15	27	20	16	8
15~64세	67	55	65	65	75	55
65세 이상	17	30	8	15	9	37

> └ 제시된 수치는 각 연령대별 인구 구성 비율을 의미한다. 따라서 각 연령대별
>   수치의 합은 100이 된다. 갑국~병국 모두 1970년 대비 2010년에 65세 이상
>   인구 비율이 증가하였으므로 고령화 현상이 심화되었음을 알 수 있다.

갑국~병국 모두 전체 인구에서 65세 이상 인구의 비율이 증
가하였다. 즉, 고령화 현상이 심화되었음을 알 수 있다. 또한
15~64세 인구 비율은 동일하거나 감소한 반면, 65세 이상
인구의 비율은 증가하였으므로 65세 이상 인구 대비 15~64
세 인구의 비는 갑국~병국 모두 감소하였음을 알 수 있다.

바로잡기 ㄴ. 0~14세 인구의 비율은 갑국~병국 모두 감소하였으나,
각 연도별 전체 인구수가 제시되어 있지 않기 때문에 0~14세 인구가
감소하였는지 여부를 알 수 없다.
ㄷ. 을국의 15~64세 인구의 비율은 제시된 연도에서 동일하나, 각 연
도별 전체 인구수가 제시되어 있지 않기 때문에 15~64세 인구수가 동
일한지 여부를 알 수 없다.

03 전 지구적 수준의 문제와 세계 시민

기초를 다지는 확인 문제 ___ 248쪽

01 (1) × (2) ○ (3) ○ (4) ○ (5) ○   **02** (1) 세계 시민
(2) 테러 (3) 지구 온난화 (4) 대체 에너지   **03** (1) ⓒ (2) ㉠
(3) ⓛ

실력을 키우는 실전 문제 ___ 249~251쪽

01 ②   **02** ④   **03** ②   **04** ③   **05** ②   **06** ④
07 ⑤   **08** ⑤   **09** ⑤   **10** ①

11 (1) 지구 온난화, 사막화, 열대 우림 파괴 (2) **예시답안** 지구
온난화를 해결하기 위해서는 온실가스 배출량을 감축해야 하고,
사막화를 막기 위해서는 과잉 개발에 대한 규제가 필요하며, 열대
우림 파괴를 완화하기 위해서는 무분별한 벌목 및 방화 등을 하지
않아야 한다.
12 (1) 식량 부족 (2) **예시답안** 인류가 먹을 식량이 부족해서가
아니라, 식량을 다른 용도로 활용하기 때문에 식량 부족 문제가 발
생하고 있다. 따라서 생산된 식량을 적절히 분배할 수 있는 방안을
모색하여 문제를 해결해야 한다.
13 **예시답안** 전 지구적 수준의 문제는 그 해결을 위해 어느 한 국
가의 노력이 아니라 전 지구적 차원의 협력이 필요하다.

01 제시된 사례에서 A국과 B국은 황사 및 사막화 현상에 공동
대응하고 있다. 이는 국가 간 협력으로 환경 문제를 해결하려
는 노력이다.
바로잡기 을. 지구 온난화 문제가 아니라 황사 및 사막화 현상을 해결
하기 위해 노력하고 있다.
정. 기후 변화 협약을 통해 온실가스 배출량을 줄이려는 노력은 지구
온난화의 해결 방안이다.

02 선진국에서는 비만을 걱정하고 있으나 일부 지역에서는 기아
문제가 발생한다. 또한 선진국에서 곡물을 바이오 연료 생산
에 사용하면서 국제 곡물 가격이 크게 올라 저개발국의 기아
문제가 확대되고 있다. 이를 통해 생산된 식량이 적절히 분배
되지 못하여 기아 문제가 발생하고 있음을 알 수 있다.
바로잡기 ①, ⑤ 일부 지역에서는 비만이 증가하고, 곡물을 바이오 연
료 생산에 사용한다는 점에서 기아가 식량의 생산량 부족 때문이 아님
을 알 수 있다
② 기아 문제가 산업화 과정에서 악화되었다는 내용은 제시문에 나타
나 있지 않다.
③ 식량 문제는 전 지구적 수준의 문제이므로 여러 국가 간의 협력이
필요하다.

03 지구 온난화는 농업 사회에서 산업 사회로 변화하는 산업화
과정에서 온실가스 배출이 증가하여 초래된 문제이며, 어느
한 국가의 노력이 아니라 여러 국가의 공동 대응이 필요함을
알 수 있다.

바로잡기 ㄴ. 무분별한 자원 개발 등은 환경 문제를 심화하는 요인이다.

ㄹ. 극지방의 빙하 감소는 지구 온난화로 기온이 상승하여 나타난 결과이며, 해수면 상승을 초래한다.

04 온실가스가 증가하여 지구의 평균 기온이 상승하는 현상은 지구 온난화이다. 지구 온난화는 산업화 과정에서 온실가스 배출이 증가하면서 더욱 심화되었으며, 극지방 빙하가 감소하여 해수면이 상승하는 등의 문제를 초래하고 있다.

바로잡기 ㄱ. 지구 온난화는 개별 국가의 대응으로 해결이 불가능한 전 지구적 수준의 문제이다.

ㄹ. 산업화되지 않은 국가의 경우 지구 온난화를 유발하지 않았으나, 지구 온난화에 따른 영향을 받고 있다.

05 전 지구적으로 생산된 옥수수의 상당수가 바이오 에탄올 생산에 사용되는 상황에서 국제 유가가 상승하여 바이오 에탄올에 대한 수요가 증가할 경우, 이는 옥수수에 대한 수요 증가 및 옥수수 가격 상승으로 이어질 수 있다. 이에 따라 식량 수입 국가 입장에서는 수입 부담이 증가하고, 국제 곡물 가격이 상승하여 식량 부족 문제가 나타날 수 있다.

바로잡기 ① 국제 곡물 가격이 상승할 것이다.

③ 식량 부족 국가들의 곡물 수입 부담이 증가할 것이다.

④ 식량 부족 문제가 심화될 것이다.

⑤ 식량의 상당수가 연료 생산에 사용되고 있다는 점에서 전 인류가 먹을 만큼 식량이 충분히 생산되지 않는다고 보기 어렵다.

06 제시된 사례는 물 부족 문제가 국가 간 분쟁으로 이어질 수 있으며, 국가 간에 유기적 협력으로 이러한 문제를 해결할 수 있음을 보여 주고 있다.

바로잡기 ㄱ. 물 부족 문제는 산업화 과정에서 심화되었다. 개발을 위한 무분별한 벌목으로 나타난 문제는 열대 우림 파괴이다.

ㄷ. 수자원을 대체할 수 있는 에너지 개발은 불가능하다.

자원 문제 | **만점 공략 노트**

구분	내용	대안
에너지 부족	석유 등과 같은 에너지 자원의 매장량 감소	대체 에너지 개발, 성장 위주 정책 개선
식량 부족	지역에 따라 식량 부족과 기아 문제 발생	식량 분배 방식에 대한 고려
물 부족	산업화로 물 수요가 증가하여 물 부족 문제 발생	수자원의 효율적 활용 방안 마련

07 파리 협정은 국가 간에 협력하여 대기 중 온실가스를 줄임으로써 지구 온난화 문제를 해결하고자 하는 세계 공동체 의식을 기반으로 한 노력이다. 전 지구적 차원의 환경 문제에 전 세계가 함께 대응하면 지속 가능한 사회 구축이 가능하다.

바로잡기 ⑤ 개별 국가의 이해관계가 아니라 인류 공동체의 일원으로서 세계 공동체 의식을 바탕으로 전 지구적 수준의 문제를 해결하기

위해 협력하고 있다.

08 제시된 그래프를 보면 테러의 발생이 최근 들어 더욱 증가하고 있음을 알 수 있다. 따라서 테러에 대한 전 지구적 차원의 대응이 필요하고, 폭력 사태 예방을 위해 분쟁 당사자 간에 상호 존중의 자세가 요구됨을 알 수 있다.

바로잡기 ㄱ. 국가 간 전면적 무력 행위는 전쟁으로, 제시된 자료에서 전쟁의 증가 여부를 알 수 없다.

ㄴ. 과거에 비해 테러의 위험은 증가한다고 추론할 수 있다.

09 세계 시민으로서 지구촌 문제 해결에 대응하기 위해서는 공동체 구성원으로서의 책임 의식을 바탕으로 전 지구적 수준의 문제에 관심을 가지고, 능동적으로 대응하며, 다른 국가의 사람들과 연대할 수 있어야 한다.

바로잡기 ⑤ 세계 시민이라면 개인적 이해관계를 초월하여 인류의 보편적인 가치를 추구하고, 그것을 위해 행동할 수 있어야 한다.

세계 시민 | **만점 공략 노트**

의미	세계 공동체 의식을 가지고 전 지구적 수준의 문제를 해결하기 위해 노력하는 사람
역할	전 지구적 수준의 문제에 관심을 가지고 주체적이고 능동적으로 참여하여 해결 방안 모색, 인류의 보편적 가치를 추구하고 이를 보전하기 위해 노력

10 지속 가능한 사회가 되기 위해서는 다음 세대의 삶의 질을 고려한 삶의 태도가 요구된다. 에너지 절약을 위해 에너지 효율 우수 제품을 사용하거나, 환경 오염을 줄이는 친환경적 생활 방식을 습관화하는 것은 지속 가능한 사회를 위한 실천 사례이다.

바로잡기 ㄷ. 개인의 경제적 이윤을 초월하여 공동체의 이익을 고려해야 한다.

ㄹ. 국가 간 협력을 지지하고 응원할 수 있어야 한다.

11 **이렇게 쓰면 감점** (2) 제시된 조건에 따라 세 가지 환경 문제에 대해 적절한 해결 방안을 제시해야 한다. 유형별로 구체적인 해결 방안을 제시하지 않고, 환경 보호에 힘써야 한다고만 서술하면 감점이 된다.

12 **이렇게 쓰면 만점** (2) 식량 부족 문제의 발생 원인과 해결 방안을 제시된 글의 내용을 바탕으로 서술해야 한다. 지구 전체적으로 생산량이 부족해서가 아니라, 분배가 제대로 되지 않아서 문제가 발생한다는 내용이 들어가야 만점이다.

13 **이렇게 쓰면 만점** 전 지구적 수준의 문제를 해결하기 위해서는 국가 간 협력이 요구된다는 점을 제시문을 통해 파악하여 서술해야 한다.

01 지구 온난화 현상의 대응 방안

자료 분석 노트

> 유로 규제는 유럽 연합에서 제정한 규제이지만 유럽 연합뿐만 아니라 세계 여러 나라에서 적용하고 있으며, 이들 국가에서
> └ 개별 국가 차원이 아니라 전 지구적 차원의 협력이 이루어진다.
> 자동차를 판매하기 위해서는 유로 규제를 충족해야 한다. 이
> └ 규제를 통해 기업이 친환경 제품을 생산하도록 장려하고 있다.
> 에 따라 전 세계 자동차 업체들은 유로 규제를 충족하기 위해 온실가스 배출량을 줄인 엔진을 개발하여 장착하고 있다.

온실가스 배출 규제를 통해 기업이 친환경적인 제품을 생산하도록 장려하고 있으며, 온실가스를 감축하려는 노력이 나타나 있으므로 지구 온난화 현상을 해결하기 위한 방안이다.

바로잡기 ㄷ. 전 지구적 차원의 협력 사례이다.

ㄹ. 대규모 인명 피해를 초래하는 전 지구적 수준의 문제는 전쟁이다. 제시된 사례에서 대규모 인명 피해 여부를 알 수 없다.

02 열대 우림 파괴의 영향

자료 분석 노트

> 울창한 삼림 1ha는 연간 평균 이산화 탄소 16톤을 흡수하고 산소 12톤을 방출하는데, 이 산소량은 44명이 1년간 호흡할 수 있는 양이다. 따라서 지구상에서 1천만 ha의 삼림이 없어진 다면 이산화 탄소 1억 6천만 톤의 흡수 능력과 산소 1억 2천만 톤의 생산력이 없어지는 셈이다.
> ─ 삼림의 중요한 기능 중 하나가 이산화 탄소 흡수이므로 삼림이 파괴되면 대기 중 이산화 탄소가 증가하게 됨을 알 수 있다.

제시문에 따르면 열대 우림이 파괴되면 온실가스인 이산화 탄소의 흡수 능력이 약화된다. 즉, 열대 우림이 파괴될 경우 대기 중 온실가스가 증가하여 지구 온난화가 더욱 가속화됨을 추론할 수 있다.

바로잡기 ㄱ. 토양 침식과 극심한 물 부족 초래는 사막화 현상과 관련이 깊으며, 제시문과는 거리가 멀다.

ㄹ. 삼림 파괴로 생태계가 파괴되면 다양한 생물 종의 서식이 위협받게 되어 생물 다양성이 감소한다.

03 식량 부족 문제의 해결 방안

자료 분석 노트

> 우리가 이렇게 음식을 낭비하며 살아가고 있는 지금 이 순간에도 지구 어느 곳에서는 밥 한 끼, 빵 한 조각을 먹지 못해 죽어 가고 있는 이들이 많다는 것을 알고 있는가? 이 책에서는 전쟁
> └ 식량 소비의 양극화 사례에서 식량 부족 문제가 단순히 곡물의 절대량이 부족해서 발생하는 것이 아님을 알 수 있다.
> 과 정치적 무질서로 인해 구호 조치가 무색해지는 비참한 현실, 소는 배불리 먹으면서 사람은 굶는 모순된 현실 등을 자세히 설명한다.
> └ 누군가의 육식을 위해 소가 사료를 먹고 있으나, 이로 인해 어느 누군가는 굶주리고 있음을 알 수 있다.

제시문에 따르면 식량이 풍족한 지역이 있는 반면 식량이 절대적으로 부족한 지역이 있다. 즉, 전 지구적 차원에서 빈부 격차 현상이 나타나고 있으며, 이러한 현상이 정치·사회·경제적 구조에 의한 것임을 알 수 있다. 극심한 빈부 격차 현상을 해결하기 위해 지구촌 식구로서의 세계 시민 의식을 촉구하고 있다.

바로잡기 ㄱ. 전 지구적으로 식량의 양이 부족해서 발생하는 문제가 아니므로 식량 생산 증대는 적절한 해결 방안이 아니다.

ㄹ. 소는 배불리 먹으면서 사람은 굶주린다는 내용을 통해 육류 소비가 증가할 경우 식량 부족 문제가 더욱 악화될 것임을 추론할 수 있다.

04 지속 가능한 발전

자료 분석 노트

> ─ 에너지를 지속 가능하게 사용하기 위해서는 현세대의 필요뿐만 아니라 다음 세대에 대한 배려와 존중이 필요하다.
> • 에너지의 지속 가능한 사용에 대한 보장
> • 자연 자원에 대한 지속 가능한 관리
> ─ 자연 자원을 지속 가능하게 관리하기 위해서는 환경을 파괴하는 인간 중심적인 사고방식에 대한 전환이 필요하다.

국제 연합(UN)이 제시한 지구촌 과제들은 '에너지 사용의 지속 가능성', '자연 자원의 지속 가능한 관리'와 같이 모두 지속 가능한 발전과 관련 있다. 이를 실현하기 위해서는 다음 세대의 삶에 대한 존중을 바탕으로 전 지구적 차원의 협력이 필요하며, 지구 공동체 구성원으로서의 세계 시민 의식이 요구된다.

바로잡기 ㄱ. 인간 중심적인 사고방식이 아니라 자연과 더불어 살아가려는 인식 전환이 필요하다.

올리드 특강 255쪽

사회 변동 이론	Step3 ⑤	Step4 ②
정보 사회의 특징	Step3 ①	Step4 ②

사회 변동 이론

Step3 사회 변동 방향에 대해 설명하는 이론으로 진화론과 순환론이 있다. 이 중 사회가 퇴보하거나 소멸할 수 있다고 보는 관점은 순환론이다. 따라서 B는 순환론, A는 진화론이다.

바로잡기 ㄱ. B(순환론)는 사회의 쇠퇴와 소멸을 운명과 같은 것으로 바라본다는 점에서 운명론적 관점이라는 평가를 받는다.

ㄴ. A(진화론)는 사회 변동이 발전과 진보라는 한 방향, 즉 단선적으로 나타난다고 본다.

Step4 제시된 표의 조건이 모두 비어 있으므로 선택지의 내용을 하나씩 대응하여 옳고 그름을 판단해야 한다. 조건에 따라 A와 B는 진화론 또는 순환론이 될 수 있다. ㄴ. B가 순환론이면 (나)에는

진화론에 해당하는 질문이 들어가야 한다. 따라서 '사회 변동 방향을 예측하기 용이한가?'가 적절하다.

바로잡기 ㄱ. 서구 중심적이라는 비판을 받는 이론은 진화론이므로 (가)에 '서구 중심적이라는 비판을 받는가?'가 들어가면 A는 순환론, B는 진화론이다.

ㄷ. (가)가 '사회 변동은 일정한 방향을 가지고 있는가?'라면, A는 순환론, B는 진화론이다. B(진화론)는 A(순환론)와 달리 사회 변동을 사회 발전으로 인식한다.

정보 사회의 특징

Step 3 제시된 조건에서 (가)는 정보 사회, (나)는 산업 사회, (다)는 농업 사회임을 추론할 수 있다. 정보 사회에서는 쌍방향 미디어가 보편적으로 나타나고, 산업 사회에서는 관료제가 보편화되기 시작하였다.

바로잡기 ㄷ. (가) 정보 사회는 지식 및 정보가 부가 가치 창출의 근원이 된다.

ㄹ. 정보 통신 기술이 발달한 (가) 정보 사회는 (나) 산업 사회에 비해 구성원 간의 비대면 접촉 정도가 높다.

Step 4 ㄱ. 산업 사회는 정보 사회에 비해 가정과 일터의 결합 정도와 구성원 간 비대면 접촉 정도가 낮게 나타난다. ㄷ. 기술 발전의 속도와 3차 산업의 비중 모두 산업 사회에 비해 정보 사회가 높으며, 산업 사회는 정보 사회에 비해 구성원 간 익명성이 낮다.

바로잡기 ㄴ. B가 정보 사회라면, (가)에는 '전자 상거래의 비중'이 적절하나, (나)에는 '업무 방식의 표준화 정도'가 적절하지 않다.

ㄹ. 사회의 다원화 정도와 다품종 소량 생산의 비중은 정보 사회가 산업 사회에 비해 더 높고, 사회 조직의 관료제화 정도는 산업 사회가 정보 사회에 비해 더 높다.

수능 특강 256~257쪽

| 유형 1 | ③ | 유형 2 | ① | 유형 3 | ⑤ | 유형 4 | ① |

유형 1 사회 변동의 방향에 관한 이론

(가)는 사회가 양적, 질적으로 강화된다고 보므로 진화론에 해당한다. 반면, (나)는 인류 문명이 성장과 쇠퇴를 되풀이한다고 보므로 순환론에 해당한다.

선택지 분석

✗ (가)는 사회가 주기적으로 동일한 과정을 통해 변동하는 것으로 본다.
→ (나) 순환론에 해당하는 설명이다.

✗ (나)는 서구의 제국주의 역사를 정당화하는 수단으로 악용될 수 있다는 비판을 받는다.
→ 서구 중심적인 (가) 진화론에 해당하는 설명이다.

③ (가)는 (나)와 달리 모든 사회가 일정한 방향으로 발전한다고 본다.
→ (가) 진화론은 성장, 발전이라는 일정한 방향으로 사회 변동이 나타난다고 본다.

✗ (나)는 (가)와 달리 선진국과 후진국 간의 불평등한 힘의 관계에 주목한다.
→ (가) 진화론, (나) 순환론 모두에 해당하지 않는 설명이다.

✗ (가), (나) 모두 서구 사회가 밟아 왔던 변동의 과정이 최선의 것은 아니라고 본다.
→ 서구 중심주의를 기반으로 하고 있는 (가) 진화론은 서구식 발전을 최선의 것으로 보고 있다.

유형 2 정보 사회의 특징

(가), (나)에 A~C가 따라 각각 농업 사회, 산업 사회, 정보 사회 중 하나가 된다.

선택지 분석

① (가)가 '가정과 일터의 분리 정도'이면, A는 C보다 관료제 조직의 비중이 높다.
→ 가정과 일터의 분리 정도는 산업 사회>정보 사회>농업 사회의 순으로 높게 나타난다. 따라서 A는 산업 사회, C는 정보 사회, B는 농업 사회이다. 관료제 조직의 비중은 정보 사회보다 산업 사회에서 높게 나타난다.

✗ (가)가 '구성원의 비대면 접촉 정도'이면 C는 B보다 확대 가족의 비중이 높다.
→ 구성원의 비대면 접촉 정도는 정보 사회>산업 사회>농업 사회의 순으로 높게 나타난다. 따라서 A는 정보 사회, C는 산업 사회, B는 농업 사회이다. 확대 가족의 비중은 산업 사회보다 농업 사회에서 높게 나타난다.

✗ (나)가 '구성원 간의 익명성 정도'이면 A는 B보다 전자 상거래의 비중이 높다.
→ 구성원 간의 익명성 정도는 정보 사회>산업 사회>농업 사회의 순으로 높게 나타난다. 따라서 B는 정보 사회, A는 산업 사회, C는 농업 사회이다. 전자 상거래의 비중은 산업 사회보다 정보 사회에서 높게 나타난다.

✗ (가)가 '사회 변동의 속도'이면, (나)는 '사회의 다원화 정도'가 적절하다.
→ 사회 변동의 속도는 정보 사회>산업 사회>농업 사회의 순으로 높게 나타난다. 따라서 (가)의 A는 정보 사회, C는 산업 사회, B는 농업 사회이다. 사회의 다원화 정도는 정보 사회>산업 사회>농업 사회이다. 따라서 (나)의 B는 정보 사회, A는 산업 사회, C는 농업 사회로 (가)와 (나)의 A~C 사회가 일치하지 않는다.

✗ (나)가 '직업의 동질성 정도'이면, (가)는 '의사 결정의 분권화 정도'가 적절하다.
→ 직업의 동질성 정도는 농업 사회>산업 사회>정보 사회 순으로 높게 나타난다. 따라서 (나)의 B는 농업 사회, A는 산업 사회, C는 정보 사회이다. 의사 결정의 분권화 정도는 정보 사회>산업 사회>농업 사회 순으로 높게 나타난다. 따라서 (가)의 A는 정보 사회, C는 산업 사회, B는 농업 사회로 (나)와 (가)의 A, C 사회가 일치하지 않는다.

유형 3 사회 변동의 방향에 관한 이론

(가)는 사회가 생성, 성장, 쇠퇴, 소멸의 과정을 반복한다고 보므로 순환론에 해당하고, (나)는 단순한 사회에서 복잡하고 분화된 사회로 나아간다고 보므로 진화론에 해당한다. 따라서 순환론의 관점에서 진화론을 비판하는 내용을 찾아야 한다.

선택지 분석

✗ 사회 변동을 운명론적 관점으로만 설명하고 있다.
→ 순환론은 사회가 언젠가는 쇠퇴, 소멸할 것이라고 본다는 점에서 운명론적 관점이라는 비판을 받는다.

✗ 사회 변동을 대립과 갈등이라는 속성으로만 파악한다.
→ 갈등론은 사회 변동을 갈등과 대립의 측면에서만 파악한다는 비판을 받는다.

✗ 사회 변동을 질서와 안정을 추구하는 것으로만 파악한다.
→ 기능론은 사회 변동을 균형의 회복 과정으로 보기 때문에 질서와 안정을 강조하여 급진적 사회 변동을 설명하기 어렵다는 비판을 받는다.

✗ 사회 변동의 방향을 예측하기 어려워 역동적 대응이 곤란하다.
→ 순환론은 현 사회가 사회 변동의 순환 과정 중 어디에 위치하는지를 설명하기 어렵고, 이로 인해 변동 방향을 예측하기 어렵다는 한계를 가진다.

⑤ 사회 변동 과정에서 나타나는 사회의 멸망을 설명하기 어렵다.
→ 진화론은 사회의 발전 방향을 예측하고 설명하는 데 유용하나, 사회의 쇠퇴를 설명하기 어려운 한계가 있다.

자료 분석

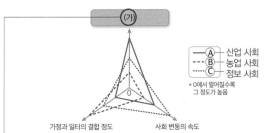

(가)에는 산업 사회>정보 사회>농업 사회의 순으로 정도가 높게 나타나는 조건이 들어가야 한다.

사회 변동의 속도는 정보 사회>산업 사회>농업 사회의 순으로 정도가 높게 나타나고, 가정과 일터의 결합 정도는 농업 사회>정보 사회>산업 사회의 순으로 정도가 높게 나타난다. 따라서 A는 산업 사회, B는 농업 사회, C는 정보 사회에 해당한다.

선택지 분석

① A는 B보다 구성원 간 익명성의 정도가 높다.
→ 익명성의 정도는 정보 사회>산업 사회>농업 사회의 순으로 높게 나타난다.

② A는 C보다 다품종 소량 생산의 비중이 크다.
→ 다품종 소량 생산의 비중은 산업 사회에 비해 정보 사회에서 높게 나타난다.

③ B는 C보다 지식 산업을 통한 부가 가치 창출이 유리하다.
→ 지식 산업의 비중 및 중요도는 정보 사회>산업 사회>농업 사회의 순으로 높게 나타난다.

④ C는 B보다 직업의 동질성이 강하다.
→ 직업의 동질성 정도는 농업 사회>산업 사회>정보 사회의 순으로 높게 나타난다.

⑤ (가)에는 '비대면 접촉의 정도'가 들어갈 수 있다.
→ 비대면 접촉의 정도는 정보 사회>산업 사회>농업 사회의 순으로 높게 나타난다.

실전 대비 V 단원 문제 마무리 260~263 쪽

01 ⑤	02 ⑤	03 ④	04 ⑤	05 ⑤	06 ⑤
07 ④	08 ④	09 ③	10 ③	11 ①	12 ⑤
13 ④	14 ②				

15 예시답안 제시문에 나타난 관점은 순환론이다. 순환론은 단기간의 사회 변동을 설명하지 못하며, 사회 변동의 방향을 예측하기 어렵다는 한계가 있다.

16 예시답안 2010년 기준 우리나라의 고령화 정도는 다른 나라에 비해 낮다. 그러나 2050년 기준 우리나라의 고령화 정도는 가장 높을 것으로 예상된다. 즉, 우리나라는 다른 나라에 비해 고령화가 빠르게 진행된다는 특징이 있다.

17 (1) A는 정보 사회, B는 산업 사회, C는 농업 사회이다.
(2) 예시답안 ㉠ 지식 산업의 비중이 높다. ㉡ 업무 방식의 표준화 정도가 높다. ㉢ 가정과 일터의 결합 정도가 높다.

01 결혼과 출산에 대한 인식의 변화, 즉 가치관의 변화로 인하여 출산율 및 출생아 수가 감소하고 고령화 현상이 심화되는 인구 변동이 나타나고 있다.
바로잡기 ㄱ, ㄴ. 사회 변동 양상이 사회마다 다르게 나타나고, 과거

에 비해 사회 변동 속도가 빨라진다는 내용은 옳은 설명이나, 제시된 자료와 관련이 없다.

02 ㄷ. 사회 변동을 발전으로 인식하는 관점은 진화론이다. 따라서 A는 진화론, B는 순환론이 되며, 사회 변동의 방향에 대한 예측 및 대응이 어려운 순환론에 비해 진화론은 변동 방향에 대한 예측이 용이하다. ㄹ. (가)와 (나)에는 서로 다른 관점에 해당하는 내용이 들어가야 한다. 순환론은 변동 과정에서 문명이 퇴보할 수 있다고 보는 반면, 진화론은 발전이라는 일정한 방향으로 사회 변동이 나타난다고 본다.
바로잡기 ㄱ. 서구 중심적이라는 비판을 받는 관점은 진화론이다.
ㄴ. 운명론적 관점이라는 비판을 받는 관점은 순환론이다.

03 (가)는 사회 전체의 통합을 위한 각 부분들의 기능을 강조한다는 점에서 기능론, (나)는 구성원 간 갈등과 대립을 강조한다는 점에서 갈등론에 해당한다. 균형과 안정을 강조하는 기능론은 일시적 불균형 상태에서 균형 상태로 회복되는 과정을 사회 변동으로 이해한다. 갈등론은 지배 계급과 피지배 계급 간의 갈등이 해소되는 과정을 사회 변동으로 이해한다.
바로잡기 ㄱ, ㄷ. 균형, 안정을 중시하는 기능론은 점진적 사회 변동을 설명하기에 용이하나 급격한 사회 변동을 설명하기 어렵다. 반면, 계급 간 갈등의 해소를 강조하는 갈등론은 급격한 사회 변동을 설명하기에 용이하나 점진적 사회 변동을 설명하기 어렵다.

04 순환론은 매우 오랜 시간에 걸쳐 일어나는 순환 과정을 통해 사회 변동을 설명하기 때문에 단기적 사회 변동 과정을 설명하기 어렵다. 따라서 A는 순환론, B는 진화론이다. 사회 변동을 일정한 방향으로 설명하는 진화론은 다양한 경로의 사회 변동을 설명하기 어렵다는 한계를 가진다.
바로잡기 ① 사회 변동 방향이 일정하다고 보는 것은 진화론이다.
② 서구 제국주의를 옹호한다는 비판을 받는 것은 진화론이다.
③, ④ 순환론은 사회가 언젠가는 쇠퇴, 소멸한다고 여기므로 운명론적 시각이라는 평가를 받는다.

05 (가)는 진화론, (나)는 순환론에 해당한다. 순환론은 현 사회가 순환 과정 중 어디에 위치하는지를 설명하기 어렵고, 이로 인하여 사회 변동 방향을 예측하는 데 한계가 있다. 또한 오랜 시간에 걸쳐 진행되는 순환을 전제로 하므로 단기적 사회 변동을 설명하기 어렵다. 진화론은 사회 변동을 발전이라는 한 방향으로 설명하기 때문에 다양한 경로의 발전 양상을 설명하기 어렵고, 서구 사회가 진보된 사회임을 전제로 한다는 점에서 서구 제국주의를 옹호하는 논리로 악용될 수 있다.

06 갑은 자유 무역의 긍정적인 면을 강조하는 반면, 을은 국가 간 교역에 따른 부정적인 면을 강조하고 있다. 따라서 자유 무역 협정(FTA) 체결 확대에 대해 갑과 달리 을은 반대할 것이라고 추론할 수 있다.
바로잡기 ① 갑은 세계화의 긍정적 측면에 집중하고 있다.

② 갑은 세계화를 경제적 측면에서 바라보고 있다.
③ 을은 세계화에 대해 부정적 입장을 표명하고 있다.
④ 문화 다양성은 제시된 자료와 관련이 없다.

07 지식과 정보를 기반으로 한 산업이 중심이 되는 사회는 정보 사회이므로 A는 정보 사회이다. 산업 사회와 농업 사회 중 가정과 일터의 결합 정도가 높은 사회는 농업 사회이므로 B는 농업 사회, C는 산업 사회이다. ㄴ. 농업은 1차 산업에 해당한다. 1차 산업 중심의 전통적인 사회는 농업 사회이다. ㄹ. 정보 사회에 비해 농업 사회는 면대면 접촉의 비중이 높다.

바로잡기 ㄱ. 관료제는 대규모 조직이 등장한 산업 사회에서 보편화되기 시작하였다.
ㄷ. 쌍방향 매체는 정보 사회에서 보편적으로 사용되기 시작하였다.

08 제시문은 저소득층이나 노년층이 정보에 접근 및 활용하는데 어려움이 있어 정보 불평등 현상이 발생함을 강조하고 있다. 이러한 불평등을 정보 격차라고 한다.

바로잡기 ①, ②, ③, ⑤ 모두 정보 사회에서 나타나는 특징이지만, 제시문과 관련이 없다.

09 가정과 일터의 결합 정도는 농업 사회가 가장 높은 반면, 분리 정도는 산업 사회가 가장 높다. 사회 변화 속도는 정보 사회가 가장 빠르다. 따라서 A는 농업 사회, B는 산업 사회, C는 정보 사회이다. ㄴ. 사회 조직의 관료제화 정도는 산업 사회>정보 사회>농업 사회 순으로 높다. ㄷ. 지식 산업의 부가 가치 총량은 정보 사회>산업 사회>농업 사회 순으로 크다.

바로잡기 ㄱ. 구성원 간 익명성의 정도는 정보 사회>산업 사회>농업 사회 순으로 높다.
ㄹ. 의사 결정의 분권화 정도는 정보 사회에서 가장 높게 나타난다.

10 합계 출산율 및 출생아 수가 감소하는 저출산 현상이 나타나고 있다. 이를 통해 자녀 양육 및 교육비 부담 증가, 여성의 사회 진출 증가 등이 요인으로 작용하였음을 추론할 수 있다.

바로잡기 갑. 출산율이 하락할 경우 고령화 정도는 심화된다.
정. 출산율이 하락하였으므로 출산의 필요성에 대한 구성원의 인식이 낮아졌을 것이라고 추론할 수 있다.

11 A는 안정적 사회 통합을 위해 이주민의 문화를 주류 문화에 동화시키려 한다는 점에서 동화주의에 해당한다. 기존 주류 문화에 이주민의 문화가 녹아든다는 점에서 용광로 정책이라고도 한다. 동화주의는 사회 통합에는 유리하나 추진하는 과정에서 문화 충돌을 초래할 수 있다.

바로잡기 ㄷ. 문화 공존이 아니라 문화 동화를 추구한다.
ㄹ. 상대주의적 태도를 바탕으로 하는 다문화 정책은 다문화주의이다.

12 제시문에서 이산화 탄소 농도 증가가 지구 온난화의 요인이며, 최근 들어 이산화 탄소 농도가 높아지고 있음을 알 수 있다. 이를 통해 산업화 과정에서 이산화 탄소 배출이 증가하였고, 열대 우림 파괴로 이산화 탄소 흡수량이 감소하여 지구

온난화가 심화되고 있음을 추론할 수 있다.

바로잡기 ㄱ. 해수면 상승에 따른 동식물의 서식지 변화는 지구 온난화의 영향이다.
ㄴ. 국가 간 협약으로 이산화탄소 배출량을 제한하는 것은 지구 온난화를 해결하기 위한 전 지구적 차원의 노력이다.

13 (가)는 질병에 대한 국제 공조, (나)는 분쟁에 대한 국제 공조 사례이다. 두 사례 모두 국가 간 협력을 통해 문제를 해결하고 있다.

바로잡기 ①, ②, ③ 전 지구적 수준의 문제 중에는 급속한 산업화가 원인이 되어 발생하는 문제도 있고, 대규모 인명 피해를 초래하거나 개별 국가의 자율성을 침해하는 문제도 있으나, (가), (나)에서 보여 주는 내용과는 거리가 멀다.
⑤ 전 지구적 수준의 문제를 해결하려면 제도적 차원의 노력과 의식적 차원의 노력이 병행되어야 한다.

14 제시문의 밑줄 친 부분은 필요 이상으로 자원을 사용하지 않아야 함을 강조하고 있다. 이는 지속 가능한 사회를 위한 행동에 해당하며, 에코라이프의 생활화, 친환경적 제품 사용 등이 그 사례로 적절하다.

바로잡기 ㄴ. 일회용품 사용 확대는 불필요한 자원을 사용한다는 점에서 친환경적 생활 방식에 부합하지 않는다.
ㄹ. 필요 이상으로 재화를 소비하는 태도는 자원을 덜 소비하는 방법과 거리가 멀다.

15 이렇게 쓰면 만점 제시문에 나타난 관점이 무엇인지 명시하고, 해당 관점이 가진 한계점을 두 가지 모두 정확하게 서술한다.

16 이렇게 쓰면 만점 2010년과 2050년 우리나라의 고령화 정도가 다른 나라와 어떤 점에서 다른지를 찾고, 이를 통해 추론할 수 있는 우리나라 고령화 현상의 특징을 서술한다.

17 이렇게 쓰면 감점 (2) A~C가 어떤 사회인지 떠올리고, 각 사회의 특징을 다른 사회와 비교하여 상대적인 정도를 서술한다. 단, 제시문에 나타난 내용을 쓰면 감점이 된다.

Memo

내신 잡는 필수 개념서

NEW 올리드 Allead

학습하다가 이해되지 않는 부분이나
정오표 등의 궁금한 사항이 있나요?
미래엔 홈페이지에서 해결해 드립니다.

www.mirae-n.com

교재 내용 문의
나의 문의내역 | 수학 과외쌤
자주하는 질문 | 기타 문의

교재 정답 및 정오표
정답과 해설 | 정오표

교재 학습 자료
문제 자료 | MP3 | 실험컷 | 도표

실력 상승 문제집

파사쥬

대표 유형과 실전 문제로 내신과 수능을
동시에 대비하는 실력 상승 실전서

국어	국어, 문학, 독서
영어	기본영어, 유형구문, 유형독해, 20회 듣기모의고사, 25회 듣기 기본 모의고사
수학	수학 I, 수학 II, 확률과 통계, 미적분

수능 완성 문제집

수능 주도권

핵심 전략으로 수능의 기선을 제압하는
수능 완성 실전서

국어영역	문학, 독서, 언어와 매체, 화법과 작문
영어영역	독해편, 듣기편
수학영역	수학 I, 수학 II, 확률과 통계, 미적분

수능 기출 문제집

N기출

수능N 기출이 답이다!

국어영역	공통과목_문학, 공통과목_독서, 선택과목_화법과 작문, 선택과목_언어와 매체
영어영역	고난도 독해 LEVEL 1, 고난도 독해 LEVEL 2, 고난도 독해 LEVEL 3
수학영역	공통과목_수학 I+수학 II 3점 집중, 공통과목_수학 I+수학 II 4점 집중, 선택과목_확률과 통계 3점/4점 집중, 선택과목_미적분 3점/4점 집중, 선택과목_기하 3점/4점 집중

N기출 모의고사

수능의 답을 찾는 우수 문항 기출 모의고사

수학영역	공통과목_수학 I+수학 II 선택과목_확률과 통계, 선택과목_미적분

미래엔 교과서 연계 도서

미래엔 교과서 자습서

교과서 예습 복습과 학교 시험 대비까지
한 권으로 완성하는 자율학습서

[2022 개정]

국어	공통국어1, 공통국어2*
영어	공통영어1, 공통영어2
수학	공통수학1, 공통수학2, 기본수학1, 기본수학2
사회	통합사회1, 통합사회2*, 한국사1, 한국사2*
과학	통합과학1, 통합과학2
제2외국어	중국어, 일본어
한문	한문

*2025년 상반기 출간 예정

[2015 개정]

국어	문학, 독서, 언어와 매체, 화법과 작문, 실용 국어
수학	수학 I, 수학 II, 확률과 통계, 미적분, 기하
한문	한문 I

미래엔 교과서 평가 문제집

학교 시험에서 자신 있게
1등급의 문을 여는 실전 유형서

[2022 개정]

국어	공통국어1, 공통국어2*
사회	통합사회1, 통합사회2*, 한국사1, 한국사2*
과학	통합과학1, 통합과학2

*2025년 상반기 출간 예정

[2015 개정]

국어	문학, 독서, 언어와 매체

기출 분석 문제집

1등급 만들기로 1등급 실력 예약!

● **개념 핵심 잡기** 시험 출제 원리를 꿰뚫는 개념의 핵심을 잡는다.

● **1등급 도전하기** 선별한 고빈출 기출 문제로 1등급에 도전한다.

● **1등급 완성하기** 응용 및 고난도 문제로 1등급 노하우를 터득한다.

완벽한 기출 문제 분석, 완벽한 시험 대비!

2015개정	**국어**	문학, 독서
	수학	수학Ⅰ, 수학Ⅱ, 확률과 통계, 미적분, 기하
	사회	한국지리, 세계지리, 생활과 윤리, 윤리와 사상, 사회·문화, 정치와 법, 경제, 세계사, 동아시아사
	과학	물리학Ⅰ, 화학Ⅰ, 생명과학Ⅰ, 지구과학Ⅰ, 물리학Ⅱ, 화학Ⅱ, 생명과학Ⅱ, 지구과학Ⅱ
2022개정	**수학**	공통수학1, 공통수학2, 대수, 확률과 통계★, 미적분Ⅰ★
	사회	통합사회1, 통합사회2★, 한국사1, 한국사2★, 세계시민과 지리, 사회와 문화, 세계사, 현대사회와 윤리
	과학	통합과학1, 통합과학2

★ 2025년 상반기 출간 예정